税务干部业务能力升级学习丛书

通用知识

要点精讲 **习题精练** **模拟自测**

本书编写组 ◎ 编

中国税务出版社

图书在版编目（CIP）数据

通用知识：要点精讲·习题精练·模拟自测／本书编写组编．--北京：中国税务出版社，2023.9
（税务干部业务能力升级学习丛书）
ISBN 978-7-5678-1392-2

Ⅰ．①通… Ⅱ．①本… Ⅲ．①税收管理-中国-干部培训-教材 Ⅳ．①F812.423

中国国家版本馆CIP数据核字（2023）第177845号

版权所有·侵权必究

丛 书 名：	税务干部业务能力升级学习丛书
书 名：	通用知识：要点精讲·习题精练·模拟自测 TONGYONG ZHISHI：YAODIAN JINGJIANG·XITI JINGLIAN·MONI ZICE
作 者：	本书编写组 编
责任编辑：	庞 博 赵泽蕙
责任校对：	姚浩晴
技术设计：	林立志
出版发行：	中国税务出版社 北京市丰台区广安路9号国投财富广场1号楼11层 邮政编码：100055 网址：https://www.taxation.cn 投稿：https://www.taxation.cn/qt/zztg 发行中心电话：(010) 83362083/85/86 传真：(010) 83362047/49
经 销：	各地新华书店
印 刷：	天津嘉恒印务有限公司
规 格：	787毫米×1092毫米 1/16
印 张：	31.75
字 数：	636000字
版 次：	2023年9月第1版 2023年9月第1次印刷
书 号：	ISBN 978-7-5678-1392-2
定 价：	98.00元

如有印装错误 本社负责调换

编者说明

为满足税务系统学习培训的需要，帮助税务干部提升业务能力，我们结合税收工作实际，组织编写了《通用知识：要点精讲·习题精练·模拟自测》。

本书属于《税务干部业务能力升级学习丛书》之一，具有以下特点：一是内容全，覆盖税务干部通用类应知应会主要内容，尽最大可能为税务干部培训和学习提供参考；二是政策新，编写中注意内容的与时俱进，能够体现最新政策和工作要求；三是方便学，全书按照知识点进行编写，结构严谨、框架清晰，每章后均设置习题演练，书后配有模拟测试题，帮助读者进一步巩固所学知识。

由于时间及能力所限，书中疏漏在所难免，不妥之处恳请读者批评指正。具体修改意见和建议，请发送至邮箱：bjzx@taxation.cn，或者与QQ：1050456451联系，以便修订时更正。

编 者

CONTENTS 目 录

第一章　税务系统全面从严治党新格局　1

知识架构　3
第一节　全面从严治党永远在路上　3
第二节　税务系统全面从严治党的责任体系　4
第三节　六位一体税务系统全面从严治党新格局的构建　13
第四节　税务系统纵合横通强党建机制制度体系　15
第五节　税务总局党委关于党建工作的最新要求和工作部署　16
习题演练　27

第二章　管理学基础　61

知识架构　63
第一节　管理的内涵与本质　63
第二节　管理的基本原理与方法　68
习题演练　75

第三章　政务管理　81

知识架构　83
第一节　公文处理　84
第二节　绩效管理　87
第三节　保密工作　90

通用知识

第四节　应急管理	94
第五节　涉税舆情管理	96
第六节　会议管理	99
第七节　政务信息	105
第八节　政务公开	107
第九节　解决形式主义突出问题为基层减负	110
第十节　重大事项请示报告工作	113
习题演练	115

第四章　干部管理　　127

知识架构	129
第一节　人事管理	129
第二节　教育培训管理	132
第三节　数字人事	136
习题演练	137

第五章　监督管理　　149

知识架构	151
第一节　党风廉政建设	151
第二节　税务机关权力监督制约	162
第三节　违纪违法行为惩处	176
习题演练	183

第六章　税费制度　　197

知识架构	199
第一节　税收概论	200
第二节　增值税政策与管理	205
第三节　消费税政策与管理	218

第四节	企业所得税政策与管理	222
第五节	个人所得税政策与管理	231
第六节	土地增值税政策与管理	236
第七节	其他各税政策与管理	238
第八节	社会保险费征缴与管理	267
第九节	非税收入征缴与管理	272
习题演练		275

第七章 税费服务和征收管理　　　　　　　　　　　295

知识架构		297
第一节	深化税收征管改革	297
第二节	纳税服务	303
第三节	税费基础管理	310
第四节	税收风险管理	310
第五节	税费法律责任追究	311
习题演练		311

第八章 涉税法律基础　　　　　　　　　　　331

知识架构		333
第一节	法理及行政法基础	334
第二节	税务行政执法	344
第三节	税务行政执法证据	351
第四节	税收的刑法保障	356
第五节	税务行政法律救济	361
第六节	税务执法者及其责任	371
习题演练		380

第九章 财会知识　　　　　　　　　　　397

知识架构		399
第一节	会计基础知识	399

通用知识

第二节 会计凭证与账簿	405
第三节 企业主要经济业务的核算	408
第四节 财务会计报告	421
习题演练	428

第十章 税收信息化   **439**

知识架构	441
第一节 计算机终端基础知识	441
第二节 常用软件应用	447
第三节 网络与网络安全	452
第四节 智慧税务与信息化	458
习题演练	462

模拟测试   **473**

模拟测试（一）	475
模拟测试（一）参考答案及解析	481
模拟测试（二）	487
模拟测试（二）参考答案及解析	493

第一章

税务系统全面从严治党新格局

第一章 税务系统全面从严治党新格局

>> 知识架构

税务系统全面从严治党新格局
- 全面从严治党永远在路上 —— 3个知识点
- 税务系统全面从严治党的责任体系 —— 5个知识点
- 六位一体税务系统全面从严治党新格局的构建 —— 4个知识点
- 税务系统纵合横通强党建机制制度体系 —— 3个知识点
- 税务总局党委关于党建工作的最新要求和工作部署 —— 3个知识点

>> 第一节 全面从严治党永远在路上

【知识点1】全面从严治党的内涵意义

习近平总书记在十八届中央纪委六次全会上发表重要讲话指出，全面从严治党，核心是加强党的领导，基础在全面，关键在严，要害在治。深刻阐释了全面从严治党的新内涵，明确提出了管党治党的新要求，是推进全面从严治党的重要遵循，为管好党、治好党指明了方向。

全面从严治党，是党的十八大以来，以习近平同志为核心的党中央根据新的历史条件下党的建设面临的新情况和新问题，深刻总结历史上党通过自我革命保持先进性和纯洁性并领导各项事业胜利前进的宝贵经验，对管党治党做出的重大部署。它和全面建设社会主义现代化国家、全面依法治国、全面深化改革一起，构成了"四个全面"战略布局，在党的建设发展历史上、中国特色社会主义发展历史上具有重大意义。

全党必须牢记，坚持党的全面领导是坚持和发展中国特色社会主义的必由之路，中国特色社会主义是实现中华民族伟大复兴的必由之路，团结奋斗是中国人民创造历史伟业的必由之路，贯彻新发展理念是新时代我国发展壮大的必由之路，全面从严治党是党永葆生机活力、走好新的赶考之路的必由之路。这是我们在长期实践中得出的至关紧要的规律性认识，必须倍加珍惜、始终坚持，咬定青山不放松，引领和保障中国特色社会主义巍巍巨轮乘风破浪、行稳致远。

通用知识

【知识点2】新时代党的建设总要求

坚持和加强党的全面领导，坚持党要管党、全面从严治党，以加强党的长期执政能力建设、先进性和纯洁性建设为主线，以党的政治建设为统领，以坚定理想信念宗旨为根基，以调动全党积极性、主动性、创造性为着力点，全面推进党的政治建设、思想建设、组织建设、作风建设、纪律建设，把制度建设贯穿其中，深入推进反腐败斗争，不断提高党的建设质量，把党建设成为始终走在时代前列、人民衷心拥护、勇于自我革命、经得起各种风浪考验、朝气蓬勃的马克思主义执政党。

【知识点3】坚定不移全面从严治党，深入推进新时代党的建设新的伟大工程

习近平总书记在党的二十大报告中指出，经过十八大以来全面从严治党，我们解决了党内许多突出问题，但党面临的执政考验、改革开放考验、市场经济考验、外部环境考验将长期存在，精神懈怠危险、能力不足危险、脱离群众危险、消极腐败危险将长期存在。全党必须牢记，全面从严治党永远在路上，党的自我革命永远在路上，决不能有松劲歇脚、疲劳厌战的情绪，必须持之以恒推进全面从严治党，深入推进新时代党的建设新的伟大工程，以党的自我革命引领社会革命。

具体要求：
（1）坚持和加强党中央集中统一领导。
（2）坚持不懈用习近平新时代中国特色社会主义思想凝心铸魂。
（3）完善党的自我革命制度规范体系。
（4）建设堪当民族复兴重任的高素质干部队伍。
（5）增强党组织政治功能和组织功能。
（6）坚持以严的基调强化正风肃纪。
（7）坚决打赢反腐败斗争攻坚战持久战。

>> 第二节
税务系统全面从严治党的责任体系

【知识点1】各级税务局党委的主体责任

各级税务局党委承担本单位本系统党的建设、全面从严治党主体责任，重点履行政治领导、统筹落实、压力传导、组织保障责任。

1. 政治领导责任

把加强党的政治建设摆在首位，坚决维护习近平总书记党中央的核心、全党的核心地位，坚决维护党中央权威和集中统一领导，始终在思想上政治上行动上同以习近平同志为核心的党中央保持高度一致。深入贯彻落实《中共中央关于加强党的政治建设的意见》，以党的政治建设为统领，把政治标准和政治要求贯穿党的思想建设、组织建设、作风建设、纪律建设以及制度建设、反腐败斗争始终，全面提高党的建设质量。对落实党的政治建设责任不到位、推进党的政治建设工作不力的严肃问责。

深入学习贯彻习近平新时代中国特色社会主义思想，特别是习近平总书记关于税收工作的重要论述和重要指示批示精神，认真研究贯彻落实具体举措，把"两个维护"体现到税收工作中。紧盯不敬畏、不在乎、喊口号、装样子的问题，坚决破除形式主义、官僚主义，推动党中央、国务院重大决策部署落地见效。坚持党委理论学习中心组学习制度，每季度集中研讨不少于1次，每年开展全面从严治党专题学习不少于2次。加强对下一级党委理论学习中心组学习的督促指导，建立党委理论学习中心组学习通报制度。

严肃党内政治生活，认真贯彻《关于新形势下党内政治生活的若干准则》，着力提高党内政治生活质量，建立健全民主生活会列席指导、及时叫停、责令重开、整改通报等制度，增强党内政治生活的政治性时代性原则性战斗性。严格执行民主集中制原则，建立健全议事决策规则和重大事项决策程序，完善并落实"三重一大"决策监督机制。

严明党的政治纪律和政治规矩，把学习和遵守党章作为基础性经常性工作来抓，教育督促本单位本系统党员干部始终做政治上的明白人、老实人，坚持"五个必须"，严防"七个有之"。加强对遵守政治纪律和政治规矩情况的监督检查，严肃查处违反政治纪律和政治规矩的问题。

发展积极健康的党内政治文化，增强党员干部的政治定力、纪律定力、道德定力、拒腐定力，大力倡导清清爽爽的同志关系、规规矩矩的上下级关系、干干净净的税企关系，涵养风清气正的政治生态。探索建立政治生态评价机制体系，将政治建设工作情况纳入各级党组织书记抓党建述职评议和党建考核评价体系，并突出其权重。

2. 统筹落实责任

坚持全面从严治党工作与税收工作同部署、同落实、同检查、同考核。每年年初研究制定全面从严治党工作要点或计划，抓好任务分解，建立责任清单，加强督促落实。每半年与同级纪检机构共同分析研究全面从严治党、党风廉政建设和反腐败工作1次，遇有重大问题或上级安排的重要工作，及时研究部署。

推进"两学一做"学习教育常态化制度化，深入开展"不忘初心、牢记使命"主题教育，开展经常性党性党风党纪教育、先进典型示范教育和反面典型警示教育。培

通用知识

育和践行社会主义核心价值观，弘扬"忠诚担当、崇法守纪、兴税强国"的中国税务精神。落实党委意识形态工作责任制，定期分析研判意识形态领域情况，牢牢掌握意识形态工作领导权。

贯彻落实《中国共产党支部工作条例（试行）》，把党支部建设作为最重要的基本建设，定期研究讨论、加强领导指导，每年至少专题研究1次党支部建设工作。将抓党支部建设情况纳入各级税务局党委书记抓基层党建述职评议考核的重要内容，作为评判其履行管党治党政治责任的重要依据。

坚持党管干部原则，贯彻新时期好干部标准，始终把政治标准放在第一位。严格执行《党政领导干部选拔任用工作条例》，坚持"凡提四必"，严把选人用人政治关、品行关、作风关、廉洁关。坚持不懈整治选人用人上的不正之风，严格执行干部选拔任用工作纪实制度，对任人唯亲、说情打招呼、跑官要官、买官卖官、拉票贿选等行为发现一起查处一起，对"带病提拔"的干部实行倒查，对政治标准把关不严的严肃处理。

落实《关于进一步激励广大干部新时代新担当新作为的意见》，按照"三个区分开来"的要求，建立容错纠错机制，宽容干部在改革创新中的失误错误，旗帜鲜明为敢于担当的干部撑腰鼓劲。严肃查处诬告陷害行为，及时为受到不实反映的干部澄清正名。

深入贯彻中央八项规定及其实施细则精神，聚焦违规收受礼金、违规公款吃喝、违规操办婚丧喜庆事宜等突出问题，加大查处通报力度。持续整治领导干部利用名贵特产类特殊资源谋取私利问题。健全重要时间节点常态化提醒、明察暗访、专项治理等机制，驰而不息纠正"四风"。严明工作纪律和工作作风，重点整治不服从工作安排、庸政懒政、消极怠工等行为，大力倡导真抓实干、担当作为。

严格执行《中国共产党廉洁自律准则》《中国共产党纪律处分条例》等党内法规，强化纪律教育，以政治纪律和组织纪律带动廉洁纪律、群众纪律、工作纪律、生活纪律严起来，使铁的纪律成为党员干部的日常习惯和自觉遵循。准确把握和运用监督执纪"四种形态"，特别是在第一种形态上下功夫，使咬耳扯袖和红脸出汗成为常态。

建立并完善权责清单，推进党务公开、政务公开，规范权力运行流程，强化对权力运行的制约和监督。分类排查廉政风险，及时研究解决政策落实、税收执法和内部管理中存在的问题。深入推进内控机制建设，全面提升内控信息化水平，坚持"制度+科技"，实现风险的自动防范和源头防控。

加强对税务师行业党建工作的指导，健全税务师行业党建工作管理体制和工作机制，推进党的组织和党的工作在税务师行业有效覆盖，不断提高税务师行业党建工作整体水平。

3. 压力传导责任

每年听取 1 次党委委员、机关各单位和下一级税务局党委落实全面从严治党主体责任情况汇报，与党委书记抓基层党建述职评议考核工作统筹安排。每年开展 1 次"两个责任"落实情况检查。针对苗头性、倾向性问题，及时约谈下一级党委主要负责人和纪检组组长，督促其履行管党治党责任。

各省级税务局党委每年向国家税务总局党委书面报告 1 次履行管党治党责任情况，包括落实全面从严治党主体责任、落实党风廉政建设责任制、落实监督执纪"四种形态"、问责等情况；各级税务局党委每年至少开展 1 次落实情况检查考核，对落实主体责任不力、压力传导不到位的，依规依纪追责问责，考核结果作为对领导班子总体评价和领导干部考核、奖励惩处、选拔任用的重要依据；省以下税务局党委每年向上一级税务局党委、纪检组书面报告 1 次履行管党治党责任情况。

贯彻落实《中国共产党党内监督条例》，加强对党内监督工作的领导，落实述职述责述廉、民主生活会、组织生活会、谈话、函询和领导干部报告个人有关事项等党内监督制度。主动接受和支持同级纪检机构对本级领导班子及成员的监督。督促领导干部在民主生活会上把群众反映、巡视巡察反馈、组织约谈函询的问题说清楚、谈透彻。

贯彻落实《中国共产党巡视工作条例》和国家税务总局巡视巡察工作制度，深化政治巡视巡察。聚焦"六个围绕、一个加强""五个持续"，着力发现问题、形成震慑，推动改革、促进发展。每年专题研究巡视巡察工作，及时听取巡视巡察情况汇报，坚持发现问题、整改落实和成果运用并重，切实发挥巡视巡察标本兼治战略作用。

严格执行《中国共产党问责条例》及国家税务总局党委实施办法，严肃追究失职失责党组织和党员领导干部的主体责任、监督责任和领导责任，对典型问题进行通报曝光。加强对本系统各级党组织落实问责情况的监督检查，对该问责而不问责的，严肃追究责任，对不敢问责、不愿问责的，约谈党委书记和纪检组组长。

4. 组织保障责任

围绕"条主责、块双重，纵合力、横联通，齐心抓、党建兴"的要求，构建纵合横通强党建机制制度体系。每年至少向所在地党委及其有关工作部门汇报 2 次党建工作。与下一级税务局所在地党委建立重要情况相互通报、重要文件相互交换、有关工作联合开展、考核结果相互推送等机制，每年至少到相关部门走访 2 次。深化"下抓两级、抓深一层"工作机制，选取一定数量的下一级税务局（分局、所）作为基层党建联系点，每年至少实地调研指导工作 1 次。健全党建工作领导小组例会制度和各成员单位协作配合机制，形成齐抓共管合力。

领导机关各单位党组织的工作，讨论基层党组织设置调整和发展党员、处分党员等重要事项，为基层党组织活动提供经费保障。配齐配强党务干部，重视对党务干部的培养、使用和交流。

通用知识

加强对纪检工作的领导，旗帜鲜明支持纪检机构聚焦监督执纪问责主业。重大案件及时研究，重大问题及时解决，重要情况及时听取汇报。重视纪检干部队伍建设，加强教育培训和实践锻炼，关心纪检干部成长，提供必要的工作条件，协调解决工作中遇到的困难和问题。

【知识点2】党委书记需要履行的责任

党委书记履行全面从严治党"第一责任人"职责，重点履行统筹推进、管好干部、严格把关、示范引领责任。

1. 统筹推进责任

带头学习和推动落实党中央、国务院和中央纪委国家监委关于全面从严治党的工作部署，结合上级党组织要求，研究具体贯彻落实措施，做到重要工作亲自部署、重大问题亲自过问、重点环节亲自协调、重要案件亲自督办。

主持召开党委专题会议或党建工作领导小组会议，分析研判本单位本系统全面从严治党、党风廉政建设和反腐败工作形势，研究决定重大事项，部署安排相关工作。

督促、指导、支持班子成员抓好分管单位全面从严治党工作，每年听取1次班子其他成员和下一级党委书记抓全面从严治党工作情况汇报，对落实责任不力的，及时进行约谈。每年至少实地调研指导工作1次。

认真督办上级有关部门、地方纪委监委转办以及本级纪检机构接收的重要信访件、案件线索。及时批转信访举报，随时听取重要事项汇报。

带头建立党支部工作联系点，带头调查研究本单位本系统基层党组织建设情况，发现和解决问题，总结推广经验。

2. 管好干部责任

对领导班子其他成员、机关各单位和下一级税务局党委主要负责人严格要求、严格教育、严格管理、严格监督，发现问题及时纠正。坚持党内谈话制度，经常性开展谈心谈话，认真开展提醒谈话、诫勉谈话，每年与机关各单位、下一级税务局党委主要负责人至少开展1次廉政谈话。发现有思想、作风、纪律等方面苗头性、倾向性问题的，应当及时对其提醒谈话；发现轻微违纪问题的，应当对其诫勉谈话。

落实党委意识形态工作责任制，经常分析意识形态领域的动态动向，正确判断意识形态领域形势，不断研究新情况、解决新问题，带头批评错误观点和错误倾向。

3. 严格把关责任

对本单位本系统全面从严治党、党风廉政建设和反腐败工作的安排部署、推进落实以及专项工作开展情况等严格审核把关，提出明确意见。严格审核党组织和党员领导干部民主生活会对照检查材料、班子成员被函询问题说明材料、述职述责述廉报告、个人有关事项报告等。

按规定对涉及人事、财务、资产和征收、管理、稽查等重要事项和重大问题，亲自过问把关，认真组织研究。坚持党管干部原则，切实把好用人标准关、识别考察关、选人用人关、培养锻炼关，确保选好人、用对人。

主持召开党委会、巡视巡察工作领导小组会议，研究制定巡视巡察规划、年度计划和其他重要问题，听取巡视巡察情况专题汇报，听取汇报时要点人点事点问题，有关情况按规定报上一级巡视巡察工作领导小组备案。

4. 示范引领责任

严格执行民主集中制，充分发扬民主，善于管理，敢于担责，自觉维护团结，做到科学、民主、依法决策。每年在规定范围内述职述责述廉，接受评议。述职述责述廉重点是执行政治纪律和政治规矩、履行管党治党责任、推进党风廉政建设和反腐败工作以及执行廉洁纪律情况。

严格党内组织生活，组织召开领导班子民主生活会，带头开展批评和自我批评，对班子其他同志的缺点错误应当敢于指出，帮助改进。参加指导下级党委民主生活会，自觉参加双重组织生活。每年至少为本单位或本系统的党员干部讲党课1次。每年至少对基层党建联系点全面从严治党工作进行1次调研和指导。

提高政治能力，加强党性锻炼和政治历练，增强政治免疫力、敏锐性和鉴别力，弘扬斗争精神，及时有效化解重大风险。模范遵守党纪国法特别是严守党的政治纪律和政治规矩，带头接受和支持纪检机构、干部监督部门及干部群众的监督，带头树立良好作风，注重家庭、家教、家风。严格请示报告，及时报告个人及家庭重大情况，事先请示报告离开岗位或者工作所在地等。操办本人及直系亲属婚丧喜庆等事项应向纪检组组长通报，并向上一级纪检机构报告。

【知识点3】党委委员责任

党委委员履行"一岗双责"，负责抓好分管部门、联系点税务局全面从严治党工作。

学习贯彻党中央、国务院和中央纪委国家监委关于全面从严治党、党风廉政建设部署和要求，结合职责分工研究具体贯彻落实措施，自觉把全面从严治党要求融入分管业务工作。

贯彻落实本级党委全面从严治党工作部署，对照职责分工和责任清单，研究部署和推动落实分管部门、联系点税务局的全面从严治党工作，每年向党委报告1次履行"一岗双责"情况。每年在党委扩大会议上进行述职述责述廉，并在一定范围内公开，接受评议和监督。

加强对分管部门、联系点税务局全面从严治党、党风廉政建设工作的监督检查，重大事项及时向主要负责人报告。定期听取分管单位全面从严治党工作汇报，加强督

通用知识

促指导和分析研判，帮助解决问题。

研究安排涉及"三重一大"等重要工作，同步制定并落实相应廉政风险防控措施。对分管部门、联系点税务局全面从严治党、党风廉政建设重要事项严格审核把关，督促分管部门、联系点税务局抓好内控机制建设。

督促指导分管部门、联系点税务局落实中央八项规定及其实施细则精神、加强基层党组织建设、推进党风廉政建设和反腐败工作。对落实全面从严治党责任不力的，及时约谈其主要负责人。

加强对分管部门、联系点税务局党员干部特别是负责人的教育、管理和监督，发现苗头性、倾向性问题，及时咬耳扯袖、红脸出汗，有针对性地采取防范预警措施。与分管范围的党员干部开展经常性谈心谈话，每年至少与分管单位负责人开展1次廉政谈话。

以普通党员身份参加所在党支部或党小组的组织生活会，过好双重组织生活，严肃认真开展批评和自我批评。每年至少为分管单位党员干部讲党课1次。每年至少深入基层党建联系点调研指导全面从严治党工作1次。

模范遵守党纪国法特别是严守党的政治纪律和政治规矩，自觉接受纪检机构、干部监督部门及干部群众的监督，带头树立良好作风。严格落实请示报告、个人有关事项报告等制度。发生婚丧喜庆事项，必须按照规定时限、程序、内容主动、如实报告，不得瞒报、漏报、虚假报告。

【知识点4】税务系统相关职能部门的工作职责

党建工作局（处、科、股）承担党建工作领导小组办公室职责，协助本级党委落实全面从严治党主体责任，督促下一级税务局党委、领导班子落实管党治党责任。

机关党委负责本级机关党建和党风廉政建设工作，组织开展机关意识形态、思想政治工作和精神文明建设、作风建设，领导机关工会、共青团、妇委会开展工作。

办公厅（室）负责协助党委领导班子和党委书记落实全面从严治党责任。协助组织安排履行全面从严治党主体责任的重要活动和重要会议，配合起草党组织履行主体责任情况相关报告，协调落实有关事项。将落实全面从严治党工作情况纳入督查督办。

人事部门负责协助党委落实选好用好管好干部责任。严明组织人事纪律，防范和纠正选人用人上的不正之风。抽查核实领导干部个人有关事项报告情况。严格审核领导干部因私出国（境）等事项。按规定受理处置反映选人用人等方面问题的信访举报。监督税务系统执行干部人事政策，加强巡视巡察成果运用，把巡视巡察成果作为干部考核评价、选拔任用的重要依据。加强对巡视巡察整改情况的日常监督，及时向党委提出调整不适宜担任现职领导干部的意见。

考核考评部门负责协助党委将党中央、国务院重大决策部署及上一级税务局党委重点工作安排纳入绩效考评,发挥绩效管理抓班子作用,推动各项任务落地见效。与党建部门协作配合,抓好对下一级税务局全面从严治党工作的绩效考评、综合分析和结果运用。探索运用"数字人事"加强党员干部日常教育监督管理,推动"数字人事"和党建工作有机融合、相互促进。

督察内审部门负责协助党委履行规范权力运行的责任。组织协调各业务主责部门建立健全内部控制运行机制,防范各类税收执法风险、行政管理风险以及由此带来的廉政风险。强化内部监督,认真组织实施税收执法督察、内部财务审计和领导干部经济责任审计。全面落实税收执法责任制。对涉及的一般性违规违纪的,可直接向党委提出追究建议;构成严重违纪违法的,按规定移交有关部门处理。

巡视巡察部门负责协助党委对下级党组织开展巡视巡察监督。制定并严格执行巡视巡察计划,协调巡视(巡察)组在巡视巡察结束后形成巡视巡察工作报告,组织巡视(巡察)组按规定向有关部门移交问题线索,加强对整改的统筹协调和督促检查。

教育部门负责协助党委加强理论教育和党性教育,及时将党建部门有关培训需求列入培训计划,确保中央有关规定执行到位,并配合有关部门做好课程开发、师资队伍建设、廉政基地建设等工作。举办党务干部、纪检干部培训班。理论教育和党性教育课程占各类培训班总课时的比例不低于规定要求。在培训中组织全面从严治党知识测试。

宣传部门负责协助党委宣传弘扬社会主义核心价值观和中华优秀传统文化,做大做强主流思想舆论,唱响主旋律,壮大正能量。加强涉税舆情、廉政舆情分析研判和处置管理,严格对网站、微博、微信、客户端等网络媒体审核把关,及时化解风险。

【知识点5】党委纪检组和机关纪委的协助监督责任

党委纪检组协助党委推进全面从严治党,承担监督检查、纪律审查、问责追究责任。机关纪委按照党章及有关党内法规赋予的职责开展工作,参照本章的有关规定履行监督责任。

1. 协助推进责任

向同级党组织汇报上级党组织和纪检机构有关全面从严治党、党风廉政建设和反腐败工作的部署和要求,提出具体贯彻落实意见。

建立向本级党委通报日常监督中发现的普遍性问题或突出问题,纪检组组长经常与本级党委书记就作风建设、廉政风险、问题线索等交换意见,每半年至少会同本级党委专题研究1次全面从严治党、党风廉政建设和反腐败工作等协调配合机制。

加强对下级党组织实施责任追究情况的监督检查,发现有应当追究而未追究或者责任追究处理决定不落实等问题的,应当及时督促下级党组织予以纠正。

加强纪检工作标准化、规范化建设,履行加强纪检机构自身建设主体责任,加强教育、监督、管理，严格规范线索处置、谈话函询、初步核实、立案审查、审理等工作，确保权力受到严格约束。

2. 监督检查责任

把监督作为基本职责、第一职责，维护党的章程和其他党内法规，检查党的路线、方针、政策和决议的执行情况；经常对党员进行遵守纪律的教育，作出关于维护党纪的决定；对党的组织和党员领导干部履行职责、行使权力进行监督。

严明党的政治纪律和政治规矩，坚决纠正和查处上有政策、下有对策，有令不行、有禁不止，口是心非、阳奉阴违，搞团团伙伙、拉帮结派，欺骗组织、对抗组织等行为，强化纪律约束，确保政令畅通。

监督党委及领导班子成员执行民主集中制、"三重一大"等重大事项决策、落实议事程序和工作规则等情况，制止和纠正违规决策行为。

监督中央八项规定及其实施细则精神和反对"四风"情况落实，根据上级要求开展专项整治活动，协助党委做好"月报告""零报告""双签字背书"、重大问题24小时内报告等制度。

紧盯"关键少数"，强化对党委及领导班子成员、部门（单位）主要负责人和下级领导班子"一把手"的监督，发现本级领导班子成员一般性违规违纪问题，应当及时向本人提出，重要问题向上一级纪检机构报告。对部门（单位）主要负责人和下级的监督中，要突出对管人管钱管物、权力集中、廉洁风险高或群众反映较多的部门（单位）"一把手"的监督。

强化对职能部门履行日常监管职责情况的监督，督促职能部门把风险点及时纳入内控系统，及时纠正和查处职能部门监管缺位、失职失责行为。

加强对选人用人情况的监督，重点监督是否坚持党管干部原则，是否坚持新时期好干部标准，是否坚持正确选人用人导向，特别是紧盯动议、民主推荐、考察考核等关键环节开展监督，坚决防止任人唯亲、封官许愿，搞亲亲疏疏、团团伙伙等问题。

对公职人员依法履职、秉公用权、廉洁从政从业以及道德操守等情况强化监督检查。

加强对巡视巡察整改情况的日常监督，持续深入推进巡视巡察发现问题的整改落实，切实提高巡视巡察整改质量。

3. 纪律审查责任

规范信访举报，对实名举报和违反中央八项规定及其实施细则精神、"四风"问题等信访举报优先办理。定期分析研判信访举报情况，对典型性、普遍性问题提出有针对性的处置意见，督促信访举报比较集中的单位（部门）查找分析原因并认真整改。

按照谈话函询、初步核实、暂存待查、予以了结四类方式，统一处置和管理问题线索。坚持问题线索集体排查制度，线索处置、谈话函询、初步核实、立案审查、案件审理、处置执行中的重要问题，应当集体研究。

依规依纪开展执纪审查，重点查处党的十八大以来不收敛、不收手，问题线索反映集中、群众反映强烈，政治问题和经济问题交织的腐败案件，以及违反中央八项规定及其实施细则精神的问题。准确运用监督执纪"四种形态"。

加大税收违法案件"一案双查"力度，结合打击偷逃骗税和虚开增值税发票案件，严肃查处税务人员与不法分子内外勾结、谋取私利的违纪违法问题，并倒查领导责任。

发挥查办案件的治本功能，按规定对重大腐败案件和违反中央八项规定及其实施细则精神的典型问题进行剖析通报，加强警示教育，提出加强管理、堵塞漏洞、完善制度的意见和建议。

4. 问责追究责任

对党的领导弱化、党的建设缺失、全面从严治党不力、维护党的纪律不力、推进党风廉政建设和反腐败工作不坚决不扎实，造成严重后果的，按照有关规定和干部管理权限，提出问责建议，履行问责程序，落实问责决定。

对违反中央八项规定及其实施细则精神的，严重违纪被立案审查开除党籍的，严重失职失责被问责的，以及发生在群众身边、影响恶劣的不正之风和腐败问题，按照有关规定和干部管理权限，点名道姓通报曝光。

执纪审查工作以上一级纪检机构领导为主，线索处置和执纪审查情况在向本级党委报告的同时向上级纪检机构报告。

省税务局纪检组每半年向国家税务总局党委、党风廉政建设领导小组书面报告1次履行监督责任情况；省以下税务局纪检组每半年向上一级税务局党委、纪检组书面报告1次履行监督责任情况。加强与地方纪委监委的密切联系，建立完善日常沟通协调机制，纪检组组长每半年要主动上门汇报1次工作。

>> 第三节
六位一体税务系统全面从严治党新格局的构建

【知识点1】六位一体税务系统全面从严治党新格局的结构框架

2021年2月23日，在2021年全国税务系统全面从严治党工作会议上，国家税务总局党委书记、局长王军代表总局党委作工作报告，提出要着力构建六位一体税务系

通用知识

统全面从严治党新格局，即政治建设一体深化、两个责任一体发力、综合监督一体集成、党建业务一体融合、约束激励一体抓实、组织体系一体贯通。

【知识点2】六位一体税务系统全面从严治党新格局的构建原则

1. 确保新发展阶段税收现代化建设的"十大举措"持续健全落细、"六大能力"不断提升加强、"六大体系"的目标高质量实现。
2. 确保党中央、国务院决策部署在税务系统不折不扣落地生根。
3. 确保税收在国家治理中的基础性、支柱性、保障性作用更加充分发挥。
4. 确保忠诚干净担当的税务铁军持续锻造、风清气正海晏河清的良好政治生态持续优化。

【知识点3】六位一体税务系统全面从严治党新格局的工作机制

1. 在"政治建设一体深化"方面，要进一步提高政治"三力"，更加自觉地从政治上看税务系统全面从严治党工作。
2. 在"两个责任一体发力"方面，要进一步扛牢压实管党治党政治责任，持续推动主体责任和监督责任同抓共进。
3. 在"综合监督一体集成"方面，要进一步加强实践探索，着力增强监督合力和监督治理效能。
4. 在"党建业务一体融合"方面，要进一步强化联动评价，不断提升税务系统全面从严治党的整体性系统性。
5. 在"约束激励一体抓实"方面，要进一步落实严管厚爱要求，持续营造风清气正的良好政治生态。
6. 在"组织体系一体贯通"方面，要进一步强化整体提升，切实增强各级税务党建工作部门和纪检机构的组织力协同力。

【知识点4】持续推进税务系统全面从严治党向纵深发展

在2023年全国税务系统全面从严治党工作会议上，税务总局党委书记、局长王军强调，必须以永远在路上的清醒和坚定，坚持内容上全涵盖、对象上全覆盖、责任上全链条、制度上全贯通的要求，围绕更加强化党的领导、更加强化严的基调、更加强化压力传导、更加强化集成贯通、更加强化融合互促、更加强化智慧支撑，着力健全完善更趋科学系统、更利深入落实、更显有力有效的税务系统全面从严治党体系，持续推进税务系统全面从严治党向纵深发展。

第四节
税务系统纵合横通强党建机制制度体系

【知识点1】加强新形势下税务系统党的建设的背景与意义

税务系统有总局和省、市、县局以及分局（所）五级机构，全国共有4万多个基层党组织、50多万名党员、70多万在职干部职工，队伍大、层级多、战线长，抓好党建、带好队伍、干好税务的任务繁重。税务总局党委认真贯彻习近平总书记关于"要在带好队伍上下功夫"的重要指示精神，以构建"纵合横通强党建"工作机制为抓手，全面提升税务系统党的建设质量，推动税务队伍建设和税收事业发展取得积极成效。

【知识点2】加强新形势下税务系统党的建设的总体要求与基本原则

1. 总体要求

以习近平新时代中国特色社会主义思想为指导，深入学习宣传贯彻党的二十大精神，全面落实新时代党的建设总要求，认真落实新时代党的组织路线，坚持党要管党、全面从严治党，以党的政治建设为统领全面推进税务系统党的各项建设，切实增强各级税务机关党组织的创造力、凝聚力、战斗力，充分调动广大税务党员干部的积极性、主动性、创造性，为高质量推进新时代税收现代化提供坚强政治保证。

2. 基本原则

坚持政治引领，加强党对税收工作的全面领导，确保税收事业始终沿着正确的方向前进；

坚持服务中心，努力实现党的建设与税收中心工作融合共进；

坚持以上率下，抓机关带系统，充分发挥领导机关和领导干部的示范作用；

坚持问题导向，着力解决党建工作中存在的突出问题，补齐短板弱项；

坚持改革创新，既继承和弘扬好的工作经验和做法，又把握时代脉搏，不断与时俱进、创新方式方法。

【知识点3】税务系统纵合横通强党建机制制度体系的具体内涵

纵合横通强党建机制制度体系，即"条主责、块双重，纵合力、横联通，齐心抓、

通用知识

党建兴"，在双重领导管理体制下，汇聚各方面力量，共抓税务系统党建工作，提高党建工作质量。

条主责：各级税务局党委要落实"条主责"要求，认真抓好本部门、本系统党的建设、全面从严治党工作。

块双重：各级税务局党委要按照"块双重"要求，认真落实地方党委对党建工作的部署要求，积极争取纪委监委、组织部、宣传部、统战部、机关工委等部门支持，做好税务系统党建工作。

纵合力：各级税务局党委要落实"纵合力"要求，层层传导压力、压实责任。每年组织开展1次"两个责任"落实情况专项检查，听取1次机关各单位和下级税务局党委主要负责同志履行主体责任情况汇报。深化落实"下抓两级、抓深一层"工作机制，国家税务总局、省税务局、市税务局党委委员分别选取一定数量的市税务局、县税务局、乡镇税务分局（所）作为基层党建联系点，每年实地调研指导党建工作至少1次，并给联系点党员干部上党课，共过组织生活。

横联通：各级税务局党委要落实"横联通"要求，凝聚党建工作合力，增强党建工作实效。成立党建工作领导小组，由党委书记任组长，相关党委委员任副组长，系统党建、机关党委、纪检、巡视巡察、办公室、督察内审、人事、考核考评、宣传教育等部门为成员单位。推动党建与党风廉政建设、机关党建与系统党建、党建与干部人事、党建与执法监督及内控、党建与干部教育培训、党建与绩效管理、党建与税收业务等实现"七个打通"，为顺利完成各项任务提供坚强组织保证。

>> 第五节
税务总局党委关于党建工作的最新要求和工作部署

【知识点1】加强县级税务局政治机关建设

2023年5月，中共国家税务总局委员会印发《关于加强县级税务局政治机关建设的指导意见》，就加强县级税务局政治机关建设的5个方面16项主要任务进行明确。

1. 总体要求

（1）指导思想。以习近平新时代中国特色社会主义思想为指导，全面贯彻习近平总书记在中央和国家机关党的建设工作会议上的重要讲话精神，深刻领悟"两个确立"

的决定性意义,增强"四个意识"、坚定"四个自信"、做到"两个维护",以党章为根本遵循,以党的政治建设为统领,着力构建"总局主导、省局主责、市局主抓、县局主建"的工作格局,将县级税务局全面建设成为政治属性更加鲜明、政治信仰更加坚定、政治功能更加突出、政治生态更加清朗、政治本色更加彰显的政治机关,确保党中央、国务院决策部署在税务系统落地生根、取得实效。

(2) 主要原则

①坚持以政治建设为统领。树牢县级税务局第一身份是政治机关、第一属性是政治属性、第一要求是旗帜鲜明讲政治的意识,把党的政治建设要求贯穿县级税务局政治机关建设全过程、各方面,不断提升各级税务局党组织和党员干部的政治判断力、政治领悟力、政治执行力。

②坚持围绕中心服务大局。把政治机关建设同贯彻落实党中央、国务院重大决策部署以及新时代税务职责使命紧密结合起来,认真践行以人民为中心的发展思想,立足县级税务局特点和实际,在更好服务地方经济社会高质量发展上冲在前、勇担当,在更好服务广大纳税人缴费人上出实招、办实事、求实效。

③坚持抓实基层打牢基础。充分发挥"纵合横通强党建"机制制度体系优势和作用,强化以上率下,深化横向联合,增强条块协同,凝聚工作合力,推动基层党组织建设提质增效,标准化规范化水平进一步提高,政治功能和组织功能进一步增强,把税务系统基层建设夯得更加坚实,工作基础打得更加牢固。

④坚持务求实效增强活力。突出问题导向,聚焦主责主业,切实解决工作中存在的短板弱项和问题不足,着力增强县级税务局政治机关建设措施的针对性和实效性。坚持守正创新,鼓励各地积极探索,主动性作为、创造性落实。及时选树典型,抓两头促中间,促使基层活力更加迸发,干事创业氛围更加浓厚。

2. 主要任务

(1) 践行"两个维护",政治属性更加鲜明

①持续强化政治机关意识教育。把强化"税务机关首先是政治机关"意识作为县级税务局政治机关建设的重要任务,持续强化对党忠诚教育,每年组织重温习近平总书记"7·9"重要讲话精神,开展"树牢政治机关意识、做到对党绝对忠诚"专题研讨,党委书记围绕政治机关建设讲专题党课,教育引导党员干部时刻牢记"第一身份"是共产党员,"第一职责"是为党工作,做到政治过硬、绝对忠诚。

②严守政治纪律和政治规矩。严格执行《关于新形势下党内政治生活的若干准则》等党内法规,以及《关于加强新形势下税务系统党的建设的意见》《关于进一步加强和改进税务系统重大事项请示报告工作的通知》等制度文件,每年至少开展1次加强政治纪律和政治规矩专题学习教育,定期对分局(所)、股室推进党的建设特别是遵守党的政治纪律和政治规矩情况开展督促检查,教育引导基层税务干部强化自我约束,

通用知识

做到党中央提倡的坚决响应、党中央决定的坚决照办、党中央禁止的坚决杜绝。

③提高党员干部政治能力。始终聚焦"国之大者""税之要事",每年开展分局(所)、股室负责人政治能力提升培训,将提高政治能力、锤炼政治品格、防范政治风险纳入全员教育培训重要内容,推动基层税务干部不断增强政治敏锐性和政治鉴别力,提高政治风险防范意识和应对能力,始终保持政治定力。

(2)筑牢思想根基,政治信仰更加坚定

①持续强化党的创新理论武装。科学谋划、精心组织学习贯彻习近平新时代中国特色社会主义思想主题教育,努力在以学铸魂、以学增智、以学正风、以学促干方面取得实实在在的成效。深化落实"四个第一"制度,依托"学习强国""学习兴税"平台、数字人事"两测"等方式,组织基层税务干部深入学习贯彻党的二十大精神,紧密结合习近平总书记关于税收工作的重要论述,深化运用"税收现代化服务中国式现代化"大讨论成果,切实将学习成果转化为税收现代化服务中国式现代化的具体实践。

②严格落实意识形态工作责任制。认真落实《党委(党组)意识形态工作责任制实施办法》《进一步规范税务人员网络行为指引》等制度办法,每半年至少专题研究1次意识形态工作,每年向上级党委书面报告1次意识形态工作。严格落实意识形态重大情况分析研判、应急处置和定期通报制度,扎实开展意识形态专题警示教育,持续规范党团活动室、职工书屋、税务内刊、工作微信群等阵地管理,坚决反对和抵制各种错误思潮和负面言论。

③做实做细思想政治工作。县级税务局党委每年至少专题研究1次思想政治工作、至少开展1次基层税务干部思想状况调查分析,做好重点领域、关键岗位人员的思想引导和心理疏导。党委书记经常、主动与基层税务干部谈心谈话,及时掌握干部思想状况。党委委员按照"一岗双责"要求,认真落实谈心谈话制度,与分管部门和联系单位党员干部经常开展谈心谈话。党支部书记要做到"六必谈",即干部入职必谈、入党必谈、职务晋升或岗位调整必谈、离职退休必谈、受到处理处分必谈、遇家庭重大变故或特殊困难必谈,及时了解掌握基层税务干部思想、学习、工作、生活、身心健康状况等,有针对性帮助解决实际困难。

(3)建强基层组织,政治功能更加突出

①持续推动条块协同。深化拓展和落实落细"纵合横通强党建"机制制度体系,县级税务局党委书记每半年至少向地方党委汇报1次党建工作,其他班子成员主动向地方党委相关部门报告分管范围内的重要工作,争取工作支持。办公室、人事、机关党委、党委纪检组等每半年至少要到地方党委对口工作部门走访汇报1次。加强与业务相近的地方部门联建共建,学习借鉴政治机关建设优秀经验。党委书记和党委班子成员要做到"四个一":每年至少参加1次挂点联系的分局(所)、分管的股室党支部

主题党日，参加1次组织生活会，讲1次专题党课，组织1次党员干部座谈，及时发现解决问题，总结推广经验。

②规范基层党组织设置。认真贯彻《中国共产党支部工作条例（试行）》以及《全国税务系统党建工作规范》《关于进一步增强税务系统基层党组织政治功能和组织功能更好发挥教育管理监督作用的若干措施》等，统筹落实地方党委及其工作部门要求，不断优化基层党组织设置。县级税务局党委要按规定设立机关党委、党总支、党支部；结合实际推动支部建在分局（所）、股室，以单独组建为主要方式设置党支部；正式党员不足3人的单位，不宜单独设置党支部的，应当按照业务相近、规模适当、便于管理的原则联合设置党支部。

③配齐配强党支部班子。坚持把守信念、讲奉献、有本领、重品行的党员推荐到支部班子，充分发挥"头雁效应"，示范带动全体党员干部充分发挥先锋模范作用，推进各项工作高质量开展。县级税务局党委要按要求配齐配强党支部班子特别是党支部书记、纪检委员，做实党支部书记、党支部委员和党小组组长党建工作述职评议，充分发挥基层党组织战斗堡垒作用。

④形成教育管理监督合力。深化纪检监察体制改革，推动"综合监督一体集成"，落实《进一步加强税务系统党的基层组织日常监督实施办法》以及《加强对税务人员"八小时之外"监督指引》等制度办法，切实发挥党支部"管到人头"的优势。紧盯重点关键岗位干部，加强编外聘用人员全链条管理，有效防范化解风险。坚持从严从实加强青年干部教育管理监督，进一步做好思想状况分析、入职晋级交流廉政谈话、法治意识教育等。坚持"服管并重"理念，落实激励关怀，教育引导离退休干部讲政治、守规矩，自觉做到"退休不退志、退岗不退责、退位不褪色"。

（4）厚植严的氛围，政治生态更加清朗

①压紧压实责任。认真贯彻落实《关于进一步推动税务系统全面从严治党压力层层传导厚植严的氛围的若干措施》等，推动党委书记、党委委员严于律己、严负其责、严管所辖，将全面从严、一严到底的压力传导到"最后一公里"。党委书记每年听取班子其他成员和分局（所）、股室负责人落实全面从严治党主体责任情况汇报，党委委员主动接受监督，自觉开展监督，常态化开展约谈提醒，对挂点联系的分局（所）、分管股室苗头性、倾向性问题抓早抓小，及时防范化解风险隐患。

②严格监督执纪。始终坚持严的主基调不动摇，对落实中央八项规定及其实施细则精神经常性开展廉洁提醒、监督检查，严肃查处违规收送礼品礼金、违规吃喝等违纪违法行为，坚决纠治酒驾醉驾、涉黄赌毒等非职务违法犯罪问题，一体推进"三不腐"。将"严查内错"工作机制拓展运用到出口退税、研发费用加计扣除、土地增值税管理、发票电子化等领域，严肃查处税务人员违纪违法行为。精准有效运用监督执纪"四种形态"，对基层税务干部发表不当言论、故意刁难纳税人缴费人等问题早发现、

通用知识

早提醒、早纠治。

③持续强化廉洁教育。深入推进家庭助廉系列活动,每年开展1次廉洁教育主题党日、寄送廉洁家书、廉洁家访或家属廉洁座谈活动。县级税务局每年至少召开1次警示教育大会,点名道姓通报典型案例,播放警示教育专题片,坚持以案促改、以案促治。党支部每季度至少开展1次警示教育,认真开展"纪检委员履责时间",领学党规党纪、通报典型案例、开展警示教育,引导督促基层税务干部进一步树牢纪法意识、廉洁意识。

(5) 做好融合文章,政治本色更加彰显

①坚决贯彻落实上级部署要求。自觉提高政治站位,坚决扛牢主责主业,对标对表党中央决策部署和习近平总书记关于税收工作重要指示批示精神,研究制定发挥税收职能作用的具体举措。依法依规、稳妥有序做好组织收入工作,落实落细系列税费支持政策,完善落实优惠政策直达快享机制,持续加强税收监管,打通落实党中央、国务院决策部署的"最后一公里"。深入落实条线党建与业务融合工作指引,推动在重大项目、攻坚一线建立临时党支部、党员先锋岗,有力有效地促进党建和业务深度融合。

②积极服务纳税人缴费人。持续开展"便民办税春风行动",大兴调查研究,通过开展"'一把手'走流程""税务体验师"等活动,在不断改进办税缴费服务和持续优化税收营商环境等方面与党中央部署要求对标对表、补足短板。坚持问题导向,按照便利纳税人缴费人、集约化征管的要求,从高频事项入手,积极探索将部分基础管理事项前移至办税服务厅、实现一体化集中化办理,解决纳税人缴费人急难愁盼问题;持续推动精细服务提档升级,围绕关注特殊人群、助力小微企业、服务大型企业、支持区域发展,制定具体创新措施,优化网络服务,精简办理流程,实现县级税务局办税缴费多平台、多渠道、多方式;在税费服务一线通过佩戴党员徽章、设立党员先锋岗等方式,引导党员带头落实"首问责任制""一次性告知"等服务制度,做好税费服务表率,让纳税人缴费人感受到"党员在身边、服务零距离"。

③锻造全面过硬的基层干部队伍。坚持新时代好干部标准,始终把政治过硬摆在首位,运用好绩效管理和数字人事,认真做好干部选任工作。持续优化分局(所)、股室人员结构。完善干部梯次结构,加大青年干部教育培养,把优秀青年干部选任到分局(所)、股室负责人岗位。注重增强履职本领,通过技能竞赛、岗位练兵、业务比武等方式,组织开展条线场景化、实战化培训,不断提升基层税务干部执行政策、依法办事和服务群众能力。大力选树先进典型,提振基层干部队伍的精气神,引导基层税务干部崇法守纪、履职尽责,做到平常时候看得出来、关键时刻站得出来、危急关头豁得出来。

【知识点2】进一步增强税务系统基层党组织政治功能和组织功能，更好发挥教育管理监督作用

2023年6月，中共国家税务总局委员会印发《进一步增强税务系统基层党组织政治功能和组织功能更好发挥教育管理监督作用的若干措施》，指出，为深入推进税务系统学习贯彻习近平新时代中国特色社会主义思想主题教育，认真贯彻落实党的二十大关于"增强党组织政治功能和组织功能"的部署要求，深化中央巡视整改工作，健全税务系统全面从严治党体系，完善"纵合横通强党建"机制制度，更好发挥基层党组织特别是党支部"管到人头"优势，切实加强对党员干部的教育管理监督，层层传导管党治党压力、厚植严的氛围，推动税务系统全面从严治党向纵深发展、向基层延伸，以高质量党建引领保障新征程税收现代化行稳致远、取得更大实效，根据《中国共产党章程》《中国共产党党和国家机关基层组织工作条例》《中国共产党支部工作条例（试行）》等党内法规和制度文件精神，结合税务部门实际，特制定以下措施。

1. 进一步增强基层党组织政治功能

（1）切实强化理论武装。始终把学懂弄通做实习近平新时代中国特色社会主义思想作为税务系统基层党组织的首要政治任务，将学习宣传贯彻党的二十大精神作为"三会一课"等组织生活的重要内容，按照党中央部署落实好主题教育各项任务，教育引导党员干部深刻领悟"两个确立"的决定性意义，增强"四个意识"、坚定"四个自信"、做到"两个维护"，更加自觉地用习近平新时代中国特色社会主义思想武装头脑、指导实践、推动工作。

（2）树牢政治机关意识。始终把贯彻落实习近平总书记关于税收工作的重要论述和重要指示批示精神作为税务系统基层党组织的"第一要事"。进一步强化各级税务局特别是县级税务局政治机关意识教育，教育引导党员干部牢记税务机关第一身份是政治机关、第一属性是政治属性、第一要求是旗帜鲜明讲政治，不断提高政治判断力、政治领悟力、政治执行力。把各级税务局建设成为政治属性更加鲜明、政治信仰更加坚定、政治功能更加突出、政治生态更加清朗、政治本色更加彰显的政治机关，确保党中央、国务院决策部署在税务系统落地生根。

（3）严肃党内政治生活。着力增强党内政治生活的政治性、时代性、原则性、战斗性，召开民主生活会和组织生活会前要广泛听取意见，会上要认真查摆问题，会后要逐一整改落实。"三会一课"要突出政治学习和教育，强化党性锻炼。认真落实《关于进一步深化主题党日的指导意见》，主题党日开展前，党支部认真研究确定主题和内容；开展后，抓好议定事项的组织落实。

坚持对党员进行民主评议，加强党性分析，强化党员意识、增强党的观念、提高

通用知识

党性修养。规范举行有关政治仪式，突出政治引领，增强政治效果，防止形式主义、平淡化、庸俗化、随意化、繁琐化。推动党支部活动方式创新，鼓励党员人数较少的党支部通过政治理论联学、政治仪式联办、主题党日联过、党建品牌联创等方式，不断提升党建工作质量。

（4）持续提升政治能力。将提升政治能力作为基层党组织书记、委员学习培训的重点内容，探索采取"线上+线下""分级+分类""课堂+基地"等模式，灵活运用讲授、研讨、模拟、互动、观摩、体验等方式，开展党的创新理论、党建工作实务、群众工作、基层治理等教育培训，教育引导基层党组织书记、委员进一步筑牢信仰之基、补足精神之钙、把稳思想之舵，切实提高辨别政治是非、保持政治定力、防范政治风险的能力。建立党支部委员履职培训制度，新任党支部书记须在任职6个月内接受集中培训。结合县级税务局政治机关建设安排，税务总局每年举办基层党组织书记示范培训班，各省、市级税务局统筹开展基层党组织书记、委员培训，积极参加地方工委组织的相关培训，确保基层党组织书记、委员每年至少参加1次集中培训。

2. 进一步增强基层党组织组织功能

（1）优化基层党组织设置。各级税务局要紧密结合所属内设机构、派出机构、事业单位等自身特点，深入研究有利于增强政治功能和组织功能，发挥教育管理监督作用的基层党组织设置方式，并向当地工委提出优化方案和建议，按规定设立机关党的基层委员会、总支部委员会、支部委员会（或党支部）、党小组。

弘扬"支部建在连上"光荣传统，党员人数较多的内设部门和税务分局（所）以单独组建为主要方式设置党支部。结合实际创新党支部设置形式，县级税务局内设股（室）正式党员较少，不宜单独设置党支部的，应当按照业务相近、规模适当、便于管理的原则成立联合党支部，联合股（室）数量一般在3个以内，特殊情况不超过5个。党员人数较多、涉及部门较多或者党员工作地比较分散的党支部，可按照便于加强教育管理监督的原则，划分若干党小组。省、市级税务局党委每年至少对本单位本系统基层党组织开展1次督导指导，对设置不合理、功能不强、作用发挥不力的，及时督促优化调整。

（2）规范临时党组织设立。执行专项任务临时组建的工作组织，存续时间一般在1周以上、6个月以内，有3人以上正式党员的，原则上应当设立临时党组织。一般以"临时工作机构名称+临时党支部（党总支、党委）"形式，确定临时党组织名称。临时党组织书记、副书记和委员由批准其成立的党组织指定。上级党组织应当指导临时党组织建立学习、会议及管理监督等制度，做到重要问题集体讨论、重要情况及时通报。专项任务结束后应当及时向上级党组织汇报工作开展情况、向党员派出单位党组织反馈党员的现实表现情况。临时党组织书记、副书记和委员履责情况，作为领导干部选拔任用、职级晋升、培养教育和奖励惩戒的重要依据。

（3）配强党支部班子。党支部书记一般由本部门（单位）党员主要负责人担任，多个部门（单位）组成的党支部，党支部书记一般由其中政策理论水平高、组织协调能力强、群众工作本领好、敢抓敢管的部门（单位）党员主要负责人担任，特殊情况也可由党组织关系在该党支部的局领导担任。党支部纪检委员一般由部门副职党员干部担任，多个部门（单位）组成的党支部，纪检委员一般由部门党员主要负责人担任。设立党小组的，党小组组长一般由党小组所在处（科、股、室）党员主要负责人担任。

（4）建强支部战斗堡垒。紧紧围绕党和国家工作大局、税收改革发展重点任务，充分发挥基层党组织战斗堡垒作用和党员干部先锋模范作用。在改革攻坚一线及时组建党组织，同步成立党员突击队、设立党员先锋岗，引导党员干部在急难险重任务面前走在前、做表率，做到平常时候看得出来、关键时刻站得出来、危难关头豁得出来，努力做到改革推进到哪里，党组织和党员作用就发挥到哪里。狠抓党建和业务融合工作指引在基层党组织的落地见效，加强分条线分领域指导，推动税务系统党建和业务深度融合取得更大成效。

3. 进一步压实基层党组织管理监督职责

（1）压实机关党委书记责任。坚持书记抓、抓书记，机关党委书记要聚焦机关党建主责主业，切实担当作为，不做"挂名书记"。着力抓好谈心谈话工作，做到对所属党员受处理处分的党支部书记必谈、对党支部出现苗头性倾向性问题的党支部书记必谈，特别是对新任职的党支部书记要一对一谈话，明确提出工作要求。着力抓好党支部考核工作，在党支部书记述职评议前，应按年度组织对各党支部工作情况进行实地考核；述职评议时，逐一进行点评，重点指出存在问题和努力方向；述职评议后，结合实地考核结果和平时了解情况，组织对各党支部形成综合评价意见，评价为"较好"及以下等次的应占一定比例，考核情况应进行通报并纳入绩效考评。

（2）压实党支部书记责任。党支部书记要"管到人头"，做到"三必知"，即：党员干部基本情况必知、党员干部思想状况必知、党员干部家庭现况必知；"四必管"，即：党员干部思想不纯发表错误言论必管、作风不实故意刁难服务管理对象必管、交往不正嗜酒纵酒必管、行为不当违背社会公序良俗必管；"五必报"，即：发现党员干部非职务违法犯罪、违规吃喝、违规收受礼品礼金、违规经商办企业和其他违纪违法行为必须向上级党组织和纪检机构报告；"六必谈"，即：干部入职必谈、入党必谈、职务职级晋升或岗位调整必谈、离职退休必谈、受处理处分必谈、遇家庭重大变故或特殊困难必谈，党支部书记每年与每名党员干部谈心谈话不少于1次。

（3）压实纪检委员责任。充分发挥纪检委员"四种作用"，即：发挥示范带头作用，自觉做到以身则、做好表率；发挥纪律教育作用，落实组织生活"纪检委员履责时间"要求，有计划、有针对性地开展警示教育；发挥监督保障作用，紧盯税收征管、税务稽查、信息化建设等税收重点领域和关键环节以及党员干部个人社会交往、婚姻家庭、重大事项等情况，及时发现苗头性、倾向性问题；发挥关心关爱作用，坚持惩前毖后、治病救人的方针，有效运用监督执纪"第一种形态"，做到潜在问题早发现、露头问题早提醒、发现问题早处理，在抓早抓小、防微杜渐中体现严管厚爱。做实"三项报告"，即：发现党员干部存在违规违纪违法行为的及时向党支部书记和机关纪委报告、发现党支部书记存在违规违纪违法行为的及时向机关纪委报告、每半年向机关纪委报告履责情况。

（4）压实党小组组长责任。发挥党小组组长"近距离"优势，合理运用多种手段，及时了解、全面掌握每名党员干部的思想、工作、学习、生活等情况，协助党支部加强对党员干部的日常教育管理监督，做到"两知道一报告"，即：党员干部思想发生重大波动要知道、家庭发生重大变故要知道，出现苗头性、倾向性问题及时向党支部书记、纪检委员报告。

4. 强化组织实施

（1）加强领导指导。各级税务局党委要深刻认识增强税务系统基层党组织政治功能和组织功能、进一步发挥教育管理监督作用是贯彻落实党的二十大精神、深化中央巡视整改的重要举措，是健全税务系统全面从严治党体系的重要一环，是拓展深化税务系统纪检监察体制改革、构建完善一体化综合监督体系的重点内容。要结合《关于加强县级税务局政治机关建设的指导意见（试行）》有关要求，紧密联系本单位本系统实际狠抓落实，有关情况统筹纳入巡视巡察、重点工作督查和日常监督检查。要坚持条块结合，充分发挥"纵合横通强党建"机制制度体系的优势，积极争取地方党委、工委指导支持，推动税务系统基层党组织进一步优化设置、增强功能、发挥作用。各级税务局党委书记要认真履行第一责任人职责，省级税务局党委书记每年确定 1 项"书记抓基层党组织建设重点项目"，纳入述职评议考核的重要内容。

（2）注重示范带动。坚持抓机关带系统，税务总局机关基层党组织要带头抓好本措施贯彻落实，为全系统树标杆、当示范；各省级税务局机关基层党组织也要发挥好示范作用。各级税务局党委书记要带头建立党支部工作联系点，注重抓两头、带中间，做到"四个一"，即：每年至少到联系点调研指导 1 次、同联系点所在地党委及其部门沟通协调 1 次、与联系点共过 1 次组织生活、参加 1 次联系点党员干部座谈会，发现解决问题，总结推广经验。税务总局每年通报 10 个左右具有借鉴作用、成效突出的"党委书记抓基层党组织建设示范项目"，100 个左右示范基层党组织和党支部工作法优秀案例，省级以下税务局党委也要积极探索总结基层党组织建设的好经验好做法，着力创建一批过得硬、叫得响、推得开、体现税务特色的示范品牌。

（3）落实日常监督。各级税务局党委要认真落实进一步加强税务系统党的基层组织日常监督实施办法，以及加强对税务人员"八小时之外"监督指引和规范税务人员网络行为指引等制度办法，督促各基层党组织综合运用教育引导、以案示警、社会监督等措施,紧抓重点岗位党员干部,紧盯"不托底"党员干部,关注青年党员干部,不断强化对党员干部遵规守纪、履职用权情况的监督,特别是要注重通过谈心谈话,及时发现存在问题或风险隐患,及时开展提醒帮助或批评教育。各级税务局党委要督促各基层党组织深入推进家庭助廉系列活动,每年开展1次寄送廉洁家书、廉洁家访或家属廉洁座谈活动,引导督促党员干部自觉净化社交圈、生活圈、朋友圈。

【知识点3】以主题教育为契机进一步推动税务系统学习贯彻习近平总书记在中央和国家机关党的建设工作会议上的重要讲话精神取得更大成效

2023年7月,国家税务总局党建工作领导小组下发《关于以主题教育为契机进一步推动税务系统学习贯彻习近平总书记在中央和国家机关党的建设工作会议上的重要讲话精神取得更大成效的通知》,通知指出,四年来,税务总局党委持续认真学习贯彻习近平总书记"7·9"重要讲话精神,牢固树立抓机关党建是本职、不抓机关党建是失职、抓不好机关党建是渎职的理念,坚持抓机关带系统、抓党建促业务,带领各级税务机关以党的政治建设为统领,着力深化理论武装,着力夯实基层基础,着力推进正风肃纪,努力当好"三个表率",持续"建强政治机关,走好第一方阵",一体推进税务系统党建工作和全面从严治党取得积极成效。

在全党深入开展学习贯彻习近平新时代中国特色社会主义思想主题教育之际,为进一步推动税务系统学习贯彻习近平总书记"7·9"重要讲话精神取得新的更大成效,以高质量党建引领税收现代化更好服务中国式现代化,现就有关事项通知如下。

1. 提升政治站位,在用习近平新时代中国特色社会主义思想凝心铸魂上取得更大成效

各级税务局党委要把学习贯彻习近平总书记"7·9"重要讲话精神作为一项长期的重要政治任务,深刻认识税务机关第一身份是政治机关,第一属性是政治属性,第一要求是旗帜鲜明讲政治,教育引导广大党员干部深刻领悟"两个确立"的决定性意义,增强"四个意识"、坚定"四个自信"、做到"两个维护",切实提升政治判断力、政治领悟力、政治执行力,始终在思想上政治上行动上同以习近平同志为核心的党中央保持高度一致。7月15日前,各级税务局党组织要通过党委会、党委理论学习中心组学习、党支部"三会一课"等方式,组织广大党员干部再次重温习近平总书记"7·9"重要讲话精神,进一步学出政治忠诚,学出使命担当,学出实干精神,学出深厚情怀,不断把学习成果转化为以税收现代化服务中国式现代化的实际行动。

2. 强化政治引领,在推动县级税务局政治机关建设上取得更大成效

以习近平总书记"7·9"重要讲话精神为指导,切实抓好《关于加强县级税务局政治机关建设的指导意见(试行)》落实落地,构建完善"总局主导、省局主责、市局主抓、县局主建"工作格局,聚焦党建薄弱环节,紧扣时代特点和税务实际,守正创

新、持续发力，推动县级税务局政治机关建设再上新台阶。牢固树立大抓基层鲜明导向，深入贯彻落实《进一步增强税务系统基层党组织政治功能和组织功能 更好发挥教育管理监督作用的若干措施》，推动税务系统基层党组织全面进步、全面过硬，教育引导广大党员干部把坚定捍卫"两个确立"、坚决做到"两个维护"体现在坚决贯彻党中央决策部署的行动上，体现在履职尽责、做好本职工作的实效上，体现在党员干部的日常言行上。

3. 深化党业融合，在推进税收服务党和国家工作大局上取得更大成效

按照习近平总书记"围绕中心抓党建、抓好党建促业务"的要求，把坚持和加强党的全面领导贯穿税收改革发展全过程、各方面，紧紧围绕支持国家重大发展战略、深化税收征管改革、组织税费收入、落实减税降费等税收重点工作任务发挥党建引领、聚力、赋能作用。认真落实税务总局党委《关于切实发挥党建引领作用 促进党建工作与税收业务深度融合的若干措施》，坚持党建工作和业务工作一起谋划、一起部署、一起落实、一起检查，进一步强化政治引领、思想引领、组织引领、作风引领和制度引领。加强分类指导，持续推动纳税服务、社保、政府采购3个条线党建和业务深度融合工作指引落实落地，在此基础上探索制定所得税、非税收入、稽查、督察内审等条线党建和业务深度融合工作指引，在更大范围、更多领域促进党建与业务真融合、深融合、长融合，更好引领保障新征程税收现代化行稳致远。

4. 严格正风肃纪，在营造良好政治生态上取得更大成效

认真学习贯彻习近平总书记关于持之以恒正风肃纪的重要要求，健全全面从严治党体系，层层传导压力厚植严的氛围，进一步推动税务系统全面从严治党向纵深发展，着力建设风清气正的政治机关。结合主题教育，深入开展违规吃喝问题、稽查积案清理问题、信息化领域违规违纪违法行为、多头重复推送税收风险任务问题等4个专项整治，持续锻造政治上绝对可靠、对党绝对忠诚的税务铁军。深入落实中央八项规定及其实施细则精神，准确把握新形势下纠治"四风"工作要求，警惕"四风"问题花样翻新、隐形变异新表现，继续在常和长、严和实、深和细上下功夫，管出习惯，抓出成效，化风成俗。按照《中共中央办公厅关于深化拓展整治形式主义为基层减负工作的通知》要求，以钉钉子精神深化拓展整治税务系统形式主义为基层减负各项工作成效，坚决克服形式主义、官僚主义。

5. 加强条块协同，在深化拓展"纵合横通强党建"机制制度体系上取得更大成效

深入分析和准确把握税务系统党建工作规律和特点，更加注重税务系统党的建设各方面制度有机衔接、联动集成、科学有效，根据税务系统党建工作新形势新任务，持续优化完善"纵合横通强党建"机制制度体系，加大"合"的力度，拓展"通"的广度，增进"强"的效果，持续推动税务系统党建工作高质量发展。各级税务局党委要学好用好《纵合横通强党建——税务系统加强和改进党建工作的探索与实践》读本，

结合自身实际，不断充实完善改进相关工作，常态化加强向地方党委及其工作部门的请示汇报和联络沟通，主动争取更大指导支持，形成条块齐抓共促税务系统党建和政治机关建设的强大合力。

习题演练

一、单项选择题

1. 关于严肃税务系统党内政治生活，以下说法错误的是（　　）。
   A. 认真贯彻执行《关于新形势下党内政治生活的若干准则》，严格落实党内组织生活制度，坚持用好批评和自我批评武器，增强党内政治生活的政治性时代性原则性战斗性
   B. 党委民主生活会、党支部（党小组）专题组织生活会每年召开2次，无计划不得随意召开
   C. 民主生活会、专题组织生活会要把群众反映、巡视反馈、组织约谈函询的问题说清楚、谈透彻。进一步完善民主生活会问题整改落实通报制度，自觉接受干部群众监督
   D. 上级税务局党委要派员督导下级税务局党委领导班子民主生活会，对民主生活会效果要有分析、有评价、有报告

   【解析】党委民主生活会、党支部（党小组）专题组织生活会每年召开1次，遇到重要或者普遍性问题应当专门召开。
   【答案】B

2. 国家税务总局要求，各级党委要大兴调查研究之风，每年深入基层一线和矛盾突出、情况复杂的地方开展调查研究不少于（　　）日。
   A. 30　　　　B. 10
   C. 15　　　　D. 20

   【解析】各级税务局党委班子成员要自觉强化党性锻炼和政治历练，不断提升政治能力，做到信念过硬、政治过硬、责任过硬、能力过硬、作风过硬。带头转变工作作风，力戒形式主义和官僚主义。大兴调查研究之风，每年深入基层一线和矛盾突出、情况复杂的地方开展调查研究不少于30日。
   【答案】A

3. 关于各级税务局机关各部门抓好本部门全面从严治党工作，以下说法有误的是（　　）。
   A. 将全面从严治党、党风廉政建设工作纳入本部门业务工作，做到同部署、同推进、同落实、同检查，重要事项及时向本级党委汇报
   B. 加强部门权力监督制约，紧盯重点岗位和关键环节，健全完善内控机制，从源头上防范不廉洁问题发生

C. 在落实重点任务中注重发挥党员先锋模范作用，领导带干部、党员带群众，凝聚干事创业、改革攻坚合力

D. 做深做细思想政治工作，认真落实谈心谈话制度，部门领导每年要有针对性地与党员干部代表开展谈心谈话

【解析】根据《税务系统落实全面从严治党主体责任和监督责任实施办法（试行）》要求，税务机关部门领导每年至少与党员干部谈心谈话1次。

【答案】D

4. 推进税务系统党的政治建设，首要任务是（　　）。

A. 严肃党内政治生活
B. 坚持党的领导
C. 坚持"条主动、块为主"
D. 坚决做到"两个维护"

【解析】《中共国家税务总局委员会关于加强新形势下税务系统党的建设的意见》（税总党委发〔2018〕23号）指出，把坚决维护习近平总书记党中央的核心、全党的核心地位，坚决维护党中央权威和集中统一领导作为税务系统党的政治建设首要任务。

【答案】D

5. 下列做法中，不符合国家税务总局党委工作规则要求的是（　　）。

A. 国家税务总局党委委员应当认真落实基层联系点工作制度，每年深入基层的时间不少于1个月
B. 国家税务总局党委书记履行抓党建"一岗双责"
C. 凡属党委职责范围内的事项，应当按照少数服从多数原则，由党委员集体讨论决定
D. 国家税务总局党委会议原则上每周召开1次，遇有重要情况可以随时召开

【解析】国家税务总局党委书记履行抓党建第一责任人的职责，其他党委委员切实履行"一岗双责"，抓好分管部门及联系单位的党建和全面从严治党工作，每年向本级党委汇报1次履行"一岗双责"情况。

【答案】B

6. 各级税务局党委"最大的政绩"是（　　）。

A. 组织收入
B. 抓好党建
C. 抓好党风廉政建设
D. 服务纳税人和缴费人

【解析】《中共国家税务总局委员会关于进一步加强税务系统党建工作　完善新纵合横通强党建机制体系的意见》（税总党委发〔2020〕106号）规定，各级税务局党委要牢固树立"把抓好党建作为最大的政绩"的意识。

【答案】B

7. 根据国家税务总局党委2019年9月制定下发的《税务系统政治生态常态化评价机制》，开展政治生态评价的范围和对象分别是（　　）。

A. 国家税务总局机关各司局及直属单位；处级以上党员领导干部
B. 各级税务机关；处级以上党员领导干部

C. 国家税务总局机关各司局及直属单位、各省（区、市）税务局机关（含派出单位）；处级以上党员领导干部

D. 各级税务机关；各级党员领导干部

【解析】开展政治生态评价的范围是国家税务总局机关各司局及直属单位、各省（区、市）税务局机关（含派出单位）；评价对象主要是处级以上党员领导干部。

【答案】C

8. 关于机关纪委对违反党纪的党员的处理流程，正确的是（ ）。
①召开党员大会讨论 ②调查核实
③本人签字确认   ④谈话教育
⑤宣布批复
A. ①②③④⑤   B. ②①③④⑤
C. ②①④⑤③   D. ①②④⑤③

【解析】根据《全国税务系统党建工作规范》对违反党纪的党员的处理流程是调查核实，最后是由下级党组织在适当范围宣布上级党组织对党员处分决定的批复。

【答案】B

9. 各级党委要认真学习贯彻习近平总书记关于税收工作的重要论述和重要指示批示精神，把学习最新讲话、最新文章、最新指示、批示精神作为党委会议（ ）。
A. 重要内容   B. 第一内容
C. 第一议题   D. 重中之重

【解析】国家税务总局要求，各级党委要将学习习近平总书记最新讲话、最新文章、最新指示、批示精神作为党委会议"第一议题"。

【答案】C

10. 坚持政治引领，是加强新形势下税务系统党的建设的基本原则之一。具体是指（ ）。
A. 建立纵合横通强党建机制
B. 加强党对税收工作的全面领导，确保税收事业始终沿着正确的方向前进
C. 加强税务系统党内政治生活
D. 一切工作到支部

【解析】坚持政治引领，加强党对税收工作的全面领导，确保税收事业始终沿着正确的方向前进。

【答案】B

11. 关于党建工作领导小组，以下说法错误的是（ ）。
A. 由分管党建的党委委员任组长
B. 系统党建、机关党委、纪检、巡视巡察、办公室、督察内审、人事、考核考评、宣传教育等部门为成员单位
C. 党建工作领导小组要定期召开会议
D. 党建工作领导小组不是一级机构

【解析】国家税务总局规定，党建工作领导小组应由党委书记任组长，相关党委委员任副组长，系统党建、机关党委、纪检、巡视巡察、办公室、督察内审、人事、考核考评、宣传教育等部门为成员单位。

【答案】A

12. 税务系统履行全面从严治党"第一责任人"职责的是（ ）。
A. 党委书记   B. 纪委书记

C. 党支部书记　　D. 纪检组组长

【解析】党委书记履行全面从严治党"第一责任人"职责，重点履行统筹推进、管好干部、严格把关、示范引领责任。

【答案】A

13. 各级税务机关党委委员应履行"一岗双责"，负责抓好分管部门、联系点税务局全面从严治党工作。以下不属于党委委员职责的是（　　）。

A. 学习贯彻党中央、国务院和中央纪委国家监委关于全面从严治党、党风廉政建设部署和要求，结合职责分工研究具体贯彻落实措施，自觉把全面从严治党要求融入分管业务工作

B. 贯彻落实本级党委全面从严治党工作部署，对照职责分工和责任清单，研究部署和推动落实分管部门、联系点税务局的全面从严治党工作，每年向党委报告1次履行"一岗双责"情况。每年在党委扩大会议上进行述职述责述廉，并在一定范围内公开，接受评议和监督

C. 加强对分管部门、联系点税务局全面从严治党、党风廉政建设工作的监督检查，重大事项及时向主要负责人报告。定期听取分管单位全面从严治党工作汇报，加强督促指导和分析研判，帮助解决问题

D. 带头学习和推动落实党中央、国务院和中央纪委国家监委关于全面从严治党的工作部署，结合上级党组织要求，研究具体贯彻落实措施，做到重要工作亲自部署、重大问题亲自过问、重点环节亲自协调、重要案件亲自督办

【解析】"带头学习和推动落实党中央、国务院和中央纪委国家监委关于全面从严治党的工作部署，结合上级党组织要求，研究具体贯彻落实措施，做到重要工作亲自部署、重大问题亲自过问、重点环节亲自协调、重要案件亲自督办"属于党委书记职责。

【答案】D

14. 根据税务系统纵合横通强党建机制制度体系要求，各级税务机关党委每年要向所在地党委及其有关工作部门汇报党建工作的次数是（　　）。

A. 至少1次　　B. 每年1~2次
C. 至少4次　　D. 至少2次

【解析】围绕"条主责、块双重，纵合力、横联通，齐心抓、党建兴"的要求，构建纵合横通强党建机制制度体系，每年至少向所在地党委及其有关工作部门汇报2次党建工作。

【答案】D

15. 党委书记要做严格党内组织生活的表率，以下说法错误的是（　　）。

A. 组织召开领导班子民主生活会，带头开展批评和自我批评

B. 对班子其他同志的缺点错误应当包容

C. 参加指导下级党委民主生活会，自觉参加双重组织生活

D. 每年至少为本单位或本系统的党

员干部讲党课 1 次

【解析】党委书记的示范引领责任包括：严格党内组织生活，组织召开领导班子民主生活会，带头开展批评和自我批评，对班子其他同志的缺点错误应当敢于指出，帮助改进。参加指导下级党委民主生活会，自觉参加双重组织生活。每年至少为本单位或本系统的党员干部讲党课 1 次。每年至少对基层党建联系点全面从严治党工作进行 1 次调研和指导。

【答案】B

16. 党委书记履行全面从严治党"第一责任人"职责，重点履行统筹推进、（　　）、严格把关、示范引领责任。

    A. 监督指导　　B. 开拓进取
    C. 管好干部　　D. 防微杜渐

    【解析】党委书记履行全面从严治党"第一责任人"职责，重点履行统筹推进、管好干部、严格把关、示范引领责任。

    【答案】C

17. 税务机关纪检组协助党委推进全面从严治党，承担责任包括：监督检查、纪律审查和（　　）。

    A. 管好干部　　B. 咬耳扯袖
    C. 问责追究　　D. 防范预警

    【解析】纪检组协助党委推进全面从严治党，承担监督检查、纪律审查、问责追究责任。

    【答案】C

18. "六位一体"税务系统全面从严治党新格局是指：政治建设一体深化、两个责任一体发力、综合监督一体集成、党建业务一体融合、约束激励一体抓实和（　　）。

    A. 绩效考核一体运用
    B. 组织体系一体贯通
    C. 思想建设一体贯通
    D. 作风建设一体提升

    【解析】"六位一体"税务系统全面从严治党新格局是指要持续构建完善"政治建设一体深化、两个责任一体发力、综合监督一体集成、党建业务一体融合、约束激励一体抓实、组织体系一体贯通"。

    【答案】B

19. 各级税务机关的党支部书记原则上由（　　）担任。

    A. 党员行政主要负责同志
    B. 党龄较长的同志
    C. 年富力强的党员同志
    D. 党支部中级别较高的党员领导干部

    【解析】《中共国家税务总局委员会关于加强新形势下税务系统党的建设的意见》指出，要严格按照《中国共产党党和国家机关基层组织工作条例》规定，规范设立机关党委、机关纪委、党总支、党支部，确保党组织对办税服务厅、税务分局（所）等所有单位的全覆盖。党支部书记原则上由党员行政主要负责同志担任。

    【答案】A

20. 中国共产党人的初心和使命，是激励中国共产党人不断前进的根本动力。这个初心和使命就是（　　）。

    A. 为中国人民谋幸福，为中华民族

谋解放

B. 为中国人民谋幸福，为中华民族谋未来

C. 为中国人民谋幸福，为中华民族谋复兴

D. 为中国人民谋生活，为中华民族谋未来

【解析】中国共产党人的初心和使命，就是为中国人民谋幸福，为中华民族谋复兴。这个初心和使命是激励中国共产党人不断前进的根本动力。

【答案】C

21. 中国特色社会主义新时代的社会主要矛盾是（　　）。

A. 人民日益增长的美好生活需要和不充分不平衡的发展之间的矛盾

B. 人民日益增长的幸福生活需要和不平衡不充分的发展之间的矛盾

C. 人民日益增长的美好生活向往和不充分不平衡的发展之间的矛盾

D. 人民日益增长的美好生活需要和不平衡不充分的发展之间的矛盾

【解析】中国特色社会主义进入新时代，我国社会主要矛盾已经转化为人民日益增长的美好生活需要和不平衡不充分的发展之间的矛盾。

【答案】D

22. 中国特色社会主义最本质的特征是（　　）。

A. 依法治国

B. 中国共产党领导

C. 人民当家作主

D. 中国特色社会主义

【解析】习近平总书记在中国共产党第二十次全国代表大会上所作报告指出，我们全面加强党的领导，明确中国特色社会主义最本质的特征是中国共产党领导，中国特色社会主义制度的最大优势是中国共产党领导。

【答案】B

23. 中国特色社会主义的本质要求和重要保障是（　　）。

A. 全面依法治国

B. 全面从严治党

C. 全面发展经济

D. 全面可持续发展

【解析】全面依法治国是中国特色社会主义的本质要求和重要保障。必须把党的领导贯彻落实到依法治国全过程和各方面，坚定不移走中国特色社会主义法治道路，完善以宪法为核心的中国特色社会主义法律体系，建设中国特色社会主义法治体系，建设社会主义法治国家，发展中国特色社会主义法治理论，坚持依法治国、依法执政、依法行政共同推进，坚持法治国家、法治政府、法治社会一体建设，坚持依法治国和以德治国相结合，依法治国和依规治党有机统一，深化司法体制改革，提高全民族法治素养和道德素质。

【答案】A

24. 经过不懈努力，党找到了跳出治乱兴衰历史周期率的第二个答案，自我净化、自我完善、自我革新、自我提高能力显著增强。这个答案就是（　　）。

A. 自我斗争　　B. 自我批评

C. 自我革命　　D. 自我超越

【解析】习近平总书记在中国共产党第二十次全国代表大会上所作报告。

【答案】C

25. 党的二十大报告明确提出，中国共产党的中心任务是团结带领全国各族人民全面建成社会主义现代化强国、实现第二个百年奋斗目标，以（　　）全面推进中华民族伟大复兴。

A. 初心使命引领
B. 党的领导
C. 中国特色现代化
D. 中国式现代化

【解析】从现在起，中国共产党的中心任务就是团结带领全国各族人民全面建成社会主义现代化强国、实现第二个百年奋斗目标，以中国式现代化全面推进中华民族伟大复兴。

【答案】D

26. 党的纲领包括最高纲领和基本纲领两部分。现阶段中国共产党的基本纲领是（　　）。

A. 实现共产主义
B. 中国特色社会主义事业总体布局
C. 实现中华民族伟大复兴
D. 全面依法治国

【解析】党的基本纲领是党在社会主义初级阶段的基本路线在经济、政治、文化、社会、生态文明等方面的展开，是建设有中国特色社会主义的基本目标和基本政策，即中国特色社会主义事业总体布局。

【答案】B

27. 全党同志要坚定"四个自信"，贯彻党的基本理论、基本路线、基本方略。"四个自信"是指（　　）。

A. 路线自信、理论自信、制度自信、文化自信
B. 道路自信、理论自信、制度自信、文化自信
C. 道路自信、理论自信、体制自信、文化自信
D. 道路自信、理论自信、制度自信、思想自信

【解析】习近平总书记在庆祝中国共产党成立95周年大会上的重要讲话指出，全党要坚定道路自信、理论自信、制度自信、文化自信。

【答案】B

28. 党的根本性建设，决定党的建设方向和效果，事关统揽推进伟大斗争、伟大工程、伟大事业、伟大梦想。党的根本性建设是（　　）。

A. 政治建设　　B. 思想建设
C. 作风建设　　D. 纪律建设

【解析】党的政治建设是党的根本性建设，决定党的建设方向和效果，事关统揽推进伟大斗争、伟大工程、伟大事业、伟大梦想。

【答案】A

29. 《中国共产党章程》总纲指出，我们党的最大政治优势是（　　），党执政后的最大危险是（　　）。

A. 密切联系群众；脱离群众
B. 为人民服务；脱离人民
C. 批评和自我批评；消极腐败
D. 全面从严治党；脱离群众

【解析】《中国共产党章程》总纲指出，坚持全心全意为人民服务。党除

了工人阶级和最广大人民群众的利益，没有自己特殊的利益。党在任何时候都把群众利益放在第一位，同群众同甘共苦，保持最密切的联系，坚持权为民所用、情为民所系、利为民所谋，不允许任何党员脱离群众，凌驾于群众之上。我们党的最大政治优势是密切联系群众，党执政后的最大危险是脱离群众。党风问题、党同人民群众联系问题是关系党生死存亡的问题。党在自己的工作中实行群众路线，一切为了群众，一切依靠群众，从群众中来，到群众中去，把党的正确主张变为群众的自觉行动。

【答案】A

30. 《中共中央关于党的百年奋斗重大成就和历史经验的决议》是中国共产党第（　　）个历史决议。

A. 2　　　　　　B. 3
C. 5　　　　　　D. 1

【解析】《中共中央关于党的百年奋斗重大成就和历史经验的决议》是中国共产党第3个历史决议。之前分别是1945年党的六届七中全会通过的《关于若干历史问题的决议》、1981年党的十一届六中全会通过的《关于建国以来党的若干历史问题的决议》。

【答案】B

31. 中国共产党在长期的革命斗争中形成了一整套优良作风。毛泽东把它们概括为三大作风，具体为：理论联系实际的作风、密切联系群众的作风和（　　）。

A. 勇于自我革命的作风

B. 为人民服务的作风
C. 艰苦奋斗的作风
D. 批评与自我批评的作风

【解析】中国共产党的三大作风是：理论联系实际、密切联系群众、批评与自我批评的作风。

【答案】D

32. 党的二十大报告指出，（　　）是全面建设社会主义现代化国家的首要任务。

A. 改革开放　　B. 科教兴国
C. 科学发展　　D. 高质量发展

【解析】高质量发展是全面建设社会主义现代化国家的首要任务。发展是党执政兴国的第一要务。没有坚实的物质技术基础，就不可能全面建成社会主义现代化强国。

【答案】D

33. 党的二十大报告中提到，加快构建（　　），着力推动高质量发展。构建高水平社会主义市场经济体制；建设现代化产业体系；全面推进乡村振兴；促进区域协调发展；推进高水平对外开放。

A. 社会主义经济格局
B. 社会主义市场经济格局
C. 发展格局
D. 新发展格局

【解析】党的二十大报告中提到，加快构建新发展格局，着力推动高质量发展。构建高水平社会主义市场经济体制；建设现代化产业体系；全面推进乡村振兴；促进区域协调发展；推进高水平对外开放。

【答案】D

34. 四项基本原则是我们的立国之本。四项基本原则包括：坚持社会主义道路、坚持人民民主专政、坚持马克思列宁主义毛泽东思想和（　　）。
   A. 坚持中国共产党的领导
   B. 坚持改革开放
   C. 坚持以经济建设为中心
   D. 坚持全心全意为人民服务

【解析】《中国共产党章程》总纲指出，坚持社会主义道路、坚持人民民主专政、坚持中国共产党的领导、坚持马克思列宁主义毛泽东思想这四项基本原则，是我们的立国之本。在社会主义现代化建设的整个过程中，必须坚持四项基本原则，反对资产阶级自由化。

【答案】A

35. 中国共产党自1921年诞生至二十大先后制定、修正过（　　）次党章。
   A. 10　　B. 15
   C. 19　　D. 20

【解析】中国共产党自1921年诞生至二十大先后制定、修正过20次党章。

【答案】D

36. 中国共产党执政兴国的第一要务是（　　）。
   A. 发展　　B. 创新
   C. 改革　　D. 复兴

【解析】《中国共产党章程》总纲指出，发展是我们党执政兴国的第一要务。必须坚持以人民为中心的发展思想，坚持创新、协调、绿色、开放、共享的新发展理念。

37. 中国特色社会主义事业"五位一体"总体布局是经济建设、政治建设、文化建设、社会建设和（　　）。
   A. 制度建设　　B. 生态文明建设
   C. 作风建设　　D. 法治

【解析】《中国共产党章程》总纲指出，必须按照中国特色社会主义事业"五位一体"总体布局和"四个全面"战略布局，统筹推进经济建设、政治建设、文化建设、社会建设、生态文明建设，协调推进全面建成小康社会、全面深化改革、全面依法治国、全面从严治党。

【答案】B

38. 《关于新形势下党内政治生活的若干准则》指出，我们党的优良传统和政治优势是（　　）。
   A. 密切联系群众
   B. 批评和自我批评
   C. 开展严肃认真的党内政治生活
   D. 自我革命

【解析】开展严肃认真的党内政治生活，是我们党的优良传统和政治优势。在长期实践中，我们党坚持把开展严肃认真的党内政治生活作为党的建设重要任务来抓，形成了以实事求是、理论联系实际、密切联系群众、批评和自我批评、民主集中制、严明党的纪律等为主要内容的党内政治生活基本规范，为巩固党的团结和集中统一、保持党的先进性和纯洁性、增强党的生机活力积累了丰富经验，为保证完成党在各个历史时期中心任务发挥了重要作用。

【答案】C

39. 全面建成社会主义现代化强国，总的战略安排是分两步走：从二〇二〇年到二〇三五年基本实现社会主义现代化；从二〇三五年到本世纪中叶把我国建成富强民主文明和谐美丽的（　　）。
    A. 中国特色社会主义国家
    B. 中国特色社会主义强国
    C. 社会主义现代化国家
    D. 社会主义现代化强国

【解析】习近平总书记在中国共产党第二十次全国代表大会上所作报告。

【答案】D

40. 中国特色社会主义最本质的特征，中国特色社会主义制度的最大优势是（　　）。
    A. 党的领导　　B. 依法治国
    C. 以人民为中心　D. 改革开放

【解析】党是最高政治领导力量，党的领导是中国特色社会主义最本质的特征，是中国特色社会主义制度的最大优势。

【答案】A

41. 政治纪律是党最根本、最重要的纪律，是净化政治生态的重要保证。党的首要政治纪律是（　　）。
    A. 坚定共产主义理想信念
    B. 坚决做到"两个维护"
    C. 严明党的政治规矩
    D. 坚持民主集中制

【解析】《中共中央关于加强党的政治建设的意见》指出，要把坚决做到"两个维护"作为首要政治纪律。

【答案】B

42. 党现阶段的奋斗目标是（　　）。
    A. 实现共产主义
    B. 全面建成小康社会
    C. 实现共同富裕
    D. 人民对美好生活的向往

【解析】要坚持以人民为中心，立党为公、执政为民，践行全心全意为人民服务的根本宗旨，树立真挚的人民情怀，把人民放在心中最高位置，始终相信人民，紧紧依靠人民，把人民对美好生活的向往作为奋斗目标。

【答案】D

43. 关于党规党纪，下列说法错误的是（　　）。
    A. 党的纪律是多方面的，政治纪律、组织纪律、廉洁纪律、群众纪律、工作纪律和生活纪律等都是党员干部必须自觉遵守的规矩
    B. 党在长期实践中形成的优良传统和工作惯例也是重要的党内规矩
    C. 国家法律是党员干部必须遵守的规矩，国家法律严于党规党纪
    D. 党章是全党必须遵循的总章程，也是总规矩

【解析】党规党纪严于国家法律，党的各级组织和广大党员干部不仅要模范遵守国家法律，而且要按照党规党纪以更高标准严格要求自己。

【答案】C

44. 异地执行税务稽查检查、巡视巡察、督察督导等专项工作任务，党员超过3人、超过一定时间的团队要设立临

时党支部，确保党员日常教育管理监督无盲区。这个一定时间指的是（　　）。

A. 半年　　　　　B. 1个月
C. 15日　　　　　D. 3个月

【解析】国家税务总局党委在关于加强新形势下税务系统党的建设的意见中提出，异地执行稽查检查、巡视巡察、督察督导等专项工作任务，党员超过3人、时间超过1个月的团队要设立临时党支部。

【答案】B

45. 党在社会主义初级阶段的基本路线作为党的政治路线，是党和国家的生命线、人民的幸福线，必须坚决捍卫、坚定执行。党在社会主义初级阶段的基本路线具体指的是（　　）。

　　A. 以改革开放为中心，坚持四项基本原则，坚持中国特色社会主义道路
　　B. 以经济建设为中心，坚持全面从严治党，坚持改革开放
　　C. 以经济建设为中心，坚持四项基本原则，坚持改革开放
　　D. 以改革开放为中心，坚持四项基本原则，坚持全面从严治党

【解析】党在社会主义初级阶段的基本路线即"一个中心、两个基本点"，以经济建设为中心，坚持四项基本原则，坚持改革开放。

【答案】C

46. 根据《中国共产党党和国家机关基层组织工作条例》，机关党的纪律检查委员会书记由（　　）担任。

A. 本单位党员负责人
B. 本单位党委纪检组组长
C. 机关党的基层委员会副书记
D. 机关党的基层委员会专职副书记

【解析】机关党的纪律检查委员会书记由机关党的基层委员会副书记担任。

【答案】C

47. 根据《关于加强县级税务局政治机关建设的指导意见（试行）》，县级税务局党委要按规定设立机关党委、党总支、党支部；结合实际推动支部建在分局（所）、股室，以（　　）为主要方式设置党支部。

A. 便于管理
B. 单独组建
C. 业务相近、联合组建
D. 规模适当

【解析】根据中共国家税务总局委员会《关于加强县级税务局政治机关建设的指导意见（试行）》的通知要求，县级税务局党委要按规定设立机关党委、党总支、党支部；结合实际推动支部建在分局（所）、股室，以单独组建为主要方式设置党支部；正式党员不足3人的单位，不宜单独设置党支部的，应当按照业务相近、规模适当、便于管理的原则联合设置党支部。

【答案】B

48. 《中国共产党章程》明确，党的市（地、州、盟）和县（市、区、旗）委员会建立（　　）制度。

A. 巡视　　　　　B. 巡察

C. 监察　　　　D. 督察

【解析】《中国共产党章程》第二章第十四条规定："党的市（地、州、盟）和县（市、区、旗）委员会建立巡察制度。"

【答案】B

49. 企业、农村、机关、学校、科研院所、街道社区、社会组织、人民解放军连队和其他基层单位，正式党员达到一定人数的，都应当成立党的基层组织，上述一定人数是指（　　）人以上。

A. 2　　　　　B. 3
C. 4　　　　　D. 5

【解析】根据《中国共产党章程》第三十条的规定，企业、农村、机关、学校、科研院所、街道社区、社会组织、人民解放军连队和其他基层单位，凡是有正式党员3人以上的，都应当成立党的基层组织。

【答案】B

50. 某市税务局预备党员小明在微信公开发表反对"两个维护"的文章，党组织经过程序，认定其情节较重，给予留党察看处分，小明认为处分过重，可以提出（　　）。

A. 申辩　　　　B. 复议
C. 申诉　　　　D. 诉讼

【解析】根据《中国共产党章程》第四十三条的规定，党员对党组织作出的处分决定不服，可以提出申诉，有关党组织必须负责处理或者迅速转递，不得扣压。

【答案】C

51. 党组织讨论决定问题，必须执行的原则是（　　）。

A. 民主集中制原则
B. 党员大会决定制度
C. 少数服从多数
D. 支委会表决制度

【解析】根据《中国共产党章程》第十七条的规定，党组织讨论决定问题，必须执行少数服从多数的原则。

【答案】C

52. 某税务局小李是预备党员，2022年6月30日预备期已满，但是党组织认为需要继续考察和教育，准备延长其预备期，预备期延期最长不能超过（　　）。

A. 2022年7月31日
B. 2022年9月30日
C. 2022年12月31日
D. 2023年6月30日

【解析】根据《中国共产党章程》第七条的规定，预备党员的预备期为1年。预备党员预备期满，党的支部应当及时讨论他能否转为正式党员。认真履行党员义务，具备党员条件的，应当按期转为正式党员；需要继续考察和教育的，可以延长预备期，但不能超过1年。

【答案】D

53. 《中国共产党章程》规定，党的基层委员会、总支部委员会、支部委员会每届任期（　　）。

A. 2年　　　　　B. 2年至3年
C. 3年至5年　　 D. 4年

【解析】根据《中国共产党章程》第

三十一条的规定，党的基层委员会、总支部委员会、支部委员会每届任期3年至5年。

【答案】C

54. 现行党内法规制度体系，是以（　　）为根本，以民主集中制为核心，以准则、条例等中央党内法规为主干，由各领域各层级党内法规制度组成的有机统一整体。

    A. 党章　　　　B. 宪法
    C. 党章和宪法　D. 制度建设

    【解析】作为立党管党治党的总依据总遵循，党章是"万规之基"，整个党内法规制度体系大厦建筑于党章这个"基石"之上。

    【答案】A

55. 每个党员，不论职务高低，都必须编入党的（　　），参加党的组织生活，接受党内外群众的监督。

    A. 一个支部、小组
    B. 一个支部或其他特定组织
    C. 小组或其他特定组织
    D. 一个支部、小组或其他特定组织

    【解析】根据《中国共产党章程》第八条的规定，每个党员，不论职务高低，都必须编入党的一个支部、小组或其他特定组织，参加党的组织生活，接受党内外群众的监督。

    【答案】D

56. 《中国共产党章程》规定，对党员的纪律处分，必须经过（　　）讨论决定，报党的基层委员会批准。

    A. 支部大会
    B. 委员会会议
    C. 总支部委员会会议
    D. 以上都不是

    【解析】根据《中国共产党章程》第四十二条的规定，对党员的纪律处分，必须经过支部大会讨论决定，报党的基层委员会批准；如果涉及的问题比较重要或复杂，或给党员以开除党籍的处分，应分别不同情况，报县级或县级以上党的纪律检查委员会审查批准。

    【答案】A

57. 以下关于党员的义务与权利表述不正确的是（　　）。

    A. 从《中国共产党章程》规定看，义务先于权利
    B. 在党的会议上有根据地批评党的任何组织和任何党员
    C. 对党的决议和政策如有不同意见，可以声明保留
    D. 党组织讨论决定对党员的党纪处分时，本人有权参加，但不得进行申辩

    【解析】党章的性质决定了党员义务先于党员权利。共产党员必须是先进优秀的模范，必须自觉履行先锋队员的义务，只有这样才能加入党组织，享有党员权利。《中国共产党章程》规定，在党的会议上有根据地批评党的任何组织和任何党员。对党的决议和政策如有不同意见，可以声明保留。在党组织讨论决定对党员的党纪处分或作出鉴定时，本人有权参加和进行申辩。

    【答案】D

58. 党的纪律是多方面的,但( )是最重要、最根本、最关键的纪律。
    A. 政治纪律　　　B. 组织纪律
    C. 人事纪律　　　D. 工作纪律

【解析】根据《中国共产党章程》第七章第四十条的规定,党的纪律主要包括政治纪律、组织纪律、廉洁纪律、群众纪律、工作纪律、生活纪律。必须严明政治纪律。政治纪律是党的纪律中最重要、最根本、最关键的纪律,遵守党的政治纪律是遵守党的全部纪律的重要基础。

【答案】A

59. 根据《中国共产党党员教育管理工作条例》,党员每年参加集中学习培训的时间一般不少于( )学时。
    A. 30　　　　　　B. 32
    C. 48　　　　　　D. 50

【解析】市、县党委或者基层党委每年应当组织党员集中轮训,党员每年集中学习培训时间一般不少于32学时。

【答案】B

二、多项选择题

1. 在2023年全国税务系统全面从严治党工作会议上,国家税务总局党委书记、局长王军强调,要扎实弘扬自我革命精神,着力一体推进"三不腐"。"三不腐"的具体内容是一体推进( )。
   A. 不敢腐　　　　B. 不能腐
   C. 不愿腐　　　　D. 不想腐

【解析】2019年1月,习近平总书记在十九届中央纪委三次全会上提出一体推进不敢腐、不能腐、不想腐的明确要求。党的十九届四中全会将其作为坚持和完善党和国家监督体系重要内容,单列一条作出部署。

【答案】ABD

2. 《税务系统贯彻〈中共中央关于加强党的政治建设的意见〉的若干措施》指出,要严格落实民主集中制,建立健全议事决策规则、程序和目录清单,凡属"三重一大"事项,都必须按照规定提交党委会议讨论和决定。以下选项,属于"三重一大"事项的有( )。
   A. 重大决策
   B. 重要文件制定
   C. 重大项目安排
   D. 大额资金的使用

【解析】"三重一大"事项是指:重大决策、重要干部任免、重大项目安排、大额资金的使用。2005年中共中央颁布的《建立健全教育、制度、监督并重的惩治和预防腐败体系实施纲要》第六款第十三条提出:"加强对领导机关、领导干部特别是各级领导班子主要负责人的监督。要认真检查党的路线、方针、政策和决议的执行情况,监督民主集中制及领导班子议事规则落实情况,凡属重大决策、重要干部任免、重大项目安排和大额资金的使用,必须由领导班子集体作出决定。"选项B不属于"三重一大"事项。

【答案】ACD

3. 关于党委(党组)书记抓基层党建工

作述职评议考核，下列说法正确的有（　　）。

A. 上级党组织应对下一级党组织书记抓基层党建工作情况形成综合评价意见，并按"好、较好、一般、差"确定等次

B. 各级党组织书记抓基层党建工作情况综合评价意见及等次要在一定范围内通报，并按照干部管理权限，由组织人事部门根据有关规定归入干部人事档案

C. 对述职评议考核综合评价等次未达到"好"的，其年度考核不得评定为"优秀"等次

D. 对综合评价等次为"一般"和"差"的，问题严重的要依照有关规定严肃追责问责

【解析】依据是《党委（党组）书记抓基层党建工作述职评议考核办法（试行）》。选项D的正确表述应为：对综合评价等次为"一般"和"差"的，要约谈提醒、限期整改，问题严重的要依照有关规定严肃追责问责。

【答案】ABC

4. 各级税务局党委要发挥本部门、本系统的领导核心作用，准确把握职责定位，充分发挥的作用有（　　）。

A. 把方向　　B. 管大局
C. 抓重点　　D. 保落实

【解析】《中共国家税务总局委员会关于加强新形势下税务系统党的建设的意见》提出，各级税务局党委要发挥本部门、本系统的领导核心作用，准确把握各级税务局党委的职责定位，充分发挥把方向、管大局、保落实的重要作用。

【答案】ABD

5. 国家税务总局提出的新纵合横通强党建机制制度体系的内涵包括（　　）。

A. 条主责、块双重
B. 两结合、互为补
C. 纵合力、横联通
D. 齐心抓、党建兴

【解析】纵合横通强党建机制制度体系，即"条主责、块双重，纵合力、横联通，齐心抓、党建兴"。

【答案】ACD

6. 关于税务系统党委理论学习中心组学习制度，下列说法正确的有（　　）。

A. 每季度集中研讨不少于1次

B. 每年开展全面从严治党专题学习不少于2次

C. 加强对下一级党委理论学习中心组学习的督促指导，建立党委理论学习中心组学习通报制度

D. 中心组学习应突出税务业务

【解析】依据党委理论学习中心组学习制度，每季度集中研讨不少于1次，每年开展全面从严治党专题学习不少于2次。加强对下一级党委理论学习中心组学习的督促指导，建立党委理论学习中心组学习通报制度。

【答案】ABC

7. 各级税务局党委纪检组协助党委推进全面从严治党，具体承担的责任包括（　　）。

A. 监督检查　　B. 纪律审查
C. 党性教育　　D. 问责追究

通用知识

【解析】《税务系统落实全面从严治党主体责任和监督责任实施办法（试行）》第三十四条规定，纪检组协助党委推进全面从严治党，承担监督检查、纪律审查、问责追究责任。

【答案】ABD

8. 关于"下抓两级、抓深一层"工作机制，以下说法正确的有（　　）。

　A. 市以上税务局选取一定数量的下一级税务局（分局、所）作为基层党建联系点

　B. 每年至少实地调研指导工作1次

　C. 每月按时参加基层联系点组织生活

　D. 以上都是

【解析】深化"下抓两级、抓深一层"工作机制，选取一定数量的下一级税务局（分局、所）作为基层党建联系点，每年至少实地调研指导工作1次。

【答案】AB

9. 关于税务系统各级党委的主体责任落实，以下说法正确的有（　　）。

　A. 召开党委会议专题研究全面从严治党工作，每半年应当至少召开1次

　B. 党委中心组学习中，集体学习研讨每季度不少于1次

　C. 组织党委书记抓基层党建工作述职评议考核，每半年不少于1

　D. 每年至少专题研究1次巡视巡察工作

【解析】《党委（党组）书记抓基层党建工作述职评议考核办法（试行）》规定，述职评议考核一般安排在当年年底或次年年初进行。

【答案】ABD

10. 各级税务局党委承担本单位本系统党的建设、全面从严治党主体责任，重点履行政治领导、统筹落实、压力传导、组织保障责任。其中，属于政治领导责任的有（　　）。

　A. 把加强党的政治建设摆在首位

　B. 深入学习贯彻习近平新时代中国特色社会主义思想，特别是习近平总书记关于税收工作的重要论述和重要指示批示精神，认真研究贯彻落实具体举措，把"两个维护"体现到税收工作中

　C. 严肃党内政治生活

　D. 坚持全面从严治党工作与税收工作同部署、同落实、同检查、同考核

【解析】选项D属于统筹落实责任。

【答案】ABC

11. 根据《中共国家税务总局委员会工作规则》，下列属于党委会议事内容的有（　　）。

　A. 传达学习党中央国务院的各项方针政策工作部署，以及上级税务局党委重要会议文件精神

　B. 研究加强机关和系统全面从严治党、党风廉政建设和反腐败工作

　C. 研究机关和系统意识形态工作、思想政治工作

　D. 审议税收政策，调整改革方案等重大问题

【解析】依据是《中共国家税务总局委员会工作规则》。

【答案】ABCD

12. 关于税务系统各级党委监督职责，其

主要内容包括（　　）。

A. 领导本单位本系统党内监督工作，组织实施各项监督制度，抓好督促检查
B. 加强对同级纪检组和所辖范围内纪检工作的领导，检查其监督执纪问责工作情况
C. 对党委委员，党的工作部门和直接领导的党组织领导班子及其成员进行监督
D. 对上级党委工作提出意见和建议，开展监督

【解析】略
【答案】ABCD

13. 关于税务系统党的建设工作领导小组，下列说法正确的有（　　）。

A. 党的建设工作领导小组组长一般由分管党建的党委委员担任
B. 税务系统党的建设工作领导小组会议每半年至少召开1次
C. 党的建设工作领导小组研究部署职责范围内的全面从严治党重大事项重要工作
D. 党的建设工作领导小组对领导小组成员单位拟决定的全面从严治党重要工作、拟印发的重要文件进行审核把关

【解析】党的建设工作领导小组组长一般由党委书记担任，选项A有误。其余选项均正确。
【答案】BCD

14. 党的十九届六中全会公报提出了"两个确立"，其具体内容包括（　　）。

A. 确立习近平同志党中央的核心、全党的核心地位
B. 确立习近平新时代中国特色社会主义思想的指导地位
C. 确立以习近平同志为核心的党中央的重要地位
D. 确立习近平新时代中国特色社会主义思想的核心地位

【解析】党的十九届六中全会公报指出，党确立习近平同志党中央的核心、全党的核心地位，确立习近平新时代中国特色社会主义思想的指导地位，反映了全党全军全国各族人民共同心愿，对新时代党和国家事业发展、对推进中华民族伟大复兴历史进程具有决定性意义。
【答案】AB

15. 新形势下加强和规范党内政治生活，必须以党章为根本遵循，坚持党的政治路线、思想路线、组织路线、群众路线，着力增强党内政治生活的政治性、时代性、原则性、战斗性，着力增强党的"四种能力"，具体包括（　　）。

A. 自我净化的能力
B. 自我完善的能力
C. 自我革新的能力
D. 自我提高的能力

【解析】新形势下加强和规范党内政治生活，必须以党章为根本遵循，坚持党的政治路线、思想路线、组织路线、群众路线，着力增强党内政治生活的政治性、时代性、原则性、战斗性，着力增强党自我净化、自我完善、自我革新、自我提高能力，着力

提高党的领导水平和执政水平、增强拒腐防变和抵御风险能力，着力维护党中央权威、保证党的团结统一、保持党的先进性和纯洁性，努力在全党形成又有集中又有民主、又有纪律又有自由、又有统一意志又有个人心情舒畅生动活泼的政治局面。

【答案】ABCD

16. 中国共产党的性质是（　　）。
    A. 中国工人阶级的先锋队
    B. 中国人民和中华民族的先锋队
    C. 中国特色社会主义事业的领导核心
    D. 全心全意为人民服务
    E. 代表全体共产党员的利益

【解析】《中国共产党章程》规定，中国共产党是中国工人阶级的先锋队、中国人民和中华民族的先锋队、中国特色社会主义事业的领导核心、代表中国先进生产力的发展要求、代表中国先进文化的前进方向、代表中国最广大人民的根本利益。

【答案】ABC

17. 坚持和加强党的全面领导，最重要的是坚决做到"两个维护"，具体是指（　　）。
    A. 坚决维护党中央权威和集中统一领导
    B. 坚决维护中国特色社会主义道路的指导作用
    C. 坚决维护习近平总书记党中央的核心、全党的核心地位
    D. 坚决维护党章这一根本遵循

【解析】坚持和加强党的全面领导，最重要的是坚决维护党中央权威和集中统一领导；坚决维护党中央权威和集中统一领导，最关键的是坚决维护习近平总书记党中央的核心、全党的核心地位。

【答案】AC

18. 习近平总书记对中央和国家机关各级党组织和广大党员干部提出要做到"三个表率，一个模范"的要求。"三个表率"是指（　　）。
    A. 在深入学习贯彻新时代中国特色社会主义思想上作表率
    B. 在始终同党中央保持高度一致上作表率
    C. 在坚决贯彻落实党中央各项决策部署上作表率
    D. 在要彰显政治统领，坚持问题导向，融入业务工作，健全制度机制，严格责任落实上作表率

【解析】习近平总书记在2018年全国组织工作会议上强调，对于中央和国家机关各级党组织和广大党员干部，要做到"三个表率，一个模范"：在深入学习贯彻新时代中国特色社会主义思想上作表率，在始终同党中央保持高度一致上作表率，在坚决贯彻落实党中央各项决策部署上作表率，建设让党中央放心、让人民群众满意的模范机关。

【答案】ABC

19. 2021年7月1日，习近平总书记在庆祝中国共产党成立100周年大会上的讲话中首提伟大建党精神，其具体内容包括（　　）。
    A. 坚持真理、坚守理想

B. 践行初心、担当使命
C. 不怕牺牲、英勇斗争
D. 对党忠诚、不负人民

【解析】一百年前，中国共产党的先驱们创建了中国共产党，形成了坚持真理、坚守理想，践行初心、担当使命，不怕牺牲、英勇斗争，对党忠诚、不负人民的伟大建党精神，这是中国共产党的精神之源。

【答案】ABCD

20. 根据《中国共产党章程》，以下属于党员必须履行的义务的有（　　）。

    A. 认真学习马克思列宁主义、毛泽东思想、邓小平理论、"三个代表"重要思想、科学发展观、习近平新时代中国特色社会主义思想，学习党的路线、方针、政策和决议，学习党的基本知识，学习科学、文化、法律和业务知识，努力提高为人民服务的本领
    B. 切实开展批评和自我批评，勇于揭露和纠正违反党的原则的言行和工作中的缺点、错误，坚决同消极腐败现象作斗争
    C. 自觉遵守党的纪律，首先是党的政治纪律和政治规矩，模范遵守国家的法律法规，严格保守党和国家的秘密，执行党的决定，服从组织分配，积极完成党的任务
    D. 在党的会议上有根据地批评党的任何组织和任何党员，向党负责地揭发、检举党的任何组织和任何党员违法乱纪的事实，要求处分违法乱纪的党员，要求罢免或撤换不称职的干部

【解析】"在党的会议上有根据地批评党的任何组织和任何党员，向党负责地揭发、检举党的任何组织和任何党员违法乱纪的事实，要求处分违法乱纪的党员，要求罢免或撤换不称职的干部"是党员的权利。选项A、选项B、选项C为党员必须履行的义务。

【答案】ABC

21. 中国共产党在社会主义初级阶段的基本路线包括（　　）。

    A. 领导和团结全国各族人民
    B. 以经济建设为中心，坚持四项基本原则，坚持改革开放
    C. 自力更生，艰苦创业
    D. 为把我国建设成为富强民主文明和谐美丽的社会主义现代化强国而奋斗

【解析】《中国共产党章程》总纲指出，中国共产党在社会主义初级阶段的基本路线是：领导和团结全国各族人民，以经济建设为中心，坚持四项基本原则，坚持改革开放，自力更生，艰苦创业，为把我国建设成为富强民主文明和谐美丽的社会主义现代化强国而奋斗。

【答案】ABCD

22. 新形势下加强和规范党内政治生活的重点对象包括（　　）。

    A. 各级领导机关
    B. 各级领导干部
    C. 县处级以上领导干部
    D. 全体党员

【解析】2016年10月27日中国共产党第十八届中央委员会第六次全体会议通过的《关于新形势下党内政治生活的若干准则》指出，新形势下加强和规范党内政治生活，重点是各级领导机关和领导干部，关键是高级干部特别是中央委员会、中央政治局、中央政治局常务委员会的组成人员。

【答案】AB

23. 党的纪律是党的各级组织和全体党员必须遵守的行为规则。党的纪律主要包括（　　）。
    A. 政治纪律、组织纪律
    B. 廉洁纪律、群众纪律
    C. 工作纪律、生活纪律
    D. 经济纪律

【解析】2018年8月中共中央新修订的《中国共产党纪律处分条例》指出，党章是最根本的党内法规，是管党治党的总规矩。党的纪律是党的各级组织和全体党员必须遵守的行为规则。党的纪律包括政治纪律、组织纪律、廉洁纪律、群众纪律、工作纪律、生活纪律等。

【答案】ABC

24. 下列属于对党员纪律处分的有（　　）。
    A. 严重警告　　B. 降职
    C. 留党察看　　D. 开除党籍

【解析】《中国共产党纪律处分条例》第八条规定，对党员的纪律处分种类包括：①警告；②严重警告；③撤销党内职务；④留党察看；⑤开除党籍。

【答案】ACD

25. 改革开放以来我们取得一切成绩和进步的根本原因，归结起来有（　　）。
    A. 开辟了中国特色社会主义道路
    B. 形成了中国特色社会主义理论体系
    C. 确立了中国特色社会主义制度
    D. 发展了中国特色社会主义文化

【解析】《中国共产党章程》总纲指出，改革开放以来我们取得一切成绩和进步的根本原因，归结起来就是：开辟了中国特色社会主义道路，形成了中国特色社会主义理论体系，确立了中国特色社会主义制度，发展了中国特色社会主义文化。

【答案】ABCD

26. 关于党员，以下说法正确的有（　　）。
    A. 年满18岁的中国工人、农民、军人、知识分子和其他社会阶层的先进分子，承认党的纲领和章程，愿意参加党的一个组织并在其中积极工作、执行党的决议和按期交纳党费的，可以申请加入中国共产党
    B. 中国共产党党员必须全心全意为人民服务，牺牲个人的一切，为实现共产主义奋斗终身
    C. 中国共产党党员永远是劳动人民的普通一员
    D. 中国共产党党员是中国工人阶级的有共产主义觉悟的先锋战士

【解析】选项B的正确表述应为"中国共产党党员必须全心全意为人民服务，不惜牺牲个人的一切，为实现共产主义奋斗终身"。

【答案】ACD

27. 中国共产党人的精神支柱和政治灵魂是保持党的团结统一的思想基础。中国共产党人的理想信念包括（　　）。

    A. 共产主义远大理想
    B. 中国特色社会主义共同理想
    C. 中国特色社会主义远大理想
    D. 实现中华民族的伟大复兴

【解析】共产主义远大理想和中国特色社会主义共同理想，是中国共产党人的理想信念，是中国共产党人的精神支柱和政治灵魂，也是保持党的团结统一的思想基础。

【答案】AB

28. 全党必须牢记"五个必由之路"，是我们在长期实践中得出的至关紧要的规律性认识。下列属于"五个必由之路"内容的有（　　）。

    A. 坚持党的全面领导是坚持和发展中国特色社会主义的必由之路
    B. 中国特色社会主义是实现中华民族伟大复兴的必由之路
    C. 贯彻新发展理念是新时代我国发展壮大的必由之路
    D. 全面从严治党是党永葆生机活力、走好新的赶考之路的必由之路

【解析】全党必须牢记"五个必由之路"：坚持党的全面领导是坚持和发展中国特色社会主义的必由之路；中国特色社会主义是实现中华民族伟大复兴的必由之路；团结奋斗是中国人民创造历史伟业的必由之路；贯彻新发展理念是新时代我国发展壮大的必由之路；全面从严治党是党永葆生机活力、走好新的赶考之路的必由之路。这是我们在长期实践中得出的至关紧要的规律性认识。

【答案】ABCD

29. 批评和自我批评是我们党强身治病、保持肌体健康的锐利武器，也是加强和规范党内政治生活的重要手段。关于批评和自我批评，下列说法正确的有（　　）。

    A. 批评和自我批评必须坚持实事求是，讲党性不讲私情、讲真理不讲面子
    B. 要坚持"批评—团结—批评"，按照"照镜子、正衣冠、洗洗澡、治治病"的要求
    C. 党员、干部必须严于自我解剖，对发现的问题要深入剖析原因，认真整改。对待批评要有则改之、无则加勉，不能搞无原则的纷争
    D. 党内工作会议的报告、讲话以及各类工作总结，上级机关和领导干部检查指导工作，不要讲成绩和经验，要多讲问题和不足

【解析】选项 B 表述应为坚持"团结—批评—团结"，选项 D 表述应为既要讲成绩和经验，又要讲问题和不足。

【答案】AC

30. 中国式现代化，是中国共产党领导的社会主义现代化，既有各国现代化的共同特征，更有基于自己国情的中国特色。下列属于中国式现代化内容的有（　　）。

    A. 人口规模巨大的现代化

· 47 ·

B. 全体人民共同富裕的现代化
C. 物质文明和精神文明相协调的现代化
D. 人与自然和谐共生的现代化

【解析】中国式现代化是人口规模巨大的现代化；中国式现代化是全体人民共同富裕的现代化；中国式现代化是物质文明和精神文明相协调的现代化；中国式现代化是人与自然和谐共生的现代化；中国式现代化是走和平发展道路的现代化。

【答案】ABCD

31. 关于党员的权利，以下说法正确的有（　　）。

A. 党员有参加党的有关会议，阅读党的有关文件，接受党的教育和培训的权利
B. 党员可以在党的会议上有根据地批评党的任何组织和任何党员，向党负责地揭发、检举党的任何组织和任何党员违法乱纪的事实，要求处分违法乱纪的党员，要求罢免或撤换不称职的干部
C. 党员行使表决权、选举权，有被选举权
D. 除党中央外，其他党的任何组织无权剥夺党员的权利

【解析】《中国共产党章程》第四条指出，党的任何一级组织直至中央都无权剥夺党员的上述权利。

【答案】ABC

32. 党员领导干部廉洁自律规范包括（　　）。

A. 廉洁从政，自觉保持人民公仆本色
B. 廉洁用权，自觉维护人民根本利益
C. 廉洁修身，自觉提升思想道德境界
D. 廉洁齐家，自觉带头树立良好家风

【解析】2015年10月中共中央印发的《中国共产党廉洁自律准则》包括《党员廉洁自律规范》和《党员领导干部廉洁自律规范》两个部分。《党员领导干部廉洁自律规范》规定：第五条 廉洁从政，自觉保持人民公仆本色；第六条 廉洁用权，自觉维护人民根本利益；第七条 廉洁修身，自觉提升思想道德境界；第八条 廉洁齐家，自觉带头树立良好家风。

【答案】ABCD

33. 关于《党政机关厉行节约反对浪费条例》，以下说法正确的有（　　）。

A. 党政机关依法取得的罚没收入、行政事业性收费、政府性基金、国有资产收益和处置等非税收入，必须按规定及时足额上缴国库
B. 党政机关应当遵循先有预算、后有支出的原则，严格执行预算，严禁超预算或者无预算安排支出，严禁虚列支出、转移或者套取预算资金
C. 党政机关应当建立公务接待审批控制制度，接待无公函的公务活动，要在公务接待清单中详细说明情况
D. 严禁在培训经费中列支公务接待费、会议费等与培训无关的任何费用

【解析】党政机关应当建立公务接待

审批控制制度，对无公函的公务活动不予接待。

【答案】ABD

34. 关于《中共中央关于党的百年奋斗重大成就和历史经验的决议》（以下简称《决议》），下列说法正确的有（　　）。

    A. 《决议》提出了"十个明确"，是对新时代的实践总结也是理论概括，是习近平新时代中国特色社会主义思想的精神实质、核心要义

    B. 《决议》是党的历史上第三个历史决议

    C. 《决议》明确中国特色社会主义最本质的特征是中国共产党领导，中国特色社会主义制度的最大优势是中国共产党领导，中国共产党是最高政治领导力量

    D. 《决议》从十三个方面分领域总结了新时代党和国家事业取得的成就

    【解析】以上选项均正确。

    【答案】ABCD

35. 党的二十大对党章作出了部分修改，下列属于本次修改内容的有（　　）。

    A. 把党的十九大以来习近平新时代中国特色社会主义思想新发展写入党章

    B. 把党的初心使命、党的百年奋斗重大成就和历史经验的内容写入党章

    C. 把发扬斗争精神、增强斗争本领的内容写入党章

    D. 把习近平新时代中国特色社会主义思想同马克思列宁主义、毛泽东思想、邓小平理论、"三个代表"重要思想、科学发展观一道确立为党的行动指南

    【解析】把"习近平新时代中国特色社会主义思想同马克思列宁主义、毛泽东思想、邓小平理论、'三个代表'重要思想、科学发展观一道确立为党的行动指南"是党的十九大通过的党章修正案。选项A、B、C都是党的二十大通过的《中国共产党章程（修证案）》的内容。

    【答案】ABC

36. 《中共中央关于加强党的政治建设的意见》指出，党员干部特别是领导干部要加强政治能力训练和政治实践历练，切实提高（　　）。

    A. 把握方向、把握大势、把握全局的能力

    B. 辨别政治是非、保持政治定力、驾驭政治局面、防范政治风险的能力

    C. 政治历练、政治经验和政治智慧

    D. 积极主动、独立负责地开展工作的能力

    【解析】党员干部特别是领导干部要加强政治能力训练和政治实践历练，切实提高把握方向、把握大势、把握全局的能力和辨别政治是非、保持政治定力、驾驭政治局面、防范政治风险的能力。

    【答案】AB

37. 税务系统党支部书记要认真落实谈心谈话制度，做到（　　）。

    A. 干部入职必谈

B. 入党必谈

C. 职务晋升和岗位调整必谈

D. 离职退休必谈

E. 受到处理处分必谈

F. 遇家庭重大变故或特殊困难必谈

【解析】中共国家税务总局委员会《进一步增强税务系统基层党组织政治功能和组织功能 更好发挥教育管理监督作用的若干措施》明确,党支部书记"六必谈"即:干部入职必谈、入党必谈、职务职级晋升或岗位调整必谈、离职退休必谈、受处理处分必谈、遇家庭重大变故或特殊困难必谈,党支部书记每年与每名党员干部谈心谈话不少于1次。

【答案】ABCDEF

38. 根据《中国共产党党组工作条例》,下列属于党组讨论和决定的本单位重大问题的有(   )。

A. 资金使用、资产处置、预算安排

B. 重要人事任免等事项

C. 重大思想动态的政治引导

D. 职能配置、机构设置、人员编制事项

【解析】选项A应该为"大额资金使用、大额资产处置、预算安排"。

【答案】BCD

39. 税务系统实行集体领导和个人分工相结合的制度,执行该制度的流程包括(   )。

A. 领导班子成员的分工由主要负责人提出初步意见

B. 征求其他领导班子成员意见

C. 经党委会讨论决定

D. 及时公布并向地方党委报告

【解析】选项D应为及时公布并向上级党委报告。

【答案】ABC

40. 关于党员组织关系管理,下列说法正确的有(   )。

A. 外出超过6个月的党员应按规定转接组织关系

B. 党员异地执行稽查检查、巡视巡察、督查督导等专项工作任务,时间超过1个月的团队要设立临时党支部

C. 党员工作单位、经常居住地发生变动的,或者外出学习、工作、生活6个月以上并且地点相对固定的,应当转移组织关系

D. 对与党组织失去联系6个月以上、通过各种方式查找仍然没有取得联系的党员,予以停止党籍

【解析】异地执行稽查检查、巡视巡察、督查督导等专项工作任务,党员超过3人、时间超过1个月的团队要设立临时党支部。

【答案】ACD

41. 各级税务局党委承担本单位本系统党的建设、全面从严治党主体责任,重点履行(   )。

A. 政治领导责任   B. 统筹落实责任

C. 压力传导责任   D. 组织保障责任

【解析】《税务系统落实全面从严治党主体责任和监督责任实施办法(试行)》指出,各级税务局党委承担本单位本系统党的建设、全面从严治党主体责任,重点履行政治领导、统筹

落实、压力传导、组织保障责任。

【答案】ABCD

42. 以下工作内容属于党委压力传导责任的有（　　）。

    A. 每年听取 1 次党委委员、机关各单位和下一级税务局党委落实全面从严治党主体责任情况汇报
    B. 每年开展 1 次"两个责任"落实情况检查
    C. 省以下税务局党委每年向上一级税务局党委、纪检组书面报告 1 次履行管党治党责任情况
    D. 严肃党内政治生活，认真贯彻《关于新形势下党内政治生活的若干准则》，着力提高党内政治生活质量

    【解析】国家税务总局党委在关于加强新形势下税务系统党的建设的意见中指出，严肃党内政治生活，认真贯彻《关于新形势下党内政治生活的若干准则》，着力提高党内政治生活质量属于党委落实政治领导责任。

    【答案】ABC

43. 根据《中国共产党重大事项请示报告条例》，以下属于党员应当向党组织请示的事项有（　　）。

    A. 从事党组织所分配的工作中的重要问题
    B. 代表党组织发表主张或者作出决定
    C. 发现党员、领导干部违纪违法线索情况
    D. 转移党的组织关系

    【解析】选项 C 属于党员应当向党组织报告事项。

    【答案】ABD

44. 党支部每月相对固定 1 天开展主题党日，可以组织党员开展的活动有（　　）。

    A. 集中学习　　B. 过组织生活
    C. 进行民主议事　D. 志愿服务

    【解析】根据《中国共产党支部工作条例（试行）》第十六条的规定，党支部每月相对固定 1 天开展主题党日，组织党员集中学习、过组织生活、进行民主议事和志愿服务等。

    【答案】ABCD

45. 党的组织应当根据党务与党员和群众的关联程度合理确定公开范围，以下说法正确的有（　　）。

    A. 领导经济社会发展、涉及人民群众生产生活的党务，向社会公开
    B. 涉及党的建设重大问题或者党员义务权利，需要全体党员普遍知悉和遵守执行的党务，在全党公开
    C. 各地区、各部门、各单位的党务，在本地区、本部门、本单位公开
    D. 涉及特定党的组织、党员和群众切身利益的党务，对特定党的组织、党员和群众公开

    【解析】依据《中国共产党党务公开条例（试行）》第八条。

    【答案】ABCD

46. 申请加入中国共产党，须符合的条件有（　　）。

    A. 年满 18 岁的中国工人、农民、军人、知识分子和其他社会阶层的先进分子

B. 承认党的纲领和章程

C. 愿意参加党的一个组织并在其中积极工作、执行党的决议

D. 愿意按期交纳党费的

【解析】根据《中国共产党发展党员工作细则》第五条的规定，年满18岁的中国工人、农民、军人、知识分子和其他社会阶层的先进分子，承认党的纲领和章程，愿意参加党的一个组织并在其中积极工作、执行党的决议和按期交纳党费的，可以申请加入中国共产党。

【答案】ABCD

47. 全党要更加自觉地增强（　　），既不走封闭僵化的老路，也不走改旗易帜的邪路，保持政治定力，坚持实干兴邦，始终坚持和发展中国特色社会主义。

A. 道路自信　　B. 理论自信
C. 制度自信　　D. 文化自信
E. 思想自信

【解析】"四个自信"是：道路自信、理论自信、制度自信、文化自信。

【答案】ABCD

48. 党的二十大报告中提到的"十年来三件大事"，它们分别是（　　）。

A. 迎来中国共产党成立一百周年

B. 中国特色社会主义进入新时代

C. 领导全国人民抗击新冠疫情取得重大胜利

D. 完成脱贫攻坚、全面建成小康社会的历史任务，实现第一个百年奋斗目标

【解析】一是迎来中国共产党成立一百周年，二是中国特色社会主义进入新时代，三是完成脱贫攻坚、全面建成小康社会的历史任务，实现第一个百年奋斗目标。

【答案】ABD

49. 党小组会一般每月召开1次，内容包括（　　）。

A. 政治学习

B. 谈心谈话

C. 开展批评和自我批评

D. 业务学习

【解析】根据《中国共产党支部工作条例（试行）》第十三条的规定，党小组主要落实党支部工作要求，完成党支部安排的任务。党小组会一般每月召开1次，组织党员参加政治学习、谈心谈话、开展批评和自我批评等。

【答案】ABC

50. 关于党费，党支部应做好的工作有（　　）。

A. 党费收缴　　B. 党费使用
C. 党费管理　　D. 党费返还

【解析】《中国共产党支部工作条例（试行）》第九条规定："党支部的基本任务是……（三）对党员进行教育、管理、监督和服务……做好党费收缴、使用和管理工作。"

【答案】ABC

51. 党委要发挥本部门、本系统的领导核心作用，准确把握职责定位，充分发挥（　　）的重要作用。

A. 把方向　　B. 管大局
C. 抓重点　　D. 保落实

【解析】国家税务总局党委在关于加

强新形势下税务系统党的建设的意见中提出，发挥党委在本部门、本系统的领导核心作用，准确把握各级税务局党委的职责定位，充分发挥把方向、管大局、保落实的重要作用。

【答案】ABD

三 判断题

1. 各级税务局党委纪检组在本级党委和上级党委纪检组双重领导下开展工作。（　　）

【解析】《中国共产党章程》第四十五条规定，党的地方各级纪律检查委员会和基层纪律检查委员会在同级党的委员会和上级纪律检查委员会双重领导下进行工作。

【答案】正确

2. 民主集中制是党的根本组织原则。（　　）

【解析】民主集中制是民主基础上的集中和集中指导下的民主相结合。它既是党的根本组织原则，也是群众路线在党的生活中的运用。

【答案】正确

3. 税务系统要着力构建"条主责、块为主，两结合、互为补，抓党建、带队伍"的纵合横通强党建机制制度体系，以在双重领导管理体制下，汇聚各方面力量，共抓税务系统党建工作，提高党建工作质量。（　　）

【解析】应为：税务系统着力构建"条主责、块双重，纵合力、横联通，齐心抓、党建兴"的纵合横通强党建机制制度体系，以在双重领导管理体制下，汇聚各方面力量，共抓税务系统党建工作，提高党建工作质量。

【答案】错误

4. 执行专项任务临时组建的工作组织，存续时间一般在1周以上、6个月以内，有3人以上正式党员的，原则上应当设立临时党组织。（　　）

【解析】依据《中共国家税务总局委员会关于印发〈进一步增强税务系统基层党组织政治功能和组织功能更好发挥教育管理监督作用的若干措施〉的通知》。

【答案】正确

5. 国家税务总局要会同省级党委和政府加强税务系统党的领导、做好党的建设、思想政治建设和干部队伍建设工作。（　　）

【解析】略

【答案】正确

6. 贯彻落实习近平总书记关于税收工作的重要论述和重要指示批示精神是税务系统基层党组织的"第一要事"。（　　）

【解析】依据《中共国家税务总局委员会关于印发〈进一步增强税务系统基层党组织政治功能和组织功能更好发挥教育管理监督作用的若干措施〉的通知》。

【答案】正确

7. 税务局各级党委书记每年至少到联系点调研指导1次。（　　）

【解析】依据《中共国家税务总局委员会关于印发〈进一步增强税务系统

通用知识

基层党组织政治功能和组织功能更好发挥教育管理监督作用的若干措施〉的通知》。

【答案】正确

8. 党委书记抓基层党建工作述职评议考核、领导班子和领导干部年度考核、业务考核原则上每年各进行1次。（ ）

【解析】《关于切实发挥党建引领作用 促进党建工作与税收业务深度融合的若干措施》指出，把党建工作作为衡量领导班子和领导干部工作实绩的重要方面，党委书记抓基层党建工作述职评议考核、领导班子和领导干部年度考核、业务考核一并开展，原则上每年只进行1次。

【答案】错误

9. 各级税务局领导班子在研究重要问题和重点工作时，首先学习习近平总书记有关重要论述，在对标对表中找准方向、明确思路、提出措施。（ ）

【解析】属于《关于切实发挥党建引领作用 促进党建工作与税收业务深度融合的若干措施》提出的要求。

【答案】正确

10. 税务系统每名青年干部都要编入1个青年理论学习小组，并由单位为青年干部配备政治理论和税收业务导师。（ ）

【解析】属于《关于切实发挥党建引领作用 促进党建工作与税收业务深度融合的若干措施》提出的要求。

【答案】正确

11. 艰苦奋斗是共产党人的政治本色，是中国共产党和人民军队在长期革命和建设过程中形成的优良传统。（ ）

【解析】略

【答案】正确

12. 切实开展批评和自我批评，勇于揭露和纠正工作中的缺点、错误，坚决同消极腐败现象作斗争是党员必须履行的义务。（ ）

【解析】《中国共产党章程》第三条规定，"纠正工作中的缺点、错误"应为"纠正违反党的原则的言行和工作中的缺点、错误"。

【答案】错误

13. 发展党员，必须把政治标准放在首位，经过党的支部，坚持全面吸收的原则。（ ）

【解析】《中国共产党章程》第五条规定，发展党员，必须把政治标准放在首位，经过党的支部，坚持个别吸收的原则。

【答案】错误

14. 党的纪律是党的各级组织和全体党员必须遵守的行为规则。（ ）

【解析】略

【答案】正确

15. 中国特色社会主义远大理想，是中国共产党人的精神支柱和政治灵魂，也是保持党的团结统一的思想基础。（ ）

【解析】共产主义远大理想和中国特色社会主义共同理想，是中国共产党人的精神支柱和政治灵魂，也是保持党的团结统一的思想基础。

【答案】错误

16. 我国正处于并将长期处于社会主义初

级阶段。（　）

【解析】略

【答案】正确

17. 党除了工人阶级和最广大人民群众的利益，没有自己特殊的利益。（　）

【解析】略

【答案】正确

18. 延长预备党员预备期是党纪处分的一种。（　）

【解析】《中国共产党发展党员工作细则》第三十二条规定，预备党员预备期满，党支部应当及时讨论其能否转为正式党员。认真履行党员义务、具备党员条件的，应当按期转为正式党员；需要继续考察和教育的，可以延长一次预备期，延长时间不能少于半年，最长不超过1年；不履行党员义务、不具备党员条件的，应当取消其预备党员资格。

党纪处分分为：警告、严重警告、撤销党内职务、留党察看、开除党籍。

【答案】错误

19. 《中国共产党章程》明确，坚持正确利益观，推动构建人类命运共同体。（　）

【解析】"利益观"应为"义利观"。

【答案】错误

20. 坚持党的领导、人民当家作主、改革开放有机统一是社会主义政治发展的必然要求。（　）

【解析】习近平总书记在中国共产党第十九次全国代表大会上的报告指出，坚持党的领导、人民当家作主、依法治国有机统一是社会主义政治发展的必然要求。

【答案】错误

21. 预备党员具有表决权、选举权和被选举权。（　）

【解析】"具有"应为"没有"。

【答案】错误

22. 进行选举时，有选举权的到会人数超过应到会人数的4/5，会议有效。因故未出席会议的党员或党员代表委托他人代为投票，必须采取书面委托的形式。（　）

【解析】《中国共产党基层组织选举工作条例》规定，因故未出席会议的党员或党员代表不能委托他人代为投票。

【答案】错误

23. 设立机关党的基层委员会的部门，同时应设立机关党的纪律检查委员会。（　）

【解析】设立机关党的基层委员会的部门，一般应当设立机关党的纪律检查委员会，不设机关党的纪律检查委员会的，应当设立纪律检查委员。

【答案】错误

24. 机关党员50人以上的，设立党的基层委员会。（　）

【解析】根据《中国共产党党和国家机关基层组织工作条例》第五条的规定，机关党员100人以上的，设立党的基层委员会。党员不足100人的，因工作需要，经上级党组织批准，也可以设立党的基层委员会。

【答案】错误

25. 党支部书记必须由本部门党员负责人

兼任。（ ）

【解析】根据《中国共产党党和国家机关基层组织工作条例》第八条规定，书记原则上由本部门党员负责人担任。

【答案】错误

26. 县级税务局党委每年至少专题研究1次意识形态工作。（ ）

【解析】根据总局党委《关于加强县级税务局政治机关建设的指导意见（试行）》，县级税务局党委每半年至少专题研究1次意识形态工作。

【答案】错误

27. 党支部每季度至少开展1次警示教育。（ ）

【解析】根据总局党委《关于加强县级税务局政治机关建设的指导意见（试行）》，党支部每季度至少开展1次警示教育。

【答案】正确

28. 党组（党委）会议应当有2/3以上党组成员（党委委员）到会方可召开。（ ）

【解析】根据《中国共产党党组工作条例（试行）》第二十六条的规定，党组会议应当有半数以上党组成员到会方可召开，讨论决定干部任免事项必须有2/3以上党组成员到会。

【答案】错误

29. 党支部书记一般应当具有3年以上党龄。（ ）

【解析】根据《中国共产党支部工作条例（试行）》第二十三条的规定，党支部书记应当具备良好政治素质，热爱党的工作，具有一定的政策理论水平、组织协调能力和群众工作本领，敢于担当、乐于奉献，带头发挥先锋模范作用，在党员、群众中有较高威信，一般应当具有1年以上党龄。

【答案】错误

30. 上级党组织可以跨地域或者从机关和企事业单位选派党支部书记。（ ）

【解析】略

【答案】正确

四 简答题

1. 深入推进新时代党的建设新的伟大工程，以党的自我革命引领社会革命，必须实现哪些基本要求？

【答案】（1）坚持和加强党中央集中统一领导。

（2）坚持不懈用习近平新时代中国特色社会主义思想凝心铸魂。

（3）完善党的自我革命制度规范体系。

（4）建设堪当民族复兴重任的高素质干部队伍。

（5）增强党组织政治功能和组织功能。

（6）坚持以严的基调强化正风肃纪。

（7）坚决打赢反腐败斗争攻坚战持久战。

2. 某区税务局领导干部全面从严治党不力、维护党的纪律不力、推进党风廉政建设和反腐败工作不坚决不扎实，造成严重后果。纪检监察部门如何履行问责追究责任？

【答案】属于纪检监察职权范围的，由纪检监察机构直接作出问责决定，属于党委或其他部门职权范围的,由纪检监察机构及时提出问责建议。在纪律审查中发现党的领导干部严重违纪涉嫌违法犯罪的,应当先作出党纪处分决定,再移送行政机关、司法机关处理。

3. 党的二十大报告指出,过去十年我们经历了三件大事:一是迎来中国共产党成立一百周年;二是中国特色社会主义进入新时代;三是完成脱贫攻坚、全面建成小康社会的历史任务,实现第一个百年奋斗目标。党和国家事业取得历史性成就、发生历史性变革,推动我国迈上全面建设社会主义现代化国家新征程,主要成就体现在哪些方面?

【答案】可以从以下方面进行阐述:

(1) 创立了习近平新时代中国特色社会主义思想,实现了马克思主义中国化时代化新的飞跃。

(2) 全面加强党的领导。

(3) 对新时代党和国家事业发展作出科学完整的战略部署,提出实现中华民族伟大复兴的中国梦,以中国式现代化全面推进中华民族伟大复兴。

(4) 实现了小康这个中华民族的千年梦想,打赢了人类历史上规模最大的脱贫攻坚战。

(5) 提出并贯彻新发展理念,着力推进高质量发展,推动构建新发展格局,我国经济实力实现历史性跃升。

(6) 以巨大的政治勇气全面深化改革。

(7) 实行更加积极主动的开放战略,我国成为140多个国家和地区的主要贸易伙伴,货物贸易总额居世界第一。

(8) 坚持走中国特色社会主义政治发展道路。

(9) 确立和坚持马克思主义在意识形态领域指导地位的根本制度。

(10) 深入贯彻以人民为中心的发展思想,人民生活全方位改善。

(11) 坚持绿水青山就是金山银山的理念。

(12) 贯彻总体国家安全观。

(13) 确立党在新时代的强军目标。

(14) 全面准确推进"一国两制"实践。

(15) 全面推进中国特色大国外交,推动构建人类命运共同体。

(16) 深入推进全面从严治党。

4. 2021年2月23日,在2021年全国税务系统全面从严治党工作会议上,国家税务总局党委书记、局长王军代表总局党委作工作报告,提出要着力构建六位一体税务系统全面从严治党新格局。请简述六位一体税务系统全面从严治党新格局的工作机制的主要内容。

【答案】(1) 在"政治建设一体深化"方面,要进一步提高政治"三力",更加自觉地从政治上看税务系统全面从严治党工作。

(2) 在"两个责任一体发力"方面,要进一步扛牢压实管党治党政治责任,持续推动主体责任和监督责任同抓共进。

(3) 在"综合监督一体集成"方面,要进一步加强实践探索,着力增强监督合力和监督治理效能。

（4）在"党建业务一体融合"方面，要进一步强化联动评价，不断提升税务系统全面从严治党的整体性系统性。

（5）在"约束激励一体抓实"方面，要进一步落实严管厚爱要求，持续营造风清气正的良好政治生态。

（6）在"组织体系一体贯通"方面，要进一步强化整体提升，切实增强各级税务党建工作部门和纪检机构的组织力协同力。

5. 如何理解新时代中国特色社会主义发展的"两个阶段"战略安排？

【答案】可以从以下方面进行阐述：

综合分析国际国内形势和我国发展条件，从2020年到21世纪中叶可以分两个阶段来安排。第一个阶段，从2020年到2035年，在全面建成小康社会的基础上，再奋斗15年，基本实现社会主义现代化。第二个阶段，从2035年到21世纪中叶，在基本实现现代化的基础上，再奋斗15年，把我国建成富强民主文明和谐美丽的社会主义现代化强国。

6. 2022年10月22日，中国共产党第二十次全国代表大会通过了《中国共产党章程（修正案）》。此次党章修正案在"五位一体"总体布局方面作了哪些充实？

【答案】党的十九大以来，习近平总书记围绕统筹推进"五位一体"总体布局提出了一系列新理念新思想新战略。党章修正案吸收这些重大成果，对总纲相关自然段进行了充实。

（1）增写中国特色社会主义法治道路的内容。

（2）将"发展更加广泛、更加充分、更加健全的人民民主"修改为"发展更加广泛、更加充分、更加健全的全过程人民民主"。

（3）将"推进协商民主广泛、多层、制度化发展"修改为"推进协商民主广泛多层制度化发展"。

（4）将"建立健全民主选举、民主决策、民主管理、民主监督的制度和程序"修改为"建立健全民主选举、民主协商、民主决策、民主管理、民主监督的制度和程序"。

（5）增写统筹发展和安全的内容。

五 论述题

1. 税务系统纵合横通强党建机制制度体系的具体内涵有哪些？

【答案】纵合横通强党建机制制度体系即"条主责、块双重，纵合力、横联通，齐心抓、党建兴"，在双重领导管理体制下，汇聚各方面力量，共抓税务系统党建工作，提高党建工作质量。

（1）条主责：各级税务局党委要落实"条主责"要求，认真抓好本部门、本系统党的建设、全面从严治党工作。

（2）块双重：各级税务局党委要按照"块双重"要求，认真落实地方党委对党建工作的部署要求，积极争取纪委监委、组织部、宣传部、统战部、机关工委等部门支持，做好税务系统党建工作。

（3）纵合力：各级税务局党委要落实"纵合力"要求，层层传导压力、压实责任。

（4）横联通：各级税务局党委要落实"横联通"要求，凝聚党建工作合力，增强党建工作实效。成立党建工作领导小组，由党委书记任组长，相关党委委员任副组长，系统党建、机关党委、纪检、巡视巡察、办公室、督察内审、人事、考核考评、宣传教育等部门为成员单位。

2. 党的二十大报告指出，"全党必须牢记，全面从严治党永远在路上，党的自我革命永远在路上"。请谈谈你对党的自我革命的认识。

【答案】可以从以下方面进行阐述：

（1）自我革命，是我们党区别于其他政党最显著的标志，是跳出治乱兴衰历史周期率的第二个答案，也是我们党不断从胜利走向新的胜利的关键所在。

（2）全面建设社会主义现代化国家、全面推进中华民族伟大复兴，关键在党。我们党作为世界上最大的马克思主义执政党，要始终赢得人民拥护、巩固长期执政地位，必须时刻保持解决大党独有难题的清醒和坚定。

（3）党的二十大报告强调全面从严治党永远在路上，党的自我革命永远在路上，决不能有松劲歇脚、疲劳厌战的情绪，必须持之以恒推进全面从严治党，深入推进新时代党的建设新的伟大工程，以党的自我革命引领社会革命。要落实新时代党的建设总要求，健全全面从严治党体系，全面推进党的自我净化、自我完善、自我革新、自我提高，使我们党坚守初心使命，始终成为中国特色社会主义事业的坚强领导核心。

3. 某电视台原主持人张某是中国共产党党员。2023年，其在某酒店与多家单位人员聚餐，言谈间极力丑化中国共产党的形象，造成社会恶劣影响。请援引《中国共产党纪律处分条例》相应条款进行分析。

【答案】（1）张某丑化中国共产党形象的行为属于违反政治纪律的行为，应根据情节轻重给予纪律处分。

（2）《中国共产党纪律处分条例》规定，通过信息网络、广播、电视、报刊、书籍、讲座、论坛、报告会、座谈会等方式，丑化党和国家形象，或者诋毁、诬蔑党和国家领导人，或者歪曲党史、军史的，情节较轻的，给予警告或者严重警告处分；情节较重的，给予撤销党内职务或者留党察看处分；情节严重的，给予开除党籍处分。

第二章 管理学基础

>> 知识架构

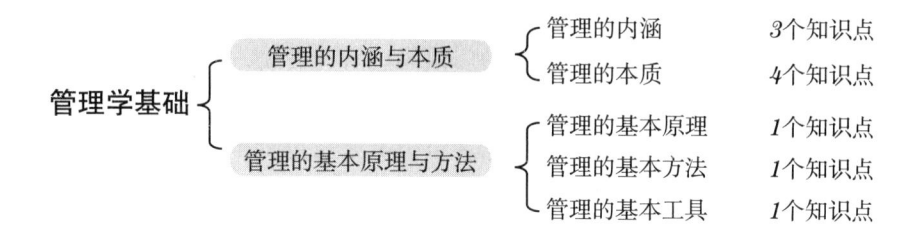

管理学基础
- 管理的内涵与本质
  - 管理的内涵　　　3个知识点
  - 管理的本质　　　4个知识点
- 管理的基本原理与方法
  - 管理的基本原理　1个知识点
  - 管理的基本方法　1个知识点
  - 管理的基本工具　1个知识点

>> 第一节
管理的内涵与本质

一　管理的内涵

【知识点1】管理的概念

任何人类有组织的群体活动都需要管理。管理的实质是如何合理分配和协调各种资源，激励组织中的成员高效地实现组织目标。在这个过程中，管理者需要遵循一定的原理、借助一定的方法和工具。而管理学正是研究人类管理活动一般规律的科学。时代背景不同、环境特征不同，管理活动的规律就会表现出不同的特征。管理学学习和研究的目的就是在揭示管理活动一般规律的基础上，分析这种规律在特定时期的表现形式，探讨如何根据这种规律指导不同情景下的管理实践。

管理是指一定组织中的管理者，通过实施计划、组织、指挥、协调及控制等职能来协调他人的活动，使别人同自己一起实现既定目标的活动过程。这是由现代管理理论创始人法国实业家法约尔（Henri Fayol）于1916年提出的。他的论点经过许多人多年的研究和实践，尽管由于时代的变迁，管理的内容、形式和方法已发生了巨大的变化，但其观点基本上是正确的，并成为后来管理定义的基础。

【知识点2】管理的基本特征

管理的目的是有效地实现组织预定的目标。管理本身不是目的，管理是为高效实现组织目标服务的。"高效"主要是指通过管理以较少的资源消耗以实现组织目标。强

通用知识

调管理是为实现组织目标服务的,一方面,意味着明确了管理的工具或手段属性。既然是工具,是手段,那么任何主体都可以运用它来为自己服务。另一方面,意味着作为工具和手段,管理的具体实践必然会体现其运用主体的意志和特征,必然会带有其运用主体的目的和行为烙印。

管理的主体是具有专门知识、利用专门技术和方法进行专门活动的管理者。管理劳动是社会生产过程中分离出来的一种专门活动,管理者是一种专门的职业,不是任何人都可以成为管理者的,只有具备一定素质和技能的人,才有可能从事管理工作。

管理的客体是组织活动及其参与要素。组织需要通过特定的活动实现其目标,活动的过程是不同资源的消耗和利用的过程。为促进组织目标的有效实现,管理需要研究怎样充分地利用各种资源,如何合理地安排组织的目标活动。

管理是一个包括多阶段、多项工作的综合过程。决策虽然在管理劳动中占有十分重要的地位,但是管理不仅是决策,管理者制定了正确的决策后,还要组织决策的实施,激发组织成员的工作热情,追踪决策的执行进展,并根据内外环境的变化进行决策调整。因此,管理是一个包括决策、组织领导、控制以及创新等一系列工作的综合过程。

【知识点3】管理工作的内容

为了提高组织可支配资源的利用效率,管理者首先需要为组织利用资源的活动选择正确的方向,即决策工作,然后根据目标活动的要求设计合理的职位系统,招聘合适的人员,即组织工作;把合适的人员安排在合适的岗位后,需要激励每一位员工,激发其潜能,使其持续地保持旺盛的工作热情,即领导工作;不同成员的行为不一定都符合组织的预定要求,所以要进行及时的追踪和检查,即控制;资源利用的效率在很大程度上取决于活动方法或技术是否合理,随着人们对客观世界认识能力的提升,活动方法需要不断改进。实际上,不仅仅活动方法,组织活动的方向,从事具体活动的人的安排也应随着活动环境与条件的变化而及时调整或创新。因此,组织要通过管理努力保证始终让正确的人用正确的方法在正确的岗位上从事正确的工作。管理包括计划、组织、领导、控制以及创新等一系列工作。

1. 计划

决策是组织在未来众多的行动可能中选择一个比较合理的方案。为选择正确的行动方向,确定合理的行动目标。管理者首先要分析研究组织活动的内部条件,外部环境,要判断组织外部的环境特征及其变化趋势。分析组织内部在客观上拥有的资源状况以及在主观上利用资源的能力,判断组织在资源拥有和利用上有哪些劣势或优势;通过外部环境研究,分析不断变化的环境中可能给组织构成什么威胁,提供何种机会。制定了正确的决策后,还要详细分析为了实现决策目标,需要采取哪些具体的行动,这些行动对组织的各个部门和环节在未来各个时期的工作提出了哪些具体的要求。因此，编制行动计划的工作实质上是将决策目标在时间上和空间上分解到组织的各个部门和环节，对每个单位、每个成员的工作提出具体要求。组织中所有层次的管理者，包括高层管理者、中层管理者和基层管理者，都必须从事计划活动。所谓计划，就是指"制定目标并确定为达成这些目标所必需的行动"。虽然组织中的高层管理者负责制定总体目标和战略，但所有层次的管理者都必须为其工作小组制定经营计划，以便为组织作贡献。所有管理者必须制定符合并支持组织的总体战略目标。另外，他们必须制定支配和协调他们所负责的资源计划，且在计划过程中必须进行决策。决策是计划和修正计划的前提，而计划又是实施决策的保证，计划与决策密不可分。总之，计划是为决策服务的，是实施决策的工具和保证。

2. 组织

为了保证决策活动的有效实施，管理者要根据目标活动的要求设计合理的组织，包括在目标活动分解的基础上分析需要设置哪些岗位，即职务设计；根据一定的标准将不同岗位加以组合形成不同的部门，即机构设计；并根据业务活动及其环境的特点规定不同部门在活动过程中的相互关系，即结构设计；然后根据不同岗位所从事的活动要求或组织现有成员的素质特征，将适当的人员安置在组织结构的适当岗位上，实现人岗匹配；在此基础上向配备在各岗位上的人员发布工作指令，并提供必要的物质和信息条件，以开动并维持组织的运转；在组织运行过程中，要借助不同手段和方法，整合正式组织与非正式组织、直线与参谋以及不同层级管理人员的贡献，并根据业务活动及其环境特点的变化，研究与实施组织结构的调整和变革。

3. 领导

把组织的每个成员安排在适当的岗位上，还要努力使每个成员以高昂的士气、饱满的热情投身到组织活动中去，这便是领导工作。所谓领导是指利用组织赋予的权力和自身的能力、人格魅力去指挥和影响下属，为实现组织目标而努力工作的管理活动过程。有效的领导可以采用适当的方式，运用合理的制度，针对组织成员的需要及特点，采取一系列措施去提高和维持组织成员的工作积极性。

4. 控制

控制是为了保证组织系统按预定要求运作而进行的一系列工作，包括根据预先制定的标准检查和监督各部门、各环节的工作，判断工作结果与目标要求是否相符；如果存在偏差，则要分析偏差产生的原因以及偏差产生后对目标活动的影响程度；在此基础上，还要针对原因，制定并实施纠正偏差的措施，以确保决策活动的顺利进行和决策目标的有效实现。

5. 创新

控制使组织活动按预定的目标和要求进行，维持了组织活动的有序性，从而为效

通用知识

率的提高提供了保证。但是，组织活动是一种伸向外部、面向未来的活动。组织外部的环境以及企业内部与之相关的可以利用的资源是不断变化的。即便环境与资源不变，组织中的管理者对资源与环境的认识也可能发生改变。这些变化要求组织内部的活动技术与方法不断变革，组织活动与人的安排不断优化，甚至组织活动的方向、内容与形式选择也需要不断地进行调整。这些变革、优化和调整是通过管理的创新职能来实现的。

如果说管理的工作内容包括计划、组织、领导、控制以及创新，那么管理学理论的研究也就是沿着这样的思路来展开。

二、管理的本质

管理究竟是管人还是管事？管理研究中对这个问题有不同的认识。实际上，任何活动都是要靠人来完成的，活动的选择和组织实施都是人的行为，因此管理首先是对人或人的行为的管理，管理的本质从某种意义上说是对组织成员在活动中的行为进行协调。组织成员的行为能够被有效协调的前提是他们愿意接受这种协调，而且他们的行为具有一定程度的可协调性。

【知识点1】管理是对人或对人的行为的管理

毫无疑问，管理需要管事。在管理活动的内容中我们分析指出了为有效利用组织可支配的资源，需要先选择活动的方向与内容，需要制定正确的决策，需要做对的事情。但是，这个选择本身是作为管理者的人去完成的，作为选择结果的企业决策是要靠组织中的所有人来努力落实的。管理者对事的管理的目标是通过对人的管理来实现的。管理者的主要工作是选择对的人去做对的事情，并努力让这些人在做事情的过程中表现出符合组织需要的行为。只要组织中的每个人都能在合适的岗位上从事符合组织需要的事并始终表现出符合组织要求的行为，决策目标的实现就会是必然的结果。管理者的工作主要是对人的管理，意味着管理者的成功、管理者的职业生涯发展，在很大程度上不仅取决于自己的个人素质、能力以及努力程度，而且更多地取决于他们识人和用人的能力，取决于他们调动和维持人的积极性的能力。

【知识点2】管理的本质是对人的行为进行协调

由于认知和行动能力的限制，个人在参与组织活动中表现出的行为不一定完全符合组织的要求，管理者首先要努力引导组织成员的行为使之与组织的目标要求相一致。同样，由于认知和行动能力的差异，不同组织成员在不同时空表现出的行为虽然单个地分析都是符合组织要求的，但从整体上来看，他们的行为以及在此基础上对组织提供的贡献之间也可能出现不平衡。因此，管理者的任务是协调不同成员在组织活动中的行为和贡献。

协调组织成员的行为是以组织成员愿意接受协调和组织成员的行为可以协调为前提的。巴纳德曾经强调，组织是一个协作系统。协作系统能够存在并持续的第一个基本要素就是组织成员的协作意愿。协作意愿的实质是组织成员愿意在一定时期内把对自己一定程度的控制权交由组织行使，愿意根据组织的要求提供组织所需的服务。因此，只要组织成员还留在组织内，就意味着他们愿意接受管理者对他们行为的协调。可协调性是指组织成员能够根据管理者的指令或要求表现出相应行为。管理者之所以向某个或某些组织成员发出某个指令，是因为他估计相关组织成员会根据这个指令表现出某种相应的行为。也就是说，管理者与作为被管理者的组织成员的关系是互动的。实际上，不仅是管理者与被管理者之间，而且持续交往的社会成员之间的关系都是互动的。

上述分析表明，行为可协调性的前提是行为的可预测性。管理者之所以能对组织中不同成员的行为进行有效的协调，是因为他自己和作为协调对象的组织成员的行为都具有一定程度的可预测性。人们的行为之所以可预测是因为人们的行为呈现出一定的规律性，而人们的行为之所以表现出这种规律性是因为人们在行为过程中自觉或不自觉、有意识或无意识地遵循了一定的行为规则。按规则办事，行为可预测，人们才会愿意继续交往下去，稳定的社会关系才会形成。因此，行为可预测要求存在规则，大家了解规则、接受规则、愿意根据规则来选择自己的行为表现。因此，从某种意义上也可以说，实质表现为协调的管理活动要围绕着规则的设立、运行以及不断改进来组织展开。

【知识点3】管理的科学性与艺术性

主张管理是科学的人通常强调管理研究总结了管理活动的一般规律，形成了系统管理理论。在管理工作中，我们也可以借助许多科学的手段、工具和方法。强调管理是艺术的人则认为，对于相同的理论、相同的原则、相同的手段，不同的人有不同的理解。即使有相同的理解，在管理实践中也可能有不同的运用；即使有相同的运用，产生的效果也可能是不一样的。

管理理论和管理工具毫无疑问是科学的，或者可以是科学的，而管理实践则明显地表现出艺术性的特征。在管理实践中，管理者需要根据活动环境、活动条件以及活动对象等因素的特征及其变化艺术地运用那些科学的理论、手段和方法。实际上，管理活动的有效性在很大程度上正是取决于管理者能否艺术地运用以及在何种程度上艺术地运用那些科学的理论、手段和方法。

通用知识

【知识点4】管理的自然属性与社会属性

管理是对组织中人的活动进行整合和协调。组织活动过程是一系列资源的组合过程。这些资源及其利用方法都与一定的技术相联系。不同的时代背景下技术发展水平不同，对整合资源利用过程的管理也必然体现出不同的特征。这些特征与管理的自然属性相关。在不同社会制度背景下对不同类型组织不同活动的管理会表现出相似的自然属性特征，在不同背景实践中抽象出的与之相关的管理理论与方法也因此具有一般借鉴意义。

对组织中人的活动的整合必然会涉及对活动中人的关系的协调。管理是为了达到预期目的而进行的特殊活动。管理的预期目的是管理主体的利益和意志的体现。具体组织的具体管理总是为一定的管理主体或他们所代表的社会阶级的利益服务的。代表的利益不同，管理需要达成的目的就不一样，管理过程中管理主体对需要协调的人的关系的假设以及协调人的关系的方法和手段就有可能不同。

管理为管理主体利益服务，是管理主体为实现其预期目的而需借助手段的特点决定了管理具有特殊的社会属性。管理社会属性的特征决定了在特殊背景下产生的理论与方法总是与这个特殊背景有着密不可分的关系，其他社会背景下的组织借鉴和运用这些理论和方法时必须考虑到社会制度、主体性质、服务目的以及主客体关系等方面的差异。

>> 第二节
管理的基本原理与方法

一 管理的基本原理

在组织和协调群体活动的过程中，管理者必须遵循人本、系统、效益及适度等基本原理，利用理性分析和直觉判断等基本方法，借助权力和组织文化等基本工具，从而使组织高效地实现目标。

【知识点】管理的基本原理

管理的基本原理是管理者在组织管理活动的实践中必须遵循的基本规律。这些规律主要有人本原理、系统原理、效益原理以及适度原理。

1. 人本原理

组织是人的集合体，组织活动是由人来进行的，组织活动的管理既是对人的管理，也是通过人进行的管理。人是组织的中心，也是管理的中心，人本原理当是管理的首要原理。以人为中心的人本原理要求对组织活动的管理既是"依靠人的管理"，也是"为了人的管理"。"依靠人的管理"一方面强调组织需要管理者参与管理，参与组织活动方向、目标以及内容的选择、实施和控制，另一方面强调根据人的特性对组织、对人进行管理，重视管理的人性化。活动方向（做正确的事）与方式（用正确的方法做事）的选择影响着组织活动的效益水平。这种选择是否正确，在很大程度上取决于选择者是否拥有与选择有关的各种情报信息。管理者对这些信息的掌握可能受到时间、角度、层次以及个人能力等方面的限制。组织被管理者参与决策，用执行者在具体业务活动中了解的组织各环节活动能力及其利用情况以及相关环境特点的情况来弥补管理者的信息不足，可以提高组织活动方向和方式选择的正确性，同时会使他们在活动过程中产生某种认同感，从而可以诱发他们自觉地为实现自己参与选择的组织活动而努力。此外，我们还知道，人是参与组织活动的各种要素中的最活跃者。如果说其他要素是被动、消极地参与组织活动的话，人则是积极、主动地投入这种活动中的。因此，人的态度和积极性直接关系到活动中其他要素的利用效果，从而决定着组织活动的效率。激发人的积极性、纠正人的工作态度，要求管理者研究行为和态度的影响因素，考虑到人的物质的和精神的各种需要，根据人的特点来进行领导和激励，实行"人性化的管理"。

"为了人的管理"，是指管理的根本目的是为人服务的。管理的为人服务不仅应包括通过管理工作来提高组织业务活动的效率，从而使组织能够更好地满足服务对象的要求，而且应包括通过管理工作，充分实现组织成员的社会价值，促进组织成员的个人发展。在经济发达的今天，人们参与某个组织活动的目的，绝不仅仅是解决生计问题，能在社会活动中有所作为并使自己的社会价值得到充分实现已成为许多社会成员非常重要的心理需要。这种需要的满足，不仅要求管理者组织民主决策，而且要求管理者根据每个组织成员的素质特点安排恰当的工作，同时要求通过这种安排使每个人都有机会在组织的业务活动中增加知识、提高能力、完善素质，从而实现自身的不断发展。"为了人的管理"还应体现在全体组织成员共享由于管理而促进的组织绩效的改善。组织绩效成果的改善是全体组织成员共同努力的结果。只有让全体成员分享劳动成果，才能在根本上保证每一个人的利益，调动每一个人参与组织活动的积极性。

2. 系统原理

系统，是指由若干相互依存、相互作用的要素或子系统组合而成的具有特定功能的有机整体。客观世界中存在形形色色的系统。根据不同的标准，系统可以分成不同类型。从系统形成方式看，可分为自然系统与人造系统。自然系统是由自然物质组成的系统，人造系统则是人为了实现某种目的而有意识建立的系统。从系统是否与环境交互作用看，可分成封闭系统与开放系统。封闭系统是指不与外界进行物质、信息、能量交换的系统，开放系统则在存在与运行过程中不断地与外界发生交互作用。从系统状态是否发生变化这个角度来分析，可以分成静态系统与动态系统。静态系统的结构和状态不随时间而改变，动态系统的结构和状态随时间而改变。显然，我们研究的组织、组织所从事的活动以及对组织活动的管理都是人造、开放、动态的系统类型。

人造、开放、动态的社会经济组织系统虽然存在多种形式，但一般来说具有以下共同特征：①整体性。整体性是系统的基本特征，主要表现在两个方面。一是从构成上来看，系统是由若干既相互联系又相互区别的要素（子系统）构成的整体；二是从功能上来看，系统的整体功能实现依赖于要素的相互作用。②相关性。相关性是指系统各要素之间相互制约、相互影响、相互依存的关系。③有序性。系统的有序性是指系统在相对稳定的结构状态下有序运行。主要表现在两个方面。一是系统内各要素相互作用的层次性，即构成系统的各要素在不同的层次上发挥作用；二是系统要素相互作用的方向性，即系统各要素在纵向的各层次之间和横向的各环节之间朝一定的方向交互作用。④与外部环境的互动性。系统与外部环境的关系是互动的。一方面，系统要根据环境的特点及变化选择并调整自己的活动；另一方面，系统会通过自己的活动去影响和改造环境，使环境朝有利于自己的方向变化。

根据系统论的观点，我们在组织管理活动时应注意以下3个方面：

（1）管理活动所要处理的每一个问题都是系统中的问题。因此，解决每一个具体的问题，不仅要考虑该问题的解决对直接相关的人和事的影响，还要顾及对其他相关因素的影响；不仅要考虑到对目前的影响，还要考虑到对未来可能产生的影响。只有把局部与整体、内部与外部、目前与未来统筹兼顾、综合考虑才能妥善地处理组织中的每一个问题，避免顾此失彼。

（2）管理必须有层次观点。组织及其管理活动是一个多元、多级的复杂系统。在这个系统中，不同层次的管理者有着不同的职责和任务。各管理层次必须职责清楚、任务明确，并在实践中各司其职，各行其权，各负其责，以正确发挥各自的作用，实现管理的目标。如果管理工作层次不清、职责不明，或者虽然层次分明，但上级越权指挥、下级越权请示，不按组织层次展开工作，则可能使管理系统变得一片混乱。

（3）管理工作必须有开发观点。组织与环境的作用是交互的，管理者不仅应根据系统论的观点，注意研究和分析环境的变化，及时调整内部的活动和内容以适应市场环境特点及变化的要求，而且应努力通过自己的活动去改造和开发环境，引导环境朝着有利于组织的方向去发展变化。

3. 效益原理

任何组织在任何时期的存在都是为了实现一定的目标。同时，任何组织在任何时期的目标活动都需要组合和利用一定的资源，从而付出一定的代价。效益是指组织目标的实现与实现组织目标所付代价之间的一种比例关系。追求组织活动的效益就是以尽量较少的资源消耗去实现组织的既定目标。

追求效益是人类一切活动均应遵循的基本规则，这是由资源的有限性所决定的。我们知道，在特定的历史时期，人类认识自然和改造自然的能力总是有限的。因此人们能够从自然界取得的物质资源以及利用这些资源生产的物质产品的数量也是有限的。而与此相对应，人们希望通过这些资源和产品的利用来满足的需要总是无限的。解决资源的有限性与人类需要的无限性之间的矛盾，是经济学与管理学的古典课题和永恒任务。为了缓和这个矛盾，人类必须在一切社会活动特别是经济活动中遵循效益的原理。

效益即是目标实现与实现目标的代价这两者之间的关系，追求效益就应该向这两个方面去努力。组织目标能否实现，实现的程度高低，通常与目标活动的选择有关。活动的内容选择不当，与组织的环境特点或变化规律不相适应，那么，即使活动过程中组织成员的效率很高，结果也只能是南辕北辙，组织目标无法实现。组织实现目标的代价与目标活动过程中的资源消耗有关，而资源消耗的高低则取决于活动正确与否。方法正确，资源则可能得到合理配置、充分利用；方法失当，则可能导致资源的浪费。因此，"做正确的事"是追求效益的前提，"用正确的方法做正确的事"则是实现效益的保证，管理者必须注意提高自己和下属的"做正确的事的能力"和"用正确的方法做事的能力"。

4. 适度原理

管理活动中存在许多相互矛盾的选择。例如，在业务活动范围的选择上专业化与多角化的对立。专业化经营可以使企业稳定业务方向和顾客队伍，从而有利于企业完善管理、改进技术；多角化经营则可以使企业有广阔的市场，分散经营风险。又如，在组织结构的安排上，有管理幅度宽窄之分。较宽的管理幅度可以减少管理层次，从而加快信息的传递速度，提高组织高层决策的及时性，同时可避免上级对下级工作的过多干预，从而有利于发挥下级在工作中的主动性；较窄的管理幅度则可以减少每个层次的管理者需要处理的信息量，从而有利于有价值的信息被及时识别和利用，同时可以使管理者有较多的时间去指导下属，从而有利于下属工作能力的提高。再如，在管理权力的分配上，有集权与分权的矛盾。集权可以保证组织总体政策的统一以及决策的迅速执行，而分权则可增强组织的适应能力，提高较低层次管理者的积极性。在这些相互对立的选择中，前者的优点恰好是后者的局限之所在，而后者的贡献恰好构成了前者的劣势。因此，组织在业务活动范围的选择上既不能过宽，也不能过窄；在管理幅度的选择上，既不能过大，也不能过小；在权力的分配上既不能完全集中，也不能绝对分散，必须在两个极端之间找到最恰当的点，进行适度管理，实现适度组合。

通用知识

正因为存在这些相互对立的选择才使得管理者的劳动显得更加重要,同时正因为这些对立的存在从而寻求最佳组合的必要,才决定了管理者的工作效率更多的不是取决于对管理的理论知识和方法的掌握程度,而是取决于对所掌握的知识和方法的应用能力。也许正是这个原因,管理的有效性才更多地取决于管理者艺术地运用科学的管理理论与方法的能力。

二、管理的基本方法

【知识点】管理的基本方法

管理者在组织管理活动的过程中,需要借助大量的方法。根据管理对象的不同,这些方法包括与人有关的管理方法、与物有关的管理方法、与资金管理有关的管理方法以及与活动组织有关的管理方法;根据活动选择与组织实施的阶段不同,这些方法涉及方案的制定、方案的比较、方案的组织实施以及实施过程中的控制;根据管理的层次,这些方法可分成宏观的管理方法、中观的管理方法以及微观的管理方法;根据属性的不同,管理方法可分成法律方法、行政方法、经济方法以及教育方法;等等。抽象地看,这些方法或者以理性分析为基础,或者以直觉判断为依据。

1. 理性分析

自泰勒以来,管理研究中就一直强调管理的科学性,强调用科学的手段与方法来科学地组织管理的过程,管理的科学性是以理性分析为基础的。理性分析不仅是大量严格的定量方法的运用,而且是以严密的逻辑思维为基础。毫无疑问,科学的组织管理活动过程,要求我们对组织活动的外部环境和内部条件进行充分分析,在这个基础上制定不同的方案,对这些不同方案进行充分比较后选择实施方案,并进一步论证所选方案的可行性与合理性,为方案的组织实施提供支持。方案的制定、比较以及论证过程中需要借助大量科学的定量分析方法,正是因为定量分析方法的这种普遍需要才催生了以探讨模型的构建和运用为主要特征的管理科学和管理工程的迅速发展。

但是,严格的定量分析方法的构建与运用是以严密的逻辑思维为基础的。数学模型抽象地反映了参与组织活动的各种要素之间相互关系的一般特征,或者抽象地反映了这些要素组合过程的一般规律。这些特征和规律的抽象是通过对管理实践中的大量相关因素及其相互关系的观察、分析、归纳、演绎后才得出的。科学的观察、分析、归纳、演绎过程是一个严密的逻辑思维过程。实际上,不仅这些模型的构建要求以逻辑严密的分析为基础,其运用更需要管理者清晰地思考和辨识各要素之间的因果或相关等关系性质,准确地选择恰当的方法来对相关活动进行分析和计算。

以定量分析方法运用及严密的逻辑思维为基础的理性分析是管理过程中比较普遍采用的方法,有的人甚至认为这是唯一的科学管理方法。

2. 直觉判断

我们在进行理性分析的同时，也不能忽视直觉的作用。直觉的运用表面上来看不那么精确、不那么科学，有人甚至认为根据直觉判断来进行决策是一种"拍脑袋"的方法。但是在组织的管理实践中，甚至在个人的日常生活中，许多重要问题的处理，直觉或者说以直觉为基础的判断，仍发挥着重要的作用。对个人来说，生活并不总是理性的；对组织来说，组织环境的变化并不总是依循既有的规律，即便依循一定的规律，因相关因素的错综复杂，这种变化的规律也可能未能被迅速揭示，特别是组织活动中需要处理的许多问题时间敏感性很强，以直觉判断为基础的决策就显示出优越性。

直觉，表面上看没有切实的数据，没有定量的模型，没有精确的计算，因而没有形式上的科学性。但实际上，直觉仍是一个快速的逻辑思维过程的结果。虽然我们目前还无法用科学的语言严谨地描述和揭示直觉思维的科学特征，但是毫无疑问，直觉思维有着非常丰富的科学内涵。揭示管理者直觉思维的科学内涵研究如何通过管理教育去提升管理者以直觉判断为基础的决策能力，应当成为管理研究的重要课题。

三 管理的基本工具

【知识点】管理的基本工具

管理者在管理活动中可以借助许多工具。如果说管理的本质是规范和协调人的行为，那么管理者影响人的行为的手段无非两类：一类与权力有关，另一类与组织文化有关。管理者既需要运用权力直接规范被管理者在组织中必须表现的行为，并对其进行追踪和控制，也需要借助组织文化引导组织成员在参与组织活动过程中不同时空的行为选择。

1. 作为管理工具的权力

权力本是政治学研究的一个基本概念，它描述的是组织中的相关个体在一定时期内相对稳定的一种关系。这种关系的性质，有学者认为是"命令—服从"关系，也有学者认为是一种影响关系。把权力的实质理解为命令与服从，则权力关系是单向的，权力的主体根据自己的意志决定权力指向的客体的行为，权力指向的客体必须根据权力主体的要求表现出符合其旨意的行为。把权力的实质理解为影响力，则权力关系必然是双向的。权力主体在某些问题的处理上对权力指向的客体可能产生一定的影响，但与此同时，权力指向的客体可能在另一些问题的处理上影响权力主体的行为。当然，即使从命令与服从的角度去理解，权力关系中相关主体的行为也是互动的，影响是双向的。权力指向对象的服从是权力关系得以维系的基本前提，但需要指出的是，不论我们如何强调权力关系中的互动性，不同权力主体影响对方行为的能力或可能性是不同的，有的主体是主动施与，有的主体是被动接受；有的主体有更多的选择，有的主

通用知识

体选择空间非常有限。有的主体影响能力大一些，话语权多一些，有的主体则影响力小一些，话语权少一些，不完全平等的权力地位是权力关系的基本特征。实际上，在完全平等的权力关系下，行为主体间的互动是无法继续的，组织也因此无法有序地运行。权力关系中相对权力地位或相对影响力不一样的原因是行为主体拥有的权力资源不同。

行为主体的权力资源可能包括：具有为组织活动所必需的某种专门知识或技能；在组织的以往活动中，取得过明显的成功，表现出丰富的经验和能力办事公正，待人诚恳，表现出被普遍赞誉的个人品质；在组织中所担任的职位提供了某种奖励或惩罚他人的可能性。从某种意义上说，特殊的知识、能力经验、品质以及组织中的职务都是稀缺性资源，所以用经济学的术语去表述一个人在组织中的权力或影响力是其能够支配的相关稀缺资源的函数。这些资源有的与行为主体在组织中担任的职位有关，有的则来自行为主体自身或自身的学习与工作经历。我们把前者称为正式的职位或职务权力，把后者称为非正式的个人影响力、人格魅力。虽然任何管理者都需要借助个人影响力在组织中发挥作用但是决定他在组织中权力地位的首先是职位所赋予他的正式权力。在不同岗位任职，既决定了任职者应该承担的责任以及拥有的权限，也决定了他与相关岗位任职者的权力关系。

2. 作为管理工具的组织文化

组织文化是一个内涵非常丰富的概念。有学者认为组织文化是组织的基本规则，有学者认为组织文化不仅包括以价值观为主体内容的核心文化，还包括以组织成员行为特征和组织物质形式为外在表现的行为文化和物质文化。编者认为，组织文化的核心是组织成员普遍认同、共同接受的价值观念以及由这种价值观念所决定的行为准则。价值观是组织文化的内核，价值观的性质决定了组织文化的基本特征。行为准则体现了核心价值观的具体要求，为组织成员的日常行为选择提供了具体的依据。价值观和行为准则的广泛认同、普遍接受决定了组织文化是一种内化于组织成员的管理工具，而不是一种外在的管理手段。

组织文化一旦形成，对组织成员的行为影响就会是持续的、普遍的，而且是低成本的。依据共同的价值观念和行为准则，人们在组织中不同时空自觉的行为选择将不仅符合组织的目标要求，而且相互之间是协调的，即使出现某种或某些不协调，他们也会自觉地相互协调适应。

作为一种低成本的管理工具，文化的发挥作用曾经是无意识的。实际上，不论我们是否意识到，任何组织都存在一定的文化；不管我们是否愿意，这样的文化对组织成员的行为进而对组织活动的效果都会产生一定的影响。在组织成功影响因素的研究中，人们发现了文化的存在及其作用，如何构建合理的组织文化以引导组织成员的积极行为也因此成为当今管理者的一个重要任务。

习题演练

一、单项选择题

1. 过去做出的选择，决定了现在可能做出的选择，惯性的力量会使原有选择不断自我强化和锁定。这种现象反映的是（ ）。
   A. 热炉效应 B. 马太效应
   C. 二八定律 D. 路径依赖

   【解析】"路径依赖效应"是指，一旦人们做出某种选择，惯性的力量便会使这一选择不断自我强化和锁定，让你轻易走不出来。在一定程度上，人们的一切选择都会受到"路径依赖效应"的可怕影响，人们过去做出的选择，决定了他们现在可能做出的选择。
   【答案】D

2. 保证组织中进行的一切活动符合所制定的计划和下达的命令，这是管理的（ ）职能。
   A. 控制 B. 组织
   C. 领导 D. 决策

   【解析】控制是为了保证组织系统按预定要求运作而进行的一系列工作，包括根据预先制定的标准检查和监督各部门、各环节的工作。
   【答案】A

3. 通过方案的产生和选择表现出来的管理职能是（ ）。
   A. 计划 B. 组织
   C. 领导 D. 决策

   【解析】决策是组织在未来众多的行动可能中选择一个比较合理的方案。
   【答案】D

4. 组织目标的实现与实现组织目标所付代价之间的一种比例关系是指（ ）。
   A. 效益 B. 效果
   C. 效率 D. 成效

   【解析】效益，是指组织目标的实现与实现组织目标所付代价之间的一种比例关系。
   【答案】A

5. 管理者为了实现管理和组织目标，运用各种传播手段，与管理环境中的各种组织和人员交流信息，以期达到一致行动的过程被称为（ ）。
   A. 有效沟通 B. 管理沟通
   C. 管理交流 D. 信息交换

   【解析】管理者是群体活动的发起者和管理活动的组织核心，承担着大量的沟通工作。管理沟通是管理者为了实现管理和组织目标，运用各种传播手段，与管理环境中的各种组织和人员交流信息，以期达到一致行动的过程。
   【答案】B

6. 组织文化的特征不包括（ ）。
   A. 超个体的独特性

通用知识

B. 相对稳定性
C. 融合继承性
D. 绝对性

【解析】组织文化具有的特征包括：超个体的独特性、相对稳定性、融合继承性和发展性。

【答案】D

7. 在各种沟通方式中，快速传递，快速反馈，信息量很大，但传递中经过层次愈多，信息失真愈严重，核实越困难的沟通方式是（　　）。
A. 电子媒介　　　B. 非语言
C. 书面　　　　　D. 口头

【解析】口头沟通方式的优点是：快速传递；适合表达感觉和感情；更加个性化；成本较低；可以根据反馈及时进行改正和调整。缺点是：传递中经过层次越多信息失真越严重；话一出口就很难收回；有时难以控制时间；易带有个人色彩而影响信息的可靠性。

【答案】D

8. 在各种沟通方式中，具有持久、有形、可以核实等优点；但效率低，缺乏反馈的沟通方式是（　　）。
A. 电子媒介　　　B. 非语言
C. 书面　　　　　D. 口头

【解析】书面沟通的优点是：持久、有形；适合传达复杂或困难的信息；可以回顾；便于存档保管以便日后查证；在发送信息前可以进行细致的考虑和检查。缺点是：耗时；反馈有限且缓慢；缺乏有助于理解的非语言暗示；有时人们不愿意阅读书面的东西；无法了解所写的内容是否被人阅读。

【答案】C

9. 不属于行政执行的方法是（　　）。
A. 法律　　　　　B. 经济
C. 教育　　　　　D. 诉讼

【解析】行政执行的方法包括：①行政手段，即依靠行政机关内部层级节制的机制，通过命令、指挥、控制、规定、指令等实施政策执行的方法。②法律手段，即行政机关通过制定行政法律、法规、法令等，对行政执行的实施过程进行规范的方法。③经济手段，即行政机关运用包括税收、罚款、政府开支、政府合同、利息在内的各种经济杠杆，在尊重经济规律的前提下，通过调节经济变量的关系，达到行政执行的目的。④教育手段，即行政机关通过宣传、动员、感化、鼓舞等沟通方式，将政策理念输入人们脑海之中，使之理解政策的内容和意义，自觉地为行政执行服务。

【答案】D

10. 学习型组织的特征是（　　）。
A. 系统思考　　　B. 思维能力
C. 团队学习　　　D. 思考和创新

【解析】学习型组织的特征是系统思考，只有站在系统的角度认识系统，认识系统面对的环境，才能避免陷入系统动力的旋涡之中。

【答案】A

11. 管理是一种实践，其本质不在于"知"而在于"行"，其验证不在于逻辑，而在于成果；唯一权威就是成就。这一论述是（　　）的观点。
A. 泰勒　　　　　B. 西蒙

· 76 ·

C. 德鲁克　　　D. 罗宾斯

【解析】这是美国管理学大师彼得·德鲁克于1954年和1989年提出的对管理的看法。

【答案】C

二、判断题

1. 管理的本质是对人的行为进行协调。（　）

   【解析】略

   【答案】正确

2. 管理既不是科学，也不是艺术。（　）

   【解析】管理理论和管理工具毫无疑问是科学的，或者可以是科学的，而管理实践则明显地表现出艺术性的特征。

   【答案】错误

3. 战略管理是组织寻求成长的机会以及识别威胁的过程。（　）

   【解析】略

   【答案】正确

4. 行政执行是行政机关及工作人员依法执行行政决策，以实现行政目标和社会目标的活动和过程。（　）

   【解析】略

   【答案】正确

5. 广义的文化，是指人类在社会历史实践过程中所创造的物质财富和精神财富的总和，其中物质文化可称为"软文化"，精神文化可称为"硬文化"。（　）

   【解析】广义的文化，是指人类在社会历史实践过程中所创造的物质财富和精神财富的总和，其中物质文化可称为"硬文化"，精神文化可称为"软文化"。

   【答案】错误

6. 文化识别是税务文化建设的基础性、经常性、先导性的工作，是税务文化建设的重要内容之一。（　）

   【解析】文化诊断是税务文化建设的基础性、经常性、先导性的工作，是税务文化建设的重要内容之一。

   【答案】错误

7. ABC时间管理法是把事情的重要程度分为A、B、C三个等级，并按照这个顺序来依次完成各项任务。（　）

   【解析】略

   【答案】正确

8. 联想思维，是指人脑记忆表象系统中，由于某种诱因导致不同表象之间发生联系的一种没有固定思维方向的自由思维活动。（　）

   【解析】略

   【答案】正确

9. 协调作为一门艺术，还有许多深奥的东西，管理者须在实践中用心地摸索、体会并灵活运用。（　）

   【解析】略

   【答案】正确

10. 制度的生命力在于执行，健全权威高效的制度执行机制，加强对制度执行的监督，应坚决杜绝做选择、搞变通、打折扣的现象。（　）

    【解析】《中共中央关于坚持和完善中国特色社会主义制度、推进国家治理体系和治理能力现代化若干重大问题的决定》中提到，制度的生命力在于执行。各级党委和政府以及各级领导干部要切实强化制度意识，带头维护制度权威，做制度执行的表率，带动全党全社会自觉尊崇制度、严格执行制度、坚决维护制度。健全权威高效的制度执行机制，加强对制度执行的监督，坚决杜绝做选择、搞变通、打折扣的现象。

【答案】正确

三 简答题

简要回答管理的含义及其管理工作的内容是什么？

【答案】管理是指组织通过计划、组织、领导、控制、创新等职能活动，高效实现组织目标的过程。

管理包括计划、组织、领导、控制以及创新等一系列工作。具体内容是：

1. 为了提高组织可支配资源的利用效率，管理者首先需要为组织利用资源的活动选择正确的方向，之后将决策目标在时间上和空间上分解到组织的各个部门和环节，对每个单位、每个成员的工作提出具体要求，即计划工作。

2. 根据目标活动的要求设计合理的职位系统，招聘合适的人员，即组织工作。

3. 把合适的人员安排在合适的岗位后，需要激励每一位员工，激发其潜能，使其持续地保持旺盛的工作热情，即领导工作。

4. 不同成员的行为不一定都符合组织的预定要求，所以要进行及时的追踪和检查，即控制。

5. 资源利用的效率在很大程度上取决于活动方法或技术是否合理，随着人们对客观世界认识能力的提升，活动方法需要不断改进，实际上，不仅仅活动方法，组织活动的方向，从事具体活动的人的安排也应随着活动环境与条件的变化而及时调整或创新。因此，组织要通过管理努力保证始终让正确的人用正确的方法在正确的岗位上从事正确的工作。

四 案例分析题

如何提高效率？

美国某钢铁公司总裁舒瓦浦向一位效率专家利请教："如何更好地执行计划的方法？"利声称可以给舒瓦浦一样东西，在10分钟内能把他公司业绩提高50%。接着，利递给舒瓦浦一张白纸说："请你在这张纸上写下你明天要做的6件最重要的事。"舒瓦浦用了约5分钟的时间写完。利接着说："现在用数字标明每件事情对于你和公司的重要性次序。"舒瓦浦又花了约5分钟做完。利说："好了，现在这张纸就是我要给你的。明天早上第一件事是把纸条拿出来，做第一项最重要的。不看其他的，只做第一项，直到完成为止。然后用同样的办法对待第二项、第三项……直到下班为止。即使只做完第一件事，那也不要紧，因为你总是在做最重要的事。你可以试着每天这样做，直到相信这个方法有价值的，请将你认为的价值给我寄支票。"1个月后，舒瓦浦给利寄去一张2.5万美元的支票，并在他的员工中普及这种方法。5年后，当年这个不为人知的小钢铁公司成为世界最大钢铁公司之一。

问题：

1. 为什么总裁舒瓦浦有计划却难以执行？效率专家利的方法的关键在哪里？

2. 效率专家利认为，"即使只做完第一件事，那也不要紧，因为你总是在做最重要的事。"你认为制定计划光做最重要的事够吗？

3. 效率专家利执行计划的方法使这个不为人知的小钢铁公司成为世界最大的钢铁公司之一。为什么计划能有这么大的作用？

【答案】可以从以下方面进行阐述：

1. 计划工作的内容不仅要制定计划，还包括原因、人员、时间、地点、手段等。总裁舒瓦浦没有列出执行计划的具体时间、地点等，当然难以执行，而效率专家利恰恰抓住了这些关键，即即时、即地要实现的目标是什么，马上完成这些计划。

2. 效率专家利的做法说明制定计划应遵循重点原则，切忌眉毛胡子一把抓，否则难以有效地制定、执行计划。除重点原则外，我们在制定计划时还应遵循统筹、发展、便于控制和经济原则。如果一味地强调重要，就一直盯着做。而事实上难以完成或荒废了太多时间与精力，则得不偿失。

3. 计划作为管理的首要职能，是组织实施的纲要，为控制提供标准，领导在计划实施中确保计划取得成功。计划的作用主要表现在：弥补不确定性和变化带来的问题，有利于管理人员把注意力集中于目标，有利于提高组织的工作效率，有利于有效地进行控制。

第三章 政务管理

>> 知识架构

政务管理	公文处理	公文处理基础知识	7个知识点
		公文写作	4个知识点
	绩效管理	绩效考核	4个知识点
	保密工作	国家秘密管理	3个知识点
		定密管理	1个知识点
		涉密人员管理	2个知识点
		涉密载体管理	2个知识点
	应急管理	突发事件应对和处置	5个知识点
	涉税舆情管理	涉税舆情分析判断	3个知识点
		涉税舆情引导与管理	1个知识点
	会议管理	会议分类	3个知识点
		会议管理要点	5个知识点
		会议座次安排	3个知识点
	政务信息	税收信息工作概述	2个知识点
		税收信息管理流程	4个知识点
		税收信息写作技能	3个知识点
	政务公开	政府信息公开相关规定	6个知识点
		行政执法公示制度	6个知识点
	解决形式主义突出问题为基层减负	党中央有关决策部署	1个知识点
		国家税务总局党委有关具体措施	1个知识点
	重大事项请示报告工作	税务系统重大事项请示报告工作制度规定	5个知识点

通用知识

>> 第一节
公文处理

一 公文处理基础知识

【知识点1】税务机关常用公文种类

税务机关的公文种类主要有：命令（令）、决议、决定、公告、通告、意见、通知、通报、报告、请示、批复、函、纪要。

命令（令）适用于依照有关法律、行政法规发布税务规章，宣布施行重大强制性行政措施，嘉奖有关单位及人员。

决议适用于会议讨论通过的重大决策事项。

决定适用于对重要事项作出决策和部署、奖惩有关单位和人员、变更或者撤销下级机关不适当的决定事项。

公告适用于向国内外宣布重要事项或者法定事项。

通告适用于在一定范围内公布应当遵守或者周知的事务性事项。

意见适用于对重要问题提出见解和处理办法。

通知适用于发布、传达要求下级机关执行和有关单位周知或者执行的事项，批转、转发公文。

通报适用于表彰先进，批评错误，传达重要精神和告知重要情况。

报告适用于向上级机关汇报工作、反映情况，回复上级机关询问。

请示适用于向上级机关请求指示、批准。

批复适用于答复下级机关请示事项。

函适用于不相隶属机关之间商洽工作、询问和答复问题、请求批准和答复审批事项。

纪要适用于记载会议主要情况和议定事项。

【知识点2】正确选用文种

1. 根据行文方向选用文种

向上级机关的请示、汇报工作或对重要问题提出建议时用"请示""报告""意见"；同平级机关商洽工作，请求批准有关事项用"函""意见"；向下级机关行文可用"通知""批复""通报""决定""意见";对社会公开发布可用"令""公告""通告"。

2. 根据隶属关系选用文种

对有隶属关系的下级税务机关来文请示有关事项,使用"批复"直接答复,若请示的问题具有普遍性,可使用"通知"或其他文种行文,不再单独批复请示单位。其中,上级税务机关针对下级税务机关有关特定税务行政相对人的特定事项如何适用税收法律、法规、规章或税收规范性文件的答复或者解释,需要普遍执行的,应当按照《税务规范性文件制定管理办法》(国家税务总局令第41号公布,根据国家税务总局令第50号修正)的规定制定税务规范性文件;对没有隶属关系的平级单位或其他单位来文请求批准有关事项,不能使用"批复",应当采用"通知"或"函",可以根据工作需要主送相关税务机关,抄送来文单位。

向有关单位请求批准事项、答复有关单位询问事项、向外单位咨询有关事项、与有关单位商洽工作、向有关单位报送工作进展情况、答复外单位来文征求意见使用"函"。

【知识点3】公文的组成

公文一般由份号、密级和保密期限、紧急程度、发文机关标志、发文字号、签发人、标题、主送机关、正文、附件说明、发文机关署名、成文日期、印章、附注、附件、抄送机关、承办部门名称、印发部门名称和印发日期、页码等组成。

【知识点4】公文的密级

公文的密级分为绝密、机密和秘密3个等级。尽可能根据公文的内容规定为"长期"或确定保密的最佳期限,如"秘密★6个月""机密★5年""绝密★长期"。不确定具体保密期限的,保密期限一般为绝密30年,机密20年,秘密10年。公文起草时,如引用标有密级公文的标题、文号或内容,必须按原公文的密级标注密级;回复标有密级的来文时,必须按来文的密级标注密级。

【知识点5】公文的紧急程度

公文的紧急程度分为特急、加急两种。特急,是指内容重要并特别紧急,已临近规定的办结时限,需特别优先传递处理的公文。加急,是指内容重要并紧急,需打破工作常规,优先传递处理的公文。

电报的紧急程度分4种,即:特提(即刻办理),特急(2天内办理),加急(4天内办理),平急(6天内办理)。

通用知识

【知识点6】公文的标题

公文的标题由发文机关、发文事由和文种组成。公文标题中除法律、法规、规章和规范性文件名称加书名号外，一般不用标点符号。标题一般用2号小标宋体字，排列应使用梯形或菱形，回行时要做到词意完整、排列对称、长短适宜、间距恰当。转发公文标题一般为：本机关名称＋转发＋被转发文件的标题＋的通知；多层转发的，根据主要事由自拟标题，但标题中应含"转发"字样；不得以被转发文件的发文字号作为标题。

【知识点7】主送机关和抄送机关

主送机关、抄送机关应当使用全称或规范化的简称，其中主送和抄送为税务机关时应当使用全称。抄送机关按上级机关、平级机关、下级机关次序排列；同级机关之间一般按照党委、人大、政府、政协、监委、军队、法院、检察院、人民团体、民主党派等次序排列。

二 公文写作

【知识点1】公文拟制

公文拟制包括公文的起草、审核、签发等程序。凡需会签的公文，主办部门应当与会办部门取得一致意见后行文。以机关名义制发的公文，由机关负责人签发。其中，以本机关名义制发的上行文，由主要负责人或者主持工作的负责人签发；以本机关名义制发的平行文或下行文，由主要负责人或者主要负责人授权的其他负责人签发；对涉及重要税收政策或重大问题的，由其他负责人审阅后送主要负责人签发。签发人签发公文，应当签署意见、姓名和完整日期；圈阅或者签名的，视为同意。联合发文由所有联署机关的负责人会签。

【知识点2】发文办理

发文办理，是指以本机关名义制发公文的过程，包括复核、编号、校对、印制、用印、登记、封发等程序。

【知识点3】收文办理

收文办理，是指对收到公文的处理过程，包括签收、登记、审核、拟办、批办、承办、传阅、催办、答复等程序。

第三章 政务管理

【知识点4】公文归档

公文办理完毕后,应当根据《中华人民共和国档案法》及档案管理有关规定,及时将公文定稿、正本和有关材料交本部门文秘人员整理、归档。个人不得保存应当归档的公文。

归档范围内的公文,应以"件"为单位进行分类、排列、编号、编目、装订、装盒。首页右上部空白处加盖"归档章",打印文件目录。联合办理的公文,原件由主办机关整理、归档,其他机关保存复制件或其他形式的公文副本。每年6月30日前将本部门上一年度办理完毕的公文、材料整理后集中向本机关档案管理部门移交。

>> 第二节 绩效管理

绩效考核

税务绩效管理,是指税务部门运用绩效管理原理和方法,建立符合税务系统实际的绩效管理制度机制,对各级税务机关围绕中心、服务大局、履行职责、完成任务等方面,实施管理及考评的过程。

实施绩效管理,是税务部门开展党的群众路线教育实践活动的重要成果,是国家税务总局贯彻落实习近平总书记关于抓好改革落实的重要讲话和指示精神,打通改革落地"最后一公里",推动中央重大决策部署在税务系统落地生根的重要举措。通过制定考评指标、落实工作责任倒逼职能转变、工作改进,又通过评价工作业绩、强化结果运用切实体现干与不干、干多干少、干好干坏不一样,提振税务干部精气神,释放税收工作正能量,树立税务部门良好社会形象。

【知识点1】实施税务绩效管理的主要目标

围绕提升站位、增强税务公信力和执行力的"一提双增"目标,打造一条索链、构筑一个闭环、形成一种格局、建立一套机制,激发干部队伍动力活力,提高税收工作效能效率,努力开拓税收事业更加广阔的前景。

一条索链是"工作项目化、项目指标化、指标责任化"的工作索链;一个闭环是

通用知识

"绩效管理有目标、目标执行有监控、执行情况有考评、考评结果有反馈、反馈结果有运用"的管理闭环；一种格局是"纵向到底、横向到边、双向互动、环环相扣、层层负责、人人向上"的责任格局；一套机制是落实重大决策部署的快速响应机制、税收工作持续改进的评价导向机制、树立税务队伍良好形象的内生动力机制、促进征纳关系和谐的服务增效机制。

【知识点2】实施税务绩效管理的基本原则

1. 统一领导，分级管理

税务系统绩效管理在国家税务总局统一领导下开展，各级税务机关按照管理层级，负责对本局机关内设机构和下一级税务机关实施绩效管理。

2. 改革引领，突出重点

围绕税收现代化建设战略目标，强化改革发展导向，着力解决税收工作重点、难点问题，完善税收治理体系，提升税收治理能力。

3. 科学合理，客观公正

建立科学完备的绩效管理制度，实现体系完整规范，指标可控可考，程序简便易行，数据真实有效，过程公开透明，结果公平可比。

4. 过程监控，动态管理

规范流程，健全机制，改进手段，构建"目标—计划—执行—考评—反馈"的管理闭环，实施过程管理，强化跟踪问效。

5. 激励约束，持续改进

正向激励与绩效问责相结合，强化绩效结果运用，完善评价导向机制，促进自我管理、自我改进、自我提升。

【知识点3】税务绩效管理的总体布局

税务系统绩效管理的总体规划是，围绕提升站位，增强执行力，增强公信力，在税务系统建成制度科学、机制健全、结构完整、手段先进、运行高效的绩效管理体系。国家税务总局局长王军在2013年12月26日召开的全国税务工作会议讲话中明确提出，要坚持"坚定不移地搞、积极稳妥地推，持续不断地改"的总要求，把握搞好"三步走"、唱响"四部曲"的总布局，采取"组织领导强、制度设计优、运行机制畅"的硬措施，在全国税务系统扎实推进绩效管理。

【知识点4】税务绩效管理的主要流程

实施绩效管理，要按照制订绩效计划、实施绩效监控、开展绩效考评、运用考评结果和抓好绩效改进的基本流程推进。

1. 科学制订绩效计划

根据党中央、国务院的决策部署、税收现代化战略目标、国家税务总局年度工作安排以及本单位工作要点等制订绩效计划。

2. 全面实施绩效监控

把绩效管理的过程作为自我管理、自我诊断、自我评估的过程，强化过程控制和动态管理，实现自我改进、自我提升。各级各部门要建立重点工作任务和关键指标的日常监控机制，掌握工作进度和重点指标完成情况，发现问题及时纠偏，确保绩效计划的有效执行和全面完成。

3. 严格开展绩效考评

绩效考评是绩效管理的重要内容和核心环节。要科学制订绩效考评工作方案，合理确定考评方式方法。被考评单位要对绩效计划和绩效指标完成情况开展自查自评，定期提交绩效分析报告，将计划绩效与实际绩效进行分析对比，查找问题和薄弱环节，制定绩效改进措施。上级考评单位应加强绩效考评工作指导，通过绩效考评，发现问题，提出改进工作、加强管理、提升绩效的意见和建议。

4. 有效运用考评结果

绩效考评结果是改进工作、加强管理的重要依据，要坚持正向激励为主，运用于干部问责、年度公务员评先评优，不断拓展运用范围。要将考评结果与领导班子和领导干部考评、干部选拔任用紧密挂钩，加大结果运用力度，对绩效不佳的单位和个人实行行政问责，严肃追究行政责任。

5. 重点抓好绩效改进

绩效管理的根本目的在于促进工作绩效不断持续改进和提升。各级各部门要针对绩效考评反映的情况和问题，结合绩效计划，纵横比较分析，查找问题，分析原因，制定整改措施，对各项管理制度、业务流程存在的不足进行完善和优化，并纳入下一年度绩效计划。

6. 注重绩效工作沟通

绩效沟通是绩效管理的灵魂和主线，贯穿于绩效管理工作始终，渗透于绩效管理各环节，是区别于传统考评的重要标志。考评与被考评单位加强沟通协调，分别就绩效计划、指标设置、过程管理、绩效考评、绩效改进等环节内容，进行深入广泛交流，形成工作共识和价值认同，确保绩效管理工作良性运转。

通用知识

>> 第三节
保密工作

一 国家秘密管理

【知识点1】国家秘密范围和密级

涉及国家安全和利益的事项，泄露后可能损害国家在政治、经济、国防、外交等领域的安全和利益，应当确定为国家秘密。国家秘密的密级分为绝密、机密、秘密3级。绝密是最重要的国家秘密，泄露会使国家的安全和利益遭受特别严重的损害；机密是重要的国家秘密，泄露会使国家的安全和利益遭受到严重的损害；秘密是一般的国家秘密，泄露会使国家的安全和利益遭受损害。

【知识点2】保密期限

国家秘密的保密期限，除另有规定外，绝密级不超过30年，机密级不超过20年，秘密级不超过10年。各级税务机关应当根据工作需要，确定具体的保密期限、解密时间或者解密条件。国家秘密的保密期限已满的，自行解密。

【知识点3】国家秘密标志形式

国家秘密事项的密级一经确定，须在秘密载体上做出明显的标志。国家秘密标志形式为"密级★保密期限""密级★解密时间"或者"密级★解密条件"。按照有关规定，纸介质文件、资料的国家秘密标志应当标注在文件、资料首页或封面的左上角。

二 定密管理

【知识点】税务工作国家秘密定密管理

定密工作，是指对税务工作中所产生的国家秘密事项，及时准确确定密级、保密期限、知悉范围，并对国家秘密载体做出标志，及时通知应当知悉的机关单位和人员，并按规定进行全过程管理的活动。税务机关所产生的关系国家安全和利益的涉密事项，并在一定时间内只限一定范围的人员知悉的，应按税务工作国家秘密范围的规定定密。

国家税务总局具有税务工作国家秘密绝密级、机密级、秘密级定密权，省税务局、国家税务总局驻各地特派办具有税务工作国家秘密机密级、秘密级定密权。省税务局不得对市、县税务局进行定密授权。各级税务机关均依法具有派生定密的定密权，无须申请相应的定密授权。

三 涉密人员管理

【知识点1】涉密人员管理

涉密人员，是指经审查批准经常接触、处理国家秘密事项或知悉、掌握国家秘密事项，在保守国家秘密安全方面负有责任的人员。

税务机关按照下管一级的原则，对涉密人员实行分级管理。涉密人员按其涉及国家秘密事项的密级程度实行分类管理。核心涉密人员是产生、经管或经常接触、知悉绝密级国家秘密事项人员；重要涉密人员是产生、经管或经常接触、知悉机密级国家秘密事项人员；一般涉密人员是产生、经管或经常接触、知悉秘密级国家秘密事项人员。各级税务机关要严格控制接触国家秘密的人员范围，严格限制涉密人员接触国家秘密的范围。各级税务机关要定期对涉密人员进行保密形势、保密法律法规、保密技能等方面的培训。各级税务机关对涉密人员在岗期间履行保密职责、遵守保密纪律和接受保密教育等情况进行定期考核，加强日常管理和监督。

涉密人员离岗、离职的，按照人事管理权限和有关保密规定办理。经审核批准调离涉密岗位的，必须主动清退保存和使用的秘密载体，办理移交手续，并签订涉密人员离岗保密承诺书。涉密人员调离涉密岗位，实行脱密期管理，脱密期内未经审查批准，不得擅自出境，不得到境外驻华机构、组织或者外资企业工作，不得为境外组织、人员或者外资企业提供劳务、咨询或者服务等。涉密人员脱密期限为：一般涉密人员6个月至1年，重点涉密人员1年至2年，核心涉密人员2年至3年。

【知识点2】保密要害部门部位管理

税务机关保密要害部门，是指日常工作中产生、传递、使用和管理绝密级、机密级、秘密级国家秘密的最小行政单位，如办公室、财务处等；保密要害部位，是指集中制作、存储、保管国家秘密载体的专用、独立、固定场所，如档案室、机要室、计算机中心等。

保密要害部门部位必须严格管理制度，建立健全管理责任制，签订保密要害部门部位负责人保密责任书。保密要害部门部位必须具备完善的人防、技防、物防等防护措施，安装电子监控、防盗报警等安全防范设施。保密要害部门部位使用的办公设备必须符合保密管理要求和保密技术标准，使用进口设备必须进行安全技术检查。各种保密设备的维护、维修应当在涉密工作人员全程陪同监督下进行，并建立维护维修记

通用知识

录。保密要害部门部位的国家秘密载体必须在符合安全标准的设备中保存，并明确管理责任人。保密委员会办公室要定期检查保密要害部门部位技术防范措施落实情况，并进行记录。

四 涉密载体管理

【知识点1】国家秘密载体管理

国家秘密载体，简称涉密载体，是指以文字、数据、符号、图形、图像、声音等方式记载国家秘密信息的纸介质、光介质、电磁介质等各类物品。

收发涉密载体应当履行清点、登记、编号、签收等手续。各种形式传递的涉密载体，必须履行机要登记后方可使用。传递涉密载体应当通过机要交通或机要通信部门。

制作涉密载体应当标明密级和保密期限，注明发放范围、制作数量、编排顺序号。制作涉密载体应在税务机关保密室或国家保密行政管理部门审查批准的定点单位进行，制作场所必须符合保密要求。

收到涉密载体后，应按照制发单位的要求，确定知悉人员范围。任何部门和个人不得擅自扩大国家秘密的知悉范围。

涉密载体原则上不允许复制。确因工作需要复制，应履行审批手续，经主要领导批准。涉密载体复制后，机要室应对复制份数、复制件密级标识等进行核对，并逐份登记，加盖复制单位戳记，标明复制部门、编号和时间。涉密载体复制件要视同原件管理。

涉密载体应当存放在密码文件柜中，由专人管理。禁止携带涉密载体参加涉外活动或出境。

工作人员调离工作单位，或因退休、辞职等原因离开工作岗位，应对个人所保存的涉密载体进行登记，并定期清查、核对。涉密载体的归档按照国家有关档案管理规定执行。

涉密载体销毁要履行清点、登记、监销、批准手续，经主管领导审核批准后，送交专门的涉密载体销毁机构销毁。

【知识点2】网络保密管理

1. 信息设备保密管理

信息设备，是指计算机及存储介质、打印机、传真机、复印机、扫描仪、照相机、摄像机等具有信息存储和处理功能的设备。

信息设备必须统一采购、登记、标识、配备，明确涉密信息设备的管理责任人。采购用于存储、处理国家秘密的信息设备，优先选用国产设备，确需进口设备的应当进行详细调查和论证，不得选用国家保密行政管理部门规定禁用的设备部件。

涉密信息设备应在醒目位置标明密级、编号、责任人。涉密信息设备的使用和保管场所应当安全可靠。涉密计算机应当采取符合国家保密标准要求的身份鉴别、访问授权、违规外联监控、移动存储介质使用管控等安全保密措施。变更涉密信息设备的使用部门、密级、责任人应当经过保密委员会办公室批准。涉密信息设备的使用人员、管理人员离职离岗时，税务机关应当收回其涉密信息设备，取消有关涉密信息设备的访问授权。涉密信息设备维修应当在本机关内部进行，指定专人全程监督，严禁维修人员读取或复制涉密信息。确需送外维修的，应提出申请，经批准后，须拆除涉密信息存储部件，到保密行政管理部门确定的定点维修单位进行维修。涉密信息设备淘汰处理时按照涉密载体销毁程序办理。

税务机关人员在使用信息设备时不得有下列行为：

（1）将涉密信息设备接入互联网及其他公共信息网络。

（2）使用非涉密信息设备存储、处理国家秘密。

（3）在涉密计算机与非涉密计算机之间交叉使用存储介质。

（4）使用低密级信息设备存储、处理高密级信息。

（5）在未采取技术防护措施的情况下将互联网及其他公共信息网络上的数据复制到涉密信息设备。

（6）在涉密计算机与非涉密计算机之间共用打印机、扫描仪等信息设备。

（7）在涉密场所连接互联网的计算机上配备或安装麦克风或摄像头等音频视频输入设备。

（8）使用具有无线互联功能或配备无线键盘、无线鼠标等无线装置的信息设备处理国家秘密。

（9）擅自卸载涉密计算机上的安全保密防护软件或设备。

（10）将涉密信息设备通过普通邮政或其他无保密措施的渠道邮寄、托运。

2. 信息系统保密管理

信息系统，是指由计算机及其配套设备、设施构成，按照一定应用目标和规则存储、处理、传输信息的系统或者网络。

涉密信息系统应按照存储、处理和传输信息的相应密级进行管理和防护。集中存储、处理和传输工作秘密的信息系统参照涉密信息系统管理。涉密信息系统的规划、设计、建设、维护等应当按照国家保密规定和标准要求进行，选择具有涉密信息系统集成资质的单位承担，并与资质单位签订保密协议。涉密信息系统的保密设施、设备应当与系统同步规划、同步建设、同步运行。

涉密信息系统应当指定专门人员管理和维护，严格设定用户权限，按照最高密级防护和最小授权管理的原则，控制涉密信息知悉范围。严格规范文件打印、存储介质使用等行为，严格控制涉密信息系统的信息输出。将互联网及其他公共信息网络上的数据复制到涉密信息系统，要严格采取病毒查杀、单向导入等技术防护措施。涉密信息系统的密级、主要业务应用、使用范围和使用环境等发生变更或者系统不再使用时，应按管理权限及时向上级税务机关或当地保密行政管理部门报告。

税务机关人员在使用信息系统时不得有下列行为：
（1）将涉密信息系统接入互联网及其他公共信息网络。
（2）在非涉密信息系统中存储、处理和传输国家秘密信息。
（3）在未经审批的涉密信息系统中存储、处理和传输国家秘密信息。
（4）在低密级涉密信息系统中存储、处理和传输高密级信息。
（5）擅自改变涉密信息系统的安全保密防护措施。

>> 第四节
应急管理

突发事件应对和处置

【知识点1】突发事件定义及其分类分级

突发事件，是指突然发生的，对税务机关、税务工作人员和相关人员及其财产造成或可能造成损害、构成威胁，需要采取应急处置措施予以应对的自然灾害、事故灾难、社会安全和公共卫生事件。

上述各类突发事件按照其性质、严重程度、可控性和影响范围等因素分成4级，特别重大的是Ⅰ级，重大的是Ⅱ级，较大的是Ⅲ级，一般的是Ⅳ级。突发事件有时相互交叉和关联，某类突发事件可能和其他类别的事件同时发生，或引发次生、衍生事件，要具体分析，统筹应对。

【知识点2】突发事件的预防预警

各级税务机关要建立应对突发事件的预防、预警、处置、信息报告、信息发布、恢复重建等运行机制，提高应急预防、处置和指挥水平。要认真做好全员防灾抗灾教育工作，普及紧急避险、自救互救知识，增强公共安全和防范风险的意识。要针对各类突发事件完善预防机制，开展风险分析和排查，做到早发现、早报告、早处置。对可能发生的突发事件，要及时进行综合评估，预防突发事件的发生。

各级税务机关应积极参与当地政府组织的应急预警工作,加强本部门的情况监测,最大限度地发现突发事件的苗头、征兆。根据预测分析结果,依据可能发生和可以预警的突发事件的级别,将预警等级对应划分为特别重大(Ⅰ级)、重大(Ⅱ级)、较大(Ⅲ级)、一般(Ⅳ级)4个等级,分别用红色、橙色、黄色、蓝色表示。

【知识点3】突发事件的先期处置

突发事件发生后,事发地税务机关应紧密依靠当地政府及有关部门采取措施控制事态发展,保护突发事件现场涉密资料、重要物资的安全,收集并保存相关证据,组织开展应急救援工作,并及时向上级税务机关报告。事发地税务机关应根据事件的发生范围、性质和影响程度,按照职责和规定权限启动有关应急预案,合理调配人力、财力、物力等应急资源。

【知识点4】突发事件的应急响应

税务系统特别重大(Ⅰ级)、重大(Ⅱ级)突发事件发生后,事发地税务机关要立即报告上一级税务机关,最迟不超过1小时。必要时,可直接向国家税务总局报告,同时补报上一级税务机关。省税务机关最迟在3个小时内报告国家税务总局(同时向国家税务总局应急工作领导小组办公室和相应的专项应急工作组报告),并报告省级政府,不得谎报、瞒报、漏报和迟报。需要上报国务院的突发事件信息,国家税务总局应在国务院规定时限(4小时)内将突发事件信息按程序上报国务院。

对较大(Ⅲ级)、一般(Ⅳ级)突发事件因本身比较敏感、发生在敏感地区、敏感时间,或可能发展为重大(Ⅱ级)以上的突发事件,事发地税务机关可不受特别重大、重大突发事件分级标准的限制,直接向上级机关报告信息。对当地省级人民政府规定的较大(Ⅲ级)以上突发事件,或出现税务工作人员非正常死亡的事件,事发地税务机关应及时逐级报告国家税务总局。对国家税务总局要求上报的突发事件,应在接到通知后立即上报。

报告形式包括口头报告、书面报告。口头报告内容为突发事件的时间、地点、事由、现状、影响、已采取的措施、联系人及联系方式等。其中,报告时间尽量精确到分钟。口头报告后应及时按要求报送书面报告,值班接报人员必须按规定填写报告记录。书面报告分为初次报告、阶段报告和总结报告。其中,初次报告应报告突发事件基本情况,一般包括事件发生的时间、地点、信息来源、事件起因、主要性质、基本过程、已造成的后果、影响范围、事件发展趋势、先期处置情况、拟采取的措施以及下一步工作建议、联系人员和联系方式等。阶段报告应报告突发事件的详细处理情况及事态发展变化趋势、下一阶段的工作措施等,并对初次报告内容进行补充、修正。阶段报告应根据突发事件事态发展随时报告。总结报告应对突发事件的起因、过程、

通用知识

处置、后续工作、经验教训等进行总结。事发地税务机关要在突发事件处置结束后10个工作日内报送总结报告。

【知识点5】突发事件的后续管理

突发事件已处置完毕或取得预期处置结果后，应终止应急程序。由应急处置机构提出意见，经应急管理办公室审核，报应急工作领导小组批准。应急处置机构整理应急工作资料，清理遗留未结事项，移交相关职能部门处理，特别是要防止发生次生、衍生事件。

受突发事件影响的税务机关要根据伤亡损失情况有序开展救助、补偿、抚慰、抚恤、安置等恢复重建工作。需国家税务总局予以援助支持的，由事发地省税务机关提出申请，按有关规定报经批准后组织实施。

突发事件应急处置工作实行行政领导负责制和责任追究制。对在突发事件应急管理工作中做出突出贡献的单位和个人，给予表彰和奖励。对迟报、谎报、瞒报、漏报突发事件重要情况或在应急管理工作中有其他失职、渎职行为的，将追究有关责任人的责任。

>> 第五节
涉税舆情管理

一 涉税舆情分析研判

【知识点1】舆情监测的重要性

对于舆情的监测和准确研判是舆情应对的前提。监测得越早、研判得越准，越有利于应急处置工作。相反，耽误最佳处置时机，一些负面导向会引发一系列矛盾，演变为社会问题，进而陷入被动。税务机关要加强涉税舆情的监测分析，运用现代技术手段，密切跟踪和掌握涉税舆情信息，做好分析研判，区别舆情性质，把握发展态势，及时有效地进行处理，不断提高涉税舆情的掌控和处置能力，为税收事业健康发展营造良好的舆论环境。

【知识点2】舆情监测的举措

各级税务机关要从思想上高度重视舆情工作，时刻保持对舆情的清醒认识，正视网络媒体挑战,把握网络舆情的发展趋势,把网络舆情当作重中之重来应对。按照全面覆盖、科学规划、分级负责、属地管理、重点突出、严密组织、细致疏导的原则,加强与有关管理部门的协作,完善网络涉税舆情监测机制,加强涉税舆情监控。

1. 健全涉税舆情领导机制。各级税务机关在由主要领导、分管税收宣传工作局领导、各部门主要负责人成立涉税舆情工作领导小组之外,还要明确网络舆情应对工作部门,配强网络舆情应对责任人及网络宣传员,负责日常的网络舆情的监测工作。省级税务机关应配备专职人员或委托专业机构对涉税舆情进行 24 小时不间断监控。

税务机关内部各部门之间需加强舆情信息防控工作的沟通协作,共同研究解决工作中的难点、热点问题,提升涉税舆情的防控水平和应对能力。选拔一批政治过硬、业务精通、熟练掌握信息网络技术的税务人员,兼任网络宣传员,建立涉税舆情管理人才库。邀请相关领域的专家学者、媒体人士担任特邀税收评论员。加强对税收舆情工作人员和网络宣传员的培训,帮助他们加强对税收政策制定执行、税收征管、行政管理等工作的了解,防患于未然。

2. 健全涉税舆情监控制度。对监控出来的涉税舆情立即编写舆情报告,密切关注其发展动态,及时进行分类整理,研判舆情风险级别,提出处理意见,为领导和上级机关科学决策提供依据。

【知识点3】网络舆情研判

网络舆情研判旨在对涉税舆情进行判断、评估,形成舆情预警信息,及时做好各种应对准备,增强防范和化解舆情危机的能力。综观各类网络舆情事件的发展进程,如果在事件爆发之初对危机有较强的预警意识和较为准确的趋势研判,往往能够在很大程度上缓和冲突、化解危机。

应依据一定时期涉税网络舆情的内容和特征,组织做好舆情会商和量化分析工作,预判舆论热点、媒体焦点及其发展走势,根据其影响力和覆盖范围,科学界定舆情重要程度,分析研判舆情对税收工作的潜在影响和风险,根据网络舆情的活跃程度、影响深度和覆盖范围,有针对性地提出舆情应对措施和工作改进意见,编发网络舆情日志、舆情专报等,为领导科学决策提供依据。

舆情负责部门对重要社会舆情信息要进行长期跟踪分析研究,准确判断舆情变化的走势。对突发舆情事件,要及时形成舆情研判分析报告,报告应包含涉税舆情突发事件的各要素,包括:时间、地点、人物;事件起因、性质、规模、基本过程、已造成的危害、影响范围;信息来源、舆情现状、未来走势判断;目前处置情况、事态发展趋势和下一步工作建议。

通用知识

二 涉税舆情引导与管理

【知识点】涉税舆情引导与管理的举措

税收舆情管理，就是着眼于营造和谐税收环境，根据社会舆论关注的涉税热点，科学应对和及时处置涉税舆情。舆情管理是税收宣传工作的重要一环，必须坚持底线思维，持续加强，不能放松。涉税网络舆情既是民众利用新媒体参与执法监督的重要途径，也是税务部门重建公信力、重塑和谐征纳关系的必经之路。只有深入研究涉税网络舆情的应对和管理办法，才能防舆情于未然。

1. 完善工作机制。把税收舆情管理工作作为一项重要任务，与税收业务工作紧密结合起来，一同部署，一同落实，一同推进。按照"上级指导、属地主责、分级管理、谁主管谁负责"的原则，严格落实属地管理责任，建立健全主要领导负总责、分管领导直接负责、宣传部门牵头组织协调、各部门参与配合的组织领导体系，健全完善税收舆论工作机制。要建立配套的信息交换、舆情通报、联席会议等制度，加强舆情应对处置的沟通协调。

2. 抓好重点环节。完善岗位职责和工作流程，规范舆情管理。要制定应急预案，明确舆情处置各环节的措施和要求，包括发布信息、引导公众、平衡舆论、消除影响等方面的操作流程和策略技巧，确保出现舆情时应对工作有条不紊。要充实舆情管理力量，安排专人实时监测，全面收集舆情信息，及时准确报告，加强分析研判，发生重大舆情要迅速启动应急预案，确保及时发现、准确判断、快速处置。认真落实主要负责人亲自研究应对重大负面舆情要求，出现重大舆情要在第一时间向上级税务机关和当地党委、政府及有关部门报告，及时采取防范措施，不得瞒报、漏报、迟报。

3. 正确引导舆论。加强与当地重点媒体的沟通合作，形成良好互动机制。舆情事发地税务机关应根据舆情事态发展情况采取相应引导措施，及时发布新闻通稿做好相关解读，结合实际选择信息发布形式、发布平台和发布时机，坚持速报事实、慎报原因、重报态度、续报进展的原则，客观、准确发布信息，包括调查核实情况、税务机关态度及处理意见等。针对负面的涉税舆论，要发挥网络宣传员和特邀评论员作用，发生重大涉税舆情时各方联动、及时发声，做到冷热均衡、疏密得当、深浅适宜，统一口径，快速发声，回应关切，以正视听。对于舆情中暴露的问题和矛盾要积极应对，第一时间发布客观、真实的信息，消除负面舆论，维护税务机关公信力。

4. 多部门联合应对。要加强对外协调，各地税务机关要主动向当地党委、政府报告舆情工作，加强与当地新闻宣传、公安、网监等部门的联系，密切与当地新闻媒体和重点网站的工作联系，建立多部门的信息交换、舆情通报、联席会议等制度，主动争取支持。要加强内部配合，相关业务部门要积极参与舆情管理，特别是涉及收入、政策、执法、服务等方面的舆情，要紧密配合，共同应对。

5. 落实舆情管理责任。舆情管理涉及方方面面，必须强化责任、狠抓落实。要强化舆情管理属地责任，按照分级负责的原则，坚持一级管一级、层层传导压力，哪里出现负面舆情，就在哪里处置，及时将舆情苗头化解在基层、遏止在萌芽状态。税务总局和省税务局要对下级舆情应对实行督办与绩效考核，督促指导舆情发生地税务机关做好应对处置工作，对舆情处置情况按月通报，对排名靠后或负面舆情明显增多的单位要求作出解释说明。加强责任追究，对工作不到位导致舆情处置不力，造成工作被动和不良影响的，严肃追究有关单位和人员的责任。各级税务机关要切实加强税收宣传归口管理，严肃新闻宣传纪律。

6. 形成舆情倒逼机制。各级税务机关特别是领导干部要强化舆情意识，根据舆情反映的问题，有针对性地加强自身建设，从源头上防范和减少负面舆情。特别是对国务院重大决策部署以及其他直接面向纳税人的关键环节、敏感问题，加强排查，发现苗头性问题迅速整改，最大限度防止负面舆情的发生、发酵。要针对税收治理能力不足的问题，进一步规范执法服务，强化内部管理，防止因决策不科学、政策不落实、执法不规范、为税不清廉等引发负面舆情。要针对少数干部宗旨意识、服务观念淡化的问题，加强群众观点和群众路线宣传教育，使其自觉摆正位置，尊重纳税人，服务纳税人。要针对群众诉求渠道不畅的问题，注重运用网上调查、投诉举报、在线访谈等方式，引导纳税人通过正常程序和途径反映问题、表达意见、维护权益，密切税务机关与纳税人的联系。

第六节 会议管理

一 会议分类

从不同的角度来看，同一个会议可以分为不同的种类。每类会议都有其各自的特点和要求，了解和掌握会议的类型，目的在于更好地认识和组织会议，最大限度地发挥会议的作用。按照不同的标准，会议分类如下。

【知识点1】按会议范围分类

1. 税务系统会议

根据税务系统会议费管理相关办法以及各省（直辖市、自治区）直属机关会议费

通用知识

管理办法关于会议的分类,税务系统会议包括二类会议、三类会议和四类会议三种。

(1)二类会议。二类会议指年度全国税务工作会议,要求各省、自治区、直辖市和计划单列市税务局主要负责同志参加。国家税务总局按《中央和国家机关会议费管理办法》(财行〔2016〕214号)规定程序和要求,于每年12月底前,将下一年度的会议计划送财政部审核会签,经中共中央办公厅、国务院办公厅审核批准后召开。二类会议原则上每年不超过1次。

(2)三类会议。三类会议指国家税务总局及其内设机构召开的专业性会议,以及各省(直辖市、自治区)和计划单列市税务局召开的每年一次的年度工作会议。三类会议计划,提交本单位局长办公会或党委会审批后执行。

(3)四类会议。四类会议指除上述二、三类会议以外的其他业务性会议,包括国家税务总局内设机构召开或各省税务局及其下属各单位召开的小型业务会、研讨会、座谈会、评审会等。四类会议经本单位局长办公会或党委会审批,或经单位分管局领导审核批准后并列入本单位年度会议计划。

2. 局内会议

局内会议包括局党委会议、局务会议、局长办公会议和局领导专题会议四种。

(1)局党委会议。局党委会应按议题确定、预告、酝酿讨论、形成决议等程序进行;局党委会议日期和会议议题由党委书记或主持工作的党委成员确定,会议议题确定前一般应征询党委成员的意见。会议议题和日期确定后,通常应提前1~2天通知党委成员及有关人员做好准备。无特殊原因,不得临时动议召开党委会、临时增加会议议题。党委会议根据需要不定期召开,会议日期和会议日程由党委书记确定;全体党委成员参加党委会议,应有半数以上党委委员到会方可召开,讨论和决定干部任免、处分党员事项必须有2/3以上党委委员到会。党委会议由党委书记召集并主持,也可由党委书记委托其他党委成员召集并主持,除特殊情况外,分管此项工作的党委成员必须到会;中央规定的重大决策、重大项目安排、重要干部任免和大额度资金使用等事项,实行主要负责人末位发言制,集体研究、集体决策。党委会议研究讨论的问题和确定的事项要以会议纪要或文件正式公布的为准。

(2)局务会议。局务会议由局领导和局内各单位主要负责人参加,由局长或其委托的局领导召集和主持。国家税务总局局务会议的主要任务是:传达党中央、国务院的重要决定、重要会议精神;通报国内外重大事项;研究部署国家税务总局重要工作;审议国家税务总局拟定的税收法律、法规草案和税收规章等。

(3)局长办公会议。局长办公会议由局领导和局内有关单位负责人参加,由局长或其委托的局领导召集和主持。国家税务总局局长办公会议的主要任务是:研究贯彻落实党中央、国务院的决定、指示;讨论决定各部门、各地区请示税务总局的重要事项;讨论决定税收工作中的重要事项;通报重要情况,研究工作措施;等等。

（4）局领导专题会议。局领导专题会议由局领导根据工作需要召集，有关单位负责人参加。局领导专题会议的主要任务是：研究、部署、协调和处理局领导分管的专项工作或专门事项等。

局务会议、局长办公会议的议题由局长确定，会议组织工作由办公厅（室）负责。局领导专题会议的议题由分管局领导确定，会议组织工作由会议主题涉及的主办单位负责。

【知识点2】按会议内容分类

1. 税务工作会议。贯彻中央会议精神，总结上一年度税收工作情况，部署本年度税收工作任务。

2. 全面从严治党工作会议。贯彻落实中央和中纪委会议精神，总结上一年从严治党工作，研究部署本年度工作任务。

3. 专题工作会议。围绕某一专题，召开工作推进会，如党史学习教育动员部署会、绩效工作分析会议、税务系统政府采购工作专题会等，分析当前税收工作形势，有效推进各项重点工作。

【知识点3】按会议形式分类

1. 见面会议。根据工作需要，定期召开专业性的见面会议。

2. 视频会议。专业性会议，应尽可能采用视频会议等快捷、节俭的形式召开，并由相关层级税务局有关人员参加。

应当改进会议形式，充分运用电视电话、网络视频等现代信息技术手段，降低会议成本，提高会议效率。传达、布置类会议优先采取电视电话、网络视频会议方式召开。电视电话、网络视频会议的主会场和分会场应当控制规模，节约费用支出。

不能够采用电视电话、网络视频召开的会议实行定点管理。各单位会议应当到定点会议场所召开会议，按照协议价格结算费用。未纳入定点范围，要选择价格低于会议综合定额标准的单位内部会议室、礼堂、宾馆、招待所、培训中心。税务干部学校可优先作为会议场所。

二 会议管理要点

会议活动是一项有目的、有计划、有组织的活动，是管理工作的一种重要方法。

【知识点1】会议筹备

完整的会议策划是成功举办会议的前提。会议策划方案的主要内容包括会议主题、

通用知识

会议内容、参会对象、会议形式、会议经费、会议名称、会议时间和地点、发言人员和发言方式、会议议程和日程安排等。会议材料是会议目的、会议内容和会议成果的直接体现，是会议组织当中的一项重点工作。会议材料是指整个会议过程中所需要的有关文字材料，主要是指会前所做的文字起草工作。

【知识点2】会议控制

为了使会议能以最短的会期、最佳的形式、最低的成本取得最高的会议效率，达到预期的会议目标，就必须对会议进行控制。会议控制包括会议内容、会议规模和范围、会议地点、会议时间等方面。

1. 会议内容。会议内容的控制主要包括对会议目标、议题和发言的控制。明确会议目的，严格控制以各种名义召开的会议，不开泛泛部署工作和提要求的会议，提高会议实效，开短会、讲短话，力戒空话和套话。准备不充分的会议坚决不开，内容相关的会议合并召开，议题过多的会议分别召开。

2. 会议规模和范围。会议出席对象要具体明确，与会人员必须准时出席会议，因故不能参会的，必须履行请假手续。建立候会制度，预先估计每项议题需要的时间，通知相关参会人员依次进入会场。所有会议的出席人员，必须严格遵守相关会议的保密规定。对确需召开的全局性会议要建立报请审批制度，能以局部会议解决问题的，就不召开全局性会议。

3. 会议地点。会议地点应综合考虑会场的规模、大小、设施能否满足召开会议的需要，以及周边环境、交通、安全等因素是否适宜。严格执行会议管理制度，不得到明令禁止的风景名胜区举办会议，不得超规模、超标准，不得向基层或纳税人转嫁、摊派会议费，不得到非定点会议场所召开会议。

4. 会议时间。会议时间包括开会时间和会期长短两个方面，以解决问题为目的，时机成熟时召开会议。会期长短以会议的实际需要来决定，包括发言是否充分、议题是否完成等。认真贯彻相关规定，精简会议活动，切实改进会风。会前进行预测，在保证会议效果的情况下，尽量做到长会短开。有效控制与会人员按时参会，做到准时开会、准时结束，限制大会发言人的发言时间。

【知识点3】会议协调

会议协调是会议组织管理的重要手段，其实质是统一认识、调整关系、解决矛盾、协调行动。会议组织工作头绪繁杂、环节较多，每个环节之间相互关联、相互影响。因此，要重视会议工作的总体协调与安排。要建立一套有效的指挥调度系统，做好会务工作总体协调，明确岗位责任。必要时，列出详细的任务分工表，人手一份，以备检查和落实，及时协调解决问题。具体包括：文稿起草、会务组织、会场布置、文艺演出、来宾接待、生活服务、安全保卫、交通疏导、医疗急救、电力保障等。组会领导要瞻前顾后、统筹协调，既全面又具体地思考问题；会议工作人员既要清楚自己担负的职责，又要了解会议的总体要求。所有人员既要独立工作、各负其责，又要密切协作、主动配合。

【知识点4】会议精神落实

会议决议是会议目标的具体体现，在会议过程中，相关人员要积极协助会议主持人，督促会议决议的形成。要有一个准确的会议记录，并根据需要形成会议纪要。每次会议要形成决议，会议的各项决议要有具体执行人员及完成期限。建立会议事后跟踪督促制度，使会议的每项决议都有根据、有检查。对会议要求和决定的事项，各单位及全体干部必须按会议要求严格贯彻执行。贯彻执行中确因特殊情况难以到位的，可以按组织原则反映情况，除非执行会造成重大不良影响或损失，一般在组织上未改变决定之前，不得停止或擅自更改已决定事项的执行。一些公开的会议，会议中形成的有关决议和方针，一旦形成文字并经审核把关后，即可通过传播媒介广泛宣传，以推动会议精神的贯彻落实。一些比较重要的会议如会期较长，应根据需要编制会议简报，做好会议的宣传报道工作。

【知识点5】会议应急管理

要从战略和全局的高度，提高公共安全和处理突发事件的能力，保障生命和财产安全。特别重要的会议，根据情况成立会议应急管理小组，制定会议突发事件紧急预案、会议安全保卫工作方案和会议医疗卫生保障制度，维护会场秩序，保护参会人员人身和财产安全。

三 会议座次安排

【知识点1】主席台的座次安排

一般以左为上，右为下。领导为单数时，1号领导居中，2号领导在1号领导左手位置，3号领导在1号领导右手位置；领导为偶数时，1、2号领导同时居中，2号领导依然在1号领导左手位置，3号领导依然在1号领导右手位置。

【知识点2】签字仪式的座次安排

一般为签字双方主人在左边，客人在主人的右边。双方其他人数一般对等，按主客左右排列。

通用知识

【知识点3】会谈式会议的座次安排

会谈的座次,可根据会议室的桌椅摆放布局,参照图1-1、图1-2安排。

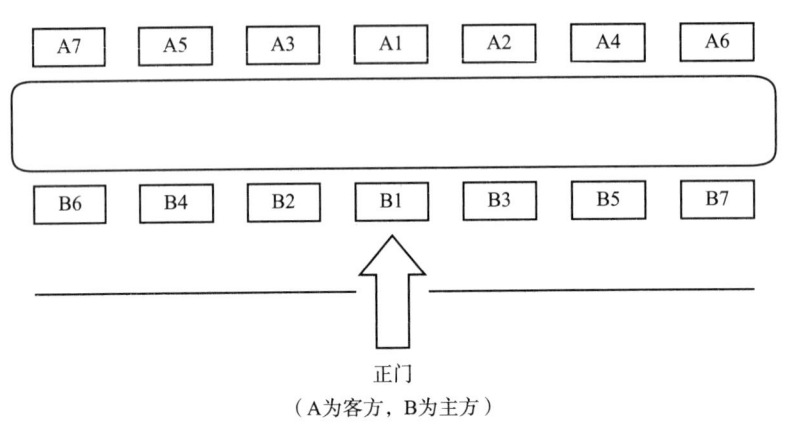

```
 A7  A5  A3  A1  A2  A4  A6
┌─────────────────────────────┐
└─────────────────────────────┘
 B6  B4  B2  B1  B3  B5  B7

            ↑
           正门
     (A为客方,B为主方)
```

图1-1 会谈式会议座次安排示意图(一)

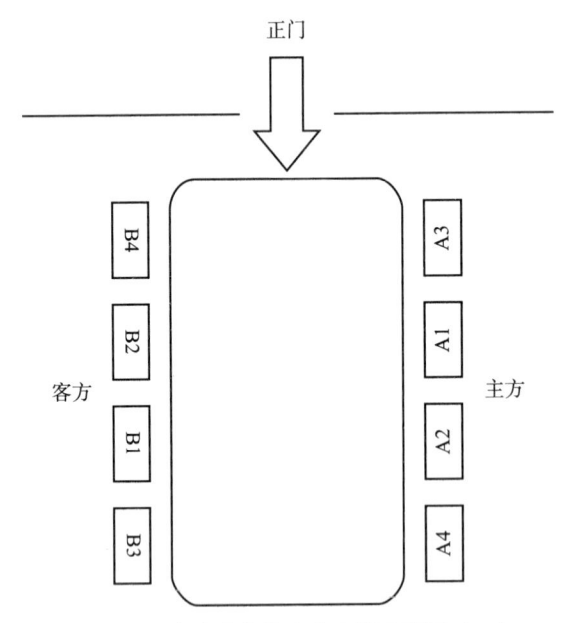

```
           正门
            ↓

      ┌──────────┐
   B4 │          │ A3
      │          │
   B2 │          │ A1
客方   │          │   主方
   B1 │          │ A2
      │          │
   B3 │          │ A4
      └──────────┘
```

图1-2 会谈式会议座次安排示意图(二)

>> 第七节
政务信息

一 税收信息工作概述

【知识点1】税收信息的分类
税收信息是反映税收工作情况、服务各级领导决策、指导基层税收工作的各类消息。从形式上可划分为动态性信息、经验性信息、问题建议性信息。从内容上可划分为行政管理信息、税收业务信息。从类型上可划分为快讯、专报。

【知识点2】税收信息的意义
1. 汇报情况。及时将本单位的工作情况向上级汇报和反映。
2. 交流工作。如上级机关将下级单位的情况和经验在全系统推介，促进其他单位学习借鉴。
3. 推动发展。上下级机关通过信息沟通，把握动向，指导和推动全局工作的开展。

二 税收信息管理流程

【知识点1】税收信息流程
税收信息流程包括税收信息的收集、筛选、整理、刊发。

【知识点2】信息收集
收集是通过捕捉、搜集，把零散无序的税收信息聚集起来的过程，是信息处理流程的第一环节。税收信息的收集要多途径进行，并与工作调研相结合，努力做到有综合、有分析、有预测。

【知识点3】信息筛选
税收信息员按照为领导服务、为基层服务的原则，对收集到的税收信息进行筛选。对各类信息资料分门别类处理，评估其使用价值，去粗取精、综合分析。在筛选时，一要去伪存真，注意信息的真实性；二要围绕中心、聚焦税收改革发展，注意信息的

通用知识

针对性；三要深入分析，注意信息的典型性和价值性；四要权衡取舍，注意信息的增值利用。

【知识点4】信息整理

税收信息员要及时整理筛选后的税收信息，做到材料准确、主题突出、观点鲜明、层次清楚、文字精练，不断提高信息质量。

三 税收信息写作技能

【知识点1】税收信息写作基本原则

1. 真实性原则。税收信息必须来自税收工作实际，真实反映税收工作，必须实事求是，杜绝虚假信息。

2. 实用性原则。区分不同层次的服务对象提供各类信息资料。对预测性、综合性和突出性税收信息，做到有情况、有分析、有建议，为领导的决策提供参考依据。

3. 时效性原则。及时传递信息，以保证信息的使用价值。税收信息的传递采用专报、简报、动态、快报等刊物形式进行。传递信息要区分不同种类，根据不同报送对象合理分流，有选择地上报或下发。凡是需要上级机关及时掌握、立即处理的重要情况和紧急信息，都要迅速收集上报。

【知识点2】税收信息选题技巧

1. 重大决策部署落实情况。主要反映党中央、国务院对税收工作作出的重大决策部署，重要会议决定的事项，重要文件提出的要求，领导同志作出的重要批示、考察调研时的重要指示，以及国家税务总局重大工作安排在各级税务机关的贯彻落实情况。

2. 税务工作创新开展情况。主要反映各级税务机关工作创新情况，重点反映基层税务机关堵漏增收、依法治税、落实税收政策和税收改革、纳税服务、税收风险管理、信息管税、干部队伍建设、党风廉政建设等方面的创新举措及其成效。

3. 税收工作中的突出问题。主要反映税收工作中存在的突出问题，如需要上级领导重视和解决的问题；各项税收制度和税收政策在执行中存在的问题和建议；税收工作面临的新情况、新问题；重大涉税案件和重大涉税舆情问题；等等。

【知识点3】税收信息修改方法

1. 以政策为准绳。税收信息员必须学习掌握党和国家的方针政策，以及各项税收政策法规和重要文件要求，防止信息稿件出现违反现行政策或混淆政策界限的现象。

2. 压缩信息篇幅。主要应掌握以下几种方法：第一，紧扣主题，根据主题的需要来取舍；第二，摘取精华，保留信息稿件中含有较大信息价值的内容；第三，精选事例，只选取一两个典型的事例，或者将若干有共同点的事例概括起来；第四，删节文字，确保语言表达简洁、凝练。

3. 对原稿进行改写。主要有两种方法：第一，改变角度。常见的角度转换有领导角度与群众角度转换，从介绍经验角度改为报送成果，从报告工作情况角度改为研究问题，从某个具体、局部的小角度改为全局的大角度，等等。第二，改变结构。使稿件各部分之间紧密联系起来，有一个清晰的内在逻辑，或按时间顺序，或按事情的发展过程，或按事物之间的因果关系来写。

>> 第八节
政务公开

一 政府信息公开相关规定

【知识点1】政府信息公开的概念

政府信息公开，是指行政机关在履行职责过程中制作或者获取的，以一定形式记录、保存的信息，及时、准确地公开发布。

广义上的政府信息公开主要包括两个方面的内容，一是政务公开，二是信息公开；狭义上的政府信息公开主要指政务公开。政务公开主要是指行政机关公开其行政事务，强调的是行政机关要公开其执法依据、执法程序和执法结果，属于办事制度层面的公开。广义上的政府信息公开的内涵和外延要比政务公开广阔得多，不仅要求政府事务公开，而且要求政府公开其所掌握的其他信息。

【知识点2】政府信息公开的主管部门

国务院办公厅是全国政府信息公开工作的主管部门，负责推进、指导、协调、监督全国的政府信息公开工作。

县级以上地方人民政府办公厅（室）是本行政区域的政府信息公开工作主管部门，负责推进、指导、协调、监督本行政区域的政府信息公开工作。

实行垂直领导的部门的办公厅（室）主管本系统的政府信息公开工作。

【知识点3】政府信息公开工作机构的具体职能

各级人民政府及县级以上人民政府部门应当建立健全本行政机关的政府信息公开

通用知识

工作制度，并指定机构（以下统称政府信息公开工作机构）负责本行政机关政府信息公开的日常工作。

【知识点 4】政府信息公开的原则

行政机关公开政府信息，应当坚持以公开为常态、不公开为例外，遵循公正、公平、合法、便民的原则。

行政机关应当及时、准确地公开政府信息。

行政机关发现影响或者可能影响社会稳定、扰乱社会和经济管理秩序的虚假或者不完整信息的，应当发布准确的政府信息予以澄清。

各级人民政府应当积极推进政府信息公开工作，逐步增加政府信息公开的内容。

各级人民政府应当加强政府信息资源的规范化、标准化、信息化管理，加强互联网政府信息公开平台建设，推进政府信息公开平台与政务服务平台融合，提高政府信息公开在线办理水平。

公民、法人和其他组织有权对行政机关的政府信息公开工作进行监督，并提出批评和建议。

【知识点 5】政府信息公开的特殊情况

依法确定为国家秘密的政府信息，法律、行政法规禁止公开的政府信息，以及公开后可能危及国家安全、公共安全、经济安全、社会稳定的政府信息，不予公开。

涉及商业秘密、个人隐私等公开会对第三方合法权益造成损害的政府信息，行政机关不得公开。但是，第三方同意公开或者行政机关认为不公开会对公共利益造成重大影响的，予以公开。

行政机关的内部事务信息，包括人事管理、后勤管理、内部工作流程等方面的信息，可以不予公开。

行政机关在履行行政管理职能过程中形成的讨论记录、过程稿、磋商信函、请示报告等过程性信息以及行政执法案卷信息，可以不予公开。法律、法规、规章规定上述信息应当公开的，从其规定。

【知识点 6】政府信息的公开审查机制

行政机关应当建立健全政府信息公开审查机制，明确审查的程序和责任。

行政机关应当依照《中华人民共和国保守国家秘密法》以及其他法律、法规和国家有关规定对拟公开的政府信息进行审查。

行政机关不能确定政府信息是否可以公开的，应当依照法律、法规和国家有关规定报有关主管部门或者保密行政管理部门确定。

行政机关应当建立健全政府信息管理动态调整机制，对本行政机关不予公开的政府信息进行定期评估审查，对因情势变化可以公开的政府信息应当公开。

二 行政执法公示制度

【知识点1】行政执法公示概念

行政执法公示是保障行政相对人和社会公众知情权、参与权、表达权、监督权的重要措施。行政执法机关要按照"谁执法谁公示"的原则，明确公示内容的采集、传递、审核、发布职责，规范信息公示内容的标准、格式。

【知识点2】行政执法公示途径

建立统一的执法信息公示平台，及时通过政府网站及政务新媒体、办事大厅公示栏、服务窗口等平台向社会公开行政执法基本信息、结果信息。

【知识点3】不宜公开的信息处理方式

涉及国家秘密、商业秘密、个人隐私等不宜公开的信息，依法确需公开的，要作适当处理后公开。发现公开的行政执法信息不准确的，要及时予以更正。

【知识点4】强化事前公开

行政执法机关要统筹推进行政执法事前公开与政府信息公开、权责清单公布、"双随机、一公开"监管等工作。全面准确及时主动公开行政执法主体、人员、职责、权限、依据、程序、救济渠道和随机抽查事项清单等信息。根据有关法律法规，结合自身职权职责，编制并公开本机关的服务指南、执法流程图，明确执法事项名称、受理机构、审批机构、受理条件、办理时限等内容。公开的信息要简明扼要、通俗易懂，并及时根据法律法规及机构职能变化情况进行动态调整。

【知识点5】规范事中公示

行政执法人员在进行监督检查、调查取证、采取强制措施和强制执行、送达执法文书等执法活动时，必须主动出示执法证件，向当事人和相关人员表明身份，鼓励采取佩戴执法证件的方式，执法全程公示执法身份；要出具行政执法文书，主动告知当事人执法事由、执法依据、权利义务等内容。国家规定统一着执法服装、佩戴执法标识的，执法时要按规定着装、佩戴标识。政务服务窗口要设置岗位信息公示牌，明示工作人员岗位职责、申请材料示范文本、办理进度查询、咨询服务、投诉举报等信息。

通用知识

【知识点6】加强事后公开

行政执法机关要在执法决定作出之日起20个工作日内，向社会公布执法机关、执法对象、执法类别、执法结论等信息，接受社会监督，行政许可、行政处罚的执法决定信息要在执法决定作出之日起7个工作日内公开，但法律、行政法规另有规定的除外。建立健全执法决定信息公开发布、撤销和更新机制。已公开的行政执法决定被依法撤销、确认违法或者要求重新作出的，应当及时从信息公示平台撤下原行政执法决定信息。建立行政执法统计年报制度，地方各级行政执法机关应当于每年1月31日前公开本机关上年度行政执法总体情况有关数据，并报本级人民政府和上级主管部门。

>> 第九节
解决形式主义突出问题为基层减负

一 党中央有关决策部署

【知识点】中共中央办公厅印发《关于解决形式主义突出问题为基层减负的通知》

《关于解决形式主义突出问题为基层减负的通知》（以下简称《通知》）围绕为基层减负，聚焦"四个着力"，从以党的政治建设为统领加强思想教育、整治文山会海、改变督查检查考核过多过频过度留痕现象、完善问责制度和激励关怀机制等方面，提出了务实管用的举措。

针对目前文山会海反弹回潮的问题，《通知》要求：一是层层大幅度精简文件和会议；二是明确中央印发的政策性文件原则上不超过10页，地方和部门也要按此从严掌握；三是提出地方各级、基层单位贯彻落实中央和上级文件，可结合实际制定务实管用的举措，除有明确规定外，不再制定贯彻落实意见和实施细则；四是强调少开会、开短会，开管用的会，对防止层层开会作出规定。

《通知》着力于解决督查检查考核过度留痕的问题，明确提出要强化结果导向，坚决纠正机械式做法。针对有的地方和部门搞"责任甩锅"，把问责作为推卸责任的"挡箭牌"，《通知》要求严格控制"一票否决"事项，不能动辄签"责任状"。《通知》还要求对涉及城市评选评比表彰的各类创建活动进行集中清理，优化改进各种督查检查考核和调研活动，不干扰基层正常工作。

《通知》还对抓落实的工作机制作出安排，提出在党中央集中统一领导下，建立由中央办公厅牵头的专项工作机制。各地区党委办公厅要在党委领导下，负起协调推进落实责任。

二 国家税务总局党委有关具体措施

【知识点】切实解决税务系统形式主义突出问题为基层减负的措施

1. 树立正确政绩观方面

坚持用习近平新时代中国特色社会主义思想武装头脑，在深化消化转化上下功夫，深入贯彻落实党中央、国务院关于解决形式主义突出问题为基层减负的部署。将力戒形式主义、官僚主义作为"不忘初心、牢记使命"主题教育重要内容，教育引导税务机关党员干部牢记党的宗旨，坚持实事求是的思想路线，树立正确政绩观。

2. 精简文件简报和报表资料方面

（1）大幅减少文件数量。实施年度重点发文计划管理，加强发文统筹，避免多头、重复发文。贯彻落实除上级文件有明确要求外，不再制定贯彻落实意见及其实施细则。制度性、政策性文件需要制定任务分工的，作为附件一并下发。除全局性重要工作外，一般性工作不下发通报。局领导讲话一般在内网发布，不再发文。减少议事协调机构类文件的数量。认真落实便函管理的有关规定，严格控制数量。

（2）严格控制篇幅。反映全面工作的综合报告一般不超过5000字，反映单项工作的专项报告一般不超过3000字。制发的政策性文件原则上不超过10页。

（3）科学规范文件定密。严格按有关规定确定文件密级、保密期限，能公开的公开，以利基层落实和执行。

（4）精简规范简报。大力压减现有简报数量。新增简报确有必要的，必须由主要负责同志批准。除《税务简报》及落实党中央、国务院重大决策部署工作情况编发简报外，其余均通过税务内网发布。提高简报质量，重在反映创新性及可借鉴性的做法。简报篇幅一般不超过2000字，根据简报内容合理确定发送范围。

（5）清理规范报送资料报表。对现行制度性要求下级税务机关定期报告工作的情况进行梳理，加强统筹，列出清单后严格执行。未经司局主要负责同志、省局领导批准，不得要求下级税务机关填表报数、提供材料。不得随意通过微信工作群、QQ群等要求基层上报报表资料，不得对信息系统中已有的数据要求基层另行报送。确需上报报表、资料的，要为基层留出足够时间。对制度性、规范性文件征求意见，一般应为下级税务机关预留3日时间。

3. 少开会开短会方面

（1）大幅压减会议数量。认真执行年度会议计划，做到只减不增。

（2）规范精简会议。加强会议统筹，可开可不开的一律不开，能合并的尽量合并，

通用知识

不能合并的尽量套开。未经主要负责同志批准，不得要求下级税务机关主要负责同志以及全体班子成员参会。不得要求无关人员陪会。

（3）开短会讲短话。局领导出席的会议，讲话一般不超过 2 小时；视频会议一般不超过 2 小时；会议交流发言单位一般不超过 5 个，每个单位发言时间不超过 6 分钟。

（4）加强视频会议管理。视频会议一般只开到下一级。确需通过视频会议开到县级税务机关的，原则上不安排在征期召开；一般提前 2 日下发会议通知；尽量提前发放会议材料，便于在视频会结束后下级税务机关接着进行部署，不得再层层开会。

4. 规范督查检查考核方面

（1）严格控制督查检查总量频次。国家税务总局原则上每年对每个省税务局开展 1 次综合督查检查，年初按程序报批后实施；确需另行开展的，必须按程序报批后实施。各省税务局每年原则上开展 1 次综合督查检查，年初向国家税务总局报备后实施；确需另行开展的，必须提前报国家税务总局审批后实施。工作调研不得随意冠以督查检查等名义。

（2）加强统筹管理。将综合督查检查与其他各类检查统筹开展；巡视巡察与"两个责任"落实情况检查、选人用人专项检查等统筹开展；离任经济责任审计和离任检查统筹开展。避免多头重复检查，强化信息交流、资源整合、成果共享。

（3）改进方式方法。减少督查检查、巡视巡察见面会的参会人员。加强信息共享，可通过信息系统调阅的文件资料、数据报表，不得要求被督查检查、被巡视巡察单位提供。强化结果导向，不得简单以留痕作为评价工作好坏的主要依据。注重实地走访和暗访，认真听取基层干部、纳税人和缴费人的意见建议，帮助解决困难。针对发现的共性问题，提出对策措施。

（4）精简优化绩效考核指标和流程。突出税收工作重点，坚持可考性、可量化原则，改进和优化绩效考核指标。在编制和修订对下绩效考核指标时，凡是正常工作中已有报告、资料的，凡是可以通过已有信息系统提取数据、生成报表的，不得将是否报送报告、报表纳入考核。年度绩效考核预总结与第三季度分析讲评工作统筹进行。绩效考核结果、考核运行情况等能在绩效信息系统中公布的，不要求基层另行书面上报。

（5）严禁变相向基层推卸责任。对税收工作中"一票否决"、签订责任状等事项进行清理，除党中央、国务院，以及国家税务总局和当地党委、政府有明确规定事项外，一律取消。

（6）改进调查研究。加强统筹，防止"扎堆"调研。创新方式方法，多开展体验式、蹲点式、解剖式调研，掌握真实情况，尽量不要求提供汇报材料。针对发现的问题和提出的意见建议，建立反馈机制。调查研究要轻车简从，不搞层层陪同，不干扰基层正常工作。

5. 完善问责制度和激励关怀机制方面

（1）完善问责机制。认真落实新修订的《中国共产党问责条例》，完善税务系统问责措施，防止问责不力和问责泛化简单化等问题。改进谈话和函询工作方法，做好心理疏导。对函询情况说明清楚且没有证据证明存在违规违纪问题的，予以采信了结并告知干部本人，必要时在一定范围内及时予以澄清。对举报不实、捏造事实，造成损害或不良影响的，要严肃追究责任。正确对待被问责的干部，对影响期满、表现好的干部，符合有关条件的，该使用的要使用。

（2）健全容错纠错机制。把"三个区分开来"的要求具体化，制发相关规定，明确容错纠错实施程序，合理设定容错纠错情形，在实施过程中正确把握干部在工作中出现失误错误的性质和影响。

（3）进一步加大对基层税务干部的关怀和激励。认真落实《中国共产党党内关怀帮扶办法》，修订《关于新形势下加强税务系统基层建设的若干措施》，加强对基层干部特别是偏远艰苦地区、税务分局（所）干部的关怀帮扶。扎实开展公务员职务与职级并行制度落实工作。安排更多面向基层税务干部的学习培训。坚持向困难地区倾斜、向基层倾斜的原则安排经费预算，将机动经费原则上全部安排给基层税务机关，研究解决机构合并后部分税务分局（所）干部职工办公用房、后勤保障等实际困难。

>> 第十节
重大事项请示报告工作

税务系统重大事项请示报告工作制度规定

【知识点1】重大事项请示报告工作的责任分工

各级税务局党委要承担重大事项请示报告工作主体责任，主要负责同志为第一责任人，按照"分级负责、层层落实"的要求，在做好本级党组织重大事项请示报告工作的同时，加强对下级党组织的指导和监督，不断提高本系统请示报告工作的制度化、规范化、科学化水平。办公厅（室）牵头负责重大事项请示报告工作，对机关和本系统重大事项请示报告工作进行统筹协调、督促指导和提醒把关。相关职能部门根据职责分工，具体承办向上级党组织请示报告重大事项，在其职权范围内接受下级党组织的请示报告并作出处理。

通用知识

【知识点2】重大事项请示报告工作实行清单管理

国家税务总局党委按照《中国共产党问责条例》相关要求，结合税收工作实际，在梳理现行重大请示报告事项的基础上，研究制定了国家税务总局党委、各省税务局党委（包括自治区、直辖市和计划单列市税务局党委，国家税务总局驻各地特派办党委，税务干部学院党委）、税务系统党员以及税务系统领导干部应当请示报告的重大事项清单，并根据有关要求适时对清单进行调整完善。清单只列入应当请示报告的重大事项，对常规性、一般性的请示报告事项，按照既定规定和程序进行。

【知识点3】规范重大事项请示报告报送程序

各级税务局党委要严格按照《中国共产党问责条例》规定的程序进行请示报告。请示报告应当逐级进行，一般不得越级请示报告。省级和省级以下税务局党委根据以国家税务总局为主、与省区市党委和政府双重领导的管理体制要求，应当向上级税务局党委请示报告，同时抄送当地党委；也可根据事项性质和内容向当地党委请示报告，同时抄送上级税务局党委；特殊情况下，可以不抄送。党员一般应当向所在党组织（党支部、党总支）请示报告重大事项；领导干部一般应当按照干部管理权限和事项内容向本级党委（党组）或上级党组织请示报告重要工作。要注重提高时效性，严格按照规定时限要求进行请示报告。

【知识点4】各级税务局党委要对请示报告严格把关

不断提高请示报告质效。要严格政治把关，在请示报告中规范使用有关表述，确保请示报告的内容符合中央精神、体现"两个维护"的要求。要对请示报告的真实性负责，认真核实非第一手、转报的情况，情况不明或者来不及核实的须作说明。要进一步改进文风，做到言之有物、简明扼要、意尽文止。请示必须情况全面、事实准确、意见明确，坚决防止一点点小事都层层上报请示、推诿塞责、上交矛盾的做法；报告要坚持问题导向，报送的落实措施要可量化，落实效果要可验证，意见建议要有针对性和可操作性，篇幅字数要符合相关规定。要加强统筹，对主题相近、内容关联的同类事项可归并整合报告。要注重实效，坚决杜绝请示报告工作中的形式主义、官僚主义问题。

【知识点5】强化重大事项请示报告工作监督检查

各级税务局党委应当将重大事项请示报告工作开展情况纳入向上一级党委报告工作的重要内容，在报送履行党风廉政建设责任制、党建工作等有关情况时予以体现，并作为履行全面从严治党政治责任的重要内容，对下级税务局党委及其主要负责同志进行考核评价。要建立健全重大事项请示报告工作督查机制，将执行请示报告制度情况纳入日常监督、绩效管理和巡视巡察范围。实行重大事项请示报告责任追究制度，对违反有关规定的，要依规依纪追究责任。

>> 习题演练

一 单项选择题

1. 公文结构层次序数标注正确的是（　　）。
   A. 一、(一) 1. (1)
   B. 一、(一)、1、(1)
   C. 一、(一) 1、(1)
   D. 一、(一)、1. (1)
   【解析】公文中的结构层次序数，第一层为"一、"，第二层为"(一)"，第三层为"1"，第四层为"(1)"。
   【答案】A

2. 引用公文应当（　　）。
   A. 先引发文字号，后引标题
   B. 先引标题，后引发文字号
   C. 只引发文字号
   D. 只引标题
   【解析】引用公文应先引标题，后引发文字号，发文字号在公文的标题后用圆括号注明。
   【答案】B

3. 税务机关机构设置变动适用的发文字号是（　　）。
   A. ×税发〔公元年份〕×号
   B. ×税函〔公元年份〕×号
   C. ×税任〔公元年份〕×号
   D. ×税办发〔公元年份〕×号
   【解析】×税发〔公元年份〕×号适用于机构的设置、变动。
   【答案】A

4. 为维护政令一致，凡下行公文（　　）。
   A. 都要向上级机关请示
   B. 都要和有关机关协商
   C. 内容涉及其他机关职权范围，行文前应协商一致
   D. 都应与有关部门联合发文
   【解析】涉及其他部门职权范围内的事务，未协商一致的，不得向下行文；擅自行文的，上级税务机关应当责令其纠正或者撤销。
   【答案】C

5. 由机关领导对拟发文稿批注核准发出的意见，并签署姓名及日期的活动，是发文处理中的（　　）。
   A. 会商　　　　　B. 审核
   C. 注发　　　　　D. 签发
   【解析】公文应当经本机关负责人审批签发。签发人签发公文，应当签署意见、姓名和完整日期。
   【答案】D

6. 批复是答复下级请示的文件，其性质属于（ ）。
   A. 被动发文　　B. 主动发文
   C. 是对报告的批件　D. 平行文
   【解析】批复是被动发文，下行文。适用于答复下级机关请示事项。
   【答案】A

7. 转发公文的标题一般为（ ）。
   A. 本机关名称＋关于转发＋被转发文件的标题＋被转发文件的发文字号＋的通知
   B. 本机关名称＋关于转发＋被转发文件的发文字号＋的通知
   C. 本机关名称＋关于转发＋被转发文件的标题＋的通知
   D. 本机关名称＋关于被转发文件的标题＋的通知
   【解析】转发公文标题一般为：本机关名称＋关于转发＋被转发文件的标题＋的通知；多层转发的根据主要事由自拟标题，但标题中应含"转发"字样；不得以被转发文件的发文字号作为标题。
   【答案】C

8. 为维护正常领导关系，具有隶属关系或业务指导关系的机关之间应主要采取的行文方式是（ ）。
   A. 逐级行文　　B. 多级行文
   C. 越级行文　　D. 直接行文
   【解析】各级税务机关一般不得越级行文。
   【答案】A

9. 下列文件中不属于公文文种的是（ ）。
   A. 纪要　　　　B. 通报
   C. 评论　　　　D. 议案
   【解析】评论不是公文文种。
   【答案】C

10. 联合行文时，作者应是（ ）。
    A. 同级机关
    B. 同一系统的机关
    C. 三个以上的机关
    D. 行政主管机关与业务指导机关
    【解析】各级税务机关可以与同级党政各部门、下一级党委政府、相应的军队机关、同级人民团体和具有行政职能的事业单位联合行文。
    【答案】A

11. 适用于发布、传达要求下级机关执行和有关单位周知或者执行的事项，批转、转发公文的文种是（ ）。
    A. 通报　　　　B. 通告
    C. 通知　　　　D. 公告
    【解析】通报适用于表彰先进，批评错误，传达重要精神和告知重要情况。通告适用于在一定范围内公布应当遵守或者周知的事务性事项。通知适用于发布、传达要求下级机关执行和有关单位周知或者执行的事项，批转、转发公文。公告适用于向国内外宣布重要事项或者法定事项。
    【答案】C

12. 公文的密级分为绝密、机密和秘密3个等级。其中不确定具体保密期限的，绝密的保密期限一般为（ ）。
    A. 永久　　　　B. 30年
    C. 50年　　　　D. 80年
    【解析】公文的密级分为绝密、机密

和秘密 3 个等级。尽可能根据公文的内容规定为"长期"或确定保密的最佳期限，如"秘密★6 个月""机密★5 年""绝密★长期"。不确定具体保密期限的，保密期限一般为绝密 30 年，机密 20 年，秘密 10 年。

【答案】B

13. 发文字号正确的是（　　）。

    A. ×税发〔2023〕01 号
    B. ×税发〔2023〕第 1 号
    C. ×税发〔2023〕第 01 号
    D. ×税发〔2023〕1 号

    【解析】发文字号由发文机关代字、年份、发文顺序号组成，编排在发文机关标志下空二行位置，居中排布。年份、发文顺序号用阿拉伯数字标注；年份应标全称，用六角括号"〔〕"标注；发文顺序号不加"第"字，不编虚位（即 1 不编为 01），在阿拉伯数字后加"号"字。

    【答案】D

14. 办公室小王在对待发公文复核时发现文稿中有几处观点错误，应该（　　）。

    A. 自行修改后再印发
    B. 按程序复审
    C. 直接交打印室印刷
    D. 向领导报告追究相关人员责任

    【解析】经复核需要对文稿进行实质性修改的，应当提请签发人复审并签名。

    【答案】B

15. 保密标志形式正确的是（　　）。

    A. 6 个月★秘密
    B. ★秘密 6 个月

    C. 秘密 6 个月★
    D. 秘密★6 个月

    【解析】国家秘密事项的密级一经确定，须在秘密载体上做出明显的标志。国家秘密的标识符为"★"，具体标志的形式为从左至右：密级—标志—保密期限。比如："绝密★30 年"，表示该件是绝密级，保密期限是 30 年。

    【答案】D

16. 国家秘密的保密期限，除另有规定外，机密一般不超过（　　）年。

    A. 50　　　　　　B. 40
    C. 30　　　　　　D. 20

    【解析】国家秘密的保密期限，除另有规定外，绝密级不超过 30 年，机密级不超过 20 年，秘密级不超过 10 年。

    【答案】D

17. 核心涉密人员脱密期限为（　　）年。

    A. 1　　　　　　B. 3
    C. 5　　　　　　D. 7

    【解析】涉密人员脱密期限为：一般涉密人员 1 年，重点涉密人员 2 年，核心涉密人员 3 年。

    【答案】B

18. 下列关于税务机关档案管理的说法不正确的是（　　）。

    A. 各级税务机关要建立健全档案资源体系、档案利用体系和档案安全体系
    B. 分管领导要定期听取档案主管部门工作汇报，定期督促检查
    C. 为档案工作顺利开展提供人力、财力、物力等方面保障

D. 独立依法监督指导本系统、机关和所属单位的档案工作

【解析】支持档案主管部门依法监督指导本系统、机关和所属单位的档案工作,推动档案工作发展同税收事业发展相协调。因此,选择选项 D。

【答案】D

19. 印信保管实行保管人和办公室(厅)主任负责制。印信管理的直接责任人是( )。

A. 办公室(厅)主任
B. 印信保管人员
C. 单位党委书记
D. 单位行政首长

【解析】印信保管人员是印信管理的直接责任人,要求具有高度的政治责任感、严格的保密观念,政治可靠、作风正派、严守制度、不徇私情。

【答案】B

20. 局领导专题会议的议题由( )确定,会议组织工作由会议主题涉及的主办单位负责。

A. 局长
B. 办公厅(室)负责
C. 分管局领导
D. 局党委

【解析】局领导专题会议的议题由分管局领导确定,会议组织工作由会议主题涉及的主办单位负责。

【答案】C

二、多项选择题

1. 按照国家税务总局关于办理群众来信有关规定,下列属于群众来信的有( )。

A. 信函 B. 贺卡
C. 微博留言 D. 汇款单

【解析】根据国家税务总局关于办理群众来信和接待群众来访工作要求,群众来信主要包括信函、贺卡、明信片、汇款单、包裹等。

【答案】ABD

2. 涉密公文应当根据有关规定进行标注。应标注的项目包括( )。

A. 密级 B. 份号
C. 保密期限 D. 解密时间

【解析】根据国家税务总局关于公文处理有关要求,涉密公文应当标注份号。份号一般用 6 位 3 号阿拉伯数字,顶格编排在版心左上角第一行。涉密公文应当根据涉密程度分别标注"绝密""机密""秘密"和保密期限。

【答案】ABC

3. 某市税务局各内设机构中,无权对外正式行文的有( )。

A. 办公室 B. 政策法规科
C. 组织人事科 D. 纳税服务科

【解析】根据《党政机关公文处理工作条例》规定,部门内设机构除办公厅(室)外不得对外正式行文。

【答案】BCD

4. 对收到公文的处理过程即为收文办理。下列属于收文办理程序的有( )。

A. 签收 B. 审核
C. 登记 D. 答复

【解析】根据国家税务总局关于公文处理有关要求,收文办理指对收到公文

的处理过程，包括签收、审核、登记、拟办、批办、承办、传阅、催办、答复等程序。

【答案】ABCD

5. 下列属于发文办理程序的有（   ）。

   A. 传阅　　　　B. 复核
   C. 编号　　　　D. 校对

   【解析】根据国家税务总局关于公文处理有关要求，发文办理指以本机关名义制发公文的过程，包括复核、编号、校对、印制、用印、登记、封发等程序。

   【答案】BCD

6. 正式公文发出前，税务机关办公厅（室）应对所发公文进行登记。登记的项目包括（   ）。

   A. 文号　　　　B. 标题
   C. 页码　　　　D. 日期

   【解析】根据国家税务总局关于公文处理有关要求，公文印成发出前，办公厅（室）应当对所发公文的份数、序号及发往单位、日期、文号、标题、密级、附件和封发情况等进行登记。

   【答案】ABD

7. 涉密文件的传递和传输应严格遵守有关规定。下列选项中符合涉密公文传递和传输要求的有（   ）。

   A. 通过机要交通传递
   B. 通过邮政机要通信传递
   C. 通过邮政特快专递传递
   D. 通过密码电报传递

   【解析】根据国家税务总局关于公文处理有关要求，涉密公文应当通过机要交通、邮政机要通信、城市机要文件交换站或者收发件机关机要收发人员进行传递，通过密码电报或者符合国家保密规定的计算机信息系统进行传输。

   【答案】ABD

8. 下列文种中，与请示的行文方向不同的有（   ）。

   A. 通知　　　　B. 通报
   C. 通告　　　　D. 报告

   【解析】根据国家税务总局关于公文处理有关要求，请示，适用于向上级机关请求指示、批准。请示一般分为政策性请示、问题性请示和事务性请示。请示属上行文。公告，适用于向国内外宣布重要事项或者法定事项。税务机关应当依照有关法律、法规、规章向国内外公布税务规范性文件和其他重要税收事项。公告应当公开发布，无主送、抄送。通告，适用于在一定范围内公布应当遵守或者周知的事务性事项。通告面向社会并具有一定的约束力，可采用张贴或媒体刊播的形式公布，无主送、抄送。通知，适用于发布、传达要求下级机关执行和有关单位周知或者执行的事项，批转、转发公文。通知一般分为指示性通知、发布和转发性通知、事务性通知和知照性通知。通知主要是上级机关对下级机关行文时使用，属下行文；向有关单位知照某些事项时（如告知机构变更和召开会议等），也可作平行文使用。通报，适用于表彰先进，批评错误，传达重要精神和告知重要情况。通报属下行文。报告，适用于向上级机关汇报工作、反映情况、回复上级机关询问。报告属上行文。

【答案】ABC

9. 下列单位或个人的工作行为中，违反保密规定的有（　　）。
   A. 某市税务局干部张某将在微信群中收到的不予公开的文件转发至"税务一家亲"微信群中
   B. 办公室机要员李某将待发放的涉密文件放在车上过夜
   C. 召开涉及国家秘密内容的会议时，为保证会议质量，主办单位允许参会人员使用无线话筒
   D. 将涉密载体通过邮政快递等渠道运输

【解析】根据《中华人民共和国保守国家秘密法》规定，机关、单位应当加强对涉密信息系统的管理，不得将涉密计算机、涉密存储设备接入互联网及其他公共信息网络；不得非法获取、持有国家秘密载体；不得通过普通邮政、快递等无保密措施的渠道传递国家秘密载体。

【答案】ABCD

10. 根据《中华人民共和国保守国家秘密法》有关规定，某市税务局下列涉密信息系统管理行为中，违反有关规定的有（　　）。
    A. 使用涉密计算机处理国家秘密信息
    B. 将涉密计算机接入互联网
    C. 擅自卸载涉密信息系统安全技术程序
    D. 未采取防护措施便将涉密信息系统与互联网之间进行信息交换

【解析】根据《中华人民共和国保守国家秘密法》第二十四条规定，机关、单位应当加强对涉密信息系统的管理，任何组织和个人不得有下列行为：①将涉密计算机、涉密存储设备接入互联网及其他公共信息网络；②在未采取防护措施的情况下，在涉密信息系统与互联网及其他公共信息网络之间进行信息交换；③使用非涉密计算机、非涉密存储设备存储、处理国家秘密信息；④擅自卸载、修改涉密信息系统的安全技术程序、管理程序；⑤将未经安全技术处理的退出使用的涉密计算机、涉密存储设备赠送、出售、丢弃或者改作其他用途。

【答案】BCD

11. 通报适用于（　　）。
    A. 表彰先进　　B. 批评错误
    C. 传达重要精神　D. 告知重要情况

【解析】通报适用于表彰先进，批评错误，传达重要精神和告知重要情况。

【答案】ABCD

12. 税收新闻发布工作中，新闻发言人的主要职责包括（　　）。
    A. 协调、指导税收新闻发布筹备、实施工作
    B. 审核新闻发布建议、新闻发布稿和新闻答问口径
    C. 主持新闻发布会
    D. 代表单位对外发布税收新闻、声明和有关重要信息

【解析】新闻发言人的主要职责包括：协调、指导税收新闻发布筹备、实施

工作；审核新闻发布建议、新闻发布稿和新闻答问口径；主持新闻发布会；代表单位对外发布税收新闻、声明和有关重要信息。

【答案】ABCD

13. 政府信息依申请公开的处理流程包括（　　）。

   A. 申请　　　　B. 受理
   C. 办理　　　　D. 答复

【解析】税务机关对公民、法人或其他组织依法向税务机关提交的政府信息公开申请进行分析、判断和处理，并根据具体情况和相关政策在规定时限内作出回复。处理流程分为申请、受理、自行办理/转办等环节。办理包括信息处理、审查、答复、转办等。

【答案】ABCD

14. 泄密事件报告的主要内容有（　　）。

   A. 被泄露国家秘密事项的内容、密级、数量及其载体形式
   B. 泄密事件的发现经过
   C. 泄密责任人的基本情况
   D. 泄密事件造成或可能造成的危害

【解析】泄密事件报告的主要内容包括被泄露国家秘密事项的内容、密级、数量及其载体形式；泄密事件的发现经过；泄密责任人的基本情况；泄密事件造成或可能造成的危害；已进行或拟采取的补救措施及查处情况。

【答案】ABCD

15. 各级税务机关应建立健全文件材料的归档制度。需要归档的文件材料范围包括（　　）。

   A. 反映本机关主要职能活动和基本历史面貌的，对本机关工作、国家建设和历史研究具有利用价值的文件材料
   B. 机关工作活动中形成的在维护国家、集体和公民权益等方面具有凭证价值的文件材料
   C. 下级机关文件材料中，供参阅的简报、情况反映，抄送或越级抄送的文件材料
   D. 本机关需要贯彻执行的上级机关、同级机关的文件材料，下级机关报送的重要文件材料

【解析】下级机关文件材料中，供参阅的简报、情况反映，抄送或越级抄送的文件材料属于不需要归档的文件材料范围。

【答案】ABD

16. 突发事件应对工作原则有（　　）。

   A. 以人为本，减少危害
   B. 属地为主，分级负责
   C. 依法规范，统一指挥
   D. 注重预防，科学处置

【解析】突发事件应对工作原则：以人为本，减少危害。属地为主，分级负责。依法规范，统一指挥。注重预防，科学处置。

【答案】ABCD

17. 下列表述属于加强税务系统应急管理的意义的有（　　）。

   A. 关系服务经济社会发展全局和保护人民群众生命财产安全的大事
   B. 是各级税务机关坚持"为国聚财、为民收税"工作宗旨的重要体现

C. 是税务系统加强社会管理、化解社会矛盾、应对事故灾害的形势所需

D. 防止突发事件发生及减少突发事件造成的危害

【解析】加强税务系统应急管理工作，是关系服务经济社会发展全局和保护人民群众生命财产安全的大事；是各级税务机关坚持"为国聚财、为民收税"工作宗旨的重要体现；是税务系统加强社会管理、化解社会矛盾、应对事故灾害的形势所需。并不能防止或减少突发事件发生。

【答案】ABC

18. 涉税突发事件的书面报告包括（　　）。

A. 初次报告　　B. 再次报告
C. 阶段报告　　D. 总结报告

【解析】书面报告分初次报告、阶段报告和总结报告。

【答案】ACD

19. 关于督查督办的工作时限，下列说法正确的有（　　）。

A. 督办事项必须有明确的时限要求，承办单位必须按时限要求办结。对需由多个单位共同完成的督办事项，总的时限要求由督办部门确定，协办时限要求由主办单位确定

B. 党中央、国务院文件需要落实的事项，由督办部门商承办单位合理确定办理时限，并报督办部门领导审定

C. 党中央、国务院领导同志批示交办的事项，税务总局党委会议、局务会议、局长办公会议、局领导专题会议议定需要落实的事项，中央企业事业单位来文，各地税务机关的请示性文件，税务总局领导调研时基层税务机关反映的问题，重要信访案件和群众反映的热点、难点问题等，须在30日内完成

D. 没有按时完成督办事项，在督办时限后办理延期申请手续的，按逾期未办结处理

【解析】根据税务系统督查督办相关规定，选项A、B、C、D均正确。

【答案】ABCD

20. 督查督办工作的常用方法有（　　）。

A. 实地督查　　B. 案头督查
C. 暗访督查　　D. 交叉督查

【解析】实地督查、案头督查、暗访督查、交叉督查、"二次督查"都是督查督办工作的常用方法。

【答案】ABCD

三、判断题

1. 领导干部阅处密件时，要严格遵守文件管理规定，在知悉、办理相关事项后，应当当天及时归还秘密载体。如有需继续研究处理的，再次履行办阅手续另行借阅。（　　）

【解析】根据《中华人民共和国保守国家秘密法》规定，领导干部阅处密件时，要严格遵守文件管理规定，在知悉、办理相关事项后，应当当天及

时归还秘密载体。如有需继续研究处理的，再次履行办阅手续另行借阅。

【答案】正确

2. 税务机关人员可以根据工作需要卸载涉密计算机上的安全保密防护软件或设备。（　　）

【解析】根据税务系统保密工作相关规定，税务机关人员在使用信息设备时不得擅自卸载涉密计算机上的安全保密防护软件或设备。

【答案】错误

3. 任何情况下，基层税务机关上报的"请示"和"报告"，一律不能直接报送领导个人。（　　）

【解析】根据《全国税务机关公文处理办法》，向上级机关行文，应当遵循以下规则：原则上主送一个上级机关，根据需要同时抄送相关上级机关和同级机关，不抄送下级机关。除上级机关负责人直接交办事项外，不得以本机关名义向上级机关负责人报送公文，不得以本机关负责人名义向上级机关报送公文。故答案为错误。

【答案】错误

4. 公文标题中除法律、法规、规章、规范性文件加书名号外，一般不用标点符号。（　　）

【解析】根据《全国税务机关公务处理办法》，标题由发文机关、发文事由和文种组成，应当准确简要地概括公文的主要内容并标明公文种类。公文标题中除法律、法规、规章和规范性文件名称加书名号外，一般不用标点符号。

【答案】正确

5. 意见可以作为上行文、下行文，但不能作为平行文。（　　）

【解析】意见可以用于上行文、下行文和平行文。

【答案】错误

6. 请示必须在事前，应当一文一事，但在紧急情况下，可在报告非请示性公文中夹带请示事项。（　　）

【解析】请示必须在事前，应当一文一事，不得在报告非请示性公文中夹带请示事项。

【答案】错误

7. 函属于平行文，知照性通知也可以是平行文，意见也可以作为平行文使用。（　　）

【解析】函、通知、意见均可作平行文使用。

【答案】正确

8. 某市税务局按照省局要求报送了《国家税务总局××市税务局关于2022年度经费支出情况的报告》，同时在报告中请示了关于维修市局办公大楼所需经费支出50万元的事项。（　　）

【解析】请示应当一文一事，不得在报告等非请示性公文中夹带请示事项。

【答案】错误

9. 某市税务局人事教育科起草了一份需要与系统党建工作科会签的公文，人事教育科应与系统党建工作科取得一致意见后行文。（　　）

【解析】根据《全国税务机关公文处理办法》规定，凡需会签的公文，主办部门应当与会办部门取得一致意见后行文。

【答案】正确

10. 秘密级国家秘密是一般的国家秘密，泄露会使国家安全和利益遭受损害。（　　）

【解析】根据《中华人民共和国保守国家秘密法》第十条规定，绝密级国家秘密是最重要的国家秘密，泄露会使国家安全和利益遭受特别严重的损害；机密级国家秘密是重要的国家秘密，泄露会使国家安全和利益遭受严重的损害；秘密级国家秘密是一般的国家秘密，泄露会使国家安全和利益遭受损害。

【答案】正确

11. 函适用于相互隶属机关之间商洽工作、询问和答复问题、请求批准和答复审批事项。（　　）

【解析】函适用于不相隶属机关之间商洽工作、询问和答复问题、请求批准和答复审批事项。

【答案】错误

12. 对没有隶属关系的平级单位或其他单位来文请求批准有关事项，不能使用"批复"，只能采用"函"。（　　）

【解析】对没有隶属关系的平级单位或其他单位来文请求批准有关事项，不能使用"批复"，应当采用"通知"或"函"。

【答案】错误

13. 《中华人民共和国档案法》规定，个人可以保存应当归档的公文。（　　）

【解析】公文办理完毕后，应当根据《中华人民共和国档案法》及档案管理有关规定，及时将公文定稿、正本和有关材料交本部门文秘人员整理、归档。个人不得保存应当归档的公文。

【答案】错误

14. 绝密级公文不可以复制、汇编。（　　）

【解析】绝密级公文一般不得复制、汇编，确有工作需要的，应当经发文机关或者其上级机关批准。

【答案】错误

15. 用于在一定范围内公布应当遵守或周知的事项的公文是通知。（　　）

【解析】用于在一定范围内公布应当遵守或周知的事项的公文是通告。

【答案】错误

16. 公文附件是指公文印发传达范围以及在正文中不宜说明的其他事项。（　　）

【解析】公文附注是指公文印发传达范围以及在正文中不宜说明的其他事项。

【答案】错误

17. 各级税务机关负责人是本机关保密工作第一责任人。（　　）

【解析】各级税务机关主要领导是本机关保密工作第一责任人。

【答案】错误

18. 开具介绍信要按规定将内容填列齐全，介绍信存根要保管3年。（　　）

【解析】开具介绍信要按规定将内容填列齐全，介绍信存根要保管5年。特殊情况需用信笺作介绍信时，用印人需登记留底。

【答案】错误

19. 局务会议、局长办公会议的议题由办公厅（室）确定，会议组织工作由局长负责。（　）

【解析】局务会议、局长办公会议的议题由局长确定，会议组织工作由办公厅（室）负责。

【答案】错误

20. 对当地省级人民政府规定的较大（Ⅲ级）以上突发事件，或出现税务工作人员非正常死亡的事件，事发地税务机关应及时直接报告税务总局。（　）

【解析】对当地省级人民政府规定的较大（Ⅲ级）以上突发事件，或出现税务工作人员非正常死亡的事件，事发地税务机关应及时逐级报告税务总局。

【答案】错误

四　简答题

1. 国家税务总局为切实解决税务系统形式主义突出问题为基层减负的措施主要有哪些方面？

【答案】可以从以下方面进行阐述：①树立正确政绩观方面；②精简文件简报和报表资料方面；③少开会开短会方面；④规范督查检查考核方面；⑤完善问责制度和激励关怀机制方面；⑥加强组织领导方面。

2. 各级税务局党委对重大事项请示报告应该如何严格把关？

【答案】各级税务局党委应不断提高重大事项请示报告的质效。可以从以下方面进行阐述：①要严格政治把关，在请示报告中规范使用有关表述，确保请示报告的内容符合中央精神、体现"两个维护"的要求。②要对请示报告的真实性负责，认真核实非第一手、转报的情况，情况不明或者来不及核实的须作说明。③要进一步改进文风，做到言之有物、简明扼要、意尽文止。请示必须情况全面、事实准确、意见明确，坚决防止一点点小事都层层上报请示、推诿塞责、上交矛盾的做法；报告要坚持问题导向，报送的落实措施要可量化，落实效果要可验证，意见建议要有针对性和可操作性，篇幅字数要符合相关规定。④要加强统筹，对主题相近、内容关联的同类事项可归并整合报告。⑤要注重实效，坚决杜绝请示报告工作中的形式主义、官僚主义问题。

五　案例分析题

某市税务局办公室主任王小明接到一个咨询电话，询问申请政府信息公开应该如何申请？如果你是王主任，应该怎样回答？

【答案】可以从以下方面进行阐述：

公民、法人或者其他组织申请获取政府信息的，应当向行政机关的政府信息公开工作机构提出，并采用包括信件、数据电文在内的书面形式；采用书面形式确有困难的，申请人可以口头提出，由受理该申请的政府信息公开工作机构代为填写政府信息公开申请。

通用知识

政府信息公开申请应当包括下列内容：①申请人的姓名或者名称、身份证明、联系方式；②申请公开的政府信息的名称、文号或者便于行政机关查询的其他特征性描述；③申请公开的政府信息的形式要求，包括获取信息的方式、途径。政府信息公开申请内容不明确的，行政机关应当给予指导和释明，并自收到申请之日起7个工作日内一次性告知申请人作出补正，说明需要补正的事项和合理的补正期限。答复期限自行政机关收到补正的申请之日起计算。申请人无正当理由逾期不补正的，视为放弃申请，行政机关不再处理该政府信息公开申请。

第四章 干部管理

第四章 干部管理

>> **知识架构**

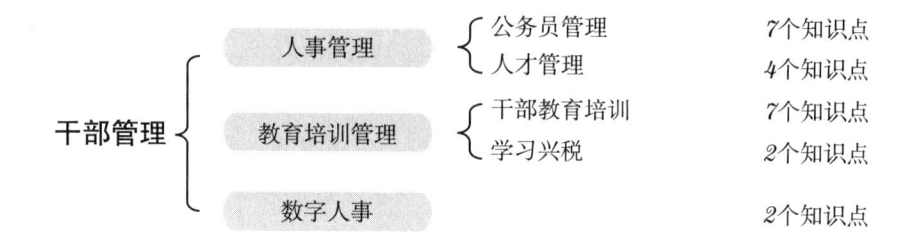

```
           ┌ 人事管理     ┌ 公务员管理      7个知识点
           │             └ 人才管理        4个知识点
干部管理 ┤ 教育培训管理 ┌ 干部教育培训    7个知识点
           │             └ 学习兴税        2个知识点
           └ 数字人事                     2个知识点
```

>> **第一节**
人事管理

一、公务员管理

公务员，是指依法履行公职、纳入国家行政编制、由国家财政负担工资福利的工作人员。公务员是干部队伍的重要组成部分，是社会主义事业的中坚力量，是人民的公仆。《中华人民共和国公务员法》规范和明确了公务员的义务、权利和管理。公务员的管理，坚持公开、平等、竞争、择优的原则，坚持监督约束与激励保障并重的原则，依照法定的权限、条件、标准和程序进行。国家实行公务员职位分类制度，职位类别按照公务员职位的性质、特点和管理需要，划分为综合管理类、专业技术类和行政执法类等类别。国家实行公务员职务与职级并行制度，根据公务员职位类别和职责设置公务员领导职务、职级序列。公务员的任用，坚持德才兼备、以德为先，坚持五湖四海、任人唯贤，坚持事业为上、公道正派，突出政治标准，注重工作实绩。国家对公务员实行分类管理，提高管理效能和科学化水平。公务员工资、福利、保险以及录用、奖励、培训、辞退等所需经费，列入财政预算，予以保障。公务员依法履行职责的行为，受法律保护。

【知识点1】公务员的职位分类

按照公务员职位的性质、特点和管理需要，公务员职位类别分为综合管理类、专业技术类和行政执法类等类别。国家实行公务员职务与职级并行制度。根据公务员职

通用知识

位类别和职责设置公务员领导职务和职级序列。领导职务层次由高至低依次为10级，最高为国家级正职，最低为乡科级副职。综合管理类公务员职级序列分为12级，最高为一级巡视员，最低为二级科员。

【知识点2】公务员录用

录用担任一级主任科员以下及其他相当职级层次的公务员，采取公开考试、严格考察、平等竞争、择优录取的办法。录用的程序为：在规定的编制限额内，有相应的职位空缺，发布招考公告，考试（笔试、面试），资格复审、考察、体检，录用公示，试用期1年。下列人员不得录用为公务员：因犯罪受过刑事处罚的；被开除中国共产党党籍的；被开除公职的；被依法列为失信联合惩戒对象的；有法律规定不得录用为公务员的其他情形的。

【知识点3】公务员考核

全面考核公务员的德、能、勤、绩、廉，重点考核政治素质和工作实绩。考核分为平时考核、专项考核和定期考核等方式。定期考核以平时考核、专项考核为基础。定期考核的结果分为优秀、称职、基本称职和不称职4个等次。定期考核的结果作为调整公务员职位、职务、职级、级别、工资以及公务员奖励、培训、辞退的依据。

【知识点4】公务员职务、职级任免与升降

公务员领导职务实行选任制、委任制和聘任制。公务员职级实行委任制和聘任制。晋升领导职务，应当具备拟任职务所要求的政治素质、工作能力、文化程度和任职经历等方面的条件和资格。晋升领导职务程序包括：动议；民主推荐；确定考察对象，组织考察；按照管理权限讨论决定；履行任职手续。晋升职级，应当在职级职数内逐级晋升，并应当具备一定基本资格。晋升职级程序包括：工作方案；民主推荐或者民主测评，提出初步人选；考察了解并确定拟晋升职级人选；公示（不少于5个工作日）；审批。

【知识点5】公务员奖励

坚持定期奖励与及时奖励相结合，精神奖励与物质奖励相结合、以精神奖励为主的原则。奖励条件包括：忠于职守，积极工作，勇于担当，工作实绩显著的；遵纪守法，廉洁奉公，作风正派，办事公道，模范作用突出的；在工作中有发明创造或者提出合理化建议，取得显著经济效益或者社会效益的；为增进民族团结，维护社会稳定做出突出贡献的；爱护公共财产，节约国家资财有突出成绩的；防止或者消除事故有功，使国家和人民群众利益免受或者减少损失的；在抢险、救灾等特定环境中做出突出贡献的;同违纪违法行为作斗争有功绩的;在对外交往中为国家争得荣誉和利益的;有其他突出功绩的。奖励分为:嘉奖、记三等功、记二等功、记一等功、授予称号。对受奖励的公务员或者公务员集体予以表彰,并对受奖励的个人给予一次性奖金或者其他待遇。

【知识点6】公务员监督与惩戒

机关应当对公务员的思想政治、履行职责、作风表现、遵纪守法等情况进行监督,开展勤政廉政教育,建立日常管理监督制度。对公务员监督发现问题的,应当区分不同情况,予以谈话提醒、批评教育、责令检查、诫勉、组织调整、处分。对公务员涉嫌职务违法和职务犯罪的,应当依法移送监察机关处理。处分分为:警告、记过、记大过、降级、撤职、开除。受处分的期间为:警告,6个月;记过,12个月;记大过,18个月;降级、撤职,24个月。公务员在受处分期间不得晋升职务、职级和级别,其中受记过、记大过、降级、撤职处分的,不得晋升工资档次。

【知识点7】公务员辞职、辞退与退休

公务员辞职,是指向任免机关提出书面申请。任免机关应当自接到申请之日起30日内予以审批,其中对领导成员辞去公职的申请,应当自接到申请之日起90日内予以审批。辞退的情形包括:在年度考核中,连续2年被确定为不称职的;不胜任现职工作,又不接受其他安排的;因所在机关调整、撤销、合并或者缩减编制员额需要调整工作,本人拒绝合理安排的;不履行公务员义务,不遵守法律和公务员纪律,经教育仍无转变,不适合继续在机关工作,又不宜给予开除处分的;旷工或者因公外出、请假期满无正当理由逾期不归连续超过15日,或者1年内累计超过30日的。不得辞退的情形包括:因公致残,被确认丧失或者部分丧失工作能力的;患病或者负伤,在规定的医疗期内的;女性公务员在孕期、产假、哺乳期内的;法律、行政法规规定的其他不得辞退的情形。公务员符合下列条件之一的,本人自愿提出申请,经任免机关批准,可以提前退休:工作年限满30年的;距国家规定的退休年龄不足5年,且工作年限满20年的;符合国家规定的可以提前退休的其他情形的。

二 人才管理

【知识点1】税务系统素质提升"2271工程"

根据新时代税收现代化需要,在继承和发扬素质提升"1115"工程的基础上进行提档升级,实施素质提升"2271"工程,即构建由200名左右战略人才、2000名左右领军人才、7万名左右业务标兵、1万名左右青年才俊构成的税务人才队伍新体系。

通用知识

【知识点 2】税收战略人才

税收战略人才以税务领军人才 4 年培养周期为基础，逐年筛选已经结业的优秀处级以上领军人才，通过 6 年左右的继续跟踪培养，争取到 2030 年，在税务系统培养百名左右税收战略人才，到 2035 年，战略人才数量累计达到 200 名左右。按照综合型和国际化两种途径统筹推进战略人才培养。将担任厅局级领导职务的领军人才纳入综合型战略人才，将担任正处级及以上领导职务的外派回国人员纳入国际化战略人才。通过分途培养，不断提高战略思维能力、综合决策能力和驾驭全局能力。

【知识点 3】税务领军人才

1. 培养目标：到 2035 年，领军人才数量累计达到 2000 名左右。

2. 培养对象：全国税务系统具有较高政治业务素质、突出工作业绩和较大发展潜力的优秀年轻干部；大型企业主管税务的负责人，涉税中介机构中高级执业管理人员，高等院校及科研机构从事税收教学科研的中坚力量。

3. 培养方向：分为综合管理、税收业务和税收信息化管理 3 类。税收业务类分税收法制、税务风险评估、国际税收管理、税务稽查、税收经济分析 5 个专业领域。

【知识点 4】业务标兵

将专业骨干、岗位能手和税务总局专业人才库人才整合为业务标兵。常态化开展"岗位大练兵、业务大比武"活动，逐级选拔市局级、省局级、总局级业务标兵。到 2025 年，各层级业务标兵总量达到 7 万名左右。

>> 第二节
教育培训管理

一 干部教育培训

【知识点 1】税务干部教育培训的对象与类别

税务干部教育培训对象是各级税务机关及其所属事业单位的在职干部，重点是科级以上领导干部和优秀中青年干部。税务干部教育培训类别有：贯彻落实党和国家重大决策部署的集中轮训；党的基本理论和党性教育的专题培训；新录（聘）用的初任培训；晋升领导职务的任职培训；在职期间的岗位培训；从事专项工作的专门业务培训；其他培训。

【知识点2】税务干部教育培训内容

1. 全面深入开展习近平新时代中国特色社会主义思想教育培训

坚持把学习贯彻习近平新时代中国特色社会主义思想摆在干部教育培训最突出的位置。在学懂弄通做实上下功夫。组织干部研读习近平新时代中国特色社会主义思想原著。着力提升学习培训效果。建立健全习近平新时代中国特色社会主义思想学习教育长效机制。

2. 党的基本理论教育

组织广大税务干部深入学习马克思列宁主义、毛泽东思想、邓小平理论、"三个代表"重要思想、科学发展观，原原本本学习和研读经典著作。中央党校（国家行政学院）和省、市两级党校（行政学院）教学安排中，以习近平新时代中国特色社会主义思想课程为主，理论教育和党性教育的比重不低于总课时的70%。

3. 党性教育

加强理想信念教育，教育引导税务系统党员干部挺起共产党人的精神脊梁。加强党章学习培训，教育引导党员干部自觉尊崇党章、模范践行党章、忠诚捍卫党章。加强党规党纪特别是政治纪律和政治规矩教育，强化廉政教育。加强党的宗旨和作风教育，坚决反对"四风"，树立良好税风。加强党内政治文化教育。加强党史国史税史、党的优良传统和世情国情党情税情教育，深入开展社会主义核心价值观教育。用党性教育激发责任担当的内化作用，推进改革、服务改革，统一思想、凝聚人心，促进税务系统事合人合力合心合。

4. 专业化能力培训

以税收专业本领和岗位胜任力为重点，实施税务系统"干部专业化能力提升计划"。增强税务干部改革创新能力，聚焦国税地税征管体制改革和深化"放管服"改革，开展社会保险费和非税收入等新业务培训、业务互补融合性培训和优化营商环境培训，以培训助创新、激活力、促"四合"。增强税务干部依法行政能力，聚焦依法治税，开展税务部门法治专项培训，提升税务干部法治意识和法律素养，引导税务干部运用法治思维和法治方式做好税收工作。增强税务干部岗位胜任能力，聚焦税收事业发展重点、实际工作难点、纳税人和缴费人关心热点等具体问题，开展行政管理、纳税服务、征管评估、税务稽查、信息技术等税收业务培训和岗位实训，持续提升税收管理和服务效能。促进税务系统干部队伍管理法治化、规范化、专业化。

5. 知识培训

着力培养又博又专、底蕴深厚的复合型干部，使税务干部既懂经济又懂政治、既

通用知识

懂业务又懂党务、既懂专业又懂管理。加强宪法法律、党内法规和总体国家安全观教育，开展经济、政治、文化、社会、生态文明和党建、国防、外交、民族、宗教等方面基础性知识学习培训，帮助税务干部完善履职尽责必备的知识体系。抓好互联网、大数据、金融、统计、保密、应急管理等方面学习培训，开展哲学、历史、文学、艺术教育和心理健康辅导，提高税务干部科学人文素养。加强形势任务教育，拓宽思路眼界，引导税务干部统一思想、把握大局，居安思危、坚定信心。

【知识点3】税务干部教育培训的方式和方法

干部教育培训的主要方式包括脱产培训、党委（党组）理论学习中心组学习、网络培训、在职自学等。

根据干部的特点，探索研讨式、案例式、模拟式、体验式、辩论式等教学方式方法。

【知识点4】税务干部教育培训机构、师资、课程、教材及经费的相关规定

1. 教育培训机构

培训机构原则上应当在税务系统干部院校和当地党校、行政学院等院校内择优选择，确需在其他地方举办的，应选省级以上主管部门认可的培训机构。不得在无培训资质的各类培训中心、高档宾馆、风景名胜区举办培训班。

2. 师资

按照"政治坚定、素质优良、规模适当、结构合理、专兼结合"原则，建立以税务系统内专兼职教师为主体、社会外聘教师为补充的师资队伍。

3. 经费

各级税务机关要将干部教育培训经费列入年度预算，保障工作需要。教育培训管理部门对本级干部教育培训经费实行归口管理，严格控制教育培训专项经费支出范围，教育培训经费专款专用。按照《中央和国家机关培训费管理办法》和国家税务总局的培训费管理办法要求，严格培训项目经费支出范围，严格在标准限额和预算内支出，严格审核报销资料和凭证，严格按程序支付结算。规范执行培训费综合定额标准和师资费标准，不得向参训人员收取任何费用，不得以任何方式转嫁或摊派培训费用。税务干部个人参加社会化培训，费用一律由本人承担，不得由财政经费和单位经费报销，不得接受任何机构和他人的资助或者变相资助。

【知识点5】教育培训时间规定

担任县处级以上领导职务的公务员每5年应当参加党校（行政学院）、干部学院，以及经公务员主管部门或者公务员所在机关认可的其他培训机构累计3个月或者550学

时以上的培训。其他公务员参加培训的时间一般每年累计不少于 12 天或者 90 学时。

晋升处级副职以上领导职务公务员任职培训集中脱产培训时间不少于 30 天。晋升科级（含正、副职）领导职务公务员任职培训集中脱产培训时间不少于 15 天。任职培训应当在公务员任职前或任职后 1 年内进行。

【知识点 6】培训费有关规定

（1）培训费，是指开展培训直接发生的各项费用支出，包括师资费、住宿费、伙食费、培训场地费、培训资料费、交通费以及其他费用。

（2）除师资费外，培训费实行分类综合定额标准，分项核定、总额控制，各项费用之间可以调剂使用。三类培训（参训人员主要为处级及以下人员的培训项目）每人每天不超过 550 元。

（3）讲课费（税后）执行以下标准：副高级技术职称专业人员每学时最高不超过 500 元；正高级技术职称专业人员每学时最高不超过 1000 元；院士、全国知名专家每学时一般不超过 1500 元。讲课费按实际发生的学时计算，每半天最多按 4 学时计算。

【知识点 7】培训管理有关规定

税务干部在参加组织选派的脱产教育培训期间，一般应享受在岗同等待遇，一般不承担所在单位的日常工作、出国（境）考察等任务。因特殊情况确需请假的，必须严格履行手续。请假时间累计超过总学时 1/7 的，按退学处理。

二 学习兴税

【知识点 1】学习兴税平台

学习兴税平台是集学习、培训、测试、评价、应用于一体的网络学习培训平台，是推进税务干部教育培训数字化的重要载体，是学习强国平台在税务系统的部门化拓展。

【知识点 2】学习兴税平台日常学习

税务干部应根据所在部门岗位，自选确定唯一业务条线，原则上年度内所选条线应保持相对稳定。日常学习指税务干部完成税务总局在学习兴税平台组织的必学知识学习，分为必学必练和集中练习，内容包括党建知识、公共知识和专业知识。

其中，必学课程年度累计不少于 8 门，必练习题年度累计不少于 200 道。集中练习原则上于每年 11 月开放，集中练习题从平台已发布的条线必学必练习题中随机抽取。学习兴税平台实时记录税务干部日常学习情况，并于每年 11 月 30 日根据所选条线自动

通用知识

生成税务干部日常学习年度得分。日常学习年度得分实行百分制，其中，必学必练占60%，按实际完成进度计算得分；集中练习占40%，以最高成绩计入。

>> 第三节
数字人事

数字人事是以平时考核为核心内容，运用大数据管理的思维和方法，将现行主要按"事"制定的一系列干部管理法规制度，转化为按"人"归集的考核指标，通过对每一位税务干部日常工作、学习、成长的轨迹和考核成绩记录并累积下来，形成"个人成长账户"大数据，形成干部考核管理日常化、多维化、数据化、累积化、可比化的干部综合考核评价管理体系，为干部实绩评估、提拔任用、考核问责等提供全面、科学、准确的参考，从而将中央全面从严治党和加强干部队伍管理的要求落到实处，促使干部一生向上、一心向善。

【知识点1】数字人事相关概念

数字人事，是指税务系统根据中央关于干部考核评价和日常管理制度规定，运用大数据理念和方法，建立形成的数字化干部考核评价管理体系。是将现行按"事"考核评价和日常管理干部的制度规定，转化为按"人（岗）"量化归集的评价和管理指标。数字人事有四大支柱，分别为：平时考核、公认评价、业务能力评价、领导胜任力评价。个人成长账号有七要素模型，分别是指：德、能、勤、绩、廉、评、基。

【知识点2】数字人事"两测"概述

数字人事"两测"指开展业务能力升级和领导胜任力"两项测试"。

1. 业务能力升级测试

业务能力升级测试主要面向45岁以下（不含45岁）税务干部，年满45岁的税务干部自愿参加业务能力升级测试的，给予卷面加分。业务能力专业类别分为综合管理、纳税服务、征收管理、税务稽查和信息技术等5类；业务能力级档分为初级、中级和高级，共11档。其中，初级对应1~5档，中级对应6~9档，高级对应10~11档。税务干部晋升领导职务，应具备相应的业务能力级档。税务干部晋升职级，原则上应具备相应的业务能力级档。

业务能力测试实行百分制，由日常学习考核得分和集中测试得分按各占50%权重量化计算得出。日常学习考核得分，实行百分制，按从取得当前业务能力级档到本次升级之间各年度日常学习年度得分的平均分计算，通过学习兴税平台产生。日常学习年度得分根据学习兴税平台必学知识学习情况按一定权重量化计算得出。集中测试采取机测或者笔试的方式，由税务总局和省级税务局根据干部管理权限分别组织实施考务工作，原则上每年举行1次。

2. 领导胜任力测试

领导胜任力测试，是指对拟晋升领导职务的税务干部，在履行岗位职责必备的领导决策、组织管理、统筹落实等方面进行的素质能力测试。税务干部晋升职务，应通过相应层级的领导胜任力测试。测试分为正厅、副厅、正处、副处、正科、副科等6个层级。主要测试对马克思列宁主义、毛泽东思想、邓小平理论、"三个代表"重要思想、科学发展观、习近平新时代中国特色社会主义思想的理解认识，引导、激励领导干部不断提高政治能力、调查研究能力、科学决策能力、改革攻坚能力、应急处突能力、群众工作能力和抓落实能力。

领导胜任力测试原则上每年组织1次，实行百分制，按通过率确定测试合格人员。领导胜任力测试成绩合格，自成绩发布之日起3年有效。

3. 业务能力升级跨档报名

获得与税收工作相关的高级专业技术职务任职资格的，正高可跨2档、副高可跨1档报名参加测试；获得与税收工作相关的资格证书，可跨1~2档报名参加测试；经培养合格的与税收工作相关的领军人才，可跨2档报名参加测试；在省局练兵比武中获前5名的，可在省局组织的测试中跨1档报名参加测试；在职取得更高层次学历或者学位（按照本科、硕士、博士3个层次），每提升1个层次，可跨1档报名参加测试。税务干部符合以上条件申请跨档报名参加测试的，申请跨档测试的上年度数字人事年度考核得分必须位于第1段。跨档报名参加测试只在9档以下进行。每名干部参加业务能力升级测试最多可跨2档，可根据跨档条件选择一次性跨2档或者分两次各跨1档。

>> 习题演练

一 单项选择题

1. 国家级正职、国家级副职、省部级正职、省部级副职、厅局级正职、厅局级副职、县处级正职、县处级副职、乡科级正职、乡科级副职，这些是（　　）。

A. 领导职务

B. 行政执法类公务员通用职务

通用知识

C. 非领导职务
D. 专业技术类公务员通用职务

【解析】《中华人民共和国公务员法》规定，国家实行公务员职位分类制度。领导职务层次分为：国家级正职、国家级副职、省部级正职、省部级副职、厅局级正职、厅局级副职、县处级正职、县处级副职、乡科级正职、乡科级副职。

【答案】A

2. 公务员职级在（　　）以下设置。
   A. 省部级　　　　B. 厅局级
   C. 县处级　　　　D. 乡科级

【解析】根据《中华人民共和国公务员法》第十九条的规定，公务员职级在厅局级以下设置。

【答案】B

3. 公务员主管部门在审定录用计划时，必须坚持只有在（　　）的情况下，才能给予录用名额。
   A. 缺编　　　　B. 满编
   C. 等编　　　　D. 超编

【解析】录用公务员，必须在规定的编制限额内，并有相应的职位空缺。

【答案】A

4. 招录机关根据考试成绩、考察情况和体检结果，提出拟录用人员名单，并予以公示。公示期不少于（　　）个工作日。
   A. 3　　　　　　B. 5
   C. 7　　　　　　D. 10

【解析】根据《中华人民共和国公务员法》第三十二条的规定，招录机关根据考试成绩、考察情况和体检结果，提出拟录用人员名单，并予以公示。公示期不少于5个工作日。

【答案】B

5. 对公务员的考核，以其职位职责和所承担的工作任务为基本依据，全面考核德、能、勤、绩、廉，重点考核政治素质和（　　）。
   A. 德　　　　　B. 能
   C. 勤　　　　　D. 绩

【解析】重点考核政治素质和工作实绩。

【答案】D

6. 公务员工资中，（　　）是工资结构的主体。
   A. 基本工资　　B. 津贴
   C. 补贴　　　　D. 奖金

【解析】公务员工资中，基本工资是工资结构的主体。

【答案】A

7. 《中华人民共和国公务员法》规定的领导成员的辞职制度中，（　　）实际上是领导成员对本人失职失误的一种主动追究。
   A. 因公辞职　　B. 自愿辞职
   C. 引咎辞职　　D. 责令辞职

【解析】引咎辞职实际上是领导成员对本人失职失误的一种主动追究。

【答案】C

8. 公务员可以提出申请，经任免机关批准后提前退休的条件是（　　）。
   A. 工作年限满25年的
   B. 工作年限满30年的
   C. 丧失部分工作能力且工作年限满25年的
   D. 工作年限满35年的

·138·

【解析】根据《中华人民共和国公务员法》第九十三条的规定，公务员符合下列条件之一的，本人自愿提出申请，经任免机关批准，可以提前退休：①工作年限满30年的；②距国家规定的退休年龄不足5年，且工作年限满20年的；③符合国家规定的可以提前退休的其他情形的。

【答案】B

9. 对晋升领导职务的公务员应当在（　　）期间进行任职培训。

①任职前　②任职后半年内　③任职后1年内

A. ①　　　　　　B. ②
C. ①或②都行　　D. ①或③都行

【解析】对晋升领导职务的公务员应当在任职前或者任职后1年内进行任职培训。

【答案】D

10. 机关对新录用人员在试用期内进行的培训是（　　）。

A. 初任培训
B. 任职培训
C. 更新知识培训
D. 专门业务培训

【解析】根据《中华人民共和国公务员法》第六十七条的规定，机关对新录用人员应当在试用期内进行初任培训。

【答案】A

11. 根据《全国税务系统培训费管理办法》，关于培训费的承担情况，以下说法正确的是（　　）。

A. 培训费由培训举办单位和参训人员所在单位共同承担
B. 培训期间发生的文体活动费用由参训人员承担
C. 参训人员参加培训往返交通费由培训单位承担
D. 参训人员无须承担任何培训费用

【解析】根据《全国税务系统培训费管理办法》第七条，参训人员参加培训往返及异地教学发生的城市间交通费，按照差旅费有关规定回单位报销；第十八条培训费由培训举办单位承担，不得向参训人员收取任何费用。

【答案】D

12. 干部小王报名参加某高校举办的在职学位教育，其费用承担为（　　）。

A. 由所在单位承担
B. 部分由所在单位承担
C. 一律由本人承担
D. 由下级单位承担

【解析】《干部教育培训工作条例》第十八条规定，干部个人参加社会化培训，费用一律由本人承担，不得由财政经费和单位经费报销，不得接受任何机构和他人的资助或者变相资助。

【答案】B

13. 根据《全国税务领军人才学员选拔办法（试行）》有关要求，税务系统内报考人员应具有（　　）以上领导职务或相应职级。

A. 副科级　　B. 正科级
C. 副处级　　D. 正处级

【解析】根据《全国税务领军人才学员选拔办法（试行）》有关要求，税务系统内报考人员应具有副处级以上领导职务或相应职级。

【答案】C

14. 税务领军人才培养原则上每年招生一次，每（ ）年为1个培养周期。

    A. 2　　　　　　　B. 3
    C. 4　　　　　　　D. 5

    【解析】税务领军人才培养原则上每年招生一次，每4年为1个培养周期。

    【答案】C

15. 各级税务机关人事部门在干部年度考核、任用考察时，应当将干部接受教育培训情况作为一项重要内容。干部参加2个月以上的脱产培训情况应当记入（ ）。

    A. 干部人事档案
    B. 干部年度考核表
    C. 干部任免审批表
    D. 绩效考核表

    【解析】根据《税务系统贯彻〈干部教育培训工作条例〉实施办法》规定，各级税务机关人事部门在干部年度考核、任用考察时，应当将干部接受教育培训情况作为一项重要内容。干部参加脱产培训情况应当记入干部年度考核表，参加2个月以上的脱产培训情况应当记入干部任免审批表。

    【答案】C

16. 根据《事业单位工作人员培训规定》，关于岗前培训的一般时限和累计时间。下列说法正确的是（ ）。

    A. 3个月，40学时或者5天
    B. 3个月，90学时或者18天
    C. 6个月，40学时或者5天
    D. 6个月，90学时或者18天

    【解析】根据《事业单位工作人员培训规定》第十条规定，岗前培训一般在工作人员聘用之日起6个月内完成，最长不超过12个月，累计时间不少于40学时或者5天。

    【答案】C

17. 事事记录、天天累积、年年累积，通过日积月累，使考核识别干部不仅看其当期情况，还要看历史情况、一贯表现，识人用人更全面准确。这表明数字人事制度具有（ ）的基本内涵。

    A. 日常化　　　　　B. 多维化
    C. 数据化　　　　　D. 累积化

    【解析】本题的关键词是日积月累。

    【答案】D

18. 业务能力升级专业类别有（ ）类，分为初级、中级和高级，共（ ）档。

    A. 3；12　　　　　B. 3；11
    C. 5；12　　　　　D. 5；11

    【解析】业务能力专业类别分为综合管理、纳税服务、征收管理、税务稽查和信息技术等5类。分为初级、中级和高级，共11档。

    【答案】D

19. 领导胜任力测试成绩合格，有效期（ ）年。

    A. 2　　　　　　　B. 3
    C. 4　　　　　　　D. 5

    【解析】领导胜任力测试合格，作为晋升上一级职务的必要条件，有效期3年。

    【答案】B

20. 数字人事推行后，有关信息数据是以定量积分和定性评价的方式记入（　　）。

A. 综合干部管理信息系统

B. 个人考核账户

C. 个人积分账户

D. 个人成长账户

【解析】建立个人成长账户并及时予以记载税务干部"德、能、勤、绩、廉、评、基"等方面的信息数据。

【答案】D

21. 业务能力升级主要面向（　　）周岁以下税务干部。

A. 40　　　　　　B. 45

C. 50　　　　　　D. 55

【解析】业务能力升级主要面向45周岁以下税务干部，并以年龄加分等措施，鼓励45周岁以上干部积极参加。

【答案】B

22. 凡获得注册会计师、法律职业资格证书等与税收工作相关职业资格的，在已达到级档的基础上直接跨（　　）档报测。

A. 1　　　　　　B. 2

C. 3　　　　　　D. 4

【解析】获得财会类国家层面的证书，如注册会计师、法律职业资格证书等，允许直接跨2档报测。

【答案】B

23. 税务干部通过学习兴税平台获得的日常学习得分，计入业务能力升级测试成绩的权重为（　　）。

A. 20%　　　　　B. 30%

C. 40%　　　　　D. 50%

【解析】《税务系统数字人事实施办法》第五章第二十一条规定："业务能力测试实行百分制，由日常学习考核得分和集中测试得分按各占50%权重量化计算得出"。

【答案】D

24. 《中共国家税务总局委员会关于进一步加强新时代税务人才工作的意见》提出要打造素质提升"2271"工程。下列关于"2271"工程的说法，正确的是（　　）。

A. 100名左右战略人才

B. 2000名左右领军人才

C. 2万名左右业务骨干

D. 7万名左右岗位能手

【解析】《中共国家税务总局委员会关于进一步加强新时代税务人才工作的意见》提出，根据新时代税收现代化需要，在继承和发扬素质提升"1115"工程的基础上进行提档升级，实施素质提升"2271"工程，结合数字人事考核评价，大力开展税务人才选拔培养，着力构建由200名左右战略人才、2000名左右领军人才、7万名左右业务标兵、1万名左右青年才俊构成的税务人才队伍新体系。

【答案】B

25. 在业务能力测试中，允许最多跨（　　）档级次。

A. 1　　　　　　B. 2

C. 3　　　　　　D. 4

【解析】业务能力测试允许最多跨2档级次。

【答案】B

26. 对于（　　）周岁以上的干部参加业务能力升级测试，区分年龄段给予不同权重加分的鼓励措施。

A. 40　　　　　B. 45
C. 50　　　　　D. 55

【解析】45周岁以上的干部参加业务能力升级测试，区分年龄段给予不同权重加分的鼓励措施。

【答案】B

27. 在相关办法施行前参加工作的税务干部，晋升（　　）领导职务的，可免于参加领导胜任力测试。

A. 副科级　　　B. 正科级
C. 副处级　　　D. 正处级

【解析】在相关办法施行前参加工作的税务干部，晋升副科级领导职务的，可免于参加领导胜任力测试。

【答案】A

28. 税务干部参加日常学习时，自选确定唯一业务条线的原则是（　　）。

A. 所学专业　　B. 个人意愿
C. 上级指定　　D. 所在部门岗位

【解析】根据《学习兴税平台日常学习管理办法》第七条规定，税务干部原则上应当根据所在部门岗位，自选确定唯一业务条线，原则上年度内所选条线应当保持相对稳定。

【答案】D

29. 税务干部在参加组织选派的脱产教育培训期间，一般应享受在岗同等待遇，因特殊情况确需请假的，必须严格履行手续。请假时间累计超过总学时（　　）的，按退学处理。

A. 三分之一　　B. 二分之一
C. 七分之一　　D. 五分之一

【解析】依据是《税务系统贯彻〈干部教育培训工作条例〉实施办法》《关于在干部教育培训中进一步加强学员管理的规定》。

【答案】C

30. 税务系统讲课费（税后）执行的标准为副高级技术职称专业人员每学时最高不超过（　　）元；正高级技术职称专业人员每学时最高不超过（　　）元；院士、全国知名专家每学时一般最高不超过（　　）元。

A. 300；600；900
B. 500；1000；1500
C. 600；1200；1800
D. 800；1600；3000

【解析】按照税务系统培训费管理相关规定，讲课费（税后）执行的标准为副高级技术职称专业人员每学时最高不超过500元；正高级技术职称专业人员每学时最高不超过1000元；院士、全国知名专家每学时一般最高不超过1500元。

【答案】B

二、多项选择题

1. 公务员，是指（　　）的工作人员。

A. 依法履行公职
B. 纳入国家行政编制
C. 由国家财政负担工资福利
D. 国家机关中除工勤人员以外的

【解析】公务员，是指依法履行公职、纳入国家行政编制、由国家财政负担工资福利的工作人员。

【答案】ABC

2. 公务员的管理坚持（　　）原则，依照法定的权限、条件、标准和程序进行。

　A. 公开　　　　　B. 平等
　C. 竞争　　　　　D. 择优

【解析】根据《中华人民共和国公务员法》第五条的规定，公务员的管理，坚持公开、平等、竞争、择优的原则，依照法定的权限、条件、标准和程序进行。

【答案】ABCD

3. 下列属于税务系统的领导职务的有（　　）。

　A. 县处级正职　　B. 一级调研员
　C. 四级主任科员　D. 乡科级正职

【解析】选项B、C是综合管理类公务员职级序列。

【答案】AD

4. 下列情形中，不得录用为公务员的有（　　）。

　A. 因犯罪受过刑事处罚的
　B. 被开除中国共产党党籍的
　C. 被依法列为失信联合惩戒对象的
　D. 被开除公职的

【解析】根据《中华人民共和国公务员法》第二十六条，因犯罪受过刑事处罚的；被开除中国共产党党籍的；被开除公职的；被依法列为失信联合惩戒对象的，都是不得录用的情形。

【答案】ABCD

5. 我国税务系统公务员的考核等次包括（　　）。

　A. 优秀　　　　　B. 称职
　C. 基本称职　　　D. 不称职

【解析】税务系统公务员的考核等次包括优秀、称职、基本称职、不称职。

【答案】ABCD

6. 公务员的考核方式有（　　）。

　A. 平时考核　　　B. 重点考核
　C. 专项考核　　　D. 定期考核

【解析】根据《中华人民共和国公务员法》第三十六条，公务员的考核分为平时考核、专项考核和定期考核等方式。

【答案】ACD

7. 《中华人民共和国公务员法》规定可以越级晋升的条件有（　　）。

　A. 表现特别优秀的公务员
　B. 资历深
　C. 工作经验丰富
　D. 工作特殊需要

【解析】根据《中华人民共和国公务员法》第四十五条的规定，公务员领导职务应当逐级晋升。特别优秀的或者工作特殊需要的，可以按照规定破格或越级晋升。

【答案】AD

8. 下列属于公务员奖励种类的有（　　）。

　A. 嘉奖　　　　　B. 升职
　C. 记一等功　　　D. 授予称号

【解析】对公务员、公务员集体的奖励分为：嘉奖、记三等功、记二等功、记一等功、授予称号。

【答案】ACD

9. 下列条件中，可以让公务员自愿提出申请，经任免机关批准，提前退休的有（　　）。

A. 工作年限满 30 年的

B. 距国家规定的退休年龄不足 5 年，且工作年限满 20 年的

C. 工作年限满 20 年的

D. 国家公务员男性年满 60 周岁

【解析】选项 C 条件不充分；国家公务员男性年满 60 周岁，正常退休。

【答案】AB

10. 录用担任一级主任科员以下及其他相当职级层次的公务员，采取（　　）的办法。

A. 公开考试　　B. 严格考察

C. 平等竞争　　D. 择优录取

【解析】根据《中华人民共和国公务员法》第二十三条的规定，录用担任一级主任科员以下及其他相当职级层次的公务员，采取公开考试、严格考察、平等竞争、择优录取的方法。

【答案】ABCD

11.《中华人民共和国公务员法》明确规定了对有某些亲属关系的公务员在职务任用上需要回避的情况，以下（　　）属于需要回避的亲属关系。

A. 夫妻关系

B. 直系血亲关系

C. 三代以内旁系血亲关系

D. 近姻亲关系

【解析】依据《中华人民共和国公务员法》第七十四条。

【答案】ABCD

12. 公务员有（　　）的情况，予以辞退。

A. 年度考核两次以上被确定为不称职的

B. 本人工作能力无法胜任现任工作的

C. 不履行公务员义务，不遵守法律和公务员纪律，经教育仍无转变，不适合继续在机关工作，又不宜给予开除处分的

D. 所在机关撤销需要调整工作，本人拒绝合理安排的

E. 旷工或者因公外出、请假期满无正当理由逾期不归连续超过 10 日的

【解析】根据《中华人民共和国公务员法》第八十八条的规定，选项 A 应为连续 2 年被确定为不称职的；选项 B 应为不胜任现职工作，又不接受其他安排的；选项 E 应为旷工或者因公外出、请假期满无正当理由逾期不归连续超过 15 日的。

【答案】CD

13. 根据《全国税务系统培训费管理办法》，培训费包括（　　）。

A. 住宿费　　B. 伙食费

C. 交通费　　D. 师资费

【解析】根据《全国税务系统培训费管理办法》，培训费是指开展培训直接发生的各项费用支出，包括师资费、住宿费、伙食费、培训场地费、培训资料费、交通费以及其他费用。

【答案】ABCD

14. 根据培训费相关管理办法，各单位开展培训，应当在开支范围和标准内，择优选择税务系统培训机构承办。确实需要在系统外举办的，应当选择的承办机构包括（　　）。

A. 党校

B. 行政学院

C. 干部学院

D. 组织人事部门认可的其他培训机构

【解析】根据《全国税务系统培训费管理办法》第十一条，各单位开展培训，应当在开支范围和标准内，择优选择国税系统培训机构承办。确实需要在系统外举办的，应当选择党校、行政学院、干部学院以及组织人事部门认可的其他培训机构承办。

【答案】ABCD

15. 从事税务干部教育培训工作的教师，应当遵循的要求有（　　）。

    A. 联系实际开展教学
    B. 有的放矢
    C. 力戒空谈
    D. 不得传播违反党的理论和路线方针政策、违反中央决定的错误观点

【解析】根据《税务系统贯彻〈干部教育培训工作条例〉实施办法》第四十二条，从事税务干部教育培训工作的教师，应当联系实际开展教学，有的放矢，力戒空谈，严守讲坛纪律，不得传播违反党的理论和路线方针政策、违反中央决定的错误观点。对违反讲坛纪律的，给予批评教育直至纪律处分。

【答案】ABCD

16. 税务系统数字人事制度的主要特征有（　　）。

    A. 突出以人为本
    B. 突出科学考评
    C. 突出数字管理
    D. 突出科技引领

【解析】以上选项皆为税务系统数字人事制度的主要特征。

【答案】ABCD

17. 科级领导职务领导胜任力测试检验的能力主要有（　　）。

    A. 依法办事和执行操作能力
    B. 统筹落实能力
    C. 组织协调能力
    D. 应对风险挑战的能力

【解析】选项 A 和选项 C 为科级领导职务领导胜任力测试检验的能力。

【答案】AC

18. 下列关于日常学习年度得分表述正确的有（　　）。

    A. 日常学习年度得分实行百分制
    B. 学习兴税平台设立税务干部个人学习账户，自动记录日常学习相关数据，并生成日常学习年度得分
    C. 日常学习中必学必练和集中练习按照实际完成进度计算得分
    D. 日常学习必学必练按实际完成进度计算得分，集中练习以最高成绩计入

【解析】根据《学习兴税平台日常学习管理办法》第十二条，日常学习年度得分实行百分制，其中，必学必练占60%，按实际完成进度计算得分；集中练习占40%，以最高成绩计入。第三条，学习兴税平台设立税务干部个人学习账户，自动记录日常学习相关数据，并生成日常学习年度得分。

【答案】ABD

19. 学习兴税平台里定期测试的类型包括（　　）。
   A. 税收基础测试
   B. 党建知识测试
   C. 税务公共知识测试
   D. 业务条线知识测试
   【解析】定期测试包括党建知识测试、税务公共知识测试、业务条线知识测试3种类型。
   【答案】BCD

20. 学习兴税平台是集（　　）等于一体的网络学习培训平台。
   A. 学习　　　B. 培训
   C. 测试　　　D. 评价
   【解析】《应用学习兴税平台的指导意见（试行）》指出，学习兴税平台是集学习、培训、测试、评价、应用于一体的网络学习培训平台，是推进税务干部教育培训数字化的重要载体，是学习强国平台在税务系统的部门化拓展。
   【答案】ABCD

三　判断题

1. 公务员工资、福利、保险以及录用、奖励、培训、辞退等所需经费，列入财政预算，予以保障。（　　）
   【解析】略
   【答案】正确

2. 公务员的领导职务、职级与级别是确定公务员工资以及其他待遇的依据。（　　）
   【解析】略
   【答案】正确

3. 公务员定期考核的结果分为优秀、称职、基本称职3个等次。（　　）
   【解析】根据《中华人民共和国公务员法》第三十八条的规定，公务员定期考核的结果分为优秀、称职、基本称职和不称职4个等次。
   【答案】错误

4. 公务员在年度考核中被确定为不称职的，按照规定程序降低一个职务或者职级层次任职。（　　）
   【解析】略
   【答案】正确

5. 公务员不得在其配偶、子女及其配偶经营的企业、营利性组织的行业监管或者主管部门任职。（　　）
   【解析】根据《中华人民共和国公务员法》第七十四条的规定，上述情况不得担任领导成员。
   【答案】错误

6. 税务领军人才引领作用突出，指的是具有国际视野、战略思维、现代理念，在促进税收事业科学发展中具有引领带动和标杆示范作用。（　　）
   【解析】略
   【答案】正确

7. 根据培训费相关管理规定，培训场地费是指参训人员及工作人员培训期间发生的租住房间的费用和用于培训的会议室或教室租金。（　　）
   【解析】根据《全国税务系统培训费管理办法》，培训场地费是指用于培训的会议室或教室租金。住宿费是指参训人员及工作人员培训期间发生的租住房间的费用。

【答案】 错误

8. 受邀师资同时为多班次一并授课的，讲课费可以分别支出。（　）

【解析】 根据《全国税务系统培训费管理办法》，同时为多班次一并授课的，不重复计算讲课费。

【答案】 错误

9. 税务领军人才综合管理类的选拔对象主要是处级、科级优秀年轻税务干部。处级干部年龄一般不超过46周岁，科级干部一般不超过35周岁。（　）

【解析】 处级干部年龄一般不超过45周岁。

【答案】 错误

10. 税务领军人才的培养实行淘汰机制。根据考核成绩逐段淘汰，总淘汰率不低于10%。（　）

【解析】 略

【答案】 正确

11. 业务能力升级测试具有"自愿参与，自学为主、助学为辅"的特点。（　）

【解析】 略

【答案】 正确

12. 数字人事以业务能力、领导胜任力、日常绩效、公认评价为四大支柱，支撑税务干部全面发展。（　）

【解析】 略

【答案】 正确

13. 报考业务能力升级专业类别时，以所在税务机构划分考试类别，不以所在部门的岗位工作性质为依据。（　）

【解析】 税务干部报名参加业务能力测试，一般应与工作岗位所属专业类别一致。

【答案】 错误

14. 税务干部可以根据自己的意愿选择业务能力升级考试报考类别和档次。（　）

【解析】 税务干部报名参加业务能力测试，一般应与工作岗位所属专业类别一致。报名参加不属于本人岗位所属专业类别测试的，最高可报已有所属类别的同级档测试。

【答案】 错误

15. 只要个人愿意，业务能力升级考试每年都能参加报测。（　）

【解析】 除首次套档外，获得初级或中级的，第3年方可报考，获得高级的，第4年方可报考。

【答案】 错误

16. 领导干部岗位胜任力测试成绩有效期为2年。（　）

【解析】 领导胜任力测试合格，作为晋升上一级职务的必要条件，有效期3年。

【答案】 错误

17. 晋升副科级职务，应具备业务能力初级4档以上。（　）

【解析】 晋升副科级职务，应具备业务能力初级2档以上。

【答案】 错误

18. 业务能力很高的干部可以越级参加领导胜任力测试。（　）

【解析】 税务干部应逐级参加领导胜任力测试。

【答案】 错误

19. 业务能力升级测试不是简单地考60分就能通过的，而是按照通过率认定每次的达标分数。（　　）

【解析】略

【答案】正确

20. 税务干部年度内如若发生条线变更，日常学习年度得分根据其11月30日所在条线进行计算，不再叠加计算多个条线的日常学习情况。（　　）

【解析】《学习兴税平台日常学习管理办法》第十一条规定，税务干部年度内如若发生条线变更，日常学习年度得分根据其11月30日所在条线进行计算，不再叠加计算多个条线的日常学习情况。

【答案】正确

四 简答题

1. 《中华人民共和国公务员法》对公务员的定义作了新的界定，请问公务员必须具备哪3个条件？

【答案】公务员必须具备的3个条件包括：①依法履行公职；②纳入国家行政编制；③由国家财政负担工资福利。

2. 《中华人民共和国公务员法》规定，哪些人员不得录用为公务员？

【答案】根据《中华人民共和国公务员法》第二十六条的规定，以下人员不得录用为公务员：①因犯罪受过刑事处罚的；②被开除中国共产党党籍的；③被开除公职的；④被依法列为失信联合惩戒对象的；⑤有法律规定不得录用为公务员的其他情形的。

3. 简述税务系统素质提升"2271工程"的概念。

【答案】根据新时代税收现代化需要，税务系统在继承和发扬素质提升"1115"工程的基础上进行提档升级，实施素质提升"2271"工程，即构建由200名左右战略人才、2000名左右领军人才、7万名左右业务标兵、1万名左右青年才俊构成的税务人才队伍新体系。

4. 简要介绍学习兴税平台日常学习。

【答案】可以从以下方面进行阐述：税务干部应根据所在部门岗位，自选确定唯一业务条线，原则上年度内所选条线应保持相对稳定。日常学习指税务干部完成税务总局在学习兴税平台组织的必学知识学习，分为必学必练和集中练习，内容包括党建知识、公共知识和专业知识。其中，必学课程年度累计不少于8门，必练习题年度累计不少于200道。集中练习原则上于每年11月开放，集中练习题从平台已发布的条线必学必练习题中随机抽取。学习兴税平台实时记录税务干部日常学习情况，并于每年11月30日根据所选条线自动生成税务干部日常学习年度得分。日常学习年度得分实行百分制，其中，必学必练占60%，按实际完成进度计算得分；集中练习占40%，以最高成绩计入。

第五章 监督管理

知识架构

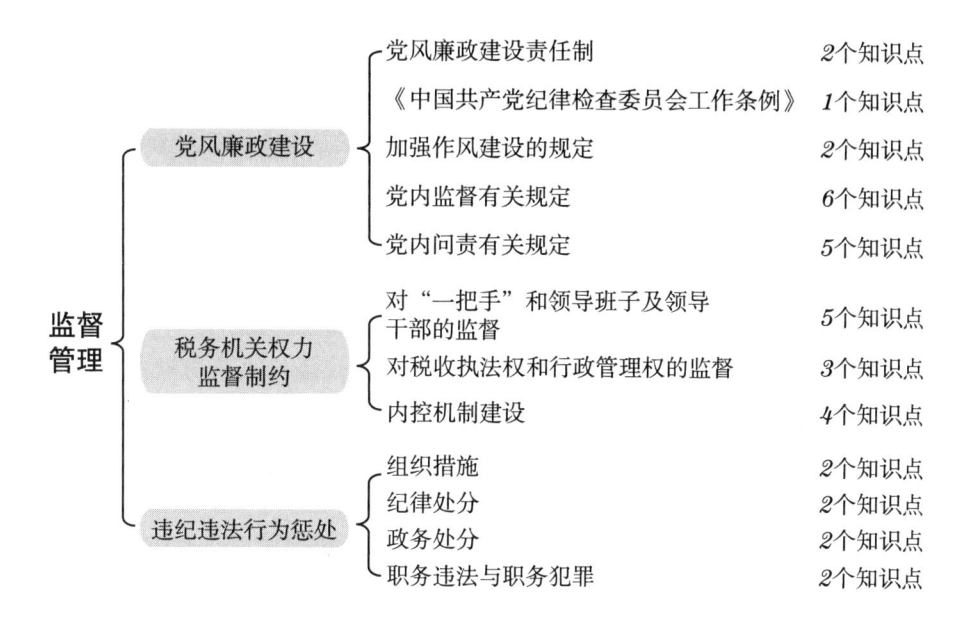

```
                    ┌─ 党风廉政建设责任制              2个知识点
                    │  《中国共产党纪律检查委员会工作条例》  1个知识点
          党风廉政建设┤  加强作风建设的规定              2个知识点
                    │  党内监督有关规定                6个知识点
                    └─ 党内问责有关规定                5个知识点

          税务机关权力┌─ 对"一把手"和领导班子及领导
监督管理 ─ 监督制约   │   干部的监督                   5个知识点
                    │  对税收执法权和行政管理权的监督    3个知识点
                    └─ 内控机制建设                   4个知识点

                    ┌─ 组织措施                      2个知识点
          违纪违法   │  纪律处分                      2个知识点
          行为惩处   │  政务处分                      2个知识点
                    └─ 职务违法与职务犯罪             2个知识点
```

第一节 党风廉政建设

一、党风廉政建设责任制

【知识点1】党委责任

全国税务系统各级党委履行全面从严治党主体责任，支持纪检监察机关履行监督责任，扎实推进惩治和预防腐败体系建设，保证党中央、国务院关于党风廉政建设的决策和部署的贯彻落实。

1. 研究贯彻落实措施

结合实际研究制定党风廉政建设工作计划、目标要求和具体措施，贯彻落实党中央、国务院以及上级税务局党委关于党风廉政建设的部署和要求。贯彻落实党风廉政法规制度，推进制度创新，深化体制机制改革，从源头上预防和治理腐败。

通用知识

2. 开展党风廉政教育

开展党性党风党纪和廉洁从政教育，组织党员、干部学习党风廉政建设理论和法规制度，加强廉政文化建设。加强思想政治、理想信念教育，筑牢干部拒腐防变的思想防线。加强法治教育，坚持领导干部带头学法、模范守法，提升干部依法治税水平。加强案例警示教育，建立典型案例通报制度，起到处理一起、警醒一片的作用。

3. 强化权力制约监督

建立健全决策权、执行权、监督权既相互制约又相互协调的权力结构和运行机制，推进权力运行程序化和公开透明。监督检查本单位本系统的党风廉政建设情况和下级领导班子、领导干部廉洁从政情况，认真执行《税务系统领导班子和领导干部监督管理办法》及其实施细则。

4. 深入推进重点领域、重点环节党风廉政建设

加强作风建设，纠正损害群众利益的不正之风，切实解决党风政风方面存在的突出问题，着力查处损害纳税人利益的不正之风。进一步规范税收执法权和行政管理权，加强监督。深入落实税收执法责任制，加强执法质量考评和责任追究。加强财务监督管理，严格执行规范津贴补贴政策规定，严格按照规定选拔任用干部，防止和纠正选人用人上的不正之风。深入开展专项治理，并针对问题建章立制，从源头上堵塞管理漏洞。加强内控机制建设，加快推进内控机制由税收执法领域向行政管理领域的全覆盖，加快推广应用统一的内控机制防御和管理评价系统，有效防范税收执法风险、行政管理风险、廉政风险。

5. 领导、组织并支持执纪执法部门依纪依法履责

对主体责任缺失、监督责任缺位、责任传导不力的领导班子及成员，既要督促整改问题，也要处理责任人。要旗帜鲜明地支持纪检监察部门监督执纪问责，每年召开专题会议，及时听取执纪执法部门工作汇报，切实解决重大问题。

【知识点2】纪检部门责任

党委纪检组协助党委推进全面从严治党，加强党风廉政建设和组织协调反腐败工作，履行监督、执纪、问责职责。机关纪委按照党章及有关党内法规赋予的职责开展工作，参照本章的有关规定履行监督责任。主要包括：

（1）协助本单位党委推进全面从严治党、加强党风廉政建设和组织协调反腐败工作。坚决扛起"两个维护"政治责任，认真履行全面从严治党监督责任。坚决落实以"三为主一报告"为主要内容的深化纪检监察体制改革部署，切实发挥纪检机构职能作用。

（2）督促推动本单位党委及领导班子成员履行全面从严治党主体责任。应当通过重大事项请示报告、提出意见建议、监督推动党委决策落实等方式，协助党委落实全

面从严治党主体责任。

（3）把监督作为基本职责、第一职责，加强对"关键少数"的监督和对重要岗位的监督。加强对贯彻新时代党的组织路线的监督。认真执行党章和党内法规，检查党的路线、方针、政策和决议的执行情况。

（4）加强对落实中央八项规定及其实施细则精神和纠治"四风"情况的监督。规范信访举报，对实名举报和违反中央八项规定及其实施细则精神、"四风"问题等信访举报优先办理。加大典型案例通报曝光力度。

（5）加强对依法履职的监督。开展廉政教育，做深做实警示教育，强化监督检查。深化运用监督执纪"四种形态"。认真开展执纪审查，坚持问题线索集体排查制度，线索处置、谈话函询、初步核实、立案审查、案件审理、处置执行中的重要问题，应当集体研究。

（6）加大税收违法案件"一案双查"力度。结合打击偷逃骗税和虚开增值税发票案件，严肃查处税务人员与不法分子内外勾结、谋取私利的违纪违法问题，并倒查领导责任。

（7）规范和强化党的问责工作。对党的领导弱化、党的建设缺失、全面从严治党不力、维护党的纪律不力、推进党风廉政建设和反腐败工作不坚决不扎实，按照有关规定和干部管理权限予以问责。

（8）加强对下级纪检机构查办案件、发行监督职责的领导，建立健全机制。加强对下级党组织实施责任追究情况的监督检查。

（9）加强向属地纪委监委汇报沟通。发现相关公职人员涉嫌职务违法犯罪的，按照管理权限按程序移交或会同属地纪委监委进行审查调查。

二 《中国共产党纪律检查委员会工作条例》

【知识点】《中国共产党纪律检查委员会工作条例》

2021年12月24日，中共中央发布《中国共产党纪律检查委员会工作条例》（以下简称《条例》）。《条例》对党的纪律检查委员会的领导体制、产生运行、任务职责、自身建设等作出全面规范，对于坚持和加强党的全面领导、坚持党中央集中统一领导，推进新时代纪检监察工作高质量发展，充分发挥监督保障执行、促进完善发展作用，具有重要意义。

1. 领导体制

党的地方各级纪律检查委员会和基层纪律检查委员会在同级党的委员会和上级纪律检查委员会双重领导下进行工作。上级党的纪律检查委员会加强对下级纪律检查委员会的领导，对下级纪委的工作作出部署、提出要求；督促指导和支持下级纪委开展

通用知识

同级监督，检查下级纪委的工作，定期听取工作汇报，开展政治和业务培训；坚持查办腐败案件以上级纪委领导为主，按照规定审议和批准下级纪委关于线索处置、立案审查、纪律处分等的请示报告，按照程序改变下级纪委作出的错误或者不当的决定，必要时直接审查或者组织、指挥审查下级纪委管辖范围内有重大影响或者复杂的案件。

2. 工作职责

党的各级纪律检查委员会围绕实现党章赋予的任务，坚持聚焦主责主业，履行监督、执纪、问责职责。

坚持把监督作为基本职责，抓早抓小、防微杜渐，综合考虑错误性质、情节后果、主观态度等因素，依规依纪依法、精准有效运用监督执纪"四种形态"：

（1）党员、干部有作风纪律方面的苗头性、倾向性问题或者轻微违纪问题，或者有一般违纪问题但具备免予处分情形的，运用监督执纪第一种形态，按照规定进行谈话提醒、批评教育、责令检查等，或者予以诫勉。

（2）党员、干部有一般违纪问题，或者违纪问题严重但具有主动交代等从轻减轻处分情形的，运用监督执纪第二种形态，按照规定给予警告、严重警告处分，或者建议单处、并处停职检查、调整职务、责令辞职、免职等处理。

（3）党员、干部有严重违纪问题，或者严重违纪并构成严重职务违法的，运用监督执纪第三种形态，按照规定给予撤销党内职务、留党察看、开除党籍处分，同时建议给予降职或者依法给予撤职、开除公职、调整其享受的待遇等处理。

（4）党员、干部严重违纪、涉嫌犯罪的，运用监督执纪第四种形态，按照规定给予开除党籍处分，同时依法给予开除公职、调整或者取消其享受的待遇等处理，再移送司法机关依法追究刑事责任。

三 加强作风建设的规定

【知识点1】国家税务总局党委关于进一步贯彻执行中央八项规定精神的有关要求

1. 将习近平总书记有关改进作风的重要指示精神以及党章党规党纪等列入税务干部教育培训学习内容，深化思想认识，严明纪律规矩，涵养作风建设新气象。在此基础上，深入学习贯彻习近平总书记关于税收工作的重要论述，逐项对标、细化贯彻落实措施，坚定不移推动党中央、国务院重大决策部署在税务系统落地见效。

2. 严格落实税务系统全面从严治党主体责任和监督责任，层层压紧压实管党治党责任。严格落实"第一责任人"职责，带头践行全面从严治党要求，切实抓好改进调查研究、精简会议活动、精简文件简报、规范出访活动、改进新闻报道、厉行勤俭节约等方面工作。

3. 紧盯不敬畏、不在乎、喊口号、装样子问题，坚决破除空泛式表态、应景式过场、运动式造势等形式主义、官僚主义问题，进一步规范税务系统督查检查考核工作，严格控制总量，杜绝过度"痕迹管理"。严格执行调研相关规定，减少层层陪同。严格会议审批程序，着力控制会议规模和时间。进一步控制文件简报数量，积极推广电子公文和二维码应用。严格执行办公用房、住房、用车等有关待遇规定，严禁违规公款消费。进一步落实好减税降费政策措施，确保纳税人和缴费人在减税降费政策内容上"应知尽知"，业务办理上"应会尽会"，享受政策优惠上"应享尽享"，让纳税人和缴费人有实实在在的获得感。

4. 整合监督检查资源，统筹推进纪检机构的"专责监督"，巡视巡察、督察审计、干部监督部门的"职能监督"和机关内设部门的"日常监督"。对落实中央八项规定及其实施细则精神不力，"四风"问题突出的，特别是落实减税降费政策不到位的，要严肃追责问责。

5. 健全完善税务系统内控机制，加强财务及税收业务相关软件的内控功能内生化，实现事先提醒、事中控制，充分应用内控监督平台强化事后监督。建立健全中央八项规定及其实施细则精神落实情况的常态化监督检查机制，做到"四必查"，即巡视巡察时必查、督察内审时必查、财务检查时必查、系统督查时必查。

【知识点2】一体推进不敢腐、不能腐、不想腐

反腐败斗争取得压倒性胜利并全面巩固，但形势依然严峻复杂。一体推进不敢腐、不能腐、不想腐，必须三者同时发力、同向发力、综合发力，把不敢腐的强大震慑效能、不能腐的刚性制度约束、不想腐的思想教育优势融于一体，用"全周期管理"方式，推动各项措施在政策取向上相互配合、在实施过程中相互促进、在工作成效上相得益彰。

要加强党中央对反腐败工作的集中统一领导，发挥党的政治优势、组织优势、制度优势，压实各级党委（党组）全面从严治党主体责任特别是"一把手"第一责任人责任，贯通落实相关职能部门监管职责，健全各负其责、统一协调的管党治党责任格局。要把反腐败斗争同党的政治建设、思想建设、组织建设、作风建设、纪律建设、制度建设贯通协同起来，发挥政治监督、思想教育、组织管理、作风整治、纪律执行、制度完善在防治腐败中的重要作用，打好总体战。

要保持零容忍的警醒、零容忍的力度，统筹推进各领域反腐败斗争，让那些反复发作的老问题逐渐减少直至不犯，让一些滋生的新问题难以蔓延，坚决把增量遏制住、把存量清除掉。要准确把握腐败阶段性特征和变化趋势，聚焦重点领域和关键环节，坚定不移"打虎""拍蝇""猎狐"，坚决清理风险隐患大的行业性、系统性腐败，有效防范化解腐败风险及关联性经济社会风险。各地区各部门要紧密结合实际，对自身政治生态状况进行深入分析，找准腐败的突出表现、重点领域、易发环节，有针对性

通用知识

地集中整治，全力攻坚、务求实效。

要从源头着手，完善管权治吏的体制机制，更加常态化、长效化地防范和治理腐败问题。要着力减少腐败机会，抓住政策制定、决策程序、审批监管、执法司法等关键权力，严格职责权限，规范工作程序，强化权力制约，减少权力对微观经济活动的不当干预。要有效防止腐败滋长，把反腐败防线前移，加强日常管理监督，精准运用"四种形态"，抓早抓小、防微杜渐、层层设防。要弘扬党的光荣传统和优良作风，开展有针对性的党性教育、警示教育，用廉洁文化滋养身心，建立符合新时代新阶段要求的干部考核评价体系，注重对年轻干部的教育引导。要建立腐败预警惩治联动机制，加强对腐败手段隐形变异、翻新升级等新特征的分析研究，提高及时发现、有效处理腐败问题的能力。

要深化党和国家监督体制改革，以党内监督为主导，促进各类监督力量整合、工作融合，强化对权力监督的全覆盖、有效性，确保权力不被滥用。要完善党内法规体系、国家法律体系，加快完善反腐败涉外法律法规。要严格执行制度，把遵规守纪内化为党员、干部的思想自觉和政治自觉。进行自我革命也要注重依靠人民，靠人民群众支持和帮助解决自身问题。

四 党内监督有关规定

【知识点1】监督执纪工作原则

监督执纪工作原则主要包括：①坚持和加强党的全面领导；②坚持纪律检查工作双重领导体制；③坚持实事求是；④坚持信任不能代替监督。

【知识点2】监督执纪领导体制

中央纪律检查委员会在党中央领导下进行工作。地方各级纪律检查委员会和基层纪律检查委员会在同级党的委员会和上级纪律检查委员会双重领导下进行工作。党委应当定期听取、审议同级纪律检查委员会和监察委员会的工作报告，加强对纪委监委工作的领导、管理和监督。

党的纪律检查机关和国家监察机关是党和国家自我监督的专责机关，中央纪委和地方各级纪委贯彻党中央关于国家监察工作的决策部署，审议决定监委依法履职中的重要事项，把执纪和执法贯通起来，实现党内监督和国家监察的有机统一。

监督执纪工作实行分级负责制。

（1）中央纪委国家监委负责监督检查和审查调查中央委员、候补中央委员，中央纪委委员，中央管理的领导干部，党中央工作部门、党中央批准设立的党组（党委），各省、自治区、直辖市党委、纪委等党组织的涉嫌违纪或者职务违法、职务犯罪问题。

（2）地方各级纪委监委负责监督检查和审查调查同级党委委员、候补委员，同级纪委委员，同级党委管理的党员、干部以及监察对象，同级党委工作部门、党委批准设立的党组（党委），下一级党委、纪委等党组织的涉嫌违纪或者职务违法、职务犯罪问题。

（3）基层纪委负责监督检查和审查同级党委管理的党员，同级党委下属的各级党组织的涉嫌违纪问题；未设立纪律检查委员会的党的基层委员会，由该委员会负责监督执纪工作。

地方各级纪委监委依照规定加强对同级党委履行职责、行使权力情况的监督。

对党的组织关系在地方、干部管理权限在主管部门的党员、干部以及监察对象涉嫌违纪违法问题，应当按照谁主管谁负责的原则进行监督执纪，由设在主管部门、有管辖权的纪检监察机关进行审查调查，主管部门认为有必要的，可以与地方纪检监察机关联合审查调查。地方纪检监察机关接到问题线索反映的，经与主管部门协调，可以对其进行审查调查，也可以与主管部门组成联合审查调查组，审查调查情况及时向对方通报。

上级纪检监察机关有权指定下级纪检监察机关对其他下级纪检监察机关管辖的党组织和党员、干部以及监察对象涉嫌违纪或者职务违法、职务犯罪问题进行审查调查，必要时也可以直接进行审查调查。上级纪检监察机关可以将其直接管辖的事项指定下级纪检监察机关进行审查调查。纪检监察机关之间对管辖事项有争议的，由其共同的上级纪检监察机关确定；认为所管辖的事项重大、复杂，需要由上级纪检监察机关管辖的，可以报请上级纪检监察机关管辖。

纪检监察机关应当严格执行请示报告制度。中央纪委定期向党中央报告工作，研究涉及全局的重大事项、遇有重要问题以及作出立案审查调查决定、给予党纪政务处分等事项应当及时向党中央请示报告，既要报告结果也要报告过程。执行党中央重要决定的情况应当专题报告。

地方各级纪检监察机关对作出立案审查调查决定、给予党纪政务处分等重要事项，应当向同级党委（党组）请示汇报并向上级纪委监委报告，形成明确意见后再正式行文请示。遇有重要事项应当及时报告。

纪检监察机关应当坚持民主集中制，对于线索处置、谈话函询、初步核实、立案审查调查、案件审理、处置执行中的重要问题，经集体研究后，报纪检监察机关相关负责人、主要负责人审批。

纪检监察机关应当建立监督检查、审查调查、案件监督管理、案件审理相互协调、相互制约的工作机制。市地级以上纪委监委实行监督检查和审查调查部门分设，监督检查部门主要负责联系地区和部门、单位的日常监督检查和对涉嫌一般违纪问题线索处置，审查调查部门主要负责对涉嫌严重违纪或者职务违法、职务犯罪问题线索进行

通用知识

初步核实和立案审查调查；案件监督管理部门负责对监督检查、审查调查工作全过程进行监督管理，案件审理部门负责对需要给予党纪政务处分的案件审核把关。

纪检监察机关在工作中需要协助的，有关组织和机关、单位、个人应当依规依纪依法予以协助。

【知识点3】监督执纪中的线索处置

纪检监察机关应当加强对问题线索的集中管理、分类处置、定期清理。结合问题线索所涉及地区、部门、单位总体情况，综合分析，按照谈话函询、初步核实、暂存待查、予以了结4类方式进行处置。线索处置不得拖延和积压，处置意见应当在收到问题线索之日起1个月内提出，并制定处置方案，履行审批手续。

1. 谈话函询

纪检监察机关进行函询应当以办公厅（室）名义发函给被反映人，并抄送其所在党委（党组）和派驻纪检监察组主要负责人。被函询人应当在收到函件后15个工作日内写出说明材料，由其所在党委（党组）主要负责人签署意见后发函回复。

被函询人为党委（党组）主要负责人的，或者被函询人所作说明涉及党委（党组）主要负责人的，应当直接发函回复纪检监察机关。

被谈话函询的党员干部应当在民主生活会、组织生活会上就本年度或者上年度谈话函询问题进行说明，讲清组织予以采信了结的情况；存在违纪问题的，应当进行自我批评，作出检讨。

2. 初步核实

纪检监察机关采取初步核实方式处置问题线索，被核查人为下一级党委（党组）主要负责人的，纪检监察机关应当报同级党委主要负责人批准。

3. 审查调查

审查调查组可以依照党章党规和监察法，经审批进行谈话、讯问、询问、留置、查询、冻结、搜查、调取、查封、扣押（暂扣、封存）、勘验检查、鉴定，提请有关机关采取技术调查、通缉、限制出境等措施。

需要对被审查调查人采取留置措施的，应当依据监察法进行，在24小时内通知其所在单位和家属。因可能毁灭、伪造证据，干扰证人作证或者串供等有碍调查情形而不宜通知或者公开的，应当按程序报批并记录在案。有碍调查的情形消失后，应当立即通知被留置人员所在单位和家属。

审查调查工作应当依照规定由2人以上进行，按照规定出示证件，出具书面通知。

严禁以威胁、引诱、欺骗以及其他违规违纪违法方式收集证据；严禁隐匿、损毁、篡改、伪造证据。

查封、扣押（暂扣、封存）、冻结、移交涉案财物，应当严格履行审批手续。

4. 审理

纪检监察机关应当对涉嫌违纪或者违法、犯罪案件严格依规依纪依法审核把关，提出纪律处理或者处分的意见，做到事实清楚、证据确凿、定性准确、处理恰当、手续完备、程序合规。

纪律处理或者处分必须坚持民主集中制原则，集体讨论决定，不允许任何个人或者少数人决定和批准。

坚持审查调查与审理相分离的原则，审查调查人员不得参与审理。

【知识点4】党内监督的内容和对象

党内监督的主要内容是：遵守党章党规，坚定理想信念，践行党的宗旨，模范遵守宪法法律情况；维护党中央集中统一领导，牢固树立政治意识、大局意识、核心意识、看齐意识，贯彻落实党的理论和路线方针政策，确保全党令行禁止情况；坚持民主集中制，严肃党内政治生活，贯彻党员个人服从党的组织，少数服从多数，下级组织服从上级组织，全党各个组织和全体党员服从党的全国代表大会和中央委员会原则情况；落实全面从严治党责任，严明党的纪律特别是政治纪律和政治规矩，推进党风廉政建设和反腐败工作情况；落实中央八项规定精神，加强作风建设，密切联系群众，巩固党的执政基础情况；坚持党的干部标准，树立正确选人用人导向，执行干部选拔任用工作规定情况；廉洁自律、秉公用权情况；完成党中央和上级党组织部署的任务情况。

党内监督的重点对象是党的领导机关和领导干部特别是主要领导干部。

党内监督必须把纪律挺在前面，运用监督执纪"四种形态"，经常开展批评和自我批评、约谈函询，让"红红脸、出出汗"成为常态；党纪轻处分、组织调整成为违纪处理的大多数；党纪重处分、重大职务调整的成为少数；严重违纪涉嫌违法立案审查的成为极少数。

党的工作部门应当严格执行各项监督制度，加强职责范围内党内监督工作，既加强对本部门本单位的内部监督，又强化对本系统的日常监督。

党内监督必须加强对党组织主要负责人和关键岗位领导干部的监督，重点监督其政治立场、加强党的建设、从严治党，执行党的决议，公道正派选人用人，责任担当、廉洁自律，落实意识形态工作责任制情况。

党组织主要负责人个人有关事项应当在党内一定范围公开，主动接受监督。

【知识点5】监督方式

巡视是党内监督的重要方式。中央和省、自治区、直辖市党委一届任期内，对所管理的地方、部门、企事业单位党组织全面巡视。

通用知识

坚持党内谈话制度，认真开展提醒谈话、诫勉谈话。

坚持和完善领导干部个人有关事项报告制度，领导干部应当按规定如实报告个人有关事项，及时报告个人及家庭重大情况，事先请示报告离开岗位或者工作所在地等。

党的各级纪律检查委员会是党内监督的专责机关，履行监督执纪问责职责，加强对所辖范围内党组织和领导干部遵守党章党规党纪、贯彻执行党的路线方针政策情况的监督检查。

接到对干部一般性违纪问题的反映，应当及时找本人核实，谈话提醒、约谈函询，让干部把问题讲清楚。约谈被反映人，可以与其所在党组织主要负责人一同进行；被反映人对函询问题的说明，应当由其所在党组织主要负责人签字后报上级纪委。谈话记录和函询回复应当认真核实，存档备查。没有发现问题的应当了结澄清，对不如实说明情况的给予严肃处理。

依规依纪进行执纪审查，重点审查不收敛不收手，问题线索反映集中、群众反映强烈，现在重要岗位且可能还要提拔使用的领导干部，三类情况同时具备的是重中之重。

党的基层组织的监督职责包括：严格党的组织生活，开展批评和自我批评，监督党员切实履行义务，保障党员权利不受侵犯；了解党员、群众对党的工作和党的领导干部的批评和意见，定期向上级党组织反映情况，提出意见和建议；维护和执行党的纪律，发现党员、干部违反纪律问题及时教育或者处理，问题严重的应当向上级党组织报告。

党员的监督义务包括：加强对党的领导干部的民主监督，及时向党组织反映群众意见和诉求；在党的会议上有根据地批评党的任何组织和任何党员，揭露和纠正工作中存在的缺点和问题；参加党组织开展的评议领导干部活动，勇于触及矛盾问题、指出缺点错误，对错误言行敢于较真、敢于斗争；向党负责地揭发、检举党的任何组织和任何党员违纪违法的事实，坚决反对一切派别活动和小集团活动，同腐败现象作坚决斗争。

党组织应当保障党员知情权和监督权，鼓励和支持党员在党内监督中发挥积极作用。提倡署真实姓名反映违纪事实，党组织应当为检举控告者严格保密，并以适当方式向其反馈办理情况。对干扰妨碍监督、打击报复监督者的，依纪严肃处理。

党组织应当保障监督对象的申辩权、申诉权等相关权利。经调查，监督对象没有不当行为的，应当予以澄清和正名。对以监督为名侮辱、诽谤、诬陷他人的，依纪严肃处理；涉嫌犯罪的移送司法机关处理。监督对象对处理决定不服的，可以依照党章规定提出申诉。有关党组织应当认真复议复查，并作出结论。

【知识点6】《信访工作条例》

信访工作是党的群众工作的重要组成部分，是了解社情民意的重要窗口。2022年

2月25日，中共中央、国务院发布了《信访工作条例》。

地方各级信访工作联席会议在本级党委和政府领导下，负责本地区信访工作的统筹协调、整体推进、督促落实，协调处理发生在本地区的重要信访问题，指导下级信访工作联席会议工作。联席会议召集人一般由党委和政府负责同志担任。

各级机关、单位应当向社会公布网络信访渠道、通信地址、咨询投诉电话、信访接待的时间和地点、查询信访事项处理进展以及结果的方式等相关事项，在其信访接待场所或者网站公布与信访工作有关的党内法规和法律、法规、规章，信访事项的处理程序，以及其他为信访人提供便利的相关事项。

党委和政府信访部门以外的其他机关、单位收到信访人直接提出的信访事项，应当予以登记；对属于本机关、单位职权范围的，应当告知信访人接收情况以及处理途径和程序；对属于本系统下级机关、单位职权范围的，应当转送、交办有权处理的机关、单位，并告知信访人转送、交办去向；对不属于本机关、单位或者本系统职权范围的，应当告知信访人向有权处理的机关、单位提出。

对信访人直接提出的信访事项，有关机关、单位能够当场告知的，应当当场书面告知；不能当场告知的，应当自收到信访事项之日起15日内书面告知信访人，但信访人的姓名（名称）、住址不清的除外。

对党委和政府信访部门或者本系统上级机关、单位转送、交办的信访事项，属于本机关、单位职权范围的，有关机关、单位应当自收到之日起15日内书面告知信访人接收情况以及处理途径和程序；不属于本机关、单位或者本系统职权范围的，有关机关、单位应当自收到之日起5个工作日内提出异议，并详细说明理由，经转送、交办的信访部门或者上级机关、单位核实同意后，交还相关材料。

五 党内问责有关规定

【知识点1】问责原则

问责原则是依规依纪、实事求是；失责必问、问责必严；权责一致、错责相当；严管和厚爱结合、激励和约束并重；惩前毖后、治病救人；集体决定、分清责任。

【知识点2】问责对象

问责对象是党组织、党的领导干部，重点是党委（党组）、党的工作机关及其领导成员，纪委、纪委派驻（派出）机构及其领导成员。

【知识点3】问责应当分清责任

党组织领导班子在职责范围内负有全面领导责任，领导班子主要负责人和直接主

通用知识

管的班子成员在职责范围内承担主要领导责任,参与决策和工作的班子成员在职责范围内承担重要领导责任。

对党组织问责的,应当同时对该党组织中负有责任的领导班子成员进行问责。

【知识点4】问责方式

对党组织的问责方式包括:①检查;②通报;③改组。

对党的领导干部的问责方式包括:①通报;②诫勉;③组织调整或者组织处理;④纪律处分。

上述问责方式,可以单独使用,也可以依据规定合并使用。问责方式有影响期的,按照有关规定执行。

【知识点5】问责决定

问责决定作出后,应当及时向被问责党组织、被问责领导干部及其所在党组织宣布并督促执行。被问责领导干部应当向作出问责决定的党组织写出书面检讨,并在民主生活会、组织生活会或者党的其他会议上作出深刻检查。建立健全问责典型问题通报曝光制度,采取组织调整或者组织处理、纪律处分方式问责的,应当以适当方式公开。

实行终身问责,对失职失责性质恶劣、后果严重的,不论其责任人是否调离转岗、提拔或者退休等,都应当严肃问责。

>> 第二节
税务机关权力监督制约

一 对"一把手"和领导班子及领导干部的监督

【知识点1】中共中央关于加强对"一把手"和领导班子监督的意见

1. 加强对"一把手"和领导班子监督

加强对"一把手"和领导班子监督,要全面落实党内监督制度,突出政治监督,重点强化对"一把手"和领导班子对党忠诚,践行党的性质宗旨情况的监督;强化对贯彻落实党的路线方针政策和党中央重大决策部署,践行"两个维护"情况的监督;强化对立足新发展阶段、贯彻新发展理念、构建新发展格局,推动高质量发展情况的监督；强化对落实全面从严治党主体责任和监督责任情况的监督；强化对贯彻执行民主集中制、依规依法履职用权、担当作为、廉洁自律等情况的监督，做到真管真严、敢管敢严、长管长严。

2. 加强同级领导班子监督

加强领导班子成员相互监督，认真开展批评和自我批评。领导班子成员之间应当经常交换意见，发现问题坦诚向对方提出，发现"一把手"存在重要问题的可直接向上级党组织报告。坚持民主生活会和组织生活会制度，"一把手"要带头开展批评和自我批评，领导班子成员按规定对个人有关事项以及群众反映、巡视巡察反馈、组织约谈函询的问题实事求是作出说明。发挥领导班子近距离常态化监督优势，提高发现和解决自身问题的能力。领导班子成员应当本着对自己、对同志、对班子、对党高度负责的态度，相互提醒、相互督促，把加强和规范党内政治生活各项任务落到实处，增强领导班子战斗力；发现领导班子其他成员有违纪违法问题的，应当及时如实按程序向党组织反映和报告，对隐瞒不报、当"老好人"的要连带追究责任。督促领导班子其他成员履行"一岗双责"，抓好职责范围内管党治党工作。

【知识点2】领导班子分工制度的有关要求

税务系统领导班子实行集体领导和个人分工负责相结合的制度，领导班子成员的分工由主要负责人提出初步意见，征求其他领导班子成员意见，经党委会讨论决定，及时公布并向上一级党委报告。

领导班子成员按照分权制衡的原则进行分工。主要负责人不直接分管人事、财务和基建工作。领导班子成员分管税务稽查工作的，不得同时分管重大案件审理工作；分管财务工作的，不得同时分管审计工作。领导班子成员的分工，原则上不超过5年调整一次。领导班子不按规定分工、调整分工的，应责令改正。个人不服从调整的，对其进行诫勉谈话。

【知识点3】"三重一大"事项决策的有关要求

中央规定的重大决策、重大项目安排、重要干部任免和大额度资金使用等事项，实行集体研究、集体决策。重大决策事项，包括贯彻执行党和国家的路线方针政策、法律法规和上级重要决定的重大措施，税制改革、征管改革、机构设置及调整、党风廉政建设等方面的决策以及安全稳定等其他决策事项。重大项目安排事项，主要包括年度基本建设项目、政府采购、信息化建设等项目安排。重要干部任免事项，主要包括处级以上干部及省以下机关中层以上干部、直属单位和下一级税务机关领导班子成员的任免、后备干部人选的确定以及其他重要人事任免事项。大额度资金使用事项，主要包括年度预算资金安排及调整、大额公用经费、专项经费、重大项目资金、机动

通用知识

经费、补助性经费以及其他大额度资金使用事项。

党委会应有2/3以上成员到会，在研究重大事项难以形成统一意见时，应暂缓作出决议，经沟通酝酿仍达不成一致意见的，必须实行无记名票决，投票赞成率达到应参会党委成员过半数以上方可形成决定或决议，纪检监察部门负责人对票决情况进行监督，表决过程和结果应如实记录存档。监察部门主要负责人列席局长办公会。党委会和局长办公会作出的重大决策，应在5个工作日内，以适当方式在一定范围内公开。

领导班子成员违反党委议事规则和局长办公会制度，作出不当决策，或擅自改变集体决定的，限期整改并追究责任。

【知识点4】领导干部述职述廉的有关要求

领导干部每年结合年度考核在规定范围内述职述廉。领导班子成员在本单位全体干部以及下一级领导班子主要负责人的范围内进行述职述廉。其他领导干部述职述廉由各级税务机关确定。

1. 述职述廉的内容

述职述廉的内容主要包括学习贯彻党的路线方针政策情况，执行民主集中制情况，执行干部选拔任用工作规定情况，履行岗位职责和落实党风廉政建设责任情况，遵守廉洁从政规定情况，存在的突出问题和改正措施，其他需要说明的情况。

2. 述职述廉会议的组织

述职述廉会议由本级党委组织，应提前10日向上一级党委报告。上一级人事、纪检监察部门应参加述职述廉会议，组织开展民主测评和廉政测评。会议结束后，上一级人事、纪检监察部门应对收集到的意见和测评情况进行梳理分析，及时将群众意见、民主评议情况予以反馈。人事、纪检监察部门应在述职述廉会议结束后30日内将领导班子成员的述职述廉报告和整改措施，报上一级人事、纪检监察部门并存入领导班子成员的个人档案和廉政档案。

3. 述职述廉结果的运用

领导班子成员在本单位全体干部领导班子成员对民主测评和群众反映中发现的问题，应认真进行整改。对廉政测评中"差"得票率达到30%以上的，应由上一级税务机关的纪检组组长对其进行谈话提醒或诫勉谈话；廉政测评中"差"得票率连续2个年度均达到30%以上的，上级党委应给予组织处理。

【知识点5】因私出国(境)管理制度的有关要求

1. 因私出国（境）的审批

在职厅局级干部因私出国（境）原则上每年不超过一次，国（境）外停留时间一般不超过15日。在职处级干部和退（离）休厅局级、处级干部因私出国（境）次数不作限制，一次出国（境）在外停留时间一般不超过3个月。国家税务总局机关各司局和各省（区、市）税务局主要负责人只批准因私出国（境）探亲、看病，其他因私出国（境）情形不予批准。同一领导班子成员不得在同一时间段内安排因私出国（境）。

在职厅局级、处级干部和退（离）休厅局级干部因私出国（境）要向所在单位提出书面申请，人事部门按照干部管理权限进行认真审核，并征求纪检监察部门的意见。退（离）休处级干部因私出国（境）须于10日前向所在单位人事部门备案。对涉及管理人、财、物，机要档案和其他重要岗位的领导干部，以及配偶已移居国（境）外和没有配偶、子女均已移居国（境）外的领导干部因私出国（境）要从严把关。发现有法律法规规定不准出国（境）的人员，以及涉嫌严重违纪违法的人员，一律不得批准其出国（境）。

2. 因私出国（境）证件的管理

在职厅局级、处级干部，退（离）休厅局级干部和退休3年（含3年）以内的处级干部的因私出国（境）证件均要交由所在单位人事部门集中保管。上述人员回国（境）后7日内，须将证件交回所在单位人事部门集中保管，所在单位人事部门按规定于15日内向出国（境）人员主管单位人事部门备案。对违反因私出国（境）证件管理规定，拒不交出所持出国（境）证件的领导干部，要按相关规定进行严肃处理。

3. 因私出国（境）管理工作的要求

狠抓日常管理。各级人事部门要对登记备案人员信息进行及时更新，并通过领导干部个人有关事项报告及时了解掌握领导干部持有因私出国（境）证件、因私出国（境）等情况。同时，切实做好防范领导干部外逃等有关工作，凡发现有领导干部外逃或涉嫌外逃的，要在24小时内逐级上报至国家税务总局（人事司）。

强化责任追究。对发现违反有关规定办理因私出国（境）证件、未经批准出国（境）、瞒报因私出国（境）情况等问题的领导干部，按照《中国共产党纪律处分条例》等相关规定进行处理。对于出现干部滞留不归、借机外逃等问题的，除对当事人依纪依规处理外，还要追究所在单位主要负责人和相关责任人的责任。

二 对税收执法权和行政管理权的监督

【知识点1】税务系统一体化综合监督体系

为坚定不移贯彻落实党中央全面从严治党战略部署，持续深入推进税务系统一体化综合监督体系建设，加快构建"六位一体"全面从严治党新格局，国家税务总局党委和驻税务总局纪检监察组在全面总结前期工作的基础上，制定了《关于构建税务系统一体化综合监督体系的意见》，以及《进一步加强税务系统党委全面监督实施办法》《税务系统接受地方党政机关监督实施办法》《进一步加强税务系统部门职能监督实施

通用知识

办法》《进一步加强税务系统党的基层组织日常监督实施办法》《进一步加强税务系统党员和群众民主监督实施办法》《税务系统接受社会监督实施办法》等6项制度。

"1+1+5+N"总体框架："1"是党委全面监督；"1"是纪检机构专责监督；"5"是接受地方党政机关监督、部门职能监督、党的基层组织日常监督、党员和群众民主监督、社会监督；"N"是若干配套制度机制。

1. 党委全面监督

国家税务总局党委对税务系统监督工作负主体责任，加强对监督工作的全面领导，推动各类监督有机贯通、形成合力。各级税务局党委对本单位本系统监督工作负主体责任，建立健全和组织实施各项监督制度，抓好督促检查；强化纪检机构专责监督作用，并自觉接受其监督；突出对"一把手"和领导班子的监督；对上级党委、纪检机构工作提出意见建议，开展监督。对履行监督责任不力的，依照有关规定处理。

2. 纪检机构专责监督

各级税务局党委支持纪检机构根据《中国共产党章程》履行职责，开展工作。按照深化税务系统纪检监察体制改革的部署要求，落实执纪审查、提名考察、履职考核、请示报告等有关制度，充分发挥纪检机构专责监督作用。省级以下税务局纪检机构在本级党委和上级内设纪检机构双重领导下开展工作，上级内设纪检机构加强对下级内设纪检机构的领导和指导，协助同级党委推进全面从严治党、加强党风廉政建设和组织协调反腐败工作。紧紧围绕贯彻落实党的路线方针政策以及重大决策部署，坚决做到"两个维护"、压实主体责任、营造良好政治生态等方面强化政治监督。强化对同级党委、领导班子成员和下级党委、领导班子成员特别是"一把手"履行职责、行使权力情况的监督。立足"监督的再监督"职能定位，加强对各职能部门履行监督管理职责、基层党组织履行日常监督职责的再监督。加强对本单位本系统税务人员尤其是关键少数"两权"行使情况的监督，坚决清除一切损害党的先进性和纯洁性的因素，清除一切侵蚀党的健康肌体的病毒。

3. 自觉接受和主动配合地方党政机关的监督

各级税务局党委落实双重领导管理体制要求，发挥纵合横通强党建机制制度体系作用，引进用好地方党政机关监督资源，自觉接受、主动配合地方党委、人大、政府、政协、司法机关的监督并按要求报告工作。各级税务局党的工作部门及相关职能部门积极主动与地方党政机关对口部门沟通联系，定期走访汇报，认真听取意见建议。对本系统开展党建责任落实、选人用人、干部管理监督、营造良好政治生态等方面的考核，听取地方党委和政府分管或者联系领导、相关职能部门的意见。对本系统开展巡视巡察时，应当向地方纪检监察机关、组织（人事）部门、信访部门、巡视巡察机构等收集了解相关情况和线索。建立党政机关监督反映的问题、提出的意见建议处置机制，统筹抓好问题整改、工作改进和结果反馈。

4. 部门职能监督

各级税务局党委办公室、组织人事、党建（巡视巡察）、机关党委、财务管理、督察内审、考核考评等职能部门在党委的统一领导下，按照"职责所在、监督所向"原则，积极运用信息技术，创新方式方法，履行监督职责，发挥职能监督优势。各级税务局党建工作领导小组办公室和党风廉政建设领导小组办公室加强组织协调，建立健全部门职能监督协同配合机制，增强监督合力。

5. 党的基层组织日常监督

各级税务局基层党组织突出政治功能，严肃党内组织生活，提高批评和自我批评质量；落实党支部工作条例，促进基层党组织日常监督制度化、常态化；履行日常教育、管理、监督职责，激励党员干部履职尽责、担当作为；抓好对党员干部"八小时之外"的监督，督促党员干部自觉净化社交圈、生活圈、朋友圈。党支部书记带头落实谈心谈话制度，及时掌握党员干部思想状况，对苗头性、倾向性问题及时提醒批评教育。纪检委员认真履行监督职责，充分发挥正风肃纪的"前哨"作用。

6. 党员和群众民主监督

党员和群众应当本着对党和税收事业高度负责的态度，积极行使监督权利，履行监督义务，按照组织程序如实反映意见建议和诉求，负责地揭发、检举违纪违法事实。各级税务局党组织依法保障党员和群众民主监督权利，创新方式、拓宽渠道，为党员和群众参与民主监督创造良好环境。

7. 社会监督

各级税务局党委要自觉接受、主动配合纳税人缴费人、新闻媒体、社会公众等方面的监督，用好各方面社会监督资源，畅通社会监督渠道，认真听取意见建议，主动回应社会关切，抓好问题整改反馈，持续改进税收工作。

【知识点2】新时代巡视工作精神

1. 政治巡视的基本概念、根本任务、工作方针、基本原则

巡视工作的定位：巡视是政治巡视，其本质是政治监督。

政治巡视的基本概念：政治巡视是上级党组织对下级党组织履行党的领导职能责任的政治监督。

政治巡视的根本任务：坚决维护习近平总书记党中央的核心、全党的核心地位，坚决维护党中央权威和集中统一领导。

巡视工作方针：发现问题、形成震慑，推动改革、促进发展。发现问题、形成震慑是生命线；推动改革、促进发展是目标。

政治巡视的基本原则：坚持中央统一领导、分级负责；坚持围绕中心、服务大局；坚持实事求是、依规依纪依法；坚持人民立场、贯彻群众路线。

2. 巡视监督重点

聚焦被巡察党组织党的理论和路线方针政策以及党中央、国务院重大决策部署贯彻落实情况，聚焦纳税人、缴费人身边腐败问题和不正之风情况，聚焦基层党组织领导班子和干部队伍建设情况。

3. 巡视方式

（1）常规巡视。根据党委巡视工作规划和年度工作计划，在党中央一届任期内对所管理的党组织开展全面巡视。

（2）专项巡视。根据党委重点工作安排确定专项巡视任务，针对重点领域和关键环节开展巡视，着力推动解决突出共性问题。

（3）机动巡视。根据党委要求确定任务，针对重点人、重点事、重点问题开展巡视，着力推动解决影响全局的突出个性问题。时间、方式、程序灵活机动，体现"小队伍、短平快、游动哨"优势，发挥反腐"巡警""尖兵"作用。

（4）巡视"回头看"，就是"再巡视"。按照"谁派出谁负责"的原则，根据了解掌握的情况，从巡视过的党组织中选择若干党组织开展"回头看"，既检查整改落实情况，又发现新问题，形成常态化机制，持续发挥震慑作用，巩固全覆盖成果。

要结合税务系统实际，将各类方式有机结合，贯穿起来交替使用，注重发挥不同优势。同时，积极探索"下沉巡视""交叉巡察""提级巡视"等方式方法，提升巡视质效，推动全面从严治党向纵深发展、向基层延伸。

4. 巡视工作主体责任

开展巡视工作是管党治党的重大政治责任，是党委履行全面从严治党主体责任的具体化，党委要承担巡视主体责任，党委书记是第一责任人，党委委员落实"一岗双责"。

5. 巡视工作方法

巡视组长"一次一授权"，谁参加巡视不固定，巡视什么地区和单位也不固定，坚持常规巡视与专项巡视相结合，对巡视过的地方和单位随时开展"回头看"，并创新组织方式。

6. 高质量全覆盖要求

认真落实习近平总书记"党组织建立到哪里，巡视就跟进到哪里"的要求，让巡视全覆盖形成震慑，做到"只有全覆盖，才能零容忍"，把发现问题、形成震慑作为衡量巡视工作的重要标准，做到有形覆盖和有效覆盖相统一。

7. 整改落实要求

巡视发现问题的目的是解决问题，发现问题不解决，比不巡视的效果还坏；巡视整改是检验"四个意识"的试金石，整改不落实，就是对党不忠诚，对人民不负责。

8. 巡视战略格局

要建立巡视上下联动监督网，完善巡视格局，坚持中央统一领导、分级负责，建立指导督导机制，层层传导压力，促进巡视上下联动、上下贯通。

9. 巡视工作规范化建设要求

进一步健全工作规则，规范工作程序，严格内部管理，把依规依纪依法要求落实到巡视工作全过程，防止巡视利剑变成双刃剑。

10. 巡视（巡察）组履职责任

巡视（巡察）组按照领导小组的安排部署，严格内部管理，依规、依纪、依法开展巡视监督。

巡视工作人员有下列情形之一的，依据有关规定追究相关责任人员责任：①对应当发现的重大问题没有发现；②不如实报告巡视情况，隐瞒、歪曲、捏造事实；③泄露巡视工作秘密；④工作中超越权限，造成不良后果；⑤利用巡视工作的便利谋取私利或者为他人谋取不正当利益；⑥有其他违反巡视纪律情形。

11. 被巡党组织责任

被巡党组织要按照规定配合巡视工作，落实巡视整改要求，对巡视整改负主体责任。领导班子、领导干部应当自觉接受巡视监督。党员有义务向巡视（巡察）组如实反映情况。

有下列情形之一的，依据有关规定追究相关责任人员责任：①隐瞒不报或者向巡视（巡察）组提供虚假情况；②拒绝或者不按要求向巡视（巡察）组提供文件材料；③违规打听工作进展、问题线索等工作秘密；④指使、强令有关单位或者人员干扰、阻挠巡视工作，或者诬告、陷害他人；⑤无正当理由拒不纠正存在的问题或者不按要求整改；⑥整改态度不端正，对反馈意见有抵触情绪，敷衍应付的；⑦整改措施不具体，责任不明确，工作不落实，整改不到位，成效不明显；⑧报送整改进展情况报告不及时，不按要求公开整改情况；⑨对巡视反馈的问题和移交的线索久拖不办、轻易查否；⑩对反映问题的干部群众进行打击、报复、陷害；⑪有其他干扰巡视工作的情形。

【知识点3】税务系统巡视工作"双闭环"管理

巡视工作"双闭环"管理是坚定不移深化政治巡视的有效办法。

第一闭环是巡视工作闭环，即"发现问题—推动整改—完善制度—规范管理"，着眼巡视工作全流程管理，坚持问题导向，压实整改责任，倒逼完善制度，促进各项工作进一步规范。

（1）发现问题。进驻被巡视党组织后，按照规定权限和巡视工作方案，采取听取汇报、个别谈话、受理来信来电来访、调阅资料等方式积极开展工作，对反映被巡视党组织领导班子及其成员的重要问题和线索，可以进行初步了解。巡视组应集体研究巡视情况，及时汇总归类、定量定性分析、认定发现问题，提出整改意见建议，形成工作底稿，制作问题清单，撰写巡视报告。

（2）推动整改。被巡视党组织根据巡视反馈意见，在10个工作日内制定上报巡视整改方案，及时召开专题民主生活会，建立问题清单、任务清单、责任清单，实行台账管理，对账销号，层层压实责任，抓实落细整改工作，并于2个月内将巡视整改情况报告和主要负责人组织落实情况报告报送巡视办。

（3）完善制度。纪检监察、人事部门应当建立完善巡视整改情况日常监督制度，明确监督职责、内容、方式和成果运用。

（4）规范管理。建立并持续完善巡视巡察定位规范、巡视巡察组织规范、巡视巡察内容规范、巡视巡察程序规范、巡视巡察成果运用规范、巡视巡察文书档案规范等六大体系，以及其他需要规范的巡视工作事项。

第二闭环是深化整改闭环，即"巡视整改—专项整治—督导检查—推动问责"，旨在推进整改深度，强化信息共享，形成整改合力，深化成果应用，发挥震慑作用，促使巡视监督持续推进。

（1）巡视整改。巡视办通过调阅资料、约谈、实地调研检查等方式，了解被巡视党组织违反中央八项规定及其实施细则精神、"四风"问题等边巡边改、立行立改事项是否整改到位、是否召开专题民主生活会研究整改工作、是否落实整改主体责任、主要负责人是否落实整改工作第一责任人的责任、其他班子成员是否落实整改工作的"一岗双责"、是否按时报送"两个报告"等情况，督促按时保质完成整改工作。

（2）专项整治。巡视办会同巡视组深入分析巡视问题，对巡视发现的普遍性问题提出专项整治建议，报经巡视工作领导小组审议、国家税务总局党委批准，明确牵头司局，开展专项整治。

（3）督导检查。巡视办对被巡视党组织履行巡视整改主体责任和主要负责人落实第一责任人情况、其他班子成员落实整改"一岗双责"情况、巡视反馈问题整改落实情况、巡视发现的共性问题整改落实情况、专项整治的整改落实情况、巡视移交问题线索和信访举报处置办理情况以及是否存在新问题等开展督导检查。

（4）推动问责。坚持失责必问、问责必严，对应该问责的情形，应当依照相关程序和规定严肃责任追究。

三 内控机制建设

【知识点1】税务系统内部控制管理制度

1. 内部控制管理原则

内部控制管理原则包括：统一领导，分级管理；各司其职，协调配合；问题导向，持续改进；科学合理，客观公正。

2. 各级税务机关督察内审部门（或者承担督察内审职能的部门）主要职责

各级税务机关督察内审部门（或者承担督察内审职能的部门）主要职责包括：组织制定、完善内部控制制度；应用内部控制监督平台开展任务推送、风险目录管理、监督检查、考核评价等，研究内部控制存在的问题，提出处理意见；组织内部控制宣传和培训工作；办理内部控制管理工作的其他事项。

3. 风险日常管理

风险日常管理，包括风险识别、风险定级、风险应对、风险报备、风险目录编制等管理内容。内部控制主责部门应当确定风险点的风险等级，一般分为高、中、低3个等级。风险定级应当根据风险事项或风险环节的重要程度、发生概率、危害程度、行政裁量权大小等因素，采取定性与定量相结合的方法进行。

4. 自我评估

各级税务机关及其所属部门（单位）应当定期对内部控制建设和实施情况开展自我评估。评估内容主要包括：内部控制制度建设和落实情况；风险识别、定级和应对情况；内部控制监督平台的运行和应用情况；内部控制工作的管理情况。

5. 监督检查

监督检查内容主要包括：内部控制组织领导情况；内部控制相关制度的建设和落实情况；风险识别、定级和应对情况；内部控制监督平台的运行和应用情况；内部控制工作的宣传和培训情况；内部控制自我评估情况；内部控制内生化落实情况；内部控制工作其他情况。

6. 考核评价

考核评价内容主要包括：内部控制组织领导情况；内部控制相关制度的建设和落实情况；内部控制监督平台的运行和应用情况；内部控制内生化落实情况；内部控制工作培训情况；内部控制发现问题整改情况；内部控制工作其他情况。

【知识点2】税收执法考评与过错责任追究暂行办法

1. 组织管理

各级税务机关应当成立税收执法责任制工作领导小组，负责税收执法考核、税收执法过错责任追究、税收执法质量评价的组织领导。

税收执法考核内容包括：是否存在不作为情形；税收执法主体资格是否符合规定；税收执法人员是否取得执法资格；税收执法是否符合执法权限；税收执法适用依据是否正确；税收执法程序是否合法；税收执法文书使用是否规范；税收执法认定的事实是否清楚，证据是否充分；税收执法决定是否合法、完整、适当；制定规范性文件是否合法合规；其他情况。

通用知识

2. 税收执法过错责任追究形式

税收执法过错责任追究形式主要包括：批评教育；责令作出书面检查；通报批评；取消评选先进的资格；责令待岗；调离执法岗位；取消执法资格。上述追究形式可以单独适用，也可以合并适用。

3. 不予追究的情形

不予追究的情形包括：法律、法规、规章、税务规范性文件不明确或者有争议的；执行上级税务机关的书面答复、决定、命令；不可抗力或者意外事件；业务流程或者税收业务相关软件存在疏漏或者发生改变的；税务行政相对人提供虚假材料、隐瞒涉税信息等其他不依法诚信履行纳税义务的；有证据证明税收执法人员不存在故意或者过失的其他情形。

4. 可以从轻或者免予追究的情形

可以从轻或者免予追究的情形包括：税收执法过错情节显著轻微，主动发现并及时纠正，未造成危害后果的；在国务院，省、自治区、直辖市和计划单列市人民政府，以及国家税务总局批准的探索性、试验性工作中发生税收执法过错并及时纠正、有效避免损失的；其他可以从轻或者免予追究的情形。

5. 应当从重追究的情形

应当从重追究的情形包括：税收执法人员因主观故意或者不作为导致税收执法过错发生的；导致国家税款流失并且数额较大的；被责令限期改正逾期不改正，又无正当理由的；税收执法过错发生后瞒报或者不采取有效措施，致使损害后果扩大的；隐瞒事实真相、出具伪证、毁灭证据，或者以其他方式阻碍、干扰税收执法过错调查的；因税收执法过错形成负面涉税舆情、造成恶劣社会影响的；因税收执法过错导致税务机关承担国家赔偿责任的；其他应当从重追究的情形。

6. 税收执法过错责任追究

适用批评教育的，由过错责任人主管领导实施，留存谈话记录，并由过错责任人签名确认；适用责令作出书面检查的，由税收执法责任制工作领导小组办公室实施，留存手写书面检查原件，并由过错责任人签名确认；适用通报批评的，由税收执法责任制工作领导小组办公室以本机关名义行文；适用取消评选先进资格的，由税收执法责任制工作领导小组办公室告知有关部门，记录相关情况。

适用责令待岗的，应当暂扣执法证件，由税收执法责任制工作领导小组办公室责成主管部门办理相关手续，暂扣执法证件期间不得从事税收执法活动。

适用调离执法岗位的，应当收回保管执法证件，由税收执法责任制工作领导小组办公室责成主管部门办理相关手续，1年内不得重返执法岗位，重返执法岗位前应当接受适当形式培训。

适用取消执法资格的，应当吊销执法证件，调离执法岗位，由税收执法责任制工作领导小组办公室责成主管部门办理相关手续，2年内不得重返执法岗位，重返执法岗位前应当重新取得执法资格。

【知识点3】税务系统内部审计工作规定

1. 税务系统内部审计概述

税务局系统内部审计，是指内部审计机构和审计人员，在上级内部审计机构和本单位负责人的领导下，根据有关的法律、法规和规定，采用一定的程序和方法，对本单位及下属单位的内部控制、预算管理、财务收支、固定资产管理、基本建设管理、政府采购管理、专项资金管理等活动以及领导干部经济责任进行检查和评价的一种独立的经济监督行为。

2. 税务系统内部审计主要内容

税务系统内部审计主要审查以下事项：各项财经制度遵循和落实情况；各项资产和债权债务管理的完整性、合规性；各项经费支出结构的合理性并评价资金使用的效益性；基本建设、政府采购管理的合规性。具体内容如下：

（1）财务内部控制审计，重点审计各项制度的制定与执行情况。①上级下发的制度是否及时转发；②本单位制定的财务管理各环节控制制度是否健全、合理，有无与上级制度相悖的现象；③制度执行是否有效；④岗位设置是否符合规定和适应工作要求，分工是否明确合理，内部牵制制度是否有效落实；⑤财务软件使用是否规范；⑥银行预留印鉴是否分开保管等。

（2）预算管理审计，重点审计预算编制与执行情况。①预算编制是否完整，本部门各项收支是否全部纳入预算管理；②追加预算的程序是否合理，有无随意追加预算情况；③各级机关经费是否超过国家税务总局规定，预留经费是否合规；④最低保障线是否符合国家税务总局要求并实际执行；⑤预算支出结构是否合理，公用支出是否超出标准，项目支出是否挤占基本支出；⑥是否存在项目之间调剂使用、随意调剂使用不同预算科目和支出项目、改变支出用途的现象；⑦动用上年结余安排本年支出是否纳入预算管理等。

（3）财务收支审计，重点关注财务收支的真实性、完整性和合规性。①经费支出是否按规定的范围和标准开支，手续是否完备，记账是否及时，结构是否合理；②是否贯彻"量入为出"的原则，有无花钱过头的问题；③编制和汇总结算有无随意调整科目、估列代编、瞒报漏报、支出随意结转，有无账表不符、表表不符等情况；④往来账款清理是否及时；⑤是否严格执行银行账户管理的各项规定，是否存在非财务部门开立银行账户、多头开设银行账户、开设定期存款账户问题；⑥有无设立账外账或私设"小金库"行为等。

（4）国有资产管理审计，重点关注资产管理制度的健全有效性、资产的安全完性。①财务部门、资产管理部门、资产使用部门是否正确履行资产管理职责;②资产价值和实物核算是否真实完整;③资产增加、减少是否严格履行手续并及时进行会计核算;④资产处置收入是否按规定入账;⑤资产是否定期清查,资产清理录入的数据是否真实,分类是否准确;⑥账账、账表、账实是否相符,有无资产流失现象等。

(5) 基本建设管理审计,重点审计基本建设管理制度落实情况。①基建项目是否符合"先审批,后立项,再建设"的原则;②投资总额在规定标准之上的基建项目是否报国家税务总局或省局审批;③是否因特殊原因扩大面积、追加投资和超标准建设问题;④工程设计、施工、监理及主要材料,设备购置是否公开招标;⑤基建项目是否按规定进行会计核算;⑥是否将基建资金用于非基建项目,是否在不同基建项目之间税务系统业务能力升级最新综合管理类辅导及习题集互相拆借资金,是否利用基建资金为单位或个人谋取私利;⑦是否按预算、工程进度或合同约定付款,是否按要求预留30%的尾款;⑧是否按规定进行工程竣工决算和基建财务审计;⑨是否及时结转固定资产等。

(6) 政府采购审计。①重点审计是否按政府采购目录进行;②是否对应实行集中采购的项目实行了分散采购;③政府采购信息是否公开;④是否按确定的采购方式和要求进行采购;⑤采购合同的签订和履行是否符合有关规定;⑥资金结算是否符合合同约定及文件规定,资金支付手续是否齐全;⑦对采购项目的变更与追加是否严格按规定执行审批程序;⑧招标文件内容是否完整和规范,是否含有标明特定供应商及含有倾向或排斥潜在投标人的内容;⑨是否存在串标行为;⑩评标是否符合法定程序,评标委员会是否由招标人代表及专家组成,是否有利害关系人参与评标;⑪是否擅自修改招标文件和投标文件,招投标文件档案管理是否健全等。

(7) 专项经费审计。①各专项经费是否专款专用,有无列作其他经费支出;②各专项经费支出范围是否符合规定,有无扩大支出范围、虚列支出、调剂科目改变用途等问题;③分配方法是否合理,支付是否及时;④专项经费支出手续是否规范、完整,核算是否准确等。

(8) 领导干部经济责任审计。税务系统领导干部经济责任审计,是指税务系统负责督察内审工作的部门,依法依规对税务系统各级领导干部经济责任履行情况进行监督、评价和鉴证的行为。所谓经济责任,是指税务系统各级领导干部任职期间因其所任职务,对所在单位的税收管理行为和财务管理行为的真实性、合法性、效益性以及有关经济活动依法应当履行的职责、义务。

【知识点4】税收执法督察规则

1. 执法督察的内容

执法督察的内容包括:税收法律、行政法规、规章和规范性文件的执行情况;国务院和上级税务机关有关税收工作重要决策、部署的贯彻落实情况;税务机关制定或者与其他部门联合制定的涉税文件，以及税务机关以外的单位制定的涉税文件的合法性；外部监督部门依法查处或者督查、督办的税收执法事项；上级机关交办、有关部门转办的税收执法事项；执法督察所发现问题的整改和责任追究情况；其他需要实施执法督察的税收执法事项。

2. 督察前

制定方案：督察内审部门应当根据执法督察的对象和内容，制定包括组织领导、工作要求和执法督察的时限、重点、方法、步骤等内容的执法督察方案。

培训：实施执法督察的税务机关应当根据执法督察的对象和内容对执法督察组人员进行查前培训，保证执法督察效率和质量。

通知：应当提前3个工作日向被督察单位下发税收执法督察通知，告知执法督察的时间、内容、方式，需要准备的资料，配合工作的要求等。被督察单位应当将税收执法督察通知在本单位范围内予以公布。专案执法督察和其他特殊情况下，可以不予提前通知和公布。

3. 督察中

工作方式：听取被督察单位税收执法情况汇报；调阅被督察单位收发文簿、会议纪要、涉税文件、税收执法卷宗和文书，以及其他相关资料；查阅、调取与税收执法活动有关的各类信息系统电子文档和数据；与被督察单位有关人员谈话，了解有关情况；特殊情况下需要到相关纳税人和有关单位了解情况或者取证时，应当按照法律规定的权限进行，并商请主管税务机关予以配合；其他方式。

工作要求：执法督察中，被督察单位应当及时提供相关资料，以及与税收执法活动有关的各类信息系统所有数据查询权限。被督察单位主要负责人对本单位所提供的税收执法资料的真实性和完整性负责。实施执法督察应当制作税收执法督察工作底稿。发现税收执法行为存在违法、违规问题的，应当收集相关证据材料，在工作底稿上写明行为的内容、时间、情节、证据的名称和出处，以及违法、违规的文件依据等，由被督察单位盖章或者由有关人员签字。拒不盖章或拒不签字的，应当说明理由，记录在案。收集证据材料时无法取得原件的，应当通过复印、照相、摄像、扫描、录音等手段提取或者复制有关资料，由原件保存单位或者个人在复制件上注明"与原件核对无误，原件存于我处"，并由有关人员签字。原件由单位保存的，还应当由该单位盖章。

问题汇总：执法督察组实施执法督察后，应当及时将发现的问题汇总，并向被督察单位反馈情况。

4. 督察后

执法督察组实施执法督察后，应当起草税收执法督察报告，内容包括：执法督察的时间、内容、方法、步骤；被督察单位税收执法的基本情况；执法督察发现的具体问题，认定被督察单位存在违法、违规问题的基本事实和法律依据；对发现问题的拟

通用知识

处理意见；加强税收执法监督管理的建议，执法督察组认为应当报告的其他事项。

审理：执法督察组实施执法督察后，应当将税收执法督察报告、工作底稿、证据材料、陈述申辩资料以及与执法督察情况有关的其他资料进行整理，提交督察内审部门。督察内审部门在审理中发现事实不清、证据不足、资料不全的，应当通知执法督察组对证据予以补正，也可以重新组织人员进行核实、检查。根据审理结果修订税收执法督察报告，送被督察单位征求意见。被督察单位应当在15个工作日内提出书面反馈意见。在限期内未提出书面意见的，视同无异议。

督察处理决定：督察内审部门根据本级税务机关审定的税收执法督察报告制作税收执法督察处理决定书、税收执法督察处理意见书或者税收执法督察结论书，经本级税务机关审批后下达被督察单位。被督察单位收到税收执法督察处理决定书和税收执法督察处理意见书后，应当在规定的期限内执行，并以书面形式向实施执法督察的税务机关报告执行结果。

5. 责任追究及奖惩

执法督察中发现税收执法行为存在违法、违规问题的，应当按照有关规定和管理权限，对有关负责人和直接责任人予以责任追究。

>> 第三节
违纪违法行为惩处

一 组织措施

【知识点1】组织处理

根据《中国共产党组织处理规定（试行）》，组织处理，是指党组织对违规违纪违法、失职失责失范的领导干部采取的岗位、职务、职级调整措施，包括停职检查、调整职务、责令辞职、免职、降职。

领导干部在政治表现、履行职责、工作作风、遵守组织制度、道德品行等方面，有苗头性、倾向性或者轻微问题，以批评教育、责令检查、诫勉为主，存在以下情形之一且问题严重的，应当受到组织处理：①在重大原则问题上不同党中央保持一致，有违背"四个意识""四个自信""两个维护"错误言行的；②理想信念动摇，马克思主义信仰缺失，搞封建迷信活动造成不良影响，或者违规参加宗教活动、信奉邪教的；③贯彻落实党的基本理论、基本路线、基本方略和党中央决策部署不力，做选择、打折扣、搞变通,造成不良影响或者严重后果的;④面对大是大非问题、重大矛盾冲突、危机困难,不敢斗争、不愿担当,造成不良影响或者严重后果的;⑤工作不负责任、不正确履职或者疏于管理,出现重大失误错误或者发生重大生产安全事故、群体性事件、公共安全事件等严重事故、事件的;⑥工作不作为,敷衍塞责、庸懒散拖,长期完不成任务或者严重贻误工作的;⑦背弃党的初心使命,群众意识淡薄,对群众反映强烈的问题推诿扯皮,在涉及群众生产、生活等切身利益问题上办事不公、作风不正,甚至损害、侵占群众利益,造成不良影响或者严重后果的;⑧形式主义、官僚主义问题突出,脱离实际搞劳民伤财的"形象工程""政绩工程",盲目举债,弄虚作假,造成不良影响或者重大损失的;⑨违反民主集中制原则,个人或者少数人决定重大问题,不执行或者擅自改变集体决定,不顾大局闹无原则纠纷、破坏团结,造成不良影响或者严重后果的;⑩在选人用人工作中跑风漏气、说情干预、任人唯亲、突击提拔、跑官要官、拉票贿选、违规用人、用人失察失误,造成不良影响或者严重后果的;⑪搞团团伙伙、拉帮结派、培植个人势力等非组织活动,破坏所在地方或者单位政治生态的;⑫无正当理由拒不服从党组织根据工作需要作出的分配、调动、交流等决定的;⑬不执行重大事项请示报告制度产生不良后果,严重违反个人有关事项报告、干部人事档案管理、领导干部出国(境)等管理制度,本人、配偶、子女及其配偶违规经商办企业的;⑭诬告陷害、打击报复他人,制造或者散布谣言,阻挠、压制检举控告,造成不良影响或者严重后果的;⑮违反中央八项规定精神、廉洁从政有关规定的;⑯违背社会公序良俗,造成不良影响或者严重后果的;⑰其他应当受到组织处理的情形。

组织处理的程序:调查核实、提出处理意见、研究决定、宣布实施。

停职检查期限一般不超过6个月。受到调整职务处理的,1年内不得提拔职务、晋升职级或者进一步使用。受到责令辞职、免职处理的,1年内不得安排领导职务,2年内不得担任高于原职务层次的领导职务或者晋升职级。受到降职处理的,2年内不得提拔职务、晋升职级或者进一步使用。同时受到党纪政务处分和组织处理的,按照影响期长的规定执行。

领导干部受到组织处理的,当年不得评选各类先进。当年年度考核按照以下规定执行:受到调整职务处理的,不得确定为优秀等次;受到责令辞职、免职、降职处理的,只写评语不确定等次。同时受到党纪政务处分和组织处理的,按照对其年度考核结果影响较重的处理处分确定年度考核等次。

【知识点2】对违法犯罪党员的纪律处分

党组织在纪律审查中发现党员有贪污贿赂、滥用职权、玩忽职守、权力寻租、利益输送、徇私舞弊、浪费国家资财等违反法律涉嫌犯罪行为的,应当给予撤销党内职务、留党察看或者开除党籍处分。

通用知识

党组织在纪律审查中发现党员有刑法规定的行为，虽不构成犯罪但须追究党纪责任的，或者有其他违法行为，损害党、国家和人民利益的，应当视具体情节给予警告直至开除党籍处分。

党组织在纪律审查中发现党员严重违纪涉嫌违法犯罪的，原则上先作出党纪处分决定，并按照规定给予政务处分后，再移送有关国家机关依法处理。

二 纪律处分

【知识点1】违纪与纪律处分

查处重点：党的十八大以来不收敛、不收手，问题线索反映集中、群众反映强烈，政治问题和经济问题交织的腐败案件，违反中央八项规定精神的问题。

种类：对党员的纪律处分有警告、严重警告、撤销党内职务、留党察看、开除党籍。对党组织的纪律处分有改组、解散。

党员受到警告处分1年内、受到严重警告处分1年半内，不得在党内提升职务和向党外组织推荐担任高于其原任职务的党外职务。

对于在党内担任2个以上职务的，党组织在作处分决定时，应当明确是撤销其一切职务还是1个或者几个职务。如果决定撤销其1个职务，必须撤销其担任的最高职务。如果决定撤销其2个以上职务，则必须从其担任的最高职务开始依次撤销。党员受到撤销党内职务处分，或者依照相关规定受到严重警告处分的，2年内不得在党内担任和向党外组织推荐担任与其原任职务相当或者高于其原任职务的职务。

留党察看处分，分为留党察看1年、留党察看2年。对于受到留党察看处分1年的党员，期满后仍不符合恢复党员权利条件的，应当延长1年留党察看期限。留党察看期限最长不得超过2年。党员受留党察看处分期间，没有表决权、选举权和被选举权。恢复党员权利后2年内，不得在党内担任和向党外组织推荐担任与其原任职务相当或者高于其原任职务的职务。

党员受开除党籍处分，5年内不得重新入党，也不得推荐担任与其原任职务相当或者高于其原任职务的党外职务。

【知识点2】纪律处分运用规则

从轻或者减轻处分的情形包括：主动交代本人应当受到党纪处分的问题的；在组织核实、立案审查过程中，能够配合核实审查工作，如实说明本人违纪违法事实的；检举同案人或者其他人应当受到党纪处分或者法律追究的问题，经查证属实的；主动挽回损失、消除不良影响或者有效阻止危害结果发生的；主动上交违纪所得的；有其他立功表现的。

从重或者加重处分的情形包括：强迫、唆使他人违纪的；拒不上交或者退赔违纪所得的；违纪受处分后又因故意违纪应当受到党纪处分的；违纪受到党纪处分后，又被发现其受处分前的违纪行为应当受到党纪处分的；《中国共产党纪律处分条例》另有规定的。

一人有《中国共产党纪律处分条例》规定的 2 种以上（含 2 种）应当受到党纪处分的违纪行为，应当合并处理，按其数种违纪行为中应当受到的最高处分加重 1 档给予处分；其中 1 种违纪行为应当受到开除党籍处分的，应当给予开除党籍处分。

2 人以上（含 2 人）共同故意违纪的，对为首者，从重处分，《中国共产党纪律处分条例》另有规定的除外；对其他成员，按照其在共同违纪中所起的作用和应负的责任，分别给予处分。

三 政务处分

【知识点 1】政务处分的种类和适用

（1）政务处分的种类：警告、记过、记大过、降级、撤职、开除。

（2）政务处分的期间：警告，6 个月；记过，12 个月；记大过，18 个月；降级、撤职，24 个月。政务处分决定自作出之日起生效，政务处分期自政务处分决定生效之日起计算。

（3）可以从轻或者减轻给予公职人员政务处分的情形：主动交代本人应当受到政务处分的违法行为的；配合调查，如实说明本人违法事实的；检举他人违纪违法行为，经查证属实的；主动采取措施，有效避免、挽回损失或者消除不良影响的；在共同违法行为中起次要或者辅助作用的；主动上交或者退赔违法所得的；法律、法规规定的其他从轻或者减轻情节。

（4）应当从重给予公职人员政务处分的情形：在政务处分期内再次故意违法，应当受到政务处分的；阻止他人检举、提供证据的；串供或者伪造、隐匿、毁灭证据的；包庇同案人员的；胁迫、唆使他人实施违法行为的；拒不上交或者退赔违法所得的；法律、法规规定的其他从重情节。

（5）公职人员犯罪，予以开除的情形：因故意犯罪被判处管制、拘役或者有期徒刑以上刑罚（含宣告缓刑）的；因过失犯罪被判处有期徒刑，刑期超过 3 年的；因犯罪被单处或者并处剥夺政治权利的。

因过失犯罪被判处管制、拘役或者 3 年以下有期徒刑的，一般应当予以开除；案件情况特殊，予以撤职更为适当的，可以不予开除，但是应当报请上一级机关批准。

公职人员因犯罪被单处罚金，或者犯罪情节轻微，人民检察院依法作出不起诉决定或者人民法院依法免予刑事处罚的，予以撤职；造成不良影响的，予以开除。

通用知识

公职人员受到开除以外的政务处分,在政务处分期内有悔改表现,并且没有再发生应当给予政务处分的违法行为的,政务处分期满后自动解除,晋升职务、职级、衔级、级别、岗位和职员等级、职称、薪酬待遇不再受原政务处分影响。但是,解除降级、撤职的,不恢复原职务、职级、衔级、级别、岗位和职员等级、职称、薪酬待遇。

【知识点2】违法行为及其适用的政务处分

(1) 有下列行为之一的,予以记过或者记大过;情节较重的,予以降级或者撤职;情节严重的,予以开除:

①散布有损宪法权威、中国共产党领导和国家声誉的言论的;参加旨在反对宪法、中国共产党领导和国家的集会、游行、示威等活动的。

②拒不执行或者变相不执行中国共产党和国家的路线方针政策、重大决策部署的;参加非法组织、非法活动的。

③挑拨、破坏民族关系,或者参加民族分裂活动的;利用宗教活动破坏民族团结和社会稳定的。

④在对外交往中损害国家荣誉和利益的。

(2) 不按照规定请示、报告重大事项,情节较重的,予以警告、记过或者记大过;情节严重的,予以降级或者撤职。违反个人有关事项报告规定,隐瞒不报,情节较重的,予以警告、记过或者记大过。篡改、伪造本人档案资料的,予以记过或者记大过;情节严重的,予以降级或者撤职。

(3) 有下列行为之一的,予以警告、记过或者记大过;情节较重的,予以降级或者撤职;情节严重的,予以开除:贪污贿赂的;利用职权或者职务上的影响为本人或者他人谋取私利的;纵容、默许特定关系人利用本人职权或者职务上的影响谋取私利的。拒不按照规定纠正特定关系人违规任职、兼职或者从事经营活动,且不服从职务调整的,予以撤职。

(4) 有下列行为之一,情节较重的,予以警告、记过或者记大过;情节严重的,予以降级或者撤职:违反规定向管理服务对象收取、摊派财物的;在管理服务活动中故意刁难、吃拿卡要的;在管理服务活动中态度恶劣粗暴,造成不良后果或者影响的;不按照规定公开工作信息,侵犯管理服务对象知情权,造成不良后果或者影响的;其他侵犯管理服务对象利益的行为,造成不良后果或者影响的。

四 职务违法与职务犯罪

【知识点1】职务违法与职务犯罪的区别

职务违法,是指国家行政机关工作人员、国有企业人员等,利用现有职务便利的职权违法乱纪。

违法行为，是指违反国家法律规定，危害法律所保护的社会关系的行为，亦称"非法行为"。违法行为中只有违反刑事法律，应受刑罚处罚的行为，才是犯罪。对一切违法行为，都要按其性质和程度依法处理，必要时给予法律制裁。

职务犯罪，是指国家机关、国有公司、企业事业单位、人民团体工作人员利用已有职权，贪污、贿赂、徇私舞弊、滥用职权、玩忽职守，侵犯公民人身权利、民主权利，破坏国家对公务活动的规章规范，依照《中华人民共和国刑法》应当予以刑事处罚的犯罪。

《中华人民共和国刑法》第十三条规定，一切危害国家主权、领土完整和安全，分裂国家、颠覆人民民主专政的政权和推翻社会主义制度，破坏社会秩序和经济秩序，侵犯国有财产或者劳动群众集体所有的财产，侵犯公民私人所有的财产，侵犯公民的人身权利、民主权利和其他权利，以及其他危害社会的行为，依照法律应当受刑罚处罚的，都是犯罪，但是情节显著轻微危害不大的，不认为是犯罪。

【知识点2】职务犯罪的分类

1. 贪污贿赂罪

在《中华人民共和国刑法》第八章中用了15个条文，规定了12个罪名。

（1）贪污罪。国家工作人员利用职务上的便利，侵吞、窃取、骗取或者以其他手段非法占有公共财物的，是贪污罪。

（2）挪用公款罪。国家工作人员利用职务上的便利，挪用公款归个人使用，进行非法活动的，或者挪用公款数额较大、进行营利活动的，或者挪用公款数额较大、超过3个月未还的，是挪用公款罪，处5年以下有期徒刑或者拘役；情节严重的，处5年以上有期徒刑。挪用公款数额巨大不退还的，处10年以上有期徒刑或者无期徒刑。

挪用用于救灾、抢险、防汛、优抚、扶贫、移民、救济款物归个人使用的，从重处罚。

（3）受贿罪。国家工作人员利用职务上的便利，索取他人财物的，或者非法收受他人财物，为他人谋取利益的，是受贿罪。

（4）单位受贿罪。国家机关、国有公司、企业、事业单位、人民团体，索取、非法收受他人财物，为他人谋取利益，情节严重的，对单位判处罚金，并对其直接负责的主管人员和其他直接责任人员，处5年以下有期徒刑或者拘役。

（5）行贿罪。为谋取不正当利益，给予国家工作人员以财物的，是行贿罪。

在经济往来中，违反国家规定，给予国家工作人员以财物，数额较大的，或者违反国家规定，给予国家工作人员以各种名义的回扣、手续费的，以行贿论处。

因被勒索给予国家工作人员以财物，没有获得不正当利益的，不是行贿。

（6）对单位行贿罪。为谋取不正当利益，给予国家机关、国有公司、企业、事业单位、人民团体以财物的，或者在经济往来中，违反国家规定，给予各种名义的回扣、手续费的，处3年以下有期徒刑或者拘役，并处罚金。

（7）介绍贿赂罪。向国家工作人员介绍贿赂，情节严重的，处3年以下有期徒刑或者拘役，并处罚金。

介绍贿赂人在被追诉前主动交代介绍贿赂行为的，可以减轻处罚或者免除处罚。

（8）单位行贿罪。单位为谋取不正当利益而行贿，或者违反国家规定，给予国家工作人员以回扣、手续费，情节严重的，对单位判处罚金，并对其直接负责的主管人员和其他直接责任人员，处5年以下有期徒刑或者拘役，并处罚金。因行贿取得的违法所得归个人所有的，依照《中华人民共和国刑法》第三百八十九条、第三百九十条的规定定罪处罚。

（9）巨额财产来源不明罪。国家工作人员的财产、支出明显超过合法收入，差额巨大的，可以责令该国家工作人员说明来源，不能说明来源的，差额部分以非法所得论，处5年以下有期徒刑或者拘役；差额特别巨大的，处5年以上10年以下有期徒刑。财产的差额部分予以追缴。

（10）隐瞒境外存款罪。国家工作人员在境外的存款，应当依照国家规定申报。数额较大、隐瞒不报的，处2年以下有期徒刑、拘役或者管制；情节较轻的，由其所在单位或者上级主管机关酌情给予行政处分。

（11）私分国有资产罪。国家机关、国有公司、企业、事业单位、人民团体，违反国家规定，以单位名义将国有资产集体私分给个人，数额较大的，对其直接负责的主管人员和其他直接责任人员，处3年以下有期徒刑或者拘役，并处或者单处罚金；数额巨大的，处3年以上7年以下有期徒刑，并处罚金。

（12）私分罚没财物罪。司法机关、行政执法机关违反国家规定，将应当上缴国家的罚没财物，以单位名义集体私分给个人，对其直接负责的主管人员和其他直接责任人员，处3年以下有期徒刑或者拘役，并处或者单处罚金；数额巨大的，处3年以上7年以下有期徒刑，并处罚金。

2. 渎职罪

渎职罪在《中华人民共和国刑法》第九章中用了二十三条规定了34个罪名。包括：

（1）滥用职权罪；玩忽职守罪。国家机关工作人员滥用职权或者玩忽职守，致使公共财产、国家和人民利益遭受重大损失的，处3年以下有期徒刑或者拘役；情节特别严重的，处3年以上7年以下有期徒刑。

（2）故意泄露国家秘密罪；过失泄露国家秘密罪。国家机关工作人员违反保守国家秘密法的规定，故意或者过失泄露国家秘密，情节严重的，处3年以下有期徒刑或者拘役；情节特别严重的，处3年以上7年以下有期徒刑。

(3) 滥用管理公司、证券职权罪。国家有关主管部门的国家机关工作人员，徇私舞弊，滥用职权，对不符合法律规定条件的公司设立、登记申请或者股票、债券发行、上市申请，予以批准或者登记，致使公共财产、国家和人民利益遭受重大损失的，处5年以下有期徒刑或者拘役。

(4) 徇私舞弊不征、少征税款罪。税务机关的工作人员徇私舞弊，不征或者少征税款，致使国家税收遭受重大损失的，处5年以下有期徒刑或者拘役；造成特别重大损失的，处5年以上有期徒刑。

(5) 徇私舞弊发售发票、抵扣税款、出口退税罪。税务机关的工作人员违反法律、行政法规的规定，在办理发售发票、抵扣税款、出口退税工作中，徇私舞弊，致使国家利益遭受重大损失的，处5年以下有期徒刑或者拘役；致使国家利益遭受特别重大损失的，处5年以上有期徒刑。

(6) 违法提供出口退税凭证罪。其他国家机关工作人员违反国家规定，在提供出口货物报关单、出口收汇核销单等出口退税凭证的工作中，徇私舞弊，致使国家利益遭受重大损失的，处5年以下有期徒刑或者拘役；致使国家利益遭受特别重大损失的，处5年以上有期徒刑。

3. 侵犯公民人身权利、民主权利的犯罪

国家机关工作人员利用职权实施的侵犯公民人身权利、民主权利犯罪有7个：国家机关工作人员利用职权实施的非法拘禁罪、国家机关工作人员利用职权实施的非法搜查罪、刑讯逼供罪、暴力取证罪、虐待被监管人罪、报复陷害罪、国家机关工作人员利用职权实施的破坏选举罪。

>> 习题演练

一、单项选择题

1. 收受可能影响公正执行公务的礼品、礼金、消费卡和有价证券、股权、其他金融产品等财物，情节较重的，给予的处分是（　　）。

   A. 严重警告

   B. 留党察看

   C. 开除党籍

   D. 撤销党内职务或者留党察看

   【解析】依据《中国共产党纪律处分条例》第八十八条。

   【答案】D

2. 某市税务局副局长刘某利用职权，在对某企业稽查过程中违规操作，刘某妻子许某收受该企业财物5000元，情节较重，应给予（　　）。

通用知识

    A. 警告或者严重警告处分
    B. 留党察看处分
    C. 撤销党内职务处分
    D. 开除党籍处分

【解析】依据《中国共产党纪律处分条例》第八十五条。

【答案】A

3. 下列选项中关于某市税务局领导班子成员分工符合规定的是（　　）。
    A. 主要负责人李局长分管人事
    B. 王副局长分管财务和审计
    C. 刘副局长分管党建和办公室
    D. 主要负责人李局长分管财务

【解析】领导班子成员按照分权制衡的原则进行分工，主要负责人不直接分管人事、财务和基建工作，领导班子成员分管税务稽查工作的，不得同时分管重大案件审理工作，分管财务工作的，不得同时分管审计工作。

【答案】C

4. 某市税务局党委成员、副局长陈某因违反党的组织纪律被给予严重警告处分，又因为违反党的群众纪律给予警告处分。根据《中国共产党纪律处分条例》规定的2种以上（含2种）应当受到党纪处分的违纪行为，应当对其处理的结果是（　　）。
    A. 合并处理，并按其最重处分处理
    B. 合并处理，并按其最重处分加重一档处理
    C. 分开处理，按其最重处分加重一档处理
    D. 分开处理，按其最重处分处理

【解析】依据《中国共产党纪律处分条例》第二十三条。

【答案】B

5. 税务系统纪检监察部门发现或收到反映本级领导班子及其成员的问题线索和线索处置情况，应及时向（　　）报告。
    A. 同级党委
    B. 党委书记
    C. 纪检监察负责人
    D. 上级纪检监察机构

【解析】发现或收到反映本级领导班子及其成员的问题线索和线索处置情况，应及时向上级纪检监察机构报告。

【答案】D

6. 某党员犯罪情节轻微，人民检察院依法作出不起诉决定的，或者人民法院依法作出有罪判决并免予刑事处罚的，该党员所在党组织应当给予其（　　）处分。
    A. 严重警告
    B. 撤销党内职务
    C. 留党观察
    D. 撤销党内职务、留党察看或者开除党籍

【解析】依据《中国共产党纪律处分条例》第三十一条。

【答案】D

7. 在督查督办中，对未明确时限要求的紧急事项，承办单位应在（　　）内提出初步意见。
    A. 2个工作日   B. 3个工作日
    C. 5个工作日   D. 10个工作日

【解析】对未明确时限要求的紧急事项，承办单位应在3个工作日内提出初步意见。

【答案】B

8. 督察内审部门的职能定位体现于税收工作的事前、事中、事后 3 个环节。事中是指（ ）。
   A. 通过组织开展内控机制建设，促进内控内生化，对税收管理提出意见建议
   B. 通过督察中央决策部署、国家税务总局工作部署的贯彻落实情况，督促税收政策落实到位
   C. 通过开展执法督察、内部审计，对执法机关与执法人员进行监督、考核、评价
   D. 督促被监督单位及时整改、落实责任，同时对接并配合协调外部监督，化解问题风险，促进内部管理

【解析】事中，通过督察中央决策部署、国家税务总局工作部署的贯彻落实情况，督促税收政策落实到位。
【答案】B

9. 在督察审计实施阶段，督察审计组根据实际需要现场督审。现场督审包括（ ）等方法步骤。
   ①现场检查　②座谈　③个别谈话和询问　④延伸调查
   A. ①②③　　　　B. ①③④
   C. ①②④　　　　D. ①②③④

【解析】选项所述的 4 种方法步骤，都属于现场督审的方法步骤。
【答案】D

10. 督察内审部门对督察审计发现的重大问题和性质严重问题，根据集体审理会议决议，移交人事、监察和稽查等部门处理。问题移交是督察内审（ ）的要求。
    A. 准备阶段　　B. 实施阶段
    C. 报告阶段　　D. 整改阶段

【解析】问题移交，是督察内审报告阶段的要求。
【答案】C

11. 对本单位制定的财务管理各环节控制制度是否健全、合理，有无与上级制度相悖的现象的审查，属于（ ）审查。
    A. 内部控制　　B. 财务收支
    C. 预算管理　　D. 固定资产管理

【解析】内部控制，重点审计各项制度的制定与执行情况，包括本单位制定的财务管理各环节控制制度是否健全、合理，有无与上级制度相悖的现象。
【答案】A

12. 年底，某市税务局在对领导班子述职述廉测评中发现某副局长廉政测评中"差"得票率达到总票数的 35%。按照相关规定应对其进行（ ）。
    A. 警告处分　　B. 严重警告处分
    C. 谈话提醒　　D. 问责

【解析】对廉政测评中"差"得票率达到 30% 以上的，应由上一级税务机关的纪检组组长对其进行谈话提醒或诫勉谈话。
【答案】C

13. 根据落实党风廉政责任制的有关规定，全国税务系统各级党委要支持纪检监察机关履行（ ）。
    A. 主体责任　　B. 监督责任
    C. 管理责任　　D. 督察责任

【解析】根据《全国税务系统党的建设工作规范（试行）》的规定，全国税务系统各级党委要支持纪检监察机关履行监督责任。

【答案】B

14. 根据《中华人民共和国刑法》的规定，构成抗税罪的要件是（　　）。

    A. 主体必须是纳税人或扣缴义务人
    B. 抗税数额必须达到1万元
    C. 抗税数额必须达到数额较大的法定要求
    D. 必须达到情节严重的法定要求

【解析】抗税罪的构成要件：①主体是特殊主体，即必须是纳税人或者扣缴义务人。该罪只能由自然人实施，单位不能成为该罪的主体。②主观方面表现为故意，即明知应当纳税而故意采用暴力、威胁手段抗拒缴纳税款，目的是将应缴税款非法占为己有。③客观方面表现为以暴力、威胁方法拒不缴纳税款的行为。④客体是复杂客体，即不仅侵犯了国家的税收征管制度，妨害了税务机关依法征税活动，而且也侵犯了依法执行征税工作的税务人员的人身权利。抗税罪的构成，没有数额和情节严重的要求，这也是抗税罪比较特别的地方。

【答案】A

15. 下列选项中，不属于税务巡视工作程序的是（　　）。

    A. 巡前准备　　B. 巡中了解
    C. 汇报处置　　D. 责任追究

【解析】巡视工作的程序主要包括：巡前准备、巡中了解、汇报处置、组织反馈、办理移交、整改落实、成果运用、立卷归档等。

【答案】D

16. 党委领导班子成员应当带头遵守执行全面从严治党各项规定，在全面从严治党中发挥的作用是（　　）。

    A. 先锋模范　　B. 示范表率
    C. 引领保障　　D. 示范引领

【解析】依据《党委（党组）落实全面从严治党主体责任规定》第八条。

【答案】B

17. 下列选项中，不属于税收执法过错责任追究形式的是（　　）。

    A. 批评教育
    B. 自我批评
    C. 取消评选先进的资格
    D. 取消执法资格

【解析】根据《税收执法考评与过错责任追究暂行办法》第二十一条规定，税收执法过错责任追究形式包括：①批评教育；②责令作出书面检查；③通报批评；④取消评选先进的资格；⑤责令待岗；⑥调离执法岗位；⑦取消执法资格。

【答案】B

18. 构建税务系统一体化综合监督体系，起主导作用的是（　　）。

    A. 党委全面监督
    B. 党的基层组织日常监督
    C. 部门职能监督
    D. 纪检专责监督

【解析】依据《关于构建税务系统一体化综合监督体系的意见》。

【答案】A

19. 某党员领导干部，因违纪受到留党察看两年处分。根据《中国共产党纪律处分条例》的有关规定，在留党察看处分期间，他应该拥有的权利是（　　）。

   A. 表决权　　　　B. 选举权
   C. 被选举权　　　D. 申诉权

   【解析】根据《中国共产党纪律处分条例》第十二条规定，党员受留党察看处分期间，没有表决权、选举权和被选举权。根据《中国共产党纪律处分条例》第四十二条规定，党员对所受党纪处分不服的，可以依照党章及有关规定提出申诉。

   【答案】D

20. 某市税务局纪检组组长王某在党委会上发现"一把手"局长刘某在选人用人上违反决策程序，提出不同意见后，刘某未予采纳。王某应该（　　）。

   A. 保留个人意见
   B. 向省局纪检组反映
   C. 以维护班子团结为先
   D. 与其他班子成员一同劝阻

   【解析】依据《中共中央关于加强对"一把手"和领导班子监督的意见》。

   【答案】B

二、多项选择题

1. 下列属于搞非组织活动的违纪行为有（　　）。

   A. 在党内选举中搞拉票、助选
   B. 在法律规定的选举活动中，怂恿、诱使他人投票

   C. 在组织考察完之后，个人邀请几个同事到家里聚餐
   D. 在民主推荐时搞拉票、助选

   【解析】依据《中国共产党纪律处分条例》第七十五条。

   【答案】ABD

2. 党组织应该保障监督对象的（　　）等相关权利。

   A. 知情权　　　　B. 言论自由权
   C. 申辩权　　　　D. 申诉权

   【解析】根据《中国共产党党内监督条例》第四十四条的规定，党组织应该保障监督对象的申辩权、申诉权等相关权利。

   【答案】CD

3. 税务系统纪检监察部门必须落实监督检查责任，具体要求（　　）。

   A. 坚决维护党的纪律、加强对重大事项决策的监督
   B. 加强对主体责任落实情况的监督
   C. 加强对作风建设的监督、加强对干部选拔任用的监督
   D. 加强对落实内控机制建设主体责任的监督

   【解析】4个选项所涉及的要求，都是税务系统纪检监察部门落实监督检查责任的要求。

   【答案】ABCD

4. 下列情形中，正确采取监督执纪第一种形态处理方式，即提醒谈话和批评教育方式的有（　　）。

   A. 上级领导班子主要负责人、领导班子成员负责对下一级领导班子主要负责人及其他成员进行谈话

B. 领导班子主要负责人与领导班子成员进行谈话

C. 分管领导或纪检组组长（副组长）对部门负责人进行谈话

D. 基层党组织负责人对本单位党员干部进行谈话

【解析】4个选项中的情形，都正确采取了提醒谈话和批评教育方式。

【答案】ABCD

5. 违纪党员在党组织作出处分决定前死亡，或者在死亡后发现其曾有严重违纪行为的，适用的处分规则有（　　）。

A. 党纪应给予开除党籍处分的，开除其党籍

B. 党纪应给予严重警告处分的，给予严重警告

C. 政纪给予降级处分的，按规定降低其待遇

D. 政纪不再给予处分

【解析】违纪党员在党组织作出处分决定前死亡，或者在死亡后发现其曾有严重违纪行为的，党纪除应给予开除党籍处分的，开除其党籍，其余的只做书面结论，不再给予党纪处分；政纪不再给予处分。

【答案】AD

6. 违纪所得处理，下列做法中正确的有（　　）。

A. 违纪行为所获得的经济利益，应当收缴或者责令退赔

B. 违纪行为所获得的职务、职称、学历、学位、奖励、资格等其他利益，建议有关组织、部门、单位按规定予以纠正

C. 涉嫌犯罪所得款物，应当随案移送司法机关

D. 经认定不属于违纪所得的，应当在案件审结后依纪依法予以返还

【解析】4个选项所述的做法，都是关于违纪所得处理的正确做法。

【答案】ABCD

7. 某基层税务局党支部全面从严治党不力，导致连续发生多起违规违纪案件。根据《中国共产党问责条例》，对该党组织问责的方式有（　　）。

A. 检查　　　　B. 纪律处分

C. 通报　　　　D. 改组

【解析】依据《中国共产党问责条例》第八条。

【答案】ACD

8. 督察内审实施阶段，对数据的采集与分析应用，下列做法正确的有（　　）。

A. 采集数据前，调查被督察审计单位的组织结构和信息系统分布应用情况，结合督察审计项目，提出数据采集需求

B. 根据前期调查和数据采集需求，制定具体数据采集方案，将电子数据采集、整理和验证后推送给督察审计人员

C. 对采集数据验收后，通过数据分析，发现督察审计线索，获取督察审计证据

D. 对数据采集和应用进行目标评价，对数据采集需求和数据分析方法等进行修正和完善，对数据采集模板、分析方法等成果收集归档

【解析】对数据的采集与分析应用，4

个选项中的做法都是正确的。

【答案】ABCD

9. 按照审计主体，可以将审计划分为（　　）。
   A. 国家审计
   B. 部门和单位审计
   C. 社会审计
   D. 纪委审计

【解析】按照审计主体，可以将审计划分为国家审计、部门和单位审计和社会审计。纪委非审计部门。

【答案】ABC

10. 下列选项中，属于内控机制建设的主要内容的有（　　）。
    A. 加强风险评估　B. 完善防控措施
    C. 应用信息技术　D. 优化内控环境

【解析】内控机制建设的主要内容，包括加强风险评估、完善防控措施、应用信息技术、优化内控环境、实施动态管理。

【答案】ABCD

11. 下列选项中，属于"三重一大"事项的有（　　）。
    A. 重大活动开展　B. 重要人事任命
    C. 大额资金使用　D. 重大项目安排

【解析】中央规定的重大决策、重大项目安排、重要干部任免和大额度资金使用等事项，实行集体研究、集体决策。

【答案】BCD

12. 根据《中华人民共和国刑法》的规定，下列属于贪污贿赂犯罪的有（　　）。
    A. 挪用公款罪
    B. 行贿罪
    C. 私分罚没财物罪
    D. 滥用职权罪

【解析】依据《中华人民共和国刑法》第八章。

【答案】ABC

13. 党支部对党员、干部及其他工作人员思想、工作、生活、作风、纪律等情况进行监督。其监督的主要方式有（　　）。
    A. 提醒党员领导干部落实双重组织生活制度
    B. 谈心谈话
    C. 问责追责
    D. 批评教育

【解析】依据《关于构建税务系统一体化综合监督体系的意见》。

【答案】ABD

14. 各级税务局党委要充分保障党员和群众的民主权利。这些权利包括（　　）。
    A. 知情权　　B. 监督权
    C. 申诉权　　D. 表达权

【解析】依据《关于构建税务系统一体化综合监督体系的意见》。

【答案】ABD

15. 党内监督必须加强对两类人的监督。下列选项中，属于这两类人的是（　　）。
    A. 党组织主要负责人
    B. 党组织负责人
    C. 关键岗位领导干部
    D. 临退休领导干部

【解析】根据《中国共产党党内监督

条例》第十七条规定，党内监督必须加强党组织主要负责人和关键岗位领导干部的监督。

【答案】AC

16. 党委纪检组协助党委落实全面从严治党主体责任，可以采取的方式有（　　）。

A. 重大事项请示报告

B. 监督推动党委决策落实

C. 组织巡视

D. 提出意见建议

【解析】依据《全国税务系统党的建设工作规范（试行）》。

【答案】ABD

17. 某市税务局党委班子履行主体责任缺失，上级党委应对其领导班子及成员采取的措施有（　　）。

A. 调离岗位

B. 督促整改问题

C. 处理责任人

D. 组织处理

【解析】对主体责任缺失、监督责任缺位、责任传导不力的领导班子及成员，既要督促整改问题，也要处理责任人。

【答案】BC

18. 国家公职人员刘某进入企业检查期间，收受企业价值2000元购物卡。单位开展专项整治自查时，他主动交代违法行为，上交了全部购物卡。根据《中华人民共和国公职人员政务处分法》的规定，其所属部门可以对刘某采取的处理方式有（　　）。

A. 谈话提醒　　B. 批评教育

C. 责令检查　　D. 免予政务处分

【解析】依据《中华人民共和国公职人员政务处分法》第十二条。

【答案】ABCD

19. 巡察组开展工作时具体可以采取的方式有（　　）。

A. 听取专题汇报

B. 受理来信、来电、来访

C. 调阅、复制有关资料

D. 搜查被巡察单位干部的私人物品

【解析】依据《税务巡视巡察工作规范（4.0）》。

【答案】ABC

20. 下列情形中，实行税收违法案件"一案双查"的有（　　）。

A. 案件处置出现重大失误，纪检干部严重违纪的

B. 重大税收违法案件存在税务机关或者税务人员涉嫌违法违纪行为的

C. 检举税务机关或者税务人员违纪违法行为，线索具体的

D. 税务机关或者税务人员侵犯公民、法人和其他组织合法权益等行为的

【解析】案件处置出现重大失误，纪检干部严重违纪的，属于纪检监察案件"一案双查"的情形。

【答案】BCD

21. 某税务局干部刘某在税务执法过程中发现某企业有偷税嫌疑，但未按照规定报告上级，造成较坏影响。根据《中华人民共和国公职人员政务处分法》的规定，可能给予刘某的处分有（　　）。

A. 警告　　　　B. 记过

C. 记大过　　　D. 开除公职

【解析】依据《中华人民共和国公职人员政务处分法》第二十九条。

【答案】ABC

三 判断题

1. 税务系统着力构建的"六位一体"全面从严治党新格局是指政治建设一体深化、两个责任一体发力、综合监督一体集成、党建业务一体融合、约束激励一体抓实、组织体系一体贯通。（　　）

   【解析】略
   【答案】正确

2. 主动交代违法违纪行为的、检举他人重大违法违纪行为情况属实的，政纪适用从轻处分。（　　）

   【解析】略
   【答案】正确

3. 党员领导干部，不信马列信鬼神，在家中长期供奉菩萨，每逢组织考核、职务晋升等重大事件均祈求神灵保佑，其行为违反了政治纪律，情节严重，应给予开除党籍处分。（　　）

   【解析】略
   【答案】正确

4. 受理党员的控告和申诉，是纪律检查机关的工作职责。（　　）

   【解析】略
   【答案】正确

5. 纪检监察机关可以不经本级党委（组）同意，直接向上级纪检机关反映报告、请求复查、提出申诉。（　　）

   【解析】略
   【答案】正确

6. 经立案调查，有严重违纪事实并涉嫌违法的，应给予开除党籍处分，并移送司法机关追究刑事责任。（　　）

   【解析】略
   【答案】正确

7. 税务系统纪检监察部门负有监督检查责任、纪律审查责任、问责追究责任。（　　）

   【解析】略
   【答案】正确

8. 纪检监察案件查办的主体是纪检监察部门，客体是党员、党组织和监察对象违犯党章、党纪政纪和国家法律法规的行为。（　　）

   【解析】略
   【答案】正确

9. 受到处分的违纪行为人复核、申诉期间暂停处分的执行。（　　）

   【解析】复核、申诉期间不停止处分的执行。
   【答案】错误

10. 巡视工作人员有重大问题应当发现而没有发现就是渎职。（　　）

    【解析】巡视工作人员有重大问题应当发现而没有发现就是失职，发现问题没有如实报告就是渎职。
    【答案】错误

11. 对督察审计发现的重大问题，报经税务机关负责人批准后，直接移送司法机关处理。（　　）

    【解析】对督察审计发现的重大问题，报经税务机关负责人批准后，移送稽查、人事、纪检监察等部门处理。

【答案】错误

12. 《中国共产党问责条例》规定，实行终身问责，对失职失责性质恶劣、后果严重的，不论其责任人是否调离转岗、提拔或者退休，都应当严肃问责。（　）

【解析】略

【答案】正确

13. 公职人员违法行为情节轻微，可以对其进行谈话提醒、批评教育、责令检查或者予以诫勉，免予或者不予政务处分。（　）

【解析】根据《中华人民共和国公职人员政务处分法》第十二条规定，公职人员违法行为情节轻微，且具有该法第十一条规定的情形之一的，可以对其进行谈话提醒、批评教育、责令检查或者予以诫勉，免予或者不予政务处分。

【答案】错误

14. 组织处理可以单独使用，也可以和党纪政务处分合并使用。（　）

【解析】略

【答案】正确

15. 勇于自我革命是我们党区别于其他政党的显著标志，是党跳出治乱兴衰历史周期率、历经百年沧桑更加充满活力的成功秘诀。（　）

【解析】略

【答案】正确

16. 党员、干部有一般违纪问题，或者违纪问题严重但具有主动交代等从轻减轻处分情形的，运用监督执纪第二种形态，按照规定给予警告、严重警告处分，或者建议单处、并处停职检查、调整职务、责令辞职、免职等处理。（　）

【解析】略

【答案】正确

17. 上级纪律检查委员会可以按照程序改变下级纪委作出的错误决定，但不能直接审查下级纪委管辖范围内有重大影响的案件。（　）

【解析】根据《中国共产党纪律检查委员会工作条例》第六条规定，上级党的纪律检查委员会必要时直接审查或者组织、指挥审查下级纪委管辖范围内有重大影响或者复杂的案件。

【答案】错误

18. 党委和政府信访部门以外的其他机关、单位收到信访人直接提出的信访事项，对属于本系统下级机关、单位职权范围的，应当转送、交办有权处理的机关、单位，但应当向信访人保密。（　）

【解析】根据《信访工作条例》第二十三条规定，党委和政府信访部门以外的其他机关、单位收到信访人直接提出的信访事项，对属于本系统下级机关、单位职权范围的，应当转送、交办有权处理的机关、单位，并告知信访人转送、交办去向。

【答案】错误

19. 按照党统一领导、全面覆盖、权威高效要求，坚持以党内监督为主导，做实专责监督、贯通各类监督。（　）

【解析】略

【答案】正确

20. 某省局党委巡察组巡察辖区内的设区市税务局时，不能越级巡察该市税务局的下级县税务局。（　　）

【解析】可结合实际，积极探索"下沉巡视""交叉巡察""提级巡视"等方式方法，提升巡察质效，推动全面从严治党向纵深发展、向基层延伸。

【答案】错误

四 简答题

1. 2022年1月18日至20日，中国共产党第十九届中央纪律检查委员会第六次全体会议在北京举行，会议强调要自觉把握和运用党的百年奋斗历史经验，弘扬伟大建党精神，永葆自我革命精神。请你谈一谈对"永葆自我革命精神"的认识和体会。

【答案】可以从以下方面进行阐述：勇于自我革命是我们党区别于其他政党的显著标志，是党跳出治乱兴衰历史周期率、历经百年沧桑更加充满活力的成功秘诀。要坚持用马克思主义中国化最新成果武装头脑，提高政治站位，坚守职责定位，发扬彻底的自我革命精神，坚决消除存量、遏制增量，把正风肃纪反腐与深化改革、完善制度、促进治理、推动发展贯通起来，在维护党的集中统一领导、督促落实党的理论和路线方针政策、捍卫党的先进性和纯洁性上忠诚履职，有力有效服务保障党和国家工作大局。第一，深入学习贯彻党的十九届六中全会精神，聚焦"国之大者"推动政治监督具体化常态化。第二，保持反对和惩治腐败的强大力量常在，坚定不移把反腐败斗争推向纵深。第三，持续加固中央八项规定堤坝，坚持不懈整治群众身边腐败和不正之风。第四，健全巡视巡察上下联动格局，实现高质量全覆盖目标任务。第五，促进纪检监察体制改革系统集成、协同高效，推动制度优势转化为治理效能。第六，落实政治过硬、本领高强要求，努力做党和人民的忠诚卫士。

2. 新时期税务系统巡视巡察工作监督的重点要做到"三个聚焦"，请问其具体内容是哪些？

【答案】"三个聚焦"：聚焦被巡察党组织党的理论和路线方针政策以及党中央、国务院重大决策部署贯彻落实情况，聚焦纳税人、缴费人身边腐败问题和不正之风情况，聚焦基层党组织领导班子和干部队伍建设情况。

五 论述题

1. 某公职人员张某是中共党员，由于其在微博上多次公开发表反对党的改革开放政策的文章，编造政治谣言损坏党和国家形象，造成不良社会影响，受到党内严重警告处分，并被行政撤职。这样处理恰当吗？请结合《中国共产党纪律处分条例》加以论述。

【答案】处分是恰当的。《中国共产党纪律处分条例》第四十六条规定："通过网络、广播、电视、报刊、传单、书

通用知识

籍等，或者利用讲座、论坛、报告会、座谈会等方式，有下列行为之一，情节较轻的，给予警告或者严重警告处分；情节较重的，给予撤销党内职务或者留党察看处分；情节严重的，给予开除党籍处分：（一）公开发表违背四项基本原则，违背、歪曲党的改革开放决策，或者其他有严重政治问题的文章、演说、宣言、声明等的；（二）妄议党中央大政方针，破坏党的集中统一的；（三）丑化党和国家形象，或者诋毁、诬蔑党和国家领导人、英雄模范，或者歪曲党的历史、中华人民共和国历史、人民军队历史的。发布、播出、刊登、出版上述所列内容或者为上述行为提供方便条件的，对直接责任者和领导责任者，给予严重警告或者撤销党内职务处分；情节严重的，给予留党察看或者开除党籍处分。"

张某在微博上多次公开发表反对党的改革开放政策的文章，编造政治谣言损坏党和国家形象，造成不良社会影响，身为公职人员，同时又是一名党员，违反了上述规定，必须严肃处理。

2. 税务机关如何推进党风廉政建设，一体推进"不敢腐、不能腐、不想腐"？

【答案】可以从以下方面进行阐述：要持续深入学习习近平总书记关于全面从严治党的重要论述，全面、科学、系统把握其思想精髓、核心要义，切实增强全面从严治党永远在路上的思想自觉。要牢固树立税务机关首先是政治机关的意识，始终坚持"严"的主基调，坚持管党治党不放松、正风肃纪不停步、反腐惩恶不手软，切实增强全面从严治党永远在路上的行动自觉。

要进一步压实党委领导班子主体责任，坚持把全面从严治党工作和税收业务工作同谋划、同部署、同推进、同考核，一以贯之统筹推进。要进一步压实纪检机构专责监督责任，主动精准有效发现问题，依规依纪依法处置问题。要进一步压实职能部门监督责任，将全面从严治党要求纳入本部门业务工作，实现监督管理和业务工作深度融合、有效贯通。要进一步压实基层党组织监督职责，认真履行教育、管理和监督党员的重要职责，对苗头性、倾向性问题及时咬耳扯袖、提醒纠正。要坚持抓长抓常以案促改、以案促治，推动"六位一体"税务系统全面从严治党新格局不断健全。要抓实警示教育，严肃开展案件通报，着力筑牢思想根基。强化"两权"运行监督，着力防范廉政风险。要抓优体制机制，构建一体化综合监督体系形成的"1+6"制度文件作进一步修改完善，着力提升监督效能。要抓严监督执纪，对违纪违法行为，发现一起、查处一起，并严肃追责问责，着力增强震慑效应。（注：读者也可结合工作实际解答。）

3. 如何构建税务系统纵向到底、横向到边的一体化综合监督体系，推动税务系统全面从严治党向纵深发展？

【答案】可以从以下方面进行阐述：构建税务系统一体化综合监督体系，落实"1+1+5+N"（"1"是党委全面监督；"1"是纪检机构专责监督；"5"是接受地方党政机关监督、部门职能监督、党的基层组织日常监督、党员和群众民主监督、社会监督；"N"是若干配套制度机制）总体框架，形成党委统一领导、各司其责、全面覆盖、集成高效、贯通协同的监督工作格局，着力完善一套制度、健全一组机制、推出一批措施、搭建一个网络、打造一支铁军、取得一流成效，强化对权力运行的制约和监督，使上级监督更有力、同级监督更直接、下级监督更广泛、外部监督更有效、各方监督更协同、运行机制更顺畅。

第六章
税费制度

>> 知识架构

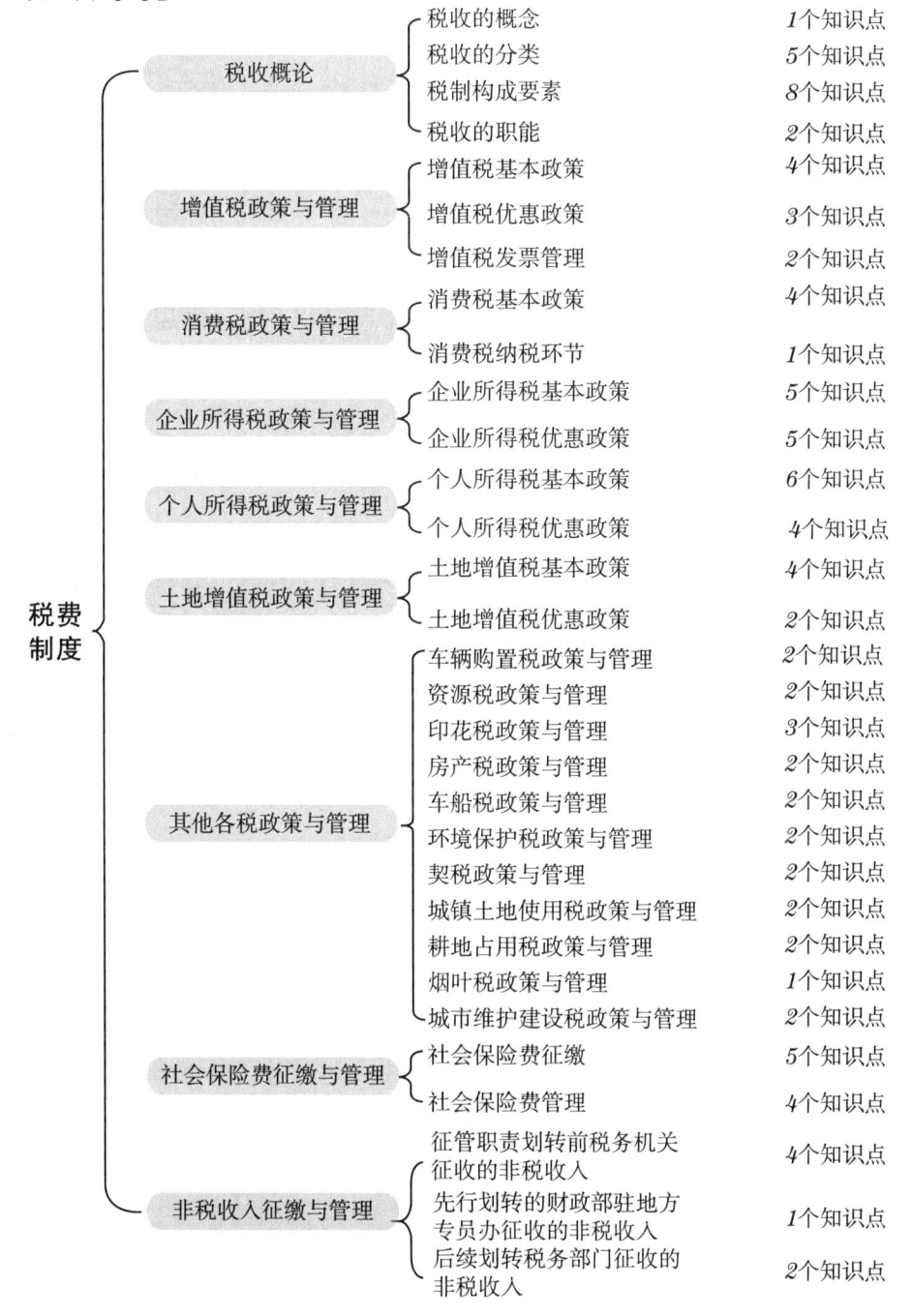

```
                          ┌ 税收的概念                            1个知识点
              ┌ 税收概论 ┤  税收的分类                            5个知识点
              │          │  税制构成要素                          8个知识点
              │          └ 税收的职能                            2个知识点
              │
              │                        ┌ 增值税基本政策           4个知识点
              │ 增值税政策与管理      ┤  增值税优惠政策           3个知识点
              │                        └ 增值税发票管理           2个知识点
              │
              │ 消费税政策与管理      ┌ 消费税基本政策           4个知识点
              │                        └ 消费税纳税环节           1个知识点
              │
              │ 企业所得税政策与管理  ┌ 企业所得税基本政策       5个知识点
              │                        └ 企业所得税优惠政策       5个知识点
              │
   税费       │ 个人所得税政策与管理  ┌ 个人所得税基本政策       6个知识点
   制度     ┤                        └ 个人所得税优惠政策       4个知识点
              │
              │ 土地增值税政策与管理  ┌ 土地增值税基本政策       4个知识点
              │                        └ 土地增值税优惠政策       2个知识点
              │
              │                        ┌ 车辆购置税政策与管理     2个知识点
              │                        │  资源税政策与管理         2个知识点
              │                        │  印花税政策与管理         3个知识点
              │                        │  房产税政策与管理         2个知识点
              │                        │  车船税政策与管理         2个知识点
              │ 其他各税政策与管理    ┤  环境保护税政策与管理     2个知识点
              │                        │  契税政策与管理           2个知识点
              │                        │  城镇土地使用税政策与管理 2个知识点
              │                        │  耕地占用税政策与管理     2个知识点
              │                        │  烟叶税政策与管理         1个知识点
              │                        └ 城市维护建设税政策与管理 2个知识点
              │
              │ 社会保险费征缴与管理  ┌ 社会保险费征缴           5个知识点
              │                        └ 社会保险费管理           4个知识点
              │
              │                        ┌ 征管职责划转前税务机关
              │                        │  征收的非税收入           4个知识点
              │ 非税收入征缴与管理    ┤  先行划转的财政部驻地方
              └                        │  专员办征收的非税收入     1个知识点
                                       │  后续划转税务部门征收的
                                       └ 非税收入                  2个知识点
```

通用知识

>> 第一节
税收概论

一、税收的概念

【知识点】税收的概念

税收是国家为了满足社会公共需要，凭借政治权力，强制、无偿、固定地参与社会剩余产品分配，以取得财政收入所形成的一种特殊分配关系。

税收是国家公共财政最主要的收入形式和来源。

税收在国家治理中发挥着基础性、支柱性、保障性作用。

二、税收的分类

【知识点1】按征税对象分类

按征税对象不同，税收可以划分为货物与劳务税、所得税、财产税及行为目的税。

1. 货物与劳务税

货物与劳务税，是指在生产、流通及服务领域中，以销售商品或提供劳务而取得的销售收入额或营业收入额为征税对象的各税种，如增值税、消费税等。

2. 所得税

所得税即应纳税所得额，是指以所得额为征税对象的各税种，如企业所得税、个人所得税等。所得额，是指法人或自然人在一定期间内提供劳务、销售货物、转让各项财产或权利、进行投资、接受捐赠和其他方面取得的所得等应税收入，减除在纳税期间依法允许减除的各种支出后的余额。

3. 财产税

财产税，是指以各种财产为征税对象的各税种，如房产税、车船税等。

4. 行为目的税

行为目的税，是指为达到特定目的，对特定对象和行为发挥调节作用而征收的各税种，如城市维护建设税、耕地占用税等。

【知识点2】按计税依据分类

按计税依据不同，税收可以分为从量税与从价税。

1. 从量税

从量税,是指以征税对象的自然计量单位(重量、面积、件数等)为依据,按固定税额计征的税收。从量税实行定额税率,计算简便。

2. 从价税

从价税,是指以征税对象的价值量为依据,按一定比例计征的税收。从价税实行比例税率和累进税率,税收负担比较合理。

【知识点3】按税收与价格关系分类

按税收与价格关系不同,税收可分为价内税与价外税。

1. 价内税

价内税,是指税款包含在应税商品价格内,作为商品价格组成部分的税收,如消费税。

2. 价外税

价外税,是指税款独立于商品价格之外,不作为商品价格的组成部分的税收,如增值税。

【知识点4】按税收管理和支配权限的归属分类

按税收管理和支配权限的归属不同,税收可分为中央税、地方税、中央与地方共享税。

1. 中央税

中央税,是指由中央政府征收和管理使用或由地方政府征收后全部划归中央政府所有并支配使用的税收,如船舶吨税、消费税、车辆购置税等。

2. 地方税

地方税,是指由地方政府征收和管理使用的税收,如房产税、城镇土地使用税、环境保护税等。

3. 中央与地方共享税

中央与地方共享税,是指税收的管理权和使用权属中央政府和地方政府共同拥有的税收,如企业所得税、个人所得税、城市维护建设税、印花税、资源税、增值税(不含海关代征的增值税)。

【知识点5】按税收负担是否易于转嫁分类

按税收负担是否易于转嫁,税收可分为直接税与间接税。

1. 直接税

直接税,是指税负不易转嫁,由纳税主体直接承担税负的税收,即纳税人与负税

通用知识

人为同一人，如企业所得税、个人所得税。

2. 间接税

间接税，是指纳税主体通过一定方式，将缴纳税收的部分或全部转嫁给他人负担的税收，如增值税。

三　税制构成要素

税制构成要素一般包括：纳税人、征税对象、税目、税率、计税依据、纳税环节、纳税期限、纳税地点、税收优惠和法律责任等要素。其中纳税人、征税对象、税率是构成税制的3个基本要素。

【知识点1】纳税人

纳税人又称纳税义务人，是指税法规定的直接负有纳税义务的单位和个人。

税收实践中还要注意区别以下与纳税人相关的概念：

（1）负税人。负税人，是指实际负担税款的单位和个人。纳税人与负税人的区别在于：负税人是经济学中的概念，即税收的实际负担者；而纳税人是法律用语，即依法缴纳税收的人。纳税人如果能够通过一定途径把税款转嫁或转移出去，纳税人就不再是负税人。税法只规定纳税人，不规定负税人。二者有时可能相同，有时不尽相同。

（2）扣缴义务人。扣缴义务人，是指法律、行政法规规定负有代扣代缴、代收代缴税款义务的单位和个人。扣缴义务人既非纯粹意义上的纳税人，也非实际负担税款的负税人，只是负有代为扣税并缴纳税款法定职责的义务人。如《中华人民共和国个人所得税法》明确规定，个人所得税，以所得人为纳税人，以支付所得的单位或者个人为扣缴义务人。

【知识点2】征税对象

征税对象又称征税客体，是指税法规定对什么征税。征税对象是各个税种之间相互区别的根本标志，不同的征税对象构成不同的税种。

与征税对象相关的基本概念有以下2个：

（1）计税依据。计税依据又称税基，是指计算应纳税额的依据或标准。征税对象是从质的方面对征税的规定，即对什么征税；计税依据则是从量的方面对征税的规定，即如何计量。有些税的征税对象和计税依据是一致的，如所得税的征税对象和计税依据均为所得额。有些税的征税对象和计税依据是不一致的，如房产税，征税对象是房产，计税依据是房产计税余值或房产租金收入。

（2）税目。税目是征税对象的具体化，也是各个税种所规定的具体征税项目。税目反映征税的范围，代表征税的广度。

税目的制定一般采用列举法和概括法。划分税目的主要目的是进一步明确征税范围，解决征税对象的归类问题。

【知识点3】税率

税率是应纳税额与计税依据之间的数量关系或比例，是计算税额的尺度。其体现征税的深度，是国家在一定时期内税收政策的主要表现形式，也是税收制度的核心要素。

税率主要有比例税率、累进税率和定额税率3种基本形式。

1. 比例税率

比例税率，是指对同一征税对象或同一税目的计税依据不论数额大小，都按同一比例征税，税额占计税依据的比例总是相同的。比例税率的优点是具有横向公平性，计算简便，便于征收和缴纳。

2. 累进税率

累进税率，是指按征税对象计税依据的大小规定不同的等级，随着计税依据数量增大而随之提高的税率。累进税率的特点是税基越大，税率越高，税负呈累进趋势，比较符合公平原则。

3. 定额税率

定额税率又称固定税率，是指按征税对象的计量单位直接规定应纳税额的税率形式，征税对象的计量单位主要有吨、升、平方米、千立方米、辆等。定额税率的基本特点是，税收与征税对象数量紧密相关，而与征税对象的价值量无关。

【知识点4】纳税环节

纳税环节，是指税法规定的征税对象在从生产到消费的流转过程中应当缴纳税款的环节。任何税种都要确定纳税环节。按照纳税环节的多少，税收课征制度可以分为一次课征制和多次课征制。

【知识点5】纳税期限

纳税期限，是指纳税人向国家缴纳税款的法定期限。我国现行税制的纳税期限有三种形式：①按期纳税。②按次纳税。③按年计征，分期预缴或缴纳。无论采取哪种形式，如纳税期限的最后一天是法定节假日，或期限内有连续3日以上的法定节假日，都可以顺延。

【知识点6】纳税地点

纳税地点，是指纳税人具体申报缴纳税款的地点。纳税地点一般为纳税人的住所

通用知识

地,也有规定在营业地、财产所在地或特定行为发生地。

【知识点7】税收优惠

税收优惠,是指税法对某些特定的纳税人或征税对象给予鼓励和照顾的一种免除规定,包括减免税、税收抵免等多种形式。税收优惠按照优惠目的通常可以分为照顾性和鼓励性两种;按照优惠范围可以分为区域性和产业性两种。

1. 减税和免税

减税是对应纳税款少征一部分税款;免税是对应纳税款全部免征。减免税的基本形式主要有三种:①税基式减免;②税率式减免;③税额式减免。

2. 起征点和免征额

起征点是税法规定对征税对象开始征税的起点数额。征税对象数额达到起征点的,对征税对象全部数额按规定的税率计算缴税;未达到起征点的免予征税。

免征额是税法规定的征税对象全部数额中免予征税的数额。

【知识点8】税收法律责任

税收法律责任是税收法律关系的主体因违反税法所应当承担的法律后果,包括经济责任、行政责任和刑事责任。无论纳税人还是征税人违反税法规定,都将依法承担法律责任。

1. 经济责任

经济责任包括补缴税款、加收滞纳金等。

2. 行政责任

行政责任包括罚款、税收保全及强制执行等。

3. 刑事责任

对违反税法情节严重构成犯罪的行为,要依法承担刑事责任。

四 税收的职能

【知识点1】税收的财政职能

组织财政收入是税收的最基本职能。

税收与其他财政收入形式相比具有强制性、无偿性和固定性的特征,因此,税收能确保国家能及时、稳定、足额地取得财政收入,成为国家公共财政的最主要收入形式和来源。

【知识点 2】税收的调节职能

税收作为国家强制参与国民收入分配的主要形式，在筹集财政收入的同时，也改变了各阶级、阶层、社会成员及各经济组织的经济利益。物质利益的多寡，引导着他们的社会经济行为。因此，国家有目的地利用税收体现其有关的社会经济政策，通过对各种经济组织和社会成员的经济利益的调节，使他们的微观经济行为尽可能符合国家预期的社会经济发展方向，以有助于社会经济的顺利发展，从而使税收成为国家调节社会经济活动的重要经济杠杆。税收自产生之日起，就具有调节社会经济的职能。

第二节 增值税政策与管理

一、增值税基本政策

【知识点 1】纳税人

按会计核算水平和经营规模，增值税纳税人分为一般纳税人和小规模纳税人两类。一般纳税人包括：

（1）年应税销售额超过规定标准的纳税人。年应税销售额即纳税人在连续不超过 12 个月或 4 个季度的经营期内累计应征增值税销售额，包括：纳税申报销售额、稽查查补销售额、纳税评估调整销售额。其中稽查查补销售额和纳税评估调整销售额计入查补税款申报当月的销售额，以界定增值税小规模纳税人年应税销售额。

自 2018 年 5 月 1 起，年应税销售额标准统一为 500 万元（不再划分行业）。

（2）年应税销售额未超过规定标准的纳税人，会计核算健全能够提供准确税务资料的，可以向主管税务机关申请办理一般纳税人资格登记，成为一般纳税人。

小规模纳税人，是指年销售额在规定标准以下，并且会计核算不健全，不能按规定报送有关税务资料的纳税人。年应税销售额超过小规模纳税人标准的其他个人按小规模纳税人纳税；年应税销售额超过规定标准但不经常发生应税行为的单位和个体工商户，以及非企业性单位，不经常发生应税行为的企业，可选择按照小规模纳税人纳税。

通用知识

【知识点2】征税范围

1. 增值税征税项目

（1）销售货物，是指有偿转让货物的所有权。货物是指有形动产，包括电力、热力、气体。

（2）提供加工、修理修配劳务，是指有偿提供加工、修理修配劳务。

（3）销售服务，是指有偿提供交通运输服务、邮政服务、电信服务、建筑服务、金融服务、现代服务、生活服务。

（4）销售无形资产，是指有偿转让无形资产所有权或者使用权的业务活动。无形资产，是指不具实物形态，但能带来经济利益的资产，包括技术、商标、著作权、商誉、自然资源使用权和其他权益性无形资产。技术，包括专利技术和非专利技术。

（5）销售不动产，是指有偿转让不动产所有权的业务活动。不动产是指不能移动或者移动后会引起性质、形状改变的财产，包括建筑物、构筑物等。

（6）进口货物，是指申报进入我国海关境内的货物。只要是报关进口的货物，均属于增值税征税范围，在进口环节缴纳增值税（享受免税政策的货物除外）。

2. 不征增值税项目

下列项目不征收增值税：

（1）根据国家指令无偿提供的铁路运输服务、航空运输服务，属于《营业税改征增值税试点实施办法》第十四条规定的用于公益事业的服务。

（2）存款利息。

（3）被保险人获得的保险赔付。

（4）房地产主管部门或者其指定机构、公积金管理中心、开发企业以及物业管理单位代收的住宅专项维修资金。

（5）纳税人在资产重组过程中，通过合并、分立、出售、置换等方式，将全部或者部分实物资产以及与其相关联的债权、负债和劳动力一并转让给其他单位和个人，不属于增值税的征税范围，其中涉及的货物转让，不征收增值税。

（6）执照、牌照工本费收入。

对国家管理部门行使其管理职能，发放的执照、牌照和有关证书等取得的工本费收入，不征收增值税。

（7）免费防疫苗。

卫生防疫站调拨生物制品和药械，属于销售货物行为，可按照小规模纳税人3%的增值税征收率征收增值税。对卫生防疫站调拨或发放的由政府财政负担的免费防疫苗不征收增值税。

（8）财政补贴。

纳税人取得的财政补贴收入，与其销售货物、劳务、服务、无形资产、不动产的收入或者数量直接挂钩的，应按规定计算缴纳增值税。纳税人取得的其他情形的财政补贴收入，不属于增值税应税收入，不征收增值税。

（9）燃油电厂发电补贴。

各燃油电厂从政府财政专户取得的发电补贴不属于规定的价外费用，不计入应税销售额，不征收增值税。

（10）会费收入。

各党派、工会、共青团、妇联、中科协、青联、台联、侨联收取党费、团费、会费，以及政府间国际组织收取会费，属于非经营活动，不征收增值税。

（11）供应或开采天然水。

供应或开采未经加工的天然水（如水库供应农业灌溉用水，工厂自采地下水用于生产），不征收增值税。

（12）非保本投资收益。

《销售服务、无形资产、不动产注释》（财税〔2016〕36号）第一条第（五）项第1点所称"保本收益、报酬、资金占用费、补偿金"，是指合同中明确承诺到期本金可全部收回的投资收益。金融商品持有期间（含到期）取得的非保本的上述收益，不属于利息或利息性质的收入，不征收增值税。

【知识点3】税率和征收率

1. 税率

（1）适用13%税率。增值税一般纳税人销售或者进口货物，提供应税劳务，除适用9%的税率外，税率一律适用13%；增值税一般纳税人提供有形动产租赁服务适用13%税率。

（2）适用9%税率。

①纳税人销售或者进口下列货物：农产品（含粮食）、自来水、暖气、石油液化气、天然气、食用植物油、冷气、热水、煤气、居民用煤炭制品、食用盐、农机、饲料、农药、农膜、化肥、沼气、二甲醚、图书、报纸、杂志、音像制品、电子出版物。

②纳税人发生下列应税行为，税率为9%：提供交通运输、邮政、基础电信、建筑、不动产租赁服务，销售不动产，转让土地使用权。

（3）适用6%税率。增值税一般纳税人发生下列应税行为，税率为6%：提供增值电信服务、金融服务、现代服务（不包括有形动产租赁服务、不动产租赁服务）、生活服务，销售无形资产（不包括转让土地使用权）。

（4）零税率。纳税人出口货物税率为零。国务院另有规定的除外。

境内单位和个人发生的跨境应税行为，税率为零。具体范围由财政部和国家税务

通用知识

总局另行规定。

2. 小规模纳税人的征收率

小规模纳税人法定征收率为3%，但财政部和国家税务总局另有规定的除外。

（1）小规模纳税人转让其取得的不动产，按照5%的征收率计算应纳税额。

（2）小规模纳税人出租其取得的不动产，按照5%的征收率计算应纳税额。其中个人（含个体工商户）出租住房，按照5%的征收率减按1.5%计算应纳税额。

（3）小规模纳税人提供劳务派遣服务，以取得的全部价款和价外费用为销售额，按照简易计税方法按3%的征收率计算应纳税额；也可以选择差额纳税，以取得的全部价款和价外费用，扣除代用工单位支付给劳务派遣员工的工资、福利和为其办理社会保险及住房公积金后的余额为销售额，按照简易计税方法按5%的征收率计算应纳税额。

自2023年1月1日至2027年12月31日，增值税小规模纳税人适用3%征收率的应税销售收入，减按1%征收率征收增值税；适用3%预征率的预缴增值税项目，减按1%预征率预缴增值税。

【知识点4】计税方法

1. 一般计税方法和简易计税方法

（1）一般计税方法。一般计税方法适用于增值税一般纳税人。

采用一般计税方法计税的，应纳税额为当期销项税额抵扣当期进项税额后的余额。

应纳税额计算公式为：

$$应纳税额 = 当期销项税额 - 当期进项税额$$

$$销项税额 = 不含税销售额 \times 税率 = 含税销售额 \div (1 + 税率) \times 税率$$

当期销项税额小于当期进项税额不足抵扣时，其不足部分可以结转下期继续抵扣或申请退税（需符合条件）。

（2）简易计税方法。简易计税方法适用于小规模纳税人和一般纳税人选择或适用简易计税的项目。

采用简易计税方法计税的，按照销售额和增值税征收率计算的增值税额，不得抵扣进项税额。

应纳税额计算公式为：

$$应纳税额 = 不含税销售额 \times 征收率 = 含税销售额 \div (1 + 征收率) \times 征收率$$

2. 销售额确定

纳税人销售货物或者应税劳务销售额为向购买方收取的全部价款和价外费用，但是不包括收取的增值税。

价外费用包括价外向购买方收取的手续费、补贴、基金、集资费、返还利润、奖励费、违约金、滞纳金、延期付款利息、赔偿金、代收款项、代垫款项、包装费、包装物租金、储备费、优质费、运输装卸费及其他各种性质的价外收费。但下列项目不包括在内：

（1）受托加工应征消费税的消费品所代收代缴的消费税。

（2）符合条件的代垫运输费用。

（3）符合条件的代为收取的政府性基金或者行政事业性收费。

（4）销售货物的同时代办保险等向购买方收取的保险费，以及向购买方收取的代购买方缴纳的车辆购置税、车辆牌照费。

3. 进项税额

（1）准予抵扣的进项税额。

进项税额，是指纳税人购进货物、应税劳务、服务、无形资产或者不动产，支付或者负担的增值税额。准予从销项税额中抵扣的进项税额包括：

①从销售方取得的增值税专用发票（含税控机动车销售统一发票）上注明的增值税额。

②从海关取得的海关进口增值税专用缴款书上注明的增值税额。

③购进农产品准予抵扣的进项税额。

A. 自2019年4月1日起，纳税人购进农产品，按照9%的扣除率计算抵扣进项税额。纳税人购进用于生产销售或委托加工13%税率货物的农产品，按照10%的扣除率计算抵扣进项税额。

B. 自2012年7月1日起，以购进农产品为原料生产销售液体乳及乳制品、酒及酒精、植物油的增值税一般纳税人，其购进农产品无论是否用于生产上述产品，购进农产品增值税进项税额实施核定扣除办法。

④自2018年1月1日起，纳税人支付的道路、桥、闸通行费按照以下规定抵扣进项税额：

A. 纳税人支付的道路通行费，按照收费公路通行费增值税电子普通发票上注明的增值税额抵扣进项税额。

B. 纳税人支付的桥、闸通行费，暂凭取得的通行费发票上注明的收费金额按照下列公式计算可抵扣的进项税额：

桥、闸通行费可抵扣进项税额 = 桥、闸通行费发票上注明的金额 ÷（1+5%）×5%

⑤从境外单位或者个人购进劳务、服务、无形资产或者不动产，自税务机关或者扣缴义务人取得的解缴税款的完税凭证上注明的增值税额。

纳税人凭完税凭证抵扣进项税额的，应当具备书面合同、付款证明和境外单位的对账单或者发票。资料不全的，其进项税额不得从销项税额中抵扣。

⑥纳税人购进国内旅客运输服务的抵扣。

通用知识

纳税人未取得增值税专用发票的,暂按照以下规定确定进项税额:

A. 取得增值税电子普通发票的,为发票上注明的税额。

B. 取得注明旅客身份信息的航空运输电子客票行程单的,按照下列公式计算进项税额:

$$航空旅客运输进项税额 = (票价 + 燃油附加费) \div (1 + 9\%) \times 9\%$$

C. 取得注明旅客身份信息的铁路车票的,按照下列公式计算进项税额:

$$铁路旅客运输进项税额 = 票面金额 \div (1 + 9\%) \times 9\%$$

D. 取得注明旅客身份信息的公路、水路等其他客票的,按照下列公式计算进项税额:

$$公路、水路等其他旅客运输进项税额 = 票面金额 \div (1 + 3\%) \times 3\%$$

⑦不动产进项税额的抵扣。

自2019年4月1日起,纳税人取得不动产或者不动产在建工程的进项税额不再分2年抵扣。此前按照规定尚未抵扣完毕的待抵扣进项税额,可自2019年4月税款所属期起从销项税额中抵扣。

⑧进项税额的加计抵减。

A. 自2019年4月1日至2022年12月31日,允许生产、生活性服务业纳税人按照当期可抵扣进项税额加计10%,抵减应纳税额。

B. 自2019年10月1日至2022年12月31日,允许生活性服务业纳税人按照当期可抵扣进项税额加计15%,抵减应纳税额。

C. 自2023年1月1日至2023年12月31日,生产、生活性服务业增值税加计抵减政策按照以下规定执行:

a. 允许生产性服务业纳税人按照当期可抵扣进项税额加计5%抵减应纳税额。

b. 允许生活性服务业纳税人按照当期可抵扣进项税额加计10%抵减应纳税额。

生产性服务业纳税人,是指提供邮政服务、电信服务、现代服务、生活服务取得的销售额占全部销售额的比重超过50%的纳税人。

生活性服务业纳税人,是指提供生活服务取得的销售额占全部销售额的比重超过50%的纳税人。

四项服务的具体范围按照《销售服务、无形资产、不动产注释》(财税〔2016〕36号印发)执行。

D. 自2023年1月1日至2027年12月31日,允许先进制造业企业按照当期可抵扣进项税额加计5%抵减应纳增值税税额。

上述先进制造业企业是指高新技术企业(含所属的非法人分支机构)中的制造业一般纳税人,高新技术企业是指按照《科技部 财政部 国家税务总局关于修订印发〈高新技术企业认定管理办法〉的通知》(国科发火〔2016〕32号)规定认定的高新技术企业。先进制造业企业具体名单,由各省、自治区、直辖市、计划单列市工业和信息化部门会同同级科技、财政、税务部门确定。

E. 自 2023 年 1 月 1 日至 2027 年 12 月 31 日，允许集成电路设计、生产、封测、装备、材料企业（以下称集成电路企业），按照当期可抵扣进行税额加计 15% 抵减应纳增值税税额。

F. 自 2023 年 1 月 1 日至 2027 年 12 月 31 日，符合条件的工业母机企业，可以享受增值税 15% 加计抵减优惠。

（2）不予抵扣的进项税额。

纳税人取得的增值税扣税凭证不符合法律、行政法规或者国家税务总局有关规定的，其进项税额不得从销项税额中抵扣。除此之外，一般纳税人发生下列项目的进项税额不得从销项税额中抵扣：

①用于简易计税方法计税项目、免征增值税项目、集体福利或者个人消费的购进货物、加工修理修配劳务、服务、无形资产和不动产。其中涉及的固定资产、无形资产、不动产，仅指专用于上述项目的固定资产、无形资产（不包括其他权益性无形资产）、不动产。纳税人的交际应酬消费属于个人消费。

②非正常损失的购进货物，以及相关的加工修理修配劳务和交通运输服务。

③非正常损失的在产品、产成品所耗用的购进货物（不包括固定资产）、加工修理修配劳务和交通运输服务。

④非正常损失的不动产，以及该不动产所耗用的购进货物、设计服务和建筑服务。

⑤非正常损失的不动产在建工程所耗用的购进货物、设计服务和建筑服务。

⑥购进的贷款服务、餐饮服务、居民日常服务和娱乐服务。

⑦财政部和国家税务总局规定的其他情形。

二 增值税优惠政策

【知识点 1】小规模纳税人税收优惠

自 2023 年 1 月 1 日至 2027 年 12 月 31 日，增值税小规模纳税人发生增值税应税销售行为，合计月销售额未超过 10 万元（以 1 个季度为 1 个纳税期的，季度销售额未超过 30 万元，下同）的，免征增值税。

小规模纳税人发生增值税应税销售行为，合计月销售额超过 10 万元，但扣除本期发生的销售不动产的销售额后未超过 10 万元的，其销售货物、劳务、服务、无形资产取得的销售额免征增值税。

【知识点 2】增值税期末留抵税额退还

1. 自 2019 年 4 月 1 日起，试行增值税期末留抵税额退税制度

（1）同时符合以下条件的纳税人，可以向主管税务机关申请退还增量留抵税额：

通用知识

①自 2019 年 4 月税款所属期起,连续 6 个月(按季纳税的,连续两个季度)增量留抵税额均大于 0,且第 6 个月增量留抵税额不低于 50 万元;

②纳税信用等级为 A 级或者 B 级;

③申请退税前 36 个月未发生骗取留抵退税、出口退税或虚开增值税专用发票情形的;

④申请退税前 36 个月未因偷税被税务机关处罚两次及以上的;

⑤自 2019 年 4 月 1 日起未享受即征即退、先征后返(退)政策的。

(2)增量留抵税额,是指与 2019 年 3 月底相比新增加的期末留抵税额。

(3)纳税人当期允许退还的增量留抵税额,按照以下公式计算:

$$允许退还的增量留抵税额 = 增量留抵税额 \times 进项构成比例 \times 60\%$$

进项构成比例,为 2019 年 4 月至申请退税前一税款所属期内已抵扣的增值税专用发票(含税控机动车销售统一发票)、海关进口增值税专用缴款书、解缴税款完税凭证注明的增值税额占同期全部已抵扣进项税额的比重。

2. 部分先进制造业纳税人增值税期末留抵税额退税制度

自 2019 年 6 月 1 日起,符合条件的部分先进制造业纳税人,可以自 2019 年 7 月及以后纳税申报期向主管税务机关申请退还增量留抵税额,计算公式为:

$$允许退还的增量留抵税额 = 增量留抵税额 \times 进项构成比例$$

2019 年 6 月 1 日起,部分先进制造业纳税人,是指按照《国民经济行业分类》,生产并销售"非金属矿物制品""通用设备""专用设备""计算机、通信和其他电子设备"销售额占全部销售额的比重超过 50% 的纳税人。2021 年 4 月 1 日起,部分先进制造业纳税人是指按照《国民经济行业分类》,生产并销售"非金属矿物制品""通用设备""专用设备""计算机、通信和其他电子设备""医药""化学纤维""铁路、船舶、航空航天和其他运输设备""电气机械和器材""仪器仪表"销售额占全部销售额的比重超过 50% 的纳税人。

3. 2022 年增值税期末留抵退税政策

(1)符合条件的小微企业,可以自 2022 年 4 月纳税申报期起至 2022 年 12 月 31 日向主管税务机关申请退还增量留抵税额。其中符合条件的微型企业,可以自 2022 年 4 月纳税申报期起向主管税务机关申请一次性退还存量留抵税额;符合条件的小型企业,可以自 2022 年 5 月纳税申报期起向主管税务机关申请一次性退还存量留抵税额。

(2)符合条件的制造业等行业企业,可以自 2022 年 4 月纳税申报期起向主管税务机关申请退还增量留抵税额。其中符合条件的制造业等行业中型企业,可以自 2022 年 5 月纳税申报期起向主管税务机关申请一次性退还存量留抵税额;符合条件的制造业等行业大型企业,可以自 2022 年 6 月纳税申报期起向主管税务机关申请一次性退还存量留抵税额。

符合条件的制造业等行业企业包括"制造业""科学研究和技术服务业""电力、热力、燃气及水生产和供应业""软件和信息技术服务业""生态保护和环境治理业"和"交通运输、仓储和邮政业"企业（含个体工商户）。

（3）符合条件的批发零售业等行业企业，可以自2022年7月纳税申报期起向主管税务机关申请退还增量留抵税额。其中符合条件的批发零售业等行业企业，可以自2022年7月纳税申报期起向主管税务机关申请一次性退还存量留抵税额。

符合条件批发零售业等行业企业包括"批发和零售业""农、林、牧、渔业""住宿和餐饮业""居民服务、修理和其他服务业""教育""卫生和社会工作"和"文化、体育和娱乐业"企业（含个体工商户）。

（4）纳税人享受退税需同时符合以下条件：
①纳税信用等级为A级或者B级；
②申请退税前36个月未发生骗取留抵退税、骗取出口退税或虚开增值税专用发票情形；
③申请退税前36个月未因偷税被税务机关处罚两次及以上；
④2019年4月1日起未享受即征即退、先征后返（退）政策。

（5）增量留抵税额和存量留抵税额的确定。

增量留抵税额，区分以下情形确定：纳税人获得一次性存量留抵退税前，增量留抵税额为当期期末留抵税额与2019年3月31日相比新增加的留抵税额。纳税人获得一次性存量留抵退税后，增量留抵税额为当期期末留抵税额。

存量留抵税额，区分以下情形确定：纳税人获得一次性存量留抵退税前，当期期末留抵税额大于或等于2019年3月31日期末留抵税额的，存量留抵税额为2019年3月31日期末留抵税额；当期期末留抵税额小于2019年3月31日期末留抵税额的，存量留抵税额为当期期末留抵税额。纳税人获得一次性存量留抵退税后，存量留抵税额为零。

（6）纳税人按照以下公式计算允许退还的留抵税额：

$$允许退还的增量留抵税额 = 增量留抵税额 \times 进项构成比例 \times 100\%$$

$$允许退还的存量留抵税额 = 存量留抵税额 \times 进项构成比例 \times 100\%$$

进项构成比例，为2019年4月至申请退税前一税款所属期已抵扣的增值税专用发票（含带有"增值税专用发票"字样全面数字化的电子发票、税控机动车销售统一发票）、收费公路通行费增值税电子普通发票、海关进口增值税专用缴款书、解缴税款完税凭证注明的增值税税额占同期全部已抵扣进项税额的比重。

（7）纳税人出口货物劳务、发生跨境应税行为，适用免抵退税办法的，应先办理免抵退税。免抵退税办理完毕后，仍符合规定条件的，可以申请退还留抵税额；适用免退税办法的，相关进项税额不得用于退还留抵税额。

通用知识

纳税人自 2019 年 4 月 1 日起已取得留抵退税款的，不得再申请享受增值税即征即退、先征后返（退）政策。纳税人可以在 2022 年 10 月 31 日前一次性将已取得的留抵退税款全部缴回后，按规定申请享受增值税即征即退、先征后返（退）政策。

纳税人自 2019 年 4 月 1 日起已享受增值税即征即退、先征后返（退）政策的，可以在 2022 年 10 月 31 日前一次性将已退还的增值税即征即退、先征后返（退）税款全部缴回后，按规定申请退还留抵税额。

纳税人可以选择向主管税务机关申请留抵退税，也可以选择结转下期继续抵扣。纳税人应在纳税申报期内，完成当期增值税纳税申报后申请留抵退税。2022 年 4 月至 7 月的留抵退税申请时间，延长至每月最后一个工作日。

（8）对购买使用进口煤炭的燃煤发电企业，符合《财政部 税务总局关于进一步加大增值税期末留抵退税政策实施力度的公告》（财政部 税务总局公告 2022 年第 14 号）规定的，在纳税人自愿申请的基础上，进一步加快留抵退税办理进度，规范高效便捷为其办理留抵退税。

4. 其他留抵退税政策

（1）符合条件的集成电路重大项目增值税留抵税额退税。

（2）对外购用于生产乙烯、芳烃类化工产品的石脑油、燃料油价格中消费税部分对应的增值税额退税。

（3）符合条件的大型客机和新支线飞机增值税留抵税额退税。

（4）自 2018 年 6 月，对装备制造等先进制造业和研发等现代服务业等 18 个大类行业、电网企业为试点试行对部分行业增值税期末留抵税额予以退还。

【知识点 3】2023 年新增或延续部分税收优惠

1. 重点群体创业就业税收优惠

自 2023 年 1 月 1 日至 2027 年 12 月 31 日，脱贫人口（含防止返贫监测对象）、持《就业创业证》（注明"自主创业税收政策"或"毕业年度内自主创业税收政策"）或《就业失业登记证》（注明"自主创业税收政策"）的人员，从事个体经营的，自办理个体工商户登记当月起，在 3 年（36 个月，下同）内按每户每年 20000 元为限额依次扣减其当年实际应缴纳的增值税、城市维护建设税、教育费附加、地方教育附加和个人所得税，限额最高可上浮 20%；企业招用脱贫人口，以及在人力资源社会保障部门公共就业服务机构登记失业半年以上且持《就业创业证》或《就业失业登记证》（注明"企业吸纳税收政策"）的人员，与其签订 1 年以上期限劳动合同并依法缴纳社会保险费的，自签订劳动合同并缴纳社会保险当月起，在 3 年内按实际招用人数予以定额依次扣减增值税、城市维护建设税、教育费附加、地方教育附加和企业所得税优惠。定额标准为每人每年 6000 元，最高可上浮 30%，城市维护建设税、教育费附加、地方教育附加的计税依据是享受本项税收优惠政策前的增值税应纳税额。

2. 退役士兵就业创业税收优惠

自 2023 年 1 月 1 日至 2027 年 12 月 31 日，自主就业退役士兵从事个体经营的，自办理个体工商户登记当月起，在 3 年（36 个月，下同）内按每户每年 20000 元为限额依次扣减其当年实际应缴纳的增值税、城市维护建设税、教育费附加、地方教育附加和个人所得税。限额标准最高可上浮 20%；企业招用自主就业退役士兵，与其签订 1 年以上期限劳动合同并依法缴纳社会保险费的，自签订劳动合同并缴纳社会保险当月起，在 3 年内按实际招用人数予以定额依次扣减增值税、城市维护建设税、教育费附加、地方教育附加和企业所得税优惠。定额标准为每人每年 6000 元，最高可上浮 50%。

城市维护建设税、教育费附加、地方教育附加的计税依据是享受本项税收优惠政策前的增值税应纳税额。

3. 小微企业、农户、个体工商户融资税收优惠

（1）对金融机构向小型企业、微型企业及个体工商户发放小额贷款取得的利息收入，免征增值税。该政策执行至 2027 年 12 月 31 日。

（2）纳税人为农户、小型企业、微型企业及个体工商户借款、发行债券提供融资担保取得的担保费收入，以及为上述融资担保提供再担保取得的再担保费收入，免征增值税。该政策执行至 2027 年 12 月 31 日。

4. 内资研发机构和外资研发中心采购国产设备全额退还增值税

在 2027 年 12 月 31 日前，继续对内资研发机构和外资研发中心采购国产设备全额退还增值税。

5. 继续实施科技企业孵化器、大学科技园和众创空间有关税收政策

继续延续科技企业孵化器、大学科技园和众创空间有关税收政策，自 2024 年 1 月 1 日至 2027 年 12 月 31 日，国家级、省级科技企业孵化器、大学科技园和国家备案众创空间，对其向在孵对象提供孵化服务取得的收入，免征增值税。

6. 继续对内资研发机构和外资研发中心采购国产设备全额退还增值税

继续对内资研发机构和外资研发中心采购国产设备全额退还增值税执行至 2027 年 12 月 31 日，具体从内资研发机构和外资研发中心取得退税资格的次月 1 日起执行。经核定的内资研发机构、外资研发中心，发生重大涉税违法失信行为的，不得享受退税政策。

7. 继续实施创新企业境内发行存托凭证试点阶段有关税收政策

（1）对个人投资者转让创新企业 CDR 取得的差价收入，暂免征收增值税。

（2）对单位投资者转让创新企业 CDR 取得的差价收入，按金融商品转让政策规定征免增值税。

通用知识

（3）自2023年9月21日至2025年12月31日，对公募证券投资基金（封闭式证券投资基金、开放式证券投资基金）管理人运营基金过程中转让创新企业CDR取得的差价收入，暂免征收增值税。

（4）对合格境外机构投资者（QFII）、人民币合格境外机构投资者（RQFII）委托境内公司转让创新企业CDR取得的差价收入，暂免征收增值税。

8. 公租房租金收入免征增值税

至2025年12月31日，对经营公租房所取得的租金收入，免征增值税。公租房经营管理单位应单独核算公租房租金收入，未单独核算的，不得享受免征增值税、房产税优惠政策。

9. 货物期货市场对外开放有关增值税政策

至2027年12月31日，对经国务院批准对外开放的货物期货品种保税交割业务，暂免征收增值税。

三 增值税发票管理

【知识点1】增值税发票的种类

1. 增值税专用发票

增值税专用发票由基本联次或者基本联次附加其他联次构成，分为三联版和六联版两种。基本联次为三联：第一联为记账联，是销售方记账凭证；第二联为抵扣联，是购买方扣税凭证；第三联为发票联，是购买方记账凭证。其他联次用途，由纳税人自行确定。

2. 增值税普通发票

增值税普通发票包括折叠票、卷票及定额发票等。

3. 增值税电子普通发票

增值税电子普通发票的开票方和受票方需要纸质发票的，可以自行打印增值税电子普通发票的版式文件，其法律效力、基本用途、基本使用规定等与税务机关监制的增值税普通发票相同。

4. 机动车销售统一发票

从事机动车零售业务的单位和个人，在销售机动车（不包括销售旧机动车）收取款项时，开具机动车销售统一发票。

5. 增值税电子专用发票

自2020年12月21日起，在天津、河北、上海、江苏、浙江、安徽、广东、重庆、四川、宁波和深圳等11个地区的新办纳税人中实行专票电子化，受票方范围为全国。其中，宁波、石家庄和杭州等3个地区已试点纳税人开具增值税电子专用发票的受票方范围扩至全国。

自 2021 年 1 月 21 日起,在北京、山西、内蒙古、辽宁、吉林、黑龙江、福建、江西、山东、河南、湖北、湖南、广西、海南、贵州、云南、西藏、陕西、甘肃、青海、宁夏、新疆、大连、厦门和青岛等 25 个地区的新办纳税人中实行专票电子化,受票方范围为全国。

电子专票由各省税务局监制,采用电子签名代替发票专用章,属于增值税专用发票,其法律效力、基本用途、基本使用规定等与增值税纸质专用发票相同。

6. 全面数字化的电子发票

全面数字化的电子发票(以下简称全电发票)是与纸质发票具有同等法律效力的全新发票,不以纸质形式存在、不用介质支撑、无须申请领用、发票验旧及申请增版增量。纸质发票的票面信息全面数字化,将多个票种集成归并为电子发票单一票种,全电发票实行全国统一赋码、自动流转交付。

广东、上海、内蒙古作为全国试点单位,于 2021 年 12 月 1 日开展全电发票试点。四川作为全国首家试点推广单位,2022 年 10 月 28 日开展全电发票试点。

【知识点 2】开具发票的基本要求

纳税人应在发生增值税纳税义务时开具发票。

单位和个人在开具发票时,必须做到按照号码顺序填开,填写项目齐全,内容真实,字迹清楚,全部联次一次打印,内容完全一致,并在发票联和抵扣联加盖发票专用章。

增值税纳税人购买货物、劳务、服务、无形资产或不动产,索取增值税专用发票时,须向销售方提供购买方名称(不得为自然人)、纳税人识别号或统一社会信用代码、地址电话、开户行及账号信息,不需要提供营业执照、税务登记证、组织机构代码证、开户许可证、增值税一般纳税人资格登记表等相关证件或其他证明材料。

自 2019 年 9 月 20 日起,纳税人需要通过增值税发票管理系统开具 17%、16%、11%、10% 税率蓝字发票的,应向主管税务机关提交《开具原适用税率发票承诺书》,办理临时开票权限。临时开票权限有效期限为 24 小时,纳税人应在获取临时开票权限的规定期限内开具原适用税率发票。纳税人办理临时开票权限,应保留交易合同、红字发票、收讫款项证明等相关材料,以备查验。

全电发票试点纳税人通过实名认证后,无须使用税控专用设备即可通过电子发票服务平台开具发票,无须进行发票验旧操作。其中,数电票无须进行发票票种核定和发票领用。

通用知识

>> 第三节
消费税政策与管理

一 消费税基本政策

【知识点1】纳税人与扣缴义务人

1. 纳税人

在中华人民共和国境内生产、委托加工和进口《中华人民共和国消费税暂行条例》（以下简称《消费税暂行条例》）规定的消费品的单位和个人，以及国务院确定的销售《消费税暂行条例》规定的消费品的其他单位和个人，为消费税的纳税人。

2. 扣缴义务人

委托加工的应税消费品，除受托方为个人外，受托方为消费税扣缴义务人，由受托方在向委托方交货时代收代缴消费税税款。

【知识点2】征税范围及税目、税率

依照《消费税暂行条例》及相关文件规定，目前消费税征税范围包括烟、酒、小汽车等15个税目，部分税目还进一步划分了若干子目；消费税税率采用比例税率和定额税率两种形式，根据不同的税目或子目确定相应的税率或单位税额（见表6-1）。

表6-1　　　　　　　　　消费税税目税率表

税　目	税　率		
	生产（进口）环节	批发环节	零售环节
一、烟			
1. 卷烟 （1）甲类卷烟[每标准条(200支，下同)调拨价在70元（不含增值税）以上(含70元)] （2）乙类卷烟[每标准条调拨价在70元（不含增值税）以下]	56%加0.003元/支 36%加0.003元/支	11%加 0.005元/支	

· 218 ·

续表

税　　目	税率 生产（进口）环节	批发环节	零售环节
2. 雪茄	36%		
3. 烟丝	30%		
4. 电子烟	36%	11%	
二、酒			
1. 白酒	20%加0.5元/500克（500毫升）		
2. 黄酒	240元/吨		
3. 啤酒① （1）甲类啤酒 每吨出厂价（含包装物及包装物押金，不包括重复使用的塑料周转箱的押金，下同）在3000元（含3000元，不含增值税，下同）以上的	250元/吨		
（2）乙类啤酒 每吨出厂价在3000元以下的	220元/吨		
4. 其他酒	10%		
三、高档化妆品 包括高档美容、修饰类化妆品，高档护肤类化妆品和成套化妆品。高档美容、修饰类化妆品和高档护肤类化妆品是指生产（进口）环节销售（完税）价格（不含增值税）在10元/毫升（克）或15元/片（张）及以上的美容、修饰类化妆品和护肤类化妆品	15%		
四、贵重首饰及珠宝玉石 1. 金银首饰、铂金首饰和钻石及钻石饰品 2. 其他贵重首饰和珠宝玉石	10%		5%
五、鞭炮、焰火	15%		

注：①无醇啤酒比照啤酒征税。啤酒源、菠萝啤酒应按啤酒征收消费税。果啤属于啤酒，按啤酒征收消费税。对饮食业、商业、娱乐业举办的啤酒屋（啤酒坊）利用啤酒生产设备生产的啤酒应当征收消费税。

通用知识

续表

税 目	税率 生产（进口）环节	批发环节	零售环节
六、成品油			
1. 汽油	1.52元/升		
2. 柴油	1.20元/升		
3. 航空煤油	1.20元/升		
4. 石脑油	1.52元/升		
5. 溶剂油	1.52元/升		
6. 润滑油	1.52元/升		
7. 燃料油	1.20元/升		
七、摩托车			
1. 气缸容量（排气量，下同）为250毫升的	3%		
2. 气缸容量在250毫升（不含）以上的	10%		
八、小汽车			
1. 乘用车			
（1）气缸容量（排气量，下同）在1.0升（含1.0升）以下的	1%		
(2) 气缸容量在1.0升以上至1.5升（含1.5升）的	3%		
(3) 气缸容量在1.5升以上至2.0升（含2.0升）的	5%		
(4) 气缸容量在2.0升以上至2.5升（含2.5升）的	9%		
(5) 气缸容量在2.5升以上至3.0升（含3.0升）的	12%		
(6) 气缸容量在3.0升以上至4.0升（含4.0升）的	25%		
(7) 气缸容量在4.0升以上的	40%		
2. 中轻型商用客车	5%		
3. 超豪华小汽车 每辆零售价格130万元（不含增值税）及以上的乘用车和中轻型商用客车	与"乘用车""中轻型商用客车"标准相同		10%
九、高尔夫球及球具	10%		
十、高档手表	20%		
十一、游艇	10%		
十二、木制一次性筷子	5%		
十三、实木地板	5%		
十四、电池	4%		
十五、涂料	4%		

【知识点3】应纳税额计算

消费税应纳税额的计算方法有3种：从价定率法、从量定额法和复合计税法。

1. 从价定率法下应纳税额的计算

$$应纳税额 = 销售额 \times 比例税率$$

2. 从量定额法下应纳税额的计算

$$应纳税额 = 销售数量 \times 定额税率$$

3. 复合计税法下应纳税额的计算

在现行消费税征税范围中，只有卷烟、白酒采用复合计征方法。

$$应纳税额 = 销售额 \times 比例税率 + 销售数量 \times 定额税率$$

【知识点4】消费税税额的扣除

对外购应税消费品和委托加工收回的应税消费品连续生产应税消费品销售的，可将外购应税消费品和委托加工收回的应税消费品已缴纳的消费税给予扣除。

二、消费税纳税环节

【知识点】消费税纳税环节

1. 生产销售环节

纳税人生产的应税消费品，于销售时纳税。销售，是指有偿转让应税消费品的所有权；有偿，是指从购买方取得货币、货物或者其他经济利益。

纳税人自产的应税消费品，用于连续生产应税消费品的，不纳税；用于其他方面的，于移送使用时纳税。

2. 委托加工环节

委托加工的应税消费品，除受托方为个人外，由受托方在向委托方交货时代收代缴税款。

委托加工的应税消费品收回后直接出售的，不再缴纳消费税。

3. 进口环节

进口的应税消费品，由进口报关者于报关进口时纳税。

4. 零售环节

零售环节征收消费税的应税消费品范围仅限于：金、银、铂金首饰；金基、银基合金首饰；金、银和金基、银基合金的镶嵌首饰；钻石、钻石饰品。

对超豪华小汽车（每辆不含税零售价格130万元及以上的乘用车和中轻型商用客车），在生产（进口）环节按现行税率征收消费税基础上，在零售环节加征消费税，税率为10%。

5. 批发环节

自2009年5月1日起,对卷烟,除生产环节外,在批发环节加征一道消费税。自2015年5月10日起,提高卷烟批发环节从价税税率,并加征从量税。

卷烟批发环节的消费税不得扣除生产环节的消费税。

自2022年11月1日起,电子烟纳入消费税征收范围。在中华人民共和国境内生产(进口)、批发电子烟的单位和个人为消费税纳税人。电子烟批发环节纳税人,是指取得烟草专卖批发企业许可证并经营电子烟批发业务的企业。

第四节 企业所得税政策与管理

一、企业所得税基本政策

【知识点1】纳税人

企业所得税是对我国境内的企业和其他取得收入的组织的生产经营所得和其他所得征收的一种税。

企业所得税纳税人分为居民企业纳税人和非居民企业纳税人。

个人独资企业、合伙企业不属于企业所得税纳税人。

1. 居民企业

居民企业,是指依法在中国境内成立,或者依照外国(地区)法律成立但实际管理机构在中国境内的企业。居民企业采用登记注册地和实际管理机构所在地两个标准认定。

实际管理机构,是指对企业的生产经营、人员、账务、财产等实施实质性全面管理和控制的机构。

2. 非居民企业

非居民企业,是指依照外国(地区)法律成立且实际管理机构不在中国境内,但在中国境内设立机构、场所,或者在中国境内未设立机构、场所,但有来源于中国境内所得的企业。

机构、场所,是指在中国境内从事生产经营活动的机构、场所。

【知识点2】征税对象

企业所得税的征税对象是企业的应纳税所得。包括销售货物所得、提供劳务所得、转让财产所得、股息红利等权益性投资所得、利息所得、租金所得、特许权使用费所得、接受捐赠所得和其他所得。

1. 居民企业的征税对象

居民企业的征税对象是来源于中国境内、境外的所得。

2. 非居民企业的征税对象

（1）非居民企业在中国境内设立机构、场所的，征税对象是所设机构、场所取得的来源于中国境内的所得，以及发生在中国境外但与其所设机构、场所有实际联系的所得。

实际联系，是指非居民企业在中国境内设立的机构、场所拥有据以取得所得的股权、债权，以及拥有、管理、控制据以取得所得的财产。

（2）非居民企业在中国境内未设立机构、场所的，或者虽设立机构、场所但取得的所得与其所设机构、场所没有实际联系的，征税对象是来源于中国境内的所得。

【知识点3】税率

1. 企业所得税的基本税率为25%。
2. 符合条件的小型微利企业，非居民企业在中国境内未设立机构、场所的，或者虽设立机构、场所但取得的所得与其所设机构、场所没有实际联系的，其来源于中国境内的所得，适用税率为20%。

【知识点4】应纳税所得额

1. 一般规定

企业每一纳税年度的收入总额，减除不征税收入、免税收入、各项扣除及允许弥补的以前年度亏损后的余额，为应纳税所得额。

应纳税所得额的计算公式为：

应纳税所得额＝收入总额－不征税收入－免税收入－各项扣除－允许弥补的以前年度亏损

企业应纳税所得额的计算，以权责发生制为原则，属于当期的收入和费用，无论款项是否收付，均作为当期的收入和费用；不属于当期的收入和费用，即使款项已经在当期收付，均不作为当期的收入和费用。

在计算应纳税所得额时，企业财务、会计处理办法与税收法律、行政法规的规定不一致的，应当依照税收法律、行政法规的规定计算。

通用知识

2. 收入总额

（1）收入范围。企业以货币形式和非货币形式从各种来源取得的收入，为收入总额。包括：

①销售货物收入；

②提供劳务收入；

③转让财产收入；

④股息、红利等权益性投资收益；

⑤利息收入；

⑥租金收入；

⑦特许权使用费收入；

⑧接受捐赠收入；

⑨其他收入。

企业以非货币形式取得的收入，应当按照公允价值确定收入额。

公允价值，是指按照市场价格确定的价值。

（2）不征税收入。收入总额中的下列收入为不征税收入：

①财政拨款；

②依法收取并纳入财政管理的行政事业性收费、政府性基金；

③国务院规定的其他不征税收入。

企业的不征税收入用于支出所形成的费用，不得在计算应纳税所得额时扣除；企业的不征税收入用于支出所形成的资产，其计算的折旧、摊销不得在计算应纳税所得额时扣除。

3. 扣除项目

（1）准予扣除的项目。企业实际发生的与取得收入有关的、合理的支出，包括成本、费用、税金、损失和其他支出，准予在计算应纳税所得额时扣除。

有关的支出，是指与取得收入直接相关的支出。

合理的支出，是指符合生产经营活动常规，应当计入当期损益或者有关资产成本的必要和正常的支出。

成本，是指企业在生产经营活动中发生的销售成本、销货成本、业务支出及其他耗费。

费用，是指企业在生产经营活动中发生的销售费用、管理费用和财务费用，已经计入成本的有关费用除外。

损失，是指企业在生产经营活动中发生的固定资产和存货的盘亏、毁损、报废损失，转让财产损失，呆账损失，坏账损失，自然灾害等不可抗力因素造成的损失及其他损失。

税金，是指企业发生的除企业所得税和允许抵扣的增值税以外的各项税金及其附加。

除《中华人民共和国企业所得税法》及其实施条例另有规定外，企业实际发生的成本、费用、税金、损失和其他支出，不得重复扣除。

（2）不得扣除的项目。在计算应纳税所得额时，下列支出不得扣除：

①向投资者支付的股息、红利等权益性投资收益款项；

②企业所得税税款；

③税收滞纳金；

④罚金、罚款和被没收财物的损失；

⑤《中华人民共和国企业所得税法》第九条规定以外的捐赠支出；

⑥赞助支出；

⑦未经核定的准备金支出；

⑧与取得收入无关的其他支出。

赞助支出，是指企业发生的与生产经营活动无关的各种非广告性质支出。

企业之间支付的管理费、企业内营业机构之间支付的租金和特许权使用费，以及非银行企业内营业机构之间支付的利息，不得扣除。

4. 税前扣除凭证

企业应在当年度《中华人民共和国企业所得税法》规定的汇算清缴期结束前取得税前扣除凭证。

5. 资产的税务处理

企业纳入税务处理范围的各项资产，包括固定资产、生物资产、无形资产、长期待摊费用、投资资产、存货等，以历史成本为计税基础。

6. 亏损弥补

亏损，是指企业每一纳税年度的收入总额减除不征税收入、免税收入和各项扣除后小于零的数额。

企业纳税年度发生的亏损，准予向以后年度结转，用以后年度的所得弥补，但结转年限最长不得超过 5 年。

自 2018 年 1 月 1 日起，当年具备高新技术企业或科技型中小企业资格的企业，其具备资格年度之前 5 个年度发生的尚未弥补完的亏损，准予结转以后年度弥补，最长结转年限由 5 年延长至 10 年。

受疫情影响较大的困难行业企业 2020 年度发生的亏损，最长结转年限由 5 年延长至 8 年。

困难行业企业，包括交通运输、餐饮、住宿、旅游（指旅行社及相关服务、游览景区管理两类）四大类，具体判断标准按照现行《国民经济行业分类》执行。困难行业企

通用知识

业 2020 年度主营业务收入须占收入总额（剔除不征税收入和投资收益）的 50% 以上。

对电影行业企业 2020 年度发生的亏损，最长结转年限由 5 年延长至 8 年。

企业在汇总计算缴纳企业所得税时，其境外营业机构的亏损不得抵减境内营业机构的盈利。

【知识点 5】应纳税所得额的计算

企业所得税的征收方式分为查账征收和核定征收两种。企业财务健全，能按规定设置、保管账簿、记账凭证，能准确计算收入、成本、费用，并据此按照税法规定正确计算应纳税所得额，实行查账征收的方式。企业因会计账簿不健全，资料残缺难以查账，或者其他原因不能准确计算并据实申报其应纳税所得额的，实行核定征收的方式。

1. 查账征收企业所得税应纳税额的计算

实行查账征收的企业，在持续经营的状态下，应在企业会计利润的基础上，根据税法的规定计算出应纳税所得额，并据此申报缴纳企业所得税。企业所得税年度纳税申报表包括三部分，第一部分"利润总额的计算"，按照国家统一会计制度口径计算。第二部分"应纳税所得额计算"，在"利润总额"基础上，对会计制度与税法规定的差异等项目进行调整，由此得出企业所得税的计税依据"应纳税所得额"。第三部分"应纳税额计算"，"应纳税所得额"乘以适用税率，减除减免和抵免的税额等项目后的余额，为应纳税额。

2. 核定征收企业所得税应纳税额的计算

居民企业、非居民企业实行核定征收的，应纳税额的计算有一些差别。以居民企业为例，其核定征收的具体做法如下：

（1）核定应税所得率。

①核定应税所得率的情形。

企业具有下列情形之一的，核定其应纳税所得率：

A. 能正确核算（查实）收入总额，但不能正确核算（查实）成本费用总额的；

B. 能正确核算（查实）成本费用总额，但不能正确核算（查实）收入总额的；

C. 通过合理方法，能计算和推定纳税人收入总额或成本费用总额的。

②应税所得率。

国家税务总局规定了不同行业的应税所得率幅度标准。实行应税所得率核定征收的企业，经营多业的，无论其经营项目是否单独核算，均由税务机关根据其主营项目确定适用的应税所得率。主营项目应为企业所有经营项目中，收入总额或者成本（费用）支出额或者耗用原材料、燃料、动力数所占比重最大的项目。

③应纳税所得额的计算。

A. 企业能正确核算（查实）收入总额，但不能正确核算（查实）成本费用总额，或者通过合理方法，能计算和推定企业收入总额的，按下列公式计算应纳税所得额：

$$应纳税所得额 = 应税收入额 \times 应税所得率$$

$$应税收入额 = 收入总额 - 不征税收入 - 免税收入$$

B. 企业能正确核算（查实）成本费用总额，但不能正确核算（查实）收入总额，或者通过合理方法，能计算和推定纳税人成本费用总额的，按下列公式计算应纳税所得额：

$$应纳税所得额 = 成本(费用)支出额 \div (1 - 应税所得率) \times 应税所得率$$

④应纳税额的计算。

企业计算出应纳税所得额后，按下列公式计算应纳税额：

$$应纳税额 = 应纳税所得额 \times 适用税率$$

核定征收方式的小型微利企业可以享受小型微利企业税收优惠。

（2）核定应纳所得税额。

对于不符合核定应税所得率方式情形的企业，采取核定应纳所得税额的方法征收企业所得税。

二 企业所得税优惠政策

【知识点1】优惠税率

国家需要重点扶持的高新技术企业，减按15%的税率征收企业所得税。

对经认定的服务外包类和服务贸易类技术先进型服务企业，减按15%的税率征收企业所得税。

非居民企业在中国境内未设立机构、场所的，或者虽设立机构、场所但取得的所得与其所设机构、场所没有实际联系的，来源于中国境内的所得，减按10%的税率征收企业所得税。

自2019年1月1日至2027年12月31日，对符合条件的从事污染防治的第三方企业减按15%的税率征收企业所得税。

自2011年1月1日至2030年12月31日，对设在西部地区的鼓励类产业企业减按15%的税率征收企业所得税。

【知识点2】小型微利企业所得税优惠政策

小型微利企业，是指从事国家非限制和禁止行业，且同时符合年度应纳税所得额不超过300万元、从业人数不超过300人、资产总额不超过5000万元3个条件的企业。

对小型微利企业年应纳税所得额不超过100万元的部分，减按25%计入应纳税所

通用知识

得额,按20%的税率缴纳企业所得税;对年应纳税所得额超过100万元但不超过300万元的部分,减按50%计入应纳税所得额,按20%的税率缴纳企业所得税。

自2021年1月1日至2022年12月31日,对小型微利企业年应纳税所得额不超过100万元的部分,减按12.5%计入应纳税所得额,按20%的税率缴纳企业所得税。自2023年1月1日至2027年12月31日,对小型微利企业年应纳税所得额不超过100万元的部分,减按25%计入应纳税所得额,按20%的税率缴纳企业所得税。

自2022年1月1日至2024年12月31日,对年应纳税所得额超过100万元但不超过300万元的部分,减按25%计入应纳税所得额,按20%的税率缴纳企业所得税。

【知识点3】加计扣除

1. 研发费用加计扣除

(1) 一般企业加计扣除政策。

企业为开发新技术、新产品、新工艺发生的研究开发费用,未形成无形资产计入当期损益的,在按照规定据实扣除的基础上,按照研究开发费用的50%加计扣除;形成无形资产的,按照无形资产成本150%摊销。适用研发费用加计扣除政策的行业不包括烟草制造业、住宿和餐饮业、批发和零售业、房地产业、租赁和商务服务业、娱乐业。

在2018年1月1日至2022年9月30日期间,企业开展研发活动中实际发生的研发费用,未形成无形资产计入当期损益的,在按规定据实扣除的基础上,再按照实际发生额的75%在税前加计扣除;形成无形资产的,在上述期间按照无形资产成本的175%在税前摊销。

2022年10月1日前适用研发费用税前加计扣除比例75%的企业,在2022年10月1日至2022年12月31日期间,税前加计扣除比例提高至100%。企业在2022年度企业所得税汇算清缴计算享受研发费用加计扣除优惠时,四季度研发费用可由企业自行选择按实际发生数计算,或者按全年实际发生的研发费用乘以2022年10月1日后的经营月份数占其2022年度实际经营月份数的比例计算。

自2023年1月1日起,除烟草制造业、住宿和餐饮业、批发和零售业、房地产业、租赁和商务服务业、娱乐业外,企业开展研发活动中实际发生的研发费用,未形成无形资产计入当期损益的,在按规定据实扣除的基础上,再按照实际发生额的100%在税前加计扣除;形成无形资产的,按照无形资产成本的200%在税前摊销。

自2018年1月1日起,企业委托境内的外部机构或个人进行研发活动发生的费用,按照费用实际发生额的80%计入委托方研发费用并按规定计算加计扣除;委托境外(不包括境外个人)进行研发活动所发生的费用,按照费用实际发生额的80%计入委托方的委托境外研发费用。委托境外研发费用不超过境内符合条件的研发费用2/3的部分，可按规定在企业所得税税前加计扣除。

企业共同合作开发的项目，由合作各方就自身实际承担的研发费用分别计算加计扣除。

（2）制造业企业加计扣除政策。

自2021年1月1日起，制造业企业开展研发活动中实际发生的研发费用，未形成无形资产计入当期损益的，在按规定据实扣除的基础上，再按照实际发生额的100%在税前加计扣除；形成无形资产的，按照无形资产成本的200%在税前摊销。

（3）科技型中小企业加计扣除政策。

除烟草制造业、住宿和餐饮业、批发和零售业、房地产业、租赁和商务服务业、娱乐业以外的科技型中小企业，开展研发活动中实际发生的研发费用，未形成无形资产计入当期损益的，在按规定据实扣除的基础上，在2017年1月1日至2021年12月31日期间，再按照实际发生额的75%在税前加计扣除；形成无形资产的，在此期间按照无形资产成本的175%在税前摊销。自2022年1月1日起，按照实际发生额的100%在税前加计扣除；形成无形资产的，自2022年1月1日起，按照无形资产成本的200%在税前摊销。

科技型中小企业是指依托一定数量的科技人员从事科学技术研究开发活动，取得自主知识产权并将其转化为高新技术产品或服务，从而实现可持续发展的中小企业。

2. 安置残疾人员所支付的工资加计扣除

企业安置残疾人员的，在按照支付给残疾职工工资据实扣除的基础上，可以在计算应纳税所得额时按照支付给残疾职工工资的100%加计扣除。

除烟草制造业、住宿和餐饮业、批发和零售业、房地产业、租赁和商务服务业、娱乐业外，企业开展研发活动中实际发生的研发费用，未形成无形资产计入当期损益的，在按规定据实扣除的基础上，自2023年1月1日起，再按照实际发生额的100%在税前加计扣除；形成无形资产的，自2023年1月1日起，按照无形资产成本的200%在税前摊销。

3. 出资给非营利性科学技术研究开发机构等用于基础研究的支出

对企业出资给非营利性科学技术研究开发机构（科学技术研究开发机构以下简称科研机构）、高等学校和政府性自然科学基金用于基础研究的支出，在计算应纳税所得额时可按实际发生额在税前扣除，并可按100%在税前加计扣除。

【知识点4】加速折旧

企业在2018年1月1日至2027年12月31日期间新购进的设备、器具，单位价值不超过500万元的，允许一次性计入当期成本费用在计算应纳税所得额时扣除。

自2020年1月1日至2021年3月31日，对疫情防控重点保障物资生产企业

通用知识

为扩大产能新购置的相关设备，允许一次性计入当期成本费用在企业所得税税前扣除。

中小微企业在2022年1月1日至2022年12月31日期间新购置的设备、器具，单位价值在500万元以上的，按照单位价值的一定比例自愿选择在企业所得税税前扣除。其中，企业所得税法实施条例规定最低折旧年限为3年的设备器具，单位价值的100%可在当年一次性税前扣除；最低折旧年限为4年、5年、10年的，单位价值的50%可在当年一次性税前扣除，其余50%按规定在剩余年度计算折旧进行税前扣除。企业选择适用上述政策当年不足扣除形成的亏损，可在以后5个纳税年度结转弥补，享受其他延长亏损结转年限政策的企业可按现行规定执行。

中小微企业是指从事国家非限制和禁止行业，且符合以下条件的企业：信息传输业、建筑业、租赁和商务服务业，从业人员2000人以下，或营业收入10亿元以下或资产总额12亿元以下；房地产开发经营，营业收入20亿元以下或资产总额1亿元以下；其他行业，从业人员1000人以下或营业收入4亿元以下。

设备、器具，是指除房屋、建筑物以外的固定资产。其中：最低折旧年限为3年的固定资产包括电子设备；最低折旧年限为4年的固定资产包括除飞机、火车、轮船以外的运输工具；最低折旧年限为5年的固定资产包括与生产经营活动有关的器具、工具、家具等；最低折旧年限为10年的固定资产包括飞机、火车、轮船、机器、机械和其他生产设备。

高新技术企业在2022年10月1日至2022年12月31日期间新购置的设备、器具，允许当年一次性全额在计算应纳税所得额时扣除，并允许在税前实行100%加计扣除。

【知识点5】制造业中小微企业延续实施缓缴税费政策

自2022年9月1日起，按照《国家税务总局 财政部关于延续实施制造业中小微企业延缓缴纳部分税费有关事项的公告》（国家税务总局公告2022年第2号）已享受延缓缴纳税费50%的制造业中型企业和延缓缴纳税费100%的制造业小微企业，其已缓缴税费的缓缴期限届满后继续延长4个月。

延缓缴纳的税费包括所属期为2021年11月、12月，2022年2月、3月、4月、5月、6月（按月缴纳）或者2021年第四季度，2022年第一季度、第二季度（按季缴纳）已按规定缓缴的企业所得税、个人所得税、国内增值税、国内消费税及附征的城市维护建设税、教育费附加、地方教育附加，不包括代扣代缴、代收代缴以及向税务机关申请代开发票时缴纳的税费。

>> 第五节
个人所得税政策与管理

一 个人所得税基本政策

【知识点 1】纳税人

1. 居民个人

在中国境内有住所,或者无住所而一个纳税年度内在中国境内居住累计满 183 天的个人,为居民个人。

居民个人从中国境内和境外取得的所得,依法缴纳个人所得税。

2. 非居民个人

在中国境内无住所又不居住,或者无住所而一个纳税年度内在中国境内居住累计不满 183 天的个人,为非居民个人。

非居民个人从中国境内取得的所得,依法缴纳个人所得税。

纳税年度,自公历 1 月 1 日起至 12 月 31 日止。

【知识点 2】扣缴义务人

个人所得税以所得人为纳税人,以支付所得的单位或者个人为扣缴义务人。

扣缴义务人应当按照纳税人提供的信息计算办理扣缴申报,不得擅自更改纳税人提供的信息。

纳税人发现扣缴义务人提供或者扣缴申报的个人信息、所得、扣缴税款等与实际情况不符的,有权要求扣缴义务人修改。扣缴义务人拒绝修改的,纳税人应当报告税务机关,税务机关应当及时处理。

【知识点 3】征税范围

下列各项个人所得,应当缴纳个人所得税:①工资、薪金所得;②劳务报酬所得;③稿酬所得;④特许权使用费所得;⑤经营所得;⑥利息、股息、红利所得;⑦财产租赁所得;⑧财产转让所得;⑨偶然所得。

居民个人取得第①项至第④项所得为综合所得,按纳税年度合并计算个人所得税;非居民个人取得第①项至第④项所得,按月或者按次分项计算个人所得税。纳税人取

通用知识

得第⑤项至第⑨项所得，依照规定分别计算个人所得税。

【知识点4】税率

综合所得，适用3%~45%的超额累进税率（见表6-2）。

表6-2　　　　　　　　个人所得税税率表一（综合所得适用）

级数	全年应纳税所得额	税率（%）
1	不超过36000元的	3
2	超过36000元至144000元的部分	10
3	超过144000元至300000元的部分	20
4	超过300000元至420000元的部分	25
5	超过420000元至660000元的部分	30
6	超过660000元至960000元的部分	35
7	超过960000元的部分	45

经营所得，适用5%~35%的超额累进税率（见表6-3）。

表6-3　　　　　　　　个人所得税税率表二（经营所得适用）

级数	全年应纳税所得额	税率（%）
1	不超过30000元的	5
2	超过30000元至90000元的部分	10
3	超过90000元至300000元的部分	20
4	超过300000元至500000元的部分	30
5	超过500000元的部分	35

利息、股息、红利所得，财产租赁所得，财产转让所得和偶然所得，适用比例税率，税率为20%。

【知识点5】应纳税所得额的计算

1. 综合所得

居民个人的综合所得，以每一纳税年度的收入额减除费用60000元及专项扣除、专项附加扣除和依法确定的其他扣除后的余额为应纳税所得额。

劳务报酬所得、稿酬所得、特许权使用费所得以收入减除20%的费用后的余额为收入额。稿酬所得的收入额减按70%计算。

专项扣除、专项附加扣除和依法确定的其他扣除，以居民个人一个纳税年度的应纳税所得额为限额；一个纳税年度扣除不完的，不结转以后年度扣除。

专项扣除，包括居民个人按照国家规定的范围和标准缴纳的基本养老保险、基本医疗保险、失业保险等社会保险费和住房公积金等。

专项附加扣除，包括子女教育、继续教育、大病医疗、住房贷款利息或者住房租金、赡养老人等支出。

非居民个人的工资、薪金所得，以每月收入额减除费用5000元后的余额为应纳税所得额；劳务报酬所得、稿酬所得、特许权使用费所得，以每次收入额为应纳税所得额。

居民个人取得综合所得，按年计算个人所得税；有扣缴义务人的，由扣缴义务人按月或者按次预扣预缴税款；需要办理汇算清缴的，应当在取得所得的次年3月1日至6月30日内向任职、受雇单位所在地主管税务机关办理汇算清缴。

2. 经营所得

经营所得，以每一纳税年度的收入总额减除成本、费用及损失后的余额为应纳税所得额。

取得经营所得的个人，没有综合所得的，计算其每一纳税年度的应纳税所得额时，应当减除费用60000元、专项扣除、专项附加扣除及依法确定的其他扣除。专项附加扣除在办理汇算清缴时减除。

纳税人取得经营所得，按年计算个人所得税，由纳税人在月度或者季度终了后15日内向经营管理所在地主管税务机关报送纳税申报表，并预缴税款；在取得所得的次年3月31日前向经营管理所在地主管税务机关办理汇算清缴。

3. 财产租赁所得

财产租赁所得，每次收入不超过4000元的，减除费用800元；4000元以上的，减除20%的费用，其余额为应纳税所得额。

财产租赁所得，以1个月内取得的收入为一次。

4. 财产转让所得

财产转让所得，以转让财产的收入额减除财产原值和合理费用后的余额为应纳税所得额。

财产转让所得，按照一次转让财产的收入额减除财产原值和合理费用后的余额计算纳税。

5. 利息、股息、红利所得和偶然所得

利息、股息、红利所得和偶然所得，以每次收入额为应纳税所得额。

通用知识

利息、股息、红利所得，以支付利息、股息、红利时取得的收入为一次。

偶然所得，以每次取得该项收入为一次。

【知识点6】扣除捐赠款的计税方法

个人将其所得对教育、扶贫、济困等公益慈善事业进行捐赠，捐赠额未超过纳税人申报的应纳税所得额30%的部分，可以从其应纳税所得额中扣除；国务院规定对公益慈善事业捐赠实行全额税前扣除的，从其规定。

自2020年1月1日至2021年3月31日，个人通过公益性社会组织或者县级以上人民政府及其部门等国家机关，捐赠用于应对新型冠状病毒感染的肺炎疫情的现金和物品，允许在计算个人所得税应纳税所得额时全额扣除。

个人捐赠住房作为公租房，符合税收法律法规规定的，对其公益性捐赠支出未超过其申报的应纳税所得额30%的部分，准予从其应纳税所得额中扣除。

二 个人所得税优惠政策

【知识点1】免征个人所得税

下列各项个人所得，免征个人所得税：

（1）省级人民政府、国务院部委和中国人民解放军军以上单位，以及外国组织、国际组织颁发的科学、教育、技术、文化、卫生、体育、环境保护等方面的奖金。

（2）国债和国家发行的金融债券利息。

（3）按照国家统一规定发给的补贴、津贴。

（4）福利费、抚恤金、救济金。

（5）保险赔款。

（6）军人的转业费、复员费、退役金。

（7）按照国家统一规定发给干部、职工的安家费、退职费、基本养老金或者退休费、离休费、离休生活补助费。

（8）依照有关法律规定应予免税的各国驻华使馆、领事馆的外交代表、领事官员和其他人员的所得。

（9）中国政府参加的国际公约、签订的协议中规定免税的所得。

（10）国务院规定的其他免税所得。

第（10）项免税规定，由国务院报全国人民代表大会常务委员会备案。

（11）自2022年1月1日起，对法律援助人员按照《中华人民共和国法律援助法》规定获得的法律援助补贴，免征个人所得税。法律援助机构向法律援助人员支付法律援助补贴时，应当为获得补贴的法律援助人员办理个人所得税劳务报酬所得免税申报。

(12）对境外个人投资者投资经国务院批准对外开放的中国境内原油等货物期货品种取得的所得，暂免征收个人所得税，政策执行至 2027 年 12 月 31 日。

(13）对内地个人投资者通过沪港通、深港通投资香港联交所上市股票取得的转让差价所得和通过基金互认买卖香港基金份额取得的转让差价所得，继续暂免征收个人所得税，执行至 2027 年 12 月 31 日。

(14）自 2023 年 9 月 21 日至 2025 年 12 月 31 日，对个人投资者转让创新企业 CDR 取得的差价所得，暂免征收个人所得税。

(15）至 2025 年 12 月 31 日，对符合地方政府规定条件的城镇住房保障家庭从地方政府领取的住房租赁补贴，免征个人所得税。

(16）自 2020 年 1 月 1 日至 2023 年 12 月 31 日，对参加疫情防治工作的医务人员和防疫工作者按照政府规定标准取得的临时性工作补助和奖金，免征个人所得税。政府规定标准包括各级政府规定的补助和奖金标准。

(17）自 2020 年 1 月 1 日至 2023 年 12 月 31 日，对省级及省级以上人民政府规定的对参与疫情防控人员的临时性工作补助和奖金，免征个人所得税。单位发给个人用于预防新型冠状病毒感染的肺炎的药品、医疗用品和防护用品等实物（不包括现金），不计入工资、薪金收入，免征个人所得税。

(18）至 2027 年 12 月 31 日，广东省、深圳市按内地与香港个人所得税税负差额，对在大湾区工作的境外（含港澳台，下同）高端人才和紧缺人才给予补贴，该补贴免征个人所得税。

【知识点 2】减征个人所得税

有下列情形之一的，可以减征个人所得税，具体幅度和期限，由省、自治区、直辖市人民政府规定，并报同级人民代表大会常务委员会备案：

(1）残疾、孤老人员和烈属的所得；

(2）因自然灾害遭受重大损失的。

国务院可以规定其他减税情形，报全国人民代表大会常务委员会备案。

自 2023 年 1 月 1 日至 2027 年 12 月 31 日，对个体工商户年应纳税所得额不超过 200 万元的部分，减半征收个人所得税。

【知识点 3】个人所得税退税

自 2022 年 10 月 1 日至 2025 年 12 月 31 日，对出售自有住房并在现住房出售后 1 年内在同一城市重新购买住房的纳税人，对其出售现住房已缴纳的个人所得税予以退税优惠。其中，新购住房金额大于或等于现住房转让金额的，全部退还已缴纳的个人所得税；新购住房金额小于现住房转让金额的，按新购住房金额占现住房转让金额的

通用知识

比例退还出售现住房已缴纳的个人所得税。

【知识点4】个人所得税汇算清缴

纳税人取得经营所得，以每一纳税年度的收入总额减除成本、费用以及损失后的余额，为应纳税所得额，按年计算个人所得税。纳税人在取得所得的次年3月31日前填报《个人所得税经营所得纳税申报表（B表）》及其他相关资料，向经营管理所在地主管税务机关办理汇算清缴。

企业在年度中间合并、分立、终止时，个人独资企业投资者、合伙企业个人合伙人、承包承租经营在停止生产经营之日起60日内，向主管税务机关办理当期个人所得税汇算清缴。

个体工商户业主，个人独资企业投资人，合伙企业个人合伙人，承包承租经营者个人以及其他从事生产、经营活动的个人在中国境内两处以上取得经营所得的，在分别办理年度汇算清缴后，于取得所得的次年3月31日前填报《个人所得税经营所得纳税申报表（C表）》及其他相关资料，选择向其中一处经营管理所在地主管税务机关办理年度汇总纳税申报。

2019年1月1日至2027年12月31日居民个人取得的综合所得，年度综合所得收入不超过12万元且需要汇算清缴补税的，或者年度汇算清缴补税金额不超过400元的，居民个人可免于办理个人所得税综合所得汇算清缴。居民个人取得综合所得时存在扣缴义务人未依法预扣预缴税款的情形除外。

>> 第六节
土地增值税政策与管理

一 土地增值税基本政策

【知识点1】纳税人

土地增值税的纳税义务人是转让国有土地使用权、地上建筑物及其附着物并取得收入的单位和个人。

【知识点2】征税范围

土地增值税是对转让国有土地使用权及其地上建筑物和附着物的行为征税，不包括国有土地使用权出让所取得的收入。

（1）转让国有土地使用权，不包括国有土地使用权出让所取得的收入；

（2）地上建筑物及其附着物连同国有土地使用权一并转让；

（3）存量房地产的买卖。

【知识点3】税率

土地增值税实行四级超率累进税率，对土地增值率高的多征，增值率低的少征，无增值的不征（见表6-4）。

表6-4 土地增值税税率表

级数	增值额与扣除项目金额的比率	税率（%）	速算扣除系数（%）
1	不超过50%的部分	30	0
2	超过50%至100%的部分	40	5
3	超过100%至200%的部分	50	15
4	超过200%的部分	60	35

【知识点4】应纳税额的计算

1. 收入额的确定

纳税人转让房地产所取得的收入，是指包括货币收入、实物收入和其他收入在内的全部价款及有关的经济利益，不允许从中减除任何成本费用。房屋销售收入不含增值税。

房地产开发企业将开发产品用于职工福利、奖励、对外投资、分配给股东或投资人、抵偿债务、换取其他单位和个人的非货币性资产等，发生所有权转移时应视同销售房地产。

2. 扣除项目的确定

（1）房地产开发企业出售开发的房地产扣除项目。

①取得土地使用权所支付的金额，指纳税人为取得土地使用权支付的地价款和按国家规定缴纳的有关费用之和。

②房地产开发成本，包括土地征用费及拆迁补偿费、前期工程费、建筑安装工程费、基础设施费、公共配套设施费及开发间接费用。

③房地产开发费用，指与房地产有关的销售费用、管理费用、财务费用。

④与转让房地产有关的税金，是指在转让房地产时缴纳的城市维护建设税、印花税。因转让房地产缴纳的教育费附加，也可视同税金予以扣除。

房地产开发企业按照有关规定，其缴纳的印花税列入管理费用，通过"房地产开发费"项目进行计算扣除。非房地产开发企业转让房地产缴纳的印花税作为"与转让

通用知识

房地产有关的税金"在计算土地增值税时扣除。

⑤财政部确定的其他扣除项目。

从事房地产开发的纳税人可加计20%的扣除。

$$加计扣除费用=(取得土地使用权支付的金额+房地产开发成本)\times 20\%$$

（2）旧房及建筑物转让的扣除项目。

①房屋及建筑物的评估价格。

②取得土地使用权所支付的地价款和按国家统一规定缴纳的有关费用。

③转让环节缴纳的税金。

3. 应纳税额的计算

$$增值额=收入额-扣除项目金额$$
$$应纳税额=增值额\times 适用税率-扣除项目金额\times 速算扣除系数$$

二、土地增值税优惠政策

【知识点1】建造普通标准住宅出售

建造普通标准住宅出售，其增值率未超过扣除项目金额之和20%的，免征土地增值税。增值率超过20%的，应就其全部增值额按规定计税。

【知识点2】居民个人销售住房

自2008年11月1日起，对居民个人销售住房，一律免征土地增值税。

对企事业单位、社会团体以及其他组织转让旧房作为公租房房源，且增值额未超过扣除项目金额20%的，免征土地增值税。

>> 第七节
其他各税政策与管理

一、车辆购置税政策与管理

【知识点1】车辆购置税基本政策

1. 纳税人

在中华人民共和国境内购置汽车、有轨电车、汽车挂车、排气量超过150毫升的摩托车的单位和个人，为车辆购置税的纳税人。

2. 征税范围

车辆购置税的应税车辆包括汽车、有轨电车、汽车挂车、排气量超过150毫升的摩托车。

地铁、轻轨等城市轨道交通车辆，装载机、平地机、挖掘机、推土机等轮式专用机械车，以及起重机（吊车）、叉车、电动摩托车，不属于车辆购置税应税车辆。

车辆购置税实行一次性征收。购置已征车辆购置税的车辆，不再征收车辆购置税。

3. 税率

车辆购置税的税率为10%。

4. 计税依据

（1）纳税人购买自用应税车辆的计税价格，为纳税人实际支付给销售者的全部价款和价外费用，不包括增值税税款。

（2）纳税人进口自用应税车辆的计税价格，为关税完税价格加上关税和消费税。

（3）纳税人自产自用应税车辆的计税价格，按照同类应税车辆的销售价格确定，不包括增值税税款。

（4）纳税人以受赠、获奖或者其他方式取得自用应税车辆的计税价格，按照购置应税车辆时相关凭证载明的价格确定，不包括增值税税款。

5. 应纳税额的计算

$$车辆购置税的应纳税额 = 应税车辆的计税价格 \times 税率$$

【知识点2】车辆购置税优惠政策

车辆购置税优惠政策主要包括：

（1）下列车辆免征车辆购置税：

①依照法律规定应当予以免税的外国驻华使馆、领事馆和国际组织驻华机构及其有关人员自用的车辆；

②中国人民解放军和中国人民武装警察部队列入装备订货计划的车辆；

③悬挂应急救援专用号牌的国家综合性消防救援车辆；

④设有固定装置的非运输专用作业车辆；

⑤城市公交企业购置的公共汽电车辆。

（2）回国服务的在外留学人员用现汇购买1辆个人自用国产小汽车免征车辆购置税。

（3）长期来华定居专家进口1辆自用小汽车免征车辆购置税。

（4）自2018年1月1日至2023年12月31日，对购置新能源汽车免征车辆购置税。对购置日期在2024年1月1日至2025年12月31日期间的新能源汽车免征车辆购置税，其中，每辆新能源乘用车免税额不超过3万元；对购置日期在2026年1月1日

通用知识

至 2027 年 12 月 31 日期间的新能源汽车减半征收车辆购置税，其中，每辆新能源乘用车减税额不超过 1.5 万元。

购置日期按照机动车销售统一发票或海关关税专用缴款书等有效凭证的开具日期确定。

（5）自 2018 年 7 月 1 日至 2023 年 12 月 31 日，对购置挂车减半征收车辆购置税。

（6）对购置日期在 2022 年 6 月 1 日至 2022 年 12 月 31 日期间内且单车价格（不含增值税）不超过 30 万元的 2.0 升及以下排量乘用车，减半征收车辆购置税。乘用车，是指在设计、制造和技术特性上主要用于载运乘客及其随身行李和（或）临时物品，包括驾驶员座位在内最多不超过 9 个座位的汽车。

二、资源税政策与管理

【知识点 1】资源税基本政策

1. 纳税人

在中华人民共和国领域和中华人民共和国管辖的其他海域开采或者生产应税资源的单位和个人，为资源税的纳税人，应当依照规定缴纳资源税。

购买未税矿产品的单位，应当主动向主管税务机关办理扣缴税款登记，依法代扣代缴资源税。

自 2016 年 7 月 1 日起在河北省实施水资源税改革试点。自 2017 年 12 月 1 日起在北京、天津、山西、内蒙古、山东、河南、四川、陕西、宁夏等 9 个省（自治区、直辖市）扩大水资源税改革试点。

2. 征税范围

应税资源的具体范围，由《资源税税目税率表》（见表 6-5）确定。具体包括：能源矿产、金属矿产、非金属矿产、水气矿产和盐。

试点省份水资源税的征税范围包括地表水和地下水。

3. 税目税率

表 6-5　　　　　　　　　　资源税税目税率表

税目		征收对象	税率
能源矿产	原油	原矿	6%
	天然气、页岩气、天然气水合物	原矿	6%
	煤	原矿或者选矿	2%~10%

续表

税目			征收对象	税率
能源矿产	煤成（层）气		原矿	1%~2%
	铀、钍		原矿	4%
	油页岩、油砂、天然沥青、石煤		原矿或者选矿	1%~4%
	地热		原矿	1%~20%或者每立方米1~30元
金属矿产	黑色金属	铁、锰、铬、钒、钛	原矿或者选矿	1%~9%
	有色金属	铜、铅、锌、锡、镍、锑、镁、钴、铋、汞	原矿或者选矿	2%~10%
		铝土矿	原矿或者选矿	2%~9%
		钨	选矿	6.5%
		钼	选矿	8%
		金、银	原矿或者选矿	2%~6%
		铂、钯、钌、锇、铱、铑	原矿或者选矿	5%~10%
		轻稀土	选矿	7%~12%
		中重稀土	选矿	20%
		铍、锂、锆、锶、铷、铯、铌、钽、锗、镓、铟、铊、铪、铼、镉、硒、碲	原矿或者选矿	2%~10%
非金属矿产	矿物类	高岭土	原矿或者选矿	1%~6%
		石灰岩	原矿或者选矿	1%~6%或者每吨（或者每立方米）1~10元
		磷	原矿或者选矿	3%~8%
		石墨	原矿或者选矿	3%~12%

通用知识

续表

	税目		征收对象	税率
非金属矿产	矿物类	萤石、硫铁矿、自然硫	原矿或者选矿	1%~8%
		天然石英砂、脉石英、粉石英、水晶、工业用金刚石、冰洲石、蓝晶石、硅线石（矽线石）、长石、滑石、刚玉、菱镁矿、颜料矿物、天然碱、芒硝、钠硝石、明矾石、砷、硼、碘、溴、膨润土、硅藻土、陶瓷土、耐火粘土、铁矾土、凹凸棒石粘土、海泡石粘土、伊利石粘土、累托石粘土	原矿或者选矿	1%~12%
		叶蜡石、硅灰石、透辉石、珍珠岩、云母、沸石、重晶石、毒重石、方解石、蛭石、透闪石、工业用电气石、白垩、石棉、蓝石棉、红柱石、石榴子石、石膏	原矿或者选矿	2%~12%
		其他粘土（铸型用粘土、砖瓦用粘土、陶粒用粘土、水泥配料用粘土、水泥配料用红土、水泥配料用黄土、水泥配料用泥岩、保温材料用粘土）	原矿或者选矿	1%~5% 或者每吨（或者每立方米）0.1~5 元
	岩石类	大理岩、花岗岩、白云岩、石英岩、砂岩、辉绿岩、安山岩、闪长岩、板岩、玄武岩、片麻岩、角闪岩、页岩、浮石、凝灰岩、黑曜岩、霞石正长岩、蛇纹岩、麦饭石、泥灰岩、含钾岩石、含钾砂页岩、天然油石、橄榄岩、松脂岩、粗面岩、辉长岩、辉石岩、正长岩、火山灰、火山渣、泥炭	原矿或者选矿	1%~10%
		砂石	原矿或者选矿	1%~5% 或者每吨（或者每立方米）0.1~5 元

续表

税目			征收对象	税率
非金属矿产	宝玉石类	宝石、玉石、宝石级金刚石、玛瑙、黄玉、碧玺	原矿或者选矿	4%~20%
水气矿产	二氧化碳气、硫化氢气、氦气、氡气		原矿	2%~5%
	矿泉水		原矿	1%~20%或者每立方米1~30元
盐	钠盐、钾盐、镁盐、锂盐		选矿	3%~15%
	天然卤水		原矿	3%~15%或者每吨（或者每立方米）1~10元
	海盐			2%~5%

纳税人开采或者生产不同税目应税产品的，应当分别核算不同税目应税产品的销售额或者销售数量；未分别核算或者不能准确提供不同税目应税产品的销售额或销售数量的，从高适用税率。

4. 计税依据

资源税的计税依据为应税产品的销售额或销售量。

销售额是指纳税人销售应税产品向购买方收取的全部价款和价外费用，不包括增值税销项税额和运杂费用。

5. 应纳税额的计算

资源税的应纳税额，按照从价定率或者从量定额的办法，分别以应税产品的销售额乘以纳税人具体适用的比例税率或者以应税产品的销售数量乘以纳税人具体适用的定额税率计算。

【知识点2】资源税优惠政策

自2023年1月1日至2027年12月31日，对增值税小规模纳税人、小型微利企业和个体工商户减半征收资源税（不含水资源税）、城市维护建设税、房产税、城镇土地使用税、印花税（不含证券交易印花税）、耕地占用税和教育费附加、地方教育附加。已依法享受资源税、城市维护建设税、房产税、城镇土地使用税、印花税、耕地占用

通用知识

税、教育费附加、地方教育附加等其他优惠政策的，可叠加享受本条优惠政策。

小型微利企业，是指从事国家非限制和禁止行业，且同时符合年度应纳税所得额不超过300万元、从业人数不超过300人、资产总额不超过5000万元等三个条件的企业。

从业人数，包括与企业建立劳动关系的职工人数和企业接受的劳务派遣用工人数。所称从业人数和资产总额指标，应按企业全年的季度平均值确定。具体计算公式如下：

$$季度平均值 = (季初值 + 季末值) \div 2$$

$$全年季度平均值 = 全年各季度平均值之和 \div 4$$

年度中间开业或者终止经营活动的，以其实际经营期作为一个纳税年度确定上述相关指标。

小型微利企业的判定以企业所得税年度汇算清缴结果为准。登记为增值税一般纳税人的新设立的企业，从事国家非限制和禁止行业，且同时符合申报期上月末从业人数不超过300人、资产总额不超过5000万元等两个条件的，可在首次办理汇算清缴前按照小型微利企业申报享受《财政部 税务总局关于进一步实施小微企业和个体工商户发展有关税费政策的公告》（财政部 税务总局公告2023年第12号）第二条规定的优惠政策。

为了鼓励煤炭资源集约开采利用，自2023年9月1日至2027年12月31日，对充填开采置换出来的煤炭，资源税减征50%。

三 印花税政策与管理

【知识点1】印花税基本政策

2021年6月10日，第十三届全国人民代表大会第二十九次会议通过《中华人民共和国印花税法》，自2022年7月1日起施行。

1. 纳税人

在中华人民共和国境内书立应税凭证、进行证券交易的单位和个人，为印花税的纳税人，应当依法缴纳印花税。在中华人民共和国境外书立在境内使用的应税凭证的单位和个人，应当依法缴纳印花税。证券交易印花税对证券交易的出让方征收，不对受让方征收。

（1）书立应税凭证的纳税人，为对应税凭证有直接权利义务关系的单位和个人。

（2）采用委托贷款方式书立的借款合同纳税人，为受托人和借款人，不包括委托人。

（3）按买卖合同或者产权转移书据税目缴纳印花税的拍卖成交确认书纳税人，为拍卖标的的产权人和买受人，不包括拍卖人。

· 244 ·

2. 扣缴义务人

纳税人为境外单位或者个人，在境内有代理人的，以其境内代理人为扣缴义务人；在境内没有代理人的，由纳税人自行申报缴纳印花税。证券登记结算机构为证券交易印花税的扣缴义务人，应当向其机构所在地的主管税务机关申报解缴税款以及银行结算的利息。

3. 征税范围

应税凭证，是指《印花税税目税率表》列明的合同、产权转移书据和营业账簿。

证券交易，是指转让在依法设立的证券交易所、国务院批准的其他全国性证券交易场所交易的股票和以股票为基础的存托凭证。

（1）在中华人民共和国境外书立在境内使用的应税凭证，应当按规定缴纳印花税。包括以下几种情形：

①应税凭证的标的为不动产的，该不动产在境内；

②应税凭证的标的为股权的，该股权为中国居民企业的股权；

③应税凭证的标的为动产或者商标专用权、著作权、专利权、专有技术使用权的，其销售方或者购买方在境内，但不包括境外单位或者个人向境内单位或者个人销售完全在境外使用的动产或者商标专用权、著作权、专利权、专有技术使用权；

④应税凭证的标的为服务的，其提供方或者接受方在境内，但不包括境外单位或者个人向境内单位或者个人提供完全在境外发生的服务。

（2）企业之间书立的确定买卖关系、明确买卖双方权利义务的订单、要货单等单据，且未另外书立买卖合同的，应当按规定缴纳印花税。

（3）发电厂与电网之间、电网与电网之间书立的购售电合同，应当按买卖合同税目缴纳印花税。

（4）下列情形的凭证，不属于印花税征收范围：

①人民法院的生效法律文书，仲裁机构的仲裁文书，监察机关的监察文书；

②县级以上人民政府及其所属部门按照行政管理权限征收、收回或者补偿安置房地产书立的合同、协议或者行政类文书；

③总公司与分公司、分公司与分公司之间书立的作为执行计划使用的凭证。

4. 税目税率

印花税税目分为4类：书面合同、产权转移书据、营业账簿、证券交易。

根据《民法典》第四百六十九条规定，当事人订立合同，可以采用书面形式、口头形式或者其他形式。书面形式是合同书、信件、电报、电传、传真等可以有形地表现所载内容的形式。以电子数据交换、电子邮件等方式能够有形地表现所载内容，并可以随时调取查用的数据电文，视为书面形式。

印花税税目税率表见表6-6。

通用知识

表6-6 印花税税目税率表

	税目	税率	备注
合同（指书面合同）	借款合同	借款金额的万分之零点五	指银行业金融机构、经国务院银行业监督管理机构批准设立的其他金融机构与借款人（不包括同业拆借）的借款合同
	融资租赁合同	租金的万分之零点五	
	买卖合同	价款的万分之三	指动产买卖合同（不包括个人书立的动产买卖合同）
	承揽合同	报酬的万分之三	
	建设工程合同	价款的万分之三	
	运输合同	运输费用的万分之三	指货运合同和多式联运合同（不包括管道运输合同）
	技术合同	价款、报酬或者使用费的万分之三	不包括专利权、专有技术使用权转让书据
	租赁合同	租金的千分之一	
	保管合同	保管费的千分之一	
	仓储合同	仓储费的千分之一	
	财产保险合同	保险费的千分之一	不包括再保险合同
产权转移书据	土地使用权出让书据	价款的万分之五	转让包括买卖（出售）、继承、赠与、互换、分割
	土地使用权、房屋等建筑物和构筑物所有权转让书据（不包括土地承包经营权和土地经营权转移）	价款的万分之五	
	股权转让书据（不包括应缴纳证券交易印花税的）	价款的万分之五	
	商标专用权、著作权、专利权、专有技术使用权转让书据	价款的万分之三	

续表

税目	税率	备注
营业账簿	实收资本（股本）、资本公积合计金额的万分之二点五	
证券交易	成交金额的千分之一	

5. 计税依据

印花税的计税依据如下：

（1）应税合同的计税依据，为合同所列的金额，不包括列明的增值税税款；应税产权转移书据的计税依据，为产权转移书据所列的金额，不包括列明的增值税税款；应税合同、产权转移书据未列明金额的，印花税的计税依据按照实际结算的金额确定；按前述规定仍不能确定的，按照书立合同、产权转移书据时的市场价格确定；依法应当执行政府定价或者政府指导价的，按照国家有关规定确定。

同一应税合同、应税产权转移书据中涉及两方以上纳税人，且未列明纳税人各自涉及金额的，以纳税人平均分摊的应税凭证所列金额（不包括列明的增值税税款）确定计税依据。

应税合同、应税产权转移书据所列的金额与实际结算金额不一致，不变更应税凭证所列金额的，以所列金额为计税依据；变更应税凭证所列金额的，以变更后的所列金额为计税依据。已缴纳印花税的应税凭证，变更后所列金额增加的，纳税人应当就增加部分的金额补缴印花税；变更后所列金额减少的，纳税人可以就减少部分的金额向税务机关申请退还或者抵缴印花税。

纳税人转让股权的印花税计税依据，按照产权转移书据所列的金额（不包括列明的认缴后尚未实际出资权益部分）确定。

境内的货物多式联运，采用在起运地统一结算全程运费的，以全程运费作为运输合同的计税依据，由起运地运费结算双方缴纳印花税；采用分程结算运费的，以分程的运费作为计税依据，分别由办理运费结算的各方缴纳印花税。

（2）应税营业账簿的计税依据，为账簿记载的实收资本（股本）、资本公积合计金额。

（3）证券交易的计税依据，为成交金额。证券交易无转让价格的，按照办理过户登记手续时该证券前一个交易日收盘价计算确定计税依据；无收盘价的，按照证券面值计算确定计税依据。

（4）纳税人因应税凭证列明的增值税税款计算错误导致应税凭证的计税依据减少

通用知识

或者增加的，纳税人应当按规定调整应税凭证列明的增值税税款，重新确定应税凭证计税依据。已缴纳印花税的应税凭证，调整后计税依据增加的，纳税人应当就增加部分的金额补缴印花税；调整后计税依据减少的，纳税人可以就减少部分的金额向税务机关申请退还或者抵缴印花税。

（5）应税凭证金额为人民币以外的货币的，应当按照凭证书立当日的人民币汇率中间价折合人民币确定计税依据。

6. 应纳税额的计算

印花税的应纳税额按照计税依据乘以适用税率计算。

同一应税凭证由两方以上当事人书立的，按照各自涉及的金额分别计算应纳税额。

同一应税凭证载有两个以上税目事项并分别列明金额的，按照各自适用的税目税率分别计算应纳税额；未分别列明金额的，从高适用税率。

已缴纳印花税的营业账簿，以后年度记载的实收资本（股本）、资本公积合计金额比已缴纳印花税的实收资本（股本）、资本公积合计金额增加的，按照增加部分计算应纳税额。

【知识点2】印花税征收管理

1. 纳税地点

纳税人为单位的，应当向其机构所在地的主管税务机关申报缴纳印花税；纳税人为个人的，应当向应税凭证书立地或者纳税人居住地的主管税务机关申报缴纳印花税。

不动产产权发生转移的，纳税人应当向不动产所在地的主管税务机关申报缴纳印花税。

2. 纳税义务发生时间

印花税的纳税义务发生时间为纳税人书立应税凭证或者完成证券交易的当日。

证券交易印花税扣缴义务发生时间为证券交易完成的当日。

3. 纳税期限

印花税按季、按年或者按次计征。实行按季、按年计征的，纳税人应当自季度、年度终了之日起15日内申报缴纳税款；实行按次计征的，纳税人应当自纳税义务发生之日起15日内申报缴纳税款。

证券交易印花税按周解缴。证券交易印花税扣缴义务人应当自每周终了之日起5日内申报解缴税款以及银行结算的利息。

4. 申报管理

（1）纳税人应当根据书立印花税应税合同、产权转移书据和营业账簿情况，填写《印花税税源明细表》，进行财产行为税综合申报。

（2）应税合同、产权转移书据未列明金额，在后续实际结算时确定金额的，纳税人应当于书立应税合同、产权转移书据的首个纳税申报期申报应税合同、产权转移书据书立情况，在实际结算后下一个纳税申报期，以实际结算金额计算申报缴纳印花税。

（3）印花税按季、按年或者按次计征。应税合同、产权转移书据印花税可以按季或者按次申报缴纳，应税营业账簿印花税可以按年或者按次申报缴纳，具体纳税期限由各省、自治区、直辖市、计划单列市税务局结合征管实际确定。

境外单位或者个人的应税凭证印花税可以按季、按年或者按次申报缴纳，具体纳税期限由各省、自治区、直辖市、计划单列市税务局结合征管实际确定。

（4）纳税人为境外单位或者个人，在境内有代理人的，以其境内代理人为扣缴义务人。境外单位或者个人的境内代理人应当按规定扣缴印花税，向境内代理人机构所在地（居住地）主管税务机关申报解缴税款。

纳税人为境外单位或者个人，在境内没有代理人的，纳税人应当自行申报缴纳印花税。境外单位或者个人可以向资产交付地、境内服务提供方或者接受方所在地（居住地）、书立应税凭证境内书立人所在地（居住地）主管税务机关申报缴纳；涉及不动产产权转移的，应当向不动产所在地主管税务机关申报缴纳。

【知识点3】印花税优惠政策

1. 对应税凭证适用印花税减免优惠的，书立该应税凭证的纳税人均可享受印花税减免政策，明确特定纳税人适用印花税减免优惠的除外。

2. 下列凭证免征印花税：

（1）应税凭证的副本或者抄本。

（2）依照法律规定应当予以免税的外国驻华使馆、领事馆和国际组织驻华代表机构为获得馆舍书立的应税凭证。

（3）中国人民解放军、中国人民武装警察部队书立的应税凭证。

（4）农民、家庭农场、农民专业合作社、农村集体经济组织、村民委员会购买农业生产资料或者销售农产品书立的买卖合同和农业保险合同。

享受印花税免税优惠的家庭农场，具体范围为以家庭为基本经营单元，以农场生产经营为主业，以农场经营收入为家庭主要收入来源，从事农业规模化、标准化、集约化生产经营，纳入全国家庭农场名录系统的家庭农场。

（5）无息或者贴息借款合同、国际金融组织向中国提供优惠贷款书立的借款合同。

（6）财产所有权人将财产赠与政府、学校、社会福利机构、慈善组织书立的产权转移书据。

享受印花税免税优惠的学校，具体范围为经县级以上人民政府或者其教育行政部门批准成立的大学、中学、小学、幼儿园，实施学历教育的职业教育学校、特殊教育学校、专门学校，以及经省级人民政府或者其人力资源社会保障行政部门批准成立的

通用知识

技工院校。

享受印花税免税优惠的社会福利机构，具体范围为依法登记的养老服务机构、残疾人服务机构、儿童福利机构、救助管理机构、未成年人救助保护机构。

享受印花税免税优惠的慈善组织，具体范围为依法设立、符合《中华人民共和国慈善法》规定，以面向社会开展慈善活动为宗旨的非营利性组织。

享受印花税免税优惠的非营利性医疗卫生机构，具体范围为经县级以上人民政府卫生健康行政部门批准或者备案设立的非营利性医疗卫生机构。

（7）非营利性医疗卫生机构采购药品或者卫生材料书立的买卖合同。

（8）个人与电子商务经营者订立的电子订单。

享受印花税免税优惠的电子商务经营者，具体范围按《中华人民共和国电子商务法》有关规定执行。

根据《中华人民共和国电子商务法》第九条规定，所称电子商务经营者，是指通过互联网等信息网络从事销售商品或者提供服务的经营活动的自然人、法人和非法人组织，包括电子商务平台经营者、平台内经营者以及通过自建网站、其他网络服务销售商品或者提供服务的电子商务经营者。

所称电子商务平台经营者，是指在电子商务中为交易双方或者多方提供网络经营场所、交易撮合、信息发布等服务，供交易双方或者多方独立开展交易活动的法人或者非法人组织。

所称平台内经营者，是指通过电子商务平台销售商品或者提供服务的电子商务经营者。

3. 根据国民经济和社会发展的需要，国务院对居民住房需求保障、企业改制重组、破产、支持小型微型企业发展等情形可以规定减征或者免征印花税，报全国人民代表大会常务委员会备案。

4. 对应税凭证适用印花税减免优惠的，书立该应税凭证的纳税人均可享受印花税减免政策，明确特定纳税人适用印花税减免优惠的除外。

5. 自2022年8月1日至2023年7月31日，对银行业金融机构、金融资产管理公司接收、处置抵债资产过程中涉及的合同、产权转移书据和营业账簿免征印花税，对合同或产权转移书据其他各方当事人应缴纳的印花税照章征收。

6. 阶段性减免政策。

自2023年1月1日至2027年12月31日，对增值税小规模纳税人、小型微利企业和个体工商户减半征收资源税（不含水资源税）、城市维护建设税、房产税、城镇土地使用税、印花税（不含证券交易印花税）、耕地占用税和教育费附加、地方教育附加。已依法享受资源税、城市维护建设税、房产税、城镇土地使用税、印花税、耕地占用税、教育费附加、地方教育附加等其他优惠政策的，可叠加享受本条优惠政策。

7. 2022 年，各地对符合条件的养老托育服务机构按照50%税额顶格减征资源税、城市维护建设税、房产税、城镇土地使用税、印花税（不含证券交易印花税）、耕地占用税和教育费附加、地方教育附加等"六税两费"。

8. 自 2023 年 8 月 28 日起，证券交易印花税实施减半征收。

9. 在上海证券交易所、深圳证券交易所转让创新企业 CDR，按照实际成交金额，由出让方按1‰的税率缴纳证券交易印花税。

10. 对公租房经营管理单位免征建设、管理公租房涉及的印花税。在其他住房项目中配套建设公租房，按公租房建筑面积占总建筑面积的比例免征建设、管理公租房涉及的印花税。

11. 对公租房经营管理单位购买住房作为公租房，免征印花税；对公租房租赁双方免征签订租赁协议涉及的印花税。

四 房产税政策与管理

【知识点1】房产税基本政策

1. 纳税人

房产税由产权所有人缴纳。产权属于全民所有的，由经营管理的单位缴纳。产权出典的，由承典人缴纳。产权所有人、承典人不在房产所在地的，或者产权未确定及租典纠纷未解决的，由房产代管人或者使用人缴纳。

凡在房产税征收范围内的具备房屋功能的地下建筑，包括与地上房屋相连的地下建筑及完全建在地面以下的建筑、地下人防设施等，均应当依照有关规定征收房产税。

2. 征税范围

房产税在城市、县城、建制镇和工矿区征收。

对农、林、牧、渔业用地和农民居住用房屋及土地，不征收房产税。

3. 税目税率

房产税的税率，依照房产余值计算缴纳的，税率为1.2%；依照房产租金收入计算缴纳的，税率为12%。

自 2008 年 3 月 1 日起，对个人出租住房，不区分用途，按4%的税率征收房产税。

自 2008 年 8 月 1 日起，对企事业单位、社会团体及其他组织按市场价格向个人出租用于居住的住房，减按4%的税率征收房产税。

4. 计税依据

房产税依照房产原值一次减除10%~30%后的余值计算缴纳。具体减除幅度，由省、自治区、直辖市人民政府规定。

通用知识

没有房产原值作为依据的，由房产所在地税务机关参考同类房产核定。

房产出租的，以房产租金收入为房产税的计税依据。

无租使用其他单位房产的应税单位和个人，依照房产余值代缴纳房产税。

对出租房产，租赁双方签订的租赁合同约定有免收租金期限的，免收租金期间由产权所有人按照房产原值缴纳房产税。

5. 应纳税额的计算

（1）按原值计征。按房产的原值减除一定比例后的余值计征房产税，计算公式为：

$$应纳税额 = 应税房产原值 \times (1 - 减除比例) \times 1.2\%$$

减除比例为10%~30%，具体减除幅度，由省、自治区、直辖市人民政府规定。

（2）按租金计征。按房产的租金收入计征房产税，计算公式为：

$$应纳税额 = 租金收入 \times 12\% （或4\%）$$

营改增后，房产出租的，计征房产税的租金收入不含增值税；免征增值税的，租金收入不扣减增值税。

【知识点2】房产税优惠政策

1. 自2023年1月1日至2027年12月31日，对增值税小规模纳税人、小型微利企业和个体工商户减半征收资源税（不含水资源税）、城市维护建设税、房产税、城镇土地使用税、印花税（不含证券交易印花税）、耕地占用税和教育费附加、地方教育附加。已依法享受资源税、城市维护建设税、房产税、城镇土地使用税、印花税、耕地占用税、教育费附加、地方教育附加等其他优惠政策的，可叠加享受本条优惠政策。

2. 自2019年6月1日至2025年12月31日，为社区提供养老、托育、家政等服务的机构自有或其通过承租、无偿使用等方式取得并用于提供社区养老、托育、家政服务的房产，免征房产税。

2022年，出租人减免承租的养老服务机构和托育服务机构租金的可按规定减免当年房产税、城镇土地使用税。

3. 自2022年8月1日至2023年7月31日，各地可根据《中华人民共和国房产税暂行条例》《中华人民共和国城镇土地使用税暂行条例》授权和本地实际，对银行业金融机构、金融资产管理公司持有的抵债不动产减免房产税、城镇土地使用税。

4. 对公租房免征房产税。公租房经营管理单位应单独核算公租房租金收入，未单独核算的，不得享受免征房产税优惠政策。

5. 对纳税人及其全资子公司从事大型民用客机发动机、中大功率民用涡轴涡桨发动机研制项目自用的科研、生产、办公房产及土地，免征房产税。

6. 至2027年12月31日，对国家级、省级科技企业孵化器、大学科技园和国家备案众创空间自用以及无偿或通过出租等方式提供给在孵对象使用的房产、土地,免征房产税。

五 车船税政策与管理

【知识点1】车船税基本政策

1. 纳税人

在中华人民共和国境内属于《中华人民共和国车船税法》所附《车船税税目税额表》规定的车辆、船舶(以下简称车船)的所有人或者管理人,为车船税的纳税人。

从事机动车第三者责任强制保险业务的保险机构为机动车车船税的扣缴义务人,应当在收取保险费时依法代收车船税,并出具代收税款凭证。

2. 征税范围

车船税征税范围为在中华人民共和国境内属于《中华人民共和国车船税法》所附《车船税税目税额表》规定的车辆、船舶,包括依法应当在车船管理部门登记的机动车辆和船舶,依法不需要在车船管理部门登记、在单位内部场所行驶或者作业的机动车辆和船舶。

境内单位和个人租入外国籍船舶的,不征收车船税。境内单位和个人将船舶出租到境外的,应依法征收车船税。

临时入境的外国车船和香港特别行政区、澳门特别行政区、台湾地区的车船,不征收车船税。

3. 税目税率

车船税税目包括乘用车、商用车、挂车、其他车辆、摩托车和船舶6个税目。

车船税实行定额税率(见表6-7)。

表6-7　　　　　　　　　车船税税目税额表

税　目		计税单位	年基准税额	备注
乘用车[按发动机汽缸容量(排气量)分档]	1.0升(含)以下的	每辆	60元至360元	核定载客人数9人(含)以下
	1.0升以上至1.6升(含)的		300元至540元	
	1.6升以上至2.0升(含)的		360元至660元	
	2.0升以上至2.5升(含)的		660元至1200元	
	2.5升以上至3.0升(含)的		1200元至2400元	
	3.0升以上至4.0升(含)的		2400元至3600元	
	4.0升以上的		3600元至5400元	

通用知识

续表

税目		计税单位	年基准税额	备注
商用车	客车	每辆	480元至1440元	核定载客人数9人以上,包括电车
	货车	整备质量每吨	16元至120元	包括半挂牵引车、三轮汽车和低速载货汽车等
挂车		整备质量每吨	按照货车税额的50%计算	
其他车辆	专用作业车	整备质量每吨	16元至120元	不包括拖拉机
	轮式专用机械车		16元至120元	
摩托车		每辆	36元至180元	
船舶	机动船舶	净吨位每吨	3元至6元	拖船、非机动驳船分别按照机动船舶税额的50%计算
	游艇	艇身长度每米	600元至2000元	

4. 计税依据

车船税是从量计征的,根据车船的种类和性能的不同,计税依据有4种:

(1) 乘用车、客车、摩托车,以"每辆"为计税单位;

(2) 货车、挂车、其他车辆,以"整备质量每吨"为计税单位;

(3) 机动船舶,以"净吨位每吨"为计税单位,其中拖船按照发动机功率每1千瓦折合净吨位0.67吨计算;

(4) 游艇,以"艇身长度每米"为计税单位。

5. 应纳税额的计算

车船税按年申报,分月计算,一次性缴纳。计算公式为:

$$应纳税额 = 年应纳税额 \times 应纳税月份数 \div 12$$

【知识点2】车船税优惠政策

1. 下列车船免征车船税:

(1) 捕捞、养殖渔船;

（2）军队、武装警察部队专用的车船；

（3）警用车船；

（4）悬挂应急救援专用号牌的国家综合性消防救援车辆和国家综合性消防救援专用船舶；

（5）依照法律规定应当予以免税的外国驻华使领馆、国际组织驻华代表机构及其有关人员的车船。

2. 对节约能源、使用新能源的车船可以减征或者免征车船税；对受严重自然灾害影响纳税困难以及有其他特殊原因确需减税、免税的，可以减征或者免征车船税。具体办法由国务院规定，并报全国人民代表大会常务委员会备案。

3. 省、自治区、直辖市人民政府根据当地实际情况，可以对公共交通车船，农村居民拥有并主要在农村地区使用的摩托车、三轮汽车和低速载货汽车定期减征或者免征车船税。

六 环境保护税政策与管理

【知识点1】环境保护税基本政策

1. 纳税人

在中华人民共和国领域和中华人民共和国管辖的其他海域，直接向环境排放应税污染物的企业事业单位和其他生产经营者为环境保护税的纳税人。

有下列情形之一的，不属于直接向环境排放污染物，不缴纳相应污染物的环境保护税：

（1）企业事业单位和其他生产经营者向依法设立的污水集中处理、生活垃圾集中处理场所排放应税污染物的；

（2）企业事业单位和其他生产经营者在符合国家和地方环境保护标准的设施、场所贮存或者处置固体废物的。

2. 征税范围

应税污染物，是指《环境保护税税目税额表》《应税污染物和当量值表》规定的大气污染物、水污染物、固体废物和噪声。

大气污染物，是指向环境排放影响大气环境质量的物质，包括二氧化硫、氮氧化硫、粉尘等。

水污染物，是指向环境排放影响水环境质量的物质。

固体废物，包括工业固体废物、生活垃圾、危险废物，如煤矸石、尾矿、粉煤灰、炉渣等。

噪声，仅指工业噪声。

3. 税目税率

环境保护税税目税额表见表6-8。

通用知识

表 6-8　　　　　　　　　　　环境保护税税目税额表

税　目		计税单位	税额	备　注
大气污染物		每污染当量	1.2~12元	
水污染物		每污染当量	1.4~14元	
固体废物	煤矸石	每吨	5元	
	尾矿	每吨	15元	
	危险废物	每吨	1000元	
	冶炼渣、粉煤灰、炉渣、其他固体废物（含半固态、液态废物）	每吨	25元	
噪声	工业噪声	超标1~3分贝	每月350元	1. 一个单位边界上有多处噪声超标，根据最高一处超标声级计算应纳税额；当沿边界长度超过100米有两处以上噪声超标，按照两个单位计算应纳税额。 2. 一个单位有不同地点作业场所的，应当分别计算应纳税额，合并计征。 3. 昼、夜均超标的环境噪声，昼、夜分别计算应纳税额，累计计征。 4. 声源一个月内超标不足15天的，减半计算应纳税额。 5. 夜间频繁突发和夜间偶然突发厂界超标噪声，按等效声级和峰值噪声两种指标中超标分贝值高的一项计算应纳税额
		超标4~6分贝	每月700元	
		超标7~9分贝	每月1400元	
		超标10~12分贝	每月2800元	
		超标13~15分贝	每月5600元	
		超标16分贝以上	每月11200元	

4. 计税依据

应税污染物的计税依据，按照下列方法确定：

（1）应税大气污染物按照污染物排放量折合的污染当量数确定；

（2）应税水污染物按照污染物排放量折合的污染当量数确定；

（3）应税固体废物按照固体废物的排放量确定；

（4）应税噪声按照超过国家规定标准的分贝数确定。

每一排放口或者没有排放口的应税大气污染物，按照污染当量数从大到小排序，对前三项污染物征收环境保护税。

每一排放口的应税水污染物，按照《中华人民共和国环境保护税法》所附《应税污染物和当量值表》，区分第一类水污染物和其他类水污染物，按照污染当量数从大到小排序，对第一类水污染物按照前五项征收环境保护税，对其他类水污染物按照前三项征收环境保护税。

5. 应纳税额的计算

环境保护税应纳税额按照下列方法计算：

（1）应税大气污染物的应纳税额为污染当量数乘以具体适用税额；

（2）应税水污染物的应纳税额为污染当量数乘以具体适用税额；

（3）应税固体废物的应纳税额为固体废物排放量乘以具体适用税额；

（4）应税噪声的应纳税额为超过国家规定标准的分贝数对应的具体适用税额。

【知识点2】环境保护税优惠政策

1. 下列情形，暂予免征环境保护税：

（1）农业生产（不包括规模化养殖）排放应税污染物的；

（2）机动车、铁路机车、非道路移动机械、船舶和航空器等流动污染源排放应税污染物的；

（3）依法设立的城乡污水集中处理、生活垃圾集中处理场所排放相应应税污染物，不超过国家和地方规定的排放标准的；

（4）纳税人综合利用的固体废物，符合国家和地方环境保护标准的；

（5）国务院批准免税的其他情形。

2. 纳税人排放应税大气污染物或者水污染物的浓度值低于国家和地方规定的污染物排放标准30%的，减按75%征收环境保护税。纳税人排放应税大气污染物或者水污染物的浓度值低于国家和地方规定的污染物排放标准50%的，减按50%征收环境保护税。

七 契税政策与管理

【知识点1】契税基本政策

1. 纳税人

在中华人民共和国境内转移土地、房屋权属，承受的单位和个人为契税的纳税人。承受，是指以受让、购买、受赠、交换等方式取得土地、房屋权属的行为。

通用知识

2. 征税范围

(1) 土地使用权出让；

(2) 土地使用权转让，包括出售、赠与、互换；

(3) 房屋买卖、赠与、互换。

土地使用权转让，不包括土地承包经营权和土地经营权的转移。

以作价投资（入股）、偿还债务、划转、奖励等方式转移土地、房屋权属的，应当依照《中华人民共和国契税法》规定征收契税。

3. 税率

契税税率为3%～5%。

契税的适用税率，由省、自治区、直辖市人民政府在规定的幅度内按照本地区的实际情况确定，并报财政部和国家税务总局备案。

4. 计税依据

(1) 土地使用权出让、出售，房屋买卖，为土地、房屋权属转移合同确定的成交价格，包括应交付的货币以及实物、其他经济利益对应的价款。

(2) 土地使用权互换、房屋互换，为所互换的土地使用权、房屋价格的差额。

(3) 土地使用权赠与、房屋赠与以及其他没有价格的转移土地、房屋权属行为，为税务机关参照土地使用权出售、房屋买卖的市场价格依法核定的价格。

纳税人申报的成交价格、互换价格差额明显偏低且无正当理由的，由税务机关依照《中华人民共和国税收征收管理法》的规定核定。

(4) 以划拨方式取得的土地使用权，经批准改为出让方式重新取得该土地使用权的，应由该土地使用权人以补缴的土地出让价款为计税依据缴纳契税。

(5) 先以划拨方式取得土地使用权，后经批准转让房地产，划拨土地性质改为出让的，承受方应分别以补缴的土地出让价款和房地产权属转移合同确定的成交价格为计税依据缴纳契税。

(6) 先以划拨方式取得土地使用权，后经批准转让房地产，划拨土地性质未发生改变的，承受方应以房地产权属转移合同确定的成交价格为计税依据缴纳契税。

(7) 土地使用权及所附建筑物、构筑物等（包括在建的房屋、其他建筑物、构筑物和其他附着物）转让的，计税依据为承受方应交付的总价款。

(8) 土地使用权出让的，计税依据包括土地出让金、土地补偿费、安置补助费、地上附着物和青苗补偿费、征收补偿费、城市基础设施配套费、实物配建房屋等应交付的货币以及实物、其他经济利益对应的价款。

(9) 房屋附属设施（包括停车位、机动车库、非机动车库、顶层阁楼、储藏室及其他房屋附属设施）与房屋为同一不动产单元的，计税依据为承受方应交付的总价款，并适用与房屋相同的税率；房屋附属设施与房屋为不同不动产单元的，计税依据为转移合同确定的成交价格，并按当地确定的适用税率计税。

（10）承受已装修房屋的，应将包括装修费用在内的费用计入承受方应交付的总价款。

（11）土地使用权互换、房屋互换，互换价格相等的，互换双方计税依据为零；互换价格不相等的，以其差额为计税依据，由支付差额的一方缴纳契税。

（12）契税的计税依据不包括增值税。

5. 应纳税额的计算

契税应纳税额的计算公式为：

$$应纳税额 = 计税依据 \times 税率$$

【知识点2】契税优惠政策

1. 有下列情形之一，免征契税：

（1）国家机关、事业单位、社会团体、军事单位承受土地、房屋权属用于办公、教学、医疗、科研、军事设施；

（2）非营利性的学校、医疗机构、社会福利机构承受土地、房屋权属用于办公、教学、医疗、科研、养老、救助；

（3）承受荒山、荒地、荒滩土地使用权用于农、林、牧、渔业生产；

（4）婚姻关系存续期间夫妻之间变更土地、房屋权属；

（5）法定继承人通过继承承受土地、房屋权属；

（6）依照法律规定应当予以免税的外国驻华使馆、领事馆和国际组织驻华代表机构承受土地、房屋权属。

根据国民经济和社会发展的需要，国务院对居民住房需求保障、企业改制重组、灾后重建等情形可以规定免征或者减征契税，报全国人民代表大会常务委员会备案。

2. 对个人购买家庭唯一住房（家庭成员范围包括购房人、配偶以及未成年子女，下同），面积为90平方米及以下的，减按1%的税率征收契税；面积为90平方米以上的，减按1.5%的税率征收契税。

对个人购买家庭第二套改善性住房，面积为90平方米及以下的，减按1%的税率征收契税；面积为90平方米以上的，减按2%的税率征收契税。（北京市、上海市、广州市、深圳市暂不实施本条契税优惠政策）

3. 自2019年6月1日至2025年12月31日，承受房屋、土地用于提供社区养老、托育、家政服务的，免征契税。

4. 夫妻因离婚分割共同财产发生土地、房屋权属变更的，免征契税。

5. 城镇职工按规定第一次购买公有住房的，免征契税。

6. 公有制单位为解决职工住房而采取集资建房方式建成的普通住房或由单位购买

的普通商品住房，经县级以上地方人民政府房改部门批准、按照国家房改政策出售给本单位职工的，如属职工首次购买住房，比照公有住房免征契税。

7. 已购公有住房经补缴土地出让价款成为完全产权住房的，免征契税。

8. 外国银行分行按照《中华人民共和国外资银行管理条例》等相关规定改制为外商独资银行（或其分行），改制后的外商独资银行（或其分行）承受原外国银行分行的房屋权属的，免征契税。

9. 自 2022 年 8 月 1 日至 2023 年 7 月 31 日，对银行业金融机构、金融资产管理公司接收抵债资产免征契税。

10. 对公租房经营管理单位购买住房作为公租房，免征契税。

八 城镇土地使用税政策与管理

【知识点 1】城镇土地使用税基本政策

1. 纳税人

在城市、县城、建制镇、工矿区范围内使用土地的单位和个人，为城镇土地使用税的纳税人。

城镇土地使用税由拥有土地使用权的单位或个人缴纳。拥有土地使用权的纳税人不在土地所在地的，由代管人或实际使用人纳税；土地使用权未确定或权属纠纷未解决的，由实际使用人纳税；土地使用权共有的，由共有各方分别纳税。

在城镇土地使用税征税范围内承租集体所有建设用地的，由直接从集体经济组织承租土地的单位和个人缴纳城镇土地使用税。

对纳税单位无偿使用免税单位的土地，纳税单位应照章缴纳城镇土地使用税。

2. 征税范围

城镇土地使用税在城市、县城、建制镇和工矿区征收。

对农林牧渔业用地和农民居住用房屋及土地，不征收城镇土地使用税。

在城镇土地使用税征收范围内，利用林场土地兴建度假村等休闲娱乐场所的，其经营、办公和生活用地，应按规定征收城镇土地使用税。

3. 税目税率

城镇土地使用税每平方米年税额为：

(1) 大城市 1.5 元至 30 元；

(2) 中等城市 1.2 元至 24 元；

(3) 小城市 0.9 元至 18 元；

(4) 县城、建制镇、工矿区 0.6 元至 12 元。

省、自治区、直辖市人民政府，应当在上述规定的税额幅度内，根据市政建设状况、经济繁荣程度等条件，确定所辖地区的适用税额幅度。

4. 计税依据

城镇土地使用税以纳税人实际占用的土地面积为计税依据，依照规定税额计算征收。

纳税单位与免税单位共同使用共有使用权土地上的多层建筑，对纳税单位可按其占用的建筑面积占建筑总面积的比例计征城镇土地使用税。

对单独建造的地下建筑用地，按规定征收城镇土地使用税。地下建筑用地暂按应征税款的50%征收城镇土地使用税。

5. 应纳税额的计算

城镇土地使用税的年应纳税额为：

$$年应纳税额 = 实际占用应税土地面积 \times 适用税额$$

纳税人在一个纳税年度内取得应税土地使用权不满一年的，其应缴纳的城镇土地使用税税额按当年应计税月数计算。

【知识点2】城镇土地使用税优惠政策

在城镇土地使用税征收范围内经营采摘、观光农业的单位和个人，其直接用于采摘、观光的种植、养殖、饲养的土地，属于"直接用于农、林、牧、渔业的生产用地"，免征城镇土地使用税。

对个人出租住房，不区分用途，免征城镇土地使用税。

自2019年1月1日至2023年12月31日，对国家级、省级科技企业孵化器、大学科技园和国家备案众创空间自用以及无偿或通过出租等方式提供给在孵对象使用的房产、土地，免征房产税和城镇土地使用税。

自2023年1月1日至2027年12月31日，对增值税小规模纳税人、小型微利企业和个体工商户减半征收资源税（不含水资源税）、城市维护建设税、房产税、城镇土地使用税、印花税（不含证券交易印花税）、耕地占用税和教育费附加、地方教育附加。已依法享受资源税、城市维护建设税、房产税、城镇土地使用税、印花税、耕地占用税、教育费附加、地方教育附加等其他优惠政策的，可叠加享受本条优惠政策。

自2019年6月1日至2025年12月31日，为社区提供养老、托育、家政等服务的机构自有或其通过承租、无偿使用等方式取得并用于提供社区养老、托育、家政服务的土地，免征城镇土地使用税。

自2022年8月1日至2023年7月31日，各地可根据《中华人民共和国房产税暂行条例》《中华人民共和国城镇土地使用税暂行条例》授权和本地实际，对银行业金融机构、金融资产管理公司持有的抵债不动产减免房产税、城镇土地使用税。

对纳税人及其全资子公司从事大型民用客机发动机、中大功率民用涡轴涡桨发动机研制项目自用的科研、生产、办公房产及土地，免征城镇土地使用税。

至 2027 年 12 月 31 日，对国家级、省级科技企业孵化器、大学科技园和国家备案众创空间自用以及无偿或通过出租等方式提供给在孵对象使用的房产、土地，免征城镇土地使用税。

对公租房建设期间用地及公租房建成后占地，免征城镇土地使用税。在其他住房项目中配套建设公租房，按公租房建筑面积占总建筑面积的比例免征建设、管理公租房涉及的城镇土地使用税。

九　耕地占用税政策与管理

【知识点1】耕地占用税基本政策

1. 纳税人

在中华人民共和国境内占用耕地建设建筑物、构筑物或者从事非农业建设的单位和个人，为耕地占用税的纳税人。

2. 征税范围

耕地，是指用于种植农作物的土地。

占用耕地建设农田水利设施的，不缴纳耕地占用税。

占用园地、林地、草地、农田水利用地、养殖水面、渔业水域滩涂及其他农用地建设建筑物、构筑物或者从事非农业建设的，依照规定缴纳耕地占用税。

占用园地、林地、草地、农田水利用地、养殖水面、渔业水域滩涂及其他农用地建设直接为农业生产服务的生产设施的，不缴纳耕地占用税。

纳税人因建设项目施工或者地质勘查临时占用耕地，应当依照规定缴纳耕地占用税。

3. 税目税率

耕地占用税的税额如下：

（1）人均耕地不超过 1 亩的地区（以县、自治县、不设区的市、市辖区为单位，下同），每平方米为 10 元至 50 元；

（2）人均耕地超过 1 亩但不超过 2 亩的地区，每平方米为 8 元至 40 元；

（3）人均耕地超过 2 亩但不超过 3 亩的地区，每平方米为 6 元至 30 元；

（4）人均耕地超过 3 亩的地区，每平方米为 5 元至 25 元。

各地区耕地占用税的适用税额，由省、自治区、直辖市人民政府根据人均耕地面积和经济发展等情况，在规定的税额幅度内提出，报同级人民代表大会常务委员会决定，并报全国人民代表大会常务委员会和国务院备案。

各省、自治区、直辖市耕地占用税适用税额的平均水平，不得低于《各省、自治区、直辖市耕地占用税平均税额表》（见表6-9）规定的平均税额。

表6-9　　　　　　　各省、自治区、直辖市耕地占用税平均税额表

省、自治区、直辖市	平均税额（元/平方米）
上海	45
北京	40
天津	35
江苏、浙江、福建、广东	30
辽宁、湖北、湖南	25
河北、安徽、江西、山东、河南、重庆、四川	22.5
广西、海南、贵州、云南、陕西	20
山西、吉林、黑龙江	17.5
内蒙古、西藏、甘肃、青海、宁夏、新疆	12.5

在人均耕地低于0.5亩的地区，省、自治区、直辖市可以根据当地经济发展情况，适当提高耕地占用税的适用税额，但提高的部分不得超过适用税额的50%。

占用基本农田的，应当按照确定的当地适用税额，加按150%征收。

4. 计税依据

耕地占用税以纳税人实际占用的属于耕地占用税征税范围的土地（以下简称应税土地）面积为计税依据，按应税土地当地适用税额计税，实行一次性征收。

5. 应纳税额的计算

耕地占用税的计算公式为：

$$应纳税额 = 应税土地面积 \times 适用税额$$

应税土地面积包括经批准占用面积和未经批准占用面积，以平方米为单位。

按照规定，加按150%征收耕地占用税的计算公式为：

$$应纳税额 = 应税土地面积 \times 适用税额 \times 150\%$$

【知识点2】耕地占用税优惠政策

军事设施、学校、幼儿园、社会福利机构、医疗机构占用耕地，免征耕地占用税。

自2023年1月1日至2027年12月31日，对增值税小规模纳税人、小型微利企业和个体工商户减半征收资源税（不含水资源税）、城市维护建设税、房产税、城镇土地使用税、印花税（不含证券交易印花税）、耕地占用税和教育费附加、地方教育附加。

通用知识

已依法享受资源税、城市维护建设税、房产税、城镇土地使用税、印花税、耕地占用税、教育费附加、地方教育附加等其他优惠政策的，可叠加享受本条优惠政策。

十 烟叶税政策与管理

【知识点】烟叶税基本政策

1. 纳税人

在中华人民共和国境内，依照《中华人民共和国烟草专卖法》的规定收购烟叶的单位为烟叶税的纳税人。

2. 征税范围

烟叶，是指烤烟叶、晾晒烟叶。

晾晒烟叶，包括列入名晾晒烟名录的晾晒烟叶和未列入名晾晒烟名录的其他晾晒烟叶。

3. 税率

烟叶税实行比例税率，税率为20%。

4. 计税依据

烟叶税的计税依据为纳税人收购烟叶实际支付的价款总额。

纳税人收购烟叶实际支付的价款总额包括纳税人支付给烟叶生产销售单位和个人的烟叶收购价款及价外补贴。其中，价外补贴统一按烟叶收购价款的10%计算。

烟叶收购金额的计算公式为：

$$烟叶收购金额 = 收购价款 \times (1 + 10\%)$$

5. 应纳税额的计算

烟叶税应纳税额的计算公式为：

$$应纳税额 = 烟叶收购金额 \times 税率$$

十一 城市维护建设税政策与管理

【知识点1】城市维护建设税基本政策

1. 纳税人

在中华人民共和国境内缴纳增值税、消费税的单位和个人，为城市维护建设税的纳税人，应当依照《中华人民共和国城市维护建设税法》规定缴纳城市维护建设税。

2. 征税范围

城市维护建设税以纳税人依法实际缴纳的增值税、消费税税额为计税依据。

城市维护建设税的计税依据应当按照规定扣除期末留抵退税退还的增值税税额。

对进口货物或者境外单位和个人向境内销售劳务、服务、无形资产缴纳的增值税、消费税税额，不征收城市维护建设税。

3. 税率

城市维护建设税税率如下：

（1）纳税人所在地在市区的，税率为7%；

（2）纳税人所在地在县城、镇的，税率为5%；

（3）纳税人所在地不在市区、县城或镇的，税率为1%。

撤县建市后，城市维护建设税适用税率为7%。

4. 计税依据

城市维护建设税以纳税人依法实际缴纳的增值税、消费税税额（以下简称"两税"税额）为计税依据。

依法实际缴纳的"两税"税额，是指纳税人依照增值税、消费税相关法律法规和税收政策规定计算的应当缴纳的"两税"税额（不含因进口货物或境外单位和个人向境内销售劳务、服务、无形资产缴纳的"两税"税额），加上增值税免抵税额，扣除直接减免的"两税"税额和期末留抵退税退还的增值税税额后的金额。

直接减免的"两税"税额，是指依照增值税、消费税相关法律法规和税收政策规定，直接减征或免征的"两税"税额，不包括实行先征后返、先征后退、即征即退办法退还的"两税"税额。

留抵退税额仅允许在按照增值税一般计税方法确定的城市维护建设税计税依据中扣除。当期未扣除完的余额，在以后纳税申报期按规定继续扣除；对于增值税小规模纳税人更正、查补此前按照一般计税方法确定的城市维护建设税计税依据，允许扣除尚未扣除完的留抵退税额。

5. 应纳税额的计算

城市维护建设税的应纳税额计算公式为：

$$应纳税额 = 纳税人实际缴纳的"两税"税额 \times 适用税率$$

【知识点2】城市维护建设税优惠政策

（1）对黄金交易所会员单位通过黄金交易所销售且发生实物交割的标准黄金，免征城市维护建设税。

（2）对上海期货交易所会员和客户通过上海期货交易所销售且发生实物交割并已出库的标准黄金，免征城市维护建设税。

（3）对国家重大水利工程建设基金免征城市维护建设税。

（4）自2023年1月1日至2027年12月31日，对增值税小规模纳税人、小型微利企业和个体工商户减半征收资源税（不含水资源税）、城市维护建设税、房产税、

通用知识

城镇土地使用税、印花税（不含证券交易印花税）、耕地占用税和教育费附加、地方教育附加。已依法享受资源税、城市维护建设税、房产税、城镇土地使用税、印花税、耕地占用税、教育费附加、地方教育附加等其他优惠政策的，可叠加享受本条优惠政策。

（5）自2023年1月1日至2027年12月31日，自主就业退役士兵从事个体经营的，自办理个体工商户登记当月起，在3年（36个月，下同）内按每户每年20000元为限额依次扣减其当年实际应缴纳的增值税、城市维护建设税、教育费附加、地方教育附加和个人所得税，限额标准最高可上浮20%。企业招用自主就业退役士兵，与其签订1年以上期限劳动合同并依法缴纳社会保险费的，自签订劳动合同并缴纳社会保险当月起，在3年内按实际招用人数予以定额依次扣减增值税、城市维护建设税、教育费附加、地方教育附加和企业所得税优惠。定额标准为每人每年6000元，最高可上浮50%。

城市维护建设税、教育费附加、地方教育附加的计税依据是享受本项税收优惠政策前的增值税应纳税额。

各省、自治区、直辖市人民政府可根据本地区实际情况在上述幅度内确定具体定额标准。城市维护建设税、教育费附加、地方教育附加的计税依据是享受该政策前的增值税应纳税额。

（6）自2023年1月1日至2027年12月31日，脱贫人口（含防止返贫监测对象）、持《就业创业证》（注明"自主创业税收政策"或"毕业年度内自主创业税收政策"）或《就业失业登记证》（注明"自主创业税收政策"）的人员，从事个体经营的，自办理个体工商户登记当月起，在3年（36个月，下同）内按每户每年20000元为限额依次扣减其当年实际应缴纳的增值税、城市维护建设税、教育费附加、地方教育附加和个人所得税，限额最高可上浮20%；企业招用脱贫人口，以及在人力资源社会保障部门公共就业服务机构登记失业半年以上且持《就业创业证》或《就业失业登记证》（注明"企业吸纳税收政策"）的人员，与其签订1年以上期限劳动合同并依法缴纳社会保险费的，自签订劳动合同并缴纳社会保险当月起，在3年内按实际招用人数予以定额依次扣减增值税、城市维护建设税、教育费附加、地方教育附加和企业所得税优惠。定额标准为每人每年6000元，最高可上浮30%，城市维护建设税、教育费附加、地方教育附加的计税依据是享受本项税收优惠政策前的增值税应纳税额。

各省、自治区、直辖市人民政府可根据本地区实际情况在上述幅度内确定具体定额标准。

>> 第八节
社会保险费征缴与管理

一 社会保险费征缴

国家建立基本养老保险、基本医疗保险、工伤保险、失业保险、生育保险等社会保险制度，保障公民在年老、疾病、工伤、失业、生育等情况下依法从国家和社会获得物质帮助的权利。

【知识点1】基本养老保险

1. 基本养老保险概述

基本养老保险，是按国家法律法规政策规定，强制实施的为保障广大离退休人员基本生活需要的一种养老保险制度。基本养老保险是社会保险制度中最重要的险种之一。

基本养老保险费用一般由国家、单位和个人三方或单位和个人双方共同负担，并实现广泛的社会互济。

参加基本养老保险的个人，达到法定退休年龄时累计缴费满15年的，按月领取基本养老金。

2. 基本养老保险费的征缴

职工应当参加基本养老保险，由用人单位和职工共同缴纳基本养老保险费。

无雇工的个体工商户、未在用人单位参加基本养老保险的非全日制从业人员及其他灵活就业人员可以参加基本养老保险，由个人缴纳基本养老保险费。

用人单位缴纳基本养老保险费的基数可以为职工工资总额，也可以为职工个人缴费工资基数之和。

自2019年5月1日起，降低城镇职工基本养老保险（包括企业和机关事业单位基本养老保险）单位缴费比例，单位缴费比例高于16%的，可降至16%。

职工应当按照国家规定的本人工资的比例缴纳基本养老保险费，记入个人账户。职工缴纳基本养老保险费的比例为个人缴费工资的8%。本人月平均工资低于当地职工月平均工资的60%的，按照当地职工月平均工资的60%作为缴费基数。本人月平均工资高于当地职工平均工资的300%的，按照当地职工的月平均工资的300%作为缴费基

通用知识

数。缴费基数每年确定一次，且一旦确定以后，1年内不再变动。

各省应以本省城镇非私营单位就业人员平均工资和城镇私营单位就业人员平均工资加权计算的全口径城镇单位就业人员平均工资，核定个人缴费基数上下限，合理降低部分参保人员和企业的缴费基数。

个体工商户和灵活就业人员参加企业职工基本养老保险，可以在本省全口径城镇单位就业人员平均工资的60%~300%选择适当的缴费基数。

城乡居民社会养老保险基金筹集主要由个人缴费、集体补助、政府补贴构成。

【知识点2】基本医疗保险

1. 基本医疗保险概述

基本医疗保险，是为补偿劳动者因疾病风险造成的经济损失而建立的一项社会保险制度。通过用人单位和个人缴费，建立医疗保险基金，参保人员患病就诊发生医疗费用后，由医疗保险经办机构给予一定的经济补偿，以避免或减轻劳动者因患病、治疗等所带来的经济风险。

2. 基本医疗保险费的征缴

职工应当参加职工基本医疗保险，基本医疗保险费由用人单位和职工共同缴纳。

无雇工的个体工商户、未在用人单位参加职工基本医疗保险的非全日制从业人员及其他灵活就业人员可以参加职工基本医疗保险，由个人按照国家规定缴纳基本医疗保险费。

用人单位缴纳基本医疗保险的基数为职工工资总额，个人缴费基数为本人工资。

用人单位缴费比例应控制在职工工资总额的6%左右，职工个人缴费比例一般为本人工资收入的2%。

随着经济发展，用人单位和职工缴费比例可作相应调整。

城乡居民基本医疗保险实行个人缴费和政府补贴相结合。

2023年居民医保筹资标准为1020元，其中人均财政补助标准达到每人每年不低于640元，个人缴费标准达到每人每年380元。

【知识点3】失业保险

1. 失业保险概述

失业保险，是国家通过立法强制实施，由政府负责建立失业保险基金，对非因本人意愿中断就业而失去工资收入的劳动者提供一定时期的物质帮助及促进其再就业服务的一项社会保险制度。

2. 失业保险费的征缴

职工应当参加失业保险，由用人单位和职工按照国家规定共同缴纳失业保险费。

依据《失业保险条例》，城镇企业事业单位按照本单位工资总额的2%缴纳失业保险费，城镇企业事业单位职工按照本人工资的1%缴纳失业保险费。城镇企业事业单位招用的农民合同制工人本人不缴纳失业保险费。

省、自治区、直辖市人民政府根据本行政区域失业人员数量和失业保险基金数额，报经国务院批准，可以适当调整本行政区域失业保险费的费率。

自2019年5月1日起，实施失业保险总费率1%的省，延长阶段性降低失业保险费率的期限至2024年底。在省（区、市）行政区域内，单位及个人的费率应当统一，个人费率不得超过单位费率。

【知识点4】生育保险

1. 生育保险概述

生育保险，是指为了维护职工的合法权益，保障职工在生育和实施计划生育手术期间由国家和社会提供津贴、产假和医疗服务的社会保险制度。

2. 生育保险费的征缴

职工应当参加生育保险，由用人单位按照国家规定缴纳生育保险费，职工个人不缴纳生育保险费。

依据《企业职工生育保险试行办法》（劳部发〔1994〕504号），生育保险费的缴纳比例由当地人民政府根据计划内生育人数和生育津贴、生育医疗费等项费用确定，并可根据费用支出情况适时调整，但最高不得超过工资总额的1%。

2019年3月6日，国务院办公厅发布了《国务院办公厅关于全面推进生育保险和职工基本医疗保险合并实施的意见》，提出2019年底前实现生育保险和职工基本医疗保险合并实施。

【知识点5】工伤保险

1. 工伤保险概述

工伤保险，是指劳动者在工作中或在规定的特殊情况下，遭受意外伤害或患职业病导致暂时或永久丧失劳动能力或者死亡时，给予劳动者医疗救治及必要的经济补偿的一种社会保障制度。

2. 工伤保险费的征缴

职工应当参加工伤保险，由用人单位缴纳工伤保险费，职工个人不缴纳工伤保险费。

国家根据不同行业的工伤风险程度确定行业的差别费率，并根据工伤保险费使用、工伤发生率等情况在每个行业内确定若干费率档次。行业差别费率及行业内费率档次由国务院社会保险行政部门制定，报国务院批准后公布施行。

社会保险经办机构根据用人单位使用工伤保险基金、工伤发生率和所属行业费率

通用知识

档次等情况，确定用人单位缴费费率。

用人单位应当按照本单位职工工资总额，根据社会保险经办机构确定的费率缴纳工伤保险费。

自2019年5月1日起，延长阶段性降低工伤保险费率的期限至2024年底，工伤保险基金累计结余可支付月数在18~23个月的统筹地区可以现行费率为基础下调20%，累计结余可支付月数在24个月以上的统筹地区可以现行费率为基础下调50%。

二、社会保险费管理

【知识点1】社会保险登记

缴费单位应当自成立之日起30日内向当地社会保险经办机构办理社会保险登记，参加社会保险。

企业在办理登记注册时，同步办理社会保险登记。

缴费单位的社会保险登记事项发生变更或者缴费单位依法终止的，应当自变更或者终止之日起30日内，到社会保险经办机构办理变更或者注销社会保险登记手续。

自愿参加社会保险的无雇工的个体工商户、未在用人单位参加社会保险的非全日制从业人员及其他灵活就业人员，应当向社会保险经办机构申请办理社会保险登记。

用人单位不办理社会保险登记的，由社会保险行政部门责令限期改正；逾期不改正的，对用人单位处应缴社会保险费数额1倍以上3倍以下的罚款，对其直接负责的主管人员和其他直接责任人员处500元以上3000元以下的罚款。

国家建立全国统一的个人社会保障号码。个人社会保障号码为居民身份号码。

【知识点2】社会保险费核定与申报缴纳

社会保险经办机构负责社会保险缴费核定等工作。

缴费单位必须按月向社会保险经办机构申报应缴纳的社会保险费数额，经社会保险经办机构核定后，在规定的期限内缴纳社会保险费。

缴费个人应当缴纳的社会保险费，由所在单位从其本人工资中代扣代缴。

社会保险费不得减免。

用人单位因不可抗力，不能按期办理缴费申报的，可以延期申报；不可抗力情形消除后，应当立即向社会保险经办机构报告。社会保险经办机构应当查明事实，予以核准。

用人单位未按时足额缴纳社会保险费的，由社会保险费征收机构责令限期缴纳或者补足，并自欠缴之日起，按日加收5‰的滞纳金；逾期仍不缴纳的，由有关行政部门处欠缴数额1倍以上3倍以下的罚款。

【知识点3】阶段性缓缴企业社会保险费政策

1. 困难行业所属企业，可申请缓缴企业职工基本养老保险费、失业保险费、工伤保险费（以下简称三项社保费）单位缴费部分，其中养老保险费缓缴实施期限到2022年底，工伤保险费、失业保险费缓缴期限不超过1年。缓缴期间免收滞纳金。

困难行业所属企业：餐饮、零售、旅游、民航、公路水路铁路运输5个特困行业；农副食品加工业，纺织业，纺织服装、服饰业，造纸和纸制品业，印刷和记录媒介复制业，医药制造业，化学纤维制造业，橡胶和塑料制品业，通用设备制造业，汽车制造业，铁路、船舶、航空航天和其他运输设备制造业，仪器仪表制造业，社会工作，广播、电视、电影和录音制作业，文化艺术业，体育，娱乐业17个困难行业。上述行业中以单位方式参加社会保险的有雇工的个体工商户以及其他单位，参照企业办法缓缴。

2. 受疫情影响严重地区生产经营出现暂时困难的所有中小微企业、以单位方式参保的个体工商户，可申请缓缴三项社保费单位缴费部分，缓缴实施期限到2022年底，期间免收滞纳金。参加企业职工基本养老保险的事业单位及社会团体、基金会、社会服务机构、律师事务所、会计师事务所等社会组织参照执行。

3. 以个人身份参加企业职工基本养老保险的个体工商户和各类灵活就业人员，2022年缴纳费款有困难的，可自愿暂缓缴费，2022年未缴费月度可于2023年底前进行补缴，缴费基数在2023年当地个人缴费基数上下限范围内自主选择，缴费年限累计计算。

4. 自2022年9月起，各省、自治区、直辖市及新疆生产建设兵团（以下统称地区）可根据本地区受疫情影响情况和社会保险基金状况，进一步扩大缓缴政策实施范围，覆盖本地区所有受疫情影响较大、生产经营困难的中小微企业、以单位方式参保的个体工商户、参加企业职工基本养老保险的事业单位及各类社会组织，使阶段性缓缴社会保险费政策惠及更多市场主体。

5. 阶段性缓缴社会保险费政策到期后，可允许企业在2023年底前采取分期或逐月等方式补缴缓缴的社会保险费。补缴期间免收滞纳金。

6. 各地社会保险经办机构在提供社保缴费查询、出具缴费证明时，对企业按照政策规定缓缴、补缴期间认定为正常缴费状态，不得作欠费处理。企业缓缴期间，要依法履行代扣代缴职工个人缴费义务。已依法代扣代缴的，职工个人缴费状态认定为正常缴费。

【知识点4】阶段性降低失业保险、工伤保险费率政策

自2022年5月1日起，延续实施阶段性降低失业保险、工伤保险费率政策1年，执行期限至2024年底。

按照现行阶段性降率政策规定，失业保险总费率为1%。在省（区、市）行政区

通用知识

域内，单位及个人的费率应当统一，个人费率不得超过单位费率。本地具体费率由各省（区、市）确定。工伤保险基金累计结余可支付月数在 18 至 23 个月的统筹地区可以现行费率为基础下调 20%，累计结余可支付月数在 24 个月以上的统筹地区可以现行费率为基础下调 50%。

>> 第九节
非税收入征缴与管理

一、征管职责划转前税务机关征收的非税收入

【知识点 1】教育费附加和地方教育附加

凡缴纳"两税"的单位和个人，除按照《国务院关于筹措农村学校办学经费的通知》（国发〔1984〕174 号）的规定，缴纳农村教育事业费附加的单位外，都应当依照规定缴纳教育费附加和地方教育附加。

凡代征"两税"的单位和个人，亦为代征教育费附加和地方教育附加的义务人。

教育费附加、地方教育附加计征依据与城市维护建设税计税依据一致，以缴纳义务人依法实际缴纳的"两税"为计征依据。

依法实际缴纳的"两税"税额，是指缴纳义务依照增值税、消费税相关法律法规和税收政策规定计算的应当缴纳的"两税"税额（不含因进口货物或境外单位和个人向境内销售劳务、服务、无形资产缴纳的"两税"税额），加上增值税免抵税额，扣除直接减免的"两税"税额和期末留抵退税退还的增值税税额后的金额。

直接减免的"两税"税额，是指依照增值税、消费税相关法律法规和税收政策规定，直接减征或免征的"两税"税额，不包括实行先征后返、先征后退、即征即退办法退还的"两税"税额。

教育费附加征收率为 3%，地方教育附加征收率为 2%。

对国家重大水利工程建设基金免征教育费附加。

【知识点 2】文化事业建设费

在中华人民共和国境内提供广告服务的广告媒介单位和户外广告经营单位，以及提供娱乐服务的单位和个人，应按规定缴纳文化事业建设费。

缴纳文化事业建设费的单位和个人应按照提供增值税应税服务取得的销售额和 3%

的费率计算应缴费额,并由税务机关在征收增值税时一并征收。文化事业建设费的计算公式为:

$$应缴费额 = 计费销售额 \times 3\%$$

广告服务计费销售额,为缴纳义务人提供广告服务取得的全部含税价款和价外费用,减除支付给其他广告公司或广告发布者的含税广告发布费后的余额。缴纳义务人减除价款的,应当取得增值税专用发票或国家税务总局规定的其他合法有效凭证,否则不得减除。娱乐服务计费销售额,为缴纳义务人提供娱乐服务取得的全部含税价款和价外费用。

中华人民共和国境外的广告媒介单位和户外广告经营单位在境内提供广告服务,在境内未设有经营机构的,以广告服务接受方为文化事业建设费的扣缴义务人。按规定扣缴文化事业建设费的,扣缴义务人应按下列公式计算应扣缴费额:

$$应扣缴费额 = 接收方支付的含税价款 \times 费率$$

广告媒介单位和户外广告经营单位,符合增值税小规模纳税人中月销售额不超过2万元(按季纳税6万元)的企业和非企业性单位提供的应税服务,免征文化事业建设费。

娱乐业缴纳义务人按照《财政部 国家税务总局关于营业税改征增值税试点有关文化事业建设费政策及征收管理问题的通知》(财税〔2016〕25号)规定,对未达到增值税起征点的提供娱乐服务的单位和个人,免征文化事业建设费。

自2019年7月1日至2024年12月31日,对归属中央收入的文化事业建设费,按照缴纳义务人应缴费额的50%减征;对归属地方收入的文化事业建设费,各省(区、市)财政、党委宣传部门可以结合当地经济发展水平、宣传思想文化事业发展等因素,在应缴费额50%的幅度内减征。

【知识点3】废弃电器电子产品处理基金

中华人民共和国境内电器电子产品的生产者,为废弃电器电子产品处理基金(以下简称基金)缴纳义务人,应当按照规定缴纳基金。电器电子产品生产者包括自主品牌生产企业和代工生产企业。

废弃电器电子产品,主要包括电冰箱、空气调节器、吸油烟机、洗衣机、电热水器、燃气热水器、打印机、复印机、传真机、电视机、监视器、微型计算机、移动通信手持机、电话单机等14类产品。

对采用有利于资源综合利用和无害化处理的设计方案及使用环保和便于回收利用材料生产的电器电子产品,可以减征基金的,按照国务院相关部门的具体规定执行。

基金缴纳义务人出口电器电子产品,免征基金。

基金缴纳义务人销售或受托加工生产相关电器电子产品,按照从量定额的办法计算应缴纳基金。应缴纳基金的计算公式为:

$$应缴纳基金 = 销售数量(受托加工数量) \times 征收标准$$

通用知识

【知识点4】残疾人就业保障金

用人单位安排残疾人就业达不到其所在地省、自治区、直辖市人民政府规定比例的，应当缴纳残疾人就业保障金（以下简称残保金）。

用人单位安排残疾人就业的比例不得低于本单位在职职工总数的1.5%。具体比例由各省、自治区、直辖市人民政府根据本地区的实际情况规定。

残保金按上年用人单位安排残疾人就业未达到规定比例的差额人数和本单位在职职工年平均工资之积计算缴纳。计算公式为：

残保金年缴纳额=（上年用人单位在职职工人数×所在地省、自治区、直辖市人民政府规定的安排残疾人就业比例－上年用人单位实际安排的残疾人就业人数）×上年用人单位在职职工年平均工资

用人单位将残疾人录用为在编人员或依法与就业年龄段内的残疾人签订1年以上（含1年）劳动合同（服务协议），且实际支付的工资不低于当地最低工资标准，并足额缴纳社会保险费的，方可计入用人单位所安排的残疾人就业人数。

二、先行划转的财政部驻地方专员办征收的非税收入

【知识点】先行划转的非税收入项目

自2019年1月1日起，原由财政部驻地方财政监察专员办事处负责征收的国家重大水利工程建设基金、农网还贷资金、可再生能源发展基金、中央水库移民扶持基金（含大中型水库移民后期扶持基金、三峡水库库区基金、跨省际大中型水库库区基金）、三峡电站水资源费、核电站乏燃料处理处置基金、免税商品特许经营费、油价调控风险准备金、核事故应急准备专项收入，以及国家留成油收入、石油特别收益金，划转至税务部门征收。

三、后续划转税务部门征收的非税收入

【知识点1】2021年划转的非税收入项目

（1）由自然资源部门负责征收的国有土地使用权出让收入、矿产资源专项收入、海域使用金、无居民海岛使用金四项政府非税收入，全部划转给税务部门负责征收。自然资源部（本级）按照规定负责征收的矿产资源专项收入、海域使用金、无居民海岛使用金，同步划转税务部门征收。

先试点后推开。自2021年7月1日起，选择在河北、内蒙古、上海、浙江、安徽、青岛、云南省（自治区、直辖市、计划单列市）以省（区、市）为单位开展征管职责划转试点，探索完善征缴流程、职责分工等，为全面推开划转工作积累经验。暂未开

展征管划转试点地区要积极做好四项政府非税收入征收划转准备工作，自2022年1月1日起全面实施征管划转工作。

（2）自2021年7月1日起，将自然资源部门负责征收的土地闲置费、住房城乡建设等部门负责征收的按行政事业性收费管理的城镇垃圾处理费划转至税务部门征收。征期在2021年7月1日以后（含）、所属期为2021年7月1日以前的上述收入，收缴及汇算清缴工作继续由原执收（监缴）单位负责。

（3）自2021年1月1日起，水土保持补偿费、地方水库移民扶持基金、排污权出让收入、防空地下室易地建设费划转至税务部门征收。征收范围、征收对象、征收标准等政策仍按现行规定执行。

水土保持补偿费自2021年1月1日起，由缴费人向税务部门自行申报缴纳。按次缴纳的，应于项目开工前或建设活动开始前，缴纳水土保持补偿费。按期缴纳的，在期满之日起15日内申报缴纳水土保持补偿费。

地方水库移民扶持基金自2021年1月1日起，由缴费人按月向税务部门自行申报缴纳，申报缴纳期限按现行规定执行。

已征收排污权出让收入的地区自2021年1月1日起，由缴费人向税务部门自行申报缴纳。其他地区有关排污权出让收入的征管事项，待国务院相关部门确定深化排污权有偿使用和交易改革方案后，由税务总局另行明确。

防空地下室易地建设费自2021年1月1日起，由缴费人根据人防部门核定的收费金额向税务部门申报缴纳。

【知识点2】2023年划转的非税收入项目

自2023年1月1日起，将森林植被恢复费、草原植被恢复费划转至税务部门征收。2023年1月1日以前审核（批准）的相关用地申请、应于2023年1月1日（含）以后缴纳的上述收入，收缴工作继续由原执收（监缴）单位负责。划转以前和以后年度形成的欠缴收入由税务部门负责征缴入库。

>> 习题演练

一、单项选择题

1. 根据增值税的类型划分，我国现行增值税属于（　　）。
A. 消费型增值税　　B. 生产型增值税
C. 收入型增值税　　D. 产出型增值税
【解析】我国现行增值税属于消费型增

值税。

【答案】A

2. 现行增值税小规模纳税人标准统一为年应征增值税销售额（　　）万元及以下。

A. 80　　　　　　B. 500
C. 50　　　　　　D. 150

【解析】《财政部 税务总局关于统一增值税小规模纳税人标准的通知》（财税〔2018〕33号）规定，自2018年5月1日起，增值税小规模纳税人标准为年应征增值税销售额500万元及以下。

【答案】B

3. 某汽车租赁公司为增值税一般纳税人，提供汽车租赁服务。2019年9月，该公司取得的租金收入，根据现行增值税政策规定，适用税率是（　　）。

A. 13%　　　　　B. 9%
C. 10%　　　　　D. 6%

【解析】增值税一般纳税人提供有形动产租赁服务适用13%的税率。

【答案】A

4. 根据2022年增值税期末留抵退税政策，符合条件的小微企业2022年4月向主管税务机关申请退还增量留抵税额时，允许退还的增量留抵税额=增量留抵税额×进项构成比例的（　　）。

A. 50%　　　　　B. 60%
C. 70%　　　　　D. 100%

【解析】纳税人当期允许退还的增量留抵税额，按照以下公式计算：允许退还的增量留抵税额=增量留抵税额×进项构成比例×100%。

【答案】D

5. 增值税一般纳税人提供交通运输业服务适用的比例税率是（　　）。

A. 13%　　　　　B. 9%
C. 6%　　　　　D. 3%

【解析】增值税一般纳税人提供交通运输业服务适用9%的税率。

【答案】B

6. 小规模纳税人的法定征收率为（　　）。

A. 13%　　　　　B. 9%
C. 6%　　　　　D. 3%

【解析】小规模纳税人增值税法定征收率为3%。

【答案】D

7. 增值税一般纳税人提供基础电信服务，适用的增值税税率为（　　）。

A. 13%　　　　　B. 9%
C. 6%　　　　　D. 3%

【解析】一般纳税人提供基础电信服务税率为9%。

【答案】B

8. 根据现行增值税政策规定，下列项目中准予从销项税额中抵扣进项税额的是（　　）。

A. 免征增值税项目购进货物
B. 集体福利购进货物
C. 生产应税项目购进的免税农产品
D. 简易计税办法计税项目购进货物

【解析】增值税一般纳税人购进货物时，用于简易计税方法计税项目、免征增值税项目、集体福利或者个人消费，进项税额不得从销项税额中抵扣。一般纳税人购进免税农产品准予按规定抵扣。

【答案】C

9. 某超市为增值税小规模纳税人，主管税务机关核定其按月纳税。2023 年 4 月，该超市取得食品销售收入 20600 元，取得水果销售收入 2987 元，当月进货取得增值税发票注明税款 600 元，该超市应纳增值税（　　）元。

A. 87.00　　　　B. 687.00
C. 707.61　　　D. 免征增值税

【解析】自 2023 年 1 月 1 日至 2023 年 12 月 31 日，对月销售额 10 万元以下（含本数）的增值税小规模纳税人，免征增值税。

【答案】D

10. 增值税小规模纳税人采取的计税方式是（　　）。

A. 核定征收
B. 查账征收
C. 简易计税方式
D. 发货票抵扣税款

【解析】小规模纳税人销售货物或者应税劳务，实行按照销售额和征收率计算应纳税额的简易计税方式。

【答案】C

11. 增值税专用发票的基本联次不包括（　　）。

A. 存根联　　　B. 发票联
C. 抵扣联　　　D. 记账联

【解析】增值税专用发票由基本联次或者基本联次附加其他联次构成，基本联次为三联：发票联、抵扣联和记账联。

【答案】A

12. 下列不应包括在航空运输服务计税销售额中的是（　　）。

A. 燃油附加费　　B. 旅客违约金
C. 机场建设费　　D. 行李超重费

【解析】航空运输服务销售额不包括代收的机场建设费和代售其他航空运输企业客票而代收转付的价款。

【答案】C

13. 对增值税一般纳税人销售其自行开发生产的软件产品，按法定税率征收增值税后，对其增值税实际税负超过（　　）的部分实行即征即退政策。

A. 3%　　　　B. 5%
C. 6%　　　　D. 8%

【解析】对增值税一般纳税人销售其自行开发生产的软件产品，按法定税率征收增值税后，对其增值税实际税负超过 3% 的部分实行即征即退政策。

【答案】A

14. 下列选项中，属于消费税征税范围的应税消费品是（　　）。

A. 竹制一次性筷子
B. 服装
C. 高尔夫球杆
D. 电动汽车

【解析】小汽车属于消费税征税范围，但不包括电动汽车。高尔夫球及球具属于消费税征税范围，具体包括高尔夫球、高尔夫球杆（含杆头、杆身和握把）、高尔夫球包（袋）。而服装、竹制一次性筷子则不属于消费税征税范围。

【答案】C

15. 下列消费品中，实行从价定率与从量定额相结合征税办法征收消费税的是（　　）。

A. 啤酒 B. 烟丝
C. 黄酒 D. 卷烟

【解析】啤酒、黄酒实行从量定额计税，烟丝实行从价定率计税。卷烟的生产（进口）环节和批发环节，采用比例加定额复合征税。

【答案】D

16. 对超豪华小汽车，在生产（进口）环节按现行税率征收消费税基础上，在零售环节加征消费税，税率为（　　）。

A. 5% B. 10%
C. 15% D. 20%

【解析】自2016年12月1日起，"小汽车"税目下增设"超豪华小汽车"子税目。在生产（进口）环节按现行税率征收消费税基础上，在零售环节加征消费税，税率为10%。

【答案】B

17. 根据现行消费税政策，成品油纳税环节是（　　）。

A. 批发环节
B. 生产和批发环节
C. 生产（进口）环节
D. 零售环节

【解析】成品油的消费税在生产（进口）环节征收。

【答案】C

18. 纳税人自产的用于抵偿债务的应税消费品，计算消费税的计税依据为纳税人同类应税消费品的（　　）。

A. 最高销售价格 B. 平均销售价格
C. 最低销售价格 D. 最后销售价格

【解析】纳税人自产的应税消费品用于换取生产资料和消费资料、投资入股和抵偿债务等方面，应当按纳税人同类应税消费品的最高销售价格作为计税依据。

【答案】A

19. 按现行消费税政策，以下各项只在零售环节计征消费税的是（　　）。

A. 金银首饰 B. 超豪华小汽车
C. 摩托车 D. 白酒

【解析】金银首饰只在零售环节征税；超豪华小汽车在生产（进口）和零售环节双环节征税；摩托车和白酒在生产（进口）环节征税。

【答案】A

20. 企业发生的公益性捐赠支出，在年度（　　）12%以内的部分，准予在计算应纳税所得额时扣除；超过部分，准予结转以后3年内在计算应纳税所得额时扣除。

A. 营业收入 B. 营业利润
C. 利润总额 D. 应纳税所得额

【解析】企业发生的公益性捐赠支出，在年度利润总额12%以内的部分，准予在计算应纳税所得额时扣除；超过年度利润总额12%的部分，准予结转以后3年内在计算应纳税所得额时扣除。

【答案】C

21. 下列各项收入中，属于企业取得的免税收入的是（　　）。

A. 非营利组织接受其他单位或个人捐赠的收入
B. 购买企业债券取得的利息收入
C. 居民企业从境外分回的股息红利收入

D. 在中国境内设立机构、场所的非居民企业从居民企业取得的与该机构场所没有实际联系的投资收益

【解析】企业的免税收入包括：①国债利息收入；②符合条件的居民企业之间的股息、红利等权益性投资收益；③在中国境内设立机构、场所的非居民企业从居民企业取得的与该机构、场所有实际联系的股息、红利等权益性投资收益；④符合条件的非营利组织的收入。

【答案】A

22. 企业缴纳的下列税金中，在计算企业所得税应纳税所得额时不得扣除的是（　　）。

A. 土地增值税　　B. 资源税
C. 车船税　　　　D. 增值税

【解析】企业缴纳的增值税和企业所得税不得在企业所得税税前扣除。

【答案】D

23. 某中小微企业在 2022 年 9 月 1 日新购置一机器设备，单位价值 1000 万元，企业选择按最优惠的政策在企业所得税税前扣除。则 2022 年，该机器设备可在企业所得税税前扣除的折旧额为（　　）万元。

A. 1000　　　　B. 500
C. 25　　　　　D. 50

【解析】中小微企业在 2022 年 1 月 1 日至 2022 年 12 月 31 日期间新购置的设备、器具，单位价值在 500 万元以上的，按照单位价值的一定比例自愿选择在企业所得税税前扣除。其中，《中华人民共和国企业所得税法实施条例》规定最低折旧年限为 3 年的设备器具，单位价值的 100% 可在当年一次性税前扣除；最低折旧年限为 4 年、5 年、10 年的，单位价值的 50% 可在当年一次性税前扣除，其余 50% 按规定在剩余年度计算折旧进行税前扣除。企业选择适用上述政策当年不足扣除形成的亏损，可在以后 5 个纳税年度结转弥补，享受其他延长亏损结转年限政策的企业可按现行规定执行。根据《中华人民共和国企业所得税法实施条例》第六十条规定，机器、机械和其他生产设备最低折旧年限为 10 年。故 2022 年，该机器设备可在企业所得税税前扣除的折旧额 = 1000 × 50% = 500（万元）。

【答案】B

24. 下列各项，属于企业所得税不征税收入的是（　　）。

A. 国债利息收入
B. 因债权人缘故确实无法支付的应付款项
C. 依法收取并纳入财政管理的行政事业性收费
D. 接受捐赠收入

【解析】本题涉及的知识点是企业所得税不征税收入与免税收入的划分。根据《中华人民共和国企业所得税法》的规定，依法收取并纳入财政管理的行政事业性收费属于不征税收入。

【答案】C

25. 自 2019 年 1 月 1 日至 2025 年 12 月 31 日，企业用于目标脱贫地区的公益性扶贫捐赠支出，在计算企业所得税应

纳税所得额时适用的政策为（　　）。

A. 据实扣除

B. 不得扣除

C. 按利润总额的12%限额扣除

D. 按发生额的50%扣除

【解析】自2019年1月1日至2025年12月31日，企业通过公益性社会组织或者县级（含县级）以上人民政府及其组成部门和直属机构，用于目标脱贫地区的扶贫捐赠支出，准予在计算企业所得税应纳税所得额时据实扣除。

【答案】A

26. 某企业2010年成立，2013年度发生亏损120万元，企业在2018年获得高新技术企业资格，则该企业2013年度形成的亏损，结转弥补的最晚时间是（　　）。

A. 2016年　　B. 2018年

C. 2019年　　D. 2023年

【解析】自2018年1月1日起，当年具备高新技术企业或科技型中小企业资格的企业，其具备资格年度之前5个年度发生的尚未弥补完的亏损，准予结转以后年度弥补，最长结转年限由5年延长至10年。

【答案】D

27. 土地增值税实行的税率为（　　）。

A. 三级超额累进税率

B. 三级超率累进税率

C. 四级超额累进税率

D. 四级超率累进税率

【解析】土地增值税实行四级超率累进税率。

【答案】D

28. 在计算土地增值税时，不是按纳税人实际发生额进行扣除的是（　　）。

A. 取得土地使用权所支付的金额

B. 房地产开发成本

C. 房地产开发费用

D. 与转让房地产有关的税金

【解析】在计算扣除项目金额时，房地产开发费用不是按照纳税人实际发生额进行扣除，而是计算扣除。

【答案】C

29. 个体工商户发生的下列支出中，允许在个人所得税税前扣除的是（　　）。

A. 用于家庭的支出

B. 非广告性质赞助支出

C. 已缴纳的增值税税款

D. 生产经营过程中发生的财产转让损失

【解析】选项A、B、C不得税前扣除。

【答案】D

30. 下列所得，应按"综合所得"缴纳个人所得税的是（　　）。

A. 工资、薪金所得

B. 经营所得

C. 财产租赁所得

D. 财产转让所得

【解析】工资、薪金所得，劳务报酬所得，稿酬所得和特许权使用费所得属于综合所得，居民个人按纳税年度合并计算个人所得税。

【答案】A

31. 自2019年1月1日起，我国个人所得税采用的税制类型是（　　）。

A. 分类所得税制

B. 综合所得税制

C. 分类与综合相结合税制

D. 单一所得税制

【解析】个人所得税改革的主要变化之一就是建立综合与分类相结合的个人所得税税制。

【答案】C

32. 2022年8月，中国公民李某取得法律援助补贴收入20000元，李某就该笔收入应缴纳的增值税和被预扣预缴的个人所得税总计为（　　）元。

A. 0　　　　　　B. 1400

C. 3200　　　　 D. 3800

【解析】根据《财政部 税务总局关于法律援助补贴有关税收政策的公告》（财政部 税务总局公告2022年第25号）规定，自2022年1月1日起，对法律援助人员按照《中华人民共和国法律援助法》规定获得的法律援助补贴，免征增值税和个人所得税。法律援助机构向法律援助人员支付法律援助补贴时，应当为获得补贴的法律援助人员办理个人所得税劳务报酬所得免税申报。

【答案】A

33. 下列各项中，不征收环境保护税的是（　　）。

A. 光源污染　　B. 噪声污染

C. 水污染　　　D. 大气污染

【解析】应税污染物，是指《环境保护税税目税额表》《应税污染物和当量值表》规定的大气污染物、水污染物、固体废物和噪声。

【答案】A

34. 企业职工基本养老保险职工个人的缴费比例为（　　）。

A. 8%　　　　　B. 6%

C. 7%　　　　　D. 9%

【解析】职工缴纳基本养老保险费的比例为个人缴费工资的8%。

【答案】A

35. 国家为促进社会公益事业的发展，按照法律、法规、国务院及其财政部门的规定，特许发行彩票筹集的专项资金属于（　　）。

A. 以政府名义接受的捐赠收入

B. 罚没收入

C. 彩票公益金

D. 国有资源有偿使用收入

【解析】彩票公益金是从彩票发行收入中按规定比例提取的，专项用于社会福利、体育等社会公益事业的资金。彩票公益金是政府非税收入形式之一。

【答案】C

二、多项选择题

1. 增值税的适用税率包括（　　）。

A. 13%　　　　 B. 9%

C. 6%　　　　　D. 5%

【解析】现行增值税税率包括13%、9%、6%和零税率。

【答案】ABC

2. 根据现行增值税法规政策规定，纳税人销售下列服务适用9%税率的有（　　）。

A. 增值电信服务

B. 交通运输服务

C. 邮政业服务

D. 基础电信服务

【解析】纳税人销售增值电信服务，适用税率为6%。

【答案】BCD

3. 依据增值税有关规定，下列行为属于增值税征税范围的有（   ）。

A. 婚介公司提供婚介服务

B. 房地产开发公司销售房屋

C. 饭店提供餐饮服务

D. 根据国家指令无偿提供的铁路运输服务、航空运输服务

【解析】根据国家指令无偿提供的铁路运输服务、航空运输服务，属于《营业税改征增值税试点实施办法》（财税〔2016〕36号）附件1规定用于公益事业的服务，不视同销售服务，属于不征收增值税项目。

【答案】ABC

4. 关于增值税纳税期限，下列说法正确的有（   ）。

A. 纳税人可以按月纳税

B. 纳税人可以按次纳税

C. 纳税人可以按日纳税

D. 纳税人可以按数量纳税

【解析】增值税的纳税期限分别为1日、3日、5日、10日、15日、1个月或者1个季度。纳税人的具体纳税期限，由主管税务机关根据纳税人应纳税额的大小分别核定；不能按照固定期限纳税的，可以按次纳税。

【答案】ABC

5. 某增值税一般纳税人购进的下列货物中，按规定不能作为进项税额抵扣的有（   ）。

A. 外购商品用于职工集体福利

B. 外购货物用于分配给股东

C. 外购原材料用于不动产在建工程

D. 发生非正常损失的外购材料

【解析】非正常损失的在产品、产成品所耗用的购进货物、应税劳务和交通运输服务，其进项税额不得从销项税额中抵扣。外购商品用于职工集体福利不视同销售货物，购进时负担的进项税额也不得抵扣。全面推开营改增后，不动产在建工程属于增值税应税项目，其进项税额可以按规定从销项税额中抵扣。外购货物用于分配给股东，视同销售货物，其购进时负担的进项税额准予抵扣。

【答案】AD

6. 根据课税对象的具体情况，现行消费税税率采用的形式有（   ）。

A. 比例税率

B. 定额税率

C. 比例加定额复合税率

D. 超额累进税率

【解析】现行消费税税率根据课税对象的具体情况，采用了三种形式：一是比例税率；二是定额税率；三是比例加定额的复合税率。

【答案】ABC

7. 根据现行消费税政策，下列仅采用从量计征消费税的有（   ）。

A. 啤酒   B. 黄酒

C. 高档手表   D. 成品油

【解析】黄酒按 240 元/吨在生产（进口）环节征收消费税；啤酒分为甲类啤酒和乙类啤酒（按每吨出厂价≥3000 元和＜3000 元区分），分别以 250 元/吨和 220 元/吨在生产（进口）环节征收消费税；成品油按不同类别分别以 1.52 元/升和 1.2 元/升在生产（进口）环节征收消费税。

【答案】ABD

8. 纳税人将自产的应税消费品用于（　　）方面，应缴纳消费税。
   A. 职工福利
   B. 对外投资
   C. 连续生产应税消费品
   D. 对外捐赠

【解析】纳税人将自产的应税消费品用于连续生产应税消费品的，不再缴纳消费税；用于职工福利、对外投资和对外捐赠均属于视同销售，应缴纳消费税。

【答案】ABD

9. 下列选项中属于企业所得税纳税人的有（　　）。
   A. 居民企业　　B. 非居民企业
   C. 个人独资企业　　D. 合伙企业

【解析】根据《中华人民共和国企业所得税法》的规定，企业所得税纳税人分为居民企业和非居民企业。个人独资企业、合伙企业不适用该法。

【答案】AB

10. 下列固定资产中，不得计算折旧在企业所得税税前扣除的有（　　）。
    A. 未投入使用的仓库
    B. 以融资租赁方式租入的固定资产
    C. 单独估价作为固定资产入账的土地
    D. 已足额提取折旧仍继续使用的固定资产

【解析】选项 A，房屋、建筑物以外未投入使用的固定资产是不得计算折旧在税前扣除的；选项 B，以融资租赁方式租出的固定资产不得计算折旧在税前扣除。

【答案】CD

11. 下列关于企业所得税税率的说法，正确的有（　　）。
    A. 企业所得税的税率为 25%
    B. 符合条件小型微利企业减按 10% 征税
    C. 国家需要重点扶持的高新技术企业减按 15% 征税
    D. 非居民企业来源于中国境内的所得减按 20% 征税

【解析】根据《中华人民共和国企业所得税法》的规定，企业所得税的税率为 25%；非居民企业取得该法第三条第三款规定的所得，适用税率为 20%；符合条件的小型微利企业，减按 20% 的税率征收企业所得税；国家需要重点扶持的高新技术企业，减按 15% 的税率征收企业所得税。

【答案】AC

12. 下列项目可以享受企业所得税"加计扣除"优惠政策的有（　　）。
    A. 开发新技术、新产品、新工艺发生的研究开发费用
    B. 企业购置用于环境保护、节能节水、安全生产等专用设备的投资额

C. 创业投资企业从事国家需要重点扶持和鼓励的创业投资的投资额

D. 安置残疾人员及国家鼓励安置的其他就业人员所支付的工资

【解析】根据《中华人民共和国企业所得税法》的规定，企业的下列支出，可以在计算应纳税所得额时加计扣除：开发新技术、新产品、新工艺发生的研究开发费用；安置残疾人员及国家鼓励安置的其他就业人员所支付的工资。选项B、C属于投资抵免的税收优惠。

【答案】AD

13. 下列各项中，属于土地增值税征税范围的有（   ）。

A. 转让国有土地使用权

B. 出让国有土地使用权

C. 转让地上建筑物产权

D. 转让地上附着物产权

【解析】土地增值税是对转让国有土地使用权及其地上建筑物和附着物的行为征税，征税范围不包括国有土地使用权出让。

【答案】ACD

14. 个人所得税的纳税义务人包括（   ）。

A. 一人有限公司

B. 个体工商户

C. 合伙企业的自然人合伙人

D. 个人独资企业投资者

【解析】一人有限公司属于公司制法人企业，缴纳企业所得税。

【答案】BCD

15. 根据《中华人民共和国个人所得税法》的规定，适用超额累进税率计算个人所得税的所得项目有（   ）。

A. 综合所得

B. 经营所得

C. 利息、股息、红利所得

D. 财产转让所得

【解析】根据《中华人民共和国个人所得税法》第三条的规定，个人所得税的税率包括：①综合所得，适用3%~45%的超额累进税率；②经营所得，适用5%~35%的超额累进税率；③利息、股息、红利所得，财产租赁所得，财产转让所得和偶然所得，适用比例税率，税率为20%。

【答案】AB

16. 下列所得项目属于居民个人综合所得的有（   ）。

A. 工资、薪金所得

B. 劳务报酬所得

C. 财产租赁所得

D. 特许权使用费所得

【解析】居民个人综合所得包括工资、薪金所得；劳务报酬所得；稿酬所得；特许权使用费所得。

【答案】ABD

17. 下列可以作为居民个人所得税专项附加扣除项目的有（   ）。

A. 子女教育   B. 继续教育

C. 婴幼儿照护   D. 赡养老人

【解析】专项附加扣除，包括子女教育、婴幼儿照护、继续教育、大病医疗、住房贷款利息或者住房租金、赡养老人7项。

【答案】ABCD

18. 根据现行车辆购置税法，下列各项中，应缴纳车辆购置税的有（　　）。
   A. 购置汽车
   B. 购置有轨电车
   C. 购置汽车挂车
   D. 购置排气量150毫升的摩托车
   【解析】排气量超过150毫升的摩托车应缴纳车辆购置税。
   【答案】ABC

19. 我国某煤矿开采销售原煤，应缴纳的相关税费有（　　）。
   A. 资源税
   B. 消费税
   C. 增值税
   D. 城市维护建设税及教育费附加
   【解析】原煤不属于消费税的征税范围。
   【答案】ACD

20. 根据房产税相关规定，下列房产可免征房产税的有（　　）。
   A. 按政府规定价格出租的公有住房
   B. 公园内的照相馆用房
   C. 市文工团的办公用房
   D. 施工期间为基建工地服务的临时性办公用房
   【解析】选项B，公园内附设的营业单位用房应征收房产税。
   【答案】ACD

21. 下列关于环境保护税征收管理的说法中，正确的有（　　）。
   A. 纳税义务发生时间为排放应税污染物的当日
   B. 纳税人应当按月申报缴纳
   C. 不能按固定期限计算缴纳的，可以按次申报缴纳
   D. 纳税人应当向企业注册登记地税务机关申报缴纳
   【解析】选项B，纳税人按月计算，按季申报纳税，不能按固定期限计算缴纳的，可以按次申报缴纳；选项D，应向应税污染物排放地税务机关申报缴纳。
   【答案】AC

22. 下列行为中，应缴纳契税的有（　　）。
   A. 以获奖方式取得的土地使用权
   B. 法定继承人继承土地、房屋权属
   C. 以出让方式承受土地权属
   D. 以实物交换土地使用权
   【解析】选项B，对于《中华人民共和国继承法》规定的法定继承人（包括配偶、子女、父母、兄弟姐妹、祖父母、外祖父母）继承土地、房屋权属，不征契税。
   【答案】ACD

23. 下列关于印花税纳税人说法正确的有（　　）。
   A. 采用委托贷款方式书立的借款合同纳税人，为委托人和借款人
   B. 按产权转移书据税目缴纳印花税的拍卖成交确认书纳税人，为拍卖标的的产权人和买受人，不包括拍卖人
   C. 在中华人民共和国境内书立购销合同的买方和卖方
   D. 在中华人民共和国境内进行证券交易的出让方和受让方
   【解析】书立应税凭证的纳税人，为

对应税凭证有直接权利义务关系的单位和个人。采用委托贷款方式书立的借款合同纳税人，为受托人和借款人，不包括委托人，所以选项 A 错误。按买卖合同或者产权转移书据税目缴纳印花税的拍卖成交确认书纳税人，为拍卖标的的产权人和买受人，不包括拍卖人，所以选项 B 正确。在中华人民共和国境内书立应税凭证、进行证券交易的单位和个人，为印花税的纳税人，应当依法缴纳印花税。在中华人民共和国境外书立在境内使用的应税凭证的单位和个人，应当依法缴纳印花税。证券交易印花税对证券交易的出让方征收，不对受让方征收。所以选项 C 正确，选项 D 错误。

【答案】BC

24. 下列属于社会保险的有（　　）。
    A. 基本养老保险　　B. 基本医疗保险
    C. 生育保险　　　　D. 失业保险

【解析】社会保险包括基本养老保险、基本医疗保险、工伤保险、失业保险和生育保险。

【答案】ABCD

25. 在下列各项中，属于非税收入的有（　　）。
    A. 政府性基金收入
    B. 行政事业性收费收入
    C. 社会保险费收入
    D. 罚没收入

【解析】非税收入是相对于税收收入而言的，具体包括行政事业性收费收入、政府性基金收入、罚没收入、国有资源（资产）有偿使用收入、国有资本收益、彩票公益金收入、特许经营收入、中央银行收入、以政府名义接受的捐赠收入、主管部门集中收入、政府收入的利息收入、其他非税收入。

【答案】ABD

三 判断题

1. 自 2023 年 1 月 1 日至 2023 年 12 月 31 日，允许生产性服务业纳税人按照当期可抵扣进项税额加计 10% 抵减应纳税额。（　　）

【解析】自 2023 年 1 月 1 日至 2023 年 12 月 31 日，允许生产性服务业纳税人按照当期可抵扣进项税额加计 5% 抵减应纳税额。

【答案】错误

2. 印花税应税合同的计税依据，为合同所列的金额，不包括列明的增值税税款，如果合同列明业务适用的增值税税率，计算印花税时可以扣除根据此税率计算出的增值税税款。（　　）

【解析】印花税应税合同的计税依据，为合同所列的金额，不包括列明的增值税税款。注意，仅指合同列明的增值税税款，合同仅列明增值税税率，不可以从计税依据中扣减。

【答案】错误

3. 某药厂为增值税一般纳税人，销售免税药品可以开具增值税专用发票。（　　）

【解析】销售货物或者应税劳务适用免税规定的，不得开具增值税专用发票。

【答案】错误

4. 个人出租住房,按照5%的增值税征收率减按1.5%计算纳税。( )
   【解析】略
   【答案】正确

5. 金银首饰以旧换新业务,按销售方实际收取的不含增值税的全部价款征收增值税。( )
   【解析】略
   【答案】正确

6. 单位或者个体工商户向其他单位或者个人无偿提供服务,视同销售服务。( )
   【解析】视同销售服务,是指单位或者个体工商户向其他单位或者个人无偿提供服务,但用于公益事业或者以社会公众为对象的除外。
   【答案】错误

7. 增值税一般纳税人购进用于对外捐赠的货物,取得合法扣税凭证的,可以抵扣增值税进项税额。( )
   【解析】略
   【答案】正确

8. 现行增值税政策规定,对购进不动产发生的进项税额实行一次性抵扣的办法。( )
   【解析】略
   【答案】正确

9. 纳税人兼营不同税率的应税消费品,应当分别核算不同税率应税消费品的销售额或销售数量,未分别核算的,从低适用税率。( )
   【解析】纳税人兼营不同税率的应税消费品,应当分别核算不同税率应税消费品的销售额或销售数量,未分别核算的,从高适用税率。
   【答案】错误

10. 消费税实行价内税,增值税实行价外税。( )
    【解析】略
    【答案】正确

11. 纳税人将应税消费品与非应税消费品组成成套消费品销售的,无须缴纳消费税。( )
    【解析】纳税人将应税消费品与非应税消费品,以及适用不同税率的应税消费品组成成套消费品销售的,应根据组合产品的整体销售金额按其中应税消费品适用的最高税率征税。
    【答案】错误

12. 纳税人自产的应税消费品,用于连续生产应税消费品的,于移送使用时缴纳消费税。( )
    【解析】纳税人自产的应税消费品,用于连续生产应税消费品的,不纳税;用于其他方面的,于移送使用时纳税。
    【答案】错误

13. 委托加工应税消费品收回后以不高于受托方的计税价格出售的,不再缴纳消费税。( )
    【解析】略
    【答案】正确

14. 超豪华小汽车为每辆零售价格120万元(不含增值税)及以上的乘用车和中轻型商用客车,即乘用车和中轻型商用客车子税目中的超豪华小汽车。( )

【解析】超豪华小汽车，为每辆零售价格130万元（不含增值税）及以上的乘用车和中轻型商用客车，即乘用车和中轻型商用客车子税目中的超豪华小汽车。

【答案】错误

15. 委托加工应税消费品，一律以受托方为代收代缴义务人。（　）

【解析】委托加工应税消费品，除受托方为个人外，由受托方向委托方交货时代收代缴消费税。

【答案】错误

16. 企业纳税年度发生的亏损，准予向以后年度结转，但结转年限一律不超过5年。（　）

【解析】自2018年1月1日起，当年具备高新技术企业或科技型中小企业资格的企业，其具备资格年度之前5个年度发生的尚未弥补完的亏损，准予结转以后年度弥补，最长结转年限由5年延长至10年。

【答案】错误

17. 企业因违反经济合同中的相关条款而向对方支付的违约金，可以在计算应纳税所得额时扣除。（　）

【解析】略

【答案】正确

18. 固定资产的大修理支出可以直接在企业所得税税前扣除。（　）

【解析】根据《中华人民共和国企业所得税法》第十三条的规定，在计算应纳税所得额时，企业发生的固定资产大修理支出可以作为长期待摊费用，按照规定摊销的，准予扣除。

【答案】错误

19. 在一个纳税年度内，居民企业取得符合条件的技术转让所得不超过500万元的部分，免征企业所得税；超过500万元的部分，减半征收企业所得税。（　）

【解析】略

【答案】正确

20. 居民企业所得税征收方式分为查账征收和核定征收。（　）

【解析】略

【答案】正确

21. 土地增值税由房地产销售地的税务机关负责征收。（　）

【解析】土地增值税纳税人应向房地产所在地主管税务机关办理纳税申报。

【答案】错误

22. 土地增值税的纳税人为转让土地使用权、地上的建筑物及其附着物并取得收入的单位和个人。（　）

【解析】土地增值税的纳税义务人为转让国有土地使用权、地上的建筑物及其附着物并取得收入的单位和个人。对转让集体土地使用权的行为不征收土地增值税。

【答案】错误

23. 个人之间互换自有居住用房地产，免征土地增值税。（　）

【解析】略

【答案】正确

24. 非居民个人从中国境内取得的所得，必须缴纳个人所得税。（　）

【解析】在中国境内无住所的个人，在一个纳税年度内在中国境内居住累计不超过90日的,其来源于中国境内的所得,由境外雇主支付并且不由该雇主在中国境内的机构、场所负担的部分,免予缴纳个人所得税。

【答案】错误

25. 在2023年12月31日前,居民个人取得全年一次性奖金,可以不并入当年综合所得,单独计算纳税,也可以选择并入当年综合所得计算纳税。( )

【解析】略

【答案】正确

26. 车辆购置税实行一车一申报制度,因此一辆车只申报一次。( )

【解析】根据《中华人民共和国车辆购置税法》第十四条的规定,转让后免税条件消失车辆仍需再次补税申报。

【答案】错误

27. 对单独建造的地下建筑用地,未取得地下土地使用权证的,不征收城镇土地使用税。( )

【解析】对单独建造的地下建筑用地,按规定征收城镇土地使用税。其中,已取得地下土地使用权证的,按土地使用权证确认的土地面积计算应征税款;未取得地下土地使用权证或下土地使用权证上未标明土地面积的,按地下建筑垂直投影面积计算应征税款。

【答案】错误

28. 对实行增值税期末留抵退税的纳税人,允许其从城市维护建设税、教育费附加和地方教育附加的计税(征

依据中扣除退还的增值税税额。( )

【解析】略

【答案】正确

29. 失业保险的征收范围包括没有雇工的个体工商户。( )

【解析】失业保险的征收范围包括有雇工的城镇个体工商户及其雇工。

【答案】错误

30. 银行业金融机构、金融资产管理公司中的增值税一般纳税人处置抵债不动产,可选择以取得的全部价款和价外费用扣除取得该抵债不动产时的作价为销售额,适用9%税率计算缴纳增值税。( )

【解析】略

【答案】正确

四 计算分析题

1. 某家电零售企业为增值税一般纳税人(增值税税率为13%),2023年7月发生购销业务如下:

(1)本月购入彩色电视机一批,取得的防伪税控系统开具的增值税专用发票上注明价款64000元、增值税8320元;支付运输费用,取得增值税专用发票上注明价款为10000元、增值税900元。

(2)本月销售YX-1型彩色电视机40台,零售价4520元/台;另外将10台YX-1型彩色电视机奖励给先进职工(已抵扣进项税额4610元)。

(3)采取以旧换新方式销售电冰箱30

台,每台旧冰箱收购价200元（未取得增值税专用发票），每台新冰箱零售价为2147元。

（4）采用分期收款方式销售冰柜10台,零售价9040元/台,合同规定当月收款50%,余款5个月后收回。

（5）上月未抵扣完的增值税进项税额为6120元（注：当期获得的增值税专用发票已经勾选认证并申报抵扣）。根据上述资料和税法规定,回答下列问题：

（1）计算该家电零售企业本月发生的销项税额为（　　）元。

A. 41120　　　　B. 46692

C. 33410　　　　D. 53920

（2）计算该家电零售企业本月发生的进项税额为（　　）元。

A. 8320　　　　B. 900

C. 10240　　　　D. 9220

（3）计算该家电零售企业当月应缴纳的增值税税额为（　　）元。

A. 32880　　　　B. 22680

C. 37472　　　　D. 36280

【解析】

（1）销项税额 = (40 × 4520 + 30 × 2147 + 10 × 9040 × 50%) ÷ (1 + 13%) × 13% = 33410（元）

（2）进项税额 = 8320 + 900 = 9220（元）

（3）应纳税额 = 33410 - 9220 + 4610 - 6120 = 22680（元）

本题的考核点涉及进项税额抵扣范围、视同销售销售额的确定、以旧换新销售方式下销售额的确定、分期收款销售方式下纳税义务的发生时间,以及留抵税额的税务处理。

【答案】（1）C　（2）D　（3）B

2. 某居民企业2022年有关经营情况如下：

（1）产品销售收入3150万元,其中150万元为综合利用资源生产符合国家产业政策规定产品的收入。

（2）从其他居民企业（非上市公司）取得直接投资的股息收入80万元,接受现金捐赠收入100万元。

（3）销售成本1800万元；税金及附加95万元；销售费用400万元,其中：广告费260万元；管理费用400万元,其中：符合条件的新技术研究开发费120万元、业务招待费50万元；财务费用80万元,其中：向投资者支付股息20万元,以及于2022年2月即开始加工、2023年6月才可销售的产品在制造过程中的借款利息支出5万元（尚未销售）。

（4）计入成本、费用中的合理的实发工资120万元,拨缴工会经费3.5万元、支出职工福利费18万元、职工教育经费11.6万元。

（5）营业外支出30万元,包括通过公益性社会团体向目标脱贫地区的扶贫捐赠支出10万元。

要求：根据上述资料,回答下列问题：

（1）该企业2022年应税收入（不包括免税收入、减计收入）是（　　）万元。

A. 3150　　　　B. 3235

C. 3315　　　　D. 3330

（2）该企业2022年度利润总额是

（ ）万元。

A. 375 B. 445
C. 515 D. 525

（3）该企业 2022 年纳税调整增加额为（ ）万元。

A. 48.55 B. 58.55
C. 63.55 D. 73.55

（4）该企业 2022 年纳税调整减少额为（ ）万元。

A. 60 B. 75
C. 140 D. 185

（5）该企业 2022 年应纳企业所得税为（ ）万元。

A. 100.89 B. 128.39
C. 131.25 D. 149.64

【解析】（1）应税收入 = 3150 - 150 × 10% + 100 = 3235（万元）

企业以《资源综合利用企业所得税优惠目录》规定的资源作为主要原材料生产符合国家或行业相关标准的产品取得的收入，减按 90% 计入收入总额。

（2）利润总额 = 3150 + 80 + 100 - 1800 - 95 - 400 - 400 - 80 - 30 = 525（万元）

（3）纳税调整增加额 = 34.25 + 25 + 1.2 + 1.1 + 2 = 63.55（万元）

业务招待费按照发生额的 60% 扣除，50 × 60% = 30（万元），但最高不能超过当年销售（营业）收入的 5‰，3150 × 5‰ = 15.75（万元），所以扣除限额为 15.75 万元，业务招待费调增 = 50 - 15.75 = 34.25（万元）。

企业向投资者支付的股息、红利等权益性投资收益款项不得税前扣除，调增 20 万元；企业加工产品超过 12 个月，加工期间借款利息应作为资本性支出计入有关资产的成本。所以 5 万元借款利息不能扣除，调增 5 万元。

财务费用调增 = 20 + 5 = 25（万元）

企业发生的职工福利费、拨缴的工会经费、职工教育经费支出不超过工资薪金总额的 14%、2%、8% 的部分，准予扣除。职工教育经费支出超过限额部分准予在以后纳税年度结转扣除。

职工福利费调增 = 18 - 120 × 14% = 1.2（万元）

工会经费调增 = 3.5 - 120 × 2% = 1.1（万元）

职工教育经费调增 = 11.6 - 120 × 8% = 2（万元）

（4）纳税调整减少额 = 15 + 80 + 90 = 185（万元）

综合利用资源减计收入 = 150 × 10% = 15（万元）；符合条件的居民企业之间的股息、红利等权益性投资收益为免税收入；新技术研究开发费加计扣除 = 120 × 75% = 90（万元）。

通过公益性社会团体向目标脱贫地区的扶贫捐赠支出的捐款 10 万元，可全额扣除，不用调整。

（5）2022 年度应纳税所得额 = 525 + 63.55 - 185 = 403.55（万元）

2022 年度应缴纳企业所得税 = 403.55 × 25% = 100.89（万元）

【答案】（1）B （2）D （3）C （4）D （5）A

3. 某公司是我国居民企业，企业所得税税率为 25%。2022 年资料如下：

（1）营业收入 6000 万元，其中属于符合条件的综合利用资源生产产品的收入1000万元。

(2) 营业成本5000万元。

(3) 销售费用100万元；管理费用100万元（其中业务招待费24万元）；财务费用100万元，其中：支付给银行的罚息8万元、支付其他单位借款利息6万元（借款本金100万元，合同年利率6%、期限1年，银行同期贷款利率4%）。

(4) 已经计入成本费用的合理的工资支出120万元（均已发放），拨缴工会经费2万元，支出职工福利费26.8万元。

(5) 从境外某公司取得税后利润20万元（已在境外所在国按20%的税率缴纳企业所得税）。

根据上述资料，回答下列问题：

(1) 2022年公司允许税前扣除的财务费用为（　　）万元。

A. 100　　　　　B. 93
C. 98　　　　　D. 95

(2) 2022年公司允许税前扣除的职工福利费为（　　）万元。

A. 26.8　　　　B. 12
C. 16.8　　　　D. 20.8

(3) 2022年公司应缴的企业所得税为（　　）万元。

A. 156.65　　　B. 155.4
C. 181.65　　　D. 157.9

【解析】

(1) 因为该公司借款的合同利率6%超过银行同期贷款利率，借款利息需调增额=100×(6%−4%)=2（万元），而罚息6万元准予税前扣除，所以该公司2019年允许税前扣除的财务费用=100−2=98（万元）。

(2) 公司2021年允许扣除的职工福利费=120×14%=16.8（万元）。

(3) 公司2021年会计利润=6000−5000−100−100−100+20=720（万元）

调减应纳税所得额=1000×10%=100（万元）

调增：业务招待费实际发生额的60%=24×60%=14.4（万元）<6000×5‰=30（万元），应调增24×40%=9.6（万元）；利息调增2万元；福利费调增=26.8−16.8=10（万元）。合计调增=9.6+2+10=21.6（万元）。

应纳所得税额=(720−100−20+21.6)×25%+20÷(1−20%)×(25%−20%)=155.4+1.25=156.65（万元）。

【答案】 (1) C　(2) C　(3) A

4. 王先生为中国居民个人，于2023年1月1日全职受雇于中国境内A咨询公司，每月税前基本工资、薪金收入额为30000元，A咨询公司每月为其扣缴三险一金3500元。除此之外，王先生为独生子女，父母均健在，父亲1963年2月出生，母亲1964年10月出生；王先生夫妻共育有两个子女，儿子2014年8月出生，上小学三年级，女儿2021年1月出生，每天送托儿所，支付入托费用6000元/年，双方约定，涉及子女的专项附加扣除均由王先生按扣除标准的100%扣除。

2023年王先生没有其他扣除项目，相关扣除资料已全部向A咨询公司提交。根据上述资料，请计算：

（1）2023年1月A咨询公司为王先生应扣缴的个人所得税税额。

（2）2023年2月A咨询公司为王先生应扣缴的个人所得税税额。

【答案】个人所得税预扣率表见表6-10。

表6-10　个人所得税预扣率表一（居民个人工资、薪金所得预扣预缴适用）

级数	累计预扣预缴应纳税所得额	预扣率（%）	速算扣除数
1	不超过36000元的部分	3	0
2	超过36000元至144000元的部分	10	2520
3	超过144000元至300000元的部分	20	16920
4	超过300000元至420000元的部分	25	31920
5	超过420000元至660000元的部分	30	52920
6	超过660000元至960000元的部分	35	85920
7	超过960000元的部分	45	181920

王先生可享受的专项附加扣除：

赡养老人的计算时间为被赡养人年满60周岁的当月至赡养义务终止的年末。所以赡养老人的专项附加扣除从2023年2月开始，自2023年1月1日起，扣除标准由每月2000元提高到3000元。

子女教育不包括学龄前（3周岁）的，因此王先生只能享受一个子女教育扣除，标准为每月2000元，可以从2023年1月开始享受。

3岁以下婴幼儿，自2022年1月1日起实施3岁以下婴幼儿照护个人所得税专项附加扣除政策。纳税人照护3岁以下婴幼儿子女的相关支出，按照每个婴幼儿每月2000元的标准定额扣除。因此，王先生还可以享受一个婴幼儿照护个人所得税专项附加扣除，标准为每月2000元，可以从2023年1月开始。

（1）王先生2023年1月累计预扣预缴应纳税所得额=累计工资薪金收入-累计减除费用-累计专项扣除-累计专项附加扣除=30000-5000-3500-4000=17500（元）

王先生2023年1月应预扣预缴税额=（累计预扣预缴应纳税所得额×预扣率-速算扣除数）-累计已预扣预缴税额=（17500×3%-0）-0=525（元）

（2）王先生2023年2月累计预扣预缴应纳税所得额=累计工资薪金收入-累计减除费用-累计专项扣除-累计专项附加扣除=30000×2-5000×2-

通用知识

3500×2-(4000×2+3000)=32000（元）

王先生2023年2月应预扣预缴税额=（累计预扣预缴应纳税所得额×预扣率-速算扣除数）-累计已预扣预缴税额=（32000×3%-0）-525=435（元）

第七章 税费服务和征收管理

>> 知识架构

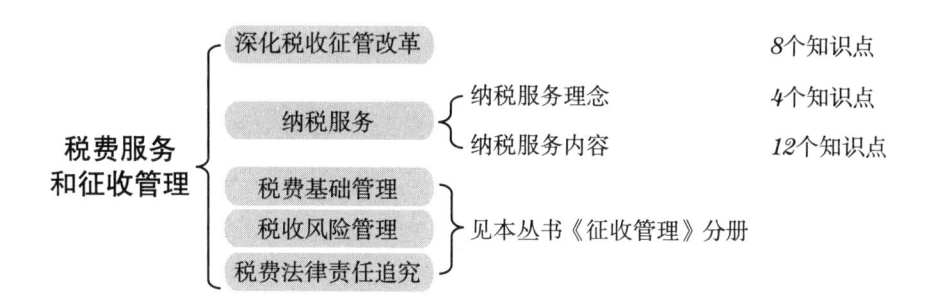

税费服务和征收管理
- 深化税收征管改革 —— 8个知识点
- 纳税服务
  - 纳税服务理念 —— 4个知识点
  - 纳税服务内容 —— 12个知识点
- 税费基础管理
- 税收风险管理 } 见本丛书《征收管理》分册
- 税费法律责任追究

>> 第一节 深化税收征管改革

【知识点1】深化税收征管改革总体要求

1. 指导思想

以习近平新时代中国特色社会主义思想为指导，全面贯彻党的十九大和十九届二中、三中、四中、五中全会精神，围绕把握新发展阶段、贯彻新发展理念、构建新发展格局，深化税收征管制度改革，着力建设以服务纳税人缴费人为中心、以发票电子化改革为突破口、以税收大数据为驱动力的具有高集成功能、高安全性能、高应用效能的智慧税务，深入推进精确执法、精细服务、精准监管、精诚共治，大幅提高税法遵从度和社会满意度，明显降低征纳成本，充分发挥税收在国家治理中的基础性、支柱性、保障性作用，为推动高质量发展提供有力支撑。

2. 工作原则

坚持党的全面领导，确保党中央、国务院决策部署不折不扣落实到位；坚持依法治税，善于运用法治思维和法治方式深化改革，不断优化税务执法方式，着力提升税收法治化水平；坚持为民便民，进一步完善利企便民服务措施，更好满足纳税人缴费人合理需求；坚持问题导向，着力补短板强弱项，切实解决税收征管中的突出问题；坚持改革创新，深化税务领域"放管服"改革，推动税务执法、服务、监管的理念和方式手段等全方位变革；坚持系统观念，统筹推进各项改革措施，整体性集成式提升

通用知识

税收治理效能。

3. 主要目标

到2022年，在税务执法规范性、税费服务便捷性、税务监管精准性上取得重要进展。到2023年，基本建成"无风险不打扰、有违法要追究、全过程强智控"的税务执法新体系，实现从经验式执法向科学精确执法转变；基本建成"线下服务无死角、线上服务不打烊、定制服务广覆盖"的税费服务新体系，实现从无差别服务向精细化、智能化、个性化服务转变；基本建成以"双随机、一公开"监管和"互联网＋监管"为基本手段、以重点监管为补充、以"信用＋风险"监管为基础的税务监管新体系，实现从"以票管税"向"以数治税"分类精准监管转变。到2025年，深化税收征管制度改革取得显著成效，基本建成功能强大的智慧税务，形成国内一流的智能化行政应用系统，全方位提高税务执法、服务、监管能力。

【知识点2】全面推进税收征管数字化升级和智能化改造

1. 加快推进智慧税务建设

充分运用大数据、云计算、人工智能、移动互联网等现代信息技术，着力推进内外部涉税数据汇聚联通、线上线下有机贯通，驱动税务执法、服务、监管制度创新和业务变革，进一步优化组织体系和资源配置。2022年基本实现法人税费信息"一户式"、自然人税费信息"一人式"智能归集，2023年基本实现税务机关信息"一局式"、税务人员信息"一员式"智能归集，深入推进对纳税人缴费人行为的自动分析管理、对税务人员履责的全过程自控考核考评、对税务决策信息和任务的自主分类推送。2025年实现税务执法、服务、监管与大数据智能化应用深度融合、高效联动、全面升级。

2. 稳步实施发票电子化改革

2021年建成全国统一的电子发票服务平台，24小时在线免费为纳税人提供电子发票申领、开具、交付、查验等服务。制定出台电子发票国家标准，有序推进铁路、民航等领域发票电子化，2025年基本实现发票全领域、全环节、全要素电子化，着力降低制度性交易成本。

3. 深化税收大数据共享应用

探索区块链技术在社会保险费征收、房地产交易和不动产登记等方面的应用，并持续拓展在促进涉税涉费信息共享等领域的应用。不断完善税收大数据云平台，加强数据资源开发利用，持续推进与国家及有关部门信息系统互联互通。2025年建成税务部门与相关部门常态化、制度化数据共享协调机制，依法保障涉税涉费必要信息获取；健全涉税涉费信息对外提供机制，打造规模大、类型多、价值高、颗粒度细的税收大数据，高效发挥数据要素驱动作用。完善税收大数据安全治理体系和管理制度，加强安全态势感知平台建设，常态化开展数据安全风险评估和检查，健全监测预警和应急处置机制，确保数据全生命周期安全。加强智能化税收大数据分析，不断强化税收大数据在经济运行研判和社会管理等领域的深层次应用。

【知识点3】不断完善税务执法制度和机制

1. 健全税费法律法规制度

全面落实税收法定原则，加快推进将现行税收暂行条例上升为法律。完善现代税收制度，更好发挥税收作用，促进建立现代财税体制。推动修订税收征收管理法、反洗钱法、发票管理办法等法律法规和规章。加强非税收入管理法制化建设。

2. 严格规范税务执法行为

坚持依法依规征税收费，做到应收尽收。同时，坚决防止落实税费优惠政策不到位、征收"过头税费"及对税收工作进行不当行政干预等行为。全面落实行政执法公示、执法全过程记录、重大执法决定法制审核制度，推进执法信息网上录入、执法程序网上流转、执法活动网上监督、执法结果网上查询，2023年基本建成税务执法质量智能控制体系。不断完善税务执法及税费服务相关工作规范，持续健全行政处罚裁量基准制度。

3. 不断提升税务执法精确度

创新行政执法方式，有效运用说服教育、约谈警示等非强制性执法方式，让执法既有力度又有温度，做到宽严相济、法理相融。坚决防止粗放式、选择性、"一刀切"执法。准确把握一般涉税违法与涉税犯罪的界限，做到依法处置、罚当其责。在税务执法领域研究推广"首违不罚"清单制度。坚持包容审慎原则，积极支持新产业、新业态、新模式健康发展，以问题为导向完善税务执法，促进依法纳税和公平竞争。

4. 加强税务执法区域协同

推进区域间税务执法标准统一，实现执法信息互通、执法结果互认，更好服务国家区域协调发展战略。简化企业涉税涉费事项跨省迁移办理程序，2022年基本实现资质异地共认。持续扩大跨省经营企业全国通办涉税涉费事项范围，2025年基本实现全国通办。

5. 强化税务执法内部控制和监督

2022年基本构建起全面覆盖、全程防控、全员有责的税务执法风险信息化内控监督体系，将税务执法风险防范措施嵌入信息系统，实现事前预警、事中阻断、事后追责。强化内外部审计监督和重大税务违法案件"一案双查"，不断完善对税务执法行为的常态化、精准化、机制化监督。

【知识点4】大力推行优质高效智能税费服务

1. 确保税费优惠政策直达快享

2021年实现征管操作办法与税费优惠政策同步发布、同步解读，增强政策落实的

通用知识

及时性、确定性、一致性。进一步精简享受优惠政策办理流程和手续，持续扩大"自行判别、自行申报、事后监管"范围，确保便利操作、快速享受、有效监管。2022年实现依法运用大数据精准推送优惠政策信息，促进市场主体充分享受政策红利。

2. 切实减轻办税缴费负担

积极通过信息系统采集数据，加强部门间数据共享，着力减少纳税人缴费人重复报送。全面推行税务证明事项告知承诺制，拓展容缺办理事项，持续扩大涉税资料由事前报送改为留存备查的范围。

3. 全面改进办税缴费方式

2021年基本实现企业税费事项能网上办理，个人税费事项能掌上办理。2022年建成全国统一规范的电子税务局，不断拓展"非接触式""不见面"办税缴费服务。逐步改变以表单为载体的传统申报模式，2023年基本实现信息系统自动提取数据、自动计算税额、自动预填申报，纳税人缴费人确认或补正后即可线上提交。

4. 持续压减纳税缴费次数和时间

落实《优化营商环境条例》，对标国际先进水平，大力推进税（费）种综合申报，依法简并部分税种征期，减少申报次数和时间。扩大部门间数据共享范围，加快企业出口退税事项全环节办理速度，2022年税务部门办理正常出口退税的平均时间压缩至6个工作日以内，对高信用级别企业进一步缩短办理时间。

5. 积极推行智能型个性化服务

全面改造提升12366税费服务平台，加快推动向以24小时智能咨询为主转变，2022年基本实现全国咨询"一线通答"。运用税收大数据智能分析识别纳税人缴费人的实际体验、个性需求等，精准提供线上服务。持续优化线下服务，更好满足特殊人员、特殊事项的服务需求。

6. 维护纳税人缴费人合法权益

完善纳税人缴费人权利救济和税费争议解决机制，畅通诉求有效收集、快速响应和及时反馈渠道。探索实施大企业税收事先裁定并建立健全相关制度。健全纳税人缴费人个人信息保护等制度，依法加强税费数据查询权限和留痕等管理，严格保护纳税人缴费人及扣缴义务人的商业秘密、个人隐私等，严防个人信息泄露和滥用等。税务机关和税务人员违反有关法律法规规定、因疏于监管造成重大损失的，依法严肃追究责任。

【知识点5】加快建设智慧税务

1. 聚焦"三高"目标，着力打造智慧税务新生态

要强化系统思维，建设高集成功能的智慧税务。应用平台集成方面，要将纳税人缴费人端的软件整合到电子税务局，将税务人端的软件整合到智慧办公平台。数据集成方面，要推动部门内外的数据融合与"跨界"流动，建设省级统一的数据资源中心。

要强化底线思维，建设高安全性能的智慧税务。完善税收大数据安全治理体系，建立自主可控的开发运维体系，确保数据生命周期安全。要强化大数据思维，建设高应用效能的智慧税务。在纳税人缴费人端，依托"一户式""一人式"税务数字账户，实时智能归集分析数据，动态感知服务需求和遵从风险。在税务人端，依托"一局式""一员式"应用平台，实现对各级税务人员的智效管理。在决策人端，依托决策管理指挥平台，助力智慧决策。

2. 以智慧税务为驱动，推进税收征管数字化转型升级

以纳税人缴费人需求为导向，推行高效智能税费服务。重点是构建电子办税为主、线上线下一体融合的服务体系，力争在2023年上半年将税费业务线上办理占比提升至95%以上。按照"一口进，一口出"的原则，将所有依申请事项集中统一受理、统一出件。以分级分类管理为导向，构建"信用+风险"动态监管机制。分级分类厘清省、市、县、分局（所）各层级税收监管职能，特别推动市、县局风险管理实体化运行。依托大数据构建指标、算法、模型，精准识别防范遵从类风险。将内控监督规则、考评标准嵌入系统流程，以自动化联动监控防范管理类风险。以共建共治共享为导向，拓展税收协同共治格局。主动对接"数字政府"等建设。

3. 发挥智慧税务效应，推动税收更好服务中国式现代化

推进发票电子化改革，撬动经济社会数字化转型。推动发票电子化改革在全国渐次铺开，推进电子发票与财政支付、金融支付和各类单位财务系统、电子档案系统的衔接，促进相关领域数字化变革。依托大数据赋能，提升税收服务国家发展能力。构建税收经济运行指数分析体系，提升事前预测、事中监控、事后分析的精准性，服务经济决策和国家财力保障。依托大数据标签体系推动政策精准快速直达市场主体，探索运用税收大数据缓解企业间资源错配问题，切实服务社会经济发展。拓展智慧税务"小生态"，融入智慧社会"大生态"。探索智慧税务与智慧城市、智慧交通、智慧教育、智慧医疗等各个领域的协同，让税收"数据流"变成促进国家治理、社会治理的"要素流""价值流"。参与国际税收治理，把握规则制定主动权。争取在数字身份国际标准、跨境业务数据交互等课题上取得突破，把握数字化转型规则制定的主动权，加强国际税收合作，分享智慧税务"中国方案"，推动构建智智相连的全球税收治理格局。

【知识点6】精准实施税务监管

1. 建立健全以"信用+风险"为基础的新型监管机制

健全守信激励和失信惩戒制度，充分发挥纳税信用在社会信用体系中的基础性作用。建立健全纳税缴费信用评价制度，对纳税缴费信用高的市场主体给予更多便利。在全面推行实名办税缴费制度基础上，实行纳税人缴费人动态信用等级分类和智能化

通用知识

风险监管,既以最严格的标准防范逃避税,又避免影响企业正常生产经营。健全以"数据集成+优质服务+提醒纠错+依法查处"为主要内容的自然人税费服务与监管体系。依法加强对高收入高净值人员的税费服务与监管。

2. 加强重点领域风险防控和监管

对逃避税问题多发的行业、地区和人群,根据税收风险适当提高"双随机、一公开"抽查比例。对隐瞒收入、虚列成本、转移利润以及利用"税收洼地""阴阳合同"和关联交易等逃避税行为,加强预防性制度建设,加大依法防控和监督检查力度。

3. 依法严厉打击涉税违法犯罪行为

充分发挥税收大数据作用,依托税务网络可信身份体系对发票开具、使用等进行全环节即时验证和监控,实现对虚开骗税等违法犯罪行为惩处从事后打击向事前事中精准防范转变。健全违法查处体系,充分依托国家"互联网+监管"系统多元数据汇聚功能,精准有效打击"假企业"虚开发票、"假出口"骗取退税、"假申报"骗取税费优惠等行为,保障国家税收安全。对重大涉税违法犯罪案件,依法从严查处曝光并按照有关规定纳入企业和个人信用记录,共享至全国信用信息平台。

【知识点7】持续深化拓展税收共治格局

1. 加强部门协作

大力推进会计核算和财务管理信息化,通过电子发票与财政支付、金融支付和各类单位财务核算系统、电子档案管理信息系统的衔接,加快推进电子发票无纸化报销、入账、归档、存储。持续深化"银税互动",助力解决小微企业融资难融资贵问题。加强情报交换、信息通报和执法联动,积极推进跨部门协同监管。

2. 加强社会协同

积极发挥行业协会和社会中介组织作用,支持第三方按市场化原则为纳税人提供个性化服务,加强对涉税中介组织的执业监管和行业监管。大力开展税费法律法规的普及宣传,持续深化青少年税收法治教育,发挥税法宣传教育的预防和引导作用,在全社会营造诚信纳税的浓厚氛围。

3. 强化税收司法保障

公安部门要强化涉税犯罪案件查办工作力量,做实健全公安派驻税务联络机制。实行警税双方制度化、信息化、常态化联合办案,进一步畅通行政执法与刑事执法衔接工作机制。检察机关发现负有税务监管相关职责的行政机关不依法履责的,应依法提出检察建议。完善涉税司法解释,明晰司法裁判标准。

4. 强化国际税收合作

深度参与数字经济等领域的国际税收规则和标准制定,持续推动全球税收治理体系建设。落实防止税基侵蚀和利润转移行动计划,严厉打击国际逃避税,保护外资企业合法权益，维护我国税收利益。不断完善"一带一路"税收征管合作机制，支持发展中国家提高税收征管能力。进一步扩大和完善税收协定网络，加大跨境涉税争议案件协商力度，实施好对所得避免双重征税的双边协定，为高质量引进来和高水平走出去提供支撑。

【知识点8】强化税务组织保障

1. 优化征管职责和力量

强化市县税务机构在日常性服务、涉税涉费事项办理和风险应对等方面的职责，适当上移全局性、复杂性税费服务和管理职责。不断优化业务流程，合理划分业务边界，科学界定岗位职责，建立健全闭环管理机制。加大人力资源向风险管理、税费分析、大数据应用等领域倾斜力度，增强税务稽查执法力量。

2. 加强征管能力建设

坚持更高标准、更高要求，着力建设德才兼备的高素质税务执法队伍，加大税务领军人才和各层次骨干人才培养力度。高质量建设和应用学习兴税平台，促进学习日常化、工作学习化。

3. 改进提升绩效考评

在实现税务执法、税费服务、税务监管行为全过程记录和数字化智能归集基础上，推动绩效管理渗入业务流程、融入岗责体系、嵌入信息系统，对税务执法等实施自动化考评，将法治素养和依法履职情况作为考核评价干部的重要内容，促进工作质效持续提升。

>> 第二节
纳税服务

一 纳税服务理念

【知识点1】纳税服务的概念

纳税服务，是指税务机关依据税收法律、行政法规的规定，在税收征收、管理、检查和实施税收法律救济过程中，向纳税人提供的服务事项和措施。

【知识点2】纳税服务的性质

纳税服务是税务机关依法提供的一种无偿的公共服务。纳税服务属于公共服务的

通用知识

范畴，在提供过程中，税务机关应遵循基本公共服务均等化的理念，满足所有纳税人办理涉税事项的合理需要，税务机关应当按照公平、普遍的原则来提供。

【知识点3】纳税服务的目标

纳税服务的目标是帮助纳税人了解税法，提高纳税人的满意度，使纳税人受益或感受便利，这种受益或便利具体表现为获得税收知识，享受政策，减少办税过程中的时间、精力、物力等成本，目的是提高税法遵从度。

【知识点4】纳税服务与税收征管之间的关系及作用

纳税服务与税收征管之间是相互依存、辩证统一、互相促进的关系。纳税服务在现代税收管理体系中的作用体现在：实行服务管理联动，合力促进纳税遵从；促进纳税还权还责，把握服务供给尺度；推进办税便利化改革，助力分类分级管理。

二 纳税服务内容

纳税服务内容主要包括税法宣传、纳税咨询、办税服务、权益保护、信用管理和社会协作6个方面。

【知识点1】税法宣传是法定职责

税务机关应当广泛宣传税收法律、行政法规，普及纳税知识，无偿地为纳税人提供纳税咨询服务。

【知识点2】税法日常宣传内容

税务机关在日常工作中开展的宣传，其内容可以分为两大类：
(1) 税收政策宣传，对税收政策及其解读进行宣传；
(2) 办税流程宣传，对涉税事项的办理渠道、报送资料、办理程序、办理方法等进行宣传。

【知识点3】纳税咨询服务的概念

纳税咨询服务有广义和狭义之分。

广义的纳税咨询，是指纳税人就纳税方面的问题向解答方询问，解答方凭借其对税收法规、政策的了解程度提出解决方案的过程和活动。这里的解答方包括税务机关和会计师事务所、税务师事务所等涉税专业服务机构。

狭义的纳税咨询，是指税务机关提供的纳税咨询服务，主要指税务机关设立专门机构或者利用现有的人力、物力资源，为纳税人提供针对税收方面的答疑解惑，涉及内容主要有税收法律法规、税收政策、办税程序及有关涉税事项等。

通过纳税咨询，有利于纳税人准确理解税收政策和掌握办税程序，减轻纳税人办税负担，规避税收风险。

【知识点4】纳税咨询的形式

纳税咨询的形式主要包括电话咨询、互联网咨询和面对面咨询3种形式。

（1）电话咨询，是指税务机关通过对外公开的咨询服务电话解答公众和纳税人提出的涉税问题。

（2）互联网咨询，是指税务机关通过互联网为公众和纳税人提供涉税咨询服务。

（3）面对面咨询，是指税务机关为公众和纳税人提供面对面咨询服务。

【知识点5】办税服务制度

办税服务制度包括文明服务、优质服务、便利服务3个方面。

（1）文明服务，是指税务机关工作人员在为纳税人提供办税服务时，所应遵循的着装规范、仪容举止、岗前准备、服务用语、接待规范和服务纪律等方面的要求。

（2）优质服务，是指税务机关在为纳税人提供办税服务时，为了提高服务质效所应遵循的各项服务制度。主要包括：①首问责任制；②领导值班；③办税公开；④导税服务；⑤一次性告知；⑥延时服务；⑦限时服务；⑧提醒服务；⑨预约服务等。

（3）便利服务，是指税务机关在为纳税人提供办税服务时，为减轻纳税人办税负担而提供的各项办税便利化措施。主要包括：①免填单服务；②24小时自助服务；③通办服务等。

【知识点6】纳税人权利与义务

纳税人在履行纳税义务过程中，依法享有下列权利：①知情权；②保密权；③税收监督权；④纳税申报方式选择权；⑤申请延期申报权；⑥申请延期缴纳税款权；⑦申请退还多缴税款权；⑧依法享受税收优惠权；⑨委托税务代理权；⑩陈述与申辩权；⑪对未出示税务检查证和税务检查通知书的拒绝检查权；⑫税收法律救济权；⑬依法要求听证的权利；⑭索取有关税收凭证的权利。

依照宪法、税收法律和行政法规的规定，纳税人在纳税过程中负有以下义务：①依法进行市场主体登记的义务；②依法设置账簿、保管账簿和有关资料，以及依法开具、使用、取得和保管发票的义务；③财务会计制度和会计核算软件备案的义务；④按照规定安装、使用税控装置的义务；⑤按时、如实申报的义务；⑥按时缴纳税款的义务；⑦代扣、代收税款的义务；⑧接受依法检查的义务；⑨及时提供信息的义务；

⑩报告其他涉税信息的义务。

【知识点 7】纳税人需求管理

通过税务网站、纳税服务热线、办税服务厅或召开座谈会等多种形式，定期收集关于税收政策、征收管理、纳税服务及权益保护等方面的纳税人需求，并逐步实现通过信息化手段进行收集、整理、分析。及时解决本级职权可以处理的纳税人正当、合理需求；及时呈报需要上级税务机关解决的事项；对于暂时不能解决的纳税人合理需求，应当分析原因、密切跟踪，待条件具备时主动采取措施予以解决；对于已经处理的纳税人需求，应通过电话回访、问卷调查、随机抽查等形式，对相关措施的实际效果进行评估，未达到预期效果的，及时采取措施进一步解决。通过收集、分析、处理和持续的效果评估，实现纳税人需求的动态管理。

纳税人需求管理应遵循依法服务、科学高效、统筹协调和自愿参与的工作原则。税务机关开展纳税人需求管理包括需求征集、需求分析、需求响应和结果运用四个环节。税务机关应加强对需求结果的应用：一是改进工作，二是辅助决策，三是定期公开。

【知识点 8】纳税人满意度调查

在国家税务总局每 2 年开展一次全国纳税人满意度调查的基础上，省级税务机关可以适时开展对具体服务措施的满意度调查，但原则上在一个年度内不得对纳税人进行重复调查，以免增加纳税人负担。税务机关应当对调查获取的信息进行深入分析、合理应用，及时整改存在的问题和不足，逐步完善服务措施，使有限的服务资源发挥出最大的效能。

纳税人满意度调查类型分为全面调查、专项调查和日常调查。

各级税务机关可自行组织或委托第三方专业机构实施调查，可采用电话、网络、信函、入户走访、窗口服务评价等方式开展。调查指标主要包括各级税务机关在政策落实、规范执法、服务质效、信息化建设、廉洁自律等方面的情况。

税务机关开展纳税人满意度调查包括制定方案、调查准备、调查实施、统计汇总、数据分析、形成报告、资料归档及其他八个环节。税务机关应加强对纳税人满意度调查结果的应用：一是考核通报，二是改进工作，三是外部反馈，四是需求管理。

【知识点 9】涉税信息查询

涉税信息查询，是指税务机关依法对外提供的信息查询服务。可以查询的信息包括由税务机关专属掌握可对外提供查询的信息，以及有助于纳税人履行纳税义务的税收信息。涉税咨询、依申请公开信息不属于涉税信息查询。

社会公众可以通过报刊、网站、信息公告栏等公开渠道查询税收政策、重大税收违法案件信息、非正常户认定信息等依法公开的涉税信息。税务机关应当对公开涉税信息的查询途径及时公告，方便社会公众查询。

纳税人可以通过网站、客户端软件、自助办税终端等渠道，经过有效身份认证和识别，自行查询税费缴纳情况、纳税信用评价结果、涉税事项办理进度等自身涉税信息。

对于纳税人无法自行获取所需自身涉税信息，可以向税务机关提出书面申请，税务机关应当在本单位职责权限内予以受理。纳税人书面申请查询，要求税务机关出具书面查询结果的，税务机关应当出具《涉税信息查询结果告知书》。涉税信息查询结果不作为涉税证明使用。

纳税人本人（法定代表人或主要负责人）授权其他人员代为书面申请查询，应当提交以下资料：①涉税信息查询申请表；②纳税人本人（法定代表人或主要负责人）有效身份证件复印件；③经办人员有效身份证件原件及复印件；④由纳税人本人（法定代表人或主要负责人）签章的授权委托书。

纳税人对查询结果有异议，可以向税务机关申请核实，并提交相关资料。

税务机关应当对纳税人提供的异议信息进行核实，并将核实结果告知纳税人。税务机关确认涉税信息存在错误，应当及时进行信息更正。

各级税务机关应当采取有效措施，切实保障涉税信息查询安全可控。对于未按规定提供涉税信息或泄露纳税人信息的税务人员，应当按照有关规定追究责任。

【知识点10】纳税服务投诉管理

严格执行《纳税服务投诉管理办法》（国家税务总局公告2019年第27号修订发布），各级税务机关应配备专门的纳税服务投诉管理人员，健全内部管理机制，畅通投诉受理渠道，规范统一处理流程，利用信息化手段，建立纳税服务投诉"受理、承办、转办、督办、反馈、分析和持续改进"一整套流程的处理机制。定期对投诉事项进行总结、分析和研究，及时发现带有倾向性和普遍性的问题，提出预防和解决的措施，实现从被动接受投诉到主动预防投诉的转变。

各级税务机关的纳税服务部门是纳税服务投诉的主管部门，负责纳税服务投诉的接收、受理、调查、处理、反馈等事项。需要其他部门配合的，由纳税服务部门进行统筹协调。

税务机关应当建立纳税服务投诉事项登记制度，记录投诉时间、投诉人、被投诉人、联系方式、投诉内容、受理情况及办理结果等有关内容。

纳税服务投诉范围包括：①纳税人对税务机关工作人员服务言行进行的投诉；②纳税人对税务机关及其工作人员服务质效进行的投诉；③纳税人对税务机关及其工作人员在履行纳税服务职责过程中侵害其合法权益的行为进行的其他投诉。

通用知识

纳税人可以通过网络、电话、信函或者当面等方式提出投诉。

纳税人进行纳税服务投诉原则上以实名提出。

纳税人对纳税服务的投诉，可以向本级税务机关提交，也可以向其上级税务机关提交。

税务机关应在规定时限内将处理结果以适当形式向投诉人反馈。反馈时应告知投诉人投诉是否属实，对投诉人权益造成损害的行为是否终止或改正；不属实的投诉应说明理由。

【知识点 11】纳税人纳税信用管理

税务机关负责纳税人纳税信誉等级评定工作。纳税人纳税信誉等级的评定办法由国家税务总局制定。

纳税信用管理是指税务机关对纳税人的纳税信用信息开展的采集、评价、确定、发布和应用等活动。

《纳税信用管理办法（试行）》（国家税务总局公告 2014 年第 40 号发布）适用于已办理市场主体登记，从事生产、经营并适用查账征收的企业纳税人。

根据《国家税务总局关于纳税信用管理有关事项的公告》（国家税务总局公告 2020 年第 15 号）非独立核算分支机构可自愿参与纳税信用评价。

纳税信用信息采集，是指税务机关对纳税人纳税信用信息的记录和收集。

纳税信用信息包括纳税人信用历史信息、税务内部信息、外部信息。

纳税信用评价采取年度评价指标得分和直接判级方式。评价指标包括税务内部信息和外部评价信息。纳税信用评价周期为一个纳税年度。

纳税信用评价结果的确定和发布遵循谁评价、谁确定、谁发布的原则。税务机关每年 4 月确定上一年度纳税信用评价结果，并为纳税人提供查询服务。对纳税信用评价结果，按分级分类原则，依法有序开放。

2020 年 11 月 1 日起，纳税人对指标评价情况有异议的，可在评价年度次年 3 月填写《纳税信息复评（核）申请表》，向主管税务机关提出复核，主管税务机关在开展年度评价时审核调整，并随评价结果向纳税人提供复核情况的自我查询服务。

税务机关按照守信激励，失信惩戒的原则，对不同信用级别的纳税人实施分类服务和管理。

按照《国家税务总局关于进一步加大增值税期末留抵退税政策实施力度有关征管事项的公告》（国家税务总局公告 2022 年第 4 号）规定办理留抵退税的小微企业、制造业等行业纳税人，需同时符合以下条件：①纳税信用等级为 A 级或者 B 级；②申请退税前 36 个月未发生骗取留抵退税、骗取出口退税或虚开增值税专用发票情形；③申请退税前 36 个月未因偷税被税务机关处罚两次及以上；④2019 年 4 月 1 日起未享受即征即退、先征后返（退）政策。

纳税人申请增值税留抵退税，以纳税人向主管税务机关提交《退（抵）税申请表》时点的纳税信用级别确定是否符合申请留抵退税条件。已完成退税的纳税信用A级或B级纳税人，因纳税信用年度评价、动态调整等原因，纳税信用级别不再是A级或B级的，其已取得的留抵退税款不需要退回。

适用增值税一般计税方法的个体工商户，可自《国家税务总局关于进一步加大增值税期末留抵退税政策实施力度有关征管事项的公告》（国家税务总局公告2022年第4号）发布之日起，自愿向主管税务机关申请参照企业纳税信用评价指标和评价方式参加评价，并在以后的存续期内适用国家税务总局纳税信用管理相关规定。对于已按照省税务机关公布的纳税信用管理办法参加纳税信用评价的，也可选择沿用原纳税信用级别，符合条件的可申请办理留抵退税。

【知识点12】税务机关对涉税专业服务的监管

涉税专业服务机构，是指税务师事务所和从事涉税专业服务的会计师事务所、律师事务所、代理记账机构、税务代理公司、财税类咨询公司等机构。

涉税专业服务机构可以从事下列涉税业务：①纳税申报代理；②一般税务咨询；③专业税务顾问；④税收策划；⑤涉税鉴证；⑥纳税情况审查；⑦其他税务事项代理；⑧其他涉税服务。第③项至第⑥项涉税业务，应当由具有税务师事务所、会计师事务所、律师事务所资质的涉税专业服务机构从事，相关文书应由税务师、注册会计师、律师签字，并承担相应的责任。

税务机关涉税专业服务监管的主要内容：

（1）涉税专业服务机构行政登记管理，根据国务院第91次常务会议决定，将"税务师事务所设立审批"调整为"具有行政登记性质的事项"，应当对税务师事务所实施行政登记管理。

（2）实名制管理，对涉税专业服务机构及其从事涉税服务人员进行实名制管理。税务机关依托金税三期应用系统，建立涉税专业服务管理信息库。

（3）资料报送和留存备查，应当建立业务信息采集制度，利用现有的信息化平台分类采集业务信息，加强内部信息共享，提高分析利用水平。涉税专业服务机构应当以年度报告形式，向税务机关报送从事涉税专业服务的总体情况。

（4）信用评价管理，应当建立信用评价管理制度，对涉税专业服务机构从事涉税专业服务情况进行信用评价，对其从事涉税服务人员进行信用记录。

（5）执业情况检查，对涉税专业服务机构从事涉税专业服务的执业情况进行检查，根据举报、投诉情况进行调查。

（6）利用行业协会监督指导，应当加强对税务师行业协会的监督指导，与其他相

通用知识

关行业协会建立工作联系制度。可以委托行业协会对涉税专业服务机构从事涉税专业服务的执业质量进行评价。

根据中办、国办印发的《关于进一步深化税收征管改革的意见》关于加强对涉税中介组织的执业监管和行业监管的要求，针对涉税中介领域出现的新情况、新问题，国家税务总局、国家互联网信息办公室、国家市场监督管理总局印发《关于规范涉税中介服务行为 促进涉税中介行业健康发展的通知》（税总纳服发〔2022〕34号），重点规范以下涉税中介服务行为：

（1）涉税中介通过各类自媒体、互联网平台以对避税效果作出保证性承诺为噱头招揽业务，以利用注册"空壳"企业、伪造享受税收优惠资质等方式，帮助纳税人偷逃税款或骗取享受税收优惠为目的，违规提供税收策划服务的问题。

（2）涉税中介通过各类自媒体、互联网平台发布涉税服务虚假宣传及广告信息，妨碍市场公平竞争、损害委托人利益的问题。

（3）涉税中介通过各类自媒体、互联网平台发布不实信息，歪曲解读税收政策，扰乱正常税收秩序的问题。

税务部门牵头负责、协调各有关部门联合开展工作。税务部门监测涉税中介发布的违法违规信息，并对相关信息进行甄别。对涉嫌虚假宣传的，要将发布主体和发布平台的信息推送给网信和市场监管部门处理；对涉嫌虚假广告的，要将广告主、广告发布者及发布内容推送给市场监管部门确认处理；对涉嫌歪曲解读税收政策以及违规提供税收策划服务的，要依法依规进行调查处理，并将涉税中介发布虚假广告等违法违规行为纳入信用管理。

>> 第三节
税费基础管理

本节相关知识点见丛书《征收管理》分册第三章第一节。

>> 第四节
税收风险管理

本节相关知识点见丛书《征收管理》分册第四章。

第五节
税费法律责任追究

本节相关知识点见丛书《征收管理》分册第三章第三节。

习题演练

一 单项选择题

1. 纳税人有欠税情形而以其财产设定抵押、质押的，应当向抵押权人、质权人说明其（　　）情况。
   A. 欠税　　　　B. 财产
   C. 债务　　　　D. 债权

   【解析】根据《中华人民共和国税收征收管理法》第四十六条的规定，纳税人有欠税情形而以其财产设定抵押、质押的，应当向抵押权人、质权人说明其欠税情况。抵押权人、质权人可以请求税务机关提供有关的欠税情况。
   【答案】A

2. 税务机关应当广泛宣传税收法律、行政法规，普及纳税知识，（　　）地为纳税人提供纳税咨询服务。
   A. 无偿　　　　B. 有偿
   C. 全天候　　　D. 全方位

   【解析】根据《中华人民共和国税收征收管理法》第七条的规定，税务机关应当广泛宣传税收法律、行政法规，普及纳税知识，无偿地为纳税人提供纳税咨询服务。
   【答案】A

3. 关于调账检查，调取当年账簿进行检查的，税务机关必须在（　　）内退还所调取的账簿资料。
   A. 30 日　　　　B. 3 个月
   C. 45 日　　　　D. 60 日

   【解析】根据《中华人民共和国税收征收管理法实施细则》第八十六条的规定，税务机关行使《中华人民共和国税收征收管理法》第五十四条第（一）项职权时，可以在纳税人、扣缴义务人的业务场所进行；必要时，经县以上税务局（分局）局长批准，可以将纳税人、扣缴义务人以前会计年度的账簿、记账凭证、报表和其他有关资料调回税务机关检查，但是税务机关必须向纳税人、扣缴义务人开付清单，并在 3 个月内完整退还；有特殊情况的，经设区的市、自治州以上税务局局长批准，税务机关可以将纳税人、扣缴义务人当年的账簿、记账凭证、报表和其他有关资料调回检查，但是税务机关必须在30日内退还。

【答案】A

4. 扣缴义务人代扣、代收税款时，纳税人要求扣缴义务人开具代扣、代收税款凭证的，扣缴义务人应当（　　）。

   A. 拒绝

   B. 开具

   C. 税额100元以上的应当开

   D. 税额10元以下的不用开

【解析】根据《中华人民共和国税收征收管理法》第三十四条的规定，税务机关征收税款时，必须给纳税人开具完税凭证。扣缴义务人代扣、代收税款时，纳税人要求扣缴义务人开具代扣、代收税款凭证的，扣缴义务人应当开具。

【答案】B

5. 扣缴义务人依法履行代扣、代收税款义务时，纳税人不得拒绝。纳税人拒绝的，扣缴义务人应当（　　）。

   A. 采取税收保全措施

   B. 及时报告税务机关处理

   C. 采取税收强制措施

   D. 责令限期改正

【解析】根据《中华人民共和国税收征收管理法》第三十条的规定，扣缴义务人依法履行代扣、代收税款义务时，纳税人不得拒绝。纳税人拒绝的，扣缴义务人应当及时报告税务机关处理。

【答案】B

6. 纳税人对税务机关的处罚决定不服的，可以依法向（　　）申请行政复议，也可以依法向人民法院起诉。

   A. 政府主管部门

   B. 上一级主管税务机关

   C. 市政府

   D. 作出行政决定的税务机关

【解析】根据《中华人民共和国税收征收管理法》第八十八条的规定，当事人对税务机关的处罚决定、强制执行措施或者税收保全措施不服的，可以依法申请行政复议，也可以依法向人民法院起诉。

【答案】B

7. 纳税人未按规定的期限办理纳税申报和报送纳税资料，情节严重的，税务机关可以处（　　）的罚款。

   A. 2000元以下

   B. 2000元以上5000元以下

   C. 2000元以上10000元以下

   D. 10000元以上

【解析】根据《中华人民共和国税收征收管理法》第六十二条的规定，纳税人未按照规定的期限办理纳税申报和报送纳税资料的，或者扣缴义务人未按照规定的期限向税务机关报送代扣代缴、代收代缴税款报告表和有关资料的，由税务机关责令限期改正，可以处2000元以下的罚款；情节严重的，可以处2000元以上10000元以下的罚款。

【答案】C

8. 税务机关采取税收强制执行措施，须经（　　）批准。

   A. 税务所长

   B. 县以上税务局（分局）局长

C. 县级税务局（分局）农村分局长

D. 省以上税务局局长

【解析】根据《中华人民共和国税收征收管理法》第四十条的规定，从事生产、经营的纳税人、扣缴义务人未按照规定的期限缴纳或者解缴税款，纳税担保人未按照规定的期限缴纳所担保的税款，由税务机关责令限期缴纳，逾期仍未缴纳的，经县以上税务局（分局）局长批准，税务机关可以采取相关强制执行措施。

【答案】B

9. 税务机关查封商品、货物或其他财产时，必须开付（　　）。

A. 凭证　　　　B. 收据

C. 清单　　　　D. 证明

【解析】根据《中华人民共和国税收征收管理法》第四十七条的规定，税务机关扣押商品、货物或者其他财产时，必须开付收据；查封商品、货物或者其他财产时，必须开付清单。

【答案】C

10. 税务机关查询从事生产、经营的纳税人、扣缴义务人在银行或者其他金融机构的存款账户，须经（　　）批准。

A. 开户银行负责人

B. 设区的市、自治州以上税务局（分局）局长

C. 县以上税务局（分局）局长

D. 银行县、市支行或者市分行负责人

【解析】根据《中华人民共和国税收征收管理法》第五十四条的规定，经县以上税务局（分局）局长批准，凭全国统一格式的检查存款账户许可证明，查询从事生产、经营的纳税人、扣缴义务人在银行或者其他金融机构的存款账户。税务机关在调查税收违法案件时，经设区的市、自治州以上税务局（分局）局长批准，可以查询案件涉嫌人员的储蓄存款。

【答案】C

11. 税务机关对骗税行为，追征所骗取的税款的期限为（　　）。

A. 2 年　　　　B. 5 年

C. 无限期　　　D. 20 年

【解析】根据《中华人民共和国税收征收管理法》第五十二条的规定，对偷税、抗税、骗税的，税务机关追征其未缴或者少缴的税款、滞纳金或者所骗取的税款，不受该条其他款项规定期限的限制。

【答案】C

12. 税务机关应当对纳税人（　　）的情况定期予以公告。

A. 生产经营　　B. 财务状况

C. 应交税金　　D. 欠缴税款

【解析】根据《中华人民共和国税收征收管理法》第四十五条的规定，税务机关应当对纳税人欠缴税款的情况定期予以公告。

【答案】D

13. 税务机关在采取税收保全措施时（　　）不在保全措施的范围之内。

A. 高档消费品

B. 易腐烂的商品

C. 个人及其所扶养家属维持生活必需的住房和用品

D. 金银首饰

【解析】根据《中华人民共和国税收征收管理法》第三十八条的规定，个人及其所扶养家属维持生活必需的住房和用品，不在税收保全措施的范围之内。

【答案】C

14. 税务机关在调查税收违法案件时，经（   ）批准，可以查询案件涉嫌人员的储蓄存款。

    A. 省、自治区、直辖市税务局局长
    B. 县以上税务局（分局）局长
    C. 设区的市、自治州以上税务局（分局）局长
    D. 县以上税务局（分局）局长和银行县、市支行或市分行行长

【解析】根据《中华人民共和国税收征收管理法》第五十四条的规定，税务机关在调查税收违法案件时，经设区的市、自治州以上税务局（分局）局长批准，可以查询案件涉嫌人员的储蓄存款。

【答案】C

15. 下列对象不适用税收保全措施的是（   ）。

    A. 企业
    B. 个体工商户
    C. 个人所得税扣缴义务人
    D. 企业的分支机构

【解析】根据《中华人民共和国税收征收管理法》第五十五条的规定，税务机关对从事生产、经营的纳税人以前纳税期的纳税情况依法进行税务检查时，发现纳税人有逃避纳税义务行为，并有明显的转移、隐匿其应纳税的商品、货物及其他财产或者应纳税的收入的迹象的，可以按照该法规定的批准权限采取税收保全措施或者强制执行措施。

【答案】C

16. 下列检查中，超越《中华人民共和国税收征收管理法》所赋予税务机关权限的是（   ）。

    A. 到车站检查纳税人托运应纳税货物的有关单据
    B. 到机场检查纳税人托运应纳税商品的有关单据
    C. 到邮政企业检查纳税人邮寄应纳税货物的有关凭证
    D. 上路检查纳税人所运输的应纳税商品、货物

【解析】根据《中华人民共和国税收征收管理法》第五十四条的规定，税务机关有权到车站、码头、机场、邮政企业及其分支机构检查纳税人托运、邮寄应纳税商品、货物或者其他财产的有关单据、凭证和有关资料。

【答案】D

17. 下列说法正确的是（   ）。

    A. 纳税担保书须经纳税人、纳税担保人签字盖章并经税务机关同意后方为有效
    B. 纳税担保书只要经税务机关同意后即可有效
    C. 纳税担保书须经纳税人、纳税担保人签字盖章即可有效
    D. 纳税担保书须经纳税人、纳税担保人签字盖章并经税务主管官员同意后方为有效

【解析】根据《中华人民共和国税收征收管理法实施细则》第六十二条的规定,纳税担保人同意为纳税人提供纳税担保的,应当填写纳税担保书,写明担保对象、担保范围、担保期限和担保责任以及其他有关事项。担保书须经纳税人、纳税担保人签字盖章并经税务机关同意,方为有效。

【答案】A

18. 下列违法行为中,属于偷税的是( )。

    A. 未按规定办理市场主体登记,造成未纳税的事实
    B. 未按规定期限申报纳税的
    C. 未按规定申报纳税,经通知申报而拒不申报,少缴税款的
    D. 因计算错误,造成税款少缴的

【解析】根据《中华人民共和国税收征收管理法》第六十三条的规定,纳税人伪造、变造、隐匿、擅自销毁账簿、记账凭证,或者在账簿上多列支出或者不列、少列收入,或者经税务机关通知申报而拒不申报或者进行虚假的纳税申报,不缴或者少缴应纳税款的,是偷税。

【答案】C

19. 因纳税人、扣缴义务人计算错误等失误,未缴或者少缴税款的,税务机关在3年内可以追征税款、滞纳金,有特殊情况的,追征期可以延长到( )。

    A. 10年   B. 5年
    C. 无限期   D. 20年

【解析】根据《中华人民共和国税收征收管理法》第五十二条的规定,因纳税人、扣缴义务人计算错误等失误,未缴或者少缴税款的,税务机关在3年内可以追征税款、滞纳金;有特殊情况的,追征期可以延长到5年。

【答案】B

20. 因税务机关的责任,致使纳税人、扣缴义务人未缴或者少缴税款的,税务机关在3年内可以要求纳税人、扣缴义务人补缴税款,( )加收滞纳金。

    A. 可以   B. 不得
    C. 根据实际情况   D. 按50%

【解析】根据《中华人民共和国税收征收管理法》第五十二条的规定,因税务机关的责任,致使纳税人、扣缴义务人未缴或者少缴税款的,税务机关在3年内可以要求纳税人、扣缴义务人补缴税款,但是不得加收滞纳金。

【答案】B

21. 下列属于《关于进一步深化税收征管改革的意见》中明确的2022年要达到的主要目标的是( )。

    A. 在税务执法规范性、税费服务便捷性、税务监管精准性上取得重要进展
    B. 基本建成"无风险不打扰、有违法要追究、全过程强智控"的税务执法新体系,实现从经验式执法向科学精确执法转变
    C. 基本建成"线下服务无死角、线上服务不打烊、定制服务广覆盖"的税费服务新体系,实现从无差别服务向精细化、智能化、个性

化服务转变

D. 基本建成以"双随机、一公开"监管和"互联网+监管"为基本手段、以重点监管为补充、以"信用+风险"监管为基础的税务监管新体系，实现从"以票管税"向"以数治税"分类精准监管转变

【解析】《关于进一步深化税收征管改革的意见》中明确的主要目标为：到 2022 年，在税务执法规范性、税费服务便捷性、税务监管精准性上取得重要进展。到 2023 年，基本建成"无风险不打扰、有违法要追究、全过程强智控"的税务执法新体系，实现从经验式执法向科学精确执法转变；基本建成"线下服务无死角、线上服务不打烊、定制服务广覆盖"的税费服务新体系，实现从无差别服务向精细化、智能化、个性化服务转变；基本建成以"双随机、一公开"监管和"互联网+监管"为基本手段、以重点监管为补充、以"信用+风险"监管为基础的税务监管新体系，实现从"以票管税"向"以数治税"分类精准监管转变。到 2025 年，深化税收征管制度改革取得显著成效，基本建成功能强大的智慧税务，形成国内一流的智能化行政应用系统，全方位提高税务执法、服务、监管能力。

【答案】A

22. 下列属于《关于进一步深化税收征管改革的意见》中明确的 2022 年基本实现的智慧税务建设是（　　）。

A. 法人税费信息"一户式"、自然人税费信息"一人式"智能归集

B. 税务机关信息"一局式"、税务人员信息"一员式"智能归集

C. 对税务人员履责的全过程自控考核考评、对税务决策信息和任务的自主分类推送

D. 税务执法、服务、监管与大数据智能化应用深度融合、高效联动、全面升级

【解析】《关于进一步深化税收征管改革的意见》中明确加快推进智慧税务建设。充分运用大数据、云计算、人工智能、移动互联网等现代信息技术，着力推进内外部涉税数据汇聚联通、线上线下有机贯通，驱动税务执法、服务、监管制度创新和业务变革，进一步优化组织体系和资源配置。2022 年基本实现法人税费信息"一户式"、自然人税费信息"一人式"智能归集，2023 年基本实现税务机关信息"一局式"、税务人员信息"一员式"智能归集，深入推进对纳税人缴费人行为的自动分析管理、对税务人员履责的全过程自控考核考评、对税务决策信息和任务的自主分类推送。2025 年实现税务执法、服务、监管与大数据智能化应用深度融合、高效联动、全面升级。

【答案】A

23. 违法事实确凿并有法定依据，对法人或者其他组织处以（　　）元以下的罚款或者警告的行政处罚的，可以当场作出行政处罚决定。

A. 50	B. 100
C. 1000	D. 3000

【解析】根据《中华人民共和国行政处罚法》第五十一条的规定，违法事实确凿并有法定依据，对法人或者其他组织处以 3000 元以下罚款或者警告的行政处罚的，可以当场作出行政处罚决定。

【答案】D

24. 从事生产、经营的纳税人、扣缴义务人有《中华人民共和国税收征收管理法》规定的税收违法行为，拒不接受税务机关处理的，税务机关可以（　　）。

    A. 扣留其发票
    B. 停止对其的一切纳税服务
    C. 收缴其发票或者停止向其发售发票
    D. 让负责人到税务机关接受处理

【解析】根据《中华人民共和国税收征收管理法》第七十二条的规定，从事生产、经营的纳税人、扣缴义务人有该法规定的税收违法行为，拒不接受税务机关处理的，税务机关可以收缴其发票或者停止向其发售发票。

【答案】C

25. 从事生产、经营的纳税人的财务、会计制度或者财务、会计处理办法和（　　），应当报送税务机关备案。

    A. 会计核算软件
    B. 计算机应用的型号
    C. 人事管理软件
    D. 计算机的说明书

【解析】根据《中华人民共和国税收征收管理法实施细则》第二十四条的规定，从事生产、经营的纳税人应当自领取税务登记证件之日起 15 日内，将其财务、会计制度或者财务、会计处理办法报送主管税务机关备案。纳税人使用计算机记账的，应当在使用前将会计电算化系统的会计核算软件、使用说明书及有关资料报送主管税务机关备案。

【答案】A

26. 从事生产、经营的纳税人应当将其在银行开立的（　　），向税务机关报告。

    A. 基本存款账户	B. 其他存款账户
    C. 专用账户	D. 全部账户

【解析】根据《中华人民共和国税收征收管理法实施细则》第十七条的规定，从事生产、经营的纳税人应当自开立基本存款账户或者其他存款账户之日起 15 日内，向主管税务机关书面报告其全部账号；发生变化的，应当自变化之日起 15 日内，向主管税务机关书面报告。

【答案】D

27. 从事生产、经营的纳税人应当自（　　）之日起 15 日内，将其财务、会计制度或者财务、会计处理办法报送主管税务机关备案。

    A. 领取营业执照
    B. 领取税务登记证件
    C. 发生纳税义务
    D. 批准成立

【解析】根据《中华人民共和国税收征收管理法实施细则》第二十四条的

通用知识

规定，从事生产、经营的纳税人应当自领取税务登记证件之日起15日内，将其财务、会计制度或者财务、会计处理办法报送主管税务机关备案。

【答案】 B

28. 扣缴义务人应扣未扣的税款，税务机关应向（　　）追缴。

    A. 扣缴义务人

    B. 纳税人

    C. 扣缴义务人或纳税人

    D. 扣缴义务人和纳税人各按50%

【解析】 根据《中华人民共和国税收征收管理法》第六十九条的规定，扣缴义务人应扣未扣、应收而不收税款的，由税务机关向纳税人追缴税款，对扣缴义务人处应扣未扣、应收未收税款50%以上3倍以下的罚款。

【答案】 B

29. 纳税人采取邮寄方式办理纳税申报的，以（　　）为实际申报日期。

    A. 税务机关收到日期

    B. 投寄日期

    C. 填制纳税申报表日期

    D. 寄出的邮戳日期

【解析】 根据《中华人民共和国税收征收管理法》第三十一条的规定，纳税人采取邮寄方式办理纳税申报的，应当使用统一的纳税申报专用信封，并以邮政部门收据作为申报凭据。邮寄申报以寄出的邮戳日期为实际申报日期。

【答案】 D

二、多项选择题

1. 《中华人民共和国税收征收管理法》第八条所称为纳税人、扣缴义务人保密的情况，是指（　　）。

    A. 纳税人、扣缴义务人的商业秘密

    B. 纳税人的欠税情况

    C. 纳税人、扣缴义务人的税收违法行为

    D. 个人隐私

【解析】 根据《中华人民共和国税收征收管理法实施细则》第五条的规定，《中华人民共和国税收征收管理法》第八条所称为纳税人、扣缴义务人保密的情况，是指纳税人、扣缴义务人的商业秘密及个人隐私。纳税人、扣缴义务人的税收违法行为不属于保密范围。

【答案】 AD

2. 按照《中华人民共和国税收征收管理法》规定，纳税人偷税的，税务机关应（　　）。

    A. 追缴其不缴或者少缴的税款

    B. 处不缴或者少缴的税款5倍以下的罚款

    C. 加收滞纳金

    D. 处不缴或者少缴的税款50%以上5倍以下的罚款

【解析】 根据《中华人民共和国税收征收管理法》第六十四条的规定，纳税人、扣缴义务人编造虚假计税依据的，由税务机关责令限期改正，并处5万元以下的罚款。纳税人不进行纳税申报，不缴或者少缴应纳税款的，由税务机关追缴其不缴或者少缴的税款、滞纳金，并处不缴或者少缴的税款50%以上5倍以下的罚款。

【答案】ACD

3. 从事生产、经营的纳税人、扣缴义务人必须按照国务院财政、税务主管部门规定的保管期限保管（　　）。

　A. 账簿　　　　B. 记账凭证
　C. 完税凭证　　D. 发票存根

【解析】根据《中华人民共和国税收征收管理法》第二十四条的规定，从事生产、经营的纳税人、扣缴义务人必须按照国务院财政、税务主管部门规定的保管期限保管账簿、记账凭证、完税凭证及其他有关资料。

【答案】ABCD

4. 从事生产、经营的纳税人的（　　）应当报送税务机关备案。

　A. 财务、会计制度
　B. 财务、会计处理办法
　C. 会计核算软件
　D. 财务人员基本情况

【解析】根据《中华人民共和国税收征收管理法实施细则》第二十四条的规定，从事生产、经营的纳税人应当自领取税务登记证件之日起15日内，将其财务、会计制度或者财务、会计处理办法报送主管税务机关备案。纳税人使用计算机记账的，应当在使用前将会计电算化系统的会计核算软件、使用说明书及有关资料报送主管税务机关备案。

【答案】ABC

5. 对纳税人采取以下措施，应由县以上税务局（分局）局长批准的有（　　）。

　A. 加收滞纳金
　B. 查询案件涉嫌人员的储蓄存款
　C. 冻结银行存款
　D. 查封财产

【解析】依据《中华人民共和国税收征收管理法》第三十八条。

【答案】CD

6. 对纳税人的（　　）行为，税务机关可以无限期追征其税款、滞纳金。

　A. 偷税　　　B. 抗税
　C. 骗税　　　D. 误算

【解析】根据《中华人民共和国税收征收管理法》第五十二条的规定，对偷税、抗税、骗税的，税务机关追征其未缴或者少缴的税款、滞纳金或者所骗取的税款，不受该条其他款项规定期限的限制。

【答案】ABC

7. 根据《中华人民共和国税收征收管理法》的规定，适用于核定征收的情况包括（　　）。

　A. 按规定设置账簿的个体经营户
　B. 账目混乱或者成本资料、收入凭证、费用凭证残缺不全，难以查账的
　C. 发生纳税义务，未按照规定的期限办理纳税申报的，经税务机关责令限期申报，逾期仍不申报的
　D. 关联企业不按照独立企业之间的业务往来收取支付价款、费用，而减少其应纳税的收入或者所得额的

【解析】根据《中华人民共和国税收征收管理法》第三十五条的规定："纳税人有下列情形之一的，税务机

关有权核定其应纳税额：……（四）虽设置账簿，但账目混乱或者成本资料、收入凭证、费用凭证残缺不全，难以查账的；（五）发生纳税义务，未按照规定的期限办理纳税申报，经税务机关责令限期申报，逾期仍不申报的。……"

【答案】BC

8. 关于欠税公告，下列说法正确的有（　　）。

   A. 欠税公告的税务机关是县级以上各级税务机关
   B. 欠税公告的场所是指办税场所或新闻媒体
   C. 欠税公告实行不定期公告制度
   D. 欠税公告的具体办法由国家税务总局制定

【解析】依据《欠税公告办法（试行）》（国家税务总局令第9号公布，国家税务总局令第44号修正）。

【答案】ABD

9. 关于税收保全和强制执行措施涉及的主体的范围，下列说法正确的有（　　）。

   A. 税收保全措施只能对从事生产、经营的纳税人行使
   B. 税收保全措施可以对纳税人、扣缴义务人、纳税担保人行使
   C. 税收强制执行措施可以对纳税人、扣缴义务人、纳税担保人行使
   D. 《中华人民共和国税收征收管理法》第三十八条、第四十条、第四十二条所称个人所扶养家属是指与纳税人共同居住生活的配偶、直系亲属以及无生活来源并由纳税人扶养的其他亲属

【解析】根据《中华人民共和国税收征收管理法实施细则》第六十条的规定，《中华人民共和国税收征收管理法》第三十八条、第四十条、第四十二条所称个人所扶养家属，是指与纳税人共同居住生活的配偶、直系亲属及无生活来源并由纳税人扶养的其他亲属。

【答案】ACD

10. 关于银行账号，下列说法正确的有（　　）。

    A. 从事生产、经营的纳税人应当自开立基本存款账户或者其他存款账户之日起15日内，向主管税务机关以口头或书面方式报告
    B. 从事生产、经营的纳税人应当自开立基本存款账户或者其他存款账户之日起15日内，向主管税务机关书面报告其全部账号
    C. 从事生产经营的纳税人银行账号发生变化的，应当自变化之日起15日内，向主管税务机关书面报告
    D. 纳税人的银行账号发生变化的，纳税人的开户银行应当自变化之日起15日内，向税务机关书面报告

【解析】根据《中华人民共和国税收征收管理法实施细则》第十七条的规定，从事生产、经营的纳税人应当自开立基本存款账户或者其他存款账户之日起15日内，向主管税务机关书面报告其全部账号；发生变化的，应当自变化之日起15日内，向主管税

务机关书面报告。

【答案】BC

11. 纳税人、扣缴义务人对税务机关所作出的决定，依法享有（　　）和请求国家赔偿等权利。

    A. 陈述权、申辩权
    B. 申请行政复议
    C. 提起行政诉讼
    D. 拒绝履行决定

    【解析】根据《中华人民共和国税收征收管理法》第八条的规定，纳税人、扣缴义务人对税务机关所作出的决定，享有陈述权、申辩权；依法享有申请行政复议、提起行政诉讼、请求国家赔偿等权利。

    【答案】ABC

12. 纳税人、扣缴义务人有下列（　　）情形，须向税务机关报告。

    A. 扣缴义务人依法履行代扣、代收税款义务时，纳税人拒绝的
    B. 纳税人有合并、分立情形的
    C. 欠缴税款数额较大的纳税人在处分其不动产或者大额资产之前
    D. 纳税人放弃到期债权的

    【解析】根据《中华人民共和国税收征收管理法》第四十八条的规定，纳税人有合并、分立情形的，应当向税务机关报告，并依法缴清税款。第四十九条规定，欠缴税款数额较大的纳税人在处分其不动产或者大额资产之前，应当向税务机关报告。根据《中华人民共和国税收征收管理法实施细则》第九十四条的规定，纳税人拒绝代扣、代收税款的，扣缴义务人应当向税务机关报告，由税务机关直接向纳税人追缴税款、滞纳金；纳税人拒不缴纳的，依照《中华人民共和国税收征收管理法》第六十八条的规定执行。

    【答案】ABC

13. 纳税人分立时未缴清税款的，下列说法正确的有（　　）。

    A. 税务机关有权向分立后的任何一个纳税人追缴全部税款
    B. 税务机关只能向其中的一个追缴税款
    C. 税务机关可以向分立后的所有纳税人追缴税款
    D. 税务机关不能同时向分立后的所有纳税人追缴税款

    【解析】根据《中华人民共和国税收征收管理法》第四十八条的规定，纳税人有合并、分立情形的，应当向税务机关报告，并依法缴清税款。纳税人合并时未缴清税款的，应当由合并后的纳税人继续履行未履行的纳税义务；纳税人分立时未缴清税款的，分立后的纳税人对未履行的纳税义务应当承担连带责任。

    【答案】AC

14. 纳税人有下列（　　）情况的，税务机关不得加收滞纳金。

    A. 纳税人因有特殊困难，不能按期缴纳税款的
    B. 经批准延期缴纳税款的期限内
    C. 因税务机关的责任，致使纳税人未缴或者少缴税款的
    D. 因纳税人计算错误等失误，未缴

通用知识

或者少缴税款的

【解析】根据《中华人民共和国税收征收管理法实施细则》第四十二条的规定，税务机关应当自收到申请延期缴纳税款报告之日起20日内作出批准或者不予批准的决定；不予批准的，从缴纳税款期限届满之日起加收滞纳金。

根据《中华人民共和国税收征收管理法》第五十二条的规定，因税务机关的责任，致使纳税人、扣缴义务人未缴或者少缴税款的，税务机关在3年内可以要求纳税人、扣缴义务人补缴税款，但是不得加收滞纳金。

【答案】BC

15. 纳税人有下列（　　）情形的，税务机关可要求其提供纳税担保。

A. 纳税人因有特殊困难，不能按期缴纳税款的

B. 纳税人有逃避纳税义务的行为，并在限期缴纳税款的期限内有明显转移其应纳税商品的迹象

C. 欠缴税款的纳税人或者他的法定代表人需要出境的

D. 纳税人同税务机关在纳税上发生争议时，需要申请行政复议的

【解析】根据《中华人民共和国税收征收管理法》第三十八条的规定，税务机关有根据认为从事生产、经营的纳税人有逃避纳税义务行为的，可以在规定的纳税期之前，责令限期缴纳应纳税款；在限期内发现纳税人有明显的转移、隐匿其应纳税的商品、货物及其他财产或者应纳税的收入的迹象的，税务机关可以责成纳税人提供纳税担保。

【答案】BCD

16. 税收保全措施适用于（　　）。

A. 临时从事经营的纳税人

B. 扣缴义务人

C. 从事生产、经营的纳税人

D. 纳税担保人

【解析】根据《中华人民共和国税收征收管理法》第三十八条的规定，税务机关有根据认为从事生产、经营的纳税人有逃避纳税义务行为的，可以在规定的纳税期之前，责令限期缴纳应纳税款；在限期内发现纳税人有明显的转移、隐匿其应纳税的商品、货物及其他财产或者应纳税的收入的迹象的，税务机关可以责成纳税人提供纳税担保。如果纳税人不能提供纳税担保，经县以上税务局（分局）局长批准，税务机关可以采取税收保全措施。

【答案】AC

17. 税收强制执行措施适用于（　　）。

A. 从事生产、经营的纳税人

B. 扣缴义务人

C. 纳税担保人

D. 税务行政处罚当事人

【解析】根据《中华人民共和国税收征收管理法》第四十条的规定，从事生产、经营的纳税人、扣缴义务人未按照规定的期限缴纳或者解缴税款，纳税担保人未按照规定的期限缴纳所担保的税款，由税务机关责令限期缴纳，逾期仍未缴纳的，经县以上税务

局（分局）局长批准，税务机关可以采取强制执行措施。

【答案】ABCD

18. （　　）情形下，行政机关可以当场收缴罚款。

A. 当场做出20元以下的罚款

B. 不当场收缴事后难以执行

C. 交通不便地区当事人提出当场缴纳

D. 行政机关认为应当当场收缴

【解析】根据《中华人民共和国行政处罚法》第六十八条的规定，有下列情形之一的，执法人员可以当场收缴罚款：①依法给予100元以下的罚款的。②不当场收缴事后难以执行的。根据《中华人民共和国行政处罚法》第六十九条规定，在边远、水上、交通不便地区，行政机关及其执法人员依照该法第五十一条、第五十七条的规定作出罚款决定后，当事人到指定的银行或者通过电子支付系统缴纳罚款确有困难，经当事人提出，行政机关及其执法人员可以当场收缴罚款。

【答案】BC

19. 受到税务行政处罚的当事人依法享有的权利包括（　　）。

A. 陈述权

B. 申辩权

C. 申请复议或提起行政诉讼权

D. 赔偿权

【解析】根据《中华人民共和国税收征收管理法》第八条的规定，纳税人、扣缴义务人对税务机关所作出的决定，享有陈述权、申辩权；依法享有申请行政复议、提起行政诉讼、请求国家赔偿等权利。

【答案】ABCD

20. 听证应公开举行，但涉及（　　）的除外。

A. 国家秘密　　B. 商业秘密

C. 个人隐私　　D. 个人请求

【解析】听证应公开举行，但涉及国家秘密、商业秘密、个人隐私的除外。

【答案】ABC

21. 虚开发票行为包括（　　）。

A. 为他人开具与实际经营业务情况不符的发票

B. 让他人为自己开具与实际经营业务情况不符的发票

C. 介绍他人开具与实际经营业务情况不符的发票

D. 为自己开具与实际经营业务情况不符的发票

【解析】根据《中华人民共和国发票管理办法》第二十一条的规定，任何单位和个人不得有下列虚开发票行为：①为他人、为自己开具与实际经营业务情况不符的发票；②让他人为自己开具与实际经营业务情况不符的发票；③介绍他人开具与实际经营业务情况不符的发票。

【答案】ABCD

22. 纳税人满意度调查分为（　　）。

A. 全面调查　　B. 专项调查

C. 日常调查　　D. 个别调查

【解析】纳税人满意度调查分为全面调查、专项调查和日常调查。

【答案】ABC

23. 税务机关对涉税专业服务机构采取的

监管措施包括（　　）。

A. 建立行政登记　B. 实名制管理

C. 业务信息采集　D. 信用评价

【解析】依据《涉税专业服务监管办法（试行）》（国家税务总局公告2017年第13号发布）第七条、第八条、第九条、第十一条。

【答案】ABCD

24. 根据纳税服务投诉产生的原因，纳税服务投诉大致可以分为（　　）。

A. 对服务态度的投诉

B. 对服务质效的投诉

C. 对服务制度的投诉

D. 对侵害纳税人合法权益的投诉

【解析】依据《国家税务总局关于修订〈纳税服务投诉管理办法〉的公告》（国家税务总局公告2019年第27号）第九条。

【答案】ABD

三 判断题

1. 《中华人民共和国税收征收管理法》第五十二条所称纳税人的失误，是指非主观故意的计算公式运用错误及明显的笔误。（　　）

【解析】略

【答案】正确

2. 根据《中华人民共和国税收征收管理法》第八十六条的规定，违反税收法律、行政法规应当给予行政处罚的行为，在5年内未被发现的，不再给予行政处罚。这一期限从税务违法行为发生之日起计算；违法行为有连续或继续状态的，从行为终了之日起计算。（　　）

【解析】略

【答案】正确

3. 《中华人民共和国税收征收管理法》规定的行政处罚，罚款额在2000元以下的，可以由税务所决定。（　　）

【解析】略

【答案】正确

4. 《中华人民共和国税收征收管理法》及其实施细则所规定期限的最后1日是法定休假日的，以休假日期满的次日为期限的最后1日；在期限内有超过3日以上法定休假日的按休假日天数顺延。（　　）

【解析】略

【答案】正确

5. 《中华人民共和国税收征收管理法》所称存款，包括独资企业投资人、企业合伙人、个体工商户的储蓄存款及股东资金账户中的股票和资金等。（　　）

【解析】根据《中华人民共和国税收征收管理法实施细则》第七十二条的规定，《中华人民共和国税收征收管理法》所称存款，包括独资企业投资人、合伙企业合伙人、个体工商户的储蓄存款及股东资金账户中的资金等。

【答案】错误

6. 2022年6月15日，某贸易公司法人代表王某要求到美国考察，税务机关发现该公司还有欠税，税务机关可以要求其提供纳税担保，如不提供担保，又不缴清欠税的，可以通知出境管理机关阻止其出境。（　　）

【解析】略

【答案】正确

7. 从事生产、经营的纳税人账户发生变化的，应当自变化之日起30日内，向主管税务机关书面报告，并办理变更市场主体登记。（ ）

【解析】根据《中华人民共和国税收征收管理法实施细则》第十七条的规定，从事生产、经营的纳税人应当自开立基本存款账户或者其他存款账户之日起15日内，向主管税务机关书面报告其全部账号；发生变化的，应当自变化之日起15日内，向主管税务机关书面报告。

【答案】错误

8. 当纳税人既有应退税款又有欠缴税款时，税务机关可以将应退税款和利息先抵扣欠缴税款；抵扣后尚有余额的，由税务机关决定抵顶纳税人下期应纳税款或退还纳税人。（ ）

【解析】根据《中华人民共和国税收征收管理法实施细则》第七十九条的规定，当纳税人既有应退税款又有欠缴税款的，税务机关可以将应退税款和利息先抵扣欠缴税款；抵扣后有余额的，退还纳税人。

【答案】错误

9. 当税收收入任务完成之后，税务机关可以延缓征收税款。（ ）

【解析】根据《中华人民共和国税收征收管理法》第二十八条的规定，税务机关依照法律、行政法规的规定征收税款，不得违反法律、行政法规的规定开征、停征、多征、少征、提前征收、延缓征收或者摊派税款。

【答案】错误

10. 对查封的商品、货物或者其他财产，税务机关可以指令被执行人负责保管，保管责任由税务机关承担。（ ）

【解析】根据《中华人民共和国税收征收管理法实施细则》第六十七条的规定，对查封的商品、货物或者其他财产，税务机关可以指令被执行人负责保管，保管责任由被执行人承担。

【答案】错误

11. 对法律、行政法规没有规定负有代扣、代收税款义务的单位和个人，税务机关可以根据工作需要要求其履行代扣、代收税款义务。（ ）

【解析】根据《中华人民共和国税收征收管理法》第三十条的规定，扣缴义务人依照法律、行政法规的规定履行代扣、代收税款的义务。对法律、行政法规没有规定负有代扣、代收税款义务的单位和个人，税务机关不得要求其履行代扣、代收税款义务。

【答案】错误

12. 对经责令限期缴纳税款，逾期仍不缴纳的从事生产、经营的纳税人，税务机关可依法采取强制执行措施。（ ）

【解析】略

【答案】正确

13. 对纳税人欠缴的税款，税务机关可以在3年内追征，特殊情况的，可延长到5年。（ ）

【解析】依据《中华人民共和国税收征收管理法》第五十二条第三款

· 325 ·

规定。

【答案】错误

14. 对税务机关依法进行的税务检查，纳税人不得拒绝，并应如实反映情况、提供有关资料，不得隐瞒。（　　）

【解析】略

【答案】正确

15. 加收滞纳金的起止时间，为纳税人、扣缴义务人发生税款滞纳之日起至纳税人、扣缴义务人实际缴纳或者解缴税款之日止。（　　）

【解析】略

【答案】正确

16. 减税、免税申请既可采取书面形式，也可采取口头形式。（　　）

【解析】依据《中华人民共和国税收征收管理法》第三十三条的规定。

【答案】错误

17. 经设区的市、自治州以上税务局局长批准，税务机关可以将纳税人、扣缴义务人当年的账簿、记账凭证、报表和其他有关资料调回税务机关检查，并在3个月内退还。（　　）

【解析】根据《中华人民共和国税收征收管理法实施细则》第八十六条的规定，税务机关行使《中华人民共和国税收征收管理法》第五十四条第（一）项职权时，可以在纳税人、扣缴义务人的业务场所进行；必要时，经县以上税务局（分局）局长批准，可以将纳税人、扣缴义务人以前会计年度的账簿、记账凭证、报表和其他有关资料调回税务机关检查，但是税务机关必须向纳税人、扣缴义务人开付清单，并在3个月内完整退还；有特殊情况的，经设区的市、自治州以上税务局局长批准，税务机关可以将纳税人、扣缴义务人当年的账簿、记账凭证、报表和其他有关资料调回检查，但是税务机关必须在30日内退还。

【答案】错误

18. 经县以上税务局（分局）局长批准，凭全国统一格式的检查存款账户许可证明，税务机关可以查询税务案件涉嫌人员的储蓄存款。（　　）

【解析】根据《中华人民共和国税收征收管理法》第五十四条第（六）项的规定，经县以上税务局（分局）局长批准，凭全国统一格式的检查存款账户许可证明，查询从事生产、经营的纳税人、扣缴义务人在银行或者其他金融机构的存款账户。税务机关在调查税收违法案件时，经设区的市、自治州以上税务局（分局）局长批准，可以查询案件涉嫌人员的储蓄存款。

【答案】错误

19. 纳税信用评价结果的确定和发布遵循谁评价、谁确定、谁发布的原则。（　　）

【解析】略

【答案】正确

四、简答题

1. 什么是税收保全措施？

【答案】根据《中华人民共和国税收

征收管理法》第三十八条的规定，税务机关有根据认为从事生产、经营的纳税人有逃避纳税义务行为的，可以在规定的纳税期之前，责令限期缴纳应纳税款；在限期内发现纳税人有明显的转移、隐匿其应纳税的商品、货物及其他财产或者应纳税的收入的迹象的，税务机关可以责成纳税人提供纳税担保。如果纳税人不能提供纳税担保，经县以上税务局（分局）局长批准，税务机关可以采取下列税收保全措施：

（1）书面通知纳税人开户银行或者其他金融机构冻结纳税人的金额相当于应纳税款的存款；

（2）扣押、查封纳税人的价值相当于应纳税款的商品、货物或者其他财产。

纳税人在上述规定的限期内缴纳税款的，税务机关必须立即解除税收保全措施；限期期满仍未缴纳税款的，经县以上税务局（分局）局长批准，税务机关可以书面通知纳税人开户银行或者其他金融机构从其冻结的存款中扣缴税款，或者依法拍卖或者变卖所扣押、查封的商品、货物或者其他财产，以拍卖或者变卖所得抵缴税款。

个人及其所扶养家属维持生活必需的住房和用品，不在税收保全措施的范围之内。

2. 什么是税收强制执行措施？

【答案】根据《中华人民共和国税收征收管理法》第四十条的规定，从事生产、经营的纳税人、扣缴义务人未按照规定的期限缴纳或者解缴税款，纳税担保人未按照规定的期限缴纳所担保的税款，由税务机关责令限期缴纳，逾期仍未缴纳的，经县以上税务局（分局）局长批准，税务机关可以采取下列强制执行措施：

（1）书面通知其开户银行或者其他金融机构从其存款中扣缴税款；

（2）扣押、查封、依法拍卖或者变卖其价值相当于应纳税款的商品、货物或者其他财产，以拍卖或者变卖所得抵缴税款。

税务机关采取强制执行措施时，对上述所列纳税人、扣缴义务人、纳税担保人未缴纳的滞纳金同时强制执行。

个人及其所扶养家属维持生活必需的住房和用品，不在强制执行措施的范围之内。

3. 纳税人在履行纳税义务过程中，依法享有哪些权利？

【答案】纳税人在履行纳税义务过程中，依法享有下列权利：①知情权；②保密权；③税收监督权；④纳税申报方式选择权；⑤申请延期申报权；⑥申请延期缴纳税款权；⑦申请退还多缴税款权；⑧依法享受税收优惠权；⑨委托税务代理权；⑩陈述与申辩权；⑪对未出示税务检查证和税务检查通知书的拒绝检查权；⑫税收法律救济权；⑬依法要求听证的权利；⑭索取有关税收凭证的权利。

4. 纳税人在纳税过程中负有哪些义务？

【答案】依照宪法、税收法律和行政法规的规定，纳税人在纳税过程中负有以下义务：①依法进行市场主体登记

通用知识

的义务；②依法设置账簿、保管账簿和有关资料及依法开具、使用、取得和保管发票的义务；③财务会计制度和会计核算软件备案的义务；④按照规定安装、使用税控装置的义务；⑤按时、如实申报的义务；⑥按时缴纳税款的义务；⑦代扣、代收税款的义务；⑧接受依法检查的义务；⑨及时提供信息的义务；⑩报告其他涉税信息的义务。

五 论述题

办税服务厅作为税务部门对外服务的窗口，既是涉税事项最集中、征纳互动最频繁、纳税人诉求最直接的场所，也是各类矛盾问题和风险隐患易发的场所，如何全面预防和妥善处置办税服务厅突发事件？

【答案】可以从以下方面进行阐述：

办税服务厅突发事件，是指突然发生、影响办税服务厅正常办税秩序，造成生命财产损失，危害公共安全，需要采取应急处置措施予以应对的事件。

（1）办税服务厅的突发事件，大致可以分为以下3类：

①办税秩序类。由于税收政策和管理程序调整等造成的办税服务厅滞留人员激增并影响正常办税秩序的突发事件。

②系统故障类。由于计算机软件、硬件及网络系统等升级或其他突发故障，影响工作正常运行的突发事件。

③其他类。因公共安全、自然灾害等造成办税服务厅无法正常办理涉税业务的各类突发事件。

（2）办税服务厅突发事件应坚持预防为主。

①预防和应急准备。作为面向纳税人服务的基层税务机关，特别是要从制度上预防办税服务厅突发事件的发生，及时消除风险隐患。

预防和应急准备工作包括：组织准备、编制预案、资源准备、培训演练等。

②监测和预警。各级税务机关应建立办税服务厅突发事件分析预警机制，运用信息化手段，加强突发事件风险排查，实现办税服务厅动态监控。突发事件发生时，首先发现的税务工作人员为第一知情人，办税服务厅负责人为第一处置人。第一知情人应及时向第一处置人和应急工作领导小组报告，确保应急预案及时启动。

（3）办税服务厅突发事件应对策略。提高对突发事件的反应、处置和舆情控制能力，采取有效措施，综合运用调解、行政、法律等多种手段，把不良影响和损失降到最低。

①办税秩序类突发事件的应对策略。办税秩序类突发事件包括办税拥堵和现场冲突两种。应针对不同情况进行及时处置。

A. 办税拥堵的应对策略。办税服务厅发生排队拥堵时，值班领导应及时做好现场秩序的维护和拥堵原因识别。通过增加导税人员、调整窗口功能、增设办税窗口、增辟等候休息区等方式，引导或分流办税人员，防止出现秩序混乱的情况。发生严重拥堵时，办税服务厅负责人应及时报告办税服务厅应急工作领导小组。

B. 现场冲突的应对策略。办税服务厅发生人员冲突时，值班领导应第一时间介入，引导相关人员到安静场所进行沟通。认真倾听，安抚相关人员的情绪，并对相关人员的抱怨或投诉妥善进行处理，避免冲突升级。当相关人员情绪失控时，要做好隔离和疏散工作，必要时向公安部门报案并做好现场处置。办税服务厅工作人员要加强自我保护、自我克制，避免与办税人员发生肢体冲突。税务机关要妥善处理后续事宜并进行舆情监控。

②系统故障类突发事件的应对策略。由于计算机软件、硬件，电力或网络系统等升级或突发故障等原因导致涉税业务不能正常办理时，办税服务厅负责人应第一时间上报突发事件应急领导小组，并启动应急预案。办税服务厅应配合有关技术部门尽快解决，并做好现场秩序维护和办税人员的解释疏导工作。利用显示屏、公告栏、电话、短信、微信等方式提醒纳税人合理安排办税时间。对短时间内不能解决故障的，通过手工处理或提供延时或预约服务等方式，待故障修复后及时为纳税人办理相关事宜。

③其他类突发事件的应对策略。涉及公共安全、自然灾害等其他类突发事件发生时，第一处置人应在第一时间报告相关部门及应急工作领导小组。同时在当地政府统一领导下，按照相关应急预案积极部署应对。

A. 群体性事件处置。办税服务厅发生群体性事件时，办税服务厅负责人应立即报告办税服务厅应急工作领导小组，启动应急预案，必要时及时向当地公安机关报警，并配合公安部门做好现场处置。工作人员应尽快组织办税服务厅内其他纳税人撤离现场，安排人员保护重要岗位和重要资料。

B. 其他突发事件处置。当地震发生时，办税服务厅负责人应按照《国家突发公共事件总体应急预案》和《国家地震应急预案》相关要求，指挥办税服务厅内人员紧急疏散、有序撤离、检查伤情、稳定情绪，及时向办税服务厅应急工作领导小组负责人报告。

当洪涝灾害发生时，办税服务厅负责人应按照《国家突发公共事件总体应急预案》相关要求，要迅速组织办税服务厅内人员安全转移，在有安全保障的前提下切断电源，及时向办税服务厅应急工作领导小组负责人报告。

当火灾发生时，办税服务厅负责人应及时发出火灾信息并立即向消防部门报警，同时向办税服务厅应急工作领导小组负责人报告。火灾初起，办税服务厅负责人在有安全保障的前提下切断电源，组织人员使用消防器材灭火，抢救重要涉税资料，迅速引导办税服务厅内人员有序撤离、逃生。

（4）办税服务厅突发事件事后管理。

办税服务厅突发事件发生后，应按照税务系统舆情管理相关要求和程序，依法依规做好信息发布。未经许可，任何个人不得擅自发布事件相关信息。突发事件结束后，应及时将事件相关情况报上级主管税务机关备案，并总结经验教训，加强防范，完善应急预案。

通用知识

对在处置工作中预警及时、处置妥善,有效保障生命财产安全的单位和个人,应依据相关规定给予表彰和奖励。对在工作中玩忽职守、处置不当,导致事件发生或扩大,造成重大损失或恶劣影响的单位和个人,应依照相关规定,视其情节和危害程度,给予党纪政纪处分或移交司法机关处理。

第八章 涉税法律基础

>> 知识架构

涉税法律基础
- 法理及行政法基础
  - 法的基本范畴和体系 —— 5个知识点
  - 法的创制及适用 —— 3个知识点
  - 学习贯彻习近平法治思想　推进全面依法治国 —— 5个知识点
  - 税务行政法律关系与税务行政行为 —— 6个知识点
  - 优化税务执法方式　全面推行"三项制度" —— 5个知识点
- 税务行政执法
  - 税务行政许可 —— 3个知识点
  - 税务行政处罚 —— 4个知识点
  - 税务行政强制 —— 4个知识点
  - 相关税费保障措施 —— 2个知识点
- 税务行政执法证据
  - 证据概述 —— 3个知识点
  - 证据的提取和固定 —— 4个知识点
  - 证据的审查 —— 3个知识点
- 税收的刑法保障
  - 涉税犯罪类型 —— 2个知识点
  - 危害税收征管罪 —— 5个知识点
  - 涉嫌危害税收征管犯罪案件的移送 —— 3个知识点
- 税务行政法律救济
  - 税务行政复议 —— 5个知识点
  - 税务行政应诉 —— 7个知识点
  - 税务行政赔偿 —— 5个知识点
- 税务执法者及其责任
  - 公务员基本权利义务及其责任 —— 4个知识点
  - 税收执法责任管理和税收执法过错责任追究 —— 4个知识点
  - 税收违法违纪及其法律责任 —— 3个知识点
  - 税务职务犯罪及其刑事法律责任 —— 4个知识点

通用知识

>> 第一节
法理及行政法基础

一 法的基本范畴和体系

【知识点1】法的概念

法是由国家制定或认可，并由国家强制力保证实施的行为规范的总和，它通过设定人们的权利和义务，来规范和调整人们之间的交互行为，从而确认、保护和发展一定的社会关系和社会秩序。

广义的"法律"是指法律的整体，包括宪法、法律、行政法规、部门规章、地方性法规、地方政府规章等；狭义的法律仅指全国人民代表大会及其常务委员会制定的规范性文件。

【知识点2】法的特征

法的特征包括：规范性、国家意志性、国家强制性、普遍性。

法律规范的行为模式主要有3种：一是可为模式，表示人们可以怎样行为；二是应为模式，表示人们应当或必须怎样行为；三是勿为模式，表示禁止人们怎样行为。

法律规范体现国家意志，法表现为什么形式，其规范的内容如何，均由国家意志决定。

法与道德规范等其他社会规范不同，它的强制性体现为国家强制性，即以国家强制力作为后盾，由国家强制力保障实施。

法的普遍性，是指法作为一般的行为规范在国家权力管辖范围内具有普遍适用的效力和特性。一是效力对象的广泛性。在一国范围之内，任何人的合法行为都应受法的保护，任何人的违法行为，也都应受法的制裁。二是效力的重复性。这是指法不能为一人或一事而制定，它在有效期内，对人们的行为具有反复适用的效力。

【知识点3】法的作用

法的作用，是指法作为一种社会规范，对人们的行为和社会生活所产生的影响和结果。主要包括法的规范作用和法的社会作用。

法的规范作用是法自身表现出来的，对人们的行为或社会关系可能的影响。可以分为：指引作用、评价作用、预测作用、教育作用和强制作用。

法的社会作用，是指法在实现一定的社会目的和任务的过程中所发挥的作用。概括起来，法的社会作用主要表现为：禁止专横，制止暴力，维护社会秩序与和平；控制和解决社会纠纷和争端；促进社会价值目标的实现等。

对法的作用既不能夸大，也不能忽视；要认识到法既不是无用的，也不是万能的。

【知识点4】法的渊源

我国的正式法的渊源有：宪法、法律、行政法规、地方性法规、部门规章和地方政府规章等。

宪法，是国家的根本大法，是我国法的主要渊源。宪法由国家最高权力机关——全国人民代表大会制定和修改，由全国人大常委会负责解释，具有最高的法律效力。一切法律、行政法规、地方性法规、自治条例和单行条例、规章都不得同宪法相抵触。

法律，即由全国人大及其常委会制定的规范性法律文件。可划分为基本法律和基本法以外的法律，基本法律由全国人大制定和修改，包括刑事、民事、国家机构和其他的基本法律；基本法以外的其他法律由全国人大常委会制定。法律的效力仅次于宪法，而高于其他国家机关制定的法规、规章等。

行政法规，是指国家最高行政机关即国务院根据宪法和法律而制定的关于国家行政管理活动的规范性法律文件，行政法规的效力仅次于宪法和法律。

地方性法规，是我国地方的人民代表大会及其常委会所制定的适用于本行政区域的一类规范性法律文件。根据我国立法法的相关规定，省、自治区、直辖市的人民代表大会及其常务委员会以及设区的市的人民代表大会及其常务委员会有权依法制定地方性法规。地方性法规不得与宪法、法律、行政法规相冲突，但其效力高于下级地方性法规、同级和下级政府规章。

自治条例和单行条例，民族自治地方的人民代表大会有权依照当地民族的政治、经济和文化的特点，制定自治条例和单行条例，在不违背法律或者行政法规基本原则的前提下，对法律和行政法规的规定作出变通规定，在本民族自治区域适用。

部门规章，由国务院部委和直属机构制定，在全国范围内发生效力。部门规章的效力低于宪法、法律和行政法规，与地方政府规章之间具有同等效力，在各自的权限范围内施行。如若部门规章之间、部门规章与地方政府规章之间对同一事项的规定不一致时，由国务院作出裁决。

地方政府规章，制定主体是省、自治区、直辖市和设区的市、自治州的人民政府。政府规章不得与宪法、法律、行政法规、上级和本级地方性法规、上级政府规章相冲突。政府规章在本区域内有效。

国际条约，是两个或两个以上国家或国际组织之间缔结的确定其相互关系中权利

通用知识

和义务的各种协议。国际条约属于国际法范畴,不属于国内法,但对缔结或加入条约的国家自身以及国内的个人和单位都有法的约束力,这些条约在我国也是一种正式法源。

【知识点5】法的体系

法的体系,通常是指一个国家全部现行法律规范分类组合为不同的法律部门而形成的有机联系的统一整体。

当代中国的法律体系,是以宪法为统帅,以法律为主干,以行政法规、地方性法规为重要组成部分,由宪法及宪法相关法、民商法、行政法、经济法、社会法、刑法、程序法等多个法律部门组成的有机统一整体。

二 法的创制及适用

【知识点1】法的制定和实施

法的制定,是指一定的国家机关依照法定的职权和程序,制定、修改和废止法律和其他规范性法律文件的活动。广义上的立法概念与法律制定的含义是相同的,泛指一切有权的国家机关依法制定各种规范性法律文件的活动;狭义上的立法仅指国家最高权力机关及其常设机关依法制定、修改和废止宪法和法律的活动。

法的实施,是指法在社会生活中的运用和实现的活动和过程。具体来说就是通过执法、司法、守法以及法律监督等途径,把法律规范中规定的权利义务关系转化为现实生活中的权利义务关系,使法从抽象的行为模式变成人们的具体行为。以法的实施主体和内容为标准,法的实施的基本方式有:法的执行、法的适用、法的遵守和法律监督。

【知识点2】我国立法的指导思想

立法应当坚持中国共产党的领导,坚持以马克思列宁主义、毛泽东思想、邓小平理论、"三个代表"重要思想、科学发展观、习近平新时代中国特色社会主义思想为指导,推进中国特色社会主义法治体系建设,保障在法治轨道上全面建设社会主义现代化国家。

立法应当坚持以经济建设为中心,坚持改革开放,贯彻新发展理念,保障以中国式现代化全面推进中华民族伟大复兴。

立法应当符合宪法的规定、原则和精神,依照法定的权限和程序,从国家整体利益出发,维护社会主义法制的统一、尊严、权威。

立法应当坚持和发展全过程人民民主,尊重和保障人权,保障和促进社会公平正义。

立法应当体现人民的意志，发扬社会主义民主，坚持立法公开，保障人民通过多种途径参与立法活动。

立法应当从实际出发，适应经济社会发展和全面深化改革的要求，科学合理地规定公民、法人和其他组织的权利与义务、国家机关的权力与责任。法律规范应当明确、具体，具有针对性和可执行性。

立法应当倡导和弘扬社会主义核心价值观，坚持依法治国和以德治国相结合，铸牢中华民族共同体意识，推动社会主义精神文明建设。

立法应当适应改革需要，坚持在法治下推进改革和在改革中完善法治相统一，引导、推动、规范、保障相关改革，发挥法治在国家治理体系和治理能力现代化中的重要作用。

【知识点3】法的适用规则

执法机关和司法机关将法律规定应用于实际工作和案件时，就要考虑如何适用法律。适用法律时要注意法的效力等级，即法律位阶。法律位阶是指不同国家机关制定的规范性法律文件在法律渊源体系中所处的效力等级，可以分为上位法、下位法和同位法。

法律规范冲突时主要遵循以下3种适用规则：上位法优先适用于下位法，新法优先适用于旧法和特别法优先适用于一般法。

上位法优先适用于下位法，是不同位阶的法律渊源之间出现冲突时适用法律的规则。下位法的规定应当符合上位法，不得与上位法相矛盾、相抵触。

新法优于旧法，是同一位阶的法律渊源之间发生冲突时公认的适用规则。执法、司法活动中在选择适用的法律规范时，需要考虑什么情况下适用新的法律规范，什么情况下适用原有的法律规范。

法的生效时间通常有两种方式：一是自公布之日起生效；二是明文规定生效时间。第二种是最常见的生效方式，即在法律中明确规定该法发生法律效力的时间。

法的效力终止或法的废止，是指法的效力消灭，不再加以适用的情形。法的终止分为明示终止和默示终止。明示终止是指具有立法权的国家机关通过明确的方式宣布某一法律失去效力。通常有两种情形：一是新法取代旧法，并同时宣布旧法失效；二是有关机关颁发文件，宣布某个或某些法律废止。默示终止也有两种情形：一是对同一问题新法作出了不同于旧法的规定，而新法生效后，旧法并未明示终止，对于新发生的事项，按照"新法优于旧法"规则适用新法，原有规范不再执行；二是法律本身规定的有效期届满，自行废止。

法律溯及力，是指新的法律生效后，对其生效前所发生的事件和行为是否适用的问题。如果适用，新法就具有溯及力，如果不能适用，则说明新法不具有溯及力。法一般不应当被赋予溯及力，这是法的溯及力问题中的一个基本原则。

特别法优于一般法也是同一位阶的法律渊源之间出现冲突时的适用规则。一般法是对一般人、一般事或在更大范围内有效的法律规范；特别法是相比较而言，人或事或地域或时间更为特定化的法律规范。如果对同一事项的处理，特别法的规定与一般法的规定不一致时，按照"特别法优于一般法"的规则处理。

三 学习贯彻习近平法治思想　推进全面依法治国

【知识点1】学习贯彻习近平法治思想,推进全面依法治国

2020年11月，习近平总书记在中央全面依法治国工作会议上发表重要讲话，从统筹中华民族伟大复兴战略全局和世界百年未有之大变局、实现党和国家长治久安的战略高度，全面回顾了我国社会主义法治建设历程特别是党的十八大以来取得的历史性成就，明确提出了当前和今后一个时期推进全面依法治国的总体要求，用"十一个坚持"系统阐述了新时代推进全面依法治国的重要思想和战略部署，深入回答我国社会主义法治建设一系列重大理论和实践问题。这次中央全面依法治国工作会议明确了习近平法治思想在全面依法治国工作中的指导地位。

党的十八大以来，习近平总书记高度重视全面依法治国，亲自谋划、亲自部署、亲自推动。在这一过程中，习近平总书记创造性提出了关于全面依法治国的一系列新理念新思想新战略，形成了内涵丰富、科学系统的思想体系，为建设法治中国指明了前进方向，在中国特色社会主义法治建设进程中具有重大政治意义、理论意义、实践意义。习近平法治思想从历史和现实相贯通、国际和国内相关联、理论和实际相结合上深刻回答了新时代为什么实行全面依法治国、怎样实行全面依法治国等一系列重大问题，是顺应实现中华民族伟大复兴时代要求应运而生的重大理论创新成果，是马克思主义法治理论中国化最新成果，是习近平新时代中国特色社会主义思想的重要组成部分，是全面依法治国的根本遵循和行动指南。党的十八大以来，我国社会主义法治建设发生历史性变革、取得历史性成就，全面依法治国实践取得重大进展，根本在于有习近平新时代中国特色社会主义思想特别是习近平法治思想的科学指引。

习近平法治思想内涵丰富、论述深刻、逻辑严密、系统完备。就其主要方面来讲，就是习近平总书记在中央全面依法治国工作会议重要讲话中精辟概括的"十一个坚持"：坚持党对全面依法治国的领导；坚持以人民为中心；坚持中国特色社会主义法治道路；坚持依宪治国、依宪执政；坚持在法治轨道上推进国家治理体系和治理能力现代化；坚持建设中国特色社会主义法治体系；坚持依法治国、依法执政、依法行政共同推进，法治国家、法治政府、法治社会一体建设；坚持全面推进科学立法、严格执法、公正司法、全民守法；坚持统筹推进国内法治和涉外法治；坚持建设德才兼备的高素质法治工作队伍；坚持抓住领导干部这个"关键少数"。

【知识点2】社会主义法治的总目标

2014年10月20日至23日，中国共产党第十八届四中全会在北京召开，全会审议并通过了《中共中央关于全面推进依法治国若干重大问题的决定》，确立了建设中国特色社会主义法治体系，建设社会主义法治国家的总目标。

党的四中全会专题讨论依法治国问题，在党的历史上是第一次，反映了中国共产党对依法治国的高度重视，预示着我国法治建设进入一个全面深化、攻坚克难的新阶段。

我国社会主义法治的总目标是：建设中国特色社会主义法治体系，建设社会主义法治国家。在中国共产党领导下，坚持中国特色社会主义制度，贯彻中国特色社会主义法治理论，形成完备的法律规范体系、高效的法治实施体系、严密的法治监督体系、有力的法治保障体系，形成完善的党内法规体系，坚持依法治国、依法执政、依法行政共同推进，坚持法治国家、法治政府、法治社会一体建设，实现科学立法、严格执法、公正司法、全民守法，促进国家治理体系和治理能力现代化。

【知识点3】依法治国必须坚持的五大基本原则

依法治国必须坚持的五大基本原则是：

（1）坚持中国共产党的领导。党的领导是中国特色社会主义最本质的特征，是社会主义法治最根本的保证。

（2）坚持人民主体地位。人民是依法治国的主体和力量源泉，社会主义法治确认和落实人民当家作主的地位，以保障人民根本权益为出发点和落脚点。

（3）坚持法律面前人人平等。平等是社会主义法律的基本属性。任何组织和个人都必须尊重宪法法律权威，都必须在宪法法律范围内活动，都必须依照宪法法律行使权力或权利、履行职责或义务，不得有超越宪法法律的特权。

（4）坚持依法治国和以德治国相结合。国家和社会治理需要法律和道德共同发挥作用。既重视发挥法律的规范作用，又重视发挥道德的教化作用，实现法律和道德相辅相成、法治和德治相得益彰。

（5）坚持从中国实际出发。中国特色社会主义道路、理论体系、制度是全面推进依法治国的根本遵循。建设依法治国必须从我国基本国情出发，不盲目照搬外国法治理念和模式。

通用知识

【知识点4】依法治国的六项基本任务
依法治国的六项基本任务是：
(1) 完善以宪法为核心的中国特色社会主义法律体系，加强宪法实施。
(2) 深入推进依法行政，加快建设法治政府。
(3) 保证公正司法，提高司法公信力。
(4) 增强全民法治观念，推进法治社会建设。
(5) 加强法治工作队伍建设。
(6) 加强和改进党的领导。

【知识点5】坚持全面依法治国，推进法治中国建设
　　全面依法治国是国家治理的一场深刻革命，关系党执政兴国，关系人民幸福安康，关系党和国家长治久安。必须更好发挥法治固根本、稳预期、利长远的保障作用，在法治轨道上全面建设社会主义现代化国家。
　　要坚持走中国特色社会主义法治道路，建设中国特色社会主义法治体系、建设社会主义法治国家，围绕保障和促进社会公平正义，坚持依法治国、依法执政、依法行政共同推进，坚持法治国家、法治政府、法治社会一体建设，全面推进科学立法、严格执法、公正司法、全民守法，全面推进国家各方面工作法治化。

四 税务行政法律关系与税务行政行为

【知识点1】税务行政法律关系的概念
　　税务行政法律关系，是指由税法设立并受税法规范和调整的税务机关与其税务行政相对人之间的权利义务关系。
　　税务行政法律关系的特征包括：①税务行政法律关系中，有一方当事人必须是税务机关。②税务行政法律关系中，税务行政机关与其行政相对人之间的权利义务具有不对等性，主要表现为行政主体在作出行政行为时，无须征得行政相对人的同意；行政主体作出的生效的行政行为，行政相对人必须履行；行政诉讼中主要由行政机关负举证责任。③税务行政法律关系中，税务行政机关与行政相对人之间的权利义务是法定的，税务行政机关与其相对人必须依法享有权利与承担义务。

【知识点2】税务行政法律关系的要素
　　税务行政法律关系的要素包括主体、客体和内容。
　　税务行政主体主要是各级税务机关，它是指依法享有国家征税权，能够以自己的

名义进行税务行政管理活动，并独立承担由此产生的法律责任的税务行政组织，包括各级税务机关和法律、法规授权的税务机构。

税务行政相对人，是指在税务行政法律关系中被税务行政主体管理的一方当事人，即与税务行政主体相对应的，受行政权力作用或行政行为约束的另一方主体。

【知识点3】税务行政法律关系的内容

税务行政法律关系的内容，是指税务行政法律关系主体在税务行政法律关系中所享有的权利和所承担的义务。税务行政法律关系的内容是连接税务行政法律关系主体之间的纽带。既包括税务行政主体的权利与义务，也包括税务行政相对人的权利与义务。

税务行政职权主要表现为：行政立法权、行政决策权、行政决定权、行政命令权、行政制裁权、行政强制权、行政司法权等。税务行政主体的职权是国家征税权的具体表现形式。

税务行政相对人的权利，是指税务行政法律关系中的税务行政相对人，依照税法规定享有的为一定行为或不为一定行为的资格。即税务行政相对人可以选择是否为一定行为，也可以自动放弃。

税务行政关系的客体，是指税务行政法律关系主体的权利义务所指向的标的、目标或对象，包括物和行为两大类。

【知识点4】税务行政行为的概念

税务行政行为，是指税务行政主体为实现国家税务行政管理目的所实施的具有法律意义并产生法律效果的活动。

税务行政行为的主体是税务行政主体。税务机关的工作人员，其在职权范围之内以税务机关名义行使行政职权时，作出的行为也属于税务行政行为。

税务行政行为的目的是履行国家税务行政管理的职责，实现国家税务行政管理的目标。

税务行政行为的表现形式是行使税务行政权力，是国家行政权的直接体现。

税务行政行为是具有法律意义、产生行政法律效果的行为。具有法律意义是指法律明确规定了该税务行政行为实施的法律依据。产生的法律效果是指能够产生法律上规定的状态或结果。

【知识点5】税务行政行为的分类

以行政行为的对象是否特定为标准，行政行为分为抽象行政行为与具体行政行为。抽象行政行为，是指行政主体以不特定的人或事为管理对象，制定具有普遍约束力的

通用知识

规范性文件的行政行为。具体行政行为，是指行政主体在行政管理过程中，针对特定的人或事采取具体措施的行为，其行为的内容和结果将直接影响某一个人或组织的权利或义务，其最突出的特点就是行为对象的特定化和具体化。

以行政行为的适用与效力作用的对象范围为标准，行政行为分为内部行政行为与外部行政行为。内部行政行为，是指行政主体在内部行政组织管理过程中所作出的只对行政组织内部产生法律效力的行政行为。外部行政行为，是指行政主体在对社会实施行政管理过程中，针对公民、法人或其他组织作出的行政行为。

以行政行为受法律约束的程度为标准，行政行为分为羁束行政行为与自由裁量行政行为。羁束行政行为，是指法律规范对行政行为的范围、条件、标准、方式、程序等作了较详细、具体、明确规定的行政行为。自由裁量行政行为，是指法律规范仅对行为目的、行为范围等作出原则性的规定，而将行为具体条件、标准、幅度、方式等留给行政主体自行选择、决定的行政行为。

以行政主体是否可以主动作出行政行为为标准，行政行为分为依职权的行政行为与依申请的行政行为。依职权的行政行为，是指行政行为依据法律设定或授予的职权，无须相对方的申请而主动实施的行政行为。依申请的行政行为，是指行政主体必须根据相对方的申请才能实施的行政行为，未经对方的请求，行政主体不能主动作出行政行为。

以行政行为是否应当具备一定的法定形式为标准，行政行为分为要式行政行为与非要式行政行为。要式行政行为，是指必须具备某种法定形式或遵守法定程序才能成立生效的行政行为。非要式行政行为，是指无须一定方式和程序，无论采取何种形式都可以成立的行政行为。

【知识点6】税务行政行为的生效要件

即时生效，是指税务行政行为一经作出立即生效，在这种情况下，税务行政行为成立的时间就是生效时间。

受领生效，是指税务机关的税务行政行为必须经行政相对人受领相关法律文书后方能生效。

附条件生效，是指税务行政行为的生效附有一定期限或条件，当期限来到或条件满足时，税务行政行为才能够生效。

五 优化税务执法方式　全面推行"三项制度"

【知识点1】税务系统全面推行"三项制度"的内容

"三项制度"，是指行政执法公示制度、行政执法全过程记录制度和重大执法决定法制审核制度。

行政执法公示，是指行政机关在行政执法事前、事中和事后3个环节，依法及时主动向行政相对人和社会公开有关行政执法信息的活动。

行政执法全过程记录，是指行政机关采用文字、音像记录的形式，对税务执法的启动、调查取证、审核决定、送达执行等全部过程进行记录，并全面系统归档保存，实现执法全过程留痕和可回溯管理的活动。

重大执法决定法制审核，是指行政机关作出重大执法决定前，由法制审核机构对决定的合法性进行审核的活动。

【知识点2】税务系统全面推行"三项制度"的基本原则

坚持稳中求进。坚持法定职责必须为、法无授权不可为，周密部署、细致安排、精心组织，加强指导，强化监督，充分借鉴试点经验，分步有序实施，积极稳妥推行。

坚持科学规范。坚持从实际出发，尊重税收工作规律和法治建设规律，深入调查研究，广泛听取意见，确保统一规范，防止脱离实际、各行其是。

坚持优化创新。聚焦基层执法实践需要，在确保统一规范的基础上，鼓励支持因地制宜、符合实际的探索创新，着力解决税务执法突出问题，提高执法质效。

坚持统筹协调。注重运用系统思维，做到制度化、规范化、信息化一体建设，加强制度融合、资源整合、信息聚合，推进集约高效，不搞重复建设。

坚持便利高效。牢固树立以人民为中心的发展思想，方便纳税人和缴费人及时获取税务执法信息、便捷办理各种手续、有效监督执法活动。强化为基层服务意识，能由税务总局做的不要省局承担，能在税务总局、省局层面解决的不交给基层，形成上下联动、协同推进的合力。

【知识点3】税务系统全面推行"三项制度"的工作目标

立足当前、着眼长远，坚持不懈、积极作为，逐步实现"三项制度"在各级税务机关全面推行，在税务执法过程中全面落实，行政处罚、行政强制、行政检查、行政征收、行政许可等行为得到有效规范。税务执法信息公示制度机制不断健全，执法行为过程信息全程记载，重大执法决定法制审核全面覆盖，全面实现执法信息公开透明、执法全过程可回溯管理、执法决定合法有效，行政自由裁量权得到有效约束，税务执法能力和水平大幅提升，税务执法社会满意度显著提高。

【知识点4】税务系统全面推行"三项制度"的意义

全面推行"三项制度"是对促进严格规范公正文明执法，具有基础性、整体性、

通用知识

突破性作用的制度创新。

全面推行"三项制度"是服务税收工作主题、主业、主线的实践创新。

全面推行"三项制度"是对国家税收利益、行政相对人合法权益、税务干部正当权益进行一体保护的价值创新。

【知识点5】税务系统全面推行"三项制度"的工作要求

行政执法公示工作：坚持基础信息与专项信息相结合，规范公示内容；坚持统一平台与多元渠道相结合，规范公示载体；坚持事前事中事后相结合，规范公示环节；坚持分工负责与统一发布相结合，规范公示流程。

行政执法全过程记录工作：注重完善文字记录、注重严格记录归档、注重规范音像记录、注重发挥记录作用。

重大执法决定法制审核工作：着力实化审核主体、着力量化审核范围、着力细化审核内容、着力优化审核程序。

>> 第二节 税务行政执法

一、税务行政许可

【知识点1】行政许可的基本知识

行政许可是国家管理社会经济事务的一种有效手段，是行政机关根据公民、法人或者其他组织的申请，经依法审查，准予其从事特定活动的行为。

行政许可是依申请的行政行为、要式行政行为、授益性行政行为、外部行政行为，行政许可的内容是国家一般禁止的活动。

行政许可分为一般许可、特许、认可、核准等，并针对不同许可的特点有不同程序。

行政许可的基本原则包括：合法性原则、公开公平公正原则、便民原则、救济原则及信赖保护原则。

【知识点2】税务行政许可的基本规定

税务行政许可，是指税务机关根据纳税人或者其他当事人的申请，经依法审查，准予其从事特定税务活动的行为。

税务行政许可由具有行政许可权的税务机关在法定权限内实施，各级税务机关下属的事业单位一律不得实施行政许可。税务机关是否具有行政许可权，由设定税务行政许可的法律、法规确定。没有法律、法规的规定，税务机关不得委托其他机关实施税务行政许可。

税务行政许可的实施程序一般包括：公示许可事项、提出申请、受理审查、审查、变更与延续。

申请人申请材料存在可以当场更正的错误的，应当告知并允许申请人当场更正。申请材料不齐全或者不符合法定形式的，应当当场或者在5日内一次告知申请人需要补正的全部内容，逾期不告知的，自收到申请材料之日起即为受理。

听证不是作出税务行政许可决定的必经程序，但是对于下列事项，税务机关应当举行听证：①法律、法规、规章规定实施税务行政许可应当听证的事项；②税务机关认为需要听证的其他涉及公共利益的许可事项；③税务行政许可直接涉及申请人与他人之间重大利益关系的事项。

作出许可决定的期限有3种情形：一是当场作出许可决定；二是行政机关应当自受理行政许可申请之日起20日内作出行政许可决定，20日内不能作出决定的，经本行政机关负责人批准，可以延长10日，并应当将延长期限的理由告知申请人；三是行政许可采取统一办理或者联合办理、集中办理的，办理的时间不得超过45日。

税务行政许可有有效期限的，被许可人需要延续依法取得的行政许可的有效期的，应当在该行政许可有效期届满30日前向作出行政许可决定的行政机关提出申请。

税务行政许可所依据的法律、法规修改或废止，或者准予行政许可所依据的客观情况发生重大变化的，为了公共利益的需要，税务机关可以依法变更或者撤回已经生效的税务行政许可。对被依法撤回的税务行政许可，税务机关应当依法办理相关注销手续。

【知识点3】税务行政许可事项

2022年，税务总局发布《税务行政许可事项清单（2022年版）》，编列了"增值税防伪税控系统最高开票限额审批"1项税务行政许可事项。"对纳税人延期缴纳税款的核准""对纳税人延期申报的核准""对纳税人变更纳税定额的核准""对采取实际利润额预缴以外的其他企业所得税预缴方式的核定""企业印制发票审批"等5个事项不再作为行政许可事项管理。

通用知识

二 税务行政处罚

【知识点1】税务行政处罚的概念及特征

税务行政处罚，是指税务行政处罚主体依法对行政相对人违反税收征管制度和税收征管秩序的行为所实施的制裁。

税务行政处罚的主体是拥有处罚权的税务机关。拥有处罚权的行政机关或者法律、法规授权的组织，才可以实施行政处罚。

税务行政处罚的对象是行政相对人。

税务行政处罚的前提是行政相对人实施了税收违法行为，这表明行政处罚是行政相对人因违法而承担的一种行政责任，不是刑事责任或民事责任。

税务行政处罚是税务机关依法作出的一种具体行政行为，具有惩治和制裁性质。

【知识点2】税务行政处罚的基本原则

处罚法定原则。公民、法人或其他组织的人身和财产权利非经法定程序不受剥夺或限制。行政处罚是因行政相对人违法而对其人身自由、经营活动和财产权利的一种限制，所以实施处罚时必须严格遵循法定原则。税务行政处罚法定原则主要包含处罚依据法定、处罚主体法定、处罚权限法定和处罚程序法定等。

处罚公正、公开原则。行政处罚遵循公正、公开的原则。设定和实施行政处罚必须以事实为依据，与违法行为的事实、性质、情节及社会危害程度相当。对违法行为给予行政处罚的规定必须公布；未经公布的，不得作为行政处罚的依据。

处罚与教育相结合原则，是指设定和实施行政处罚既要体现对违法行为的制裁，又要贯彻教育违法者自觉守法的精神，实现制裁与教育的双重功能。

保障相对人权利原则。纳税人在行政处罚过程中享有知情权、陈述权和申辩权等；在处罚决定作出后，当事人如对处罚决定不服，则享有依法提起行政复议、行政诉讼和申请国家赔偿等权利。

职能分离原则。在行政机关内部运用分权原则，要求行政机关将其内部的某些相关职能加以分离，使之分属于不同的机构或不同的工作人员掌管或行使，以便在行政机关内部建立起相互制约机制，控制权力专断。税务行政处罚领域的职能分离原则主要体现在以下方面：

（1）税务机关对涉税违法行为的调查机构与审理机构分离；

（2）作出罚款决定的税务机关与收缴罚款的机构分离；

（3）税务处罚案件听证主持人与调查、检查人员分离；

（4）行政机关执法人员当场作出的处罚决定应向所属行政机关备案等。

行政处罚不免除民事责任、不取代刑事责任原则。税务机关依法对涉税违法行为给予的行政处罚，并不免除施害方对第三方应承担的民事赔偿责任，也不能取代其应承担的刑事责任。需要移交司法机关的，税务机关要依法将案件进行移交。

【知识点3】税务行政处罚的种类及设定

行政处罚的种类共有六类：①警告、通报批评；②罚款、没收违法所得、没收非法财物；③暂扣许可证件、降低资质等级、吊销许可证件；④限制开展生产经营活动、责令停产停业、责令关闭、限制从业；⑤行政拘留；⑥法律、行政法规规定的其他行政处罚。

目前法律、法规、规章明确的税务行政处罚的种类有四种：罚款；没收非法财物、没收违法所得；停止办理出口退税权以及吊销发票准印证。

法律可以设定各种行政处罚，限制人身自由的行政处罚只能由法律设定；行政法规可以设定除限制人身自由以外的行政处罚；地方性法规可以设定除限制人身自由和吊销营业执照以外的行政处罚；部门规章和地方政府规章可以设定警告、通报批评或者一定数额罚款的行政处罚。

税收规范性文件虽不能设定税务行政处罚，却可以在上位法对行政处罚设定的基础上，进一步细化和完善。不过无论如何细化和完善，都不能突破上位法设定的行政处罚的种类、范围和幅度。

【知识点4】税务行政处罚注意事项

当前税务行政处罚的主体包括：各级税务局、税务分局、税务所和省以下税务局的稽查局。

税务行政处罚的相对人也就是受处罚的对象，既可以是纳税人、扣缴义务人，也可以是纳税担保人和其他税务行政相对人，依法享有知情权、陈述权和申辩权、申请听证权、拒绝不正当处罚的权利、其他法定权利。

对当事人的同一个违法行为，不得给予2次以上罚款的行政处罚。同一违法行为违反多个法律规范应当给予罚款处罚的，按照罚款数额高的处罚。

下列3种情形可免于处罚：①违法行为超过处罚时效，不予处罚；②未满14周岁的未成年人、精神病人、智力残疾人在不能辨认或不能控制自己行为时实施的行为，不予处罚；③违法行为轻微并及时纠正，未造成危害后果的，不予处罚；④初次违法且危害后果轻微并及时改正的，可以不予行政处罚；⑤当事人有证据可以证明没有主观过错的，不予行政处罚。

从轻、减轻处罚的情形。在下列情形下可以从轻或减轻处罚：①主动消除或者减轻违法行为危害后果的；②受他人胁迫有违法行为的；③配合行政机关查处违法行为

通用知识

有立功表现的；④已满14周岁不满18周岁的人有违法行为的；⑤其他依法从轻或者减轻行政处罚的。

违法行为在2年内未被发现的，不再给予行政处罚。法律另有规定的除外。涉及公民生命健康安全、金融安全且有危害后果的，上述期限延长至5年。

违反税收法律、行政法规应当给予行政处罚的行为，在5年内未被发现的，不再给予行政处罚。

三 税务行政强制

【知识点1】行政强制的概念和原则

行政强制，是指法定的行政强制主体为维持公共秩序或为履行已经生效的行政决定，而对行政相对人的人身、财产或行为采取强制性措施的具体行政行为。

行政强制分为行政强制措施与行政强制执行。行政强制措施一般是行政机关在行政决定作出前所采取的强制手段，行政强制执行则是在行政决定作出后，为了执行和实现行政决定内容所采取的强制手段；行政强制措施都是暂时性的，而行政强制执行是终局性的。

行政强制遵循合法性原则、合理性原则、教育与强制相结合原则、权利救济原则。

【知识点2】行政强制的种类和设定

行政强制措施，是指行政机关在行政管理过程中，为制止违法行为、防止证据损毁、避免危害发生、控制危险扩大等情形，依法对公民的人身自由实施暂时性限制，或者对公民、法人或者其他组织的财物实施暂时性控制的行为。

行政强制措施的种类包括：限制公民人身自由，查封场所、设施或者财物，扣押财物，冻结存款、汇款以及其他行政强制措施等。

行政强制措施由法律设定；尚未制定法律且属于国务院行政管理职权事项的，行政法规可以设定除限制人身自由和冻结存款、汇款以及应当由法律规定的行政强制措施以外的行政强制措施；地方性法规只有在尚未制定法律、行政法规，且属于地方性事务的，才可以设定查封、扣押措施。法律、法规以外的其他规范性文件不得设定行政强制措施。

行政强制执行，是指行政机关或者行政机关申请人民法院对不履行行政决定的公民、法人或者其他组织依法强制履行义务的行为。

行政强制执行的方式包括：加处罚款或者滞纳金；划拨存款、汇款；拍卖或者依法处理查封、扣押的场所、设施或者财物；排除妨碍、恢复原状；代履行以及其他强制执行方式等。

行政强制执行由法律设定。

【知识点 3】行政强制注意事项

实施行政强制措施应当遵循一定的外部程序和内部程序，基本规定如下：①实施前须向行政机关负责人报告并经批准；②由两名以上行政执法人员实施；③出示执法身份证件；④通知当事人到场；⑤当场告知当事人采取行政强制措施的理由、依据及当事人依法享有的权利、救济途径；⑥听取当事人的陈述和申辩；⑦制作现场笔录；⑧现场笔录由当事人和行政执法人员签名或者盖章，当事人拒绝的，在笔录中予以注明；⑨当事人不到场的，邀请见证人到场，由见证人和行政执法人员在现场笔录上签名或者盖章。

行政机关实施查封、扣押措施，查封、扣押的期限不得超过 30 日；情况复杂的，经行政机关负责人批准，可以延长，但是延长期限不得超过 30 日。

当事人没有违法行为；查封、扣押的场所、设施或者财物与违法行为无关；行政机关对违法行为已经作出处理决定不再需要采取行政强制措施；查封、扣押期限已经届满以及其他不再需要采取行政强制措施的，作出查封、扣押的行政机关应当立即解除行政强制措施。

行政机关作出强制执行决定前，除紧急情况即时适用强制以外，应当事先以书面形式催告当事人履行义务。

行政强制执行决定书应当直接送达当事人。当事人拒绝接收或者无法直接送达当事人的，应当按照《中华人民共和国民事诉讼法》的有关规定送达。行政机关采用公告方式送达强制执行文书时，要适用民事诉讼法满 30 日方视为送达的期限规定。

行政机关依法作出金钱给付义务的行政决定，当事人逾期不履行的，行政机关可以依法加处罚款或者滞纳金。加处罚款或者滞纳金的数额不得超出金钱给付义务的数额。

【知识点 4】税务行政强制执行

《中华人民共和国行政强制法》和《中华人民共和国税收征收管理法》《中华人民共和国税收征收管理法实施细则》的规定相冲突时，原则上按照《中华人民共和国行政强制法》的规定执行；《中华人民共和国行政强制法》规定法律、法规另有规定除外的事项，按照《中华人民共和国税收征收管理法》《中华人民共和国税收征收管理法实施细则》的规定执行；《中华人民共和国行政强制法》规定法律另有规定除外的事项，按照《中华人民共和国税收征收管理法》的规定执行。

税收强制措施的手段一般是查封、扣押和冻结，税务行政强制执行的方式是扣缴和拍卖、变卖，但这并不妨碍税务机关在实施强制执行前，先行采取查封、扣押手段限制相对人的财产，然后再进行依法拍卖、变卖处理。

通用知识

税务行政强制执行会产生一定数额的费用，比如扣押、查封、保管、拍卖、变卖等费用，拍卖或者变卖所得应该先扣除相关费用后，再按照税款、滞纳金、罚款和加处罚款顺序进行清偿。清偿后剩余部分应当在3日内退还被执行人。税务机关因查封、扣押而产生的保管费用，依据《中华人民共和国行政强制法》的规定由税务机关承担。

四 相关税费保障措施

【知识点1】持续深化拓展税收共治格局

加强部门协作。大力推进会计核算和财务管理信息化，通过电子发票与财政支付、金融支付和各类单位财务核算系统、电子档案管理信息系统的衔接，加快推进电子发票无纸化报销、入账、归档、存储。持续深化"银税互动"，助力解决小微企业融资难融资贵问题。加强情报交换、信息通报和执法联动，积极推进跨部门协同监管。

加强社会协同。积极发挥行业协会和社会中介组织作用，支持第三方按市场化原则为纳税人提供个性化服务，加强对涉税中介组织的执业监管和行业监管。大力开展税费法律法规的普及宣传，持续深化青少年税收法治教育，发挥税法宣传教育的预防和引导作用，在全社会营造诚信纳税的浓厚氛围。

强化税收司法保障。公安部门要强化涉税犯罪案件查办工作力量，做实健全公安派驻税务联络机制。实行警税双方制度化、信息化、常态化联合办案，进一步畅通行政执法与刑事执法衔接工作机制。检察机关发现负有税务监管相关职责的行政机关不依法履责的，应依法提出检察建议。完善涉税司法解释，明晰司法裁判标准。

强化国际税收合作。深度参与数字经济等领域的国际税收规则和标准制定，持续推动全球税收治理体系建设。落实防止税基侵蚀和利润转移行动计划，严厉打击国际逃避税，保护外资企业合法权益，维护我国税收利益。不断完善"一带一路"税收征管合作机制，支持发展中国家提高税收征管能力。进一步扩大和完善税收协定网络，加大跨境涉税争议案件协商力度，实施好对所得避免双重征税的双边协定，为高质量引进来和高水平走出去提供支撑。

【知识点2】税费征管保障工作的原则

税费征管保障工作遵循政府领导、税务主责、部门协同、社会共治的原则。

>> 第三节
税务行政执法证据

一 证据概述

【知识点1】税务行政执法证据

税务行政执法证据是税务行政执法主体在对行政管理相对人实施法律、法规、规章规定的措施和手段时所依据的事实和材料。税务行政执法证据收集是税务机关的工作人员，依照法定程序调取、判别、保存可以证明税务案件真实情况的一切事实的活动，即通常所说的取证。

【知识点2】举证责任

被告对作出的具体行政行为负有举证责任，应当在收到起诉状副本之日起10日内，提供据以作出被诉具体行政行为的全部证据和所依据的规范性文件。被告不提供或者无正当理由逾期提供证据的，视为被诉具体行政行为没有相应的证据。

原告或者第三人提出其在行政程序中没有提出的反驳理由或者证据的，经人民法院准许，被告可以在第一审程序中补充相应的证据。

在诉讼过程中，被告及其诉讼代理人不得自行向原告和证人收集证据。

原告可以提供证明被诉具体行政行为违法的证据。原告提供的证据不成立的，不免除被告对被诉具体行政行为合法性的举证责任。

【知识点3】举证期限

原告或者第三人应当在开庭审理前或者人民法院指定的交换证据之日提供证据。因正当事由申请延期提供证据的，经人民法院准许，可以在法庭调查中提供。逾期提供证据的，视为放弃举证权利。

原告或者第三人在第一审程序中无正当事由未提供而在第二审程序中提供的证据，人民法院不予接纳。

对当事人无争议，但涉及国家利益、公共利益或者他人合法权益的事实，人民法院可以责令当事人提供或者补充有关证据。

通用知识

二 证据的提取和固定

【知识点1】收集、获取证据的原则

应当依照法定权限和程序收集证据材料。收集的证据必须经查证属实，并与证明事项相关联。不得以下列方式收集、获取证据材料：①严重违反法定程序收集；②以违反法律强制性规定的手段获取且侵害他人合法权益；③以利诱、欺诈、胁迫、暴力等手段获取。

【知识点2】税务机关收集、获取证据的要求

（1）调取账簿、记账凭证、报表和其他有关资料时，应当向被查对象出具调取账簿资料通知书，并填写调取账簿资料清单交其核对后签章确认。

调取纳税人、扣缴义务人以前会计年度的账簿、记账凭证、报表和其他有关资料的，应当经县以上税务局局长批准，并在3个月内完整退还；调取纳税人、扣缴义务人当年的账簿、记账凭证、报表和其他有关资料的，应当经设区的市、自治州以上税务局局长批准，并在30日内退还。

退还账簿资料时，应当由被查对象核对调取账簿资料清单，并签章确认。

（2）需要提取证据材料原件的，应当向当事人出具提取证据专用收据，由当事人核对后签章确认。对需要退还的证据材料原件，检查结束后应当及时退还，并履行相关签收手续。需要将已开具的纸质发票调出查验时，应当向被查验的单位或者个人开具发票换票证；需要将空白纸质发票调出查验时，应当向被查验的单位或者个人开具调验空白发票收据。经查无问题的，应当及时退还，并履行相关签收手续。

提取证据材料复制件的，应当由当事人或者原件保存单位（个人）在复制件上注明"与原件核对无误"及原件存放地点，并签章。

（3）询问应当由两名以上检查人员实施。除在被查对象生产、经营、办公场所询问外，应当向被询问人送达询问通知书。

询问时应当告知被询问人有关权利义务。询问笔录应当交被询问人核对或者向其宣读；询问笔录有修改的，应当由被询问人在改动处捺指印；核对无误后，由被询问人在尾页结束处写明"以上笔录我看过（或者向我宣读过），与我说的相符"，并逐页签章、捺指印。被询问人拒绝在询问笔录上签章、捺指印的，检查人员应当在笔录上注明。

（4）当事人、证人可以采取书面或者口头方式陈述或者提供证言。当事人、证人口头陈述或者提供证言的，检查人员应当以笔录、录音、录像等形式进行记录。笔录可以手写或者使用计算机记录并打印，由当事人或者证人逐页签章、捺指印。

当事人、证人口头提出变更陈述或者证言的，检查人员应当就变更部分重新制作笔录，注明原因，由当事人或者证人逐页签章、捺指印。当事人、证人变更书面陈述或者证言的，变更前的笔录不予退回。

（5）制作录音、录像等视听资料的，应当注明制作方法、制作时间、制作人和证明对象等内容。调取视听资料时，应当调取有关资料的原始载体；难以调取原始载体的，可以调取复制件，但应当说明复制方法、人员、时间和原件存放处等事项。对声音资料，应当附有该声音内容的文字记录；对图像资料，应当附有必要的文字说明。

（6）以电子数据的内容证明案件事实的，检查人员可以要求当事人将电子数据打印成纸质资料，在纸质资料上注明数据出处、打印场所、打印时间或者提供时间，注明"与电子数据核对无误"，并由当事人签章。

需要以有形载体形式固定电子数据的，检查人员应当与提供电子数据的个人、单位的法定代表人或者财务负责人或者经单位授权的其他人员一起将电子数据复制到存储介质上并封存，同时在封存包装物上注明制作方法、制作时间、制作人、文件格式及大小等，注明"与原始载体记载的电子数据核对无误"，并由电子数据提供人签章。

收集、提取电子数据，检查人员应当制作现场笔录，注明电子数据的来源、事由、证明目的或者对象，提取时间、地点、方法、过程，原始存储介质的存放地点以及对电子数据存储介质的签封情况等。进行数据压缩的，应当在笔录中注明压缩方法和完整性校验值。

（7）检查人员实地调查取证时，可以制作现场笔录、勘验笔录，对实地调查取证情况予以记录。制作现场笔录、勘验笔录，应当载明时间、地点和事件等内容，并由检查人员签名和当事人签章。

当事人经通知不到场或者拒绝在现场笔录、勘验笔录上签章的，检查人员应当在笔录上注明原因；如有其他人员在场，可以由其签章证明。

（8）检查人员异地调查取证的，当地税务机关应当予以协助；发函委托相关稽查局调查取证的，必要时可以派人参与受托地稽查局的调查取证，受托地稽查局应当根据协查请求，依照法定权限和程序调查。需要取得境外资料的，稽查局可以提请国际税收管理部门依照有关规定程序获取。

（9）查询从事生产、经营的纳税人、扣缴义务人存款账户，应当经县以上税务局局长批准，凭检查存款账户许可证明向相关银行或者其他金融机构查询。

查询案件涉嫌人员储蓄存款的，应当经设区的市、自治州以上税务局局长批准，凭检查存款账户许可证明向相关银行或者其他金融机构查询。

【知识点3】向法院提供证据的要求

当事人向人民法院提供书证的，应当符合下列要求：①提供书证的原件，原本、

通用知识

正本和副本均属于书证的原件。提供原件确有困难的,可以提供与原件核对无误的复印件、照片、节录本。②提供由有关部门保管的书证原件的复制件、影印件或者抄录件的,应当注明出处,经该部门核对无异后加盖其印章。③提供报表、图纸、会计账册、专业技术资料、科技文献等书证的,应当附有说明材料。④被告提供的被诉具体行政行为所依据的询问、陈述、谈话类笔录,应当有行政执法人员、被询问人、陈述人、谈话人签名或者盖章。

当事人向人民法院提供物证的,应当符合下列要求:①提供原物。提供原物确有困难的,可以提供与原物核对无误的复制件或者证明该物证的照片、录像等其他证据。②原物为数量较多的种类物的,提供其中的一部分。

当事人向人民法院提供计算机数据或者录音、录像等视听资料的,应当符合下列要求:①提供有关资料的原始载体。提供原始载体确有困难的,可以提供复制件。②注明制作方法、制作时间、制作人和证明对象等。③声音资料应当附有该声音内容的文字记录。

当事人向人民法院提供证人证言的,应当符合下列要求:①写明证人的姓名、年龄、性别、职业、住址等基本情况;②有证人的签名,不能签名的,应当以盖章等方式证明;③注明出具日期;④附有居民身份证复印件等证明证人身份的文件。

被告向人民法院提供的现场笔录,应当载明时间、地点和事件等内容,并由执法人员和当事人签名。当事人拒绝签名或者不能签名的,应当注明原因。有其他人在现场的,可由其他人签名。

当事人向人民法院提供的在中华人民共和国领域外形成的证据,应当说明来源,经所在国公证机关证明,并经中华人民共和国驻该国使领馆认证,或者履行中华人民共和国与证据所在国订立的有关条约中规定的证明手续。

【知识点4】证据的调取

有下列情形之一的,人民法院有权向有关行政机关以及其他组织、公民调取证据:①涉及国家利益、公共利益或者他人合法权益的事实认定的;②涉及依职权追加当事人、中止诉讼、终结诉讼、回避等程序性事项的。

原告或者第三人不能自行收集,但能够提供确切线索的,可以申请人民法院调取下列证据材料:①由国家有关部门保存而须由人民法院调取的证据材料;②涉及国家秘密、商业秘密、个人隐私的证据材料;③确因客观原因不能自行收集的其他证据材料。

人民法院不得为证明被诉具体行政行为的合法性,调取被告在作出具体行政行为时未收集的证据。

三、证据的审查

【知识点1】证据的审查概述

应当根据案件的具体情况，从以下方面审查证据的合法性：①证据是否符合法定形式；②证据的取得是否符合法律、法规、司法解释和规章的要求；③是否有影响证据效力的其他违法情形。

应当根据案件的具体情况，从以下方面审查证据的真实性：①证据形成的原因；②发现证据时的客观环境；③证据是否为原件、原物，复制件、复制品与原件、原物是否相符；④提供证据的人或者证人与当事人是否具有利害关系；⑤影响证据真实性的其他因素。

【知识点2】不能作为定案依据的证据

下列证据材料不能作为定案依据：①严重违反法定程序收集的证据材料；②以偷拍、偷录、窃听等手段获取侵害他人合法权益的证据材料；③以利诱、欺诈、胁迫、暴力等不正当手段获取的证据材料；④当事人无正当事由超出举证期限提供的证据材料；⑤在中华人民共和国领域以外或者在中华人民共和国香港特别行政区、澳门特别行政区和台湾地区形成的未办理法定证明手续的证据材料；⑥当事人无正当理由拒不提供原件、原物，又无其他证据印证，且对方当事人不予认可的证据的复制件或者复制品；⑦被当事人或者他人进行技术处理而无法辨明真伪的证据材料；⑧不能正确表达意志的证人提供的证言；⑨不具备合法性和真实性的其他证据材料。

以违反法律禁止性规定或者侵犯他人合法权益的方法取得的证据，不能作为认定案件事实的依据。

被告在行政程序中依照法定程序要求原告提供证据，原告依法应当提供而拒不提供，在诉讼程序中提供的证据，人民法院一般不予采纳。

下列证据不能作为认定被诉具体行政行为合法的依据：①被告及其诉讼代理人在作出具体行政行为后或者在诉讼程序中自行收集的证据；②被告在行政程序中非法剥夺公民、法人或者其他组织依法享有的陈述、申辩或者听证权利所采用的证据；③原告或者第三人在诉讼程序中提供的、被告在行政程序中未作为具体行政行为依据的证据。

复议机关在复议程序中收集和补充的证据，或者作出原具体行政行为的行政机关在复议程序中未向复议机关提交的证据，不能作为人民法院认定原具体行政行为合法的依据。

【知识点3】证据的证明力

证明同一事实的数个证据，其证明效力一般可以按照下列情形分别认定：①国家

通用知识

机关以及其他职能部门依职权制作的公文文书优于其他书证；②鉴定结论、现场笔录、勘验笔录、档案材料以及经过公证或者登记的书证优于其他书证、视听资料和证人证言；③原件、原物优于复制件、复制品；④法定鉴定部门的鉴定结论优于其他鉴定部门的鉴定结论；⑤法庭主持勘验所制作的勘验笔录优于其他部门主持勘验所制作的勘验笔录；⑥原始证据优于传来证据；⑦其他证人证言优于与当事人有亲属关系或者其他密切关系的证人提供的对该当事人有利的证言；⑧出庭作证的证人证言优于未出庭作证的证人证言；⑨数个种类不同、内容一致的证据优于一个孤立的证据。

以有形载体固定或者显示的电子数据交换、电子邮件以及其他数据资料，其制作情况和真实性经对方当事人确认，或者以公证等其他有效方式予以证明的，与原件具有同等的证明效力。

在庭审中一方当事人或者其代理人在代理权限范围内对另一方当事人陈述的案件事实明确表示认可的，人民法院可以对该事实予以认定。但有相反证据足以推翻的除外。

在行政赔偿诉讼中，人民法院主持调解时当事人为达成调解协议而对案件事实的认可，不得在其后的诉讼中作为对其不利的证据。

在不受外力影响的情况下，一方当事人提供的证据，对方当事人明确表示认可的，可以认定该证据的证明效力；对方当事人予以否认，但不能提供充分的证据进行反驳的，可以综合全案情况审查认定该证据的证明效力。

下列证据不能单独作为定案依据：①未成年人所作的与其年龄和智力状况不相适应的证言；②与一方当事人有亲属关系或者其他密切关系的证人所作的对该当事人有利的证言，或者与一方当事人有不利关系的证人所作的对该当事人不利的证言；③应当出庭作证而无正当理由不出庭作证的证人证言；④难以识别是否经过修改的视听资料；⑤无法与原件、原物核对的复制件或者复制品；⑥经一方当事人或者他人改动，对方当事人不予认可的证据材料；⑦其他不能单独作为定案依据的证据材料。

第四节 税收的刑法保障

一 涉税犯罪类型

【知识点1】危害税收征管罪总体特征

从犯罪主体角度分析，既有特殊主体又有一般主体，既包括自然人也包括单位。

依据刑法规定，除抗税罪外，单位均可以构成其他危害税收征管犯罪。

从犯罪主观方面分析，在主观上均为故意犯罪，且是直接故意，过失不能构成危害税收征管罪各罪。

从犯罪目的看，基本上都是牟利性犯罪：有的是为了不缴、少缴、骗取税款；有的是为了利用发票获取非法利益。

从罚则上看，刑法对危害税收征管犯罪普遍规定了罚金刑或者没收财产刑。

【知识点2】涉税犯罪主要罪名

逃税罪，是指纳税人、扣缴义务人采用欺骗、隐瞒方式进行虚假纳税申报或不申报，逃避缴纳、解缴税款的行为。逃税行为情节严重，达到刑法规定的追究刑事责任标准的，作为逃税罪追究刑事责任。

抗税罪，是指以暴力、威胁方法拒不缴纳税款的行为。抗税罪是危害税收征管罪中手段最恶劣、影响最坏的行为。它会直接危害税务人员的人身安全。抗税罪也是危害税收征管犯罪中唯一涉及侵犯人身权利的犯罪，是一种行为犯罪。

逃避追缴欠税罪，是指纳税人欠缴应纳税款，并采取转移或者隐匿财产的手段，致使税务机关无法追缴欠缴的税款，数额较大，应受刑罚处罚的行为。

骗取出口退税罪，是指采取以假报出口等欺骗手段，骗取国家出口退税款，数额较大，应受刑罚处罚的行为。

虚开增值税专用发票、用于骗取出口退税、抵扣税款发票罪，是指违反国家发票管理制度和国家税收经济秩序，为他人虚开、为自己虚开、让他人为自己虚开、介绍他人虚开增值税专用发票或者虚开用于骗取出口退税、抵扣税款的其他发票，情节严重、依法应受刑罚处罚的行为。

虚开发票罪，是指虚开增值税专用发票、用于骗取出口退税、抵扣税款发票以外的其他发票，情节严重、依法应受处罚的行为。虚开发票罪与虚开增值税专用发票、用于骗取出口退税、抵扣税款发票罪的区别，主要体现在虚开发票的类型不同，虚开增值税专用发票、用于骗取出口退税、抵扣税款发票罪限于虚开具有增值税抵扣功能和用于出口退税的发票，而虚开发票罪包括除上述三类发票外的其他各种发票。

伪造、出售伪造的增值税专用发票罪，是指非法印制、复制或者使用其他方法伪造增值税专用发票或者非法销售、倒卖伪造的增值税发票的行为。增值税专用发票依法应由国家税务总局审批的企业印制，其他单位或者个人私自印制的，或者通过其他方式制作假发票的，即构成伪造。

非法出售增值税专用发票罪，是指违反国家税收管理制度和发票管理法规，将增值税专用发票出售的行为。增值税专用发票是增值税抵扣税款的凭证，是计征增值税的依据。增值税专用发票由国家税务机关依照规定发售，只限于增值税的一般纳税人领购使用。除此之外，任何单位和个人不得出售。

非法购买增值税专用发票、购买伪造的增值税专用发票罪，是指违反国家发票管理法规，非法购买增值税专用发票或者购买伪造的增值税专用发票的行为。

持有伪造的发票罪是指明知是伪造的发票而持有，且持有数量较大的行为。

二 危害税收征管罪

【知识点1】逃税罪立案标准

纳税人采取欺骗、隐瞒手段进行虚假纳税申报或者不申报逃避缴纳税款数额较大并且占应纳税额10%以上的即构成此罪，有数额和比例的双重要求。

扣缴义务人采取欺骗、隐瞒手段进行虚假报告或不报告，不缴或者少缴已扣、已收税款，数额较大的即可构成此罪，且没有比例的限制。

最高人民检察院、公安部于2022年4月29日联合发布了修订后的《关于公安机关管辖的刑事案件立案追诉标准的规定（二）》，其中将"数额较大"界定为"10万元"。

【知识点2】抗税罪立案标准

抗税罪的立案标准主要包括：

（1）造成税务工作人员轻微伤以上的。

（2）给税务工作人员及其亲友的生命、健康、财产等造成损害或威胁，抗拒缴纳税款的。

（3）聚众抗拒缴纳税款的。

（4）以其他暴力、威胁方法拒不缴纳税款的。

【知识点3】逃避追缴欠税罪立案标准

在客观上应当同时具备4个条件：一是必须有违反税收法规，欠缴应纳税款的事实；二是必须有采取转移或隐匿财产的手段以逃避追缴的行为；三是必须致使税务机关无法追缴欠缴的税款；四是无法追缴的税款数额需达法定的量刑标准，即1万元以上。

数额在1万元以上10万元以下的，处3年以下有期徒刑或者拘役，并处欠缴税款1倍以上5倍以下罚金；数额在10万元以上的，处3年以上7年以下有期徒刑，并处欠缴税款1倍以上5倍以下罚金。单位犯本罪的，实行双罚制。

【知识点4】骗取出口退税罪立案标准

骗取出口退税罪是指故意违反税收法规，采取以假报出口等欺骗手段，骗取国家出口退税款,数额较大的行为。

以假报出口或者其他欺骗手段,骗取国家出口退税款,数额较大的,处 5 年以下有期徒刑或者拘役,并处骗取税款 1 倍以上 5 倍以下罚金;数额巨大或者有其他严重情节的,处 5 年以上 10 年以下有期徒刑,并处骗取税款 1 倍以上 5 倍以下罚金;数额特别巨大或者有其他特别严重情节的,处 10 年以上有期徒刑或者无期徒刑,并处骗取税款 1 倍以上 5 倍以下罚金或者没收财产。

骗取国家出口退税款 10 万元以上的,为数额较大;骗取国家出口退税款 50 万元以上的,为数额巨大;骗取国家出口退税款 250 万元以上的,为数额特别巨大。

认定本罪时需要注意的是,纳税人缴纳税款后,采取假报出口或者其他欺骗手段,骗取所缴纳税款的,依照逃税罪的规定定罪处罚;骗取税款超过所缴纳的税款部分,依照骗取出口退税罪定罪处罚。

【知识点 5】其他罪的立案标准及注意点

虚开增值税专用发票或者虚开用于骗取出口退税、抵扣税款的其他发票,虚开的税款数额在 10 万元以上或者致使国家税款被骗数额在 5 万元以上的,应予追诉。"虚开的税款数额"和"国家税款损失数额"成为衡量是否构成该罪的标准。只要其中 1 个达到法定数额,就可立案侦查。

虚开发票情节严重的,处 2 年以下有期徒刑、拘役或者管制,并处罚金。情节特别严重的,处 2 年以上 7 年以下有期徒刑,并处罚金。

非法出售增值税专用发票的行为。主要包括两种情况:第一,出售主体不合法,即除税务机关及其有关工作人员之外的任何单位和个人有出售行为的,如一般纳税人正常途径购买增值税专用发票后又出售的,即为非法出售。第二,购买主体不合法,即有权出售的税务机关及其工作人员,明知购买人不符合购买条件而予以出售的,亦属于非法出售。

非法购买增值税专用发票或者购买伪造的增值税专用发票后又虚开或者出售的,不能数罪并罚,而是购买行为被后行为所吸收,分别依照虚开增值税专用发票罪、伪造或者出售伪造的增值税专用发票罪和非法出售增值税专用发票罪的规定定罪处罚。

持有伪造的发票的行为,并非都要追究刑事责任,"数额较大"作为持有伪造的发票罪的构成要件之一。只有达到"数额较大"的程度,才可以作为犯罪处理。

三 涉嫌危害税收征管犯罪案件的移送

【知识点 1】移送的基本规定

违法行为构成犯罪的,行政机关必须将案件移送司法机关,依法追究刑事责任。

通用知识

纳税人、扣缴义务人有违反《中华人民共和国税收征收管理法》第六十三条、第六十五条、第六十六条、第六十七条、第七十一条规定的行为涉嫌犯罪的，税务机关应当依法移交司法机关追究刑事责任。税务人员徇私舞弊，对依法应当移交司法机关追究刑事责任的不移交，情节严重的，依法追究刑事责任。

行政执法机关对应当向公安机关移送的涉嫌犯罪案件，应当立即指定2名或者2名以上行政执法人员组成专案组专门负责，核实情况后提出移送涉嫌犯罪案件的书面报告，报经本机关正职负责人或者主持工作的负责人审批。

行政执法机关正职负责人或者主持工作的负责人应当自接到报告之日起3日内作出批准移送或者不批准移送的决定。决定批准的，应当在24小时内向同级公安机关移送；决定不批准的，应当将不予批准的理由记录在案。

【知识点2】移送的注意事项

行政执法机关对应当向公安机关移送的涉嫌犯罪案件，不得以行政处罚代替移送。

行政执法机关向公安机关移送涉嫌犯罪案件前已经作出的警告，责令停产停业，暂扣或者吊销许可证、暂扣或者吊销执照的行政处罚决定，不停止执行。

行政执法机关对公安机关决定立案的案件，应当自接到立案通知书之日起3日内将涉案物品以及与案件有关的其他材料移交公安机关，并办结交接手续；法律、行政法规另有规定的，依照其规定。

依照行政处罚法的规定，行政执法机关向公安机关移送涉嫌犯罪案件前，已经依法给予当事人罚款的，人民法院判处罚金时，依法折抵相应罚金。

【知识点3】移送的法律责任

行政执法机关违反规定，逾期不将案件移送公安机关的，由本级或者上级人民政府，或者实行垂直管理的上级行政执法机关，责令限期移送，并对其正职负责人或者主持工作的负责人根据情节轻重，给予记过以上的行政处分；构成犯罪的，依法追究刑事责任。

行政执法机关违反规定，对应当向公安机关移送的案件不移送，或者以行政处罚代替移送的，由本级或者上级人民政府，或者实行垂直管理的上级行政执法机关，责令改正，给予通报；拒不改正的，对其正职负责人或者主持工作的负责人给予记过以上的行政处分；构成犯罪的，依法追究刑事责任。

第五节 税务行政法律救济

一、税务行政复议

【知识点1】税务行政复议概述

税务行政复议，是指纳税人及其他当事人认为税务机关及其工作人员作出的税务具体行政行为侵犯其合法权益，依法向税务行政复议机关提出审查该具体行政行为的申请，由复议机关对该具体行政行为的合法性和适当性进行审查并作出决定的制度和活动。

行政机关是代表国家行使行政管理职权的法定机关，其具体行政行为一经作出，就具有法律的确定力、拘束力和执行力，在没有被有权机关依法定程序否定其效力前，不停止具体行政行为的执行。

禁止不利变更，是指行政复议机关在审查具体行政行为的合法性和适当性过程中，禁止作出对行政复议申请人较原具体行政行为更为不利的行政复议决定。

除非法律另有规定，对引起争议的具体行政行为一般只经一级复议机关复议。申请人对复议决定不服，原则上不能再向其他复议机关申请复议，但可以向人民法院提起行政诉讼。如果申请人在法定期限内不向法院起诉，复议决定即产生终局的法律效力。

行政复议机关审查案件，原则上通过书面方式审查；行政复议机构根据申请人要求或者认为必要时，可以听取申请人、被申请人和第三人的意见，并可以向有关组织和人员调查了解情况；对重大、复杂的案件，申请人提出要求或者复议机构认为必要时，可以采取听证的方式审查。

【知识点2】税务行政复议受案范围规定

税务行政复议的受案范围主要包括：

（1）征税行为。包括确认纳税主体、征税对象、征税范围、减税、免税、退税、抵扣税款、适用税率、计税依据、纳税环节、纳税期限、纳税地点和税款征收方式等具体行政行为，征收税款、加收滞纳金，扣缴义务人、受税务机关委托的单位和个人作出的代扣代缴、代收代缴、代征行为等。

(2) 行政许可、行政审批行为。

(3) 发票管理行为，包括发售、收缴、代开发票等。

(4) 税收保全措施、强制执行措施。

(5) 行政处罚行为，包括：罚款；没收财物和违法所得以及停止出口退税权行为。

(6) 不依法履行职责的行为，包括：颁发税务登记证；开具、出具完税凭证、外出经营活动税收管理证明；行政赔偿；行政奖励以及其他不依法履行职责的行为。

(7) 资格认定行为。

(8) 不依法确认纳税担保行为。

(9) 政府信息公开工作中的具体行政行为。

(10) 纳税信用等级评定行为。

(11) 通知出入境管理机关阻止出境行为。

(12) 其他具体行政行为。

(13) 纳税人对税务机关作出的征税行为不服时，必须先依照税务机关根据法律、法规确定的税额、期限，先行缴纳或者解缴税款和滞纳金，或者提供相应的担保，才能提出行政复议申请。对其他具体行政行为不服以及要求税务机关依法履行法定职责未按规定履行的，可直接申请行政复议。

(14) 申请人认为税务机关的具体行政行为所依据的下列规定不合法，在对具体行政行为申请行政复议时，可一并向复议机关提出对该有关规定的审查申请，申请人对具体行政行为提出行政复议申请时不知道该具体行政行为所依据的规定的，可以在行政复议机关作出行政复议决定以前提出对该规定的审查申请：①国家税务总局和国务院其他部门的规定；②其他各级税务机关的规定；③地方各级人民政府的规定；④地方人民政府工作部门的规定。

【知识点3】税务行政复议的管辖

对各级税务局的具体行政行为不服的，向其上一级税务局申请行政复议。

对计划单列市税务局的具体行政行为不服的，向国家税务总局申请行政复议。

对税务所（分局）、各级税务局的稽查局的具体行政行为不服的，向其所属税务局申请行政复议。

对两个以上税务机关共同作出的具体行政行为不服的，向共同上一级税务机关申请行政复议；对税务机关与其他行政机关共同作出的具体行政行为不服的，向其共同上一级行政机关申请行政复议。

对被撤销的税务机关在撤销以前所作出的具体行政行为不服的，向继续行使其职权的税务机关的上一级税务机关申请行政复议。

对税务机关作出逾期不缴纳罚款加处罚款的决定不服的，向作出行政处罚决定的税务机关申请行政复议。但是对已处罚款和加处罚款都不服的，一并向作出行政处罚决定的税务机关的上一级税务机关申请行政复议。

【知识点4】税务行政复议的参加人

申请人，是指对税务机关作出的税务具体行政行为不服，依据法律、法规的规定，以自己的名义向行政复议机关提起复议申请的纳税人、扣缴义务人、纳税担保人等税务行政相对人。

合伙企业申请行政复议的，应当以核准登记的企业为申请人，由执行合伙事务的合伙人代表该企业参加行政复议；其他合伙组织申请行政复议的，由合伙人共同申请行政复议；不具备法人资格的其他组织申请行政复议的，由该组织的主要负责人代表该组织参加行政复议，没有主要负责人的，由共同推选的其他成员代表该组织参加行政复议。

股份制企业的股东大会、股东代表大会、董事会认为税务具体行政行为侵犯企业合法权益的，可以以企业的名义申请行政复议。

有权申请行政复议的公民死亡的，其近亲属可以申请行政复议；有权申请行政复议的公民为无行为能力人或者限制行为能力人，其法定代理人可以代理申请行政复议。

有权申请行政复议的法人或者其他组织发生合并、分立或终止的，承受其权利义务的法人或者其他组织可以申请行政复议。

行政复议期间，申请人以外的公民、法人或者其他组织与被审查的税务具体行政行为有利害关系的，也可以向行政复议机关申请作为第三人参加行政复议。

非具体行政行为的行政管理相对人，但其权利直接被该具体行政行为所剥夺、限制或者被赋予义务的公民、法人或其他组织，在行政管理相对人没有申请行政复议时，可以单独申请行政复议。

同一行政复议案件申请人超过5人的，应当推选1名至5名代表参加行政复议。申请人可以委托1名至2名代理人参加行政复议。

在税务行政复议中，公民、法人或者其他组织对税务机关的具体行政行为不服申请税务行政复议的，作出具体行政行为的税务机关是被申请人。

对扣缴义务人的扣缴税款行为不服的，以主管该扣缴义务人的税务机关为被申请人；对代征行为不服的，以作出委托的税务机关为被申请人。对税务机关与法律、法规授权的组织共同作出的具体行政行为不服的，以税务机关和该组织为共同被申请人；对税务机关与其他组织以共同名义作出具体行政行为不服的，以税务机关为被申请人。对依照法律、法规和规章规定而经上级税务机关批准作出具体行政行为不服的，以批准机关为被申请人。对经重大税务案件审理程序作出的决定不服的，以审理委员会所在税务机关为被申请人。对税务机关设立的派出机构、内设机构或者其他组织未经法

通用知识

律、法规授权而以自己名义作出的具体行政行为不服的,以税务机关为被申请人。

税务行政复议中的第三人,是指因与被申请复议的具体行政行为有利害关系而参加到行政复议中的公民、法人或其他组织。第三人可以以自己名义参加复议,也可以委托1名至2名代理人参加行政复议。

【知识点5】行政复议程序

申请人可以在知道税务机关作出具体行政行为之日起60日内提出行政复议申请。因不可抗力或者被申请人设置障碍等原因耽误法定申请期限的,申请期限的计算应当扣除被耽误时间。申请期限按以下情况计算:①当场作出具体行政行为的,自具体行政行为作出之日起计算。②载明具体行政行为的法律文书直接送达的,自受送达人签收之日起计算。③载明具体行政行为的法律文书邮寄送达的,自受送达人在邮件签收单上签收之日起计算;没有邮件签收单的,自受送达人在送达回执上签名之日起计算。④具体行政行为依法通过公告形式告知受送达人的,自公告规定的期限届满之日起计算。⑤税务机关作出具体行政行为时未告知申请人,事后补充告知的,自该申请人收到税务机关补充告知的通知之日起计算。⑥被申请人能够证明申请人知道具体行政行为的,自证据材料证明其知道具体行政行为之日起计算。税务机关作出具体行政行为,依法应当向申请人送达法律文书而未送达的,视为该申请人不知道该具体行政行为。

申请人对税务机关作出的征税行为不服的,必须依照税务机关根据法律、法规确定的税额、期限,先行缴纳或者解缴税款和滞纳金,或者提供相应的担保,才可以在缴清税款和滞纳金之日起或者所提供的担保得到作出具体行政行为的税务机关确认之日起60日内提出行政复议申请。申请人依照行政复议法的规定申请税务机关履行法定职责,税务机关未履行的,有履行期限规定的,自履行期限届满之日起计算,没有履行期限规定的,自税务机关收到申请满60日起计算。

税务行政复议机关收到复议申请以后,应当在5日内审查,决定是否受理。对不符合规定的税务行政复议申请,决定不予受理,并书面告知申请人。对不属于该税务机关受理的行政复议申请,应当告知申请人向有关行政复议机关提出。税务行政复议机关收到行政复议申请以后未按照规定期限审查并作出不予受理决定的,视为受理。

行政复议机构应当自受理行政复议申请之日起7日内将复议申请书副本或者行政复议申请笔录复印件发送被申请人。被申请人应当自收到复议申请书副本或行政复议申请笔录复印件之日起10日内提出书面答复,并提交当初作出具体行政行为的证据、依据和其他有关材料。被申请人拒不提供具体行政行为的证据、依据及有关材料的,视为没有举证,要承担具体行政行为被撤销的风险;在行政复议过程中,被申请人不得自行向申请人和其他有关组织或个人收集证据。

税务行政复议活动中止的具体情形包括:①作为申请人的公民死亡,其近亲属尚未确定是否参加行政复议的；②作为申请人的公民丧失参加行政复议的能力，尚未确定法定代理人参加行政复议的；③作为申请人的法人或者其他组织终止，尚未确定权利义务承受人的；④作为申请人的公民下落不明或者被宣告失踪的；⑤申请人、被申请人因不可抗力，不能参加行政复议的；⑥行政复议机关因不可抗力原因暂时不能履行工作职责的；⑦案件涉及法律适用问题，需要有权机关作出解释或者确认的；⑧案件审查需要以其他案件的审理结果为依据，而其他案件尚未审结的；⑨其他需要中止行政复议的情形。

行政复议终止情形包括：①申请人要求撤回行政复议申请，行政复议机构准予撤回的；②作为申请人的公民死亡，没有近亲属，或者其近亲属放弃行政复议权利的；③作为申请人的法人或者其他组织终止，其权利义务的承受人放弃行政复议权利的；④申请人与被申请人依照《税务行政复议规则》第八十七条的规定，经行政复议机构准许达成和解的；⑤行政复议申请受理以后，发现其他行政复议机关已经先于本机关受理，或者人民法院已经受理的。

依照行政复议中止情形①②③中止行政复议，满 60 日行政复议中止的原因未消除的，行政复议终止。

按照自愿、合法的原则，申请人和被申请人在行政复议机关作出行政复议决定以前可以达成和解，行政复议机关也可以调解。具体事项包括：①行使自由裁量权作出的具体行政行为，如行政处罚、核定税额、确定应税所得率等；②行政赔偿；③行政奖励；④存在其他合理性问题的具体行政行为。申请人与被申请人在行政复议决定作出前自愿达成和解协议，经行政复议机构准许后终止行政复议，但申请人不得以同一事实和理由再次申请行政复议；行政复议机关可以按照自愿、合法的原则进行调解。

税务行政复议机关应当在收到复议申请之日起 60 日内，根据事实和法律，对有争议的具体行政行为的合法性和适当性进行审查，依法作出复议决定或作出相应处理。

二、税务行政应诉

【知识点 1】行政诉讼的概念和特征

在行政诉讼中，人民法院主要审查行政行为的合法性；原告请求对行政行为所依据的规章以下的规范性文件进行审查的，审查其合法性。但行政诉讼的合法性审查原则不是绝对的，行政处罚明显不当，或者其他行政行为涉及对款额的确定、认定确有错误的，人民法院可以判决变更。

行政诉讼主要审查被告作出的行政行为是否合法，被告应当就其行政行为合法有效承担举证责任。

原告不能以起诉为由停止履行原行政行为所确定的义务和责任，被告有权在行政

通用知识

诉讼期间不停止执行工作。但在有些情况下可以裁定停止执行，主要包括：①被告认为需要停止执行的；②原告或者利害关系人申请停止执行，人民法院认为该行政行为的执行会造成难以弥补的损失，并且停止执行不损害国家利益、社会公共利益的；③人民法院认为该行政行为的执行会给国家利益、社会公共利益造成重大损害的；④法律、法规规定停止执行的。

人民法院审理行政案件，不适用调解。行政权的行使往往具有羁束性，行政机关也不能任意处分，因而行政诉讼中不适用调解。但行政赔偿、补偿以及行政机关行使法律、法规规定的自由裁量权的案件可以调解。

【知识点2】税务行政诉讼的受案范围

税务行政诉讼的受案范围，是指人民法院审理税务行政争议的范围，即公民、法人或者其他组织对税务机关的哪些行政行为不服可以向人民法院提起税务行政诉讼。与税务工作关联性较强的行政诉讼范围有：对暂扣或者吊销许可证和执照、责令停产停业、没收违法所得、没收非法财物、罚款、警告等行政处罚不服的；对限制人身自由或者对财产的查封、扣押、冻结等行政强制措施和行政强制执行不服的；申请行政许可，行政机关拒绝或者在法定期限内不予答复，或者对行政机关作出的有关行政许可的其他决定不服的；对征收、征用决定及其补偿决定不服的；申请行政机关履行保护人身权、财产权等合法权益的法定职责，行政机关拒绝履行或者不予答复的；认为行政机关违法集资、摊派费用或者违法要求履行其他义务的；认为行政机关侵犯其他人身权、财产权等合法权益的。

公民、法人或者其他组织认为行政行为所依据的国务院部门和地方人民政府及其部门制定的规章以外的规范性文件不合法，在对行政行为提起诉讼时，可以一并请求对该规范性文件进行审查。人民法院在审理行政案件中，发现上述规范性文件不合法的，不作为认定行政行为合法的依据，并向制定机关提出处理建议。

【知识点3】税务行政诉讼管辖

一般案件由基层法院管辖。

中级人民法院管辖对国务院部门或者县级以上地方人民政府所作的行政行为提起诉讼的案件；海关处理的案件；本辖区内重大、复杂的案件；其他法律规定由中级人民法院管辖的案件。

高级、最高人民法院管辖本辖区内重大、复杂的第一审行政诉讼案件。

行政案件一般由最初作出行政行为的行政机关所在地人民法院管辖。

经复议的案件，可以由最初作出行政行为所在地法院管辖，也可以由复议机关所在地人民法院管辖。

对限制人身自由的行政强制措施不服而提起诉讼的，由被告所在地或原告所在地管辖。原告所在地包括原告户籍所在地、经常居住地和被限制人身自由地。

因不动产提起诉讼的，由不动产所在地人民法院专属管辖。两个以上人民法院都有管辖权的案件，原告可以选择其中一个人民法院提起诉讼。原告向两个以上有管辖权的人民法院提起诉讼的，由最先立案的人民法院管辖。

【知识点4】税务行政诉讼参加人

税务行政行为的相对人以及其他与行政行为有利害关系的公民、法人或其他组织，有权作为原告提起行政诉讼。有权提起诉讼的公民死亡，其近亲属可以作为原告提起税务行政诉讼。有权提起诉讼的法人或者其他组织终止，承受其权利的法人或者其他组织可以作为原告提起税务行政诉讼。

一般情况下，作出争议行政行为的税务机关是被告。特殊情况下，按以下方法规定被告：①经复议的案件，复议机关决定维持原行政行为的，作出原行政行为的行政机关和复议机关是共同被告；复议机关改变原行政行为的，复议机关是被告。②复议机关在法定期限内未作出复议决定，公民、法人或者其他组织起诉原行政行为的，作出原行政行为的行政机关是被告；起诉复议机关不作为的，复议机关是被告。③2个以上行政机关作出同一行政行为的，共同作出行政行为的行政机关是共同被告。④行政机关委托的组织所作的行政行为，委托的行政机关是被告。⑤行政机关被撤销或者职权变更的，继续行使其职权的行政机关是被告。

公民、法人或者其他组织同被诉行政行为有利害关系但没有提起诉讼，或者同案件处理结果有利害关系的，可以作为第三人申请参加诉讼，或者由人民法院通知参加诉讼。人民法院判决第三人承担义务或者减损第三人权益的，第三人有权依法提起上诉。

【知识点5】税务机关的出庭应诉人员

税务机关的出庭应诉人员包括负责人和委托代理人。

主要负责人不能出庭的，由分管被诉行政行为承办机构的负责人出庭应诉。分管被诉行政行为承办机构的负责人也不能出庭的，主要负责人指定其他负责人出庭应诉。负责人不能出庭应诉的，应当委托本机关相应的工作人员出庭。

涉及重大事项的案件及人民法院书面建议负责人出庭应诉的案件，税务机关负责人应当出庭应诉。

对于因纳税发生的案件，地市级税务局负责人应当出庭应诉。县级税务局和县级以下税务机构负责人对所有案件均应当出庭应诉。

人民法院书面建议负责人出庭应诉，但负责人不能出庭应诉的，税务机关应事先

通用知识

向人民法院反映情况，并按照人民法院的要求出具书面说明。

【知识点6】税务行政诉讼程序

当事人起诉必须符合下列条件：一是原告必须是行政行为的相对人以及其他与行政行为有利害关系的公民、法人或者其他组织。二是有明确的被告。三是有具体的诉讼请求和事实根据。四是属于人民法院受案范围和受诉人民法院管辖。

行政诉讼的起诉期限一般为6个月内，自知道或者应当知道作出行政行为之日起计算。经复议而不服复议决定，起诉期限为收到复议决定书之日起15日。复议机关逾期不作决定的，起诉原行政行为的，起诉期限为复议期满之日起15日；起诉复议机关不作为的，可以在复议期满之日起15日内向人民法院提起诉讼。行政机关未告知起诉权利或期限的，按最长诉讼时效执行。最长诉讼时效为：因不动产提起诉讼的案件自行政行为作出之日起20年，其他案件自行政行为作出之日起5年。因不可抗力或者其他不属于其自身的原因耽误起诉期限的，被耽误的时间不计算在起诉期限内。

行政诉讼的判决的方式包括：判决驳回原告诉讼请求；判决撤销或者部分撤销行政行为、重新作出行政行为；判决限期履行法定职责和履行给付义务；判决变更原行政行为；判决确认原行政行为无效；判决责令被告采取补救措施并承担赔偿责任；判决确认原行政行为违法但不撤销原行政行为。

符合下列条件的第一审行政案件，事实清楚、权利义务关系明确、争议不大的，可以适用简易程序：①被诉行政行为是依法当场作出的；②案件涉及款额2000元以下的；③属于政府信息公开案件的。其他案件，当事人各方同意适用简易程序的，也可以适用简易程序。人民法院在审理过程中，发现案件不宜适用简易程序的，裁定转为普通程序。发回重审、按照审判监督程序再审的案件不适用简易程序。适用简易程序审理的行政案件，由审判员一人独任审理，并应当在立案之日起45日内审结。

当事人不服人民法院第一审判决的，有权在判决书送达之日起15日内向上一级人民法院提出上诉。当事人不服人民法院第一审裁定的，有权在裁定书送达之日起10日内向上一级人民法院提起上诉。逾期不提起上诉的，人民法院的第一审判决或者裁定发生法律效力。人民法院审理上诉案件应当在收到上诉状之日起3个月内作出终审裁判。

【知识点7】税务行政诉讼的履行与执行

税务机关要依法自觉履行人民法院生效判决、裁定和调解，不得拒绝履行或者拖延履行。被诉行政行为承办机构负责具体执行。

对人民法院作出的责令重新作出行政行为的判决，税务机关应当在法定期限或者人民法院指定的期限内重新作出，除原行政行为因程序违法或者法律适用问题被人民法院判决撤销的情形外，不得以同一事实和理由作出与原行政行为基本相同的行政行为。

原告拒不执行生效判决、裁定或者调解的，税务机关应当依法强制执行，或者向人民法院申请强制执行。

对人民法院提出的司法建议或者人民检察院提出的检察建议，税务机关要认真研究并按照要求作出书面回复，确有问题的要加以整改。

三、税务行政赔偿

【知识点1】税务行政赔偿概述

税务行政赔偿，是指税务机关和税务机关工作人员违法行使税收征管职权，对公民、法人和其他组织的合法权益造成损害的，由国家承担赔偿责任，并由税务机关具体履行义务的一项法律制度。

税务行政机关及其税务人员在行使行政职权时有下列侵犯财产权情形之一的，受害人有取得赔偿的权利：①违法实施罚款等行政处罚的；②违法对财产采取查封、扣押、冻结等税收保全措施或强制执行措施的；③造成财产损害的其他违法行为。

【知识点2】税务行政赔偿的构成要件

侵权主体是行使国家税收征管职权的税务机关及其工作人员。

必须是税务机关及其工作人员行使税收征管职权的行为。

必须是行使税收征管职权的行为具有违法性。

必须有公民、法人和其他组织的合法权益受到损害的事实。

必须是违法行为与损害后果有因果关系。

【知识点3】赔偿范围

违反国家税法规定作出征税行为损害纳税人合法财产权的征税行为。

违反国家法律作出税务行政处罚行为损害纳税人合法财产权的。

违法作出责令纳税人提供纳税保证金或纳税担保行为给纳税人的合法财产造成损害的。

违法作出税收保全措施给纳税人的合法财产权造成损害的。

违法作出通知出入境管理机关阻止纳税人出境给纳税人的合法权益造成损害的。

违法作出税收强制执行措施造成纳税人合法财产权损害的。

违法拒绝颁发税务登记证、审批认定为一般纳税人、发售发票或不予答复造成纳税人合法财产权损害的。

通用知识

【知识点4】受理时限

赔偿请求人请求税务行政赔偿的时效为2年,自税务行政人员行使职权时的行为被依法确认为违法之日起计算。

赔偿请求人在赔偿请求时效的最后6个月内,因不可抗力或者其他障碍不能行使请求权的,时效中止。从中止时效的原因消除之日起,赔偿请求时效期间继续计算。

【知识点5】赔偿方式和标准

赔偿方式,是指国家承担赔偿责任的各种形式。依据《中华人民共和国国家赔偿法》规定,国家赔偿以支付赔偿金为主要方式,赔偿义务机关能够通过返还财产或者恢复原状实施国家赔偿的,应当返还财产或者恢复原状。

侵犯公民人身自由的,每日赔偿金按照国家上年度职工日平均工资计算。

造成公民身体伤害的,应当支付医疗费、护理费,以及赔偿因误工减少的收入。减少的收入每日赔偿金按照国家上年度职工日平均工资计算,最高限额为国家上年度职工平均工资的5倍。

造成部分或者全部丧失劳动能力的,应当支付医疗费、护理费等,以及残疾赔偿金,最高额为国家上年度职工平均工资的10倍,全部丧失劳动能力的为国家上年度职工平均工资的20倍,造成全部丧失劳动能力的,对其抚养的无劳动能力的人,还应当支付生活费。

造成死亡的,应当支付死亡赔偿金、丧葬费,总额为国家上年度职工平均工资的20倍。对死者生前抚养的无劳动能力的人,还应当支付生活费。

上述规定的生活费发放标准参照当地民政部门有关生活救济的规定办理。被抚养的人是未成年人的,生活费给付至18周岁为止;其他无劳动能力的人,生活费给付至死亡时为止。

违反征收税款,加收滞纳金的,应当返还税款及滞纳金。违法对应予出口退税而未退税的,由赔偿义务机关办理退税。处罚款、没收非法所得或者违反国家规定征收财物、摊派费用的,返还财产。查封、扣押、冻结财产的,解除对财产的查封、扣押、冻结,造成财产损坏或者灭失的,应当恢复原状或者给付相应赔偿金。应当返还的财产损坏的,能恢复原状的恢复原状,不能恢复原状的,按照损害程序给付赔偿金。应当返还财产丢失的,给付相应的赔偿金。财产已经拍卖的,给付拍卖所得的款项。对财产权造成损害的,按照直接损失给予赔偿。

按照《中华人民共和国国家赔偿法》和国家赔偿费用管理办法的规定,税务行政赔偿费用列入各级财政预算,由各级财政按照财政管理体制分级负担。

>> 第六节
税务执法者及其责任

一 公务员基本权利义务及其责任

【知识点1】基本概念

公务员，是指依法履行公职、纳入国家行政编制、由国家财政负担工资福利的工作人员。

公务员的管理，坚持公开、平等、竞争、择优的原则，依照法定的权限、条件、标准和程序进行。坚持监督约束与激励保障并重的原则。

公务员的任用，坚持德才兼备、以德为先，坚持五湖四海、任人唯贤，坚持事业为上、公道正派，突出政治标准，注重工作实绩。

国家对公务员实行分类管理，提高管理效能和科学化水平。公务员就职时应当依照法律规定公开进行宪法宣誓。

公务员应当具备下列条件：①具有中华人民共和国国籍；②年满18周岁；③拥护中华人民共和国宪法，拥护中国共产党领导和社会主义制度；④具有良好的政治素质和道德品行；⑤具有正常履行职责的身体条件和心理素质；⑥具有符合职位要求的文化程度和工作能力；⑦法律规定的其他条件。

公务员应当履行下列义务：①忠于宪法，模范遵守、自觉维护宪法和法律，自觉接受中国共产党领导；②忠于国家，维护国家的安全、荣誉和利益；③忠于人民，全心全意为人民服务，接受人民监督；④忠于职守，勤勉尽责，服从和执行上级依法作出的决定和命令，按照规定的权限和程序履行职责，努力提高工作质量和效率；⑤保守国家秘密和工作秘密；⑥带头践行社会主义核心价值观，坚守法治，遵守纪律，恪守职业道德，模范遵守社会公德、家庭美德；⑦清正廉洁，公道正派；⑧法律规定的其他义务。

公务员享有下列权利：①获得履行职责应当具有的工作条件；②非因法定事由、非经法定程序，不被免职、降职、辞退或者处分；③获得工资报酬，享受福利、保险待遇；④参加培训；⑤对机关工作和领导人员提出批评和建议；⑥提出申诉和控告；⑦申请辞职；⑧法律规定的其他权利。

通用知识

【知识点2】监督与惩戒

对公务员监督发现问题的，应当区分不同情况，予以谈话提醒、批评教育、责令检查、诫勉、组织调整、处分。对公务员涉嫌职务违法和职务犯罪的，应当依法移送监察机关处理。

公务员执行公务时，认为上级的决定或者命令有错误的，可以向上级提出改正或者撤销该决定或者命令的意见；上级不改变该决定或者命令，或者要求立即执行的，公务员应当执行该决定或者命令，执行的后果由上级负责，公务员不承担责任；但是，公务员执行明显违法的决定或者命令的，应当依法承担相应的责任。

公务员因违纪违法应当承担纪律责任的，依照《中华人民共和国公务员法》给予处分或者由监察机关依法给予政务处分；违纪违法行为情节轻微，经批评教育后改正的，可以免予处分。

对同一违纪违法行为，监察机关已经作出政务处分决定的，公务员所在机关不再给予处分。

处分分为：警告、记过、记大过、降级、撤职、开除。对公务员的处分，应当事实清楚、证据确凿、定性准确、处理恰当、程序合法、手续完备。

公务员在受处分期间不得晋升职务、职级和级别，其中受记过、记大过、降级、撤职处分的，不得晋升工资档次。

受处分的期间为：警告，6个月；记过，12个月；记大过，18个月；降级、撤职，24个月。受撤职处分的，按照规定降低级别。

公务员受开除以外的处分，在受处分期间有悔改表现，并且没有再发生违纪违法行为的，处分期满后自动解除。解除处分后，晋升工资档次、级别和职务、职级不再受原处分的影响。但是，解除降级、撤职处分的，不视为恢复原级别、原职务、原职级。

【知识点3】申诉控告

公务员对涉及本人的下列人事处理不服的，可以自知道该人事处理之日起30日内向原处理机关申请复核；对复核结果不服的，可以自接到复核决定之日起15日内，按照规定向同级公务员主管部门或者作出该人事处理的机关的上一级机关提出申诉；也可以不经复核，自知道该人事处理之日起30日内直接提出申诉：①处分；②辞退或者取消录用；③降职；④定期考核定为不称职；⑤免职；⑥申请辞职、提前退休未予批准；⑦不按照规定确定或者扣减工资、福利、保险待遇；⑧法律、法规规定可以申诉的其他情形。

对省级以下机关作出的申诉处理决定不服的，可以向作出处理决定的上一级机关提出再申诉。

受理公务员申诉的机关应当组成公务员申诉公正委员会,负责受理和审理公务员的申诉案件。

公务员对监察机关作出的涉及本人的处理决定不服向监察机关申请复审、复核的,按照有关规定办理。

原处理机关应当自接到复核申请书后的 30 日内作出复核决定,并以书面形式告知申请人。受理公务员申诉的机关应当自受理之日起 60 日内作出处理决定;案情复杂的,可以适当延长,但是延长时间不得超过 30 日。

复核、申诉期间不停止人事处理的执行。公务员不因申请复核、提出申诉而被加重处理。

【知识点 4】法律责任

公务员辞去公职或者退休的,原系领导成员、县处级以上领导职务的公务员在离职 3 年内,其他公务员在离职 2 年内,不得到与原工作业务直接相关的企业或者其他营利性组织任职,不得从事与原工作业务直接相关的营利性活动。

公务员辞去公职或者退休后有违反上述规定行为的,由其原所在机关的同级公务员主管部门责令限期改正;逾期不改正的,由县级以上市场监管部门没收该人员从业期间的违法所得,责令接收单位将该人员予以清退,并根据情节轻重,对接收单位处以被处罚人员违法所得 1 倍以上 5 倍以下的罚款。

二、税收执法责任管理和税收执法过错责任追究

【知识点 1】税收执法责任管理的基本内容

税收执法责任管理是依法确定执法主体资格,明确执法责任,规范执法程序,考核执法质量,追究执法过错责任的一种执法监督制度,是行政执法责任管理的重要组成部分。

各级税务机关应当积极运用现代信息技术对税收执法全过程进行监控,开展税收执法责任管理与税收执法过错责任追究工作,不断提高信息化水平。

各级税务机关应当加强对税收执法责任管理与过错追究工作的组织领导,建立健全相关制度,加强税收执法责任认定、税收执法过错责任追究、税收执法质量评价工作与其他工作的统筹协调,提高监督质效,注重成果共享,减轻基层负担。

各级税务机关应当成立税收执法责任管理与过错追究领导小组,负责税收执法责任认定、税收执法过错责任追究、税收执法质量评价的组织领导。

通用知识

【知识点2】税收执法过错责任追究的概念

税收执法过错责任是指税务执法人员在执行职务过程中，因故意或者过失导致执法行为违法或者不履行法定职责而应承担的责任。税收执法过错责任追究是指税务机关依法给予税收执法过错责任人的内部行政处理。

税收执法过错责任追究有以下特征：一是税收执法过错责任追究从性质上讲是一种行政纪律责任追究。二是税收执法过错责任追究，是税务机关实施的内部行政纪律责任追究途径之一，税务机关还有其他机制对其工作人员追究行政纪律责任。三是对过错责任人员应当给予行政处分，追究行政法律责任的，或者应当追究刑事责任的，依照其他法律、行政法规及规章的规定执行，不属于这里所称的税收执法过错责任追究的范围。

行政处理是对存在税收执法过错的责任人，实施批评教育、责令作出书面检查、通报批评、取消评选先进的资格、调离执法岗位、取消执法资格等惩戒措施。批评教育的处理形式要书面记载并附卷。责令待岗期限为1~6个月，待岗人员需接受适当形式的培训后方可重新上岗。取消执法资格期限为1年，被取消执法资格人员需接受适当形式的培训后方可重新取得执法资格。

【知识点3】税收执法责任认定的内容

税收执法责任认定内容包括：①是否存在不作为情形；②税收执法主体资格是否符合规定；③税收执法人员是否取得执法资格；④税收执法是否符合执法权限；⑤税收执法适用依据是否正确；⑥税收执法程序是否合法；⑦税收执法文书使用是否规范；⑧税收执法认定的事实是否清楚，证据是否充分；⑨税收执法决定是否合法、完整、适当；⑩制定规范性文件是否合法合规；⑪其他税收执法合法合规情况。

【知识点4】责任追究机制

税收执法过错责任追究的实施主体是县级以上税务机关，其他税务机关不负责实施税收执法过错责任追究。对执法过错行为的调查和对过错责任的初步定性由各级税务机关税收执法责任管理与过错追究领导小组负责。

因承办人的个人原因造成执法过错的，由承办人承担全部过错责任；承办人为两人或两人以上的，根据过错责任大小分别承担主要责任、次要责任，或者同等负责、全部责任；承办人的过错行为经过批准的，由承办人和批准人共同承担责任，批准人承担主要责任，承办人承担次要责任；因承办人弄虚作假导致批准错误的，由承办人承担全部过错责任；承办人的过错行为经复议维持的，由承办人和复议人员共同承担责任，其中复议人员承担主要责任，承办人承担次要责任；执法过错行为由集体研究决定的，主要领导承担主要责任，其他人员承担次要责任。

税务执法人员因以下原因导致执法过错的不予追究责任：

（1）因法律、法规、规章、税收规范性文件不明确或者有争议而导致执法过错的；

（2）因执行上级税务机关的答复、决定、命令、文件而导致执法过错的；

（3）因不可抗力或意外事件而导致执法过错的；

（4）因业务流程或者税收业务相关软件存在疏漏或者发生改变而导致执法过错的；

（5）执法过错情节显著轻微，主动发现并及时纠正，未造成危害后果的；

（6）其他有证据证明自身与违法过错无关的情形。

三 税收违法违纪及其法律责任

【知识点1】责任的主体

有税收违法违纪行为的单位，其负有责任的领导人员和直接责任人员，以及有税收违法违纪行为的个人，应当承担纪律责任。

下列人员有税收违法违纪行为的，由任免机关或者监察机关按照管理权限依法给予处分：①行政机关公务员；②法律、法规授权的具有公共事务管理职能的组织中从事公务的人员；③行政机关依法委托从事公共事务管理活动的组织中从事公务的人员；④企业、事业单位、社会团体中由行政机关任命的人员。法律、行政法规、国务院决定和国务院监察机关、国务院人力资源社会保障部门制定的处分规章对税收违法违纪行为的处分另有规定的，从其规定。

【知识点2】责任追究

税务机关及税务人员有下列行为之一的，对有关责任人员，给予警告或者记过处分；情节较重的，给予记大过或者降级处分；情节严重的，给予撤职处分：①违反法定权限、条件和程序办理开业市场主体登记、变更税务登记或者注销税务登记的；②违反规定发放、收缴税控专用设备的；③违反规定开具完税凭证、罚没凭证的；④违反法定程序为纳税人办理减税、免税、退税手续的。

税务机关及税务人员有下列行为之一的，对有关责任人员，给予记过或者记大过处分；情节较重的，给予降级或者撤职处分；情节严重的，给予开除处分：①违反规定发售、保管、代开增值税专用发票以及其他发票，致使国家税收遭受损失或者造成其他不良影响的；②违反规定核定应纳税额、调整税收定额，导致纳税人税负水平明显不合理的。

税务机关及税务人员有下列行为之一的，对有关责任人员，给予警告或者记过处分；情节较重的，给予记大过或者降级处分；情节严重的，给予撤职处分：①违反规

通用知识

定采取税收保全、强制执行措施的；②查封、扣押纳税人个人及其所扶养家属维持生活必需的住房和用品的。

税务机关及税务人员有下列行为之一的，对有关责任人员，给予记过或者记大过处分；情节较重的，给予降级或者撤职处分；情节严重的，给予开除处分：①对管辖范围内的税收违法行为，发现后不予处理或者故意拖延查处，致使国家税收遭受损失的；②徇私舞弊或者玩忽职守，不征或者少征应征税款，致使国家税收遭受损失的。

税务机关及税务人员违反规定要求纳税人、扣缴义务人委托税务代理，或者为其指定税务代理机构的，对有关责任人员，给予记过或者记大过处分；情节较重的，给予降级或者撤职处分；情节严重的，给予开除处分。

税务机关领导干部的近亲属在本人管辖的业务范围内从事与税收业务相关的中介活动，经劝阻其近亲属拒不退出或者本人不服从工作调整的，给予记过或者记大过处分；情节较重的，给予降级或者撤职处分；情节严重的，给予开除处分。

税务人员有下列行为之一的，对有关责任人员，给予记过或者记大过处分；情节较重的，给予降级或者撤职处分；情节严重的，给予开除处分：①在履行职务过程中侵害公民、法人或者其他组织合法权益的；②滥用职权，故意刁难纳税人、扣缴义务人的；③对控告、检举税收违法违纪行为的纳税人、扣缴义务人以及其他检举人进行打击报复的。

税务机关及税务人员有下列行为之一的，对有关责任人员，给予记过或者记大过处分；情节较重的，给予降级或者撤职处分；情节严重的，给予开除处分：①索取、接受或者以借为名占用纳税人、扣缴义务人财物的；②以明显低于市场的价格向管辖范围内纳税人购买物品的；③以明显高于市场的价格向管辖范围内纳税人出售物品的；④利用职权向纳税人介绍经营业务，谋取不正当利益的；⑤违反规定要求纳税人购买、使用指定的税控装置的。

税务机关私分、挪用、截留、非法占有税款、滞纳金、罚款或者查封、扣押的财物以及纳税担保财物的，对有关责任人员，给予记大过处分；情节较重的，给予降级或者撤职处分；情节严重的，给予开除处分。

税务机关及税务人员有下列行为之一的，对有关责任人员，给予记过或者记大过处分；情节较重的，给予降级或者撤职处分；情节严重的，给予开除处分：①隐匿、毁损、伪造、变造税收违法案件证据的；②提供虚假税务协查函件的；③出具虚假涉税证明的。

有下列行为之一的，对有关责任人员，给予警告或者记过处分；情节较重的，给予记大过或者降级处分；情节严重的，给予撤职处分：①违反规定作出涉及税收优惠的资格认定、审批的；②未按规定要求当事人出示税收完税凭证或者免税凭证而为其办理行政登记、许可、审批等事项的;③违反规定办理纳税担保的;④违反规定提前征收、延缓征收税款的。

有下列行为之一的,对有关责任人员,给予记过或者记大过处分;情节较重的,给予降级或者撤职处分;情节严重的,给予开除处分:①违反法律、行政法规的规定,摊派税款的;②违反法律、行政法规的规定,擅自作出税收的开征、停征或者减税、免税、退税、补税以及其他同税收法律、行政法规相抵触的决定的。

不依法履行代扣代缴、代收代缴税款义务,致使国家税款遭受损失的,对有关责任人员,给予记过或者记大过处分;情节较重的,给予降级或者撤职处分;情节严重的,给予开除处分。

未经税务机关依法委托征收税款,或者虽经税务机关依法委托但未按照有关法律、行政法规的规定征收税款的,对有关责任人员,给予警告或者记过处分;情节较重的,给予记大过或者降级处分;情节严重的,给予撤职处分。

有下列行为之一的,对有关责任人员,给予记大过处分;情节较重的,给予降级或者撤职处分;情节严重的,给予开除处分:①违反规定为纳税人、扣缴义务人提供银行账户、发票、证明或者便利条件,导致未缴、少缴税款或者骗取国家出口退税款的;②向纳税人、扣缴义务人通风报信、提供便利或者以其他形式帮助其逃避税务行政处罚的;③逃避缴纳税款、抗税、逃避追缴欠税、骗取出口退税的;④伪造、变造、非法买卖发票的;⑤故意使用伪造、变造、非法买卖的发票,造成不良后果。税务人员有上述第②项所列行为的,从重处分。

【知识点3】其他规定

受到处分的人员对处分决定不服的,可以依照《中华人民共和国行政监察法》《中华人民共和国公务员法》《行政机关公务员处分条例》等有关规定申请复核或者申诉。

任免机关、监察机关和税务行政主管部门建立案件移送制度。任免机关、监察机关查处税收违法违纪案件,认为应当由税务行政主管部门予以处理的,应当及时将有关案件材料移送税务行政主管部门。税务行政主管部门应当依法及时查处,并将处理结果书面告知任免机关、监察机关。

税务行政主管部门查处税收管理违法案件,认为应当由任免机关或者监察机关给予处分的,应当及时将有关案件材料移送任免机关或者监察机关。任免机关或者监察机关应当依法及时查处,并将处理结果书面告知税务行政主管部门。

有税收违法违纪行为,应当给予党纪处分的,移送党的纪律检查机关处理。涉嫌犯罪的,移送司法机关依法追究刑事责任。

通用知识

四 税务职务犯罪及其刑事法律责任

【知识点1】税务职务犯罪的概念

广义上的税务职务犯罪,是指税务人员在执法过程中,利用自己所掌握的税收执法权或行政管理权,以牺牲国家或集体权益为手段,为个人或他人谋取私利,应受刑法处罚的行为。包括其他国家机关工作人员和其他社会团体、企(事)业单位中依照法律法规或组织章程等从事公务的人员都可能出现的犯罪行为,如贪污受贿、挪用公款等。狭义的税务职务犯罪,即严格意义上的税务职务犯罪指只有税务工作人员才有可能发生的犯罪行为。

狭义的税务职务犯罪,专指《中华人民共和国刑法》规定的只能由税务人员构成的职务犯罪,包括两个罪名:徇私舞弊不征、少征税款罪和徇私舞弊发售发票、抵扣税款、出口退税罪。

【知识点2】税务职务犯罪的表现形式

占有型职务犯罪。这类犯罪人员利用职务上的便利,将国家税款或公款据为己有,使国家利益遭受重大损失,构成挪用公款罪、贪污罪、私分国有资产罪。具体表现有:收税不开票,开大头小尾票、贪污税款、异地转移税款、从中谋取非法利益予以私分,中饱私囊,将公款、公物占为己有。

渎职型职务犯罪。这类犯罪人员在工作中严重不尽职、不负责,导致国家税款严重流失。具体表现为:收人情税、关系税,超越权限减免税收,不符合一般纳税人认定标准的擅自认定,不该停业、废业的办理停业废业;玩忽职守,致使国家税收少征漏征,误退多退;违反执法程序,超越职权,滥用税收保全、税收强制执行措施,不该查封、扣押的违法查扣,严重侵犯纳税人的权利,造成严重政治影响。

交易型职务犯罪。这类犯罪人员利用工作职务作为交换资本,以权谋私,以税谋私,具体表现为利用税务检查、违法违章处罚、人事管理等权利索贿受贿、收受礼品礼金或有价证券,严重影响公务活动;利用职务之便向纳税人或下级机关私人开支的费用;以各种名义和借口向所管辖的纳税人借钱借物,借交通工具和通讯工具;收受或索要纳税人礼品、礼金和证券。

徇私舞弊型职务犯罪。这类犯罪人员往往出于个人的不法或不正当目的,以这种徇私舞弊的行为,损害国家和人民利益,具体表现为:工作责任心差,随心所欲,徇私枉法,不能尽职尽责,该收不收,该查不查,少征或不征税款。

【知识点3】税务职务犯罪的预防

加大教育力度,营造预防税务职务犯罪的浓厚氛围。要始终不渝、坚持不懈地开展思想政治工作,在每个税务干部的思想上筑起廉洁从税、恪尽职守的防火墙,牢固树立法治意识,不触红线。

进一步健全完善各种工作制度,完善监督制约机制。必须要用制度来规范税收执法权力和行政管理权力,在税收征收、管理、稽查各个工作环节,明晰工作标准,健全和完善工作制度,从市场主体登记,一般纳税人认定,发票出售,税款缴纳,户籍巡查,税收检查、审理、执行,以及税款入库等各个方面实行规范管理;在行政事务管理方面从车辆管理、基建招标及物品采购等方面进一步完善并严格执行各项规章制度。

查处案件,惩治腐败。查处也是一种预防,是对税务职务犯罪的特殊预防。对税务违法犯罪的查处,既惩治了腐败,维护了党纪国法的严肃性,又能起到警示作用,达到威慑效果。

【知识点4】加强以案促改、以案促治工作

一要强化以案为鉴,坚持把坚定理想信念作为立身之本。进一步落实"第一议题"制度,认真学习贯彻习近平新时代中国特色社会主义思想,结合学习贯彻党的二十大精神,不断加强税务干部的理想信念教育和廉洁从税教育。

二要强化以案明责,坚持把推动责任落实作为关键所在。严抓落实"两个责任",把主体责任和监督责任一贯到底,层层传导到"神经末梢",充分发挥部门职能监督作用,强化基层党组织日常监督。

三要强化以案促治,坚持把完善制度机制作为重要保障。全面深化税务系统纪检监察体制改革试点,切实加大"一案双查"工作力度,狠抓制度执行和有效落地,加大对各项制度贯彻落实情况的监督检查和重点督察。

四要强化以案促改,坚持把廉政风险防控作为坚实支撑。全面梳理税收执法权、行政管理权运行中可能存在的薄弱环节和廉政风险,将信息化技术融入"两权"监督的各环节各领域,推进风险防控的内生化、信息化、自动化。

五要强化以案示警,坚持把震慑警示教育作为有力抓手。严查快处税务人员内外勾结、通同作弊等违纪违法行为,进一步严格落实中央八项规定及其实施细则精神,积极构建立体式、常态化、全覆盖的税务系统警示教育工作机制。

通用知识

>> 习题演练

一 单项选择题

1. ( ) 是国家的根本大法，是我国法的主要渊源。
   A. 民法　　　　B. 刑法
   C. 宪法　　　　D. 党章
   【解析】宪法是我国的根本大法，具有最高的法律效力。一切法律、行政法规、地方性法规、自治条例和单行条例、规章都不得同宪法相抵触。
   【答案】C

2. 税务行政相对人是税务行政法律关系要素中的（　　）。
   A. 客体　　　　B. 主体
   C. 内容　　　　D. 对象
   【解析】税务行政相对人是在税务行政法律关系中被税务行政主体管理的一方当事人，即与税务行政主体相对应的，受行政权力作用或行政行为约束的另一方主体。
   【答案】B

3. 以行政行为的对象是否特定为标准，行政行为可分为（　　）。
   A. 抽象行政行为与具体行政行为
   B. 内部行政行为与外部行政行为
   C. 羁束行政行为与自由裁量行政行为
   D. 依职权的行政行为与依申请的行政行为

   【解析】以行政行为的适用与效力作用的对象范围为标准，行政行为分为内部行政行为与外部行政行为。以行政行为受法律约束的程度为标准，行政行为分为羁束行政行为与自由裁量行政行为。以行政主体是否可以主动作出行政行为为标准，行政行为分为依职权的行政行为与依申请的行政行为。以行政行为的对象是否特定为标准，行政行为分为抽象行政行为与具体行政行为。
   【答案】A

4. 行政机关应当自行政处罚案件立案之日起（　　）日内作出行政处罚决定。
   A. 60　　　　　B. 90
   C. 120　　　　 D. 180
   【解析】根据《行政处罚法》第六十条规定，应从立案之日起90日内作行政处罚决定。
   【答案】B

5. 行政机关采用公告方式送达强制执行文书时，要适用民事诉讼法满（　　）日方视为送达的期限规定。
   A. 30　　　　　B. 60
   C. 90　　　　　D. 15
   【解析】根据《中华人民共和国民事诉讼法》的规定，公告满30日视为送达。
   【答案】A

6. 复议机关在复议程序中收集和补充的证据，或者作出原具体行政行为的行政机关在复议程序中未向复议机关提交的证据，（   ）作为人民法院认定原具体行政行为合法的依据。

　　A. 可以　　　　B. 不能
　　C. 视情况　　　D. 应该

【解析】根据《中华人民共和国行政诉讼法》的规定，以原行政行为本身作为人民法院认定原具体行政行为合法的依据。

【答案】B

7. （   ）是危害税收征管犯罪中唯一涉及侵犯人身权利的犯罪，是一种行为犯。

　　A. 逃税罪
　　B. 逃避追缴欠税罪
　　C. 抗税罪
　　D. 骗取出口退税罪

【解析】抗税罪是以暴力、威胁方法拒不缴纳税款的行为。抗税罪是危害税收征管罪中手段最恶劣、影响最坏的行为。它会直接危害税务人员的人身安全。

【答案】C

8. 逃税罪的立案标准是（   ）。

　　A. 纳税人采取欺骗、隐瞒手段进行虚假纳税申报或者不申报
　　B. 逃避缴纳税款数额较大并且占应纳税额10%以上
　　C. 同时符合选项A、B条件
　　D. 符合选项A、B条件之一

【解析】纳税人采取欺骗、隐瞒手段进行虚假纳税申报或者不申报，逃避缴纳税款数额较大并且占应纳税额10%以上的即构成逃税罪，有数额和比例的双重要求。

【答案】C

9. 中级人民法院对以下行政案件没有管辖权的是（   ）。

　　A. 对县级以上地方人民政府所作的行政行为提起诉讼的案件
　　B. 海关处理的案件
　　C. 本辖区内重大、复杂的案件
　　D. 涉及专利权纠纷的案件

【解析】选项D应由基层人民法院管辖。

【答案】D

10. 2个以上人民法院都有管辖权的案件，可以选择其中1个人民法院提起诉讼的主体是（   ）。

　　A. 原告　　　　B. 被告
　　C. 法院　　　　D. 原告和被告

【解析】根据《中华人民共和国行政诉讼法》的规定，由原告选择人民法院提起诉讼。

【答案】A

11. 税收执法责任由岗位职责、工作规程、评议考核和过错责任追究四部分构成。下列说法错误的是（   ）。

　　A. 岗位职责是基础
　　B. 工作规程是关键
　　C. 评议考核是保障
　　D. 过错责任追究是表现

【解析】对过错责任人员给予行政处分，追究行政法律责任的，或者追究刑事责任的，依照其他法律、行政法规及规章的规定执行，不属于税收执

法过错责任追究的范围。

【答案】D

12. 税收执法过错责任追究的实施主体是（　　）以上税务机关，其他税务机关不负责实施税收执法过错责任追究。

　　A. 市级　　　　B. 县级
　　C. 乡级　　　　D. 省级

【解析】按照规定，县级以上税务机关行使责任追究职责。

【答案】B

13. 未经税务机关依法委托征收税款，或者虽经税务机关依法委托但未按照有关法律、行政法规的规定征收税款的，情节严重的，对有关责任人员，给予（　　）处分。

　　A. 警告　　　　B. 记过
　　C. 撤职　　　　D. 开除

【解析】未经税务机关依法委托征收税款，或者虽经税务机关依法委托但未按照有关法律、行政法规的规定征收税款的，对有关责任人员，给予警告或者记过处分；情节较重的，给予记大过或者降级处分；情节严重的，给予撤职处分。

【答案】C

14. 对税务所（分局）、各级税务局的稽查局的具体行政行为不服的，向（　　）申请行政复议。

　　A. 所属税务局
　　B. 所属税务局的上级税务局
　　C. 原行为单位
　　D. 当地人民政府

【解析】按照税务行政复议规则，应向所属税务局申请行政复议。

【答案】A

15. 税收保全措施的手段，一般不包括（　　）。

　　A. 查封　　　　B. 拍卖
　　C. 扣押　　　　D. 冻结

【解析】税收保全措施的手段一般是查封、扣押和冻结，税务行政强制执行的方式是扣缴和拍卖、变卖。

【答案】B

16. 税务机关的工作人员徇私舞弊，不征或者少征应征税款，致使国家税收遭受重大损失的，处（　　）以下有期徒刑或者拘役。

　　A. 3年　　　　B. 5年
　　C. 7年　　　　D. 10年

【解析】根据《中华人民共和国刑法》第四百零四条的规定，税务机关的工作人员徇私舞弊，不征或者少征应征税款，致使国家税收遭受重大损失的，处5年以下有期徒刑或者拘役；造成特别重大损失的，处5年以上有期徒刑。

【答案】B

17. 中华人民共和国的一切权力属于（　　）。

　　A. 人民
　　B. 工人
　　C. 农民
　　D. 全国人民代表大会

【解析】根据《中华人民共和国宪法》规定，一切权力属于人民。

【答案】A

18. 《中华人民共和国公务员法》《中华人民共和国行政复议法》《中华人民

共和国行政处罚法》等法律制定的共同根据是（　　）。

A.《中华人民共和国宪法》
B.《中华人民共和国行政许可法》
C.《中华人民共和国民法总则》
D.《中华人民共和国刑法》

【解析】《中华人民共和国宪法》是我国最高位阶的法律，是所有法律的共同依据。

【答案】A

19.（　　）是危害税收征管罪中唯一只能由自然人构成的罪名。

A. 逃税罪
B. 抗税罪
C. 骗取出口退税罪
D. 虚开发票罪

【解析】抗税罪是指纳税人以暴力、威胁方法拒不缴纳税款的行为。法律规定抗税罪的主体只能是自然人，不能是单位。除抗税罪的其他罪名可以由单位构成。

【答案】B

20. 纳税人采取欺骗、隐瞒手段进行虚假纳税申报或者不申报逃避缴纳税款数额较大并且占应纳税额10%以上的即构成逃税罪，数额较大的标准为（　　）以上。

A. 1万元　　　　B. 3万元
C. 5万元　　　　D. 10万元

【解析】《最高人民检察院、公安部关于公安机关管辖的刑事案件立案追诉标准的规定（二）》中将"数额较大"界定为逃避缴纳税款数额超过10万元。

【答案】D

21. 虚开增值税专用发票或者虚开用于骗取出口退税、抵扣税款的其他发票，虚开的税款数额在10万元以上或者致使国家税款损失数额在（　　）以上的，应予追诉。

A. 1万元　　　　B. 2万元
C. 3万元　　　　D. 5万元

【解析】致使国家税款损失数额在5万元以上的应予追诉。

【答案】D

22. 下列行为不属于税务行政复议范围的是（　　）。

A. 税务机关征收税款
B. 税务机关与纳税人发生民事争议
C. 扣缴义务人代扣代缴税款
D. 税务机关不予抵扣税款

【解析】民事争议应按照民法通则的相关规定处理。

【答案】B

23. 下列关于当代中国的法律体系的说法，错误的是（　　）。

A. 以宪法为统帅
B. 以法律为主干
C. 以行政法规、地方性法规为重要组成部分
D. 各法律部门相互独立

【解析】当代中国的法律体系：是以宪法为统帅，以法律为主干，以行政法规、地方性法规为重要组成部分，由宪法及宪法相关法、民商法、行政法、经济法、社会法、刑法、程序法等多个法律部门组成的有机统一整体。

【答案】D

24. 下列属于现行税务行政许可事项的是（　　）。
    A. 增值税防伪税控系统最高开票限额审批
    B. 对纳税人延期缴纳税款的核准
    C. 对纳税人变更纳税定额的核准
    D. 对采取实际利润额预缴以外的其他企业所得税预缴方式的核定

    【解析】根据税务总局《税务行政许可事项清单（2022年版）》，编列"增值税防伪税控系统最高开票限额审批"1项税务行政许可事项。"对纳税人延期缴纳税款的核准""对纳税人延期申报的核准""对纳税人变更纳税定额的核准""对采取实际利润额预缴以外的其他企业所得税预缴方式的核定""企业印制发票审批"等5个事项不再作为行政许可事项管理。
    【答案】A

25. 税务机关查封商品、货物或者其他财产时，下列说法正确的是（　　）。
    A. 必须开具收据和清单
    B. 必须开具清单
    C. 必须开具收据
    D. 必须开具证明

    【解析】按照税收征管法规定，税务机关查封商品、货物或者其他财产时开具的是清单。
    【答案】B

26. 税费征管保障工作遵循的原则，不包括（　　）。
    A. 政府领导　　B. 财政主责

    C. 部门协同　　D. 社会共治
    【解析】税费征管保障工作遵循政府领导、税务主责、部门协同、社会共治的原则。
    【答案】B

27. 发票的管理办法由（　　）规定。
    A. 国务院　　　B. 财政部
    C. 国家税务总局　D. 省级税务局
    【解析】发票管理办法的制定机关是国务院。
    【答案】A

28. 各级税务机关应每（　　），对本辖区所有执法单位或部门进行执法检查。
    A. 3～5年　　　B. 2～4年
    C. 1～2年　　　D. 1～3年
    【解析】按照规定，各级税务机关每3～5年要开展一次全面执法检查。
    【答案】A

29. 实施执法督察的税务机关应当成立执法督察组，负责具体实施执法督察。执法督察组人员不得少于（　　），并实行组长负责制。
    A. 1人　　　　B. 2人
    C. 3人　　　　D. 5人
    【解析】按照执法责任追究管理规定，执法督察组人员不得少于2人。
    【答案】B

30. 取消执法资格期限为（　　），被取消执法资格人员需接受适当形式的培训后方可重新取得执法资格。
    A. 6个月　　　B. 1年
    C. 2年　　　　D. 3年
    【解析】按照执法责任追究管理规定，

取消执法资格期限为 1 年。

【答案】B

二 多项选择题

1. 法的基本特征包括（ ）。
   A. 规范性　　B. 国家意志性
   C. 国家强制性　　D. 普遍性

   【解析】以上 4 个选项都是法的基本特征。

   【答案】ABCD

2. 下列关于行政许可的说法，正确的有（ ）。
   A. 行政许可是依申请的行政行为
   B. 行政许可是要式行政行为
   C. 行政许可是授益性行政行为
   D. 行政许可是外部行政行为

   【解析】行政许可是国家管理社会经济事务的一种有效手段，是行政机关根据公民、法人或者其他组织的申请，经依法审查，准予其从事特定活动的行为，以上说法都是行政许可的特征。

   【答案】ABCD

3. 税务行政处罚的基本原则有（ ）。
   A. 处罚法定原则
   B. 处罚公正、公开原则
   C. 处罚与教育相结合原则
   D. 职能统一原则

   【解析】在行政机关内部运用分权原则，要求行政机关将其内部的某些相关职能加以分离，使之分属于不同的机构或不同的工作人员掌管或行使，以便在行政机关内部建立起相互制约机制，控制权力专断，因此选项 D 错误。

   【答案】ABC

4. 目前法律、法规、规章明确的税务行政处罚的种类有（ ）。
   A. 警告
   B. 没收非法财物、没收违法所得
   C. 停止办理出口退税权
   D. 吊销发票准印证

   【解析】税务行政处罚的种类有：罚款；没收非法财物、没收违法所得；停止办理出口退税权以及吊销发票准印证 4 种，因此选项 A 不选。

   【答案】BCD

5. 行政强制措施的种类包括（ ）。
   A. 限制公民人身自由
   B. 查封场所、设施或者财物
   C. 冻结存款、汇款
   D. 加处罚款或者滞纳金

   【解析】加处罚款或者滞纳金是行政强制执行。

   【答案】ABC

6. 当事人向人民法院提供证人证言的，应当符合的要求有（ ）。
   A. 写明证人的姓名、年龄、性别、职业、住址等基本情况
   B. 有证人的签名，不能签名的，应当以盖章等方式证明
   C. 注明出具日期
   D. 附有居民身份证复印件等证明证人身份的文件

   【解析】4 个选项都是人民法院对提供证人证言的要求。

   【答案】ABCD

7. 下列证据不能单独作为定案依据的有

（　　）。

A. 与一方当事人有亲属关系或者其他密切关系的证人所作的对该当事人有利的证言

B. 未成年人所作的证言

C. 应当出庭作证而无正当理由不出庭作证的证人证言

D. 无法与原件、原物核对的复制件或者复制品

【解析】选项 B 应为未成年人所作的与其年龄和智力状况不相适应的证言。

【答案】ACD

8. 税务行政复议由复议机关对该具体行政行为的（　　）进行审查并作出决定。

A. 合法性　　B. 真实性
C. 合理性　　D. 正当性

【解析】税务行政复议，是指纳税人及其他当事人认为税务机关及其工作人员作出的税务具体行政行为侵犯其合法权益，依法向行政复议机关提出审查该具体行政行为的申请，由复议机关对该具体行政行为的合法性和合理性进行审查并作出决定的制度和活动。

【答案】AC

9. 税务行政复议活动中止的具体情形包括（　　）。

A. 作为申请人的公民死亡，其近亲属尚未确定是否参加行政复议的

B. 作为申请人的公民丧失参加行政复议的能力，尚未确定法定代理人参加行政复议的

C. 作为申请人的法人或者其他组织终止，尚未确定权利义务承受人的

D. 作为申请人的公民下落不明或者被宣告失踪的

【解析】4 个选项都是税务行政复议活动中止的情形。

【答案】ABCD

10. 以下关于行政诉讼被告的说法，正确的有（　　）。

A. 经复议的案件，作出原行政行为的行政机关和复议机关是共同被告

B. 复议机关在法定期限内未作出复议决定，公民、法人或者其他组织起诉原行政行为的，作出原行政行为的行政机关是被告

C. 2 个以上行政机关作出同一行政行为的，共同作出行政行为的行政机关是共同被告

D. 行政机关委托的组织所作的行政行为，委托的行政机关是被告

【解析】经复议的案件，复议机关决定维持原行政行为的，作出原行政行为的行政机关和复议机关是共同被告；复议机关改变原行政行为的，复议机关是被告。

【答案】BCD

11. 下列关于执法过错责任的说法，正确的有（　　）。

A. 因承办人的个人原因造成执法过错的，由承办人承担全部过错责任

B. 承办人为 2 人或 2 人以上的，根据过错责任大小分别承担主要责任、次要责任

C. 承办人的过错行为经过批准的，由承办人和批准人共同承担责任，批准人承担主要责任，承办人承担次要责任

D. 因承办人弄虚作假导致批准错误的，由承办人承担全部过错责任

【解析】4个选项都符合执法责任制的规定。

【答案】ABCD

12. 以下关于强制执行费用的说法，正确的有（　　）。

    A. 税务行政强制执行会产生一定数额的费用，应该先扣除相关费用后，再按照税款、滞纳金、罚款和加处罚款顺序进行清偿
    B. 清偿后剩余部分应当在3日内退还被执行人
    C. 税务机关因查封、扣押而产生的保管费用，由行政机关承担
    D. 税务机关因查封、扣押而产生的保管费用，由行政相对方承担

【解析】根据《中华人民共和国行政强制法》的规定，税务机关因查封、扣押而产生的保管费用，由行政机关承担。

【答案】ABC

13. 原告或者第三人不能自行收集，但能够提供确切线索的，可以申请人民法院调取下列证据材料的情形有（　　）。

    A. 由国家有关部门保存而须由人民法院调取的证据材料
    B. 涉及国家利益、公共利益或者他人合法权益的事实认定的
    C. 涉及国家秘密、商业秘密、个人隐私的证据材料
    D. 确因客观原因不能自行收集的其他证据材料

【解析】涉及国家利益、公共利益或者他人合法权益的事实认定属于人民法院有权向有关行政机关以及其他组织、公民调取证据的情形。

【答案】ACD

14. 税务行政赔偿的构成要件包括（　　）。

    A. 侵权主体是行使国家税收征管职权的税务机关及其工作人员
    B. 必须是税务机关及其工作人员行使税收征管职权的行为
    C. 必须有公民、法人和其他组织的合法权益受到损害的事实
    D. 必须是违法行为与损害后果有因果关系

【解析】根据相关规定，4个选项都正确。

【答案】ABCD

15. 税务机关的工作人员违反法律、行政法规的规定，在办理（　　）工作中，徇私舞弊，致使国家利益遭受重大损失的，处五年以下有期徒刑或者拘役。

    A. 发售发票
    B. 抵扣税款
    C. 出口退税
    D. 提供出口货物报关单

【解析】《中华人民共和国刑法》第四百零五条规定，税务机关的工作人员违反法律、行政法规的规定，在办理发售发票、抵扣税款、出口退税工作中，徇私舞弊，致使国家利益遭受重大损失的，处五年以下有期徒刑或者拘役。

【答案】ABC

16. 我国法的渊源，包括以下哪些内容（　　）。
    A. 宪法
    B. 法律
    C. 规范性文件
    D. 自治条例和单行条例
    【解析】规范性文件不是我国法的渊源。
    【答案】ABD

17. （　　）等税收基本制度只能由法律规定。
    A. 税种的设立
    B. 税率的确定
    C. 纳税环节的确定
    D. 税收征收管理
    【解析】纳税环节的确定事项不属于税收基本制度。
    【答案】ABD

18. 以下内容是我国立法的指导思想的有（　　）。
    A. 坚持中国共产党的领导
    B. 符合宪法的规定、原则和精神
    C. 坚持和发展全过程人民民主
    D. 倡导和弘扬社会主义核心价值观
    【解析】以上4个选项内容都是我国立法的指导思想。
    【答案】ABCD

19. 行政合理性原则的基本内容包括（　　）。
    A. 行政行为的作出应当符合法律目的，具有正当性
    B. 行政行为应建立在考虑相关因素的基础上
    C. 行使行政权时要平等地适用法律规范，平等地对待行政相对人
    D. 行政权的行使应符合自然规律与社会道德
    【解析】以上都是行政合理性原则的基本内容。
    【答案】ABCD

20. 税务行政主体包括（　　）。
    A. 各级税务局
    B. 税务分局
    C. 税务所
    D. 各级稽查局
    【解析】D选项应为省以下税务局的稽查局。
    【答案】ABC

21. 下列关于坚持全面依法治国，推进法治中国建设的说法，正确的有（　　）。
    A. 全面依法治国是国家治理的一场深刻革命
    B. 关系党执政兴国，关系人民幸福安康，关系党和国家长治久安
    C. 要发挥法治固根本、稳预期、利长远的保障作用
    D. 要在法治轨道上全面建设社会主义现代化国家
    【解析】以上都是坚持全面依法治国，推进法治中国建设的相关内容。
    【答案】ABCD

22. 有下列情形之一的，公民、法人或者其他组织可以申请行政复议（　　）。
    A. 对行政机关作出的警告、罚款等行政处罚决定不服的
    B. 对行政机关作出的限制人身自由等行政强制措施决定不服的
    C. 认为行政机关侵犯合法的经营自

主权的

D. 申请行政机关履行保护人身权利、财产权利、受教育权利的法定职责，行政机关没有依法履行的

【解析】以上都是可以申请行政复议的情形。

【答案】ABCD

23. 税务行政处罚的实施机关应具备的条件有（　　）。

A. 必须依法拥有税务行政处罚权
B. 以自己的名义作出处罚决定
C. 能够独立承担法律责任
D. 受委托组织以自己的名义进行处罚

【解析】受委托组织应以委托机关名义进行处罚。

【答案】ABC

24. 税务系统全面推行"三项制度"的基本原则包括（　　）。

A. 稳中求进　　B. 科学规范
C. 优化创新　　D. 统筹协调

【解析】以上4个选项和便利高效都是税务系统全面推行"三项制度"的基本原则。

【答案】ABCD

25. 纳税人与税务机关发生纳税争议，不能直接向法院起诉的有（　　）。

A. 应纳税额争议
B. 以拍卖扣押的纳税人货物所得抵缴税款争议
C. 冻结纳税人银行存款争议
D. 滞纳金问题争议

【解析】涉及税款的问题，应先申请行政复议，不能直接向法院起诉。

【答案】ABD

26. 持续深化拓展税收共治格局的具体举措包括（　　）。

A. 加强部门协作
B. 加强社会协同
C. 强化税收司法保障
D. 强化国际税收合作

【解析】以上4个选项都是持续深化拓展税收共治格局的具体举措。

【答案】ABCD

27. 税收征管法所称为纳税人、扣缴义务人保密的情况，是指（　　）。

A. 商业秘密　　B. 欠税情况
C. 税收违法行为　D. 个人隐私

【解析】税务机关为合法利益保密，不保护非法利益。

【答案】AD

28. 行政机关送达行政处罚决定书的形式有（　　）。

A. 直接送达　　B. 委托送达
C. 邮寄送达　　D. 公告送达

【解析】委托送达不是法定的送达形式。

【答案】ACD

29. 以下说法符合税务机关收集、获取证据要求的有（　　）。

A. 调取纳税人、扣缴义务人当年的账簿、记账凭证、报表和其他有关资料的，应当经县以上税务局局长批准，并在3个月内完整退还
B. 调取纳税人、扣缴义务人以前会计年度的账簿、记账凭证、报表和其他有关资料的，应当经设区的市、自治州以上税务局局长批

准，并在30日内退还
C. 退还账簿资料时，应当由被查对象核对调取账簿资料清单，并签章确认
D. 调取账簿、记账凭证、报表和其他有关资料时，应当向被查对象出具调取账簿资料通知书，并填写调取账簿资料清单交其核对后签章确认

【解析】调取纳税人、扣缴义务人以前会计年度的账簿、记账凭证、报表和其他有关资料的，应当经县以上税务局局长批准，并在3个月内完整退还；调取纳税人、扣缴义务人当年的账簿、记账凭证、报表和其他有关资料的，应当经设区的市、自治州以上税务局局长批准，并在30日内退还。

【答案】CD

30. 法律的制定程序主要包括以下（　　）环节。
A. 法律案的提出　　B. 法律案的审议
C. 法律案的表决　　D. 法律案的公布

【解析】略

【答案】ABCD

三　判断题

1. 法律溯及力，是指新的法律生效后，对其生效前所发生的事件和行为是否适用的问题。如果适用，新法就不具有溯及力，如果不能适用，则说明新法具有溯及力。（　　）

【解析】应为如果适用，新法就具有溯及力，如果不能适用，则说明新法不具有溯及力。

【答案】错误

2. 税务行政关系的客体是指税务行政相对人。（　　）

【解析】税务行政关系的客体，是指税务行政法律关系主体的权利义务所指向的标的、目标或对象，包括物和行为两大类。

【答案】错误

3. 听证是作出税务行政许可决定的必经程序。（　　）

【解析】根据税务行政许可的相关规定，听证不是作出税务行政许可决定的必经程序。

【答案】错误

4. 对当事人的同一个违法行为，不得给予两次以上的行政处罚。（　　）

【解析】对当事人的同一个违法行为，不得给予两次以上罚款的行政处罚。

【答案】错误

5. 行政强制措施，是指行政机关或者行政机关申请人民法院对不履行行政决定的公民、法人或者其他组织依法强制履行义务的行为。（　　）

【解析】行政强制措施，是指行政机关在行政管理过程中，为制止违法行为、防止证据损毁、避免危害发生、控制危险扩大等情形，依法对公民的人身自由实施暂时性限制，或者对公民、法人或者其他组织的财物实施暂时性控制的行为。

【答案】错误

6. 原告提供的证据不成立的，不免除被告对被诉具体行政行为合法性的举证

责任。（ ）

【解析】略

【答案】正确

7. 虚开发票罪是指虚开增值税专用发票、用于骗取出口退税、抵扣税款发票，情节严重，依法应受处罚的行为。（ ）

【解析】虚开发票罪，是指虚开增值税专用发票、用于骗取出口退税、抵扣税款发票以外发票的行为。

【答案】错误

8. 公民、法人或者其他组织同被诉行政行为有利害关系但没有提起诉讼，或者同案件处理结果有利害关系的，可以作为第三人申请参加诉讼，或者由人民法院通知参加诉讼。（ ）

【解析】略

【答案】正确

9. 赔偿请求人请求税务行政赔偿的时效为3年，自税务行政人员行使职权的时点起计算。（ ）

【解析】赔偿请求人请求税务行政赔偿的时效为2年，自税务行政人员行使职权时的行为被依法确认为违法之日起计算。

【答案】错误

10. 公务员定期考核的结果分为优秀、称职、基本称职和不称职四个等次。（ ）

【解析】略

【答案】正确

11. 制作录音、录像等视听资料的，应当注明制作方法、制作时间、制作人和证明对象等内容。（ ）

【解析】略

【答案】正确

12. 查询从事生产、经营的纳税人、扣缴义务人存款账户，应当经县以上税务局局长批准，凭检查存款账户许可证明向相关银行或者其他金融机构查询。（ ）

【解析】略

【答案】正确

13. 违法行为构成犯罪但情节轻微的，行政机关可以自行裁量不将案件移送司法机关。（ ）

【解析】违法行为构成犯罪的，行政机关必须将案件移送司法机关，依法追究刑事责任。

【答案】错误

14. 税务机关的出庭应诉人员包括负责人和委托代理人。主要负责人不能出庭的，由分管被诉行政行为承办机构的负责人出庭应诉。（ ）

【解析】略

【答案】正确

15. 纳税人在公安机关立案后再补缴应纳税款、缴纳滞纳金或者接受行政处罚的，不追究刑事责任。（ ）

【解析】纳税人在公安机关立案后再补缴应纳税款、缴纳滞纳金或者接受行政处罚的，不影响刑事责任的追究。

【答案】错误

16. 税务行政法律关系的主体是税务行政主体。（ ）

【解析】税务行政法律关系的主体包括税务行政主体和税务行政相对人。

【答案】错误

通用知识

17. 对人民法院作出的责令重新作出行政行为的判决，税务机关应当在法定期限或者人民法院指定的期限内重新作出，不得以同一事实和理由作出与原行政行为基本相同的行政行为。（　　）
【解析】除原行政行为因程序违法或者法律适用问题被人民法院判决撤销的情形外，不得以同一事实和理由作出与原行政行为基本相同的行政行为。
【答案】错误

18. 税务机关要依法自觉履行人民法院生效判决、裁定和调解，不得拒绝履行或者拖延履行，被诉行政行为承办机构负责具体执行。（　　）
【解析】略
【答案】正确

19. 违反税收法律、行政法规应当给予行政处罚的行为，在两年内未被发现的，不再给予行政处罚。（　　）
【解析】违反税收法律、行政法规应当给予行政处罚的行为，在五年内未被发现的，不再给予行政处罚。
【答案】错误

20. 当事人对行政处罚决定不服申请行政复议或者提起行政诉讼的，行政处罚不停止执行，法律另有规定的除外。（　　）
【解析】略
【答案】正确

21. 公务员在受处分期间不得晋升职务、职级和级别，其中受记过、记大过、降级、撤职处分的，不得晋升工资档次。（　　）
【解析】略
【答案】正确

22. 县级税务机关应当成立税收执法责任管理与过错追究领导小组，负责税收执法责任认定、税收执法过错责任追究、税收执法质量评价的组织领导。（　　）
【解析】各级税务机关都应当成立税收执法责任管理与过错追究领导小组。
【答案】错误

23. 税务行政复议机关收到复议申请以后，应当在7日内审查，决定是否受理。（　　）
【解析】税务行政复议机关收到复议申请以后，应当在5日内审查，决定是否受理。
【答案】错误

24. 行政机关及其执法人员当场收缴罚款的，如不出具财政部门统一制发的罚款收缴的，当事人有权拒绝缴纳罚款。（　　）
【解析】略
【答案】正确

25. 税收执法责任认定就是判断税收执法程序是否合法。（　　）
【解析】税收执法责任认定内容包括是否存在不作为情形，税收执法主体资格是否符合规定，税收执法人员是否取得执法资格，税收执法是否符合执法权限，税收执法适用依据是否正确，税收执法程序是否合法等各个方面的内容。
【答案】错误

26. 外国人、无国籍人、外国组织在中华人民共和国境内申请行政复议，同样适用《中华人民共和国行政复议法》。（　　）

   【解析】略

   【答案】正确

27. 强化以案明责，就是要严抓落实"两个责任"，把主体责任和监督责任一贯到底，层层传导到"神经末梢"，充分发挥部门职能监督作用，强化基层党组织日常监督。（　　）

   【解析】略

   【答案】正确

28. 单位、个人在接受经营服务时，可以不取得发票。（　　）

   【解析】按照规定取得发票，是各个单位、个人应该履行的义务。

   【答案】错误

四　简答题

1. 我国社会主义法治的总目标是什么？

   【答案】我国社会主义法治的总目标是建设中国特色社会主义法治体系，建设社会主义法治国家。在中国共产党领导下，坚持中国特色社会主义制度，贯彻中国特色社会主义法治理论，形成完备的法律规范体系、高效的法治实施体系、严密的法治监督体系、有力的法治保障体系，形成完善的党内法规体系，坚持依法治国、依法执政、依法行政共同推进，坚持法治国家、法治政府、法治社会一体建设，实现科学立法、严格执法、公正司法、全民守法，促进国家治理体系和治理能力现代化。

2. 请简述"三项制度"的内容。

   【答案】"三项制度"，是指行政执法公示制度、行政执法全过程记录制度和重大执法决定法制审核制度。税务系统要求优化税务执法方式，全面推行"三项制度"。行政执法公示，是指行政机关在行政执法事前、事中和事后三个环节，依法及时主动向行政相对人和社会，公开有关行政执法信息的活动。行政执法全过程记录，是指行政机关采用文字、音像记录的形式，对税务执法的启动、调查取证、审核决定、送达执行等全部过程进行记录，并全面系统归档保存，实现执法全过程留痕和可回溯管理的活动。重大执法决定法制审核，是指行政机关作出重大执法决定前，由法制审核机构对决定的合法性进行审核的活动。

3. 行政复议期间具体行政行为不停止执行，但是在哪些情形下，可以停止执行？

   【答案】被申请人认为需要停止执行的。行政复议机关认为需要停止执行的。申请人申请停止执行，行政复议机关认为其要求合理，决定停止执行的。法律规定停止执行的。

4. 简述执法过错责任追究中应当从重追究的情形。

   【答案】有下列情形之一的，应当从重追究：①税收执法人员因主观故意或者不作为导致税收执法过错发生的；

②导致国家税款流失并且数额较大的；③被责令限期改正逾期不改正，又无正当理由的；④税收执法过错发生后瞒报或者不采取有效措施，致使损害后果扩大的；⑤隐瞒事实真相、出具伪证、毁灭证据，或者以其他方式阻碍、干扰税收执法过错调查的；⑥因税收执法过错形成负面涉税舆情、造成恶劣社会影响的；⑦因税收执法过错导致税务机关承担国家赔偿责任的；⑧其他应当从重追究的情形。

五、论述题

1. 请结合岗位实际，谈谈税务职务犯罪如何预防？

【答案】可以从以下方面进行阐述：

（1）加大教育力度，营造预防税务职务犯罪的浓厚氛围。要始终不渝、坚持不懈地开展思想政治工作，在每个税务干部的思想上筑起反腐倡廉、恪尽职守的防火墙，让大家在思想上不想犯法。

（2）进一步健全完善各种工作制度，完善监督制约机制。必须要用制度来规范税收执法权力和行政管理权力，在税收征收、管理、稽查各个工作环节，明晰工作标准，健全和完善工作制度，从市场主体登记，一般纳税人认定，发票出售，税款缴纳，户籍巡查，税收检查、审理、执行，以及税款入库等各个方面实行规范管理；在行政事务管理方面从车辆管理，基建招标及物品采购登记等方面进一步完善并严格执行各项规章制度。

（3）查处案件，惩治腐败。查处也是一种预防，是对税务职务犯罪的特殊预防。对税务违法犯罪的查处，既惩治了腐败问题，维护了党纪国法的严肃性，又能起到警示作用，达到威慑效果。

2. 请你谈谈税务系统开展典型案例警示教育的重要意义和以案促改的具体要求。

【答案】可以从以下方面进行阐述：

开展警示教育是深入学习贯彻党的二十大和中央纪委二次全会精神的具体体现，是落实主题教育和干部队伍教育整顿有关部署的重要举措，是厚植严的氛围和强化政治机关建设、打造忠诚干净担当税务铁军的有效抓手。

要深入学习贯彻习近平新时代中国特色社会主义思想，深刻领悟"两个确立"的决定性意义，增强"四个意识"、坚定"四个自信"、做到"两个维护"，结合扎实推进主题教育，进一步深化以案为鉴、以案促改、以案促治，一体推进不敢腐、不能腐、不想腐，坚持一刻不停地把严的基调、严的措施、严的氛围传导下去、坚持下去，不断推动税务系统全面从严治党向纵深发展。要坚决固守绝对忠诚之心，在以案为鉴、举一反三中建强政治机关、走好第一方阵；坚决固守廉洁从税之心，在以案示警、警钟长鸣中持续净化政治生态，营造清风正气；坚决固守履职尽责之心，在以案明责、强化担当中压实政治责任、厚植严的氛围；坚决固守严管厚爱之心，在以案促治、严管所辖中持续擦亮政治底色、锻造税务铁军，为税收现代化服务中国式现代化提供坚强保障。

税务系统各级党组织特别是"一把手"要切实担负起全面从严治党的政治责任,严于律己、严负其责、严管所辖,进一步推进一体化综合监督体系建设,真正做到监督如影随形。各级税务纪检机构要充分履行监督专责,坚持严管厚爱相结合,敢于斗争、善于斗争,驰而不息正风肃纪反腐,坚决打赢反腐败攻坚战持久战。广大税务党员干部要对照反思、引以为戒,进一步树好廉洁清风,着力打造清廉税务机关。

第九章 财会知识

>> 知识架构

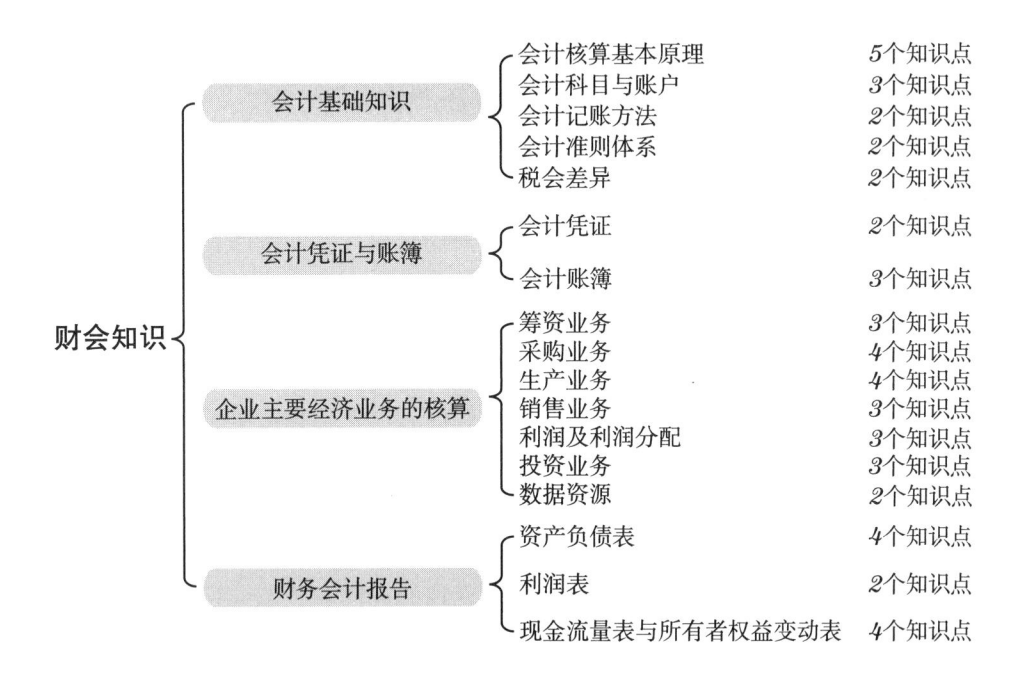

```
                      ┌ 会计核算基本原理           5个知识点
                      │ 会计科目与账户            3个知识点
         会计基础知识 ┤ 会计记账方法             2个知识点
                      │ 会计准则体系             2个知识点
                      └ 税会差异                2个知识点

         会计凭证与账簿 ┌ 会计凭证               2个知识点
                       └ 会计账簿               3个知识点

财会知识               ┌ 筹资业务                3个知识点
                      │ 采购业务                4个知识点
                      │ 生产业务                4个知识点
       企业主要经济业务的核算 ┤ 销售业务          3个知识点
                      │ 利润及利润分配           3个知识点
                      │ 投资业务                3个知识点
                      └ 数据资源                2个知识点

                      ┌ 资产负债表              4个知识点
         财务会计报告 ┤ 利润表                  2个知识点
                      └ 现金流量表与所有者权益变动表  4个知识点
```

>> 第一节
会计基础知识

一 会计核算基本原理

【知识点1】会计的基本概念

会计是以货币为主要计量单位，反映和监督特定会计主体经济活动的一种经济管理工作。

会计的职能，是指会计在经济管理活动中所具有的内在功能。主要表现在两个方面：一是对经济活动进行会计核算；二是对经济活动实行会计监督。

会计核算职能，是指会计以货币为主要计量单位，通过确认、计量、记录、报告等环节，对特定主体的经济活动进行记账、算账、报账，为各方面提供会计信息的功

· 399 ·

能。它是会计最基本的职能,也称作会计反映职能。

会计核算具有以下特点:①以货币为主要计量单位;②以实际发生的经济业务所取得的合法凭证为书面依据;③以一套科学的方法为核算手段;④具有全面性、连续性和系统性。

会计监督职能,是指会计人员在进行会计核算的同时,对特定主体经济活动的合法性、合理性进行审查,即以一定的标准和要求利用会计所提供的信息对特定主体的经济活动进行有效的指导、控制和调节,以达到预期的目的。

【知识点2】会计核算的基本前提

会计核算的基本前提也叫会计假设,是对会计核算所处的时间、空间环境所作的合理设定。会计核算具体对象的确定、会计政策的选择、会计要素的确认、会计金额的计量都要以会计基本前提为依据。会计核算的基本前提包括会计主体、持续经营、会计分期和货币计量四项。

会计主体不同于法律主体。会计主体是会计信息反映的特定单位或者组织,法律主体是法律上承认的可以独立承担义务和享受权利的个体,也称为法人。法律主体往往是会计主体,任何一个法人都要按规定开展会计核算,会计主体不一定是法律主体。一个法律主体可以有多个会计主体,一个会计主体也可以有多个法律主体。

持续经营是指会计主体的经营活动将按照现在的规模和状态继续经营下去,不会停业,也不会大规模削减业务。它所持有的资产将按照预定的目的在正常的经营过程中被耗用、出售或转让,它所承担的债务也将会如期偿还。

会计分期是指将一个企业持续的生产经营活动划分为一个个连续的、长短相同的期间,又称会计期间。会计年度通常以"一年"为标准。如果企业营业周期长于一年的,也可以以"长于一年的一个营业周期"为会计年度。

国家统一会计制度规定,企业的会计核算以人民币为记账本位币。业务收支以人民币以外的货币为主的企业,可以选定其中一种货币作为记账本位币,但是在编制财务会计报告时应当折算为人民币,境外企业向国内报送报表时应折算为人民币反映。

【知识点3】会计核算的其他知识

企业会计的确认、计量和报告应当以权责发生制为基础。权责发生制要求,凡是当期已经实现的收入和已经发生或应当负担的费用无论款项是否收付,都应当作为当期的收入和费用,计入利润表;凡是不属于当期的收入和费用,即使款项已在当期收付,也不应当作为当期的收入和费用。

会计信息质量要求是对企业财务报告中所提供会计信息质量的基本要求,是对会计信息使用者决策应具备的基本特征。包括可靠性、相关性、可理解性、可比性、实质重于形式、重要性、谨慎性和及时性八项。

计量属性，是指企业在将符合确认条件的会计要素登记入账并列报于会计报表及其附注时，应当按照规定的计量标准和计量方法进行计量，确定其金额的基础。计量属性包括历史成本、重置成本、可变现净值、现值和公允价值五种。

【知识点4】会计要素

会计要素是根据交易或者事项的经济特征所确定的财务会计对象的基本分类，是会计核算对象的具体化。会计要素包括资产、负债、所有者权益、收入、费用和利润。以上6项会计要素中，资产、负债、所有者权益是资金运动在某一时点处于相对静止状态时的表现；收入、费用、利润是资金运动在一定时期处于运动状态时的表现。

会计要素通过会计报表列报。其中：资产负债表要素反映企业的财务状况，包括资产、负债和所有者权益要素；利润表要素反映企业的经营成果，包括收入、费用和利润要素。

【知识点5】会计等式

$$资产 = 权益$$

该等式表明资产与权益之间的平衡关系。资产与权益是同一资金的两个方面，相互依存，对立统一。资产表现为各种经济资源，权益表现为对资产的权力（即产权），包括所有者权益和债权人权益；有一定数额的资产，必然有相应数额的权益，反之亦然；资产和权益金额恒等；任何经济业务的发生都不会破坏资产与权益的平衡关系。资产与权益的恒等关系是复式记账法的理论基础，也是编制资产负债表的依据。

$$资产 = 负债 + 所有者权益$$

该等式表明企业在某一特定日期所拥有的各种资产及投资人与债权人对企业资产的要求权，是静态和时点财务指标体系。

$$收入 - 费用 = 利润$$

该等式表明企业在一定会计期间实现的营业收入、发生的营业成本、费用及形成的经营成果，是动态和时期财务指标体系，是编制利润表的基础。

$$资产 + 利润 = 负债 + 所有者权益 + (收入 - 费用)$$

该等式表明企业财务状况及经营成果之间的相互关系，财务状况反映某一日期资产的存量，经营成果反映一定期间资产的增量。

通用知识

二 会计科目与账户

【知识点1】会计科目的概念和意义

会计科目是对会计要素的具体内容进行分类核算的项目，会计科目可简称为科目。

会计科目是复式记账的基础。复式记账要求每一笔经济业务在两个或两个以上相互联系的账户中进行登记，以反映资金运动的来龙去脉。

会计科目是编制记账凭证的基础。记账凭证是确定所发生的经济业务应计入哪个科目以及分门别类登记账簿的依据。

会计科目为成本计算和财产清查提供了前提条件。通过会计科目的设置，有助于成本核算，使各种成本计算成为可能；而通过账面记录与实际结存的核对，又为财产清查、保证账实相符提供了必要条件。

会计科目为编制会计报表提供了方便。会计报表是提供会计信息的主要载体，为了保证会计信息的质量及其提供的及时性，会计报表中的许多项目与会计科目名称是一致的，并根据会计科目的本期发生额或余额填列。

【知识点2】会计科目的内容和级次

会计科目按其所归属的会计要素不同，分为资产类、负债类、所有者权益类、成本类、损益类五大类，执行企业会计准则的企业还包括共同类。共同类科目既有资产性质，又有负债性质，多为金融、保险、投资、基金等公司使用，如清算资金往来、货币兑换、衍生工具、套期工具、被套期项目等。每一大类会计科目可按一定标准再分为各个具体科目，构成了会计科目的内容。会计科目一般由国家统一会计制度做出统一规定，会计科目的内容说明各会计科目之间的横向联系。

会计科目按其提供信息的详细程度及其统驭关系不同，可以分为总分类科目和明细分类科目，形成了会计科目之间的级次。总分类科目也称总账科目或一级科目，它是对会计对象的具体内容进行总括分类，提供总括信息的会计科目。明细分类科目是对总分类科目作进一步分类，提供更详细更具体的会计信息的科目。

企业在不违反会计准则中确认、计量和报告规定的前提下，可以根据本单位的实际情况自行增设、分拆、合并会计科目。企业不存在的交易或者事项，可不设置相关会计科目。

会计科目编号供企业填制会计凭证、登记会计账簿、查阅会计账目、采用会计软件系统参考，企业可结合实际情况自行确定会计科目编号。

【知识点3】会计账户的概念和结构

会计账户是根据会计科目设置的，具有一定格式和结构，用于分类反映会计要素增减变动情况及其结果的载体。设置账户是会计核算的重要方法之一。

同会计科目的分类相对应，账户也分为总分类账户和明细分类账户。根据总分类科目设置的账户称为总分类账户，根据明细分类科目设置的账户称为明细分类账户。

账户的结构是指账户的格式。根据会计等式，企业各项经济业务的发生引起的资金变动尽管错综复杂，但从数量上看，就是两种情况：增加和减少。因此，账户的基本结构分左右两方，分别记录经济业务的增加额或减少额。至于哪一方登记增加，哪一方登记减少，取决于所记录经济业务的内容和账户的性质以及所采用的记账方法。在借贷记账法下，账户的左方称为"借方"，账户右方称为"贷方"。账户的基本结构称为"T"型账户或"丁"型账户。

$$期末余额 = 期初余额 + 本期增加发生额 - 本期减少发生额$$

账户按用途和结构分类，可分为：盘存账户、资本账户、结算账户、期间账户、跨期摊配账户、集合分配账户、成本计算账户、调整账户八类账户。

三、会计记账方法

【知识点1】记账方法的种类

记账方法是将发生的经济业务，根据一定的记账原理和记账规则，运用特定的计量手段，利用文字和数字记录将其登记到账户中去的方法。记账方法在会计史上经历了由单式记账法发展到复式记账法的过程。

单式记账法是对发生的每一项经济业务只在一个账户中作单方面记录的方法。复式记账法是对发生的每一项经济业务都以相等的金额在两个或两个以上相互联系的账户中同时进行登记的方法。

复式记账法与单式记账法相比，具有以下两个显著的优点：一是能够全面反映经济业务内容和资金运动的来龙去脉；二是能够进行试算平衡，便于查账和对账。

【知识点2】借贷记账法

借贷记账法，是以"借""贷"为记账符号，以"有借必有贷，借贷必相等"为记账规则的一种复式记账方法。

借贷记账法以"借"和"贷"为记账符号。为了便于记账，采用复式记账法时，对所设立的账户，都要固定记账方向。表示记账方向的记号，就是记账符号。记账符号是区分各种复式记账法的重要标志。

通用知识

借贷记账法下，账户的借贷两方按相反方向记录经济业务，即对于每一个账户来说，如果规定借方用来记录经济业务的增加额，那么该账户的贷方一定是用来记录减少额；如果规定贷方用来记录经济业务的增加额，那么该账户的借方一定是用来记录减少额。究竟账户的哪一方用来记录增加额或减少额，要根据账户的性质和经济业务的内容来确定。

账户的余额、本期发生额之间的关系，可用以下公式表示：

期末借方余额 = 期初借方余额 + 本期借方发生额 − 本期贷方发生额

期末贷方余额 = 期初贷方余额 + 本期贷方发生额 − 本期借方发生额

借贷记账法下账户结构的特点可以归纳为：账户统一分为借方和贷方。借方一律在左方，贷方一律在右方，一切账户都用借和贷来代表账户结构中的两个部位。

借贷记账法的记账规则是"有借必有贷，借贷必相等"。在运用借贷记账法记账时，对每项经济业务，既要记录一个（或几个）账户的借方，又要记录另一个（或几个）账户的贷方，即"有借必有贷"；记录一个（或几个）账户的借方的金额必然等于记录另一个（或几个）账户的贷方的金额，即"借贷必相等"。

四 会计准则体系

【知识点 1】企业会计准则体系

2006 年 2 月 15 日，财政部发布了企业会计准则体系，自 2007 年 1 月 1 日起首先在上市公司范围内施行，之后逐步扩大到几乎所有大中型企业。企业会计准则体系由《企业会计准则——基本准则》、具体准则、应用指南和解释组成。

基本准则主要规范财务报告目标、会计基本假设、会计基础、会计信息质量要求、会计要素分类及其确认、计量原则、财务报告。

具体准则是在基本准则的指导下，对企业各项资产、负债、所有者权益、收入、费用、利润及相关交易事项的确认、计量和报告进行规范的会计准则。

应用指南是对具体准则相关条款的细化和有关重点难点问题提供的操作性指南，以利于会计准则的贯彻落实和指导实务操作。

解释是对具体准则实施过程中出现的问题、具体准则条款规定不清楚或者尚未规定的问题作出的补充说明。

【知识点 2】小企业会计准则

2011 年 10 月 18 日，财政部发布了《小企业会计准则》，自 2013 年 1 月 1 日起在所有适用的小企业范围内施行。《小企业会计准则》适用于在中华人民共和国自设的、符合《中小企业划型标准规定》所规定的小型企业标准的企业，但股票或债券在市场上公开交易的小企业、金融机构或其他具有金融性质的小企业、属于企业集团内的母公司和子公司的小企业除外。《小企业会计准则》规范适用于小企业的资产、负债、所有者权益、收入、费用、利润及利润分配、外币业务、财务报表等会计处理及其报表列报等问题。

五 税会差异

【知识点1】税会差异的概念

税会差异，是指对于同一笔经济业务，税法规定的税务处理方法与会计准则规定的会计处理方法存在的差异。具体差异还会因不同税种的规定不同而不同。例如，在收入确认方面，国债利息收入，会计上应确认收入、计入利润，而企业所得税上却因免税可以不计入应纳税所得额。再如，企业预收货款并开具了发票，按照增值税的规定，开具发票时即产生了纳税义务，就需要确认销项税额；而会计方面，则需要企业在履行了合同中的履约义务，即在客户取得相关商品控制权时才确认收入。

【知识点2】税会差异分类

根据差异是否可在以后各期转回，税会差异可分为永久性差异和暂时性差异。永久性差异如加计扣除造成的会计处理和税务处理上的差异，以后各期不能转回。暂时性差异如资产的加速折旧造成的会计处理和税务处理上的差异，以后各期可以转回。

>> 第二节
会计凭证与账簿

一 会计凭证

【知识点1】会计凭证的基本概念

会计凭证是用来记录经济业务，明确经济责任，作为记账依据的书面证明。填制和审核会计凭证，是会计核算的基本方法之一，也是会计核算工作的起点。

【知识点2】会计凭证的种类

会计凭证按照编制的程序和用途不同，分为原始凭证和记账凭证。

通用知识

原始凭证是在经济业务发生或完成时取得或填制的，用以记录或证明经济业务的发生或完成情况的凭证。它的主要作用在于记录经济业务，明确经济责任。

原始凭证按照来源不同，分为外来原始凭证和自制原始凭证。外来原始凭证指在经济业务发生或完成时，从其他单位或个人直接取得的原始凭证。自制原始凭证指由本单位内部经办业务的部门和人员，在执行或完成某项经济业务时填制的、仅供本单位内部使用的原始凭证。

原始凭证按照填制手续及内容不同，分为一次凭证、累计凭证和汇总凭证。一次凭证指一次填制完成、只记录一笔经济业务的原始凭证。一次凭证是一次有效的凭证。累计凭证指在一定时期内多次记录发生的同类型经济业务的原始凭证。累计凭证是多次有效的原始凭证。汇总凭证指对一定时期内反映经济业务内容相同的若干张原始凭证，按照一定标准综合填制的原始凭证。

原始凭证按照格式不同，分为通用凭证和专用凭证。通用凭证指由有关部门统一印制、在一定范围内使用的具有统一格式和使用方法的原始凭证。专用凭证指由单位自行印制、仅在本单位内部使用的原始凭证。

记账凭证是会计人员根据审核无误的原始凭证，按照经济业务事项的内容加以归类，并据以确定会计分录后所填制的会计凭证，它的主要作用在于确定会计分录，作为登记账簿的依据。

记账凭证按内容不同，分为收款凭证、付款凭证和转账凭证。在实际工作中，规模小、业务简单的单位，也可以使用一种格式的通用记账凭证。收款凭证是指用于记录现金和银行存款收款业务的会计凭证。付款凭证是指用于记录现金和银行存款付款业务的会计凭证。转账凭证是指用于记录不涉及现金和银行存款业务的会计凭证。通用记账凭证是指不分收款、付款及转账业务，而将所有的经济业务统一编号，在统一格式的凭证中进行记录的会计凭证。

记账凭证按填列方式不同，分为复式凭证、单式凭证和汇总记账凭证。复式凭证是指将每一笔经济业务事项所涉及的全部会计科目及其发生额均在同一张记账凭证中反映的一种凭证。单式凭证是指每一张记账凭证只填列经济业务事项所涉及的一个会计科目及其金额的记账凭证。填列借方科目的称为借项凭证，填列贷方科目的称为贷项凭证。单式凭证不是单式记账法，仍是复式记账法的应用。汇总记账凭证是指对一定时期内反映经济业务内容相同的若干张原始凭证，按照一定标准综合填制的记账凭证。

二 会计账簿

【知识点1】会计账簿的基本概念

会计账簿，是指由一定格式的账页组成的，以经过审核的会计凭证为依据，全面、系统、连续地记录各项经济业务的簿籍。

设置和登记账簿，是编制会计报表的基础，是连接会计凭证与会计报表的中间环节。各单位应当按照国家统一的会计制度的规定和会计业务的需要设置会计账簿。

账簿与账户的关系，是形式和内容的关系。账户存在于账簿之中，账簿中的每一账页就是账户的存在形式和载体，没有账簿，账户就无法存在；账簿序时、分类地记载经济业务，是在个别账户中完成的。因此，账簿只是一个外在形式，账户才是它的真实内容。

【知识点2】会计账簿的种类

账簿按其用途不同，可分为序时账簿、分类账簿和备查账簿。

序时账簿。序时账簿又称日记账，是按照经济业务发生或完成时间的先后顺序逐日逐笔进行登记的账簿。在我国大多数单位一般只设现金日记账和银行存款日记账。

分类账簿。分类账簿是对全部经济业务事项按照会计要素的具体类别而设置的分类账户进行登记的账簿。按照总分类账户分类登记经济业务事项的是总分类账簿，简称总账。按照明细分类账户分类登记经济业务事项的是明细分类账簿，简称明细账。分类账簿提供的核算信息是编制会计报表的主要依据。

备查账簿。备查账簿简称备查簿，是对某些在序时账簿和分类账簿等主要账簿中都不予登记或登记不够详细的经济业务事项进行补充登记时使用的账簿。

账簿按账页格式的不同，账簿可以分为两栏式、三栏式、多栏式和数量金额式。

两栏式账簿。两栏式账簿是指只有借方和贷方两个基本金额栏目的账簿。普通日记账和转账日记账一般采用两栏式。

三栏式账簿。三栏式账簿是设有借方、贷方和余额三个基本栏目的账簿。各种日记账、总分类账以及资本、债权、债务明细账都可采用三栏式账簿。

多栏式账簿。多栏式账簿是在账簿的两个基本栏目借方和贷方按需要分设若干专栏的账簿。收入、费用、本年利润明细账一般均采用这种格式的账簿。

数量金额式账簿。数量金额式账簿的借方、贷方和余额三个栏目内，都分设数量、单价和金额三小栏，借以反映财产物资的实物数量和价值量。原材料、库存商品、产成品等明细账一般采用数量金额式账簿。

账簿按其外形特征不同可分为订本账、活页账和卡片账。

订本账。订本账是启用之前就已将账页装订在一起，并对账页进行连续编号的账簿。这种账簿一般适用于总分类账、现金日记账、银行存款日记账。

活页账。活页账是在账簿登记完毕之前并不固定装订在一起，而是装在活页账夹中。当账簿登记完毕之后（通常是一个会计年度结束之后），才将账页予以装订，加具封面，并给各账页连续编号。装订编号后，不得再抽换账页。各种明细分类账一般采

· 407 ·

通用知识

用活页账形式。

卡片账。卡片账是将账户所需格式印刷在硬卡上。严格说，卡片账也是一种活页账，只不过它不是装在活页账夹中，而是装在卡片箱内。在我国，单位一般只对固定资产的核算采用卡片账形式，也有少数企业在材料核算中使用材料卡片。

【知识点3】会计账簿启用规则

各单位应当按照国家统一会计制度的规定和会计业务的需要设置会计账簿。会计账簿包括总账、明细账、日记账和其他辅助性账簿。

现金日记账和银行存款日记账必须采用订本式账簿。不得用银行对账单或者其他方法代替日记账。

实行会计电算化的单位，用计算机打印的会计账簿必须连续编号，经审核无误后装订成册，并由记账人员和会计机构负责人、会计主管人员签字或者盖章。

第三节 企业主要经济业务的核算

一、筹资业务

【知识点1】基本概念

筹资业务，是指企业筹集资金的活动。资金来源既有投资者投入的资本，又有向债务人借入的资金。投资者投入的资本构成企业的永久性资本，没有归还期限。企业借入资金的期限可长可短，借款的方式多种多样，并不能无限期运用，应按照事先商定的时间和方式支付利息、归还本金。

【知识点2】筹资业务的主要账户

"实收资本"账户属于所有者权益类账户，用来核算投资人投入企业的资本。企业实际收到投资人投入的资产时，登记在该账户的贷方，投资人收回投资时登记在该账户的借方，账户余额在贷方表示投入企业的资本总额。

"股本"账户属于所有者权益类账户，是股份有限公司核算实收资金的科目，是一级科目。"股本"和实收资本只是科目名称不同，核算内容相同。

"资本公积"账户属于所有者权益类账户，用来核算企业收到投资者出资超出其在注册资本或股本中所占的份额以及直接计入所有者权益的利得和损失等。

"短期借款"账户属于负债类账户，核算企业向银行或其他金融机构等借入的期限在 1 年以下（含 1 年）的各种借款。该账户贷方登记短期借款的增加，借方登记短期借款的减少，即偿还借款，期末账户余额在贷方，表示尚未偿还的短期借款金额。

"长期借款"账户属于负债类账户，核算企业向银行或其他金融机构借入的期限在一年以上（不含一年）的各种借款的借入、归还等情况，一般用于固定资产的购建、改扩建工程、大修理工程、对外投资以及为了保持长期经营能力等方面。该科目可按照贷款单位和贷款种类设置明细账，分别"本金""利息调整"等进行明细核算。该科目的贷方登记长期借款本息的增加额，借方登记本息的减少额，贷方余额表示企业尚未偿还的长期借款。

【知识点3】筹资业务的主要会计处理举例

1. 所有者投入资本

借：银行存款（或其他相关科目）

　　贷：实收资本（或股本）

　　　　资本公积——资本溢价（或股本溢价）

2. 股份有限公司发放股票股利

借：利润分配——转作股本的股利

　　贷：股本

3. 一般企业减资

借：实收资本

　　贷：银行存款（或其他相关科目）

4. 企业向银行贷款

借：银行存款

　　贷：长期借款（或短期借款）

二 采购业务

【知识点1】基本概念

采购业务，是指企业在一定的条件下从供应市场获取产品或服务作为企业资源，以保证企业生产及经营活动正常开展的一项企业经营活动。

【知识点2】采购业务的主要账户

"在途物资"账户属于资产类账户，用来核算企业购入材料、商品等物资的采购成

通用知识

本。该账户借方登记购入物资（材料、商品）时支付的买价及采购费用，贷方登记已完成验收入库手续，验收入库的各种物资的实际成本，期末余额在借方，反映企业尚未验收入库的材料或商品等的采购成本。

"原材料"账户属于资产类账户，用来核算企业库存的各种材料，包括原料及主要材料、辅助材料、外购半成品（外购件）、修理用备件（备品备件）、包装材料、燃料等的实际成本或计划成本。该账户的借方登记各种已验收入库材料的实际成本或计划成本，贷方登记库存材料发出、领用的实际成本或计划成本，期末余额在借方，表示企业库存各种材料的实际成本或计划成本。

"应付账款"账户属于负债类账户，用来核算企业因购买材料、商品，接受劳务等经营活动应支付的款项。该账户贷方登记应付账款的增加，借方登记已偿还的欠款，一般期末余额在贷方，反映尚未支付的应付账款。

"应交税费"账户属于负债类账户，用来核算企业按照税法等规定计算应交纳的各种税费，包括增值税、消费税、企业所得税、资源税、土地增值税、城市维护建设税、房产税、城镇土地使用税、车船税、教育费附加、矿产资源补偿费等。企业代扣代缴的个人所得税等，也通过该账户核算。企业缴纳的印花税、耕地占用税以及其他不需要预计应缴数的税金，不在该账户中核算。

"其他应收款"账户属于资产类账户，用来核算企业除应收账款、应收票据、预付账款等以外的其他各种应收、暂付款项，具体包括备用金、应收的各种赔款、罚款，应向职工收取的各种垫付款项。

【知识点3】采购成本

企业购入物资的采购成本由下列各项组成：买价；运杂费（包括运输费、装卸费、保险费、仓储费等）；运输途中的合理损耗；入库前的挑选整理费用（包括挑选整理中发生的工、费支出和必要的损耗，并减去回收的下脚废料价值）；购买物资负担的税金和其他费用。

组成物资采购成本的各项支出中，除买价之外，凡属于由多种物资共同负担的采购成本，应按物资的重量或买价等标准确定分摊比例，分摊计入各种物资的采购成本。

采购费用分配率＝采购费用总额÷物资总重量（或买价总额）

某种物资应分摊的采购费用＝该种物资重量（或买价）×采购费用分配率

【知识点4】采购业务的主要会计处理举例

1. 外购材料等物资

借：在途物资

应交税费——应交增值税（进项税额）

贷：银行存款（或应付账款）
2. 采购的材料已验收入库
借：原材料
　　贷：在途物资

三 生产业务

【知识点1】基本概念

生产业务，是指企业为了持续经营和实现利润最大化目标，进行生产要素的投入和产品的产出的活动。

【知识点2】生产业务主要账户

"生产成本"账户属于成本类账户，用来核算工业企业生产各种产品（包括产成品、自制半成品等）所发生的各项生产费用，并据此计算产品实际生产成本。该账户借方登记本月发生的生产成本，贷方登记应结转的完工产品的实际生产成本，期末余额在借方，表示尚未完工的在产品成本。

"制造费用"账户属于成本类账户，用来核算工业企业为生产产品和提供劳务而发生的各项间接费用，包括车间管理人员的职工薪酬、折旧费、办公费、水电费、机物料消耗、劳动保护费、季节性和修理期间的停工损失等。该账户借方登记本月发生的各种制造费用，贷方登记分配结转应由各产品负担的制造费用，月末一般无余额。

"库存商品"账户属于资产类账户，用来核算企业库存的各种商品的成本，包括库存的外购商品、自制产品等。"库存商品"账户借方登记本月增加的外购商品或已完工并验收入库的产品成本，贷方登记发出的商品（产品）成本结转金额，月末账户余额在借方，表示企业库存商品（产品）的结存金额。

"累计折旧"账户属于资产类账户，它是"固定资产"账户的备抵调整账户，用来核算企业固定资产的累计折旧。固定资产可以在多个会计期间为企业带来效益，并且在使用过程中不改变其原有实物形态，根据固定资产的这一特点，会计核算中将固定资产的取得成本通过折旧的方式逐期分摊计入各个会计期间。

"应付职工薪酬"账户属于负债类账户，用来核算企业根据有关规定应付给职工的各种薪酬。本账户贷方登记企业职工薪酬的提取，借方登记企业实际支付的职工薪酬，期末贷方余额，反映企业应付未付的职工薪酬。该账户可按"工资""职工福利""社会保险费""住房公积金""工会经费""职工教育经费""非货币性福利""辞退福利""股份支付"等项目进行明细核算。

"财务费用"账户属于损益类账户，用来核算企业为筹集生产经营所需资金等而发

通用知识

生的筹资费用,包括利息支出(减利息收入)、汇兑损益以及相关的手续费等。财务费用发生时计入该账户的借方,期末,应将本账户借方归集的费用从其贷方全部转入"本年利润"账户的借方,结转后期末没有余额。

【知识点3】产品生产成本的计算

在计算产品成本时,一般把各种生产费用划分成4个成本项目:①直接材料,是指构成产品实体的原材料以及有助于产品形成的主要材料和辅助材料。②燃料和动力,是指直接用于产品生产的燃料和动力。③直接人工,是指直接从事产品生产的工人的职工薪酬。④制造费用,是指企业为生产产品和提供劳务而发生的各项间接费用,包括企业生产部门(如生产车间)发生的水电费、固定资产折旧、无形资产摊销、管理人员的职工薪酬、劳动保护费、国家规定的有关环保费用、季节性和修理期间的停工损失等。

制造费用分配率 = 制造费用总额 ÷ 生产工人工资(或生产工时等)总额

某产品应分配的制造费用 = 某产品生产工人工资(或生产工时等)× 制造费用分配率

【知识点4】生产业务的主要会计处理举例

1. 发出原材料用于生产

借:生产成本
　　贷:原材料

2. 分配结转应由产品负担的制造费用

借:生产成本
　　贷:制造费用

3. 产品完工入库,等待销售

借:库存商品
　　贷:生产成本

四 销售业务

【知识点1】基本概念

销售业务,是指企业自己把自己生产的产品或外购的商品销售给最终的目标市场(即消费者),或向消费者提供服务并取得收入的活动。新会计准则设定了收入确认计量的五步法,分别为:第一步,识别与客户订立的合同;第二步,识别合同中的单项履约义务;第三步,确定交易价格;第四步,将交易价格分摊至各单项履约义务;第五步，履行各单项履约义务时确认收入。

【知识点2】销售业务的主要账户

"主营业务收入"账户属于损益类账户，用来核算企业确认的销售商品、提供服务等主营业务的收入，期末，应将本科目的余额转入"本年利润"科目，结转后本科目应无余额。本科目可按主营业务的种类进行明细核算。其主要账务处理包括：

（1）企业在履行了合同中的单项履约义务时，应按照已收或应收的合同价款，加上应收取的增值税额，借记"银行存款""应收账款""应收票据""合同资产"等科目，按应确认的收入金额，贷记本科目，按应收取的增值税额，贷记"应交税费——应交增值税（销项税额）""应交税费——待转销项税额"等科目。

（2）合同中存在企业为客户提供重大融资利益的，企业应按照应收合同价款，借记"长期应收款"等科目，按照假定客户在取得商品控制权时即以现金支付而需支付的金额（现销价格）确定的交易价格，贷记本科目，按其差额，贷记"未实现融资收益"科目；合同中存在客户为企业提供重大融资利益的，企业应按照已收合同价款，借记"银行存款"等科目，按照假定客户在取得商品控制权时即以现金支付的应付金额（现销价格）确定的交易价格，贷记"合同负债"等科目，按其差额，借记"未确认融资费用"科目。涉及增值税的，还应进行相应的处理。

（3）企业收到的对价为非现金资产时，应按该非现金资产在合同开始日的公允价值，借记"存货""固定资产""无形资产"等有关科目，贷记本科目。涉及增值税的，还应进行相应的处理。

"其他业务收入"账户属于损益类账户，用来核算企业确认的除主营业务活动以外的其他经营活动实现的收入，包括出租固定资产、出租无形资产、出租包装物和商品、销售材料、用材料进行非货币性交换（非货币性资产交换具有商业实质且公允价值能够可靠计量）或债务重组等实现的收入。企业（保险）经营受托管理业务收取的管理费收入，也通过本科目核算，期末，应将本科目的余额转入"本年利润"科目，结转后本科目应无余额。本科目可按其他业务的种类进行明细核算。其主要账务处理包括企业确认其他业务收入的主要账务处理参见"主营业务收入"科目。

"主营业务成本"账户属于损益类账户，用来核算企业确认销售商品、提供服务等主营业务收入时应结转的成本，期末，应将本科目的余额转入"本年利润"科目，结转后本科目应无余额。本科目可按主营业务的种类进行明细核算。期末，企业应根据本期销售各种商品、提供各种服务等实际成本，计算应结转的主营业务成本，借记本科目，贷记"库存商品""合同履约成本"等科目。采用计划成本或售价核算库存商品的，平时的营业成本按计划成本或售价结转，月末，还应结转本月销售商品应分摊的产品成本差异或商品进销差价。

通用知识

"其他业务成本"账户属于损益类账户，用来核算企业确认的除主营业务活动以外的其他经营活动所发生的支出，包括销售材料的成本、出租固定资产的折旧额、出租无形资产的摊销额、出租包装物的成本或摊销额等。除主营业务活动以外的其他经营活动发生的相关税费，在"税金及附加"科目核算。采用成本模式计量投资性房地产的，其投资性房地产计提的折旧额或摊销额，也通过本科目核算。本科目可按其他业务成本的种类进行明细核算。企业发生的其他业务成本，借记本科目，贷记"原材料""周转材料"等科目。期末，应将本科目的余额转入"本年利润"科目，结转后本科目无余额。

税金及附加是指企业经营活动应负担的相关税费，包括消费税、城市维护建设税、教育费附加、资源税、房产税、城镇土地使用税、车船税、印花税等。

"税金及附加"属于损益类账户，核算企业经营活动发生的消费税、城市维护建设税、教育费附加、资源税、房产税、城镇土地使用税、车船税、印花税等相关税费。其中，按规定计算确定的与经营活动相关的消费税、城市维护建设税、资源税、教育费附加、房产税、城镇土地使用税、车船税等税费，企业应借记"税金及附加"科目，贷记"应交税费"科目。期末，应将"税金及附加"科目余额转入"本年利润"科目，结转后，"税金及附加"科目无余额。企业自行购买印花税票缴纳的印花税，不会发生应付未付税款的情况，不需要预计应纳税金额，同时也不存在与税务机关结算或者清算的问题。因此，企业缴纳的印花税不通过"应交税费"科目核算，于购买印花税票时，直接借记"税金及附加"科目，贷记"银行存款"科目。

"合同履约成本"属于资产类账户，核算企业为履行当前或预期取得的合同所发生的、不属于其他企业会计准则规范范围且按照《企业会计准则》应当确认为一项资产的成本。企业因履行合同而产生的毛利不在本科目核算。本科目可按合同，分别"服务成本""工程施工"等进行明细核算。企业发生上述合同履约成本时，借记本科目，贷记"银行存款""应付职工薪酬""原材料"等科目；对合同履约成本进行摊销时，借记"主营业务成本""其他业务成本"等科目，贷记本科目。涉及增值税的，还应进行相应的处理。本科目期末借方余额，反映企业尚未结转的合同履约成本。

"合同履约成本减值准备"属于资产类账户，核算与合同履约成本有关的资产的减值准备。本科目可按合同进行明细核算。与合同履约成本有关的资产发生减值的，按应减记的金额，借记"资产减值损失"科目，贷记本科目；转回已计提的资产减值准备时，做相反的会计分录。本科目期末贷方余额，反映企业已计提但尚未转销的合同履约成本减值准备。

"合同取得成本"属于资产类账户，核算企业取得合同发生的、预计能够收回的增量成本。本科目可按合同进行明细核算。企业发生上述合同取得成本时,借记本科目,贷记"银行存款""其他应付款"等科目;对合同取得成本进行摊销时,按照其相关性借记"销售费用"等科目,贷记本科目。涉及增值税的,还应进行相应的处理。本科目期末借方余额,反映企业尚未结转的合同取得成本。

"合同取得成本减值准备"属于资产类账户,核算与合同取得成本有关的资产的减值准备。本科目可按合同进行明细核算。与合同取得成本有关的资产发生减值的,按应减记的金额,借记"资产减值损失"科目,贷记本科目;转回已计提的资产减值准备时,做相反的会计分录。本科目期末贷方余额,反映企业已计提但尚未转销的合同取得成本减值准备。

"应收退货成本"属于资产类账户,核算销售商品时预期将退回商品的账面价值,扣除收回该商品预计发生的成本(包括退回商品的价值减损)后的余额。本科目可按合同进行明细核算。企业发生附有销售退回条款的销售的,应在客户取得相关商品控制权时,按照已收或应收合同价款,借记"银行存款""应收账款""应收票据""合同资产"等科目,按照因向客户转让商品而预期有权收取的对价金额(不包含预期因销售退回将退还的金额),贷记"主营业务收入""其他业务收入"等科目,按照预期因销售退回将退还的金额,贷记"预计负债——应付退货款"等科目;结转相关成本时,按照预期将退回商品转让时的账面价值,扣除收回该商品预计发生的成本(包括退回商品的价值减损)后的余额,借记本科目,按照已转让商品转让时的账面价值,贷记"库存商品"等科目,按其差额,借记"主营业务成本""其他业务成本"等科目。涉及增值税的,还应进行相应处理。本科目期末借方余额,反映企业预期将退回商品转让时的账面价值,扣除收回该商品预计发生的成本(包括退回商品的价值减损)后的余额,在资产负债表中按其流动性计入"其他流动资产"或"其他非流动资产"项目。

"合同资产"属于资产类账户,核算企业已向客户转让商品而有权收取对价的权利。仅取决于时间流逝因素的权利不在本科目核算。本科目应按合同进行明细核算。企业在客户实际支付合同对价或在该对价到期应付之前,已经向客户转让了商品的,应当按因已转让商品而有权收取的对价金额,借记本科目或"应收账款"科目,贷记"主营业务收入""其他业务收入"等科目;企业取得无条件收款权时,借记"应收账款"等科目,贷记本科目。涉及增值税的,还应进行相应的处理。

"合同资产减值准备"属于资产类账户,核算合同资产的减值准备。本科目应按合同进行明细核算。合同资产发生减值的,按应减记的金额,借记"资产减值损失"科目,贷记本科目;转回已计提的资产减值准备时,做相反的会计分录。本科目期末贷方余额,反映企业已计提但尚未转销的合同资产减值准备。

"合同负债"属于负债类账户,核算企业已收或应收客户对价而应向客户转让商品的义务。本科目应按合同进行明细核算。企业在向客户转让商品之前,客户已经支付了合同对价或企业已经取得了无条件收取合同对价权利的,企业应当在客户实际支付款项与到期应支付款项孰早时点,按照该已收或应收的金额,借记"银行存款""应收账款""应收票据"等科目,贷记本科目;企业向客户转让相关商品时,借记本科目,贷记"主营业务收入""其他业务收入"等科目。涉及增值税的,还应进行相应的处理。企业因转让商品收到的预收款适用《企业会计准则》进行会计处理时,不再使用"预收账款"科目及"递延收益"科目。本科目期末贷方余额,反映企业在向客户转让商品之前,已经收到的合同对价或已经取得的无条件收取合同对价权利的金额。

"销售费用"属于损益类账户,用来核算企业销售商品、提供劳务过程中发生的各种费用,包括保险费、包装费、展览费和广告费、商品维修费、预计产品质量保证损失、运输费、装卸费等,以及为销售本企业商品而专设的销售机构(含销售网点、售后服务网点等)的职工薪酬、业务费、折旧费等经营费用。企业发生的与专设销售机构相关的固定资产修理费用等后续支出,也在本账户核算。

"应收账款"账户属于资产类账户,用来核算企业因销售商品、提供劳务等经营活动形成的应收取的款项。该账户的借方登记销售商品、提供劳务尚未收取款项而引起的应收账款增加数,贷方登记已从购货单位或接受劳务单位收回的应收账款数,期末余额一般在借方,表示企业尚未收回的账款。

【知识点3】销售业务的主要会计处理举例

1. 实际发生成本时

借:合同履约成本
    贷:原材料、应付职工薪酬等

2. 根据合同约定结算合同价款、确认收入

借:主营业务成本
    贷:合同履约成本

借:应收账款
    贷:主营业务收入
        应交税费——应交增值税(销项税额)

3. 收到约定的合同价款

借:银行存款
    贷:应收账款

五 利润及利润分配

【知识点1】基本概念

利润,是企业在一定会计期间实现的经营成果。利润包括收入减去费用后的净额、直接计入当期利润的利得和损失等,它是企业生产经营活动的经济效益和资金使用效果的一种综合反映,同时也是税务机关向企业征收企业所得税时计算应纳税所得额的参照基础。

利润分配是指企业根据国家规定和投资者的决议,对净利润进行的分配。根据《中华人民共和国公司法》的规定,企业对净利润进行分配,要按照一定的顺序进行。首先弥补以前年度亏损,其次提取法定盈余公积金,再次按有关协议或决议分配投资者利润,余下的部分形成未分配利润,结转至以后年度再进行分配。企业按规定提取的盈余公积金和剩余的未分配利润统称为"留存收益"。

【知识点2】主要账户

"本年利润"账户属于所有者权益类账户,用来核算企业当期实现的净利润(或发生的净亏损)。该账户的贷方登记由"主营业务收入""其他业务收入""营业外收入""投资收益"等损益类账户转来的本期发生额,借方登记由"主营业务成本""税金及附加""其他业务成本""销售费用""管理费用""财务费用""营业外支出""所得税费用"等损益类账户转来的本期发生额,平时该账户如为贷方余额,表示企业本年累计实现的净利润,如为借方余额,表示本年累计发生的亏损额。年末,应将"本年利润"账户的余额结转至"利润分配——未分配利润"账户,结转后该账户无余额。

"所得税费用"账户属于损益类账户,用来核算企业确认的应从当期利润总额中扣除的所得税费用。期末,应将本账户借方登记的发生额从贷方转入"本年利润"账户的借方,结转后该账户无余额。

"营业外收入"账户属于损益类账户,用来核算企业非日常活动中发生的各项利得,主要包括非流动资产处置利得、非货币性资产交换利得、债务重组利得、政府补助、盘盈利得、捐赠利得等。该账户的贷方登记企业发生的各项利得,期末,应将该账户发生额全部转入"本年利润"账户的贷方,结转后无余额。

"营业外支出"账户属于损益类账户,用来核算企业非日常活动中发生的各项损失,包括非流动资产处置损失、非货币性资产交换损失、债务重组损失、捐赠支出、非常损失、盘亏损失等。该账户的借方登记企业发生的各项损失,期末,应将该账户发生额全部转入"本年利润"账户的借方,结转后无余额。

"投资收益"账户属于损益类账户,用来核算企业确认的投资收益或投资损失。该账户贷方登记企业当期取得的投资收益,借方登记当期发生的投资损失,期末应将该

通用知识

账户的余额转入"本年利润"账户，结转后期末无余额。

"利润分配"账户属于所有者权益类账户，用来核算企业利润分配的过程和分配结果。该账户借方登记已分配的利润金额和年末从"本年利润"账户转来的年度内发生的亏损金额；贷方登记弥补的亏损额和年末从"本年利润"账户转来的年度内实现的净利润额，期末如果余额在贷方，表示累计未分配的利润，如果余额在借方，表示累计未弥补的亏损。

"盈余公积"账户属于所有者权益账户，用来核算企业从净利润中提取的盈余公积。该账户贷方登记盈余公积的提取，借方登记因使用而减少的盈余公积金，期末余额在贷方，表示盈余公积的结余金额。

"应付股利"账户属于负债类账户，用来核算企业经权力机构决议确定分配的利润（如果是上市公司，经董事会或股东大会决议确定分配的现金股利在"应付股利"科目核算）。该账户贷方登记应分配的利润，借方登记利润的发放数，期末余额在贷方，表示应付未付给投资者的利润。

【知识点3】利润及利润分配业务的主要会计处理举例

1. 期末结转收入、利得

借：主营业务收入
　　其他业务收入
　　营业外收入
　　贷：本年利润

2. 期末结转成本、费用和损失

借：本年利润
　　贷：主营业务成本
　　　　其他业务成本
　　　　营业外支出
　　　　管理费用
　　　　销售费用
　　　　财务费用

3. 结转本年净利润

借：本年利润
　　贷：利润分配——未分配利润

或

借：利润分配——未分配利润
　　贷：本年利润

六 投资业务

【知识点1】基本概念

投资业务,是指企业以让渡其他资产而换取另一项资产,并能为企业带来一定经济利益的活动。按投资的性质不同,可分为权益性投资、债权性投资和混合性投资。按投资的目的和期限不同,可分为短期投资和长期投资。

【知识点2】投资业务的主要账户

"交易性金融资产"属于资产类科目,核算企业分类为以公允价值计量且其变动计入当期损益的金融资产。

"债权投资"属于资产类科目,核算企业以摊余成本计量的债权投资的账面余额。

"债权投资减值准备"属于资产类科目,核算企业以摊余成本计量的债权投资以预期信用损失为基础计提的损失准备。

"其他债权投资"属于资产类科目,核算企业分类为以公允价值计量且其变动计入其他综合收益的金融资产(债券投资)。

"其他权益工具投资"属于资产类科目,核算企业指定为以公允价值计量且其变动计入其他综合收益的非交易性权益工具投资。

"长期股权投资"核算企业准备长期持有的权益性投资。长期股权投资,是指投资方对被投资单位实施控制、重大影响的权益性投资,以及对其合营企业的权益性投资。本科目应当按照被投资单位进行明细核算。长期股权投资核算采用权益法的,应当分别"投资成本""损益调整""其他综合收益""其他权益变动"进行明细核算。

【知识点3】投资业务的主要会计处理举例

1. 企业购入一项金融工具,将其分类为以公允价值计量且其变动计入当期损益的金融资产

借:交易性金融资产
　　贷:银行存款

2. 企业购入一项金融工具,将其分类为以摊余成本计量的债权投资

借:债权投资
　　贷:银行存款

3. 企业投资成立子公司

借:长期股权投资
　　贷:银行存款

通用知识

七 数据资源

《企业数据资源相关会计处理暂行规定》自 2024 年 1 月 1 日起施行，对企业数据资源的相关会计处理进行了规定。

【知识点1】适用范围

《企业数据资源相关会计处理暂行规定》适用于企业按照企业会计准则相关规定确认为无形资产或存货等资产类别的数据资源，以及企业合法拥有或控制的、预期会给企业带来经济利益的，但由于不满足企业会计准则相关资产确认条件而未确认为资产的数据资源的相关会计处理。

【知识点2】数据资源的会计处理

企业应当按照企业会计准则相关规定，根据数据资源的持有目的、形成方式、业务模式，以及与数据资源有关的经济利益的预期消耗方式等，对数据资源相关交易和事项进行会计确认、计量和报告。

1. 企业使用的数据资源，符合无形资产准则规定的无形资产的定义和确认条件的，应当确认为无形资产，按照相关规定进行初始计量、后续计量、处置和报废等相关会计处理。

其中，企业通过外购方式取得确认为无形资产的数据资源，其成本包括购买价款、相关税费，直接归属于使该项无形资产达到预定用途所发生的数据脱敏、清洗、标注、整合、分析、可视化等加工过程所发生的有关支出，以及数据权属鉴证、质量评估、登记结算、安全管理等费用。企业通过外购方式取得数据采集、脱敏、清洗、标注、整合、分析、可视化等服务所发生的有关支出，不符合无形资产准则规定的无形资产定义和确认条件的，应当根据用途计入当期损益。

企业内部数据资源研究开发项目的支出，应当区分研究阶段支出与开发阶段支出。研究阶段的支出，应当于发生时计入当期损益。开发阶段的支出，满足无形资产准则规定的有关条件的，才能确认为无形资产。

企业在对确认为无形资产的数据资源的使用寿命进行估计时，应当考虑相关规定的因素，并重点关注数据资源相关业务模式、权利限制、更新频率和时效性、有关产品或技术迭代、同类竞品等因素。

企业在持有确认为无形资产的数据资源期间，利用数据资源对客户提供服务的，应当按照规定，将无形资产的摊销金额计入当期损益或相关资产成本，同时应当按照规定确认相关收入。

除上述情形外，企业利用数据资源对客户提供服务的，应当按照收入准则等规定确认相关收入，符合有关条件的应当确认合同履约成本。

2. 企业日常活动中持有、最终目的用于出售的数据资源，符合存货准则规定的定义和确认条件的，应当确认为存货，并按规定进行初始计量、后续计量等相关会计处理。

其中，企业通过外购方式取得确认为存货的数据资源，其采购成本包括购买价款、相关税费、保险费，以及数据权属鉴证、质量评估、登记结算、安全管理等所发生的其他可归属于存货采购成本的费用。企业通过数据加工取得确认为存货的数据资源，其成本包括采购成本，数据采集、脱敏、清洗、标注、整合、分析、可视化等加工成本和使存货达到目前场所和状态所发生的其他支出。

企业出售确认为存货的数据资源，应当按照存货准则将其成本结转为当期损益；同时，企业应当按照收入准则等规定确认相关收入。

3. 企业出售未确认为资产的数据资源，应当按照收入准则等规定确认相关收入。

第四节 财务会计报告

一、资产负债表

【知识点1】资产负债表的基本概念

资产负债表是反映企业在某一特定日期的财务状况的会计报表。

资产负债表以"资产＝负债＋所有者权益"会计等式为基础，反映企业某一特定日期（如月末、季末、年末等）关于企业资产、负债、所有者权益及其相互关系的信息。

资产负债表列报应当如实反映企业在资产负债表日所拥有的资源、所承担的负债以及所有者所拥有的权益。资产负债表应当按照资产、负债和所有者权益三大类别分类列报。

【知识点2】资产负债表的内容

企业资产负债表中的资产类至少应当单独列示反映下列信息的项目：①货币资金；②以公允价值计量且其变动计入当期损益的金融资产；③应收款项；④预付款项；

通用知识

⑤存货；⑥被划分为持有待售的非流动资产及被划分为持有待售的处置组中的资产；⑦可供出售金融资产；⑧持有至到期投资；⑨长期股权投资；⑩投资性房地产；⑪固定资产；⑫生物资产；⑬无形资产；⑭递延所得税资产。

企业资产负债表中的负债类至少应当单独列示反映下列信息的项目：①短期借款；②以公允价值计量且其变动计入当期损益的金融负债；③应付款项；④预收款项；⑤应付职工薪酬；⑥应交税费；⑦被划分为持有待售的处置组中的负债；⑧长期借款；⑨应付债券；⑩长期应付款；⑪预计负债；⑫递延所得税负债。

企业资产负债表中的所有者权益类至少应当单独列示反映下列信息的项目：①实收资本（或股本）；②资本公积；③盈余公积；④未分配利润。

【知识点3】数据资源的特殊列示要求

自2024年1月1日起，企业在编制资产负债表时，应当根据重要性原则并结合本企业的实际情况，在"存货"项目下增设"其中：数据资源"项目，反映资产负债表日确认为存货的数据资源的期末账面价值；在"无形资产"项目下增设"其中：数据资源"项目，反映资产负债表日确认为无形资产的数据资源的期末账面价值；在"开发支出"项目下增设"其中：数据资源"项目，反映资产负债表日正在进行数据资源研究开发项目满足资本化条件的支出金额。

【知识点4】资产负债表的格式

资产负债表采用账户式的格式，即左侧列报资产方，右侧列报负债方和所有者权益方，且资产负债表中的资产各项目的合计等于负债和所有者权益各项目的合计。

为了便于报表使用者比较不同时点资产负债表的数据，掌握企业财务状况的变动情况及发展趋势，企业需要提供比较资产负债表。资产负债表应就各项目再分为"年初余额"和"期末余额"两栏分别填列。

资产负债表的作用主要体现在以下4个方面：①通过编制资产负债表，可以反映企业资产的构成及其状况，分析企业在某一日期所拥有的经济资源及其分布情况。②通过编制资产负债表，可以反映企业某一日期的负债总额及其结构，分析企业目前与未来需要支付的债务数额。③通过编制资产负债表，可以反映企业所有者权益的情况，了解企业现有的投资者在企业资产总额中所占的份额。④通过资产负债表，可以帮助报表使用者全面了解企业的财务状况及其发展趋势，分析企业的债务偿还能力和营利能力等，从而为未来的经济决策提供参考信息。

二 利润表

【知识点1】利润表的内容和格式

利润表是反映企业在一定会计期间的经营成果的会计报表，反映了企业经营业绩的主要来源和构成。

利润表遵循了"收入－费用＝利润"这一会计恒等式的要求，把企业在某一特定会计期间实现的收入、发生的费用和实现的利润反映出来。

企业利润表至少应当单独列示反映下列信息的项目，但其他会计准则另有规定的除外：营业收入；营业成本；税金及附加；管理费用；销售费用；财务费用；投资收益；公允价值变动损益；资产减值损失；非流动资产处置损益；所得税费用；净利润；其他综合收益；各项目分别扣除所得税影响后的净额；综合收益总额。

利润表一般采用多步式的格式，即通过对当期的收入、费用、支出项目按性质加以归类，按利润形成的主要环节列示一些中间性利润指标，便于使用者理解企业经营成果的不同来源。

通过提供利润表，可以反映企业在一定会计期间收入、费用、利润（或亏损）的数额、构成情况，帮助财务报表使用者全面了解企业的经营成果，分析企业的获利能力及盈利增长趋势，从而为其作出经济决策提供依据。

【知识点2】利润表的填报

"营业收入"项目，反映企业经营主要业务和其他业务所确认的收入总额。根据"主营业务收入""其他业务收入"科目的发生额分析填列。

"营业成本"项目，反映企业经营主要业务和其他业务发生的实际成本总额。根据"主营业务成本""其他业务成本"科目的发生额分析填列。

"税金及附加"项目，反映企业经营业务应负担的消费税、城市维护建设税、资源税、土地增值税和教育费附加等。根据"税金及附加"科目的发生额分析填列。

"销售费用"项目，反映企业在销售商品过程中发生的包装费、广告费等费用和为销售本企业商品而专设的销售机构的职工薪酬、业务费等经营费用。根据"销售费用"科目的发生额分析填列。

"管理费用"项目，反映企业为组织和管理生产经营发生的管理费用。根据"管理费用"科目的发生额分析填列。

"财务费用"项目，反映企业筹集生产经营所需资金等而发生的筹资费用。根据"财务费用"科目的发生额分析填列。

"资产减值损失"项目，反映企业各项资产发生的减值损失。根据"资产减值损失"科目发生额分析填列。

"公允价值变动收益"项目，反映企业交易性金融资产、交易性金融负债，以及采用公允价值模式计量的投资性房地产等公允价值变动形成的应计入当期损益的利得或损失。根据"公允价值变动损益"科目的发生额分析填列。如为损失，以"-"号填列。

"投资收益"项目，反映企业以各种方式对外投资所取得的收益。如为损失，以"-"号填列。企业持有的交易性金融资产处置和出售时，处置收益部分应当自"公允价值变动损益"项目转出，列入本项目。根据"投资收益"科目的发生额分析填列。

"营业外收入""营业外支出"项目，反映企业发生的与其经营活动无直接关系的各项收入和支出。根据"营业外收入""营业外支出"科目的发生额分析填列。

"利润总额"项目，反映企业实现的利润总额。如为亏损总额，以"-"号填列。

"所得税费用"项目，反映企业根据所得税准则确认的应从当期利润总额中扣除的所得税费用。根据"所得税"科目的发生额分析填列。

"净利润"项目，反映企业实现的净利润。

"其他综合收益"项目，反映企业根据其他会计准则规定未在当期损益中确认的各项利得和损失。具体分为"以后会计期间不能重分类进损益的其他综合收益项目"和"以后会计期间在满足规定条件时将重分类进损益的其他综合收益项目"两类，并以扣除所得税影响后的净额列报。

"综合收益总额"项目，反映企业净利润与其他综合收益的合计金额。

三 现金流量表与所有者权益变动表

【知识点1】现金流量表的基本概念

现金流量表是反应一定时期内（如月度、季度或年度）企业经营活动、投资活动和筹资活动对其现金及现金等价物所产生影响的财务报表。现金流量表是原先财务状况变动表或者资金流动状况表的替代物。它详细描述了由公司的经营、投资与筹资活动所产生的现金流。

现金流量表的主要作用是决定公司短期生存能力，特别是缴付账单的能力。它是反映一家公司在一定时期现金流入和现金流出动态状况的报表。其组成内容与资产负债表和损益表相一致。通过现金流量表，可以概括反映经营活动、投资活动和筹资活动对企业现金流入流出的影响，对于评价企业的实现利润、财务状况及财务管理，要比传统的损益表提供更好的基础。

【知识点2】现金流量表的主要项目填列

销售商品和提供劳务收到的现金基本填列公式为：

$$本项目金额 = 营业收入 + 销项税额 + （应收账款期初余额 - \\ 应收账款期末余额）+ （应收票据期初余额 - \\ 应收票据期末余额）+ （预收账款期末余额 - \\ 预收账款期初余额）- 坏账准备的调整金额 - \\ 票据转让的调整金额 - 其他特殊项目的调整金额$$

营业收入的填列。根据新的企业会计准则，营业收入为利润表第一项。但有的营业收入不会形成现金流量：用库存商品发放职工薪酬、用库存商品对外投资、用库存商品进行债务重组及非货币性资产交换等，新会计准则确认为主营业务收入。用材料对外投资、用材料进行债务重组和非货币性资产交换等，新会计准则确认为其他业务收入。这些项目都应从营业收入项目中扣除。

销项税额这个项目应根据应交增值税明细账填列。贷方发生额减去借方发生额的差额。在新会计准则的处理下：工程领用本厂商品，用本厂商品发放职工薪酬、用本厂商品和材料对外投资、非货币性资产交换、债务重组等产生的销项税额，既不会产生现金流量，也不会形成应收账款，应从销项税额中扣除。

应收账款期初余额减去期末余额。应收票据期初余额减去期末余额。这两个项目根据资产负债表应收账款项目和应收票据项目填列。但只是假定期初大于期末余额的差额最终会形成现金流量。在新会计准则下需要根据有关情况进行调整。期末余额应加上由于债务重组减少的金额和应收账款转让换取非货币性资产减少的金额，也应加上由于应收账款让售（带追索权的）产生的利息费用和损失。

预收账款期末余额减去期初余额。本项目根据资产负债表项目的期末余额和期初余额填列。在新会计准则情况下，无法支付的预收账款批准转销后变成营业外收入，不会形成营业收入，因而应追回，才是正确的现金流量。

坏账准备的调整金额。本项目根据坏账准备明细账贷方当期计提的金额填列。在新会计准则情况下，由于所有的应收款项都可以计提坏账准备，应收利息、应收股利、预付账款的坏账准备应剔除，只包括应收账款和应收票据计提的坏账准备。

票据贴现的调整金额。在现实中流通转让的商业汇票主要是不带息的银行承兑汇票，而且主要不是贴现给银行而是转让给其他企业，因而一般不存在贴现利息。但贴现用于支付应付账款和购货的票据也在本项减去。

购买商品和接受劳务支付的现金基本填列公式为：

$$本项目金额 = 营业成本 + 进项税额 + （应付账款期初余额 - \\ 应付账款期末余额）+ （应付票据期初余额 -$$

通用知识

应付票据期末余额）+（预付账款期末余额 −
预付账款期初余额）+（存货期末余额 −
存货期初余额）− 职工薪酬调整项目 +
坏账准备调整项目 − 其他特殊事项调整项目

营业成本。本项目根据利润表项目填列，为主营业务成本和其他业务成本之和。在新会计准则情况下，用本厂产品对外投资、工程领用本厂产品、用本厂材料对外投资、债务重组、非货币性交换产生的主营业务成本、其他业务成本等应予以剔除，分别计入投资活动引起的现金流出量。

进项税额。本项目根据应交增值税明细账借方分析填列。借方的出口退税、进项税额转出应予以减除。债务重组、非货币性交换产生的进项税额不应包括在内。

应付账款期初余额减应付账款期末余额。应付票据期初余额减应付票据期末余额。这两个项目根据资产负债表期初期末余额填列。当期确实无法支付批准转入营业外收入的应付账款、应付票据应加回。通过债务重组方式冲减应付账款、应付票据由于没有减少现金流量，也应加回。

预付账款期末余额减去预付账款期初余额。本项目根据资产负债表期初期末余额填列。当期计提的坏账准备应予以加回。若预付账款中含有预付的工程款，应予以剔除。

存货期末余额减去存货期初余额。本项目根据资产负债表中期末期初余额填列。由于存货业务的复杂性，在填列现金流量表时需要调整的项目相对比较多，调整时应注意：①当期计提的存货跌价准备应予以加回。②代理业务资产和代理业务负债应相互抵销后填列。③当期盘亏、毁损、发生非正常损失的存货应予以加回。④通过债务重组、非货币性交换得到的存货，由于没有引起现金流出，在计算现金流出量时应予以减除。⑤当期盘盈、工程物资转入等增加的存货计算时也应予以剔除。

职工薪酬的调整项目。期末生产成本、自制半成品、库存商品明细账中的职工薪酬，尽管已经支付现金，由于需要在现金流量表中单列，因此应从存货项目中扣除。本项目可以根据已售商品成本和未售成本的比例分配薪酬。

坏账准备调整项目。由于预付账款也计提坏账准备，故应予以加回。

【知识点3】所有者权益变动表的基本概念

所有者权益变动表是反映构成所有者权益的各组成部分当期的增减变动情况的报表。

通过所有者权益变动表，既可以为报表使用者提供所有者权益总量增减变动的信息，也能为其提供所有者权益增减变动的结构性信息，特别是能够让报表使用者理解所有者权益增减变动的根源。

所有者权益变动表各项目均需填列"本年金额"和"上年金额"两栏。所有者权益表变动表"上年金额"栏内各项数字，应根据上年度所有者权益变动表"本年金额"内所列数字填列。上年度所有者权益变动表规定的各个项目的名称和内容同本年度不一致的，应对上年度所有者权益变动表各项目的名称和数字按照本年度的规定进行调整，填入所有者权益变动表的"上年金额"栏内。所有者权益变动表"本年金额"栏内各项数字一般应根据"实收资本（或股本）""资本公积""盈余公积""利润分配""库存股""以前年度损益调整"科目的发生额分析填列。

【知识点4】所有者权益变动表的主要项目

（1）"上年年末余额"项目，反映企业上年资产负债表中实收资本（或股本）、资本公积、盈余公积、未分配利润的年末余额。

（2）"净利润"项目，反映企业当年实现的净利润（或净亏损）金额，并对应列在"未分配利润"栏。

（3）"其他综合收益"项目，反映企业当年直接计入所有者权益的利得和损失金额。

（4）"所有者投入和减少资本"项目，反映企业当年所有者投入的资本和减少的资本。其中："所有者投入资本"项目，反映企业接受投资者投入形成的实收资本（或股本）和资本溢价或股本溢价，并对应列在"实收资本"和"资本公积"栏。

（5）"利润分配"下各项目，反映当年对所有者（或股东）分配的利润（或股利）金额和按照规定提取的盈余公积金额，并对应列在"未分配利润"和"盈余公积"栏。其中："提取盈余公积"项目，反映企业按照规定提取的盈余公积。"对所有者（或股东）的分配"项目，反映对所有者（或股东）分配的利润（或股利）金额。

（6）"所有者权益内部结转"下各项目，反映不影响当年所有者权益总额的所有者权益各组成部分之间当年的增减变动，包括资本公积转增资本（或股本）、盈余公积转增资本（或股本）、盈余公积弥补亏损等项金额。其中："资本公积转增资本（或股本）"项目，反映企业以资本公积转增资本或股本的金额。"盈余公积转增资本（或股本）"项目，反映企业以盈余公积转增资本或股本的金额。"盈余公积弥补亏损"项目，反映企业以盈余公积弥补亏损的金额。

通用知识

>> 习题演练

一、单项选择题

1. 出售企业的数据资源，下列会计处理错误的是（　　）。
   A. 如数据资源确认为存货，则出售时确认为其他业务收入
   B. 如数据资源未确认为资产，则出售时无须确认相关收入
   C. 如数据资源确认为无形资产，则出售时确认为资产处置损益
   D. 如数据资源确认为无形资产，则出售时确认为营业外收入

   【解析】如数据资源作为存货，则出售时确认为主营业务收入；如数据资源未确认为资产，则出售时也应按规定确认相关收入；如数据资源作为无形资产，则出售时确认为资产处置损益而不是营业外收入。

   【答案】C

2. 企业会计的确认、计量和报告应当以（　　）为基础。
   A. 权责发生制　　B. 收付现实制
   C. 预算执行制　　D. 收付统一制

   【解析】权责发生制，是指凡是当期已经实现的收入和已经发生或应当负担的费用无论款项是否收付，都应当作为当期的收入和费用，计入利润表；凡是不属于当期的收入和费用，即使款项已在当期收付，也不应当作为当期的收入和费用。

   【答案】A

3. X公司在2023年发现2022年度有一项费用未入账，金额为2万元，X公司将其计入2023年度的费用。X公司2022年度的净利润为3亿元，预计2023年度的净利润将达到3.5亿元。不考虑其他因素，X公司上述会计处理体现的会计信息质量要求是（　　）。
   A. 及时性　　　　B. 相关性
   C. 可比性　　　　D. 重要性

   【解析】重要性原则是指企业在全面核算的前提下，对于在会计核算过程中的交易或事项应当区别其重要程度，采用不同的核算方式。当经济业务的发生对企业的财务状况和损益影响甚微时，可以用简单的方法和程序进行核算；反之，当经济业务的发生对企业的财务状况和损益影响很大时，就应当严格按照规定的会计方法和程序进行核算。本题中的情况符合会计信息质量重要性的原则。

   【答案】D

4. "短期借款"账户属于负债类账户，核算企业向银行或其他金融机构等借入的期限在（　　）的各种借款。
   A. 1年以下（不含1年）

· 428 ·

B. 2年以下（含2年）

C. 2年以下（不含2年）

D. 1年以下（含1年）

【解析】短期借款的期限是1年以下（含1年）。

【答案】D

5. 投资方对被投资单位实施控制、重大影响的权益性投资，以及对其合营企业的权益性投资，指的是（　　）。

   A. 交易性金融资产　B. 长期股权投资

   C. 短期股权投资　　D. 金融资产

   【解析】以上表述是长期股权投资的定义。

   【答案】B

6. 下列选项中，不属于行政单位财务报表的是（　　）。

   A. 利润表

   B. 收入支出表

   C. 资产负债表

   D. 财政拨款收入支出表

   【解析】行政单位没有利润表。

   【答案】A

7. 以下不形成资产基金的资产项目是（　　）。

   A. 应收账款　　　B. 存货

   C. 预付账款　　　D. 在建工程

   【解析】资产基金科目核算行政单位的预付账款、存货、固定资产、在建工程、无形资产、政府储备物资、公共基础设施等非货币性资产在净资产中占用的金额。

   【答案】A

8. 编制会计报表的基础，连接会计凭证与会计报表的中间环节是（　　）。

A. 设置和登记账簿

B. 设置会计科目

C. 编制现金流量表

D. 确定会计核算制度

【解析】会计账簿，是指由一定格式的账页组成的，以经过审核的会计凭证为依据，全面、系统、连续地记录各项经济业务的簿籍。设置和登记账簿，是编制会计报表的基础，是连接会计凭证与会计报表的中间环节。

【答案】A

9. 资产负债表是反映企业在（　　）的财务状况的会计报表。

   A. 某一特定阶段　B. 一个年度内

   C. 某一特定日期　D. 半年内

   【解析】资产负债表反映的是一个时点的情况。

   【答案】C

10. 企业资产负债表中的所有者权益类不单独列示以下（　　）项目。

    A. 实收资本　　　B. 资本公积

    C. 盈余公积　　　D. 已分配利润

    【解析】所有者权益类不单独列示已分配利润。

    【答案】D

11. 下列关于会计账簿启用规则的说法，不正确的是（　　）。

    A. 各单位应当按照国家统一会计制度的规定和会计业务的需要设置会计账簿

    B. 实行会计电算化的单位，用计算机打印的会计账簿必须连续编号，经审核无误后装订成册

    C. 可以用银行对账单或者其他方法

· 429 ·

代替日记账

D. 由记账人员和会计机构负责人、会计主管人员签字或者盖章

【解析】现金日记账和银行存款日记账必须采用订本式账簿,不得用银行对账单或者其他方法代替日记账。

【答案】C

12. 下列关于会计分期的说法,错误的是( )。

A. 会计分期是一个个连续的期间

B. 会计分期是长短相同的期间

C. 会计年度通常以"1年"为标准

D. 如果企业营业周期长于1年的,仍以"1年"为标准

【解析】也可以以"长于1年的一个营业周期"为会计年度。

【答案】D

13. 国家统一会计制度规定,企业的会计核算以( )为记账本位币。

A. 人民币　　　B. 美元

C. 欧元　　　　D. 日元

【解析】人民币是我国会计核算的本位币。

【答案】A

14. 会计信息质量要求是对企业财务报告中所提供会计信息质量的基本要求,是对会计信息使用者决策应具备的基本特征。不包括下列选项中的( )。

A. 可靠性　　　B. 相关性

C. 直接性　　　D. 可比性

【解析】基本特征包括可靠性、相关性、可理解性、可比性、实质重于形式、重要性、谨慎性和及时性八项,不包括直接性。

【答案】C

15. 一次凭证、累计凭证和汇总凭证是原始凭证按照( )不同进行的分类。

A. 来源

B. 格式

C. 主体

D. 填制手续及内容

【解析】原始凭证按照填制手续及内容不同,分为一次凭证、累计凭证和汇总凭证。

【答案】D

16. "应交税费"账户属于( )账户,用来核算企业按照税法等规定计算应缴纳的各种税费。

A. 负债类　　　B. 资产类

C. 成本类　　　D. 损益类

【解析】"应交税费"账户属于负债类账户。

【答案】A

17. "税金及附加"属于损益类账户,用来核算企业经营活动中应该缴纳的相关税费,其中不包括( )。

A. 营业税　　　B. 消费税

C. 资源税　　　D. 增值税

【解析】增值税不在此科目核算。

【答案】D

18. 利润,是企业在( )实现的经营成果。

A. 某一特定阶段　B. 一定会计期间

C. 某一特定日期　D. 1年内

【解析】利润反映的是一定会计期间的情况。

【答案】B

19. 会计账簿不包括以下账簿中的（　　）。
    A. 总账　　　　B. 明细账
    C. 日记账　　　D. 成本账
    【解析】会计账簿包括总账、明细账、日记账和其他辅助性账簿。
    【答案】D

20. 为了便于报表使用者比较不同时点资产负债表的数据，掌握企业财务状况的变动情况及发展趋势，企业需要提供（　　）。
    A. 比较资产负债表
    B. 资产负债表
    C. 利润表
    D. 现金流量表
    【解析】企业需要为使用者提供的是比较资产负债表。
    【答案】A

21. 下列关于现金流量表的说法，不正确的是（　　）。
    A. 主要作用是决定公司短期生存能力，特别是缴付账单的能力
    B. 它是反映一家公司在一定时期现金流入和现金流出动态状况的报表
    C. 其组成内容与资产负债表和损益表相一致
    D. 现金流量表和传统的损益表基本一样
    【解析】通过现金流量表，可以概括反映经营活动、投资活动和筹资活动对企业现金流入流出的影响，对于评价企业的实现利润、财务状况及财务管理，要比传统的损益表提供更好的基础。
    【答案】D

22. 下列关于所有者权益变动表的说法，不正确的是（　　）。
    A. 各项目可只填列"本年金额"栏目
    B. 所有者权益表变动表"上年金额"栏内各项数字，应根据上年度所有者权益变动表"本年金额"内所列数字填列
    C. 上年度所有者权益变动表规定的各个项目的名称和内容同本年度不一致的，应对上年度所有者权益变动表各项目的名称和数字按照本年度的规定进行调整，填入所有者权益变动表的"上年金额"栏内
    D. 所有者权益变动表"本年金额"栏内各项数字一般应根据"实收资本（或股本）""资本公积""盈余公积""利润分配""库存股""以前年度损益调整"科目的发生额分析填列
    【解析】各项目均需填列"本年金额"和"上年金额"两栏。
    【答案】A

二、多项选择题

1. 企业通过外购方式取得可确认为无形资产的数据资源，则下列支出可以列为无形资产成本的有（　　）。
    A. 购买价款和相关税费
    B. 直接归属于使该项无形资产达到预

定用途所发生的数据脱敏、清洗、标注、整合、分析、可视化等加工过程所发生的有关支出

C. 数据权属鉴证费用

D. 安全管理费用

【解析】企业通过外购方式取得确认为无形资产的数据资源，其成本包括购买价款、相关税费、直接归属于使该项无形资产达到预定用途所发生的数据脱敏、清洗、标注、整合、分析、可视化等加工过程所发生的有关支出，以及数据权属鉴证、质量评估、登记结算、安全管理等费用。

【答案】ABCD

2. 企业在对确认为无形资产的数据资源的使用寿命进行估计时，应当重点关注的因素有（　　）。

A. 数据资源相关业务模式的因素

B. 权利限制的因素

C. 更新频率和时效性的因素

D. 有关产品或技术迭代、同类竞品的因素

【解析】企业在对确认为无形资产的数据资源的使用寿命进行估计时，应当考虑相关规定的因素，并重点关注数据资源相关业务模式、权利限制、更新频率和时效性、有关产品或技术迭代、同类竞品等因素。

【答案】ABCD

3. 会计核算的基本前提包括（　　）。

A. 会计主体　　　B. 持续经营

C. 会计分期　　　D. 货币计量

【解析】会计核算的基本前提也叫会计假设，是对会计核算所处的时间、空间环境所作的合理设定。会计核算具体对象的确定、会计政策的选择、会计要素的确认、会计金额的计量都要以会计基本前提为依据。会计核算的基本前提包括会计主体、持续经营、会计分期和货币计量四项。

【答案】ABCD

4. 会计要素通过会计报表列报，资产负债表要素反映企业的财务状况，包括（　　）等要素。

A. 资产　　　　　B. 负债

C. 所有者权益　　D. 利润

【解析】利润是利润表的要素。

【答案】ABC

5. 行政单位会计核算的目标有（　　）。

A. 向会计信息使用者提供与单位财务状况、预算执行情况等有关的会计信息

B. 反映单位各项资金活动及受托责任的履行情况

C. 帮助会计信息使用者进行管理、监督和决策

D. 提高资金使用效益

【解析】行政单位会计核算目标是向会计信息使用者提供与行政单位财务状况、预算执行情况等有关的会计信息，反映行政单位受托责任的履行情况，有助于会计信息使用者进行管理、监督和决策。

【答案】ABC

6. 下列选项属于"应付职工薪酬"科目核算内容的有（　　）。

A. 基本工资　　　B. 奖金

C. 津贴补贴　　　D. 社会保险费

【解析】以上都属于"应付职工薪酬"科目核算。

【答案】ABCD

7. 会计科目按其所归属的会计要素不同进行分类，包括（　　）。

　　A. 资产类　　　　B. 负债类

　　C. 总分类　　　　D. 明细分类

【解析】总分类科目和明细分类科目是会计科目按其提供信息的详细程度及其统驭关系不同进行的分类。

【答案】AB

8. 企业购入物资的采购成本包括（　　）。

　　A. 运杂费（包括运输费、装卸费、保险费、仓储费等）

　　B. 运输途中的合理损耗

　　C. 入库前的挑选整理费用（包括挑选整理中发生的工、费支出和必要的损耗，并减去回收的下脚废料价值）

　　D. 购买物资负担的税金和其他费用

【解析】4个选项都是采购成本的内容。

【答案】ABCD

9. 留存收益包括（　　）。

　　A. 资本公积　　　B. 盈余公积

　　C. 未分配利润　　D. 所有者权益

【解析】根据《中华人民共和国公司法》的规定，企业对净利润进行分配，要按照一定的顺序进行。首先弥补以前年度亏损，其次提取法定盈余公积金，再次按有关协议或决议分配投资者利润，余下的部分形成未分配利润，结转至以后年度再进行分配。企业按规定提取的盈余公积金和剩余的未分配利润统称为"留存收益"。

【答案】BC

10. 账簿按其用途不同，可分为（　　）。

　　A. 数量金额式账簿

　　B. 序时账簿

　　C. 分类账簿

　　D. 备查账簿

【解析】序时账簿、分类账簿和备查账簿是按用途进行的分类。

【答案】BCD

11. 必须采用订本式账簿的是（　　）。

　　A. 总分类账

　　B. 明细账

　　C. 现金日记账

　　D. 银行存款日记账

【解析】总分类账、现金日记账和银行存款日记账必须采用订本式账簿。

【答案】ACD

12. 资产负债表应当按照（　　）等大类别分类列报。

　　A. 资产　　　　　B. 负债

　　C. 所有者权益　　D. 资本

【解析】资产负债表列报应当如实反映企业在资产负债表日所拥有的资源、所承担的负债以及所有者所拥有的权益，应当按照资产、负债和所有者权益三大类别分类列报。

【答案】ABC

13. 企业资产负债表中的负债类项目至少应当单独列示反映（　　）。

　　A. 短期借款　　B. 预收款项

　　C. 递延所得税　D. 长期应付款

【解析】递延所得税属于资产项目。

【答案】ABD

通用知识

14. 下列关于利润表基本科目的表述，正确的有（　　）。
    A. "营业收入"项目，反映企业经营主要业务和其他业务所确认的收入总额。根据"主营业务收入""其他业务收入"科目的发生额分析填列
    B. "营业成本"项目，反映企业经营主要业务和其他业务发生的实际成本总额。根据"主营业务成本""其他业务成本"科目的发生额分析填列
    C. "税金及附加"项目，反映企业经营业务应负担的消费税、城市维护建设税、资源税、土地增值税和教育费附加等。根据"税金及附加"科目的发生额分析填列
    D. "销售费用"项目，反映企业在销售商品过程中发生的包装费、广告费等费用和为销售本企业商品而专设的销售机构的职工薪酬、业务费等经营费用。根据"销售费用"科目的发生额分析填列

    【解析】4个选项都符合相关科目的规定。
    【答案】ABCD

15. 以下关于会计核算特点的说法，正确的有（　　）。
    A. 以货币为主要计量单位
    B. 以实际发生的经济业务所取得的合法凭证为书面依据
    C. 以一套科学的方法为核算手段
    D. 具有全面性、连续性和系统性

    【解析】4个选项都是会计核算的特点。
    【答案】ABCD

16. 会计监督职能，是指会计人员在进行会计核算的同时，对特定主体经济活动的（　　）进行审查，以达到预期的目的。
    A. 合法性　　　　B. 全面性
    C. 合理性　　　　D. 正当性

    【解析】会计监督职能对特定主体经济活动的合法性、合理性进行审查。
    【答案】AC

17. 记账凭证按内容不同，分为收款凭证、付款凭证和转账凭证。在实际工作中，规模小、业务简单的单位，也可以使用一种格式的通用记账凭证。以下表述正确的有（　　）。
    A. 收款凭证是指用于记录现金和银行存款收款业务的会计凭证
    B. 付款凭证是指用于记录现金和银行存款付款业务的会计凭证
    C. 转账凭证是指用于记录不涉及现金和银行存款业务的会计凭证
    D. 通用记账凭证是指不分收款、付款及转账业务，而将所有的经济业务统一编号，在统一格式的凭证中进行记录的会计凭证

    【解析】4个选项都符合记账凭证的特点。
    【答案】ABCD

18. 下列关于活页账的说法，正确的有（　　）。
    A. 活页账是在账簿登记完毕之前并不固定装订在一起，而是装在活页账夹中

B. 当账簿登记完毕之后（通常是半个会计年度结束之后）才将账页予以装订

C. 装订时要给各账页连续编号

D. 装订编号后，不得再抽换账页

【解析】通常是1个会计年度结束之后，才将账页予以装订。

【答案】ACD

19. 下列关于会计主体的说法，正确的有（　　）。

    A. 会计主体不同于法律主体
    B. 法律主体往往是会计主体
    C. 会计主体不一定是法律主体
    D. 一个法律主体可以有多个会计主体，一个会计主体也可以有多个法律主体

【解析】4个选项都符合会计主体的说法。

【答案】ABCD

20. 计量属性是指企业在将符合确认条件的会计要素登记入账并列报于会计报表及其附注时，应当按照规定的计量标准和计量方法进行计量，确定其金额的基础。计量属性包括（　　）。

    A. 历史成本
    B. 重置成本
    C. 可变现净值
    D. 现值和公允价值

【解析】4个选项都是计量的基本属性。

【答案】ABCD

21. 以下关于会计等式的说法，正确的有（　　）。

    A. 资产 = 权益

B. 资产 = 负债 + 所有者权益

C. 收入 – 费用 = 利润

D. 资产 + 费用 = 负债 + 所有者权益 + 收入

【解析】4个选项都是基本会计等式。

【答案】ABCD

22. 下列关于"固定资产"账户的说法，正确的有（　　）。

    A. 属于资产类账户，用来核算企业固定资产的原值
    B. 固定资产是指为生产商品、提供劳务、出租或经营管理而持有的
    C. 使用寿命超过12个月的有实物形态的资产
    D. 具体包括房屋、建筑物、机器、机械、运输工具以及其他与生产、经营有关的设备、器具、工具等

【解析】固定资产是使用寿命超过一个会计年度的有实物形态的资产。

【答案】ABD

23. 下列关于数据资源的列示说法正确的有（　　）。

    A. 自2024年1月1日起，企业在编制资产负债表时，应当根据重要性原则并结合本企业的实际情况，在资产负债表中列示相关内容
    B. 自2024年1月1日起，企业可在"存货"项目下增设"其中：数据资源"项目，反映资产负债表日确认为存货的数据资源的期末账面价值
    C. 自2024年1月1日起，企业可在"无形资产"项目下增设"其中：数据资源"项目，反映资产负债表

日确认为无形资产的数据资源的期末账面价值

D. 自2024年1月1日起，企业可在"开发支出"项目下增设"其中：数据资源"项目，反映资产负债表日正在进行数据资源研究开发项目满足资本化条件的支出金额

【解析】自2024年1月1日起，企业在编制资产负债表时，应当根据重要性原则并结合本企业的实际情况，在"存货"项目下增设"其中：数据资源"项目，反映资产负债表日确认为存货的数据资源的期末账面价值；在"无形资产"项目下增设"其中：数据资源"项目，反映资产负债表日确认为无形资产的数据资源的期末账面价值；在"开发支出"项目下增设"其中：数据资源"项目，反映资产负债表日正在进行数据资源研究开发项目满足资本化条件的支出金额。

【答案】ABCD

三、判断题

1. 企业内部数据资源研究开发项目的支出，应当区分研究阶段支出与开发阶段支出。研究阶段的支出，应当于发生时计入当期损益。开发阶段的支出，确认为无形资产。（　　）

【解析】企业内部数据资源研究开发项目的支出，应当区分研究阶段支出与开发阶段支出。研究阶段的支出，应当于发生时计入当期损益。开发阶段的支出，满足无形资产准则规定的有关条件的，才能确认为无形资产。

【答案】错误

2. 单式记账法是对发生的每一项经济业务都以相等的金额在两个或两个以上相互联系的账户中同时进行登记的方法。（　　）

【解析】单式记账法是对发生的每一项经济业务只在一个账户中作单方面记录的方法。以上是复式记账法的定义。

【答案】错误

3. 借贷记账法的记账规则是"有借必有贷，借贷必相等"。（　　）

【解析】略

【答案】正确

4. "主营业务收入"账户属于损益类账户，用来核算企业在销售商品、提供劳务等日常活动中取得的主营业务收入。（　　）

【解析】略

【答案】正确

5. "所得税费用"账户属于损益类账户，用来核算企业确认的应从当期利润总额中扣除的所得税费用。期末结转后如果余额在借方，表示累计未弥补的亏损。（　　）

【解析】期末，应将本账户借方登记的发生额从贷方转入"本年利润"账户的借方，结转后该账户无余额。

【答案】错误

6. 利润表是反映企业在某一特定时期的经营成果的会计报表，反映了企业经营业绩的主要来源和构成。（　　）

【解析】利润表反映的是一定会计期间而不是某一特定时期的情况。

【答案】错误

7. 所有者权益变动表是反映构成所有者权益的各组成部分当期的增减变动情况的报表。（　　）

【解析】略

【答案】正确

8. 卡片账是将账户所需格式印刷在硬卡上。严格说，卡片账也是一种活页账。（　　）

【解析】略

【答案】正确

9. 两栏式账簿是指只有明细和总额两个基本金额栏目的账簿。普通日记账和转账日记账一般采用两栏式。（　　）

【解析】两栏式账簿是只有借方和贷方两个基本金额栏目的账簿。

【答案】错误

10. 会计凭证是用来记录经济业务，明确经济责任，作为记账依据的书面证明。（　　）

【解析】略

【答案】正确

11. 账户的基本结构分左右两方，分别记录经济业务的增加额或减少额，左方登记增加，右方登记减少。（　　）

【解析】哪一方登记增加，哪一方登记减少，取决于所记录经济业务的内容和账户的性质以及所采用的记账方法。

【答案】错误

四　简答题

1. 在计算产品成本时，一般把生产费用划分为哪些成本项目？

【答案】（1）直接材料，是指构成产品实体的原材料以及有助于产品形成的主要材料和辅助材料。

（2）燃料和动力，是指直接用于产品生产的燃料和动力。

（3）直接人工，是指直接从事产品生产的工人的职工薪酬。

（4）制造费用，是指企业为生产产品和提供劳务而发生的各项间接费用，包括企业生产部门（如生产车间）发生的水电费、固定资产折旧、无形资产摊销、管理人员的职工薪酬、劳动保护费、国家规定的有关环保费用、季节性和修理期间的停工损失等。

2. 请简述账簿与账户的关系。

【答案】账簿和账户是形式和内容的关系。账户存在于账簿之中，账簿中的每一账页就是账户的存在形式和载体，没有账簿，账户就无法存在；账簿序时、分类地记载经济业务，是在个别账户中完成的。因此，账簿只是一个外在形式，账户才是它的真实内容。

3. 资产负债表是反映企业在某一特定日期的财务状况的主要会计报表，请简述资产负债表的作用有哪些。

【答案】资产负债表的作用主要体现在以下4个方面：第一，通过编制资产负债表，可以反映企业资产的构成及其状况，分析企业在某一日期所拥有的经济资源及其分布情况。第二，通过编制资产负债表，可以反映企业某一日期的负债总额及其结构，分析企业目前与未来需要支付的债务数额。

第三，通过编制资产负债表，可以反映企业所有者权益的情况，了解企业现有的投资者在企业资产总额中所占的份额。第四，通过资产负债表，可以帮助报表使用者全面了解企业的财务状况及其发展趋势，分析企业的债务偿还能力和营利能力等，从而为未来的经济决策提供参考信息。

五、综合题

1. 甲有限责任公司2023年发生下列经济业务：

（1）2023年1月，经股东会议决议吸收一名新股东，新股东投资1000万元，其中银行存款500万元，一幢办公楼作价500万元，新增公司总注册资本600万元。

（2）2023年2月1日，因经营需要，企业向银行贷款1000万元，借期6个月，年利率12%，按月付息，次月7日前支付利息。

（3）2023年2月15日，购入原材料不含税1500万元，直接验收入库，增值税税率为13%，按合同约定支付了50%的款项，剩余款项在一个月后支付。

请根据上述材料，做出正确的会计处理。

【答案】

（1）2023年1月，吸收新股东，增资时：

借：银行存款　　　　　5000000

　　固定资产　　　　　5000000

　　贷：实收资本　　　　　　6000000

　　　　资本公积——资本溢价

　　　　　　　　　　　　　　4000000

（2）2023年2月1日，因经营需要，借入贷款时：

借：银行存款　　　　　10000000

　　贷：长期借款（或短期借款）

　　　　　　　　　　　　　10000000

（3）自2023年3月开始每月归还利息时：

借：财务费用　　　　　100000

　　贷：银行存款　　　　　　100000

（4）2023年2月15日，购入原材料时：

借：原材料　　　　　　15000000

　　应交税费——应交增值税（进项税额）　　　　　　1950000

　　贷：银行存款　　　　　　8475000

　　　　应付账款　　　　　　8475000

（5）2023年3月支付剩余货款时：

借：应付账款　　　　　8475000

　　贷：银行存款　　　　　　8475000

第十章
税收信息化

>> 知识架构

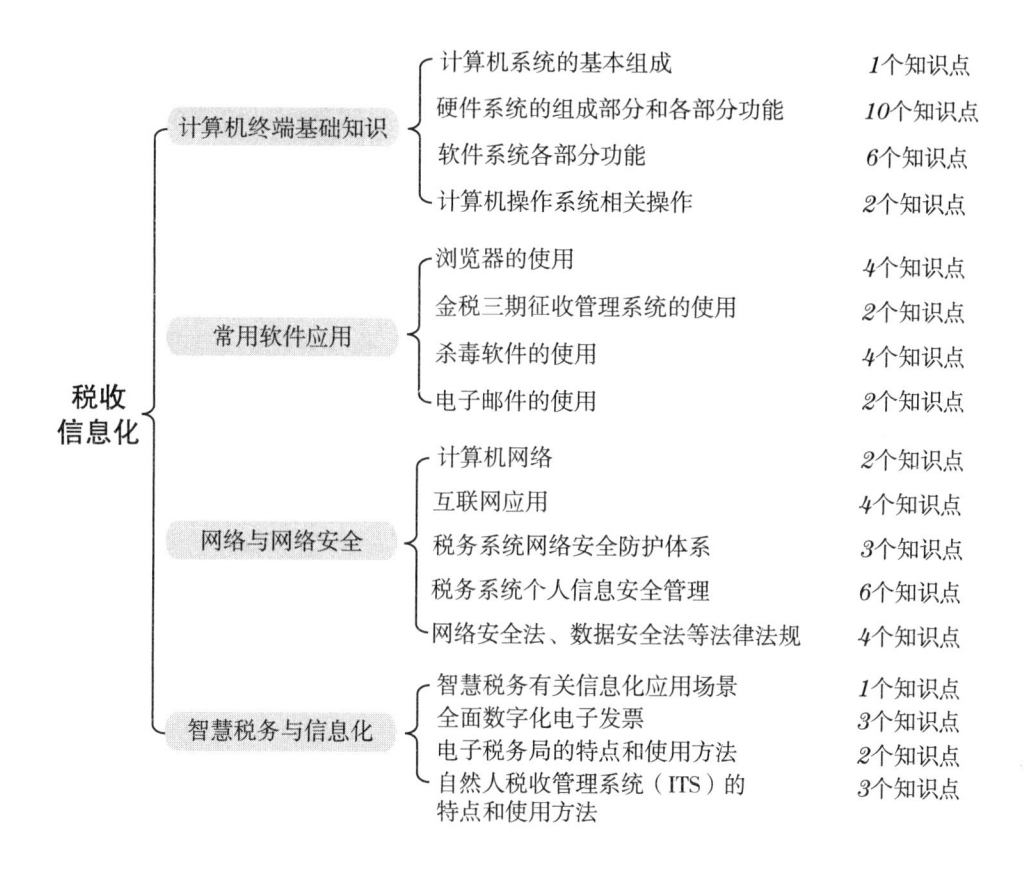

```
                    ┌ 计算机系统的基本组成              1个知识点
                    │ 硬件系统的组成部分和各部分功能    10个知识点
     计算机终端基础知识 ┤
                    │ 软件系统各部分功能              6个知识点
                    └ 计算机操作系统相关操作           2个知识点

                    ┌ 浏览器的使用                   4个知识点
                    │ 金税三期征收管理系统的使用       2个知识点
     常用软件应用     ┤
税收                 │ 杀毒软件的使用                 4个知识点
信息化               └ 电子邮件的使用                 2个知识点

                    ┌ 计算机网络                     2个知识点
                    │ 互联网应用                     4个知识点
     网络与网络安全   ┤ 税务系统网络安全防护体系        3个知识点
                    │ 税务系统个人信息安全管理        6个知识点
                    └ 网络安全法、数据安全法等法律法规  4个知识点

                    ┌ 智慧税务有关信息化应用场景      1个知识点
                    │ 全面数字化电子发票              3个知识点
     智慧税务与信息化 ┤ 电子税务局的特点和使用方法      2个知识点
                    └ 自然人税收管理系统（ITS）的
                      特点和使用方法                 3个知识点
```

>> 第一节
计算机终端基础知识

一、计算机系统的基本组成

【知识点】计算机系统的基本组成

计算机系统由两大部分组成，一部分是存储数据并执行各种运算和处理的电子设

通用知识

备，称为计算机的硬件；另一部分是指挥计算机完成任务的指令序列，称为计算机软件。一个完整的计算机系统由硬件系统和软件系统组成。

二 硬件系统的组成部分和各部分功能

【知识点1】硬件系统的组成部分

计算机硬件一般由主机和外部设备组成，其中主机包含中央处理器和内存储器，外部设备包含外部存储器、输入设备、输出设备等。其中，中央处理器主要由运算器、控制器和寄存器构成。

【知识点2】中央处理器

中央处理器（Central Processing Unit，CPU），是一台计算机的运算核心和控制核心。其功能主要是解释计算机指令以及处理计算机软件中的数据。CPU由运算器、控制器、寄存器、高速缓存及实现它们之间联系的数据、控制及状态的总线构成。

【知识点3】内存

内存（Memory）也被称为内部存储器，其作用是暂时存放CPU中的运算数据，以及与硬盘等外部存储器交换的数据。只要计算机在运行中，CPU就会把需要运算的数据调到内存中进行运算，当运算完成后再将结果传送出来，内存的运行决定了计算机的运行。

【知识点4】硬盘

硬盘属于外部存储器，由金属磁片制成，利用磁片的记忆功能存储数据，存储到磁片上的数据不论是在开机状态，还是关机状态，都不会丢失。硬盘接口有IDE、SATA、SCSI等，其中SATA接口最普遍。

固态硬盘是固态驱动器（Solid State Disk，SSD）的俗称，固态硬盘是用固态电子存储芯片阵列而制成的硬盘。固态硬盘具有以下优点：①启动快。②读取延迟极小。③相对固定的读取时间。④基于DRAM的固态硬盘写入速度极快。⑤无噪声。⑥低容量的基于闪存的固态硬盘在工作状态下能耗和发热量较低，但高端或大容量产品能耗仍较高。⑦不会发生机械故障，也不怕碰撞、冲击、振动。⑧工作温度范围更大。⑨低容量的固态硬盘比同容量硬盘体积小、重量轻。

固态硬盘不足：价格昂贵，与普通硬盘相比在价格方面没有任何优势；另外固态硬盘容量小，无法满足大量存储数据的需求。

【知识点 5】电源

电源是将 220V 交流电转换为计算机使用的 5V、12V、3.3V 直流电，其性能的好坏直接影响到其他设备工作的稳定性，进而会影响整机的稳定性。

【知识点 6】主板

主板是计算机各个部件工作的一个平台，主板把计算机的各个部件紧密连接在一起，各个部件通过主板进行数据传输，主板工作的稳定性影响着整机工作的稳定性。

声卡是组成多媒体计算机必不可少的一个硬件设备，其作用是当发出播放命令后，将声音数字信号转换成模拟信号送到音箱上发出声音。

显卡在工作时与显示器配合输出图形和文字，显卡的作用是将计算机系统所需要显示的信息进行转换驱动，并向显示器提供行扫描信号，控制显示器的正确显示，是连接显示器和个人计算机主板的重要元件，是"人机对话"的重要设备之一。

网卡是工作在数据链路层的网络组件，是局域网中连接计算机和传输介质的接口。网卡的作用是充当计算机与网线之间的桥梁，是用来建立局域网并连接到互联网的重要设备之一。在整合型主板中常把声卡、显卡、网卡部分或全部集成在主板上。

【知识点 7】光驱

光驱是计算机用来读写光碟内容的设备，也是在台式机和笔记本便携式计算机里比较常见的一个部件。光驱可分为 CD – ROM 驱动器、DVD 光驱（DVD – ROM）、康宝（COMBO）和刻录机。

【知识点 8】常见输出设备

显示器有大有小，有薄有厚，品种多样，其作用是把计算机处理完的结果显示出来。它是一个输出设备，是计算机必不可少的部件之一，分为 CRT、LCD、LED 三大类，常见接口有 VGA、DVI 和 HDMI 3 类。

音箱是一种输出设备，其作用是把音频电能转换成相应的声能，并把它辐射到空间中。

通过打印机可以把计算机中的文件打印到纸上，它是重要的输出设备之一。打印机主要有针式打印机、喷墨打印机、激光打印机三种主流产品，各具优点，可满足用户不同的需求。

【知识点 9】常见输入设备

键盘是主要的输入设备，通常为 104 键或 105 键，用于实现文字、数字、字符等的

通用知识

输入。

鼠标。当人们移动鼠标时，计算机屏幕上就会有一个箭头指针跟着移动，快速地在屏幕上定位，它是人们使用计算机不可缺少的部件之一。键盘鼠标接口有 PS/2、USB、无线 3 种。

视频设备。常见的视频设备包括摄像头、扫描仪、数码相机、数码摄像机、电视卡等，用于处理视频信号。

【知识点 10】其他存储设备

存储卡是利用闪存（Flash Memory）技术存储电子信息的存储器，一般应用在数码相机、掌上电脑、MP3、MP4 等小型数码产品中作为存储介质，样子小巧，犹如一张卡片，所以称为闪存卡。根据不同的生产厂商和不同的应用，闪存卡有 Smart Media（SM 卡）、Compact Flash（CF 卡）、Multi Media Card（MMC 卡）、Secure Digital（SD 卡）、Memory Stick（记忆棒）、TF 卡等多种类型，这些闪存卡虽然外观、规格各不相同，但是技术原理都是相同的。

闪存卡本身并不能被计算机直接辨认，读卡器就是一个两者的沟通桥梁。读卡器（Card Reader）可用于很多种存储卡，如 Compact Flash 或 Smart Media 或 Microdrive 存储卡等。作为存储卡的信息存取装置，读卡器使用 USB 1.1/USB 2.0 传输界面，支持热拔插。与普通 USB 设备一样，只需将读卡器插入计算机的 USB 端口，然后插入存储卡就可以使用了。读卡器按照速度划分有 USB 1.1、USB 2.0 和 USB 3.0；按用途划分有单一读卡器和多合一读卡器。

三 软件系统各部分功能

【知识点 1】软件系统的组成部分

所谓计算机软件，是指为方便使用计算机和提高使用效率而组织的程序以及用于开发、使用和维护的有关文档。软件可分为系统软件和应用软件两大类。

【知识点 2】系统软件

系统软件由一组控制计算机系统并管理其资源的程序组成，其主要功能包括启动计算机，存储、加载和执行应用程序，对文件进行排序、检索，将程序语言翻译成机器语言等。实际上，系统软件可以看作用户与计算机的接口，它为应用软件和用户提供了控制、访问硬件的手段，这些功能主要由操作系统完成。此外，编译系统和各种工具软件也属此类，它们从另一方面辅助用户使用计算机。

【知识点3】操作系统

操作系统是管理、控制和监督计算机软件、硬件资源协调运行的程序系统，由一系列具有不同控制和管理功能的程序组成，它是直接运行在计算机硬件上的、最基本的系统软件，是系统软件的核心。操作系统是计算机发展中的产物，它的主要用途有两个：一是方便用户使用计算机，是用户和计算机的接口。二是统一管理计算机系统的全部资源，合理组织计算机工作流程，以便充分、合理地发挥计算机的效率。

操作系统通常应包括下列5大功能模块：

（1）处理器管理。当多个程序同时运行时，解决处理器（CPU）时间的分配问题。

（2）作业管理。将完成某个独立任务的程序及其所需的数据称为一个作业。作业管理的任务主要是为用户提供一个使用计算机的界面使其方便地运行自己的作业，并对所有进入系统的作业进行调度和控制，尽可能高效地利用整个系统的资源。

（3）存储器管理。为各个程序及其使用的数据分配存储空间，并保证它们互不干扰。

（4）设备管理。根据用户提出的使用设备请求进行设备分配，同时还能随时接收设备的请求（称为中断），如要求输入信息。

（5）文件管理。主要负责文件的存储、检索、共享和保护，为用户提供文件操作的便利性。

操作系统的种类繁多，依其功能和特性可分为批处理操作系统、分时操作系统和实时操作系统等；依同时管理用户数的多少可分为单用户操作系统和多用户操作系统。

【知识点4】语言处理系统(翻译程序)

计算机编码，即二进制编码，是计算机内字母或数字的表示形式。人和计算机交流信息使用的语言称为计算机语言或称程序设计语言。计算机语言通常分为机器语言、汇编语言和高级语言三类。

机器语言是一种指令集的体系。这种指令集被称为机器码，是电脑的CPU可直接解读的数据。在计算机上运行高级语言程序就必须配备程序语言翻译程序。

翻译的方法有以下两种：一种称为"解释"。调用机器配备的程序语言"解释程序"，在运行高级语言源程序时，逐条对该语言的源程序语句进行解释和执行，不保留目标程序代码，即不产生可执行文件。这种方式速度较慢，每次运行都要经过"解释"，边解释边执行。另一种称为"编译"。调用相应语言的编译程序，把源程序变成目标程序（以.OBJ为扩展名），然后再用连接程序，把目标程序与库文件相连接形成可执行文件。尽管编译的过程复杂一些，但形成的可执行文件（以.exe为扩展名）可以反复执行，速度较快。运行程序时只要键入可执行程序的文件名，再按Enter键即

通用知识

可。对源程序进行解释和编译任务的程序分别叫作编译程序和解释程序。例如，FORTRAN、COBOL、PASCAL 和 C 等高级语言使用时需有相应的编译程序；BASIC、LISP 等高级语言使用时需用相应的解释程序。

【知识点 5】数据库管理系统

数据库，是指按照一定联系存储的数据集合，可为多种应用共享。数据库管理系统（Database Management System，DBMS）是能够对数据库进行加工、管理的系统软件。其主要功能是建立、消除、维护数据库及对库中数据进行各种操作。数据库系统主要由数据库（DB）、数据库管理系统（DBMS）以及相应的应用程序组成。数据库系统不但能够存放大量的数据，更重要的是能迅速、自动地对数据进行检索、修改、统计、排序、合并等操作，以得到所需的信息。这一点是传统的文件柜无法做到的。

【知识点 6】应用软件

为解决各类实际问题而设计的程序系统称为应用软件，与系统软件相对应。从其服务对象的角度又可分为通用软件、专用软件、中间件三类。应用软件可以拓宽计算机系统的应用领域，放大硬件的功能。

税务系统常见的通用软件有 Microsoft Office 系列软件、WPS 办公软件、360 安全卫士、360 杀毒软件等。

专用软件是为专业用途提供服务的软件，常见的专业软件有财务软件、图像处理软件、多媒体处理软件等。税务系统使用的综合办公系统、人事管理系统、金税三期管理系统等都属于专用软件的范畴。

中间件是一种独立的系统软件或服务程序，分布式应用软件借助这种软件可在不同的技术之间共享资源。中间件位于客户机/服务器的操作系统之上，管理计算机资源和网络通信，是连接两个独立应用程序或独立系统的软件。

四 计算机操作系统相关操作

【知识点 1】个人计算机操作系统

（1）Windows 操作系统是美国微软公司开发的多任务图形化操作系统，是目前个人计算机领域普及程度很高的操作系统。具有优异的人机操作性、支持的应用软件多、对硬件支持良好等优点。目前用户主要使用的 Windows 操作系统有 Windows 8、Windows10、Windows11，Windows 7 也有不少用户仍在使用。

（2）Mac 操作系统是美国苹果公司开发的运行于 Mac 系列电脑上的操作系统，是首个商用领域成功的图形用户界面操作系统。与 Windows 操作系统相比，Mac 操作系统很少受到病毒的攻击。一般情况下，在非 Mac 系列电脑上无法安装该系统。

（3）Linux 操作系统是基于 POSIX 多用户、多任务、支持多线程和多 CPU 的类 UNIX 操作系统，具有良好的字符界面和图形界面，并支持多种平台。对比 Windows 操作系统，Linux 系统具有更好的稳定性能。

（4）国产操作系统多为基于 Linux 和安卓二次开发的操作系统。目前常用的国产操作系统有优麒麟操作系统、中标麒麟操作系统、Deepin 深度操作系统等。

【知识点 2】网络操作系统

（1）网络操作系统是网络上各计算机能方便而有效地共享网络资源，为网络用户提供所需的各种服务的软件和有关规程的集合。网络操作系统除了具有通常操作系统管理功能外，还具有以下两大功能：提供高效、可靠的网络通信能力；提供多种网络服务功能。

（2）Windows 网络操作系统版本有 Windows NT、Windows Server 2008、Windows Server 2012、Windows Server 2016、Windows Server 2019 等。

（3）UNIX 操作系统是针对小型机主机环境开发的操作系统，目前常用的UNIX 网络操作系统版本主要有：Unix SUR 4.0、HP－UX 11.0，SUN 的 Solaris 8.0 等。

>> 第二节
常用软件应用

一 浏览器的使用

【知识点 1】浏览器的概念

网页浏览器（Web browser），常被简称为浏览器，是一种用于检索并展示万维网信息资源的应用程序。这些信息资源可为网页、图片、影音或其他内容，它们由统一资源标识符标志。信息资源中的超链接可使用户方便地浏览相关信息。网页浏览器虽然主要用于使用万维网，但也可用于获取专用网络中网页服务器之信息或文件系统内之文件。主流网页浏览器有 Mozilla Firefox、Internet Explorer、Microsoft Edge、Google Chrome 等。

【知识点 2】浏览器的组成

浏览器一般由 7 个模块组成，用户界面、浏览器引擎、渲染引擎、网络、js 解释

通用知识

器、UI 后端、数据持久化存储。

【知识点3】浏览器内核

浏览器内核通常认为是浏览器所采用的渲染引擎，渲染引擎决定了浏览器如何显示网页的内容以及页面的格式信息。主流浏览器的内核有以下几种。

（1）Trident（IE 内核）：Trident 内核代表产品 Internet Explorer，又称其为 IE 内核。使用 Trident 内核的浏览器有 IE、傲游、世界之窗浏览器、Avant、猎豹安全浏览器、360 极速浏览器、百度浏览器等。Trident 的优点是占有率高，缺点是和 W3C 标准脱节，对真正的网页标准支持不是很好，同时存在许多安全 Bug。Windows 10 发布后，IE 使用了新内核 Edge 引擎。

（2）Gecko 是一款开源的网页排版引擎，使用 Gecko 内核的浏览器有 Firefox、Netscape。优点就是功能强大、丰富，可以支持很多复杂网页效果和浏览器扩展接口，缺点是消耗很多的资源，速度较慢。

（3）Webkit 是苹果的 Safari 浏览器使用的内核。使用 Webkit 内核的浏览器有 Apple Safari、Symbian 手机浏览器、Android 默认浏览器、傲游浏览器 3。优点就是 Webkit 拥有清晰的源码结构、极快的渲染速度，缺点是对网页代码的兼容性较低，会使一些编写不标准的网页无法正确显示。

Blink 是由 Google 和 Opera Software 开发的浏览器排版引擎。现在 Chrome 内核是 Blink。Blink 其实是 Webkit 的分支。

（4）Presto 是一个由 Opera Software 开发的浏览器排版引擎，Presto 内核被称为公认的浏览网页速度最快的内核，同时也是处理 JS 脚本最兼容的内核，能在 Windows、Mac 及 Linux 操作系统下完美运行。

【知识点4】主流浏览器的相关设置

1. 360 浏览器不同模式的切换

360 浏览器有兼容模式和极速模式。360 兼容模式代表适应各种浏览器，保留了电脑内本身的 IE 内核，假如你使用的是 IE7，兼容模式就相当于 IE7。极速模式用的是谷歌的内核，打开网页速度更快，但对有的网站不适用。两种模式是通过切换不同的浏览器内核实现的，点击地址栏右侧的极速模式或兼容模式的图标即可切换不同模式。

2. 360 安全浏览器的安全级别设置

打开 360 安全浏览器，在右上角的工具栏里找到"Internet 选项"并打开，在弹出的 Internet 选项界面中找到"高级"里边的"自定义级别"，打开之后就可以对 360 安全浏览器的安全级别进行各种设置了。

3. Edge 浏览器的 IE 兼容模式设置

在网页的右上角点击"…",然后再点击"默认浏览器",勾选最右侧新增加的"允许 Internet Explorer 模式下重新加载网站"复选框,根据提示重启浏览器。打开需要切换内核的网站,在网页的右上角点击"…",然后再点击"更多工具",最后点击"在 Internet Explorer 模式下重新加载"。

4. Edge 浏览器扩展插件的设置

点浏览器右上角的"…",然后在菜单中点"扩展",在扩展界面点"扩展新界面"下的"获取 Microsoft Edge 扩展",进入"扩展应用市场"后找到自己想要的扩展,点后面的"获取"即可添加扩展到浏览器。

5. Google Chrome 扩展程序的安装

在谷歌浏览器上安装 Chrome 插件有两种方法,一种是在线安装,一种为离线安装。在线安装,就是在用户的网络支持的情况下直接访问谷歌 Chrome 扩展程序商店进行安装,只需在插件的详情页面点击"添加至 Chrome"即可。离线安装,需要下载后缀名为 .crx 的安装文件。在谷歌浏览器地址栏中输入 chrome://extensions/ 打开扩展管理页面,或者在浏览器设置中选择"更多工具—扩展程序"选项打开扩展管理页面。将安装文件拖拽到谷歌浏览器的扩展管理页面,即可完成扩展程序的安装。

二 金税三期征收管理系统的使用

【知识点 1】金税三期征收管理系统概述

2016 年 10 月,金税三期工程在全国上线,建成了税收业务处理"大平台",处理全部税收业务服务 90% 以上,着力打造大数据云平台,首次实现了税收征管数据的全国集中。金税三期系统是我国税收管理信息系统工程的总称。围绕"一个平台、两级处理、三个覆盖、四个系统"的总体目标而建立。一个平台,是指包含网络硬件和基础软件的统一的技术基础平台;两级处理,是指依托统一的技术基础平台,逐步实现数据信息在总局和省局集中处理;三个覆盖,是指应用内容逐步覆盖所有税种、税收工作重要环节、各级税务局并与有关部门联网;四个系统,是指通过业务重组、优化和规范,逐步形成一个以征管业务系统为主,包括行政管理、外部信息和决策支持在内的四大应用系统软件。

首次登录使用金税三期征收管理系统需要设置可信站点、关闭弹出窗口阻止程序,并安装相关控件。使用用户名、默认密码登录后,需要将默认密码修改为符合安全规格的密码。

通用知识

【知识点2】统一身份管理平台的使用

税务网络可信身份体系以法定身份为基础、以权威认定为源点、以密码技术为支撑、以制度规范为保障、以可信服务为目标，通过构建统一身份管理平台和相关制度规范保障，推进税务网络空间依法、规范、高效运行。税务网络可信身份体系覆盖纳税人缴费人、税务人、自助办税设备、应用系统等。统一身份管理平台是税务网络可信身份体系的载体，为各税务应用系统用户提供统一身份管理、身份认证、岗责权限管理、行为审计服务。统一身份管理平台上线后接管了电子税务局的用户注册、用户登录以及用户管理功能，相应的操作界面也会切换到统一身份管理平台的使用界面。

税务人员需要采集证件类型、证件号码、姓名和手机号码，而且要经过实名核验，需要绑定税务人员代码（主要是金税三期税务人员代码），人员信息才完整，才能登录统一身份管理平台。登录方式如下：已绑定金税三期账号的正式人员/临时人员，以身份证号或税务人员代码作为账号、金税三期密码作为密码进行初始登录；无金税三期账号的正式人员，由运维人员为其生成税务人员代码，采集手机号码后，使用手机短信方式进行初始登录并修改密码。对于通过统一身份管理平台新增的税务人员，均使用手机短信验证码方式进行初始登录并修改初始密码。

IE8、IE9、IE10作为较早版本的IE浏览器，不支持统一身份管理平台，但是金税三期系统部分控件只有IE8、IE9、IE10才能支持，在IE8、IE9、IE10直接输入金税三期登录地址，可由统一身份管理平台完成认证后登录金税三期系统。

三 杀毒软件的使用

【知识点1】病毒和木马的概念

计算机病毒是编制者在计算机程序中插入的破坏计算机功能或者数据的代码，能影响计算机使用，能自我复制的一组计算机指令或程序代码。计算机病毒具有传播性、隐蔽性、感染性、潜伏性、可继发性、表现性或破坏性等特征。计算机病毒按病毒存在的媒体可分为网络病毒、文件病毒和引导型病毒。计算机病毒按寄生方式分，可分为引导型病毒、文件型病毒和混合型病毒。

木马，是指隐藏在正常程序中的一段具有特殊功能的恶意代码，是具备破坏和删除文件、发送密码、记录键盘等特殊功能的后门程序。木马其实是计算机黑客用于远程控制计算机的程序，将控制程序寄生于被控制的计算机系统中，里应外合，对被感染木马程序的计算机实施操作。木马通常被认为是病毒的一种，与一般病毒的主要区别是病毒具有感染性，而木马一般不具有感染性。另外病毒发作会被察觉到，而木马在后台工作难以察觉。因此将木马从病毒中独立出来，称为木马程序。

【知识点2】电脑感染病毒的症状

电脑感染病毒的主要症状有：莫名其妙死机；突然重新启动或无法启动；程序不能运行；磁盘坏簇无故增多；磁盘空间变小；系统启动变慢；数据和程序丢失；出现异常的声音、音乐或出现一些无意义的画面问候语等显示；正常的外设使用异常，如打印出现问题，键盘输入的字符与屏幕显示不一致等；异常要求用户输入口令。

【知识点3】杀毒软件

杀毒软件，也称反病毒软件或防毒软件，是用于消除电脑病毒、木马程序和恶意软件等计算机威胁的一类软件。杀毒软件通常集成监控识别、病毒扫描和清除、自动升级、主动防御等功能，有的杀毒软件还带有数据恢复、防范黑客入侵、网络流量控制等功能，是计算机防御系统的重要组成部分。

360天擎终端安全管理系统是360面向政府、企业、金融、军队、医疗、教育、制造业等大型企事业单位推出的集防病毒与终端安全管控于一体的解决方案。360天擎终端安全管理系统，以大数据技术为支撑、以可靠服务为保障，它能够为用户精确检测已知病毒木马、未知恶意代码，有效防御APT攻击，并提供终端资产管理、漏洞补丁管理、安全运维管控、网络安全准入、移动存储管理、终端安全审计、XP盾甲防护诸多功能。目前税务系统广泛使用360天擎终端安全管理系统。

市场上常见的杀毒软件品牌有金山、瑞星、360、卡巴斯基、诺顿等。

【知识点4】杀毒软件的使用

选择合适的杀毒软件。杀毒软件种类繁多，各有优缺点，要结合自身和电脑的情况，选用合适的杀毒软件。例如，卡巴斯基和诺顿杀毒软件功能强大，防御性能好，但是占用系统资源较大，而且需要付费；360杀毒软件功能齐全，内存占用不高，并且是免费的；金山杀毒软件内存占用小，也是免费的。

不要在一台电脑上同时安装两款及以上杀毒软件。杀毒软件安全级别会有冲突，会造成卡机、无法上网，甚至无法启动等情况。

养成定期查杀病毒的习惯。安装了杀毒软件，如果不能定期查杀病毒，那么杀毒软件的作用就会大打折扣。

及时更新病毒库。长时间不更新病毒库，会造成新出现的病毒无法查杀的问题。

对从网络下载的资源和外部拷贝过来的数据，应该先查杀病毒，再使用。

有些不是病毒的程序会被杀毒软件误报，比如一些盗版软件的注册机（用来自动生成注册码的程序）。

通用知识

四 电子邮件的使用

【知识点1】电子邮件的概念

电子邮件是一种用电子手段提供信息交换的通信方式，是互联网应用最广的服务。电子邮件的内容可以是文字、图像、声音等多种形式。人们可以通过电子邮件方便地在世界各地进行远程沟通交流。

【知识点2】预防垃圾邮件

避免泄露邮件地址。邮件地址不要轻易告诉别人，朋友之间互相留信箱地址时可采取图片方式替代文字方式。

利用邮件服务提供商的邮件管理、过滤功能。用户可通过设置过滤器中的邮件域名、邮件主题、来源、长度等规则对邮件进行过滤。

利用邮件服务提供商的"黑名单"功能。一旦发现同一个邮件地址给您发送垃圾邮件，登录邮箱设置"黑名单"或"拒收该地址"即可避免收到对方发的垃圾邮件。

其他有益的方法。如使用反垃圾邮件的专门软件；不回复收到的垃圾邮件；收到垃圾邮件后，及时举报和反馈垃圾邮件；使用服务好的邮箱软件；多个邮箱分工使用等。

>> 第三节 网络与网络安全

一 计算机网络

【知识点1】计算机网络概念

计算机网络是把分散的、具有独立功能的计算机系统通过通信设备和通信线路互相连接起来，在特定的通信协议和网络系统软件的支持下，彼此互相通信并共享资源的系统。

计算机网络按逻辑功能分为通信子网与资源子网。资源子网由主机、终端及软件等组成，提供访问网络和处理数据的能力；通信子网由网络节点、通信链路及信号变换器等组成，负责数据在网络中的传输与通信控制。

【知识点2】计算机网络分类

按网络覆盖的范围大小可分为局域网、城域网和广域网。局域网（Local Area Network，LAN）覆盖地理范围一般在几千米内。城域网（Metropolitan Area Network，MAN）的使用范围是一个城市，它是适应多种业务、多种网络协议及多种数据传输速率的网络连接。广域网（Wide Area Network，WAN）使用范围通常为几十到几千千米，是长距离传输数据的网络连接。

按网络拓扑结构可分为总线型网络、星型网络、环形网络、树型网络和网状网络。

按信号频带占用方式可分为基带网和宽带网。

按网络的数据传输与交换系统的所有权可分为专用网和公用网。公用网是由国家电信部门组建、经营管理、提供公众服务的网络；专用网由一个政府部门、行业或一个公司等组建经营，未经许可其他部门和单位不得使用。

按通信介质可分为有线网和无线网。有线网是采用同轴电缆、双绞线、光纤等物理介质来传输数据的网络；无线网是采用卫星、微波、电磁波等无线形式来传输数据的网络。

二 互联网应用

【知识点1】互联网应用的概念

互联网（Internet），是指网络与网络之间所串连成的庞大网络。这些网络以一组通用的协定相连，形成逻辑上的单一巨大国际网络。

互联网应用通常指在互联网上运行的各类网络应用程序。互联网应用的特征在于其互联网特性，部署在互联网的公众平台上，针对互联网的特性，在系统架构设计上考虑其可扩展性，来满足互联网平台访问用户多面临的压力。此外，互联网应用的安全性尤其重要，互联网应用必须要做针对性的设计。

【知识点2】互联网应用的分类

互联网应用按其载体可以分为传统互联网应用和移动互联网应用。传统互联网应用即PC互联网应用，依靠传统计算机连接的互联网运行的各类网络应用程序。移动互联网应用，即手机互联网应用，依靠移动通信和互联网结合为一体的移动互联网运行的各类网络应用程序。

【知识点3】常见的互联网应用

互联网金融：指传统金融机构与互联网企业利用互联网技术和信息通信技术实现资金融通、支付、投资和信息中介服务的新型金融业务模式。互联网金融有网络支付、

通用知识

网上银行、数字货币等。目前常见的第三方支付平台有支付宝、微信支付,很多银行都有相对应的网上银行和手机银行,数字货币有比特币、以太币等。

即时通信:能即时发送或接收互联网消息的应用软件。目前,即时通信软件已经发展成集交流、资讯、娱乐、搜索、电子商务、办公协作和企业客户服务等为一体的综合化信息平台。目前常见的即使通信软件有微信、QQ、钉钉、Skype、MSN 等。

搜索引擎:根据用户的需求,运用一定的算法和特定策略从互联网中检索出信息反馈给用户的检索技术。搜索引擎运用了网络爬虫技术、检索排序技术、网页处理技术、大数据处理技术、自然语言处理技术等。

网络游戏:以互联网为传输媒介,以游戏运营商服务器和用户计算机为处理终端,以游戏客户端软件为信息交互窗口的旨在实现娱乐、休闲、交流和取得虚拟成就的具有可持续性的个体性多人在线游戏。

网络新闻:以网络为载体的新闻,具有快速、多面化、多渠道、多媒体、互动等特点。突破了传统的新闻传播概念,在视、听、感方面给受众全新的体验。

网上购物:通过互联网检索商品信息,并通过电子订购单发出购物请求,然后填上私人支票账号或信用卡的号码,厂商通过邮购的方式发货,或是通过快递公司送货上门。

视频网站:互联网用户在线浏览发布和分享视频作品的网络媒体。

电子邮件:用电子手段提供信息交换的通信方式,通过网络的电子邮件系统,用户可以快速、便捷地与世界上任何一个角落的网络用户联系。

微博:基于用户关系信息分享、传播以及获取的通过关注机制分享简短实时信息的广播式的社交媒体、网络平台,用户可以通过 PC、手机等终端接入,以文字、图片、视频等多媒体形式,实现信息的即时分享、传播互动。

移动互联网的应用领域主要有手机游戏、移动音乐、移动 IM、手机视频、手机支付等。

【知识点 4】互联网应用安全

1. 互联网行为安全

远离黄赌毒等非法网站;警惕网络游戏危害;对网络信息,不信谣、不传谣;在正规应用商城安装 App,不安装来源不明的 App 应用;关闭手机 App 非必要的权限,如获取手机通讯录、通话记录、短信记录等;互联网密码使用复杂密码,并定期更换,避免使用相同的密码。

2. 互联网交易安全

加强计算机防病毒措施,保护购物安全环境;通过正规网站登录,不让钓鱼网站有可乘之机;保护好网络交易电子证据,维护合法权益;谨慎交友,不与网友发生金钱交易。

三、税务系统网络安全防护体系

【知识点1】网络安全

访问控制。税务系统多使用虚拟局域网（Virtual Local Area Network，VLAN）技术，防止跨部门之间的非法网络访问，在局域网与骨干网络边界处部署了防火墙、入侵检测、病毒网关等，一定程度实现了访问控制。

内外网隔离。物理隔离，是指内部网络与外部网络在物理上没有相互连接的通道，两个系统在物理上完全独立。物理隔离技术主要有用户级物理隔离和网络级物理隔离。

病毒防范。税务系统网络安装了360天擎终端管理系统，病毒代码库的更新采用统一升级、统一管理，统一分发到计算机终端。

【知识点2】应用安全

身份认证。税务信息系统的身份认证大都基于操作系统或数据块管理系统的账号和口令，应用系统也采用基于账号和口令的身份认证技术。

访问控制。税务信息系统一般通过对账号进行授权，并通过账号进行访问控制。授权遵循"最小化"原则，并且禁止共用账户、使用别人账户，对调离、离岗、退休等人员及时收回账户权限。

数据安全保护。采用访问控制限制不同用户对信息的访问、使用和处理，实现对信息的安全保护。

安全审计。部署日志审计系统，收集操作系统、网络设备和安全设备等系统日志，并对日志进行关联分析。

【知识点3】物理安全

建设符合安全标准的数据中心。建设不间断运行、常年控制温度的空调系统和通风系统，配备机房报警系统，建设机房消防系统，为机房配备符合规格的灭火器材等。

建设完善的监控系统。实时对机房重点部位或全方位进行24小时视频监控；运用大量的报警设备；采用门禁系统；等等。

启用不间断电源、发电机。使用不间断电源（UPS）供电、发电机组供电来保证机房供电稳定。

进行冗余备份。对重要数据库服务器、应用服务器和网络设备等重要设施进行了冗余备份，提高设备和系统的可靠性和可用性。

机构组织建设。各级税务机关建立"信息安全领导小组"等相应的机构负责安全

通用知识

问题，制定安全规则制度。

四 税务系统个人信息安全管理

【知识点1】移动存储介质管理

移动存储介质主要包括U盘、移动硬盘、可刻录光盘、手机、MP3、MP4、MD卡、SD卡，以及各类闪存磁盘（Flash Disk）产品等。在税务系统，可以采用安全U盘等方式，避免内外网病毒交叉感染和数据泄密。

【知识点2】病毒防护

计算机终端使用360天擎终端安全管理系统，定时对使用的计算机进行全面查杀病毒，及时更新病毒库，对外来移动存储先查杀病毒，再使用。

【知识点3】计算机终端管理

对个人的计算机终端，设置符合规定的系统开机密码，在离开计算机终端时，可以选择关机、注销或者启用"恢复时使用密码保护"的屏保。

【知识点4】数据安全管理

妥善保管工作中使用的敏感数据，不得泄露纳税人相关税收数据，禁止在外网上使用电子邮箱、即时通信工具等不安全的方式传输敏感数据。

【知识点5】应用权限管理

根据授权使用税务系统内部应用系统，禁止使用公用账户，不得借用他人账户操作，应按照最小化原则初始化权限。

【知识点6】引起违规外联的情形

税务专网计算机连接智能手机：连接手机无线热点；连接手机蓝牙；连接手机网络。

税务专网计算机接入无线传输设备：接入无线上网卡；接入无线网络接收器。

税务专网计算机维修：专网计算机终端接入互联网；专网计算机需要还原GHOST系统，原GHOST系统有违规外联记录，还原后数据上报，造成违规外联。

税务专网设备连接其他网络：专网计算机通过代理服务器连接其他网络，造成违规外联；未按规定采取安全防护措施与当地电子政务外网直接连接，造成违规外联。

五 网络安全法、数据安全法等法律法规

【知识点1】网络安全法

《中华人民共和国网络安全法》是我国第一部全面规范网络空间安全管理问题的基础性法律，于2017年6月1日起正式施行。主要内容有：①将信息安全等级保护制度上升为法律；②明确了网络产品和服务提供者的安全义务和个人信息保护义务；③明确了关键信息基础设施的范围和关键信息基础设施保护制度的主要内容；④明确了国家网信部门对网络安全工作的统筹协调职责和相关监督管理职责；⑤确定网络实名制，并明确了网络运营者对公安机关、国家安全机关维护网络安全和侦查犯罪的活动提供技术支持和协助的义务；⑥进一步完善了网络运营者收集、使用个人信息的规则及其保护个人信息安全的义务与责任；⑦明确建立国家统一的监测预警、信息通报和应急处置制度和体系。对支持、促进网络安全发展的措施作了规定。

【知识点2】数据安全法

《中华人民共和国数据安全法》是为了规范数据处理活动，保障数据安全，促进数据开发利用，保护个人、组织的合法权益，维护国家主权、安全和发展利益，制定的法律，于2021年9月1日起施行。数据安全法主要内容有：①明确数据安全监管制约职责；②完善数据分类分级保护制度；③全局覆盖数据安全风险评估机制；④健全数据交易管理制度，建立安全审查制度；⑤实施数据出口管制，推行行业拍照管理制度；⑥政府率先落实数据安全保护责任；⑦强化违法行为处罚力度。

【知识点3】个人信息保护法

个人信息保护法是一部保护个人信息的法律，于2021年11月1日正式施行。个人信息保护法确立"告知—同意"为核心的个人信息处理规则，明确个人信息跨境提供规则，界定了个人信息处理活动中个人的权利和处理者义务，明确了个人信息保护职责的部门，并规定了相应的法律后果。

【知识点4】密码法

《中华人民共和国密码法》是总体国家安全观框架下，国家安全法律体系的重要组成部分，明确对核心密码、普通密码与商用密码实行分类管理的原则。核心密码、普通密码用于保护国家秘密信息，核心密码保护信息的最高密级为绝密级，普通密码保护信息的最高密级为机密级。核心密码、普通密码属于国家秘密。商用密码用于保护不属于国家秘密的信息。

通用知识

>> 第四节
智慧税务与信息化

一、智慧税务有关信息化应用场景

【知识点】智慧税务相关要求

1. 加快推进智慧税务建设

充分运用大数据、云计算、人工智能、移动互联网等现代信息技术，着力推进内外部涉税数据汇聚联通、线上线下有机贯通，驱动税务执法、服务、监管制度创新和业务变革，进一步优化组织体系和资源配置。2022年基本实现法人税费信息"一户式"、自然人税费信息"一人式"智能归集，2023年基本实现税务机关信息"一局式"、税务人员信息"一员式"智能归集，深入推进对纳税人缴费人行为的自动分析管理、对税务人员履责的全过程自控考核考评、对税务决策信息和任务的自主分类推送。2025年实现税务执法、服务、监管与大数据智能化应用深度融合、高效联动、全面升级。

2. 深化税收大数据共享应用

探索区块链技术在社会保险费征收、房地产交易和不动产登记等方面的应用，并持续拓展在促进涉税涉费信息共享等领域的应用。不断完善税收大数据云平台，加强数据资源开发利用，持续推进与国家及有关部门信息系统互联互通。2025年建成税务部门与相关部门常态化、制度化数据共享协调机制，依法保障涉税涉费必要信息获取；健全涉税涉费信息对外提供机制，打造规模大、类型多、价值高、颗粒度细的税收大数据，高效发挥数据要素驱动作用。完善税收大数据安全治理体系和管理制度，加强安全态势感知平台建设，常态化开展数据安全风险评估和检查，健全监测预警和应急处置机制，确保数据全生命周期安全。加强智能化税收大数据分析，不断强化税收大数据在经济运行研判和社会管理等领域的深层次应用。

二、全面数字化电子发票

【知识点1】全面数字化电子发票的概念

《关于进一步深化税收征管改革的意见》指出："稳步实施发票电子化改革。2021

年建成全国统一的电子发票服务平台，24 小时在线免费为纳税人提供电子发票申领、开具、交付、查验等服务。制定出台电子发票国家标准，有序推进铁路、民航等领域发票电子化，2025 年基本实现发票全领域、全环节、全要素电子化，着力降低制度性交易成本。"

全面数字化的电子发票（以下简称全电发票），是以可信身份认证体系和新型电子发票服务平台为依托，以标签化、要素化、去版式、授信制、赋码制为特征，以全领域、全环节、全要素电子化为运行模式的新型电子发票。全电发票是与纸质发票具有同等法律效力的全新发票，不以纸质形式存在、不用介质支撑、无须申请领用、发票验旧及申请增版增量。纸质发票的票面信息全面数字化，将多个票种集成归并为电子发票单一票种，全电发票实行全国统一赋码、自动流转交付。

【知识点 2】全电发票的特点

全电发票的六大特点：去介质、去版式、标签化、要素化、赋码制、授信制。

去介质：纳税人不再需要预先领取税控专用设备，可以直接通过电子税务局内嵌的电子发票服务平台，基于实名身份开票。

去版式："全电"发票以电子形式交付，破除 PDF、OFD 等特定版式要求。

标签化：通过标签实现对电子发票功能、状态、用途的具体分类。

要素化：发票一共有 203 个要素，包括最基本的纳税人名称、商品名称及代码、单价、金额、税额等。

赋码制：电票平台开具的发票会自动赋予一张唯一的编码，全电发票采取 20 位编码规则，和以前 12 位发票代码和 8 位发票号码加以区别。

授信制：依托动态"信用 + 风险"的体系，结合纳税人生产经营、开票和申报行为，自动为纳税人赋予发票开具金额总额度并动态调整，实现"以系统授信为主、人工调整为辅"的授信制管理。

【知识点 3】电子发票服务平台

纳税人可直接使用全国统一的电子发票服务平台免费开具全电发票，无须使用其他特定开票软件。纳税人通过实名验证后，无须使用税控专用设备即可通过电子发票服务平台开具全电发票、纸质专票和纸质普票，无须进行发票验旧操作。其中，全电发票无须进行发票票种核定和发票领用。

纳税人登录电子发票服务平台后，通过开票业务模块，选择不同的发票类型，录入开具内容，电子发票服务平台校验通过后，自动赋予发票号码并按不同业务类型生成相应的全电发票。电子发票服务平台对发票的开具提供页面输入和扫描二维码两种模式。纳税人选择页面输入模式进行开票，即进入页面输入内容完成发票开具；纳税

通用知识

人选择扫描二维码模式进行开票,可通过扫描二维码的方式完成发票相关信息预采集。

三 电子税务局的特点和使用方法

【知识点1】电子税务局的特点

电子税务局的特点主要包括:

(1) 提高办税效率,降低征纳双方的成本。电子税务局突破了实体税务局时间、空间的限制,纳税人可以足不出户,享受 7×24 小时不间断的纳税服务。用影像资料、电子数据替代了过去的纸质资料,降低了征纳双方的成本。

(2) 推动了税务公开,更好促进依法治税。纳税人可以通过电子税务局发起办税流程,随时了解事项办理情况。办税流程和办税事项通过电子税务局实现了透明化和公开化。

(3) 有利于税务部门决策的科学化、民主化。电子税务局使用互联网技术和数据库技术,使税务部门获取信息资源的能力比实体税务局得到了很大的提高,可以获取更多的数据信息用于决策,并且为税务部门加强与公众的交流提供了极为顺畅、便捷的通道。

(4) 有利于纳税知识的宣传普及。传统的实体电子税务局通常采用发放纸质的税务资料、举办各类税务知识培训班和面对面进行宣传咨询等方式,传播的受众较小,使用的成本也比较高。电子税务局通过链接门户网站的信息公开、新闻动态、政策文件、纳税服务、互动交流等模块,方便纳税人获取相关咨询和信息。

【知识点2】电子税务局的使用

登录路径。可以通过域名地址登录各省的电子税务局,将电子税务局的地址收藏以便以后使用。各省税务局的门户网站一般也会有该省电子税务局的链接。登录后,首先进行环境检测,在下载区下载安装所需的控件和组件。

注册及登录。企业用户新办开户时,需先完成法定代表人、财务负责人、办税人员的个人信息注册。自然人纳税人第一次使用电子税务局时,需通过用户注册设置用户账号等信息。统一身份管理平台接管电子税务局的用户注册、用户登录以及用户管理功能,相应的操作界面也会切换到统一身份管理平台的使用界面。目前,各省电子税务局大都支持个人所得税 App 扫码登录,统一社会信用代码、密码登录,个人身份证号码或手机号码、密码登录。

业务办理。各省的电子税务局页面设置不尽相同,但主要业务功能类似。电子税务局支持纳税人日常办理综合信息报告、发票使用、税费申报与缴纳、税收减免、证明开具、税务行政许可、核定管理、一般退(抵)税管理、出口退税管理、增值税抵扣凭证管理、纳税信用、涉税专业服务机构管理、服务事项、风险管理等业务事项。

查询。纳税人可以查询相关的涉税信息，涵盖了办税进度及结果信息查询、发票信息查询、申报信息查询、缴款信息查询、欠税信息查询、优惠信息查询、个体工商户核定定额信息查询、证明信息查询、涉税中介机构信息查询、纳税信用状态信息查询、违法违章信息查询、历史办税操作查询、应申报清册查询、邮寄信息统计查询、物流信息查询、财务会计制度备案查询、失信行为查询等功能。

便捷功能。电子税务局为纳税人提供待办工作、服务提醒等模块，待办工作涵盖纳税人征期内未申报等待办事项，服务提醒包括纳税人申请发起涉税事项处理进度等。

互动与服务。纳税人可以通过电子税务局与税务机关进行在线交互，实现了互联互通。还可以通过电子税务局查看通知公告等信息，享受咨询辅导等服务，实现公众查询等功能。

四 自然人税收管理系统（ITS）的特点和使用方法

【知识点1】自然人税收管理系统（ITS）概述

根据税务总局部署，原"金税三期个人所得税扣缴系统"升级为"自然人税收管理系统扣缴客户端"。

税务大厅端。面向税务人员的业务办理渠道，与金税三期系统统一门户，支持依申报的办税业务、依职权的日常管理业务办理。

扣缴客户端。面向扣缴单位办税人员的远程业务办理渠道，主要支持办税人员实名注册、个人所得税预扣预缴申报和缴税业务办理。

手机端。直接面向自然人纳税人的远程业务办理渠道，采用手机App形式，主要支持个人实名注册、个人所得税预扣预缴申报和缴税业务办理。

网页端。直接面向自然人纳税人的远程业务办理渠道，与各省电子税务局集成，主要支持个人实名注册、个人所得税预扣预缴申报和缴税业务办理。

【知识点2】自然人税收管理系统（ITS）客户端的使用

实名管理。自然人需要实名注册和登录，实名注册可以采用税务大厅注册码注册和人脸识别认证注册两种方式。

完善个人信息。包括个人信息、任职受雇信息、家庭成员信息、银行卡、安全中心。

专项附加扣除。大病医疗专项附加扣除；子女教育专项附加扣除；房贷利息专项附加扣除；房屋租金专项附加扣除；继续教育专项附加扣除；赡养老人专项附加扣除；3岁以下婴幼儿照护专项附加扣除。

纳税申报。自然人的申报纳税分为两个部分：分类所得个人所得税自行申报和申报更正、作废。

【知识点3】自然人税收管理系统（ITS）扣缴客户端的使用

人员信息采集。输入扣缴纳税人的个人信息，发送到自然人税收管理系统服务器端进行审核。审核通过的方可办理扣缴业务。

专项附加扣除。可以下载模板，把所有员工的专项附加扣除信息表导入系统内。若员工自己通过App端或Web端采集过专项抵扣信息的，可以通过单击"更新"按钮下载，无须再次报送。

预扣预缴申报。选择使用自动导入正常工资薪金数据向导，选择已采集过信息的员工，系统会自动带出已采集的专项附加扣除信息。

申报辅助功能。申报成功后，不管是否完成缴税，都可以进行"申报更正"。启动申报更正后，可以直接在原申报基础上进行修改。若该申报已经扣款，更正申报后多退少补，多交的税款至办税服务厅办理退税。

税款缴纳。本次申报成功后，点击立即缴款可以跳转至网上缴款菜单，获取相关的三方协议等信息，选中报表点击立即缴款可发起缴税业务。没有立即缴款的，在下次系统登录时，会弹出缴款的提醒。

>> 习题演练

一、单项选择题

1. 下列选项不属于中央处理器CPU组成部分的是（　　）。
   A. 运算器　　　　B. 存储器
   C. 控制器　　　　D. 寄存器
   【解析】CPU主要由运算器、控制器和寄存器构成。
   【答案】B

2. 计算机软件，是指为方便使用计算机和提高使用效率而组织的程序以及用于开发、使用和维护的有关（　　）。
   A. 源代码　　　　B. 注释
   C. 文档　　　　　D. 数据
   【解析】计算机软件，是指为方便使用计算机和提高使用效率而组织的程序以及用于开发、使用和维护的有关文档。
   【答案】C

3. 能直接被计算机识别的语言是（　　）。
   A. 高级语言　　　B. 汇编语言
   C. 低级语言　　　D. 机器语言

【解析】机器语言可以被计算机直接识别。

【答案】D

4. 根据《中华人民共和国网络安全法》规定，相关网络日志至少留存（　　）。

   A. 1个月　　　　　B. 2个月
   C. 6个月　　　　　D. 12个月

   【解析】《中华人民共和国网络安全法》明确要求相关网络日志至少留存六个月。

   【答案】C

5. 税务部门的应用系统对岗责授权应遵循的原则是（　　）。

   A. 最大化　　　　B. 相对较大化
   C. 最小化　　　　D. 相对较小化

   【解析】应用系统对岗责授权应遵循最小化原则。

   【答案】C

6. 计算机病毒是（　　）。

   A. 编写出错的程序
   B. 被损坏的程序
   C. 一组特制的程序代码
   D. 硬件故障

   【解析】计算机病毒是编制者在计算机程序中插入的破坏计算机功能或者破坏数据，影响计算机使用并且能够自我复制的一组计算机指令或者程序代码。

   【答案】C

7. 根据软件的功能和特点，计算机软件一般可分为（　　）。

   A. 实用软件和管理软件
   B. 编辑软件和服务软件
   C. 管理软件和网络软件
   D. 系统软件和应用软件

   【解析】计算机软件可分为系统软件和应用软件两大类。

   【答案】D

8. 系统软件中的核心部分是（　　）。

   A. 数据库管理系统　B. 操作系统
   C. 各种工具软件　　D. 语言处理程序

   【解析】操作系统是系统软件的核心部分。

   【答案】B

9. 计算机内部用于处理数据和指令的编码是（　　）。

   A. 十进制码　　　B. 二进制码
   C. ASCII码　　　D. 汉字编码

   【解析】计算机内部的编码都是二进制编码。

   【答案】B

10. 计算机中的应用软件是指（　　）。

    A. 所有计算机上都应使用的软件
    B. 能被各用户共同使用的软件
    C. 专门为某一应用目的而编制的软件
    D. 计算机上必须使用的软件

    【解析】专门为某一应用目的而编制的软件称为应用软件。

    【答案】C

11. 计算机操作系统不需要考虑的问题是（　　）。

    A. 计算机系统中硬件资源的管理
    B. 计算机系统中软件资源的管理
    C. 用户与计算机之间的接口
    D. 语言编译器的设计实现

    【解析】操作系统是管理、控制和监督计算机软件、硬件资源协调运行的程序系统，由一系列具有个同控制和管理功能的程序组成，它是直接运行在计算机硬件上的、最基本的系统软件，是用户与计算机之间的接口。

【答案】D

12. 下列属于计算机输入设备的是（　　）。
    A. 扫描仪　　　　B. 打印机
    C. 显示器　　　　D. 音箱

【解析】扫描仪属于计算机输入设备，打印机、显示器、音箱均属于输出设备。

【答案】A

13. 下列不属于税务机关需要为纳税人保密的信息的是（　　）。
    A. 纳税人的税收违法行为信息
    B. 纳税人商业秘密
    C. 纳税人个人隐私
    D. 纳税人开票信息

【解析】根据《纳税人涉税保密信息管理暂行办法》（国税发〔2008〕93号发布）的规定，纳税人的税收违法行为信息不属于税务机关需要保密的信息。

【答案】A

14. 计算机病毒与其他程序一样，可以作为一段可执行代码而被存储和运行，下列选项中不属于计算机病毒特征的是（　　）。
    A. 寄生性　　　　B. 自发性
    C. 传染性　　　　D. 潜伏性

【解析】计算机病毒具有寄生性、传染性、潜伏性、隐蔽性、破坏性、可触发性等特征。

【答案】B

15. 文件传输协议（File Transfer Protocol，FTP）是用于在网络上进行文件传输的一套标准协议。FTP基于的协议是（　　）。
    A. TCP　　　　B. UDP
    C. IP　　　　　D. HTTP

【解析】文件传输协议（File Transfer Protocol，FTP）是用于在网络上进行文件传输的一套标准协议。FTP是基于TCP协议的，属于网络传输协议的应用层。

【答案】A

16. 满足互联网平台访问用户多面临的压力，互联网应用应当在系统架构设计上考虑其（　　）。
    A. 开放性　　　　B. 安全性
    C. 可扩展性　　　D. 开源性

【解析】互联网应用的特征在于其互联网特性，部署在互联网的公众平台上，针对互联网的特性，在系统架构设计上考虑其可扩展性，来满足互联网平台访问用户多面临的压力。

【答案】C

17. 当用户发现显示器显示的图标、文字、图案较大并且有些模糊时，应首先进行的操作是（　　）。
    A. 降低屏幕分辨率
    B. 提高屏幕分辨率
    C. 重装系统
    D. 重启电脑

【解析】当文字、图标、图案较大时，应首先进行屏幕分辨率设置，提高屏幕分辨率，保存后查看是否恢复正常。

【答案】B

18. 在日常税务工作中，税务干部小王使用 Excel 处理数据，需要将 Sheet2 纳税人申报信息表中的税收数据按纳税人电子档案号关联导入至 Sheet1 纳税人基本信息表中，下列函数能满足该功能的是（　　）。

　　A. FIND 函数

　　B. ROUND 函数

　　C. COUNT 函数

　　D. VLOOKUP 函数

【解析】VLOOKUP 函数是 Excel 中的一个纵向查找函数，可以用来核对数据、多个表格之间快速导入数据等。功能是按列查找，最终返回该列所需查询序列所对应的值。

【答案】D

19. 下列操作系统不属于国产操作系统的是（　　）。

　　A. 优麒麟操作系统

　　B. 中标麒麟操作系统

　　C. Deepin 深度操作系统

　　D. Mac 操作系统

【解析】Mac 操作系统是美国苹果公司开发的操作系统。

【答案】D

20. 推进全面数字化电子发票对优化营商环境的作用不包括（　　）。

　　A. 依托云计算、大数据、人工智能技术，电子发票服务平台为市场主体交易双方提供 7×24 小时全国统一、规范可靠、安全便捷的数字化电子发票服务

　　B. 构建发票管理与内部督查审计监督实时互通互动机制，为数字化人事管理、督查内审和绩效考核奠定基础

　　C. 全程留痕、不可抵赖、不可篡改，让制贩假发票、假票入账等扰乱市场秩序者无处藏身

　　D. 通过实时采集发票数据、验证开票行为，可有效防范和打击虚开骗税、偷逃税款等违法行为，维护社会公平

【解析】构建发票管理与内部督查审计监督实时互通互动机制，为数字化人事管理、督查内审和绩效考核奠定基础，是推动全电发票后对税务机关内部管理的作用，不是对优化营商环境的作用。

【答案】B

二、多项选择题

1. 下列属于操作系统功能模块的有（　　）。

　　A. 处理器管理　　B. 存储器管理

　　C. 控制器管理　　D. 设备管理

【解析】操作系统通常应包括下列 5 大功能模块：①处理器管理；②作业管理；③存储器管理；④设备管理；⑤文件管理。

【答案】ABD

2. 根据网络安全法的规定，建设关键信息基础设施应当确保其具有支持业务稳定、持续运行的性能，并保证安全技术措施（　　）。

　　A. 同步使用　　B. 同步建设

C. 同步规划　　D. 同步修改

【解析】网络安全法中规定的网络安全"三同步"是指同步规划、同步建设、同步使用。

【答案】ABC

3. 计算机硬件一般由主机和外部设备组成，其中外部设备包含（　　）。

   A. 中央处理器　　B. 外部存储器

   C. 输入设备　　　D. 输出设备

   【解析】计算机硬件一般由主机和外部设备组成，其中，主机包含中央处理器和内部存储器，外部设备包含外部存储器、输入设备、输出设备等。

   【答案】BCD

4. 操作系统的种类繁多，依其功能和特性可分为（　　）。

   A. 批处理操作系统

   B. 分时操作系统

   C. 实时操作系统

   D. 多用户操作系统

   【解析】操作系统的种类繁多，依其功能和特性可分为批处理操作系统、分时操作系统和实时操作系统等；依同时管理用户数的多少可分为单用户操作系统和多用户操作系统。

   【答案】ABC

5. 自然人税收管理系统（ITS）客户端实名注册方式包括（　　）。

   A. 税务大厅注册码注册

   B. 人脸识别认证注册

   C. 身份证号码认证注册

   D. 手机号码认证注册

   【解析】自然人需要实名注册和登录，实名注册可以采用税务大厅注册码注册和人脸识别认证注册两种方式。

   【答案】AB

6. 电子税务局的注册方式有（　　）。

   A. CA 证书注册

   B. 在线注册

   C. 到所在地税务机关的办税大厅注册

   D. 短信注册

   【解析】电子税务局的注册方式有两种：一种是在线注册；另一种是到所在地税务机关的办税大厅注册。

   【答案】BC

7. 自然人税收管理系统（ITS）包括（　　）。

   A. 网页端　　　B. 手机端

   C. 扣缴客户端　D. 税务大厅端

   【解析】自然人税收管理系统（ITS）包括税务大厅端、扣缴客户端、手机端和网页端。

   【答案】ABCD

8. 计算机网络按网络拓扑结构可分为（　　）。

   A. 总线型网络　B. 星型网络

   C. 无线网络　　D. 树型网络

   【解析】计算机网络按网络拓扑结构可分为总线型网络、星型网络、环形网络、树型网络和网状网络。

   【答案】ABD

9. 税务工作人员离开工作计算机时，应（　　）。

   A. 激活带口令的屏幕保护

   B. 注销

   C. 关机

   D. 关掉显示器电源

   【解析】税务工作人员离开工作计算机

时，应激活带口令的屏幕保护、注销或者关机。

【答案】ABC

10. 下列属于 Office 办公软件的是（　　）。
    A. Word　　　　B. Excel
    C. Powerpoint　　D. Photoshop

【解析】Word、Excel、Powerpoint（PPT）都属于 Office 系列办公软件，而 Photoshop 属于图像处理软件。

【答案】ABC

11. 应用软件从其服务对象的角度可分为（　　）。
    A. 系统软件　　B. 通用软件
    C. 专用软件　　D. 中间件

【解析】应用软件从其服务对象的角度又可分为通用软件、专用软件、中间件 3 类。

【答案】BCD

12. 电子发票服务平台对发票的开具提供的模式有（　　）。
    A. 页面输入　　B. 扫描二维码
    C. 自动归集　　D. 统一赋码

【解析】电子发票服务平台对发票的开具提供页面输入和扫描二维码两种模式。

【答案】AB

13. 关于杀毒软件的使用，下列说法中正确的有（　　）。
    A. 选择合适的杀毒软件
    B. 为提高安全等级，在一台计算机上安装多个杀毒软件
    C. 对从网络下载的资源和外部拷贝过来的数据，应该先查杀病毒，再使用
    D. 及时更新病毒库，定期查杀病毒

【解析】不要在一台电脑上同时安装两款及以上杀毒软件。杀毒软件安全级别会有冲突，会造成卡机、无法上网，甚至无法启动等情况。

【答案】ACD

14. 自然人税收管理系统（ITS）客户端中，完善个人信息模块包括（　　）。
    A. 个人信息　　B. 任职受雇信息
    C. 银行卡　　　D. 家庭成员信息

【解析】完善个人信息模块包括个人信息、任职受雇信息、家庭成员信息、银行卡、安全中心。

【答案】ABCD

15. 电子税务局与传统实体税务局相比具有的优点包括（　　）。
    A. 提高了办税的效率
    B. 推动了税务公开
    C. 提供个性化的服务
    D. 增强了获取信息资源的能力

【解析】电子税务局与传统实体税务局相比具有以下优点：①提高办税效率，降低征纳双方的成本；②推动税务公开，更好促进依法治税；③有利于税务部门决策的科学化、民主化；④有利于纳税知识的宣传普及。

【答案】ABD

16. 下列互联网应用中，属于互联网金融的有（　　）。
    A. 支付宝　　　B. 比特币
    C. 手机银行　　D. 腾讯 QQ

【解析】互联网金融有网络支付、网上银行、数字货币等。

【答案】ABC

17. 根据我国个人信息保护法，个人信息的处理包括个人信息的（　　）等。
    A. 存储　　　　B. 使用
    C. 加工　　　　D. 传输
    【解析】根据个人信息保护法，个人信息的处理包括个人信息的搜集、加工、使用、传输、存储、提供、公开、删除等。
    【答案】ABCD

18. 《中华人民共和国密码法》明确实行分类管理原则的有（　　）。
    A. 核心密码　　B. 普通密码
    C. 商用密码　　D. 国家标准密码
    【解析】《中华人民共和国密码法》明确对核心密码、普通密码与商用密码实行分类管理的原则。
    【答案】ABC

19. 电子税务局常用登录方式有（　　）。
    A. CA 数字证书登录
    B. 手机号码登录
    C. 短信登录
    D. 证件号码登录
    【解析】电子税务局常用登录方式有 CA 数字证书登录、手机号码登录、短信登录、证件号码登录等。
    【答案】ABCD

20. 加快推进智慧税务建设，可以利用的现代信息技术有（　　）。
    A. 大数据　　　B. 云计算
    C. 人工智能　　D. 移动互联网
    【解析】智慧税务建设中，要充分利用大数据、云计算、人工智能、移动互联网等现代信息技术。
    【答案】ABCD

三 判断题

1. 在自然人税收管理系统（ITS）扣缴客户端申报成功后，没有完成缴税的，方可进行"申报更正"。（　　）
   【解析】不管是否完成缴税，都可以进行"申报更正"。启动申报更正后，可以直接在原申报基础上进行修改。若该申报已经扣款，更正申报后多退少补，多交的税款至办税服务厅办理退税。
   【答案】错误

2. 文件的主名为有意义的词语和数字，以便用户识别。文件的扩展名表示文件的类型，不同类型的文件的处理方式是不同的。（　　）
   【解析】略
   【答案】正确

3. 当收到垃圾邮件时，应回复对方不要再发邮件给自己以避免受到打扰。（　　）
   【解析】不回复收到的垃圾邮件。
   【答案】错误

4. 计算机网络按信号频带占用方式可分为总线型网络、星型网络、环形网络、树型网络和网状网络。（　　）
   【解析】计算机网络按网络拓扑结构可分为总线型网络、星型网络、环形网络、树型网络和网状网络。
   【答案】错误

5. 税务干部小王下周要出差，为不影响工作开展，并报经部门领导同意，将自己的金税三期征管系统账号借给同

部门的小李使用。（　　）

【解析】根据税务系统个人信息安全管理相关规定不得将金税三期征管系统账号借给他人使用。

【答案】错误

6. 办公软件 Microsoft Office 属于系统软件。（　　）

【解析】办公软件 Microsoft Office 属于应用软件。

【答案】错误

7. 税务内网电脑如果要通过无线设备连接到其他网络查看资料，必须先将内网断开，结束时要清除所有查看的资料信息。（　　）

【解析】税务专网与互联网物理隔离，不得将税务专网计算机终端随意接入互联网。

【答案】错误

8. 税务工作人员离开工作计算机时，应激活带口令的屏幕保护或注销、关机。（　　）

【解析】略

【答案】正确

9. 数据保护法建立了数据分类分级保护的制度，确定重要数据目录，加强对重要数据的保护。（　　）

【解析】各行业、各部门应当根据数据分类分级保护制度，确定本行业或本部门的重要数据目录，对列入目录的数据进行重点保护。

【答案】正确

10. 税务干部退休后，办公室直接将其工作电脑交由拍卖公司报废处理。（　　）

【解析】应首先由信息部门将报废电脑硬盘做消磁处理后再交由拍卖公司处理。

【答案】错误

四　简答题

1. 简述全面数字化发票的主要特点。

【答案】全面数字化发票具有以下特点：①去介质，纳税人不再需要预先领用专用税控设备；②去版式，选择以数据电文形式交付，破除 PDF 等特定版式要求；③标签化，通过标签实现了对电子发票功能、状态、用途的具体分类；④要素化，数据项标准化，税收数据颗粒度更细，授信制，自动为纳税人赋予可开具发票总金额的信用额度并动态调整；赋码制，通过信息系统在发票开具时自动赋予每张发票唯一编码的赋码机制。

2. 在电子邮件使用过程中，如何预防垃圾邮件？

【答案】可以从以下方面进行阐述：

（1）避免泄露邮件地址。邮件地址不要轻易告诉别人，朋友之间互相留信箱地址时可采取图片方式替代文字方式。

（2）利用邮件服务提供商的邮件管理、过滤功能。用户可通过设置过滤器中的邮件域名、邮件主题、来源、长度等规则对邮件进行过滤。

（3）利用邮件服务提供商的"黑名单"功能。一旦发现同一个邮件地址给您发送垃圾邮件，登录邮箱设置

"黑名单"或"拒收该地址"即可避免对方再给您发垃圾邮件。

（4）其他有益的方法。如使用反垃圾邮件的专门软件；不回复收到的垃圾邮件；收到垃圾邮件后，及时举报和反馈垃圾邮件；使用服务好的邮箱软件；多个邮箱分工使用等。

3. 在杀毒软件使用过程中，需要注意的方面有哪些？

【答案】可以从以下方面进行阐述：

（1）选择合适的杀毒软件。杀毒软件种类繁多，各有优缺点，要结合自身和电脑的情况，选用合适的杀毒软件。比如卡巴斯基和诺顿杀毒软件功能强大，防御性能好，但是占用系统资源较大，而且需要付费；360杀毒软件功能齐全，内存占用不高，并且是免费的；金山杀毒软件内存占用小，也是免费的。

（2）不要在一台电脑上同时安装两款及以上杀毒软件。杀毒软件安全级别会有冲突，会造成卡机、无法上网，甚至无法启动等情况。

（3）养成定期查杀病毒的习惯。安装了杀毒软件，如果不能定期查杀病毒，那么杀毒软件的作用就会大打折扣。

（4）及时更新病毒库。长时间不更新病毒库，会造成新出现的病毒无法查杀的问题。

（5）对从网络下载的资源和外部拷贝过来的数据，应该先查杀病毒，再使用。

（6）有些不是病毒的程序会被杀毒软件误报，比如一些盗版软件的注册机（用来自动生成注册码的程序）。

五、案例分析题

某地税务局的税务干部小赵，苦恼于内网应用系统太多，于是就将各系统用户名和密码写在纸条上，贴在显示器上，以方便工作。他的同事小钱为了方便登录，不同应用系统使用同一个密码"888888"。一天，小钱公休，纳税人办理业务，小赵就借用小钱的账号为纳税人办理了业务。为工作方便，小赵请市税务局负责金税三期征收管理系统的管理员，将自己的查询权限设置成全市范围。小赵内网计算机存放有纳税人财务数据，一日该计算机硬盘损坏，便电话联系自己熟悉的电脑维修公司，维修公司上门检修时更换新硬盘，并将旧硬盘带走销毁。为方便工作，小赵通过微信向科长发送了税收调查中搜集的纳税人税收数据。在欠税、非正常户公告中，公示了法人的联系方式及身份证号码。

就上述行为回答下面的问题：

（1）请问上述案例中，哪些行为不符合税务部门的安全规范？

（2）上述不当行为，正确的做法是什么？

（3）论述如何做好税务数据的安全管理工作。

【答案】（1）不符合安全规范的有：①将密码贴在显示器上；②不同系统使用同样的密码；③借用他人账号；④随意扩大应用系统权限；⑤私自联系电脑维修公司维修计算机；⑥将旧硬盘交由电脑维修公司销毁；⑦通过外网即时通讯工具发送敏感数据；⑧纳税人联系方式、身份证号码公示时未脱敏。

(2) 正确的做法是：①系统密码应妥善管理；②不同应用系统不得使用相同的密码；③不得借用他人应用系统的账号密码；④应用系统授权应遵循最小化原则；⑤电脑损坏应交由信息技术管理部门，由信息技术管理部门联系符合税务网络管理要求的电脑维修公司，须与该公司和维修者签订保密协议；⑥应由信息技术管理部门使用专业工具进行旧硬盘的销毁；⑦不得通过外网即时通讯工具发送敏感数据；⑧纳税人联系方式、身份证号码应该脱敏后再公示。

(3) 可以从以下几个方面加强税务数据的安全管理工作：①各应用系统进行身份认证，应用系统的登录通过用户名、密码，密码须不小于八位，数字与字母组合；②授权遵循"最小化"原则；③禁止公用账户、禁止使用他人账号，对调离、离岗、退休等人员应及时收回账户权限；④采用堡垒机等信息技术手段对数据访问进行控制；⑤部署日志审计系统，收集操作系统、数据库、应用系统等系统日志，并对日志进行关联分析；⑥在税务数据的产生、传输、存储等各个环节，注重保护纳税人的商业密码、个人隐私；⑦不得通过外网不安全模式传输敏感数据，工作数据不能存储于个人电脑及存储介质中；⑧防范违规外联，以免感染木马等，造成数据泄露；⑨对内网计算机存储介质妥善保管，内网信息设备维保需要签署保密协议的签约单位统一运维，对报废信息设备，需对存储介质消磁后再处理。

模拟测试

模拟测试（一）

一、单项选择题（下列各题的备选答案中，只有一个正确选项，请将正确选项的字母填写在括号中，多选、错选、不选均不得分。每小题2分，共计40分）

1. 党中央决定，2023年在全党深入开展学习贯彻习近平新时代中国特色社会主义思想主题教育。下列关于主题教育说法正确的是（　　）。
   A. 这次主题教育分两个环节
   B. 这次主题教育不分批次
   C. 这次主题教育不分环节
   D. 这次主题教育分两阶段

2. 党的二十大报告指出，全面建设社会主义现代化国家，必须坚持中国特色社会主义文化发展道路，增强文化自信，建设社会主义文化强国。下列关于社会主义文化强国建设表述正确的是（　　）。
   A. 举旗帜、聚人心、育人才、兴文明、展形象
   B. 举旗帜、聚民心、育新人、兴文化、展形象
   C. 举旗帜、聚民心、育人才、兴文明、强作风
   D. 举旗帜、聚人心、育新人、兴文化、强作风

3. 2023年全国税务工作会议对进一步调整充实完善"六大能力"提出要求，在"四坚持两优化"中全面提升推进新征程税收现代化的能力本领。"两优化"指的是（　　）。
   A. 将"政治引领能力"优化提升为"党建引领能力"，将"谋划创新能力"优化提升为"守正创新能力"
   B. 将"科技驱动能力"优化提升为"技术集成能力"，将"风险应对能力"优化提升为"风险防范能力"
   C. 将"制度落实能力"优化提升为"制度执行能力"，将"风险应对能力"优化提升为"风险防范能力"
   D. 将"谋划创新能力"优化提升为"守正创新能力"，将"协同共治能力"优化提升为"集成共治能力"

4. 《关于新形势下党内政治生活的若干准则》明确，党最根本、最重要的纪律是（　　）。
   A. 组织纪律　　B. 政治纪律
   C. 廉洁纪律　　D. 群众纪律

5. 习近平总书记指出，加快构建新发展格局，要从两个维度来研究和布局：一是更有针对性地加快补上我国产业链供应链短板弱项，确保（　　）畅通；二是提升国内大循环内生动力和可靠性，提高国际竞争力，增强对（　　）的吸引力、推动力。

通用知识

A. 国民经济循环；国际循环

B. 国内大循环；国内国际双循环

C. 国内大循环；国际循环

D. 国民经济循环；国内国际双循环

6. 党的二十大报告指出，全面建设社会主义现代化国家的首要任务是（　　）。

   A. 全面从严治党

   B. 高质量发展

   C. 供给侧结构性改革

   D. 实现共同富裕

7. 党的二十大报告指出，实践告诉我们，中国共产党为什么能，中国特色社会主义为什么好，归根到底是因为两个"行"。这两个"行"指的是（　　）。

   A. 马克思主义行，中国化时代化的马克思主义行

   B. 马克思主义行，中华民族行

   C. 中国特色社会主义道路行，中国特色社会主义理论体系行

   D. 中国人民行，中华民族行

8. 中国共产党在新中国成立后召开的第一次中央全会是（　　）。

   A. 七届二中全会　　B. 七届三中全会

   C. 七届四中全会　　D. 七届五中全会

9. 新中国成立后制定的第一部法律是（　　）。

   A.《中华人民共和国婚姻法》

   B.《中华人民共和国劳动法》

   C.《中华人民共和国兵役法》

   D.《中华人民共和国合同法》

10. 习近平新时代中国特色社会主义思想的精髓是（　　）。

    A. 为社会作引领、为人民谋幸福、为世界作贡献

    B. 为社会作引领、为人民谋幸福、为民族谋复兴

    C. 为社会作引领、为民族谋复兴、为世界作贡献

    D. 为人民谋幸福、为民族谋复兴、为世界谋大同

11. 党的二十大报告指出，建设现代化产业体系，要坚持把发展经济的着力点放在实体经济上，推进新型工业化。下列选项不属于建设现代化产业体系内容的是（　　）。

    A. 加快建设制造强国

    B. 加快建设质量强国

    C. 加快建设海洋强国

    D. 加快建设网络强国

12. 全面从严治党重在落实"两个责任"。"两个责任"指的是（　　）。

    A. 党委主体责任、党委书记领导责任

    B. 纪委监督责任、纪委书记主管责任

    C. 党委主体责任、纪委监督责任

    D. 党委领导责任、纪委主管责任

13. 历史和实践告诉我们，做好群众工作是我们党永葆青春活力的重要传家宝。下列选项中体现做好群众工作观点的是（　　）。

    A. 学者非必为仕，而仕者必为学

    B. 知屋漏者在宇下

    C. 徒善不足以为政

    D. 苟日新，日日新，又日新

14. 领导干部操办本人及直系亲属婚丧喜庆等事项事后（　　）日内书面报本单位人事、纪检监察部门。

    A. 10　　　　　　B. 15

    C. 20　　　　　　D. 30

15. 行政机关应当全面推行清单公开工作，下列选项中不属于应公开清单的是（　　）。
   A. 问题清单　　B. 权力清单
   C. 责任清单　　D. 负面清单
16. 下列行为中，违反保密工作有关规定的是（　　）。
   A. 某市税务局办公室工作人员魏某在涉密计算机上起草派生秘密文件
   B. 某县税务局办公室党支部集中学习时，口头传达了发放至县团级的中央文件
   C. 某市税务局副局长刘某参加局委会议后，将会上发放的涉密文件交还机要人员管理
   D. 某省税务局税收经济分析处印制含有税务工作秘密的资料时，标注"内部资料"字样
17. 下列合同中，不属于印花税征税范围的是（　　）。
   A. 研究所与企业之间签订的技术转让合同
   B. 企业签订的财产保险合同
   C. 产品买卖合同
   D. 银行同业拆借签订的借款合同
18. 应税固体废物环境保护税的计税依据是（　　）。
   A. 固体废物的产生量
   B. 固体废物的贮存量
   C. 固体废物的排放量
   D. 固体废物的综合利用量
19. 对作出的具体行政行为负有举证责任的主体是（　　）。
   A. 原告　　B. 被告
   C. 原被告双方　　D. 诉讼参加人
20. 某科技服务业企业2023年发生1000万元研发费用，未形成无形资产计入当期损益，税前扣除金额应是（　　）。
   A. 750万元　　B. 1000万元
   C. 2000万元　　D. 2250万元

二、多项选择题（下列各题的备选答案中，至少有两个正确选项，请将正确选项的字母填写在括号中，多选、错选、少选、不选均不得分。每小题2分，共计30分）

1. 学习贯彻习近平新时代中国特色社会主义思想主题教育的总要求包括（　　）。
   A. 学思想　　B. 强党性
   C. 重实践　　D. 抓调研
   E. 建新功
2. 下列关于中国式现代化的本质要求说法正确的有（　　）。
   A. 坚持中国特色社会主义
   B. 实现全体人民共同富裕
   C. 推进"一国两制"实践
   D. 创造人类文明新形态
   E. 促进人与自然和谐共生
3. 2023年3月5日，习近平总书记在参加十四届全国人大一次会议江苏代表团审议时强调，加快构建新发展格局，是推动高质量发展的战略基点。下列关于加快构建新发展格局的说法，正确的有（　　）。
   A. 要把实施扩大内需战略同深化供给侧结构性改革有机结合起来

B. 要加快建设现代化产业体系

C. 要坚持把发展经济的着力点放在数字经济上

D. 要按照构建高水平社会主义市场经济体制、推进高水平对外开放的要求，深入推进重点领域改革

E. 要统筹推进现代化基础设施体系和高标准市场体系建设，稳步收紧制度型开放

4. 新时代十年，我们党不断深化对自我革命规律的认识，初步构建起全面从严治党体系。下列关于全面从严治党体系的描述，正确的有（　　）。

 A. 数据庞大 B. 内涵丰富

 C. 功能完备 D. 科学规范

 E. 运行高效

5. 加强新形势下税务系统党的建设基本原则有（　　）。

 A. 坚持政治引领 B. 坚持服务中心

 C. 坚持以上率下 D. 坚持问题导向

 E. 坚持改革创新

6. 坚定不移全面从严治党，深入推进新时代党的建设新的伟大工程的具体要求包括（　　）。

 A. 坚持和加强党中央集中统一领导，坚持不懈用新时代中国特色社会主义思想凝心铸魂

 B. 完善党的自我革命制度规范体系

 C. 建设堪当民族复兴重任的高素质干部队伍

 D. 增强党组织政治功能和组织功能

 E. 坚持以严的基调强化正风肃纪，坚决打赢反腐败斗争攻坚战持久战

7. 根据《中央和国家机关会议费管理办法》规定，会议费报销时应当提供的材料有（　　）。

 A. 会议通知

 B. 会议手册

 C. 年度会议计划

 D. 实际参会人员签到表

 E. 定点会议场所等会议服务单位提供的费用原始明细单据、电子结算单等凭证

8. 下列金融资产中，计提的减值可以在减值范围内转回的有（　　）。

 A. 以摊余成本计量的金融资产

 B. 权益性以公允价值计量且其变动计入其他综合收益的金融资产

 C. 债权性以公允价值计量且其变动计入其他综合收益的金融资产

 D. 应收账款

 E. 银行存款

9. 根据个人所得税汇算清缴有关规定，下列情形中无须办理2022年汇算清缴的有（　　）。

 A. 因适用所得项目错误，造成2022年少申报综合所得的

 B. 汇算需补税但综合所得收入全年不超过12万元的

 C. 汇算需补税金额不超过500元的

 D. 已预缴税额与汇算应纳税额一致的

 E. 符合汇算退税条件但不申请退税的

10. 追究税收执法过错责任的方式包括（　　）。

 A. 批评教育

 B. 责令作出书面检查

 C. 通报批评

 D. 取消评选先进的资格

E. 严重警告

11. 关于贯彻落实《关于进一步深化税收征管改革的意见》，下列属于税务总局2023年第四季度组织开展的中期评估内容的有（　　）。
   A. 智慧税务、"四精"体系等目标完成情况
   B. 税费收入目标完成情况及税费优惠政策落实情况
   C. 改革任务落实情况和试点情况，推进改革工作机制运行情况
   D. 纳税人缴费人税法遵从度、社会满意度、税收征纳成本等实现情况
   E. 深化税收征管改革实施效果，社会各界改革获得感、认同感等实现情况

12. 关于构建完善税务系统一体化综合监督体系的意见指出，构建完善税务系统一体化综合监督体系，落实"1＋1＋5＋N"总体框架。下列选项属于"1＋1＋5＋N"中"5"的内容的有（　　）。
   A. 接受地方党政机关监督
   B. 党的基层组织日常监督
   C. 党员和群众民主监督
   D. 党委全面监督
   E. 纪检机构专责监督

13. 下列各项中，关于无形资产的会计处理表述错误的有（　　）。
   A. 出租无形资产的摊销额应计入管理费用
   B. 无形资产减值损失一经确认，在以后会计期间不得转回
   C. 使用寿命不确定的无形资产不计提减值准备
   D. 内部研发项目研究阶段的支出应当资本化，确认为无形资产
   E. 出租无形资产的摊销计入其他业务成本

14. 《中国共产党纪律处分条例》对违纪行为有关责任人员进行了区分，具体包括（　　）。
   A. 直接责任者
   B. 间接责任者
   C. 重要领导责任者
   D. 主要领导责任者
   E. 分管领导责任者

15. 下列情形中，纳税人应进行土地增值税清算的有（　　）。
   A. 甲公司开发的住宅项目已竣工销售完毕
   B. 乙公司将未竣工决算的开发项目整体转让
   C. 丙公司开发的住宅已销售建筑面积占整个项目可售建筑面积的65%，自用的面积占可售面积的5%
   D. 丁公司于2018年3月取得住宅项目销售（预售）许可证，截至2021年3月底仍未销售完毕

三、判断题（判断各题正误。正确的打"√"，错误的打"×"，每小题1分，共计10分）

1. 成本与可变现净值孰低原则的"成本"是指存货历史成本，"可变现净值"是指存货当前市场价值。（　　）
2. 马克思主义是我们立党立国、兴党兴国的根本指导思想。（　　）
3. 税务行政主体只是各级税务机关。

通用知识

（　　）

4. 协商民主是实践全过程人民民主的重要形式。（　　）

5. 某企业赊销商品时知晓客户财务困难，不能确定能否收回货款，为了维持客户的长期合作关系仍将商品发出并开具销售发票，对于该赊销，不需要进行相关的会计处理。（　　）

6. 某县税务局党委召开民主生活会开展批评与自我批评，参会同志应当遵循的方针是：团结—批评—改进。（　　）

7. 2023 年 1 月 9 日，习近平总书记在二十届中央纪委二次全会上指出，全面从严治党永远在路上，要时刻保持解决大党独有难题的清醒和坚定。"大党独有难题"是指跳出治乱兴衰历史周期率。（　　）

8. 税务机关应当使用"国有土地收益基金收入""农业土地开发资金收入""国有土地使用权出让收入"三个征收项目征收土地出让收入。（　　）

9. 某小型微利企业，2023 年应纳税所得额 90 万元，该企业缴纳企业所得税为 4.5 万元。（　　）

10. 各级税务机关要全面落实行政执法公示、执法全过程记录、重大执法决定法制审核制度，2023 年底前基本建成税务执法质量智能控制体系。（　　）

四、简答题（第 1 小题 2 分，第 2 小题 3 分，共 5 分）

2023 年，税务总局连续第 10 年开展"便民办税春风行动"（以下简称"春风行动"），分批推出若干便民办税缴费措施，不断提升纳税人缴费人获得感和满意度，更好服务中国式现代化，为全面建设社会主义现代化国家开好局起好步贡献税务力量。

请简要回答：

1. 2023 年"春风行动"的主题是什么？
2. 截至 2023 年 9 月底，2023 年"春风行动"共分几批次出台哪些便民办税缴费措施？

五、案例分析题（每小题 5 分，共 15 分）

纳税人小王因为纳税申报争议问题向当地税务机关申请行政复议，小王与税务机关之间就构成了税务行政法律关系。请回答下列有关税务行政法律关系的问题。

1. 如何界定税务行政法律关系？
2. 税务行政法律关系有什么特征？
3. 税务行政法律关系的要素包括哪些？

模拟测试（一）参考答案及解析

一、单项选择题

1. 【参考答案】C
【答案解析】根据习近平总书记在学习贯彻习近平新时代中国特色社会主义思想主题教育工作会议上的讲话，这次主题教育不划阶段、不分环节，要把理论学习、调查研究、推动发展、检视整改等贯通起来，有机融合、一体推进。

2. 【参考答案】B
【答案解析】党的二十大报告指出，全面建设社会主义现代化国家，必须坚持中国特色社会主义文化发展道路，增强文化自信，围绕举旗帜、聚民心、育新人、兴文化、展形象建设社会主义文化强国，发展面向现代化、面向世界、面向未来的，民族的科学的大众的社会主义文化，激发全民族文化创新创造活力，增强实现中华民族伟大复兴的精神力量。

3. 【参考答案】D
【答案解析】略

4. 【参考答案】B
【答案解析】根据《关于新形势下党内政治生活的若干准则》规定，政治纪律是党最根本、最重要的纪律，遵守党的政治纪律是遵守党的全部纪律的基础。

5. 【参考答案】A
【答案解析】2023年1月31日，习近平总书记在二十届中央政治局第二次集体学习时讲话指出，加快构建新发展格局，要从两个维度来研究和布局：一是更有针对性地加快补上我国产业链供应链短板弱项，确保国民经济循环畅通；二是提升国内大循环内生动力和可靠性，提高国际竞争力，增强对国际循环的吸引力、推动力。

6. 【参考答案】B
【答案解析】略

7. 【参考答案】A
【答案解析】略

8. 【参考答案】B
【答案解析】七届三中全会是中国共产党在新中国成立后召开的第一次中央全会。这次会议反映了党刚刚执掌全国政权时对慎重处理社会转变时期的社会矛盾保持了高度的清醒。

9. 【参考答案】A
【答案解析】1950年5月1日颁布的《中华人民共和国婚姻法》，是新中国成立后制定的第一部法律。

10. 【参考答案】D
【答案解析】习近平新时代中国特色社会主义思想的精髓，就是为人民谋幸福、为民族谋复兴、为世界谋大同。这一思想精髓集中反映了当代中国共产党人的人民主场、民族抱负、世界责任。学习习近平新时代中国特色社会主义思想，要在领会基本内容的同时，深入理解和掌握贯穿其中的精髓要义。

11. 【参考答案】C
    【答案解析】详见党的二十大报告。

12. 【参考答案】C
    【答案解析】略

13. 【参考答案】B
    【答案解析】知屋漏者在宇下，知政失者在草野。出自汉朝王充的《论衡》，指为政者要走出庙堂，到群众中去听取意见。

14. 【参考答案】B
    【答案解析】根据税务系统领导班子和领导干部监督管理相关办法规定，领导干部操办本人及直系亲属婚丧喜庆等事项事前向领导班子主要负责人和纪检组组长报告，领导班子主要负责人如操办上述事项应向纪检组组长通报，并报上级纪检监察部门备案。事后15日内书面报本单位人事、纪检监察部门，内容包括操办事项、方式、邀请人员、数量等。

15. 【参考答案】A
    【答案解析】根据《关于全面推进政务公开工作的意见》规定，全面推行权力清单、责任清单、负面清单公开工作，建立健全清单动态调整公开机制。推行行政执法公示制度，各级政府要根据各自的事权和职能，按照突出重点、依法有序、准确便民的原则，推动执法部门公开职责权限、执法依据、裁量基准、执法流程、执法结果、救济途径等，规范行政裁量，促进执法公平公正。

16. 【参考答案】B
    【答案解析】根据国家税务总局关于日常工作中需要遵守的保密管理工作要求，中央、省委文件的阅读、传达，应当严格按照文件发布层次和有关规定执行，任何单位和个人不得擅自扩大或缩小阅读、传达范围。

17. 【参考答案】D
    【答案解析】根据《中华人民共和国印花税法》规定，借款合同不包括同业拆借的借款合同。

18. 【参考答案】C
    【答案解析】根据《中华人民共和国环境保护税法》规定，固体废物的计税依据为排放量。

19. 【参考答案】B
    【答案解析】被告对作出的具体行政行为负有举证责任。

20. 【参考答案】C
    【答案解析】根据《财政部 税务总局关于进一步完善研发费用税前加计扣除政策的公告》（财政部 税务总局公告2023年第7号）规定，企业开展研发活动中实际发生的研发费用，未形成无形资产计入当期损益的，在按规定据实扣除的基础上，自2023年1月1日起，再按照实际发生额的100%在税前加计扣除。该企业2023年发生研发费用1000万元，未形成无形资产计入当期损益，可在税前据实扣除1000万元的基础上，在税前按 100% 比例加计扣除，合计在税前扣除 2000 万元。

二、多项选择题

1. 【参考答案】ABCE
【答案解析】根据学习贯彻习近平新时代中国特色社会主义思想主题教育工作会议的有关要求，这次主题教育要牢牢把握"学思想、强党性、重实践、建新功"的总要求。

2. 【参考答案】ABDE
【答案解析】党的二十大报明确，中国式现代化的本质要求是：坚持中国共产党领导，坚持中国特色社会主义，实现高质量发展，发展全过程人民民主，丰富人民精神世界，实现全体人民共同富裕，促进人与自然和谐共生，推动构建人类命运共同体，创造人类文明新形态。

3. 【参考答案】ABD
【答案解析】习近平总书记在参加十四届全国人大一次会议江苏代表团审议时强调，加快构建新发展格局，是推动高质量发展的战略基点。要把实施扩大内需战略同深化供给侧结构性改革有机结合起来，加快建设现代化产业体系。要坚持把发展经济的着力点放在实体经济上，深入推进新型工业化，强化产业基础再造和重大技术装备攻关，推动制造业高端化、智能化、绿色化发展，加快建设制造强省，大力发展战略性新兴产业，加快发展数字经济。要按照构建高水平社会主义市场经济体制、推进高水平对外开放的要求，深入推进重点领域改革，统筹推进现代化基础设施体系和高标准市场体系建设，稳步扩大制度型开放。

4. 【参考答案】BCDE
【答案解析】习近平总书记在二十届中央纪委二次全会上发表重要讲话强调，全面从严治党体系应是一个内涵丰富、功能完备、科学规范、运行高效的动态系统。

5. 【参考答案】ABCDE
【答案解析】五个选项均符合题意。

6. 【参考答案】ABCDE
【答案解析】详见党的二十大报告。

7. 【参考答案】ADE
【答案解析】根据《中央和国家机关会议费管理办法》规定，会议费报销时应当提供会议审批文件、会议通知及实际参会人员签到表、定点会议场所等会议服务单位提供的费用原始明细单据、电子结算单等凭证。财务部门要严格按规定审核会议费开支，对未列入年度会议计划，以及超范围、超标准开支的经费不予报销。

8. 【参考答案】ACD
【答案解析】只有存货、应收账款、以摊余成本计量的金融资产（债权投资）、以公允价值计量且其变动计入其他综合收益的金融资产（其他债权投资）、合同取得成本、合同履约成本、递延所得税资产、持有待售资产这几类资产的减值可以在减值范围内转回，其余所有资产的减值都不可以转回。

9. 【参考答案】BDE
【答案解析】根据《国家税务总局关

于办理 2022 年度个人所得税综合所得汇算清缴事项的公告》规定，因适用所得项目错误或者扣缴义务人未依法履行扣缴义务，造成 2022 年少申报或者未申报综合所得的，纳税人应当依法据实办理汇算。纳税人在 2022 年已依法预缴个人所得税且符合下列情形之一的，无须办理汇算：①汇算需补税但综合所得收入全年不超过 12 万元的；②汇算需补税金额不超过 400 元的；③已预缴税额与汇算应纳税额一致的；④符合汇算退税条件但不申请退税的。

10.【参考答案】ABCD
【答案解析】对存在税收执法过错的责任人，实施批评教育、责令作出书面检查、通报批评、取消评选先进的资格、调离执法岗位、取消执法资格等惩戒措施。

11.【参考答案】ACDE
【答案解析】详见国家税务总局关于开展进一步深化税收征管改革的意见的相关要求。

12.【参考答案】ABC
【答案解析】根据税务总局关于构建完善税务系统一体化综合监督体系的意见的有关要求，"1+1+5+N" 总体框架中，"1" 是党委全面监督；"1" 是纪检机构专责监督；"5" 是接受地方党政机关监督、部门职能监督、党的基层组织日常监督、党员和群众民主监督、接受社会监督；"N" 是若干配套制度机制。

13.【参考答案】ACD
【答案解析】出租无形资产的摊销计入其他业务成本；研究阶段的支出应当费用化；使用寿命不确定的无形资产需要进行减值测试。

14.【参考答案】ACD
【答案解析】根据《中国共产党纪律处分条例》规定，违纪行为有关责任人员的区分：直接责任者、主要领导责任者、重要领导责任者。

15.【参考答案】AB
【答案解析】根据《中华人民共和国土地增值税暂行条例》规定，下列情形纳税人应进行土地增值税清算：①房地产开发项目全部竣工、完成销售的；②整体转让未竣工决算房地产开发项目的；③直接转让土地使用权的。

三、判断题

1.【参考答案】错误
【答案解析】成本与可变现净值孰低原则的"成本"是指期末存货的历史成本；"可变现净值"是指存货的估计售价减去至完工估计将要发生的成本、估计的销售费用以及相关税金后的金额。

2.【参考答案】正确
【答案解析】党的二十大报告指出，马克思主义是我们立党立国、兴党兴国的根本指导思想。实践告诉我们，中国共产党为什么能，中国特色社会主义为什么好，归根到底是马克思主义行，是中国化时代化的马克思主义行。拥有马克思主义科学理论指导是我们党坚定信仰信念、把握历史主动的根本所在。

3. 【参考答案】错误

【答案解析】各级税务机关和行政相对人都是税务行政主体。

4. 【参考答案】正确

【答案解析】党的二十大报告指出，全面发展协商民主。协商民主是实践全过程人民民主的重要形式。完善协商民主体系，统筹推进政党协商、人大协商、政府协商、政协协商、人民团体协商、基层协商以及社会组织协商。

5. 【参考答案】错误

【答案解析】应进行相应的会计处理。发出商品时，由库存商品转入发出商品，同时，因该企业销售该批商品时纳税义务已经发生，应确认增值税销项税额，贷记应交税费——应交增值税（销项税额）。

6. 【参考答案】错误

【答案解析】根据《县以上党和国家机关党员领导干部民主生活会若干规定》第四条规定，民主生活会应当遵循"团结—批评—团结"的方针，贯彻整风精神，充分发扬民主，开展积极健康的思想斗争，增强党内政治生活的政治性、时代性、原则性、战斗性。

7. 【参考答案】错误

【答案解析】2023年1月9日，习近平在二十届中央纪委二次全会上指出，全面从严治党永远在路上，要时刻保持解决大党独有难题的清醒和坚定。如何始终不忘初心、牢记使命，如何始终统一思想、统一意志、统一行动，如何始终具备强大的执政能力和领导水平，如何始终保持干事创业精神状态，如何始终能够及时发现和解决自身存在的问题，如何始终保持风清气正的政治生态，都是我们这个大党必须解决的独有难题。解决这些难题，是实现新时代新征程党的使命任务必须迈过的一道坎，是全面从严治党适应新形势新要求必须啃下的硬骨头。

8. 【参考答案】正确

【答案解析】根据国家税务总局关于土地出让类非税收入征管工作要求，税务机关使用"国有土地收益基金收入""农业土地开发资金收入""国有土地使用权出让收入"三个征收项目征收土地出让收入。

9. 【参考答案】正确

【答案解析】根据《财政部 税务总局关于小微企业和个体工商户所得税优惠政策的公告》（财政部 税务总局公告2023年第6号）规定，对小型微利企业年应纳税所得额不超过100万元的部分，减按25%计入应纳税所得额，按20%的税率缴纳企业所得税。该企业缴纳企业所得税为90万元×25%×20%=4.5万元。

10. 【参考答案】正确

【答案解析】根据国家税务总局关于落实《关于进一步深化税收征管改革的意见》任务工作要求，全面落实行政执法公示、执法全过程记录、重大执法决定法制审核制度，推行执法信息网上录入、执法程序网上流转、执法活动网上监督、执法结果网上查询，2023年底前基本建成税务执法质量智能控制体系。

四、简答题

【参考答案】1. 2023年"春风行动"的主题为"办好惠民事·服务现代化"。

2. 截至2023年9月底，税务总局共分五个批次推出109条措施。其中：2023年1月，第一批推出17条措施；2023年2月，第二批推出25条措施；2023年4月，第三批推出20条措施；2023年5月，第四批推出19条措施；2023年8月，第五批推出28条措施。

五、案例分析题

【参考答案】1. 税务行政法律关系是指由税法设立并受税法规范和调整的税务机关与其税务行政相对人之间的权利义务关系。

2. 税务行政法律关系的特征包括：①税务行政法律关系中，有一方当事人必须是税务机关。②税务行政法律关系中，税务行政机关与其行政相对人之间的权利义务具有不对等性，主要表现为行政主体在作出行政行为时，无须征得行政相对人的同意；行政主体作出的生效的行政行为，行政相对人必须履行；行政诉讼中主要由行政机关负举证责任。③税务行政法律关系中，税务行政机关与行政相对人之间的权利义务是法定的，税务行政机关与其相对人必须依法享有权利与承担义务。

3. 税务行政法律关系的要素包括主体、客体和内容。

模拟测试（二）

一、单项选择题（下列各题的备选答案中，只有一个正确选项，请将正确选项的字母填写在括号中，多选、错选、不选均不得分。每小题 2 分，共计 40 分）

1. 习近平新时代中国特色社会主义思想是党和国家必须长期坚持的指导思想，其活的灵魂是（　　）。
   A. 解放思想、实事求是、独立自主
   B. 解放思想、实事求是、与时俱进
   C. 实事求是、群众路线、独立自主
   D. 实事求是、群众路线、改革创新

2. 党的二十大报告中指出，经过不懈努力，党找到了跳出治乱兴衰历史周期率的第二个答案，确保党永远不变质、不变色、不变味。第二个答案指的是（　　）。
   A. 解放思想
   B. 自我革命
   C. 实事求是
   D. 守正创新

3. 党的作风代表党的形象。作风建设的核心是（　　）。
   A. 加强党风廉政建设
   B. 加强党的政治建设
   C. 保持党的先进性和纯洁性
   D. 保持党同人民群众的血肉联系

4. 下列关于无形资产会计处理的表述中，正确的是（　　）。
   A. 将外购商誉确认为无形资产
   B. 无形资产开发阶段的支出应当全部资本化
   C. 研究开发活动无法区分研究阶段和开发阶段的，应当在发生时全部费用化
   D. 将以支付土地出让金方式取得的自用土地使用权确认为固定资产

5. 转让新建房计算土地增值税时，可以作为转让房地产有关的税金扣除的是（　　）。
   A. 契税
   B. 增值税
   C. 城镇土地使用税
   D. 城市维护建设税

6. 党的纪律是党的各级组织和全体党员必须遵守的行为规则，是维护党的团结统一、完成党的任务的保证。下列选项不属于党的纪律的是（　　）。
   A. 政治纪律
   B. 经济纪律
   C. 组织纪律
   D. 生活纪律

7. 全面数字化的电子发票细分为 6 类，下列不属于数字化电子发票的是（　　）。
   A. 电子发票（收费公路通行费增值税普通发票）

通用知识

B. 电子发票（航空运输电子客票行程单）

C. 电子发票（二手车销售统一发票）

D. 电子发票（增值税专用发票）

8. 为活跃资本市场、提振投资者信心，自2023年8月28日起，证券交易印花税实施（　　）。

　A. 减半征收

　B. 零税率

　C. 按照75%应纳税额征收

　D. 按照25%应纳税额征收

9. 按照中央八项规定关于简化会议活动新闻报道的要求，关于是否进行会议新闻报道，下列选项中表述错误的是（　　）。

　A. 根据工作需要

　B. 根据领导批示

　C. 根据社会效果

　D. 根据新闻价值

10. 善后处理和总结评估是突发事件应对的重要一环。下列关于税务系统突发事件善后处理和总结评估表述错误的是（　　）。

　A. 主动与新闻宣传部门沟通联系，发布事件背景、应对措施和处理结果等信息

　B. 依法开展调查处理工作，查明原因，处理责任人员

　C. 及时总结突发事件发生的经验教训，制定整改措施并督促落实

　D. 加强突发事件评估，在调查处理基础上，对事件处置及防范工作进行评估

11. 我国的正式法的渊源不包括的是（　　）。

　A. 民法　　B. 刑法

　C. 宪法　　D. 党章

12. 当事人向人民法院提供的在中华人民共和国领域外形成的证据，应当履行的证明手续不包括（　　）。

　A. 说明来源

　B. 经所在国公证机关证明

　C. 经中华人民共和国驻该国使领馆认证

　D. 证据所在国法院证明

13. 下列不属于个人所得税综合所得的是（　　）。

　A. 工资、薪金所得

　B. 劳务报酬所得

　C. 稿酬所得

　D. 经营所得

14. 突发事件按照紧急程度、发展态势和可能造成的危害程度可以分为四级。下列关于突发事件预警级别与标示颜色表述正确的是（　　）。

　A. 一级用蓝色标示

　B. 二级用橙色标示

　C. 三级用绿色标示

　D. 四级用红色标示

15. 自2023年1月1日，对个体工商户年应纳税所得额不超过（　　）万元的部分，减半征收个人所得税。

　A. 100　　B. 200

　C. 300　　D. 500

16. 企业出售、转让投资性房地产时，应当将所处置投资性房地产的账面价值计入下列（　　）科目。

　A. 公允价值变动损益

　B. 营业外支出

C. 其他业务成本

D. 主营业务成本

17. 税务职务犯罪的预防方式不包括（　　）。

    A. 加大教育力度

    B. 健全完善各种工作制度

    C. 查处案件，惩治腐败

    D. 提前查处准备犯罪的人员

18. 有税收违法违纪行为的单位，应当承担纪律责任的人员不包括（　　）。

    A. 负有责任的领导人员

    B. 直接责任人员

    C. 有税收违法违纪行为的个人

    D. 分管相关工作的领导人员

19. 下列关于行政复议的说法，不正确的是（　　）。

    A. 行政复议机构应当自受理行政复议申请之日起7日内将复议申请书副本或者行政复议申请笔录复印件发送被申请人

    B. 被申请人应当自收到复议申请书副本或行政复议申请笔录复印件之日起10日内提出书面答复

    C. 被申请人拒不提供具体行政行为的证据、依据及有关材料的，视为没有举证

    D. 在行政复议过程中，被申请人可以自行向申请人和其他有关组织或个人收集证据

20. 下列罪名中，《中华人民共和国刑法》规定只能由税务人员构成的职务犯罪是（　　）。

    A. 贪污

    B. 挪用公款

    C. 徇私舞弊不征、少征税款

    D. 受贿

二、多项选择题（下列各题的备选答案中，至少有两个正确选项，请将正确选项的字母填写在括号中，多选、错选、少选、不选均不得分。每小题2分，共计30分）

1. 党的二十大报告指出，继续推进实践基础上的理论创新，首先要把握好新时代中国特色社会主义思想的世界观和方法论，坚持好、运用好贯穿其中的立场观点方法，做到"六个必须坚持"。下列选项属于"六个必须坚持"内容的有（　　）。

    A. 必须坚持统筹兼顾

    B. 必须坚持人民至上

    C. 必须坚持守正创新

    D. 必须坚持胸怀天下

    E. 必须坚持实践真理

2. 下列关于行政许可性质的说法，正确的有（　　）。

    A. 依申请的行政行为

    B. 要式行政行为

    C. 授益性行政行为

    D. 外部行政行为

    E. 内部行政行为

3. 下列关于阶段性降低失业保险、工伤保险费率政策表述正确的有（　　）。

    A. 继续实施阶段性降低失业保险费率至1%的政策，实施期限延长至2025年底

    B. 在省级行政区域内，单位及个人的费率应当统一，单位费率不得超过

个人费率

C. 继续实施阶段性降低工伤保险费率政策，实施期限延长至2025年底

D. 各地既要确保降费率政策落实，也要确保待遇按时足额发放

E. 各地不得自行出台降低缴费基数、减免社会保险费等减少基金收入的政策

4. 下列项目中，应计入材料采购成本的有（　　）。

   A. 制造费用
   B. 进口关税
   C. 运输途中的合理损耗
   D. 采购价格
   E. 销售费用

5. 泄露国家秘密会危及国家安全和利益。发生下列（　　）情形按泄露国家秘密处理。

   A. 遗失绝密级文件，且自发现之日起10日内查无下落
   B. 遗失机密级文件，且自发现之日起30日内查无下落
   C. 遗失秘密级文件，且自发现之日起60日内查无下落
   D. 未采取保密措施，在互联网传递国家秘密文件
   E. 使用接入互联网且被远程控制的计算机处理国家秘密

6. 党的领导是社会主义法治最根本的保证，全面依法治国要加强和改善党的领导，不断提高党领导依法治国的能力和水平，巩固党的执政地位。党领导依法治国必须坚持（　　）。

   A. 党领导立法
   B. 党自觉学法
   C. 党保证执法
   D. 党支持司法
   E. 党带头守法

7. 2023年3月5日，习近平总书记参加十四届全国人大一次会议江苏代表团审议时强调，农业强国是社会主义现代化强国的根基。下列关于推进农业现代化的说法，正确的有（　　）。

   A. 要严守耕地红线，稳定粮食播种面积
   B. 要把产业振兴作为乡村振兴的重中之重，积极延伸和拓展农业产业链
   C. 要优化镇村布局规划，统筹乡村基础设施和公共服务体系建设
   D. 要强化科技和改革双轮驱动，深化农村土地制度改革
   E. 要发展新型农业经营主体和社会化服务，发展农村适度规模经营

8. 党的二十大报告明确了从现在起中国共产党的中心任务。下列属于中心任务的有（　　）。

   A. 团结带领全国各族人民全面建成社会主义现代化强国
   B. 实现第二个百年奋斗目标
   C. 实现新时代经济高速度发展
   D. 扎实推动人类命运共同体建设
   E. 以中国式现代化全面推进中华民族伟大复兴

9. 依法治国的基本任务包括（　　）。

   A. 完善以宪法为核心的中国特色社会主义法律体系，加强宪法实施
   B. 深入推进依法行政，加快建设法治政府
   C. 保证公正司法，提高司法公信力

D. 增强全民法治观念，推进法治社会建设

10. 党的组织工作是一种实践活动，其主要内容包括（　　）。
   A. 党的组织体系建设
   B. 领导班子建设
   C. 人才队伍建设
   D. 党员队伍建设
   E. 干部队伍建设

11. 自 2022 年 7 月 14 日起，营业执照和税务登记证"两证整合"改革实施后设立登记的个体工商户，向市场监管部门申请简易注销，符合下列（　　）之一的，可免于到税务机关办理清税证明。
   A. 未办理过涉税事宜的
   B. 办理过涉税事宜但没有领用、没有申请代开过发票，且没有欠税和没有其他未办结事项的
   C. 在申请注销前已结清税款，缴销发票的
   D. 未受税收处罚

12. 原告拒不执行生效判决、裁定或者调解的，税务机关应当采取的措施有（　　）。
   A. 依法强制执行
   B. 向人民法院申请强制执行
   C. 向人民检察院申请强制执行
   D. 向公安部门申请强制执行

13. 下列属于免于缴纳城镇土地使用税的有（　　）。
   A. 国家机关、人民团体、军队自用的土地
   B. 由国家财政部门拨付事业经费的单位自用的土地
   C. 宗教寺庙、公园、名胜古迹自用的土地
   D. 市政街道、广场、绿化地带等公共用地
   E. 直接用于农、林、牧、渔业的生产用地

14. 下列项目中，可以计提折旧的有（　　）。
   A. 因季节性停工或定期大修理而暂停使用的固定资产
   B. 尚未投入使用的固定资产
   C. 闲置的设备
   D. 单独计价入账的土地

15. 以下属于行政处罚种类的有（　　）。
   A. 警告、通报批评
   B. 罚款、没收违法所得、没收非法财物
   C. 暂扣许可证件、降低资质等级、吊销许可证件
   D. 行政拘留

三、判断题（判断各题正误。正确的打"√"，错误的打"×"，每小题 1 分，共计 10 分）

1. 一个违纪行为同时触犯《中国共产党纪律处分条例》两个以上条款的，应分别依照相关条款定性处理。（　　）

2. 实现共同富裕是全面建设社会主义现代化国家的首要任务。（　　）

3. 党支部担负直接教育党员、管理党员、监督党员和组织群众、宣传群众、凝聚群众、服务群众的职责。（　　）

4. 各级税务局党委自觉接受地方党委的领导指导和监督检查，认真落实地方

通用知识

党委的工作部署和要求，每年至少向地方党委报告 1 次税收工作。（ ）
5. 职工薪酬是指为获得职工提供的服务而给予各种形式的报酬和其他相关支出，包括提供给职工的全部货币性薪酬和非货币性福利。（ ）
6. 各级党组织和党的领导干部应当认真对待、自觉接受社会监督，利用互联网技术和信息化手段，推动党务公开、拓宽监督渠道，虚心接受群众批评。（ ）
7. 2023 年底前，各级税务机关应建立税收大数据安全治理常态化工作机制。（ ）
8. 集成电路企业开展研发活动中实际发生的研发费用，未形成无形资产计入当期损益的，在按规定据实扣除的基础上，在 2023 年 1 月 1 日至 2027 年 12 月 31 日期间，再按照实际发生额的 120% 在税前扣除。（ ）
9. 在税务行政诉讼中，主要负责人不能出庭的，应当委托律师出庭。（ ）
10. 2024 年 1 月 1 日至 2029 年 12 月 31 日居民个人取得的综合所得，年度综合所得收入不超过 12 万元且需要汇算清缴补税的，或者年度汇算清缴补税金额不超过 400 元的，居民个人可免于办理个人所得税综合所得汇算清缴。（ ）

四、案例分析题（每小题 4 分，共 20 分）

某税务局稽查局拟对某有限责任工作开展稽查。请回答下列有关收集、获取证据的问题。
1. 调取账簿、记账凭证、报表和其他有关资料时，应当向被查对象出具什么？
2. 需要提取证据材料原件的，应当向当事人出具什么？
3. 询问应当由几名以上检查人员实施？
4. 提取证据材料复制件的，应当履行什么程序？
5. 询问笔录制作时有什么注意事项？

模拟测试（二）参考答案及解析

一、单项选择题

1.【参考答案】B
【答案解析】解放思想、实事求是、与时俱进，是马克思主义活的灵魂，也是习近平新时代中国特色社会主义思想活的灵魂。参见《习近平新时代中国特色社会主义思想学习纲要》。

2.【参考答案】B
【答案解析】略

3.【参考答案】D
【答案解析】作风建设的核心是保持党同人民群众的血肉联系。

4.【参考答案】C
【答案解析】外购商誉不可辨认，不属于无形资产，选项A错误；无形资产开发阶段的支出符合资本化条件的资本化，不满足条件的费用化，选项B错误；将以支付土地出让金方式取得的自用土地使用权单独确认为无形资产，选项D错误。

5.【参考答案】D
【答案解析】根据《中华人民共和国土地增值税暂行条例》规定，计算土地增值税增值额的扣除项目中包括与转让房地产有关的税金。根据《中华人民共和国土地增值税暂行条例实施细则》规定，与转让房地产有关的税金，是指在转让房地产时缴纳的城市维护建设税、印花税。因转让房地产缴纳的教育费附加，也可视同税金予以扣除。

6.【参考答案】B
【答案解析】根据《中国共产党章程》第四十条规定，党的纪律主要包括政治纪律、组织纪律、廉洁纪律、群众纪律、工作纪律、生活纪律。

7.【参考答案】A
【答案解析】全面数字化的电子发票细分为6类：电子发票（增值税专用发票）、电子发票（普通发票）、电子发票（机动车销售统一发票）、电子发票（二手车销售统一发票）、电子发票（航空运输电子客票行程单）、电子发票（铁路电子客票）。

8.【参考答案】A
【答案解析】参见《财政部 税务总局关于减半征收证券交易印花税的公告》（财政部 税务总局公告2023年第39号）。

9.【参考答案】B
【答案解析】根据《中央八项规定实施细则》规定，简化中央政治局委员出席会议活动新闻报道。要根据工作需要、新闻价值、社会效果决定是否报道。各地区各部门要严格执行本细则。

通用知识

10. 【参考答案】A
【答案解析】根据国家税务总局关于应急管理工作的有关规定，扎实做好善后处理和总结评估工作。有关责任部门要依法开展调查处理工作，查明原因，处理责任人员，总结经验教训，制定整改措施并督促落实。建立健全突发事件评估制度，在调查处理的基础上，对事件处置及防范工作进行评估。

11. 【参考答案】D
【答案解析】我国的正式法的渊源有：宪法、法律、行政法规、地方性法规、部门规章和地方政府规章等。

12. 【参考答案】D
【答案解析】当事人向人民法院提供的在中华人民共和国领域外形成的证据，应当说明来源，经所在国公证机关证明，并经中华人民共和国驻该国使领馆认证，或者履行中华人民共和国与证据所在国订立的有关条约中规定的证明手续。

13. 【参考答案】D
【答案解析】个人所得税综合所得包括：工资、薪金所得，劳务报酬所得，稿酬所得，特许权使用费所得。

14. 【参考答案】B
【答案解析】根据《中华人民共和国突发事件应对法》规定，国家建立健全突发事件预警制度。可以预警的自然灾害、事故灾难和公共卫生事件的预警级别，按照突发事件发生的紧急程度、发展势态和可能造成的危害程度分为一级、二级、三级和四级，分别用红色、橙色、黄色和蓝色标示，一级为最高级别。

15. 【参考答案】B
【答案解析】根据《国家税务总局关于进一步落实支持个体工商户发展个人所得税优惠政策有关事项的公告》（国家税务总局公告2023年第12号）规定，对个体工商户年应纳税所得额不超过200万元的部分，减半征收个人所得税。

16. 【参考答案】C
【答案解析】投资性房地产属于企业的日常活动，处置投资性房地产收入计入其他业务收入，对应的成本应结转为其他业务成本。

17. 【参考答案】D
【答案解析】不能对未犯罪人员提前定罪处理。

18. 【参考答案】D
【答案解析】有税收违法违纪行为的单位，其负有责任的领导人员和直接责任人员，以及有税收违法违纪行为的个人，应当承担纪律责任。

19. 【参考答案】D
【答案解析】在行政复议过程中，被申请人不得自行向申请人和其他有关组织或个人收集证据。

20. 【参考答案】C
【答案解析】狭义的税务职务犯罪，专指《中华人民共和国刑法》规定的只能由税务人员构成的职务犯罪，包括两个罪名：徇私舞弊不征、少征税款罪和徇私舞弊发售发票、抵扣税款、出口退税罪。

二、多项选择题

1. 【参考答案】BCD
   【答案解析】根据党的二十大报告，实践没有止境，理论创新也没有止境。不断谱写马克思主义中国化时代化新篇章，是当代中国共产党人的庄严历史责任。继续推进实践基础上的理论创新，首先要把握好新时代中国特色社会主义思想的世界观和方法论，坚持好、运用好贯穿其中的立场观点方法。必须坚持人民至上；必须坚持自信自立；必须坚持守正创新；必须坚持问题导向；必须坚持系统观念；必须坚持胸怀天下。

2. 【参考答案】ABCD
   【答案解析】行政许可是依申请的行政行为、要式行政行为、授益性行政行为、外部行政行为。

3. 【参考答案】DE
   【答案解析】根据《人力资源社会保障部 财政部 国家税务总局关于阶段性降低失业保险、工伤保险费率有关问题的通知》（人社部发〔2023〕19号）规定，自2023年5月1日起，继续实施阶段性降低失业保险费率至1%的政策，实施期限延长至2024年底。在省（区、市）行政区域内，单位及个人的费率应当统一，个人费率不得超过单位费率。自2023年5月1日起，按照《国务院办公厅关于印发降低社会保险费率综合方案的通知》（国办发〔2019〕13号）有关实施条件，继续实施阶段性降低工伤保险费率政策，实施期限延长至2024年底。

4. 【参考答案】BCD
   【答案解析】选项A、E非采购成本。

5. 【参考答案】ACDE
   【答案解析】根据《泄密案件查处办法》规定，存在下列情形之一的，按泄露国家秘密处理：①属于国家秘密的文件资料或者其他物品下落不明的，自发现之日起，绝密级10日内，机密级、秘密级60日内查无下落的。②未采取符合国家保密规定或者标准的保密措施，在互联网及其他公共信息网络、有线和无线通信中传递国家秘密的。③使用连接互联网或者其他公共信息网络的计算机、移动存储介质等信息设备存储、处理国家秘密，且该信息设备被远程控制的。

6. 【参考答案】ACDE
   【答案解析】2018年8月24日，习近平总书记在中央全面依法治国委员会第一次会议上指出，党的领导是社会主义法治最根本的保证。全面依法治国决不是要削弱党的领导，而是要加强和改善党的领导，不断提高党领导依法治国的能力和水平，巩固党的执政地位。必须坚持实现党领导立法、保证执法、支持司法、带头守法。

7. 【参考答案】ABCDE
   【答案解析】略

8. 【参考答案】ABE
   【答案解析】详见党的二十大报告。

9. 【参考答案】ABCD
   【答案解析】依法治国的六项基本任务是：①完善以宪法为核心的中国特色社会主义法律体系，加强宪法实施；

②深入推进依法行政，加快建设法治政府；③保证公正司法，提高司法公信力；④增强全民法治观念，推进法治社会建设；⑤加强法治工作队伍建设；⑥加强和改进党的领导。

10. 【参考答案】ABCDE
【答案解析】根据《中国共产党组织工作条例》规定，党的组织工作是以党的组织体系建设、领导班子和干部队伍建设、人才队伍建设、党员队伍建设为主要内容的实践活动。

11. 【参考答案】AB
【答案解析】自2022年7月14日起，营业执照和税务登记证"两证整合"改革实施后设立登记的个体工商户，向市场监管部门申请简易注销，符合下列条件之一的，可免于到税务机关办理清税证明：①未办理过涉税事宜的；②办理过涉税事宜但没有领用、没有申请代开过发票，且没有欠税和没有其他未办结事项的。

12. 【参考答案】AB
【答案解析】原告拒不执行生效判决、裁定或者调解的，税务机关应当依法强制执行，或者向人民法院申请强制执行。

13. 【参考答案】ABCDE
【答案解析】根据《中华人民共和国城镇土地使用税暂行条例》规定，下列土地免缴土地使用税：国家机关、人民团体、军队自用的土地；由国家财政部门拨付事业经费的单位自用的土地；宗教寺庙、公园、名胜古迹自用的土地；市政街道、广场、绿化地带等公共用地；直接用于农、林、牧、渔业的生产用地；经批准开山填海整治的土地和改造的废弃土地；从使用的月份起免缴土地使用税5年至10年；由财政部另行规定免税的能源、交通、水利设施用地和其他用地。

14. 【参考答案】ABC
【答案解析】选项D，企业对已提足折旧仍继续使用的固定资产和单独计价入账的土地不应计提折旧。

15. 【参考答案】ABCD
【答案解析】行政处罚的种类共有六类：①警告、通报批评；②罚款、没收违法所得、没收非法财物；③暂扣许可证件、降低资质等级、吊销许可证件；④限制开展生产经营活动、责令停产停业、责令关闭、限制从业；⑤行政拘留；⑥法律、行政法规规定的其他行政处罚。

三、判断题

1. 【参考答案】错误
【答案解析】根据《中国共产党纪律处分条例》规定，一个违纪行为同时触犯本条例两个以上（含两个）条款的，依照处分较重的条款定性处理。

2. 【参考答案】错误
【答案解析】党的二十大报告指出，高质量发展是全面建设社会主义现代化国家的首要任务。发展是党执政兴国的第一要务。没有坚实的物质技术基础，就不可能全面建成社会主义现代化强国。必须完整、准确、全面贯彻新发展理念，坚持社会主义市场经济改革方向，坚持高水平对外开放，加快构建以国内大循环为主体、国内国际双循环相互促进的新发展格局。

3. 【参考答案】正确
【答案解析】《中国共产党章程》明确，党支部是党的基础组织，担负直接教育党员、管理党员、监督党员和组织群众、宣传群众、凝聚群众、服务群众的职责。

4. 【参考答案】错误
【答案解析】根据税务系统接受地方党政机关监督实施办法的有关要求，各级税务局党委自觉接受地方党委的领导指导和监督检查，认真落实地方党委的工作部署和要求，每半年至少向地方党委报告1次税收工作。各级税务局主动加强与地方党委及其党的工作机关的联系，每半年至少向地方党委组织部、宣传部、机关工委征求1次对税务部门党的建设和全面从严治党工作的意见建议；税务总局以及省、市级税务局党委班子成员、党的工作部门及时走访征求下一级税务局所在地党委及其党的工作机关的意见建议。

5. 【参考答案】正确
【答案解析】略

6. 【参考答案】正确
【答案解析】根据《中国共产党党内监督条例》规定，各级党组织和党的领导干部应当认真对待、自觉接受社会监督，利用互联网技术和信息化手段，推动党务公开、拓宽监督渠道，虚心接受群众批评。

7. 【参考答案】正确
【答案解析】根据国家税务总局关于落实《关于进一步深化税收征管改革的意见》任务工作要求，各级税务机关要在2023年底前建立税收大数据安全治理常态化工作机制。

8. 【参考答案】正确
【答案解析】参见《财政部 税务总局 国家发展改革委 工业和信息化部关于提高集成电路和工业母机企业研发费用加计扣除比例的公告》（财政部 税务总局 国家发展改革委 工业和信息化部公告2023年第44号）。

9. 【参考答案】错误
【答案解析】在税务行政诉讼中，主要负责人不能出庭的，由分管被诉行政行为承办机构的负责人出庭应诉。分管被诉行政行为承办机构的负责人也不能出庭的，主要负责人指定其他负责人出庭应诉。负责人不能出庭应诉的，应当委托本机关相应的工作人员出庭。

10. 【参考答案】错误
【答案解析】根据《财政部 税务总局关于延续实施个人所得税综合所得汇算清缴有关政策的公告》（财政部 税务总局公告2023年第32号），2024年1月1日至2027年12月31日居民个人取得的综合所得，年度综合所得收入不超过12万元且需要汇算清缴补税的，或者年度汇算清缴补税金额不超过400元的，居民个人可免于办理个人所得税综合所得汇算清缴。居民个人取得综合所得时存在扣缴义务人未依法预扣预缴税款的情形除外。

四、案例分析题

【参考答案】1. 调取账簿、记账凭证、报表和其他有关资料时,应当向被查对象出具调取账簿资料通知书,并填写调取账簿资料清单交其核对后签章确认。

2. 需要提取证据材料原件的,应当向当事人出具提取证据专用收据,由当事人核对后签章确认。

3. 询问应当由 2 名以上检查人员实施。

4. 提取证据材料复制件的,应当由当事人或者原件保存单位(个人)在复制件上注明"与原件核对无误"及原件存放地点,并签章。

5. 询问笔录应当交被询问人核对或者向其宣读;询问笔录有修改的,应当由被询问人在改动处捺指印;核对无误后,由被询问人在尾页结束处写明"以上笔录我看过(或者向我宣读过),与我说的相符",并逐页签章、捺指印。被询问人拒绝在询问笔录上签章、捺指印的,检查人员应当在笔录上注明。